Matthias Burisch

Das Burnout-Syndrom

Theorie der inneren Erschöpfung

3., überarbeitete Auflage

Matthias Burisch

Das Burnout-Syndrom

Theorie der inneren Erschöpfung

3., überarbeitete Auflage

Springer

Professor Dr. Matthias Burisch
Fachbereich Psychologie
Universität Hamburg
von-Melle-Park 5
20146 Hamburg

ISBN-10: 3-540-23718-6
ISBN-13: 978-3-540-23718-1
Springer Medizin Verlag Heidelberg

Bibliografische Information der Deutschen Bibliothek
Die Deutsche Bibliothek verzeichnet diese Publikation in der Deutschen Nationalbibliografie;
detaillierte bibliografische Daten sind im Internet über http://dnb.ddb.de abrufbar.

Springer Medizin Verlag.
Ein Unternehmen von Springer Science+Business Media

springer.de

Printed in Germany

Planung: Dr. Svenja Wahl
Projektmanagement: Michael Barton
Copy Editing: Renate Schulz, Heidelberg
Satz: medio, Berlin

SPIN 12719600

Gedruckt auf säurefreiem Papier 2126-5 4 3 2

Vorbemerkung

Nur erweitert …

Gut 15 Jahre nach der 1. Auflage dieses Buches und nach mindestens fünfjährigen Vorarbeiten an einer »völlig überarbeiteten« Neuauflage wurde es mir zu peinlich, meinen Verlag von Halbjahr zu Halbjahr zu vertrösten – weil wieder einmal zu vieles Dringenderes dazwischen gekommen war. Seit ich mich aus Verbundenheit mit meinem Fachbereich in der Pflicht fühlte, dort neben den normalen Aufgaben eines Hochschullehrers zusätzliche, zeitaufwendige Ämter zu übernehmen, wurde immer klarer, dass eine vollständige Revision weitere Jahre würde warten müssen. So war ich denn froh und erleichtert, als meine Lektorin, Dr. Svenja Wahl, im Sommer 2004 vorschlug, als Zwischenlösung eine »durchgesehene« oder »erweiterte« Auflage zu publizieren. Das brachte das Projekt aus der Sisyphus-Zone in den Bereich des Überschaubaren.

… dennoch allerhand Neues

Heute, ein Jahr später, glaube ich sagen zu können: Die neue Auflage ist mehr als nur erweitert; es ist eine ganze Menge dazu gekommen. Ich habe am bestehenden Text, abgesehen von einigen Kleinigkeiten, nicht viel gekürzt, auch wenn die frühe Burnout-Literatur anderswo nicht mehr oft zitiert wird. (Derlei unterliegt Moden, die sich rasch wieder ändern können.) Statt dessen habe ich an zahlreichen Stellen aktualisierende Abschnitte – z. B. zu Definitionsversuchen – eingearbeitet.

Mein eigenes handlungstheoretisches Burnout-Modell (▶ Kap. 3) halte ich nach wie vor für realitätsnah, darum blieb es im Wesentlichen unverändert.

Die Auseinandersetzung mit dem Forschungsstand musste notwendigerweise oberflächlich bleiben; zu Vieles ist seit den späten 80er Jahren erschienen. Immerhin werde ich begründen, warum ich das für kein schweres Manko halte: Ich sehe die Burnout-Forschung seit geraumer Zeit in einer Sackgasse. Ohne einen radikalen Neuanfang verspreche ich mir von einem »weiter wie gehabt« kaum Erkenntnisfortschritte.

Zwei Formalien

Lesehilfen für Ungeübte

Erste Formalie. Leserinnen und Leser, deren tägliches Lesequantum nicht aus empirischer Sozialwissenschaft besteht, haben sich verständlicherweise darüber beklagt, dass die branchenübliche Zitierweise (Klammer auf, viele Verweise, Klammer zu) den Lesefluss doch spürbar behindere. Ich habe lange darüber nachgedacht, ob ich die Verweise nicht ganz wegfallen lassen sollte, aber das hätte m. E. den Gebrauchswert des Buches doch spürbar gemindert. Oder ob ich sie durch Fußnoten bzw. Anmerkungen ersetzen sollte, aber das schien mir aus eigener Erfahrung wesentlich leserunfreundlicher. Somit ein ernstgemeinter Rat an alle, die dies nicht sowieso in langen Jahren geübt haben: Kommt eine Klammer-auf – Augen zu! Kommt eine Klammer-zu – Augen wieder auf! So liest man das. Nur wer etwas genauer wissen, einer Querverbindung nachgehen, einen Verweis kontrollieren möchte, braucht das, was in der Klammer steht.

Überhaupt: Auch diese Auflage möchte den Spagat aushalten, sowohl alltagspraktisch als auch wissenschaftlich Interessierte zu erreichen; beide Gruppen sind mir gleich wichtig. Beide sollten auswählen, was sie interessiert. Speziell den Praktiker(inne)n und den Betroffenen sei gesagt: Überspringen Sie bitte ohne schlechtes Gewissen, was Sie zu schwer verdaulich finden (z. B. ► Abschn. 1.2.2 »Messung von Burnout«). Fachbücher – auch dieses – sind Steinbrüche, aus denen man abschleppt, was man gebrauchen kann. Den Rest lässt man liegen – man kann ja jederzeit wiederkommen.

An LeserInnen

Zweite Formalie. Zwischen der 1. und der jetzt vorliegenden 3. Auflage ist nicht nur die Rechtschreibreform über uns gekommen, auch der Drang zur *Political Correctness* in der deutschen Sprache, die weniger geschlechtsneutral ist als die englische, hat zugenommen. Ich baue darauf, dass Leserinnen mir verzeihen werden, wenn ich davon absehe, ihre mir kostbare, aber doch auch ganz selbstverständliche Existenz durch den vorschriftsmäßigen Plural (LeserInnen) unnötigerweise zu bestätigen. Ab einem gewissen Alter besteht die Gefahr, Abweichungen von der gewohnten Sprachpraxis als Verhunzung zu empfinden. Ich bekenne mich zu dieser Empfindung. Für diesbezügliche Gewissenserleichterung bin ich Robert Gernhardt dankbar, der uns zu Recht daran erinnert hat, dass das große I bei Pluralen wie VerbrecherInnen, SpionInnen, LügnerInnen usf. auffallend wenig eingeklagt wird.

Das folgende Vorwort zur 3. Auflage zeichnet die historische Entwicklung vom Schlussstrich der 1. Auflage bis heute nach.

Vorwort zur dritten Auflage

Wir wissen nichts

Als die Zeitschrift *Psychologie heute* kurz nach dem Erscheinen der ersten Auflage 1989 mit der Bitte an mich herantrat, einen Aufsatz über den »neuesten Stand der Erkenntnis zum Ausgebranntsein« zu liefern (der dann nach langem Warten im Septemberheft 1994 gekürzt veröffentlicht wurde), hatte ich einen wiederkehrenden Albtraum.

Aus meinem Büro, wo ich ahnungslos arbeite, holen mich mehrere mir unbekannte Personen – »Wo bleiben Sie denn?« – in einen Hörsaal. Unterwegs fällt mir siedendheiß ein: Ich habe einen Vortrag angekündigt, über den »Aktuellen Stand der Burnout-Forschung«. Aber diesen Termin habe ich komplett vergessen und bin dementsprechend unvorbereitet. Im Saal angekommen, werde ich von meinen Hörern, noch immer freundlich, gefragt: »Herr Burisch, was gibt es an gesichertem Wissen über Burnout?« Und ich antworte: »Meine Damen und Herren, selbst wenn ich vorbereitet vor Ihnen stünde, müsste ich Sie enttäuschen. Wir wissen nichts.« Schweißgebadet wache ich auf.

Dies schrieb ich, wie gesagt, vor etwa fünfzehn Jahren. Wer hätte gedacht, dass sich an der Lage bis heute wenig geändert hat. Zwar hatten Jackson et al. schon 1986 eine pessimistische Prognose gewagt. Sollte die Burnout-Forschung weiterhin den ausgetretenen Pfaden der Stress-Forschung folgen, so die Autoren, dann werde man 20 Jahre später voraussichtlich »mehr Daten, aber kaum mehr Wissen« gesammelt haben.

Quantitativ steil bergauf …

Zum Ende des Jahrzehnts mehrten sich aber doch allerlei hoffnungsvolle Zeichen. Vor allem in den USA schwoll die Flut der Publikationen schon vorher mächtig an. Hatten Enzmann & Kleiber (1989) für ihre Bibliographie erst knapp 2.500 Veröffentlichungen zum Thema gefunden, waren es bei Schaufeli & Enzmann (1998) bereits mehr als 5.500, davon über 900 Dissertationen. Inzwischen dürfte die Marke 6.000 überschritten worden sein (Rösing, 2003, S. 46–47). Längst ist diese Fülle von einem Einzelnen nicht mehr vollständig zu überblicken, zumal sie sich auf zum Teil sehr entlegene Zeitschriften und Reihen verteilt.

… qualitativ wenig Fortschritt

Freilich ist die methodische Qualität der allermeisten Arbeiten mager, wie Schaufeli & Enzmann (1998, S. 73–74) konstatieren. Die akademische Psychologie hat ihre Berührungsscheu, was Burnout betrifft, nie wirklich ernsthaft abgelegt. Autoren, die auch anderswo bereits einen Namen hatten, haben sich nur sehr vereinzelt zum Thema geäußert.

Immerhin: Hierzulande waren die ersten Monographien deutschsprachiger Autoren erschienen; Kleiber & Enzmann (1990) verzeichneten unter ihren 2.500 Titeln nicht wenige deutsche Originalarbeiten. Die frühen amerikanischen Bücher vom Anfang der Achtziger waren ins Deutsche übersetzt; von Ayala Pines' Buch *Ausgebrannt* (mit Elliott Aronson, 1983) gab es im Amerikanischen bereits eine zweite, völlig überarbeitete Neuausgabe (Pines & Aronson, 1988). Auch ihr Buch über Burnout in Liebe und Partnerschaft war inzwischen auf Deutsch zugänglich (Pines, 1989). Es gab Audio-Kassetten zur Burnout-Prophylaxe, das Thema boomte in allen Medien ebenso wie auf Tagungen und Workshops diverser Professionen, ähnlich wie zehn Jahre früher in den USA.

Hoffnungsvolle Zeichen

Vor allem hatte im Herbst 1990, organisiert von rührigen holländischen und polnischen Kollegen, in Krakau der erste europäische Burnout-Kongress (*»Professional Burnout: Developments in Theory and Research«*) rund 30 internationale Spezialisten versammelt; eine zweite Tagung am Starnberger See folgte 1995. Beide Treffen waren wichtige Meilensteine. Ein *Newsletter*, von dem ich vermutete, er werde sich alsbald zu einem *International Journal of Burnout Research* mausern, stand vor dem Stapellauf. Zwei weitere Vorhersagen, die sich als falsch erwiesen: Auch die *Psychological Abstracts* würden nicht mehr umhin können, Burnout aus dem Schattendasein eines Unterterminus von »*occupational stress*« zu erlösen und mit den Insignien eines respektablen *Index term* zu bekleiden. Und: Die Gründung einer *International Association for the Study of Burnout* (oder so ähnlich) dürfte nur noch eine Frage der Zeit sein.

Wie gesagt, ganz so schnell ging's dann doch nicht voran mit der Etablierung. Aber immerhin: In der amerikanischen Mainstream-Psychologie hat es ein neuer Terminus mehr oder weniger »geschafft«, sobald er Gegenstand eines Überblick-Artikels in der *Annual Review of Psychology* geworden ist; diese Würde wurde *Burnout* von Christina Maslach et al. (2001) verschafft.

Und noch ein Indiz: Einer der beiden internationalen Diagnoseschlüssel, die *International Classification of Diseases* (ICD-10; dt.: Internationale Klassifikation der Krankheiten, herausgegeben von der Weltgesundheitsorganisation, 1991) verzeichnet in seiner neuesten Ausgabe (10) erstmals auch Burnout (Schlüssel = Z73.0), wenn auch unter »ferner liefen« und lediglich mit der lapidaren Erläuterung »Zustand der totalen Erschöpfung«. Für ein Forschungsthema, das noch nicht lange volljährig ist, ganz beachtlich. Ist denn da nichts bei rausgekommen; außer Spesen nichts gewesen?

Zwei umfassende Übersichten

Ich bin den geschätzten Kollegen Wilmar Schaufeli und Dirk Enzmann, die zu dieser umfangreichen Forschungsliteratur wesentlich mehr beigesteuert haben als ich, aufrichtig dankbar für ihr Buch *The Burnout Companion to Study and Practice* (1998). Zum einen haben sie mich der Aufgabe enthoben, meinerseits eine flächendeckende Sichtung der Forschungsliteratur seit 1988 vorzunehmen; damals schloss ich die Recherchen für die erste Auflage dieses Bandes ab. Mangels technischer Ressourcen war die Ausbeute schon dieser Bemühungen keineswegs vollständig gewesen. Wer sich als Fachwissenschaftler und Forscher für den »aktuellen Stand der Burnout-Forschung« interessiert, der wird um diesen hervorragenden Band nicht herumkommen; er sei ihm wärmstens empfohlen. Ich werde mich oft darauf beziehen. Zum anderen freue ich mich über die Rückhaltlosigkeit, mit der die Autoren einen populären Burnout-Mythos nach dem anderen der enttäuschenden Befundlage gegenüberstellen. Vor allem Längsschnitt-Studien, von denen sich viele (auch ich; vgl. Burisch, 1993) Durchbrüche erhofft hatten, erbrachten bislang fast ausschließlich Niederschmetterndes. Ich werde im ► Abschn. 3.14.1 darauf zurückkommen.

Inzwischen hat die Kulturanthropologin Ina Rösing (2003) eine Sichtung der neuesten Burnout-Literatur seit dem *Burnout Companion* vorgelegt und zu einer Fundamentalkritik des Vorgefundenen verdichtet. Auch hier werde ich mich gleichermaßen dankbar wie ungeniert bedienen, auch wenn ich nicht alle Einschätzungen der Verfasserin zu teilen vermag.

Wozu also eine Neuauflage des *Burnout-Syndroms*, wenn der Erkenntnisfortschritt so schleppend verläuft? Darauf gibt es mehrere Antworten.

Genau wie viele andere skeptische Psychologen hatte ich mich in der 1. Auflage dem Thema sozusagen mit spitzen Fingern genähert. Mittlerweile habe ich, vor allem in Beratungsgesprächen und Workshops, soviel zusätzliche Erfahrungen sammeln können, dass ich sicherer denn je bin: Das ist etwas Eigenes, das unsere Aufmerksamkeit verdient. Nicht notwendig etwas Neues. Frühere Jahrzehnte haben dasselbe Phänomen mit anderen Namen belegt. Und anders als noch vor wenigen Jahren glaube ich, dass es tatsächlich häufiger wird.

Gewandelte Einstellungen

Wie häufig ist Burnout?

Wird es denn häufiger? Das weiß niemand genau. Es wird zweifellos mehr davon geredet. Die Karriere des Begriffs war von atemberaubender Steilheit, das schon. Nur – zu Zeiten, als »Komplexe«, die »Managerkrankheit« oder die »Midlife Crisis« die heißen Themen des Tages waren, fühlte sich auch jedermann sogleich davon befallen. Mit geschärftem Blick und im Besitz einer neuen Vokabel sieht man halt mehr als vorher.

Am überzeugendsten wären Panel-Studien, in Zeitabständen immer wiederholte Untersuchungen an einer konstanten Stichprobe von Befragten, mit einem der gebräuchlichen Burnout-Fragebögen. Derlei ist teuer. Ersatzweise kämen Untersuchungen jeweils repräsentativer Zufallsstichproben in Frage. Aber: Beides gibt es meines Wissens nicht.

Was es gibt, sind große, teils internationale Studien über »Berufsstress« und seine Folgen. Wie wir später sehen werden, überlappt dieser Begriff mit Burnout beträchtlich. Schauen wir also behelfsweise, was sich dort ergeben hat.

Steiler Anstieg …

Schaufeli & Enzmann (1998, S. 8–11) berichten zunächst alarmierende Zahlen zur Auftretenshäufigkeit. So fand beispielsweise eine 1993 publizierte Umfrage, dass mehr als drei Viertel aller amerikanischen Arbeitnehmer ihre Arbeit als »*stressful*« empfinden und glauben, dass das immer stärker wird. Dann Zahlen zum Trend. So stieg zwischen 1982 und 1985 in Großbritannien die Zahl stressverursachter Krankentage signifikant an. Eine andere Untersuchung fand für Fehlzeiten wegen »Nervosität, Schwäche und Kopfschmerzen« in Großbritannien zwischen 1955 und 1979 einen Anstieg um mehr als das Fünffache. Eine amerikanische Versicherungsgesellschaft beobachtete einen Anstieg stressverursachter Krankheiten von 13% im Jahre 1985 auf 25% 1991. Arbeitsunfähigkeit wegen psychischer Störungen wurde in Belgien, Deutschland und den Niederlanden zunehmend häufiger bescheinigt; die steilste Kurve erlebten die Niederlande: etwa 10% Zuwachs pro Jahrzehnt. In den USA stieg der Anteil stressbezogener Frühpensionierungen von 5% 1980 auf 15% 1989. Dort führt der Staat Kalifornien: 1988 gab es mehr als fünfmal so viele »*mental health claims*« pro Arbeitnehmer wie 1979, während z. B. die Häufigkeit von Verletzungen, die zu bleibenden Behinderungen führten, um 8% zurückging.

… aber Vorsicht!

Nun sind solche Zahlen mit Vorsicht zu genießen. Sie spiegeln zumindest teilweise die Arbeitsmarktlage, die Rentengesetzgebung, die Begutachtungs- und die diagnostischen Gewohnheiten der Ärzteschaft, und vieles mehr, was im Flusse ist. Es ist daran zu erinnern, dass unsere holländischen Nachbarn sich in den 60er Jahren überaus großzügige Pensionierungsregelungen genehmigt hatten, die dann, als sie zu offensichtlich unbezahlbaren Verhältnissen geführt hatten, in den 90er Jahren wieder einkassiert wurden (vgl. Schaufeli & Kompier, 2001). Was mich dennoch an einen Anstieg glauben lässt, ist die Gleichförmigkeit der Trends in sehr verschiedenen Ländern, darunter auch sog. »Schwellenländer« wie Indien oder Brasilien.

Burnout wird heute vor allem in den helfenden, erziehenden und Dienstleistungsberufen, im Management und unter »Kreativen« diskutiert. Das muss aber keineswegs bedeuten, dass es dort häufiger auftritt als anderswo. In Fragebogenuntersuchungen habe ich da schon etliche Überraschungen erlebt. Noch immer bin ich davon überzeugt, dass Burnout so, wie ich es verstehe, an jedem Arbeitsplatz, im Privatleben und auch in der Arbeitslosigkeit auftreten kann, mit situationsabhängigen Nuancierungen und auslösenden Bedingungen, versteht sich. Und Leiden dieser Art ist verbreitet genug, um nicht als seltene Ausnahmeerscheinung abgetan zu werden.

Barry Farber, der schon seit den frühen Anfängen über Burnout publiziert, sieht allerdings das ganze Phänomen im Kern gewandelt. Die »klassischen« Ausbrenner der 70er und 80er Jahre seien an unrealistisch hohen altruistischen Zielsetzungen Gescheiterte, zumindest an der Oberfläche Idealisten, gewesen. Derartige Individuen seien mittlerweile Ausnahmen.

»Das Burnout von heute stammt überwiegend von dem Druck, die eskalierenden Ansprüche Anderer zu erfüllen, oder von der intensiven Konkurrenz, besser als Andere in derselben Organisation oder Firma zu sein, oder von dem Antrieb, immer mehr Geld zu machen, oder von dem Gefühl, es werde einem etwas vorenthalten, was man offensichtlich verdient« (Farber, 2000a, S. 592).

In allerjüngster Zeit nun kann man sich des Eindrucks nicht erwehren, dass wirklich allenthalben das Burnout-Virus grassiert. Das jedenfalls erzählen mir Unternehmensberater, Trainer, Seminarleiter, die im Wirtschaftsbereich mehr unterwegs sind als ich. Wo noch (sogar namentlich benannte) junge Herren mit Mittelscheitel bzw. dito Damen mit Laptop in Anzeigen den schönen Schein, das Hochglanz-Image von »Exzellenz« für ihre Unternehmen verbreiten, denkt man sich: »Warte nur, balde…«

Aber wer weiß, vielleicht ist derlei Kulturpessimismus verfrüht; er war es oft. Der Mensch ist eine anpassungsfähige Species. Vor 100 Jahren sprach man vom »rasenden Tempo der Neuzeit«, welches die Nerven der Zeitgenossen heillos zerrütten werde, bloß weil beispielsweise Automobile im 20-km/h-Tempo die Dorfhühner aufscheuchten. Wahrscheinlich stehen wir in West- wie Osteuropa in einer gewaltigen Umbruchphase, was Werte und Anforderungsprofil betrifft. Die nächste Generation wird »Wissensbasiertheit« fast aller Berufe, globalen Konkurrenzdruck und Unberechenbarkeit der persönlichen Zukunft von Kindesbeinen an als den normalen Stand der Dinge kennenlernen. Was das dann für die Persönlichkeitsentwicklung bedeuten wird, ist eine andere Frage. Was aus denen wird, die dabei nicht mithalten können, aus welchen Gründen auch immer, ebenfalls.

In aller Munde

Auch einem breiteren Publikum ist Burnout endgültig kein Fremdwort mehr. Anfang November 2004 erregte der Rücktritt eines Parteivorsitzenden in der Schweiz für einiges Aufsehen, den dieser mit der Selbstdiagnose »Burn-Out-Syndrom« und folgenden Worten begründete:

»Die damit verbundenen Erschöpfungszustände und Blockaden verunmöglichen es mir, die mir übertragene Verantwortung weiterhin angemessen wahrzunehmen.«

Schon einige Monate früher hatte die in den Medien stark beachtete Krise eines deutschen Berufsfußballers die Leserschaft von Sportzeitschriften mit dem Terminus vertraut gemacht.

Lebenshilfe: Nicht beabsichtigt

Wenn auch der Forschungsstand nicht so beschaffen ist, dass er eine Neuauflage zwingend erforderlich machen würde, lässt sich heute zumindest schärfer formulieren, was wir nicht wissen, oder was vermutlich nicht so ist, wie früher vermutet. Das ist ja auch schon was.

Noch ein Grund für eine Neuauflage: Die beiden ersten Auflagen haben mir viel erfreuliche Leserpost eingebracht. Eine häufige Aussage lautete etwa so: »Beim Lesen dachte ich oft, Sie müssen mich gekannt haben!« Es scheint mir, der ich die Sache eingestandenermaßen von innen kenne, also gelungen zu sein, Wiedererkennungserlebnisse auszulösen. Und das, bilde ich mir ein, nicht mit den einfachen Mitteln der anekdotischen Ratgeberliteratur.

Freilich, das Buch traf nicht nur auf Begeisterung. Ein Leser sandte mir sein Exemplar wutentbrannt zurück, um es von seinem Nachttisch zu entfernen, wo es seine Hoffnungen auf Rezepte, auf Lebenshilfe, schmählich enttäuscht hatte. Ich konnte ihn zu meinem Bedauern nur darauf hinweisen, dass ich (und die Buchwerbung) derlei auch nicht versprochen hatte. Auch wenn ich heute zu dem Thema mehr zu sagen wüsste (und sagen werde): Dies Buch will Burnout in erster Linie verstehbar machen. Wenn schon das Lösungsideen liefert, wenn sich daraus Wegweiser für das eigene Entkommen aus der Burnout-Falle zimmern lassen – auch solche Zuschriften habe ich erhalten –, dann freut mich das besonders. Aber in aller Regel kann ein Buch eine individuelle Beratung (oder gar Therapie) nicht ersetzen. Alles andere wäre Etikettenschwindel und Scharlatanerie.

Danksagungen

Danken möchte ich an dieser Stelle Karin Winnefeld, die mir die Weiterarbeit an dem vorhandenen Text durch ein ganz spezielles Geschenk technisch sehr erleichtert hat. Danken möchte ich weiter und in Besonderheit den Vielen, die mir spezielle Hinweise und Anregungen gaben, und denen, die mir das Vertrauen schenkten, mich an ihrem Leben teilhaben zu lassen. Die ersteren sind zu zahlreich, um alle namentlich zu erwähnen, die letzteren würden es vermutlich nicht wollen.

Matthias Burisch
Hamburg, im Sommer 2005

Vorwort zur ersten und zweiten Auflage

Dieses Buch ist vor allem für zwei Kategorien von Lesern geschrieben: vom Ausbrennen direkt oder indirekt Betroffene und interessierte Sozialwissenschaftler. Erstere sollen Möglichkeiten zur Klärung und Er-Klärung ihrer Erfahrungen an die Hand bekommen. Letzteren soll eine einigermaßen umfassende Theorie des Burnout-Syndroms vorgestellt werden – ein Unterfangen, das man aufgrund der existierenden Literatur zum Thema skeptisch beurteilen würde. Wenn auf diese Weise Forschung und schärfer fokussierte Interventionen angeregt würden, wäre viel gewonnen.

Ob es mir gelungen ist, die stilistischen Bedürfnisse beider Leserkreise, die übrigens überlappen dürften, zu treffen, müssen die Leser entscheiden. Ähnlich wie amerikanische Autoren war ich nie der Meinung, dass Texte staubtrocken sein müssen, um als »wissenschaftlich« durchzugehen. Da ich selbst anschaulich am besten denke, wird man reichlich erläuternde Beispiele finden. Auch glaube ich, der in den Wissenschaften verbreiteten Tendenz zur Atomisierung widerstanden zu haben, die, ausgehend von lebensumspannenden Fragestellungen, im Handumdrehen bei Kleinstdetails anlangt, die nurmehr Spezialisten spannend finden. Obwohl ich also die Erwartungen mancher Fachkollegen enttäuschen werde, auch was die Präzision der Terminologie betrifft, ist dies der Versuch, Burnout oberhalb der rein metaphorischen Ebene zu erklären, und zwar größtenteils durch Rückgriff auf in der Psychologie einigermaßen etabliertes Wissen.

Wer, andererseits, den Text liest, ohne den Begriffsapparat des studierten Psychologen zur Verfügung zu haben, wird sich manchmal ausführlichere Definitionen und Erläuterungen wünschen. Ich hoffe sehr, dass das Verstehen dennoch möglich ist – wo es ernst wird, habe ich eigentlich immer Deutsch geschrieben. Erste Reaktionen auf eine frühere Fassung des Manuskripts bestärken mich in dieser Hoffnung.

Zu danken habe ich – außer der Universität Hamburg für zwei Forschungssemester und der Deutschen Forschungsgemeinschaft für eine Sachbeihilfe – in erster Linie einigen Freunden und Kollegen für Hilfe, Anregungen, Hinweise und moralische Rückenstärkung. Heiner Imkamp, Dean Peabody, Arne Raeithel und Detlef Rhenius haben verschiedene vorangehende Textversionen gelesen und gründlich kritisiert. Wo ich ihre Änderungsvorschläge in den Wind geschlagen habe, mögen mich die Folgen treffen. Inge Ortlepp hat das Manuskript auf diversen unberechenbaren Gerätschaften mit Hilfe dreier verwirrender Textsysteme, schon darum stets burnout-gefährdet, geschrieben; sie behielt dabei nicht nur ihre professionelle Präzision bei, sondern auch ein Interesse, das über das rein berufliche hinausging. Christoph Berg und der inzwischen früh verstorbene Arne Raeithel wussten notfalls auch sonntags Rat, wenn der Autor beim *Desktop Publishing* zu verzweifeln drohte. Ohne den erfahrenen Beistand wäre alles viel schwieriger gewesen.

Mein Dank gilt darüber hinaus den vielen Menschen, die mich in verschiedenen Rollen – ob als Interview- oder Gesprächspartner, als Teilnehmer meiner Workshops und Seminare, oder als Klient – an ihren Erfahrungen mit und ihren Gedanken über Burnout haben Anteil nehmen lassen. Nie zuvor hatte ich weniger Zweifel, dass mein Schreiben und Handeln auch für andere Sinn und Nutzen hat, als hier. Auch dafür bin ich dankbar.

Matthias Burisch
Hamburg, im Juli 1989

Inhaltverzeichnis

Einführung

Was ist Burnout?

Burnout in der Schule

Burnout – das ist die junge Lehrerin, die schon nach ihrem ersten Jahr im Schuldienst gealtert aussieht, nach der Schule in einen Erschöpfungsschlaf fällt, nachts über ihren Stundenvorbereitungen brütet und von sich selbst sagt:

> »Ich hätte nie gedacht, dass ich mal so werden könnte wie die säuerlichen alten Kollegen, die die Kinder bloß anschreien und Strafarbeiten aufgeben. Inzwischen haue ich auch dazwischen, anders kommt man einfach nicht durch. Der einzige Zweck des Unterrichts sind nun mal die Zeugnisse.«

Burnout im Krankenhaus

Burnout ist die 19-jährige Schwesternhelferin, die sich die Arbeit als Fortsetzung ihres Privatlebens vorgestellt hatte, in dem sie zwei Katzen, einen Freund und diverse Freundinnen verwöhnt, und die nun – nach einer Weile auf ihrer ersten Station – an Ärzten, Schwestern und Patienten kein gutes Haar mehr lässt:

> »Wenn ich nur an diese Weiber denke, die sich bei mir über ihre Töchter ausheulen möchten, weil sie glauben, ich wäre besser als die – innerlich lache ich dabei.«

Burnout in der Hochschule

Burnout ist der Professor, der – nach seiner Assistentenzeit an einem unruhigen Institut Ende der Sechziger rasch avanciert, in den ersten Jahren die Tür seines Büros, ja seiner Wohnung, stets für jedermann offen hielt, der sich in Studienreform und Selbstverwaltung engagierte und stets dabei war, wenn ein »autoritärer Zopf« abzuschneiden war – und der seine Begegnungen mit Studenten, »diesen narzisstischen Kretins«, heute auf ein kühles Minimum beschränkt, Konferenzen allenfalls seufzend absitzt und ansonsten wieder zwischen seinen Bücherwänden lebt.

Burnout im Kinderdorf

Burnout ist die 27-jährige Hausmutter in einem Kinderdorf, die nach der zweiten an ihrem Beruf gescheiterten Beziehung zunächst in eine Wohnung außerhalb des Dorfes zieht, um nach einem halben Jahr, trotz dieser Distanzierung emotional ausgelaugt, nach einem alternativen Bauernhof sucht, auf dem sie arbeiten kann: Nie wieder was mit Kindern!

Burnout ist aber auch

Burnout in der Musik

- der Ingenieur, der jahrelang Beförderungen abgelehnt hat, um seine Karriere als Jazzmusiker betreiben zu können, nur um immer wieder zu erleben, dass ihm der Sprung in Spitzenbands misslingt, und der daraufhin seinen Alkoholkonsum zu ruinösen Mengen steigert;

Burnout in der Kunst

- die Malerin, die ihren Stil in der Hoffnung auf einen »Durchbruch« immer weiter perfektioniert hat und nun verbittert mit ansehen muss, wie Dilettanten marktgängigere Arbeiten aus den Händen gerissen werden;

Burnout in der Entwicklungshilfe

- der junge Entwicklungshelfer, der nach einem Jahr Sisyphusarbeit im afrikanischen Busch erkennen muss, wie winzig ist, was er bewirken kann, und der, mit einem müden Lächeln über seinen anfänglichen Idealismus, Geschichten über »die Bimbos« erzählt, die an Ostfriesenwitze erinnern.

Diese Fälle sind sämtlich nicht erfunden. Und nicht nur die lauffeuerartige Popularisierung des Begriffs Burnout in den USA, mittlerweile weltweit, deutet darauf hin, dass hier ein Phänomen häufiger wird.

Burnout ist nichts Neues

Ist denn Burnout etwas Neues? Sicher nicht. Schon Thomas Manns Roman *Buddenbrooks*, erschienen 1901, liefert in der Figur des Senators Thomas Buddenbrook, dessen vorzeitiger Tod in das Jahr 1875 gelegt wird, eine detaillierte Fallbeschreibung mit zahlreichen Burnout-Zügen.

»Der gänzliche Mangel eines feurigen Interesses«

> »Die phantasievolle Schwungkraft, der muntere Idealismus seiner Jugend waren dahin. Im Spiele zu arbeiten und mit der Arbeit zu spielen, mit einem halb ernst, halb spaßhaft gemeinten Ehrgeiz nach Zielen zu streben, denen man nur einen Gleichniswert zuerkennt – zu solchen heiter-skeptischen Kompromissen und geistreichen Halbheiten gehört viel Frische, Humor und guter Mut; aber Thomas Buddenbrook fühlte sich unaussprechlich müde und verdrossen. Was für ihn zu erreichen gewesen war, hatte er erreicht, und er wusste wohl, dass er den Höhepunkt seines Lebens, wenn überhaupt, wie er bei sich hinzufügte, bei einem so mittelmäßigen und niedrigen Leben von einem Höhepunkte die Rede sein konnte, längst überschritten hatte [...] Der gänzliche Mangel eines aufrichtig feurigen Interesses, das ihn in Anspruch genommen hätte, die Verarmung und Verödung seines Inneren – eine Verödung, so stark, dass sie sich fast unablässig als ein unbestimmt lastender Gram fühlbar machte – verbunden mit einer unerbittlichen inneren Verpflichtung und zähen Entschlossenheit, um jeden Preis würdig zu repräsentieren, seine Hinfälligkeit mit allen Mitteln zu verstecken und die »Dehors« zu wahren, hatte dies aus seinem Dasein gemacht, hatte es künstlich, bewusst, gezwungen gemacht und bewirkt, dass jedes Wort, jede Bewegung, jede geringste Aktion unter Menschen zu einer anstrengenden und aufreibenden Schauspielerei geworden war. (Aus dem zehnten Teil.)«

Nun ist Thomas Buddenbrook eine Figur der Literatur. Aber Thomas Mann, der geniale Amateur-Psychologe, hat sich an leibhaftigen Personen seiner Heimatstadt orientiert. Und es gibt weitere Belege aus früheren Jahrzehnten.

Ein Prominenter

Zum Beispiel Ludwig Wittgenstein, den viele für den bedeutendsten Philosophen des 20. Jahrhunderts halten. Der hat während eines wenig bekannten Lebensabschnittes 1920–1926 das Ausbrenner-Schicksal vieler Lehrer der 68er-Generation vorweggenommen. Ausgezogen mit dem romantischen Ziel, als Landschulmeister die Kinder einfacher, aber ehrlicher Bauern »aus dem Dreck zu ziehen« – so seine eigenen Worte –, wurde er am Ende von niederösterreichischen Dörflern regelrecht vertrieben, desillusioniert, bitter und am Ende seiner Nerven (Bartley, 1983).

»Innerlich von den Dingen besetzt«

Anklänge an das Thema – überstarke Identifikation mit Zielen und ihre psychischen Folgen – finden sich schon überraschend früh in der Ideengeschichte. Bereits Meister Eckhart (1260-1327), der deutsche Mystiker, unterscheidet Menschen, die »bei den Dingen« sind, von solchen, »in« denen die Dinge sind; wer »gleichsam innerlich von den Dingen besetzt ist, [dem] treten sie dauernd als Sorge vor Augen und behindern ihn: er ist sorgenvoll« (Mieth, 1969, S. 202).

Burnout schon in der Bibel

Ein Pastoralpsychologe, Traugott Ulrich Schall, hat mich darauf hingewiesen, dass von Burnout sogar noch wesentlich früher die Rede gewesen ist, selbstverständlich unter anderem Namen. Im Alten Testament, dem Buch der Bücher, findet sich die Geschichte des Propheten Elias, der, nach einer »Erfolgssträhne« im Namen des Herrn vollbrachter Wunder und Siege, beim ersten Anzeichen einer drohenden Niederlage in tiefe Verzweiflung stürzt, den Tod herbeiwünscht und in einen tiefen Schlaf verfällt (1. Könige 17-22). Schall schreibt, dass diese Art von Krise früheren Pastorengenerationen als »Elias-Müdigkeit« bekannt war. Sie werden also wohl auch eigene Erfahrungen damit gemacht haben (vgl. Schall, 1993). - Ein m. E. noch viel schlagenderes Beispiel aus ebenfalls alttestamentarischer Zeit betrifft keinen Geringeren als Moses, auf dem Weg ins Gelobte Land mit dem Volke Israel. In der Geschichte gibt es sogar die Figur des »Feuerwehrmannes«, der hilflos mit ansehen muss, wie seine guten Ratschläge den Prozess des Ausbrennens überhaupt nicht beeinflussen. Moses nämlich wirkt nach einem Tag unablässigen Rechtsprechens wohl etwas angegriffen; jedenfalls ermahnt ihn sein Schwiegervater Jetro zur Selbstschonung:

> »Es ist nicht gut, wie du das tust. Du machst dich zu müde, dazu auch das Volk, das mit dir ist. Das Geschäft ist dir zu schwer, du kannst es allein nicht ausrichten« (2. Mose 18, 17-18).

Dieser Rat zu mehr Delegation wird noch befolgt und löst ein Problem. Aber neue tauchen auf. Als das Volk schließlich auch noch nach Fleisch statt Manna verlangt, wirft der Führer das Handtuch. Er schreit zu seinem Gott:

> »Warum bekümmerst du deinen Knecht? Und warum finde ich keine Gnade vor deinen Augen, dass du die Last dieses ganzen Volkes auf mich legst? Habe ich denn all das Volk empfangen oder geboren, dass du zu mir sagen könntest: Trag es in deinen Armen, wie eine Amme ein Kind trägt, in das Land, das du ihren Vätern zugeschworen hast? Woher soll ich Fleisch nehmen, um es all diesem Volk zu geben? Sie weinen vor mir und sprechen: Gib uns Fleisch zu essen. Ich vermag all das Volk nicht allein zu tragen, denn es ist mir zu schwer. Willst du aber doch so mit mir tun, so töte mich lieber, wenn anders ich Gnade vor dir gefunden habe, damit ich nicht mein Unglück sehen muss« (4. Mose 11, 11-15).

So mancher aus Politik oder (Selbst)verwaltung mag sich da an eigene Erfahrungen erinnert fühlen.

Wie kommt Burnout zustande?

Wenn die Motivation schwindet

In großen Bereichen der differentiellen Psychologie steht gerade für pathologische oder deviante Phänomene ein breitgefächertes Begriffsrepertoire zur Verfügung, während das jeweilige Gegenteil fast nur mit »gesund«, »normal« oder »stabil« gekennzeichnet werden kann (vgl. Tyler, 1965). In der Motivationspsychologie ist es gerade umgekehrt. Warum Menschen tun, was sie tun, das ist Gegenstand vielfältiger Theorien. Wo nun aber die Motivation schwindet, wo

Arbeitsunzufriedenheit weder Arbeitsplatzwechsel noch »Arbeitskampf« auslöst, sondern dramatische persönliche Veränderungen, da wird es schwieriger.

Rätselhafte Krisen

Warum wird ein dynamischer Studioleiter, den Probleme mit Mitarbeitern nie sonderlich gedrückt haben, nach der Übernahme einer weniger fordernden, besser bezahlten Position plötzlich selbstzweiflerisch, depressiv, ruhelos, ohne dass mehr sichtbar wäre als ein paar Reibereien mit unterstellten Handwerkern?

Warum entwickelt eine attraktive, beruflich unangefochtene Journalistin, nach einer Periode persönlicher Turbulenzen scheinbar zur Ruhe gekommen, eine kaum überwindbare Abneigung, morgens ins Büro zu gehen?

Was lässt einen ehrgeizigen Abteilungsleiter, endlich zum stellvertretenden Generaldirektor aufgestiegen und designierter Nachfolger des amtierenden, Mitarbeiter mit Wutausbrüchen in die offene Rebellion treiben, bis er, bei hohem Tranquilizerverbrauch am Rande des physischen Ruins, von seinen Pflichten entbunden werden muss?

Mit einer ähnlichen Frage beschließt auch der amerikanische Psychiater Richard Alexander seine Beschreibung dreier Fluglotsen, die wegen psychischer Arbeitsunfähigkeit den Dienst verlassen mussten:

> »Was ist das für ein Prozess, der hochintelligente Männer mit ursprünglich anscheinend guter Motivation und einer Menge Vertrauen in sich selbst und in ihre Fähigkeit, Krisensituationen zu meistern, in eine Geistesverfassung derartiger emotionaler Auflösung und Desillusionierung bringt?« (R. J. Alexander, 1980, S. 41).

Aussteiger

Für krisenhafte Entwicklungen dieser Art oder für überraschende Ausstiege aus hoch angesiedelten Lebenspositionen gab es bis vor einigen Jahren nicht einmal eine Bezeichnung. Mittlerweile hat das Thema – etwa: Polizist wird Heilpraktiker, Industriemanager wird Forellenzüchter – über die Anzeigenkampagne eines Zigarrenherstellers in den 80er-Jahren des vorigen Jahrhunderts sogar Eingang in die Werbung gefunden.

Burnout – Die Karriere eines Begriffs

Mit den Helfern fing es an

Zuerst wurde die Erscheinung des vollständigen und zunächst unerklärlichen Motivationsverlusts bei den »helfenden« oder Sozialberufen beschrieben. (Freilich hatte Wiesenhütter unter dem Titel »Betriebsneurosen« schon 1959 eine Reihe berufsunspezifischer Arbeiten zusammengefasst, die bis in die 20er-Jahre zurückreichten.) In einer frühen, überaus detaillierten Fallstudie einer Krankenschwester schilderten Schwartz & Will (1953/1961; vgl. Abschn. 3.11) das Symptombild ziemlich vollständig. Die besondere Gefährdung der »hilflosen Helfer« ist in Deutschland vor allem seit Schmidbauers (1977) Buch diskutiert worden (vgl. a. Schmidbauer, 2002). Schon einige Jahre zuvor beschrieb Bäuerle (zit. nach Huppertz, 1975)

> »… die Reduktion psychischer Belastbarkeit schon im mittleren Berufsalter; die Entstehung von Resignation und Ressentiment als Fol-

> ge menschlicher Überforderung; die Bildung einer autoritären Charakterstruktur und die Neigung zu repressivem Verhalten als Folge beruflicher Enttäuschung; den inneren Rückzug von allen Menschen und menschlichen Problemen als Schutzmaßnahme jener, die – ohne eigene Hilfe zu erfahren – ein Berufsleben lang mit schwierigen Persönlichkeiten in hoffnungslosen Situationen gesellschaftskonforme Lösungen finden müssen« (Bäuerle, 1969, S. 23).

Über den »Praxisschock« junger Lehrer (Müller-Fohrbrodt et al., 1978), der sich *mutatis mutandis* wohl auch bei Sozialarbeitern, Krankenschwestern und Therapeuten einstellt, wird seit ähnlich kurzer Zeit gesprochen.

Ein Begriff aus den USA

In Amerika nun wurde von dem deutschstämmigen Psychoanalytiker Herbert J. Freudenberger (1974) – etwa gleichzeitig von Ginsburg (1974) – der Begriff popularisiert, den auch ich hier verwenden will: Burnout. Er bezeichnete bei Freudenberger zunächst den psychischen und physischen Abbau der meist ehrenamtlichen Mitarbeiter »alternativer« Hilfsorganisationen: »*Free Clinics*«, therapeutische Wohngemeinschaften, Frauenhäuser, Kriseninterventionszentren. Wie Golembiewski (1982) berichtet, wurde Ähnliches ab Ende der 60er Jahre, damals noch »*Flame-Out*« genannt, unter amerikanischen Organisationsberatern beobachtet und viel diskutiert. Das Verb »*to burn out*« verwendet schon Shakespeare Ende des 16. Jahrhunderts; um 1900 geht es in der Bedeutung »Überarbeitung und früher Tod« ins Standardenglisch über (Enzmann & Kleiber, 1990, S. 18). Graham Greenes Erzählung *A burnt-out case* von 1961, die einen erfolgsüberdrüssigen Architekten schildert, mag zur Ausweitung der Begriffsbedeutung beigetragen haben.

Es lag in der Luft

Freudenberger und ab 1976 insbesondere Christina Maslach und Ayala Pines in Kalifornien haben das Phänomen bei anderen Sozialberufen beschrieben; schließlich gerieten auch ganz andere Berufsgruppen und der private Lebensbereich ins Blickfeld. Ebenso wie Jahre zuvor die Beschäftigung mit der »*Midlife Crisis*«, von Schreiber (1977) auch in Deutschland popularisiert, epidemische Ausmaße annahm, schien Burnout als bildhafte Vokabel etwas in der Luft Liegendes auszudrücken. Was vielerorts in der Luft lag, war eine tiefgreifende Enttäuschung über das rasche Stocken oder Scheitern so vieler sozialer und wirtschaftlicher Aufbrüche, das Ratlosigkeit hinterließ. Die nachfolgenden persönlichen Krisen wurden (und werden teils noch heute) von den Betroffenen als Ausdruck persönlichen Versagens verstanden und entsprechend geheim gehalten. Umso erlösender die Entdeckung, mit seinem Leid kein Einzelfall zu sein. In Deutschland war die Übersetzung von Freudenberger & Richelsons Buch *Ausgebrannt* (1980) rasch vergriffen, sie kam 1983 unter verändertem Titel als Taschenbuch wieder auf den Markt. Ein Vorabdruck aus dem Buch von Aronson et al. (1983) in *Psychologie heute* (Oktober 1983) sorgte auch hierzulande für weitere Aufmerksamkeit; erste Veröffentlichungen deutscher Autoren folgten oder waren kurz vorher erschienen (Adam, 1981; Böckler, 1984; Buchka & Hackenberg, 1987; Burisch, 1985, 1987; Dinslage, 1983; Duhr, 1985; Gottschall, 1988; Hahn, 1985; Kleiber & Enzmann, 1986; Kolbe et al., 1985; Künzel & Schulte, 1986; Schmalzriedt, 1981; Schmidbauer, 1982). Cherniss (1980b, S. 9), der auch die steile Popularitätskurve des Begriffs mit Beispielen belegte, rechnete damit, dass das Wort in wenigen Jahren, vorzeitig verschlissen, aus der amerikanischen

Umgangssprache verschwunden sein würde – nicht so das Phänomen, für das es steht. Diese Prognose hat sich freilich nicht bewahrheitet. Bei uns, so schrieben Büssing & Perrar (1988), wurde die Vokabel durch die Aufnahme in ein renommiertes Handbuch eines prominenten Psychologen (Schönpflug, 1987) schließlich »hoffähig«.

»Ausbrennen« oder »Durchbrennen«?

Bei genauerem Hinsehen erweist sich die Metapher »Burnout« übrigens als nicht allzu treffend, selbst dann, wenn man das Wort mit »Durchbrennen« übersetzte, was korrekter wäre. Durchbrennen können Sicherungen oder Stromleitungen, aber beides geschieht abrupt, und der Effekt ist sofortiger Stillstand, nicht die oft jahrelange Quälerei des Burnout. Ausbrennen können Gebäude – aber dann hat ein kurzes, heftiges Feuer am falschen Platz gewütet –, oder Öfen und Brennkammern – aber dann ist es ein geplanter Prozess, der Wärme erzeugt. Ausgebrannt sein, schließlich, kann ein Feuer, wenn kein Brennstoff nachgelegt wird. Dieser Endzustand mag dem entsprechen, was Lauderdale (1982, S. 57) »*Meltdown*« nennt – aber natürlich brennt dort sehr viel, anders als im Fall der erloschenen Flamme. Und ob ein Ausgebrannter nur mit ein wenig Stroh und einem Funken wieder angezündet werden kann, ist zumindest sehr zweifelhaft. Was dagegen psychologisch-metaphorisch mit Burnout gemeint ist, ist eine langdauernd zu hohe Energieabgabe für zu geringe Wirkung bei ungenügendem Energienachschub – etwa so, wie wenn eine Autobatterie nicht mehr über die Lichtmaschine nachgeladen wird, dennoch aber Höchstleistungen abgeben soll. Da dieses Phänomen in der Technik nicht möglich ist, gibt es leider auch keinen Terminus dafür. Die deutsche Redewendung »die Kerze an beiden Enden anzünden« käme der Sache nahe, ist aber umständlich und trifft ebenfalls nicht den Kern der Sache. Mittlerweile ist Burnout in aller Munde. Schon darum werden wir bei dieser Vokabel bleiben.

Vertraute Fragen, neue Zusammenhänge

»An der Majorsecke hängengeblieben«

Dass Burnout auch in den scheinbar »sachlichen«, rationalen Gefilden der Wirtschaft stattfindet, wurde mir vor Jahren in einem Gespräch mit dem Personalvorstand eines Großunternehmens deutlich. Man schilderte mir die Probleme, die dem Haus durch sog. »mittlere Führungskräfte« entstanden, die nach Jahren zielstrebiger Karriere sozusagen »an der Majorsecke hängengeblieben« waren.

Durchschnittlich in ihren späten Vierzigern oder frühen Fünfzigern hatten diese Manager erkennen müssen – so lautete die Diagnose –, dass der Vormarsch endgültig abgeschlossen, der Aufstieg in die höchsten Ebenen nicht mehr zu erwarten war. Mit der Aussicht, die Zeit bis zum Pensionsalter im Status quo verbringen zu müssen, setzten oft erschreckende Abbauerscheinungen ein, die aus der Sicht des Unternehmens nicht einfach hinzunehmen waren. Für eine Entlassung oder einen Neuanfang sei es viel zu spät, für eine Pensionierung viel zu früh.

Burnout kann teuer sein

Nach Schilderung der Dinge schien mir klar, dass die betroffenen Menschen mindestens so stark leiden mussten wie ihre Arbeitgeber. Erst später stieß ich auf Levinsons (1969, 1981) facettenreiche Analysen desselben Dramas. Dass Burnout nicht nur im Sinne verringerter Produktivität für Arbeitgeber sehr teuer werden kann, geht aus Minnehan & Paines (1982) Analyse fiktiver Entschädigungsfälle hervor. Dabei wurde freilich die amerikanische Rechtslage unterstellt. Bei Fluglotsen hat es in den USA bereits mindestens eine kostspielige Frühpensionierungs- und Umschulungswelle gegeben (vgl. R. J. Alexander, 1980).

Schaufeli & Enzmann (1998, S. 11) berichten von Schätzungen aus dem Jahre 1993, nach denen »Berufsstress« (was zwar mit Burnout nicht identisch, aber verwandt ist) amerikanische Arbeitgeber jährlich etwa 200 Mrd. Dollar kostet. Eine englische Schätzung von 1996 beziffert den volkswirtschaftlichen Schaden zu Lasten von »Stress und seelischen Störungen« auf jährlich 5 Mrd. Pfund. Für die Niederlande und das Jahr 1994 wird die Zahl 25 Mrd. Gulden für Fehlzeiten und Entschädigungen im Zusammenhang mit »stressbedingten Störungen« genannt. Diese Zahlen, so unvollkommen sie die Verhältnisse abbilden dürften, sollen immerhin die Größenordnung des gesellschaftlichen Problems verdeutlichen, und zwar auf einer allgemein akzeptierten Dimension: Geld. Von den Betroffenen selbst war dabei noch nicht einmal die Rede.

Auf der individuellen Ebene haben Petermann & Studer (2003) einmal einen prototypischen, eher glimpflich verlaufenden Fall für schweizerische Verhältnisse vorgerechnet: Ein 55-jähriger Arbeitnehmer mit einem Jahreseinkommen von 96.000 sfr wird von einem Tag auf den anderen völlig arbeitsunfähig; nach einem Jahr Psychotherapie und sechs Wochen Rehabilitation wird wieder eine 50%ige Erwerbsfähigkeit erreicht. Die totalen direkten Kosten des Arbeitsgebers und der Sozialversicherungen beliefen sich hier auf gut 390.000 sfr.

Und wenn es nicht so glimpflich verläuft? Der Psychiater Heiner Lachenmeier (2002) geht ebenfalls für die Schweiz von einer durchschnittlichen Invaliditätsberentung in Höhe von 2.000 sfr und einer Durchschnittsdauer von 20 Jahren aus. (Beides dürften vorsichtige Schätzungen sein.) Der Einzelfall würde also nur bei den Kassen bereits rund eine halbe Million Franken Kosten verursachen.

Dies alles war noch nicht bekannt, als ich die 1. Auflage dieses Buches schrieb. Mir ging es damals, Anfang der 80er-Jahre, vordringlich um ein Verständnis des Phänomens, um Einsichten.

Annäherungen an einen Begriff

Die mehr zufällige Bekanntschaft mit dem Buch Lauderdales (1982) eröffnete weitere Sichtweisen. Zwar schien mir vieles, vielleicht gerade das Wichtigste, weiter klärungs- und erklärungsbedürftig. Aber hier wurde etwas beschrieben, was ich selbst mehrmals durchlebt hatte. Und bei der Annäherung an den Begriff geriet ich immer häufiger auf vertrautes Terrain.

In der Falle

Im Zentrum des Burnout-Syndroms schienen mir Ziele, Wünsche, Bedürfnisse zu stehen, die entweder gar nicht, nicht mehr oder nur unter Hintanstellung der meisten anderen Ziele zu realisieren sind. Bei dem Versuch, das Verlangte doch noch zu erreichen oder zu sichern, werden die Anstrengungen immer verzweifelter – eine »Lösung erster Ordnung«, wie Watzlawick et al. (1974) das nennen. Schließlich, wenn die Kraftreserven schwinden, tritt ein Erschöpfungszustand ein. Das Aufgeben des Ziels scheint aber ebenso unmöglich zu sein wie seine Erreichung. Auf der Suche nach einem plastischen Vergleich fiel mir das Foto eines Wolfs in die Hände, der mit der Pfote in eine Falle geraten war. Er hatte versucht, sich zu befreien, indem er die Pfote durchnagte. Eine ähnlich schmerzhafte Amputation scheint es für den Menschen im Burnout zu bedeuten, würde er ein zentrales Lebensziel aufgeben oder umdefinieren. Warum? Und wie kann es zu einer solchen Zuspitzung kommen?

Suizid als Ausweg

Thomas Burkart hatte 1980 in seiner Diplomarbeit versucht, Erklärungsansätze für suizidales Handeln zu liefern. Im Mittelpunkt seiner Analyse hatte ein an Durkheim (1897) orientierter Anomiebegriff gestanden: Hilflosigkeit und Ohnmacht in einer Situation, die durch rigide, hochgesteckte Werte und Ziele einerseits, Unmöglichkeit ihrer Realisierung andererseits gekennzeichnet ist. Erst später hatte ich Seligmans (1975; dt. 1979) Buch *Helplessness* gefunden, das Depression als Reaktion auf einen Zustand subjektiver Hilflosigkeit deutet. Bei Burkart wiederum hatte es hypothetisch einen depressiven Durchgang vor dem Suizid oder Suizidversuch gegeben; bei Individuen jedenfalls, die sich eine solche Strategie zur Verminderung ihres Leidensdrucks zu gestatten in der Lage waren.

Erleichterte Studenten

Welch befreiende Wirkung andererseits schon die bloße Hoffnung auf Situationskontrolle auslösen kann, hatte ich viele Male in einem Einführungskurs über Arbeitstechniken, den ich regelmäßig für Studienanfänger veranstaltete, beobachtet. Wichtiger als die Einweisung in sämtliche Geheimnisse der Bibliothek oder des korrekten Zitierens war und ist mir die Entdämonisierung solch angstbefrachteter Termini wie »Universität«, »Wissenschaft« oder »Diplomhauptprüfung«, das Aufzeigen individueller Entscheidungsfreiräume, die Reduzierung unrealistischer Ansprüche an sich selbst, eigener und projizierter. Nicht wenige Teilnehmer hatten mir unaufgefordert berichtet, dass sie den Kurs entblockiert, mit neuer Energie, verlassen hatten. Das Gefühl, einem anonymen, übermächtigen System ausgeliefert zu sein, sei geschwunden.

Ausgeliefert

Über Ausgeliefertsein, also das Gegenteil von Dominanz, eine der Kernvariablen im System von Mehrabian (1976, dt. 1978; 1980; Mehrabian & Russell, 1974), dachte ich zu dieser Zeit häufiger nach, weil ich Peter Eggers' (1981) Untersuchung zu dieser umweltpsychologischen Theorie fortführen wollte. Dominanzverlust, ein externaler »*Locus of Control*« (Rotter, 1966) – das ähnelte sehr dem, was ich über Burnout dachte. Aber in der Literatur war von Suiziden als Abschluss von Burnout-Prozessen nie die Rede gewesen. (In der Zwischenzeit habe ich einen solchen Fall erlebt.) Weil Burnout immer nur retrospektiv analysiert wurde und Tote nicht interviewt werden können? Oder sind Ausbrenner durch irgendeinen Persönlichkeitszug vor dem Suizid geschützt?

Krebs

Noch zu einem weiteren, bislang separaten Forschungsgebiet ergab sich nun eine mögliche Brücke. Eine subjektiv ausweglose Lage, nachfolgende Hoffnungslosigkeit und Selbstaufgabe haben z. B. Rosch (1979), Schmale & Iker (1966) und Simonton & Simonton (1975) als typische psychische Ausgangslage bei Krebskranken beschrieben. (Neuere Forschungen konnten die behaupteten Zusammenhänge allerdings nicht bestätigen; s. z. B. Amelang & Schmidt-Rathjens, 2003.) Und wie steht es übrigens mit der »ganz normalen *Midlife Crisis*«, wenn wir diesen Begriff versuchsweise einmal verwenden wollen? Zumindest bei einigen der Menschen, die Schreiber (1977) für sein Buch interviewt hat, scheint ein Konflikt von der oben skizzierten Art im Mittelpunkt zu stehen, und auch etliche der Krisen, die Sheehy (1974, dt. 1978; 1981, dt. 1982) beschreibt, scheinen mir nicht so »entwicklungsnotwendig« wie der Autorin.

Helfersyndrom

Am durchsichtigsten sieht die Sache bei den schon erwähnten Sozialberufen aus. Gisela Mohr (1980) und Diemut Moosmann (1980) haben in ihren Diplomarbeiten Belege dafür erbringen können, dass das von Schmidbauer (1977) so bezeichnete »Helfersyndrom« sogar mit den wenig subtilen Mitteln der empirischen Sozialforschung, nicht nur mit der hermeneutischen Herangehensweise von Psychoanalytikern wie Schmidbauer (1977; 1983), Miller (1979) oder Richter (1976) aufzuspüren ist. Gründe der Berufswahl, die eine Gruppe angehender Erzieherinnen von einer Vergleichsgruppe von Bürokaufleuten unterschieden, waren z. B. der Wunsch, Einfluss auf andere zu nehmen, im Beruf Kontakte zu knüpfen und Selbstverwirklichung zu finden, die Welt zu verbessern. Gepaart mit einer höheren Neigung zu Irritationen, Besorgnissen und Depressionen ist derlei sicher geeignet, in der Berufsrealität einen Konflikt von »Flüchten oder Standhalten« herbeizuführen, der ohne Hilfe kaum mehr aufzulösen ist. Dabei dürfte die Motivationskategorie »Wirkung auf Menschen«, die Kusyszyn (1983; s. auch White, 1959, und McClelland, 1975, dt. 1978) in seiner Theorie der Effektanzmotivation als die existenziell wichtigste bezeichnet, eine bedeutsame Rolle spielen. Wer psychisch davon lebt, bei anderen bestimmte Resonanzen hervorzurufen - im wesentlichen Anerkennung und Zuneigung -, lebt sicher riskanter als etwa der Techniker, dem es primär um die Kontrolle der dinglichen Umwelt geht (»Wirkung auf Dinge«), denn emotionale Reaktionen bei Klienten lassen sich nun einmal nicht kontrollieren.

Gefangen im Teufelskreis

Was aber macht es dem Ausbrennenden so schwer, eine »Selbstkonfrontation« (Hermans, 1976) einzuleiten, sich sozusagen neben die Situation zu stellen und eine klare Sicht der Verhältnisse zu gewinnen, statt im Teufelskreis von vermehrter Anstrengung und umso bitterer enttäuschter Erfolgserwartung zu verbleiben? Im Falle der Helfer ist es plausibel zu vermuten, dass eine eingehendere Beschäftigung mit den eigenen Handlungsmotiven den instrumentellen Charakter des Altruismus bloßlegen könnte; damit würde zweifellos das Selbstbild erschüttert und der berufliche Nimbus gefährdet. Diese Erklärung ist weniger einleuchtend bei Angehörigen kaufmännischer Berufe. Hier mag es die Selbstschutzstrategie der Reizausblendung sein, wie Milgram (1970) sie stressüberladenen Großstädtern zugeschrieben hat, die eine Beschäftigung mit den frühen Alarmsignalen verhindert. Und generell könnte ja eine nüchterne Bestandsaufnahme auch hier Peinliches zutage fördern.

Zwischenbilanz

Ein begrifflicher Morast ...

Ich könnte noch eine Weile fortfahren, Beobachtungen, Theorien und Ergebnisse vielfältiger Forschungsrichtungen zu Spekulationen über das Burnout-Syndrom zu verarbeiten. Darin, dass einem zu Burnout so schnell so vieles einfällt, liegt einerseits der Reiz des Themas, der es zu einem periodisch wiederaufblühenden *Evergreen* der Populärmedien gemacht hat; andererseits, was nämlich seine Erforschung anlangt, auch die Gefahr. Wer gewohnt ist, eingegrenzte Phänomene freilich geringerer Reichweite und lebenspraktischer Bedeutung mit möglichst handfesten Mitteln zu untersuchen, den kann angesichts des begrifflichen Morasts, als der sich die frühe Burnout-Literatur größtenteils darstellt, leicht ein Schwindel befallen. Auch ist die Gefahr nicht gering einzuschätzen, dass eigene Bemühungen besagten Morast nur noch vertiefen werden.

... dennoch: ein »großes« Thema

Gleichwohl, es siegte schließlich die Faszination eines »großen« Themas. Hier laufen von einem zentralen Knotenpunkt aus Netzschnüre bis in entfernte und auf den ersten Blick unzusammenhängende Gegenden. Wenn man so will, sind letztlich sogar philosophische Fragen wie die nach Willensfreiheit oder Determinismus tangiert (Watkins, 1978); und die Frage nach dem »Sinn« des Lebens stellt sich im Zusammenhang mit Burnout nicht nur denen, die daran leiden (vgl. Pines, 1993; Wong & Fry, 1998).

Als Schlussstrich nur vorläufig

Für die Ausbreitung des Netzes, wie es sich mir darstellt, war ein Einlesen in viele Wissensgebiete, notgedrungen oberflächlich, der erste Schritt. Rasch ging es mir so, wie es Lazarus (1966) im Vorwort zu seinem Buch über Stress und Stressbewältigung schildert: Während ich an dem Manuskript schrieb, entdeckte ich ständig neue Literatur, kamen Bücher und Aufsätze, die ich Monate früher bestellt hatte. Dass das aufschlussreichere Material eher später einging, machte häufige Revisionen nötig.

Für die vorliegende Auflage habe ich die Ergebnisse dieser mehr als eineinhalb Jahrzehnte zurückliegenden Suche weit überwiegend übernommen, lediglich durch neue Funde ergänzt, auch da, wo ein Gedanke in der Zwischenzeit nicht weiterverfolgt oder von anderen aufgegriffen worden ist. Man weiß, dass die Psychologie nur äußerst selten dem Falsifikationsprinzip folgt, folgen kann. Ansätze werden selten fallengelassen, weil sie widerlegt worden wären, sondern meist, weil einfach das Interesse an ihnen geschwunden ist. So etwas kann rasch geschehen. Was heute mangels Lärmentfaltung sang- und klanglos zu den Akten gelegt wird, kann aber übermorgen als Neuentdeckung gefeiert werden.

Auch wenn ich den Eindruck habe, dass der Erkenntnisfortschritt sich verlangsamt hat: Damit ein Buch wie dieses fertig wird, muss man einen Schlussstrich ziehen, wohl wissend, dass die Diskussion weiter geht.

Gesucht: der Kern von Burnout

Das Ziel des vorliegenden Versuchs ist eine Integration verschiedener, sehr heterogener Ansätze auf angemessen spezifischem Abstraktionsniveau. Es scheint bei Menschen in unterschiedlichsten Lebenspositionen - bei Managern und Hausfrauen, bei Lehrern und Fluglotsen - ein Syndrom zu existieren, dessen phänomenaler Kern so gleichartig ist, dass sich Beobachtern die Benennung mit einem gemeinsamen Namen aufdrängt. Was ist nun dieser Kern, was ist das Gemeinsame am Burnout des Managers, der Hausfrau, der Lehrerin, des Fluglotsen? »Geben-müssen-und-nicht-nehmen-Können« ist als Erklärungsmuster offensichtlich zu speziell, »Erschöpfung durch Überforderung« zu allgemein angesetzt.

Ein Integrationsversuch

In ► Kap. 3 (»Ein integrierendes Burnout-Modell«) stelle ich eine Konzeptualisierung vor, die Theorien und Ergebnisse etablierterer Forschungsrichtungen integriert, alle Formen von Burnout einzuordnen vermag und dennoch Abgrenzungen zu ähnlichen Phänomenen erlaubt. Wie es den erwähnten phänomenalen Kern mutmaßlich gibt, so gibt es auch einen theoretischen Kern in den Berichten und Erklärungsversuchen verschiedener Forscher, die häufig nicht einmal Notiz voneinander genommen haben. Dieser Kern war aus der Umhüllung schulspezifischer Terminologie herauszuarbeiten. Das Resultat dieser Destillierarbeit ist m. E. das wesentliche Verdienst dieses Buches. Aber das müssen die Leserinnen und Leser entscheiden, nicht der Autor.

Lieber Mosaik als noch mehr Steinchen

Es schien mir einstweilen wichtiger, ein Mosaik - vielleicht nicht fugenlos - zusammenzusetzen, als weitere Mosaiksteinchen beizusteuern. Die Atomisierung der Psychologie spiegelt sich in der Burnout-Literatur wider. Während aber für die technischen und die Naturwissenschaften, wo natürlich dieselbe Tendenz herrscht, wenigstens ein Erkenntnisfortschritt damit verbunden zu sein scheint (wenn auch auf Mikro-Ebene), sehe ich beim Thema Burnout Stagnation.

Definitorische Eingrenzung

1

1.1 Definitionsprobleme

Eine handhabbare Definition fehlt

Das schwerwiegendste Hindernis für eine fundierte Erforschung des Burnout-Syndroms ist zweifellos das Fehlen einer handhabbaren Definition, die überzeugen könnte (Maslach, 1982b). Alle einschlägigen Versuche sind bis heute entweder zu umfassend oder zu spezifisch, was anfangs aus der damals überwiegenden Orientierung auf Interventionen zu erklären war. Man mag sich wundern, wie denn unter diesen Umständen überhaupt so etwas wie eine Burnout-Forschung möglich war – wie kann man etwas erforschen, das noch gar nicht definiert ist? Nun ja, zunächst einmal hatte jeder, der sich in den frühen Jahren äußerte, vermutlich seine eigene, implizite Definition, die oft auch expliziert wurde, anhand von kurzen Fall-Vignetten, Interview-Ausschnitten oder Symptomlisten. Oder er bezog sich auf Definitionsversuche der bekannteren Autoren, in der Regel also auf Herbert Freudenberger oder Christina Maslach (die übrigens bemerkenswert wenig übereinstimmten).

Kasuistische Definitionen im Münchhausen-Stil

Natürlich war die Gefahr der Zirkularität nicht gebannt, wenn Definitionen »anhand konkreter Fälle« versucht wurden. (Auch dieses Buch hat so begonnen.) Bevor man den persönlichen Hintergrund, die Lebensumstände, die Reaktionen im akuten Stadium und schließlich die längerfristige Entwicklung eines von Burnout betroffenen Individuums studieren könnte, um es mit anderen, gegensätzlichen, zu vergleichen, wäre ja eine trennscharfe Regel vonnöten, die es gestatten würde, den einen Fall unter Burnout einzuordnen, den anderen nicht. Abgesehen davon, dass die vorgeschlagenen »Regeln« alles andere als trennscharf waren – sie beruhten auf eben den Fällen, die nun wiederum zur Illustration herangezogen wurden! Man hob sich sozusagen an den eigenen Haaren aus dem Sumpf, an den eigenen Schnürsenkeln vom Boden ab. Wahrscheinlich ist aber eine solche »*Bootstrapping*«-Phase, in der man sich in Zyklen vom Startpunkt bloßer Intuition allmählich zu objektivierbaren Einteilungen hocharbeitet, am Anfang einer Forschungsentwicklung nicht zu überspringen. Zugegeben, es handelt sich um ein langwieriges Unterfangen ohne Erfolgsgarantie.

Wenig Interesse an Eingrenzungsversuchen

Die Burnout-Forschung hat versucht, die kasuistische Phase zu überspringen; vielmehr, sie hat deren Notwendigkeit nicht so recht gesehen. Das ist ihr m. E. schlecht bekommen. Auf dem Krakauer Kongress 1990 hatte ich ein kollaboratives Forschungsprojekt vorgeschlagen. Wer immer sich berufen fühlte, sollte zwei ausführliche Fallbeschreibungen einschicken: Eine für einen prototypischen Fall von Burnout; eine zweite, möglichst weitgehend vergleichbare, die aber *nicht* als Burnout-Fall angesehen wurde. Jeder hätte dann alle eingesandten Fälle nach seinen eigenen Kriterien blind klassifiziert und seine Entscheidungen begründet. Aus der Zusammenschau einer größeren Zahl solcher Real-Fälle und der darauf aufbauenden Diskussion hätte sich vielleicht handfester destillieren lassen, was Theoretiker, Forscher und Praktiker unter Burnout verstehen. Leider war das Interesse an der Idee verschwindend gering; lediglich Ayala Pines und Herbert Freudenberger (damals noch am Leben und brieflich kontaktiert) wollten Zeit investieren. Man kann nur spekulieren, was diesen ersten Schritt hat scheitern lassen. Jedenfalls wurde nichts aus dem Vorhaben.

Im Herbst 2004 erhielt ich Gelegenheit, die Idee wiederzubeleben. Auf dem 1. Kongress von *SwissBurnout,* einem Anfang 2004 gegründeten Verein, der sich als Dialogplattform für alle am Thema Engagierten versteht, fand das so viel

Anklang, dass ich begonnen habe, Mitstreiter für eine Neuauflage meiner Idee zu suchen.

Definitionen über Mess-Skalen

Zurück zu den frühen Stadien der Burnout-Forschung. Der kasuistische Zugang war der Gestaltqualität des Phänomens vermutlich angemessener als der, der ihn ablöste. Ab Anfang der 80er Jahre des 20. Jahrhunderts nämlich etablierte sich ein einziges Messinstrument als Maß aller Dinge (das *Maslach Burnout Inventory,* bei nur schwacher Konkurrenz von Ayala Pines' *Tedium Measure;* ▶ Abs*ch.* 1.2.2*).* Mit diesen Fragebögen bewaffnet, konnte nun jede und jeder nach Herzenslust herumforschen, ohne sich über Natur und Definition von Burnout auch nur einen einzigen Gedanken gemacht zu haben. Je höher die Punktwerte, desto »ausgebrannter« der Proband, ganz einfach. Die erwähnte Schwemme von Examensarbeiten und Dissertationen wäre ohne diesen Zugang nicht denkbar gewesen. Freilich, das sei nicht bestritten: Empirische Forschung an größeren Gruppen von Individuen ist ohne ökonomische Instrumente kaum möglich.

Bis heute existieren beide Zugänge nebeneinander: Der qualitative, an Fällen orientierte, ganzheitlich-verbale dominiert die eher klinisch ausgerichtete Ratgeber-Literatur, der quantitative die Forschung. Beide haben ihre Schwächen.

Ein Begriff aus der Mengenlehre

Zur Kennzeichnung dieser Schwächen habe ich den Begriff der »randunscharfen Menge« *(»fuzzy set«)* vorgeschlagen (Burisch, 1993), den der Berkeley-Professor Lotfi A. Zadeh 1965 in die Mengenlehre eingeführt hat. Normalerweise sind Mengen so definiert, dass für jedes Element eindeutig zu entscheiden ist, ob es dazugehört oder nicht. So ist die Menge der geraden Zahlen definiert als die Menge aller ganzen Zahlen, die durch 2 teilbar sind. Die Menge aller Hamburger ist die Menge aller Einwohner der Freien und Hansestadt. Was aber ist mit der Menge aller Blumen, aller Sportarten, aller Blondinen?

Prototypische und periphere Elemente

Bei Rosen, Tulpen, Nelken wird es keine Diskussion geben; aber ist ein blühender Kaktus eine Blume? Tennis und Hochsprung gelten ohne weiteres als Sportarten; was aber ist mit Schach? Und wo der Übergang von der Haarfarbe blond zu brünett oder rot stattfindet, ist ebenfalls Ermessenssache.

Randunscharfe Mengen enthalten in der Regel »prototypische« Elemente, also z. B. Rosen, Tennis oder weizenblonde Frauen. Daneben gibt es sozusagen »periphere« Elemente, bei denen man sich streiten kann, ob sie dazugehören.

Typische …

Ebenso verhält es sich mit »Ausbrennern«, Menschen also, die in einem Burnout-Prozess stecken. Die Fälle von S. 2 dieses Buches sind, selbstverständlich, so ausgewählt worden, dass unter Kennern vermutlich Einverständnis über die Diagnose Burnout zu erzielen wäre. Richard Bolles muss an Fälle wie diese gedacht haben, als er sagte:

> »Burnout ist wie Pornographie – ich bin nicht sicher, ob ich es definieren kann, aber wenn ich es sehe, weiß ich, was es ist« (Forney et al., 1982, S. 436).

… und aypische Fälle

Daneben gibt es Fälle, bei denen beispielsweise die Abgrenzung zur »normalen« Depression oder zur alltagssprachlichen »Überarbeitung« schwer fiele. Hier könnte eine präzisere Definition von beträchtlichem Nutzen sein, auch wenn ein gewisses Maß an Willkür, an Randunschärfe wohl kaum zu beseitigen wäre.

Kern- und andere Symptome

Aber auch die Symptome, die das Burnout-Syndrom ausmachen und im Prinzip durch Selbsteinschätzungsfragebögen in Messoperationen überführt werden können, bilden eine randunscharfe Menge. Man hat sich mehr oder weniger stillschweigend darauf geeinigt, emotionale Erschöpfung, Depersonalisation und Leistungsunzufriedenheit (gelegentlich auch noch Arbeitsüberdruss) als die »Kernsymptome« anzusehen, weil so die Skalen des *Maslach Burnout Inventory/MBI* (bzw. des *Tedium Measure)* benannt sind. Aber schon das MBI enthielt ursprünglich eine vierte Skala, *Involvement* (Anteilnahme) genannt, die aus rein statistischen Gründen früh fallengelassen wurde; ein ähnliches Konstrukt, *Engagement,* steht in jüngster Zeit im Mittelpunkt des Interesses. Und wie wir sehen werden, wurden in der Literatur Dutzende weiterer Symptome mit Burnout assoziiert – die es nicht bis zum Status einer Mess-Skala gebracht haben. Das aber hängt sicher nicht in allen Fällen damit zusammen, dass sie weniger »zentral« oder relevant wären.

Wo fängt Burnout an?

Ein zusätzliches Element von Willkürlichkeit kommt bei den Fragebögen unvermeidlich ins Spiel, sobald die naheliegende Frage beantwortet werden soll, »ab wann« denn nun von Burnout gesprochen werden soll. Dem *Tedium Measure* (Pines et al., 1981, S. 38; Pines & Aronson 1988, S. 218) beispielsweise ist die Interpretationshilfe beigegeben, ein Punktwert ab 4 (auf einer 7-stufigen Skala) bedeute »Ausbrennen oder Überdruss«; in diesem Fall müsse man »unbedingt etwas dagegen unternehmen«. (Aus unerklärlichen Gründen wird der kritische Wert in der deutschen Ausgabe – Aronson et al., 1983, S. 49 – bereits bei 3 erreicht.) Aber sowohl ein Trennwert von 3 als auch einer von 4 ist natürlich genauso willkürlich wie eine Antwort auf die Frage, ab welcher Körpergröße jemand als »groß« anzusehen ist. In einer Stichprobe von 220 Hamburger Krankenpflegeschülerinnen und -schülern (Burisch, 2002) hatten immerhin 15% zu Beginn ihrer Ausbildung Punktwerte von 4 oder höher; bei Bodes (1988) 87 Krankenschwestern waren es 16%, bei Franks (1989) 217 Hamburger Krankenpflegeschülerinnen und -schülern waren es 20% und bei Kleiber & Enzmanns (1986) 69 Sozialberuflern nicht weniger als 26%.

Savicki & Cooley (1983) schlagen vor, nur dann von Burnout zu sprechen, wenn alle drei Symptome des MBI (Emotionale Erschöpfung, Depersonalisation und Leistungsunzufriedenheit) vorliegen; sie legen sich aber nicht auf einen kritischen Punktwert fest. Ich selbst ziehe die Formulierung vor, jemand sei »in einem Burnout-Prozess mehr oder weniger weit fortgeschritten«, und zwar um so weiter, je mehr Symptome und je intensiver er diese aufweist.

Wie tranchiert man eine Qualle?

Zurück zu Definitionsversuchen. R. E. Kendell, ein britischer Taxonom, hat einmal bemerkt, Taxonomie (die systematische Einteilung von Lebewesen) sei die Kunst, die Natur an ihren Gelenken zu tranchieren. Wie aber zerlegt man nach dieser Gebrauchsanweisung eine Qualle? Denn als eine begriffliche Qualle stellt sich das Burnout-Syndrom dem dar, der nicht allein seiner eigenen Intuition trauen will und sich in die einschlägige Fachliteratur vertieft. Sehen wir uns einige der Vorschläge an, die wir dort vorfinden.

1.1.1 Verbale Definitionsversuche

Zustandsdefinitionen

Burnout wurde u. a.definiert als
- »ein Syndrom unangemessener Einstellungen gegenüber Klienten und sich selbst, oft in Verbindung mit unangenehmen physischen und emotionalen Symptomen« (Robert Kahn, 1978); oder als
- »ein Syndrom emotionaler Erschöpfung, Depersonalisation und persönlicher Leistungseinbußen, das bei Individuen auftreten kann, die in irgendeiner Art mit Menschen arbeiten. Es ist eine Reaktion auf die chronische emotionale Belastung, sich andauernd mit Menschen zu beschäftigen, besonders, wenn diese in Not sind oder Probleme haben« (Christina Maslach, 1982 a).

Die beiden ersten Definitionen haben eine Gemeinsamkeit: Sie beschränken Burnout auf Menschen, die mit »Klienten« arbeiten, also (i. Allg. professionelle) Helfer. Die Berkeley-Gruppe (Aronson et al., 1983) konzedierte immerhin, dass es dasselbe Phänomen auch außerhalb der helfenden Berufe gebe, nur seien dort die Ursachen andere. Zur Abgrenzung reservierten sie den Begriff Burnout für Helfer, während andere *Tedium* (Überdruss) erlebten. Diese Unterscheidung, in der ein wenig der Unterton von »wichtigem Burnout« (bei Helfern) und »weniger wichtigem Burnout« (bei allen anderen) mitschwang, ist auf vielfältige Kritik gestoßen (z. B. Carroll & White, 1982). In der zweiten Auflage der amerikanischen Originalausgabe (Pines & Aronson, 1988) wurde sie stillschweigend fallengelassen; mittlerweile hat Pines 1988 (dt. 1989) ein Buch über Burnout in Partnerbeziehungen, also weit außerhalb des Arbeitskontextes, veröffentlicht.

Auch Maslach hat ihre ursprüngliche Auffassung, wie sie in obiger Definition zum Ausdruck kam, mittlerweile revidiert. Ursprünglich gründete diese sich auf eine angeblich ausschlaggebende Besonderheit von Helfer-Burnout:

> »Burnout ruft gewisse Reaktionsweisen bei Individuen hervor, wie auch andere Formen von Stress sie verursachen. Wir haben aber eine sehr spezifische und abgegrenzte Art emotionaler Erschöpfung entdeckt, und zwar den Verlust positiver Empfindungen, den Verlust von Sympathie oder Achtung für Klienten oder Patienten beim professionellen Helfer« (Maslach, 1978, S. 56).

Die behauptete Einmaligkeit des Phänomens – und damit die Basis für die Unterscheidung – wird etwas zweifelhafter, liest man etwa die Beschreibung der Effekte von »Stress in Organisationen« (sämtlich Industrieunternehmen) bei Kahn et al. (1964). Diese Autoren konnten schon vor Jahrzehnten empirisch belegen, dass unter den von ihnen untersuchten Stressbedingungen – Rollenkonflikt und Rollenunklarheit – die affektiven Beziehungen zu Vorgesetzten, Kollegen und Untergebenen sich verschlechterten, und nicht nur zu diesen:

> »Wir behaupten ebenfalls, ... dass sich diese Schwierigkeiten im Verhalten ausdrücken, nicht notwendig in der Rolle, die den Stress mit sich brachte, sondern irgendwo in der Vielzahl von Rollen, die das soziale

> und gesellige Leben des Menschen ausmacht – als Ehemann und Vater, als Arbeitnehmer, als Freund und als Mitbürger« (S. 376).

Wo »positive Empfindungen«, Sympathie und Achtung einerseits zur Berufsrolle gehören, andererseits aber auch ohne sofortige Sanktionen verlorengehen können – wie bei den meisten helfenden Berufen –, da ist das Erscheinungsbild dramatischer und auch folgenreicher, weil es die jeweils schwächeren Partner in der Rollenbeziehung trifft. Anders beim ausbrennenden Friseur, Außendienstmann oder Kneipenwirt. Dort können sich die Kunden anderweitig bedienen lassen, weshalb sich die Kälte, Gleichgültigkeit und Reizbarkeit des Ausbrenners meist an anderen Opfern zeigen wird. Die Phänomene dürften aber identisch sein.

Spätestens in Maslachs neuestem Buch (Maslach & Leiter, 1997, dt. 2001) lässt sich eine Öffnung für Beobachtungen außerhalb der engeren Helferszene konstatieren. Das schlägt sich auch in einem neuen Definitionsversuch nieder (s. u.).

Schon vorher hatte es eine Neuerung bei ihrem Messinstrument gegeben. In der Skala *Depersonalisation* des MBI ist häufig von *recipients*, also Hilfeempfängern, die Rede. Außerhalb der helfenden Berufe war der Fragebogen deshalb nur ohne diese Skala einsetzbar. Demgegenüber enthält die dritte Auflage von 1996 eine zusätzliche Version, die Kontakte zu Menschen gar nicht mehr thematisiert, insofern also berufsneutral ist.

Burnout wurde auch definiert als …

- »ein Zustand physischer, emotionaler und mentaler Erschöpfung aufgrund langanhaltender Einbindung in emotional belastende Situationen« (Ayala Pines & Elliott Aronson, 1988);
- »ein Zustand der Ermüdung oder Frustration, herbeigeführt durch eine Sache, einen Lebensstil oder eine Beziehung, die nicht die erwartete Belohnung mit sich brachte« (Freudenberger & Richelson, 1980);
- »ein über Erwartungen vermittelter, arbeitsbezogener, dysphorischer und disfunktionaler Zustand eines Individuums ohne stärkere psychopathologische Beeinträchtigungen, welches (1) schon eine Weile lang angemessene Leistungen und affektive Reaktionen in derselben Arbeitssituation gezeigt hat, und das (2) ohne Hilfe von außen oder Veränderung seiner Umweltbedingungen nicht wieder zu seinen früheren Standards zurückfinden wird« (Brill, 1984).

Die bislang referierten Definitionen erklären Burnout als einen Zustand, in dem man also sein kann oder nicht; etwa so wie Schwangerschaft. Das wirft unvermeidlich das schon erwähnte Problem der Abgrenzung auf: Wo fängt die Sache an, ernst zu werden? Gemeint ist offenbar der Endzustand eines Prozesses; aber auch der müsste ja markiert werden.

Darüber hinaus enthalten vor allem die beiden ersten Formulierungen Aussagen zur Ätiologie, zur Verursachung also. Das wäre in Ordnung, wenn wir darüber ausreichend Bescheid wüssten; dann würde sich eine Menge Forschung erübrigen. Aber dem ist offensichtlich nicht so. Aus gutem Grund nehmen die beiden großen medizinischen Klassifikationssysteme, die *International Classification of Diseases (ICD-10)* der Weltgesundheitsorganisation und das *Diagnos-*

tic and Statistical Manual of Mental Disorders DSM-IV der *American Psychiatric Association*, fast durchgängig von Ursachenzuschreibungen Abstand; sie wären zu wenig konsensfähig gewesen.

Prozessdefinitionen

Burnout wurde weiter definiert als …

- »ein Prozess, in dem sich ein ursprünglich engagierter Mitarbeiter von seiner Arbeit zurückzieht, als Reaktion auf Beanspruchung und Belastung im Beruf« (Cary Cherniss, 1980), oder als
- »ein fortschreitender Abbau von Idealismus, Energie, Zielstrebigkeit und Anteilnahme als Resultat der Arbeitsbedingungen« (Edelwich & Brodsky, 1980).

Die beiden letzten Definitionen leuchten mir insofern ein, als sie Burnout explizit als einen Prozess auffassen – was der Sache sicher näher kommt, will man nicht mit der Möglichkeit rechnen, dass Menschen ausgebrannt auf die Welt kommen oder über Nacht ausbrennen. Unglücklicherweise tauchen auch in den obigen Formulierungen Ursachenbehauptungen auf, noch dazu ausschließlich berufs- bzw. arbeitsbezogene. Und die Symptomatik erscheint mir doch ein wenig dürftig.

Eine umfassende Definition

Als Quintessenz vieler Definitionsversuche wie der gerade behandelten haben Schaufeli & Enzmann die folgende Arbeitsdefinition vorgeschlagen:

> »Burnout ist ein dauerhafter, negativer, arbeitsbezogener Seelenzustand »normaler« Individuen. Er ist in erster Linie von Erschöpfung gekennzeichnet, begleitet von Unruhe und Anspannung (*distress*), einem Gefühl verringerter Effektivität, gesunkener Motivation und der Entwicklung disfunktionaler Einstellungen und Verhaltensweisen bei der Arbeit. Diese psychische Verfassung entwickelt sich nach und nach, kann dem betroffenen Menschen aber lange unbemerkt bleiben. Sie resultiert aus einer Fehlpassung von Intentionen und Berufsrealität. Burnout erhält sich wegen ungünstiger Bewältigungsstrategien, die mit dem Syndrom zusammenhängen, oft selbst aufrecht« (Schaufeli & Enzmann, 1998, S. 36).

Zweifellos ist dies von allen die elaborierteste und geschliffenste Definition. Dennoch gelten viele der obigen Vorbehalte auch hier. Seelenzustand? Reicht das Kernsymptom Erschöpfung für die Diagnose aus oder müssen auch die Begleitsymptome vorhanden sein? Alle? Wie stark oder wie lange? Ist die Ursachenerklärung durch Forschung hinreichend gedeckt? Warum werden nur schlecht passende »Intentionen« erwähnt, nicht aber mangelnde Kompetenzen oder ungewöhnliche Werte- oder Verhaltensmuster? Warum nur »Berufsrealität«, wenn sich dasselbe offenbar auch bei Arbeitslosen beobachten lässt? Sind die ungünstigen Bewältigungsstrategien Ursache oder Folge? Vor allem aber: Ließe sich aufgrund dieser Definition eine saubere Differentialdiagnostik vornehmen?

Vermutlich nicht. Aber wohl auch nicht aufgrund irgendeiner anderen, noch besseren. Wahrscheinlich ist es an der Zeit, die Erwartungen an die Trennschärfe verbaler Definitionen zu senken. Denn so ungewöhnlich ist das alles für einen psychologischen Terminus nun auch wieder nicht. Sprächen wir etwa von

»Neurosen«, sähe die Sache kaum anders aus. Dort haben immerhin jahrzehntelange forscherische Bemühungen nicht verhindern können, dass der Begriff, wegen Uneindeutigkeit und Verwässerung, allmählich aus dem wissenschaftlichen Fachvokabular verschwindet. Bei Burnout ist das, wie gesagt, entgegen Cherniss' (1980b) Prognose, noch nicht passiert. Aber von endgültiger Aufnahme in die ehrenwerte Gesellschaft kann auch nicht ernsthaft die Rede sein.

Zum Schluss die angekündigte Burnout-Definition von Maslach & Leiter (1997). Obwohl rein metaphorisch und von jeder Trennschärfe weit entfernt – sie ließe sich z. B. ohne weiteres auch auf die Folgen fortgeschrittenen Alkoholismus anwenden –, gefällt sie mir persönlich gut, weil sie die dramatischen Veränderungen kennzeichnet, die ich selbst in den vergangenen Jahren an einigen Menschen meines engsten Bekanntenkreises beobachten musste. Hilflos übrigens, was ich nicht gerne einräume.

> »... eine Erosion der Werte, der Würde, des Geistes und des Willens – eine Erosion der menschlichen Seele. Es ist ein Leiden, das sich schrittweise und ständig ausbreitet und Menschen in eine Abwärtsspirale zieht, aus der das Entkommen schwer ist« (Maslach & Leiter, 1997).

Dass eine allgemein akzeptierte Definition fehlt, hat zur Folge, dass Burnout beinahe alles und damit nichts ist. Die Übernahme auch in die nicht-englische Umgangssprache hat ein Übriges getan, die Konturen zu verwischen. Insbesondere zu Nachbarbegriffen wie Belastung, Depression oder Konfliktreaktion (ihrerseits randunscharfe Einheiten) fällt die Abgrenzung schwer. Dazu später mehr. So entspringt denn die stillschweigende operationale Definition »Burnout ist, was das MBI misst« im besten Falle einer gewissen Ratlosigkeit.

Fünf Bedeutungen von »Burnout«

Schon früh schlug Paine (1982b) vor, fünf Bedeutungen zu unterscheiden:

- Das Burnout-Stresssyndrom als Cluster emotional-verhaltensmäßiger Symptome,
- Burnout als mentale Störung – den Endzustand eines Burnout-Prozesses,
- Burnout als Prozess mit regelhaften Phasen,
- Burnout-Faktoren, d. h. alles, was zu Burnout beiträgt,
- Burnout als Folgewirkung auf der Organisationsebene.

Es ist wahrscheinlich, dass ein Teil der immer noch andauernden Konfusion auf unterschiedliche implizite Bedeutungen in diesem Sinne zurückgeht. Denn in all diesen Bedeutungen wird von Burnout gesprochen; einige Beispiele haben wir soeben besichtigt.

1.1.2 Eingrenzungsmöglichkeiten

Wenn rein verbale Definitionen nur beschränkt weiterhelfen, wie kann man der Sache denn anders zu Leibe rücken?

Ursachen, Symptome und Verlauf

Wie Lauderdale (1982, S. 28) bemerkt, lässt sich das Phänomen durch eine oder mehrere auslösende Ursache(n), durch seine Symptome und durch seine Verlaufsstadien definieren. Es gleicht insofern vielen organisch-medizinischen Krankheitsbildern, z. B. dem der Grippe. Eine Infektion mit einem bestimmten Virustyp wird in diesem Fall gefolgt von den hinreichend bekannten Symptomen wie Heiserkeit, Halsschmerzen, Naselaufen etc., die in einem zweiten und evtl. dritten Stadium ergänzt werden durch Mattigkeit, Fieber und Schüttelfrost. Schon bei diesem simplen Analogiebeispiel tritt das Problem auf, dass sowohl Symptome als auch Verlauf unspezifisch sind, was, wie jedermann weiß, die Differentialdiagnose zur sog. »banalen Erkältung« oft schwierig macht.

Dasselbe Problem stellt sich bei Burnout; zusätzlich aber ist, wie wir sehen werden, auch die Ätiologie einstweilen ungeklärt. Beginnen wir zunächst mit Symptomatologie und Verlauf. Hier herrscht eine gewisse Übereinstimmung in der Literatur – oder so viel begriffliche Unschärfe, dass Divergenzen kaum aufzudecken sind. Auch wird das Syndrom auf diese Weise hoffentlich genügend plastisch werden, um dem Leser in seinem eigenen Erfahrungsbereich die Suche nach Beispielen zu erleichtern. Dem Thema Ätiologie – wie entsteht Burnout? – widmet sich ▶ Kap. 1.4.

1.2 Symptomatologie

Das Burnout-Syndrom ist mittlerweile bei rund 60 Berufen und Personengruppen beschrieben worden. Das Burnout-Alphabet reicht von A wie Anwälte bis Z wie Zahnärzte. Die folgende Aufstellung ist in grobe Oberkategorien gegliedert. Eine bis 1989 vollständige Aufstellung geben Kleiber & Enzmann (1990).

Als kleine Pointe vorweg: Ein Schäfer, im Sommer 2004 an der Hamburger Süderelbe angesprochen, bezifferte seine Herde auf rund 1.000 Tiere (»als ich sie zuletzt gezählt habe, bin ich eingeschlafen«), die er mit zwei Hunden äußerst kompetent deichauf, deichab trieb. Was aber war von ihm zu hören? »Ich kann sie nicht mehr sehen! Ich könnte sie alle totschlagen!« Wann kommt die Studie zu Schäfer-Burnout?

Beratung

- Anwälte, vor allem in öffentlichen Rechtsberatungsstellen (Cherniss, 1980a, 1995; Martel, 1988; Maslach & Jackson, 1978; Petermann & Studer, 2003),
- Organisationsberater und Trainer (Mitchell, 1977),
- Personal von Beratungsstellen (Baron & Cohen, 1982; Boy & Pine, 1980; Cummings & Nall, 1982, 1983; Garte & Rosenblum, 1978; Savicki & Cooley, 1982; Tiedeman, 1979; Warnath & Shelton, 1976; Watkins, 1983),
- Schulpsychologen (Huberty & Huebner, 1988; Last & Silberman, 1989; Reiner & Hartshorne, 1982; Wright & Thomas, 1982),
- Studentenberater (Forney, Wallace-Schutzman & Wiggers, 1982).

Dienstleistungsberufe

- Apotheker (Lahoz & Mason, 1989),
- Bestatter (Rogness, 1988),
- Bibliothekare (Navratil, 1987; Neville, 1981),
- Hauswirtschaftsleiterinnen (Stewart & Meszaros, 1981),
- Krankenhaus-Apotheker (Radde, 1982),
- Stewardessen (Hochschild, 1983).

Hoheitsdienste

- Fluglotsen (Mohler, 1983),
- Gefängnispersonal (Brodsky, 1982; Farmer, 1988; Schaufeli & Peeters, 2000; Shamir & Drory, 1982),
- Polizisten (Ellison & Genz, 1978; Füllgrabe, 1982; Jackson & Maslach, 1982; Maslach & Jackson, 1979; Robinette, 1987),
- Richter (Suran, 1982; Wegner et al., 2000; Wegner, Szadkowski, Grimm, Koops, Poschadel, Herrmann & Baur, 2001).

Medienberufe

- Journalisten (Harrison, 1988; Bodin, 2000),
- Reporter (Stein, 1984).

Medizinische Versorgung

- Ärzte und Zahnärzte (Amstutz, Neuenschwander & Modestin, 2001; Aronson, Pines & Kafry, 1983; Bates, 1982; Benbow, 1998; Hall et al., 1979; Herschbach, 2002; 1979; Pines, 1981; Stern, 1996; St-Yves et al., 1989; Weber & Jaekel-Reinhard, 2000; Wegner et al., 2000; Wegner et al., 2002; Wise & Berlin, 1981),
- Hebammen (Beaver, Sharp & Cotsonis, 1986),
- medizinisch-technische Assistentinnen (Hunter, Jenkins & Hampton, 1982),
- Zahnarzthelferinnen (Dunlap & Steward, 1983).

Nichtmedizinische Therapie

- Beschäftigungstherapeuten (Burnett-Beaulieu, 1982),
- Mitarbeiter von Kriseninterventionsstellen (Wynkoop, 2002),
- Psychoanalytiker (Freudenberger & Robbins, 1979; Cooper, 1986),
- Psychotherapeuten (Farber, 1983 a & b; Farber & Heifetz, 1982; Kleiber, 1989; Künzel & Schulte, 1986; Larson, Gilbertson & Powell, 1978),
- Sprach- und Stimmtherapeuten (Miller & Potter, 1982).

Pflege

- Altenpflegerinnen (Balk, 1989; Engelkamp, 2002; Weyer & Zimber, 1997)
- Eltern und Therapeuten autistischer Kinder (Sullivan, 1979),
- Gemeindeschwestern (Cherniss, 1980a, 1995),
- Krankenschwestern (Friel & Tehan, 1980; Gaudinski, 1979; Lammert, 1981; Lewiston, Conley & Blessing-Moore, 1981; McConnell, 1981; Mohl et al., 1982; Patrick, 1979; Schwartz & Will, 1953/1961; Shubin, 1978; Skinner, 1979; Storlie, 1979),
- Oberschwestern (Clark, 1980),
- Pflegepersonal geistig behinderter Erwachsener (Fimian, 1984; Lamb, 1979; Munro, 1980).

Privatleben

- (Ehe-)Partner (Pines, 1988)
- Eltern (Pelsma et al., 1989; Procaccini & Kiefaber, 1983).

Rettungspersonal

- Feuerwehrleute (Goza-Macmullan, 1988),
- Sanitäter (Scott, 1980).

Seelsorge

- Missionare (Chester, 1983),
- Pfarrer und Priester (Daniel & Rogers, 1981; Harbaugh & Rogers, 1984; Schall, 1993; Warner & Carter, 1984; Willimon, 1989),
- Rabbis (Freudenberger, 1982).

Sozialarbeit im weiteren Sinne

- Bewährungshelfer (Schondelmaier, 1988),
- Drogenberater (Freudenberger, 1974, 1975; Lacoursiere, 2001; Valle, 1979),
- Fürsorger (Maslach, 1976),
- »Hauseltern« in Kinderdörfern (Thompson, 1980),
- Jugendfürsorger (Armstrong, 1979; Daley, 1979; Freudenberger, 1977a; Goelman & Guo, 1998; Mattingly, 1977; Shannon & Saleebey, 1980; van Auken, 1979),
- Sozialarbeiter (Bassett & Lloyd, 2001; Cherniss, 1980b, 1995; Edelwich & Brodsky, 1980; Gibson, McGrath & Reid, 1989; Harrison, 1980; Lloyd, King & Chenoweth, 2002; Taylor-Brown et al., 1982).

Unterricht und Lehre

- Erwachsenenbildner (Zahn, 1980),
- Erzieher(innen) (Maslach & Pines, 1977; Pines & Maslach, 1980; Seiderman, 1978),
- Hochschullehrer (Barth, 1985; Boice, 1986; Singh, Mishra & Kim, 1998),
- Lehrer(innen) (Anderson, 1980; Anstötz, 1987; Bardo, 1979; Becker & Gonschorek, 1989; Belcastro, 1982; Bloch, 1978; Cherniss, 1980a, 1995; Christensen, 1981; Cook & Leffingwell, 1982; DuBrin et al., 1979; Fimian & Santoro, 1983; Hendrickson, 1979; Johnson, Gold & Vickers, 1982; Lawrenson & McKinnon, 1982; Meadow, 1981; Metz, 1980; Olson & Matuskey, 1982; Reed, 1979; Smith & McWilliams, 1980; Schwab, 1981; Schwab & Iwanicki, 1982; Sparks, 1979; Thompson & Powers, 1983; Vandenberghe & Huberman, 1999; Wegner et al., 2000; Weiskopf, 1980; Westerhouse, 1980; Zabel & Zabel, 1982),
- Sporttrainer (Caccese & Mayerberg, 1984; Capel, 1986; Capel, Sisley & Desertrain, 1987; Schliermann, Hagenah & Hörmann, 2002).

Verwaltung

- Leiter von Schulen, Hochschulen, Kliniken und Rehabilitationseinrichtungen (Burke & Greenglass, 1989; Clark, 1980; Emener, 1979; Sarros, 1988; Vash, 1980; Vaughan, 1982; Veninga, 1979),
- Verwaltungsbeamte (Vash, 1980; Veninga & Spradley, 1981).

Wirtschaft

- Investment-Banker und Anleger (Buskamp, 2004),
- Kreditsachbearbeiter (Poe & Scherr, 1981),

- Kundendienstmitarbeiter (Zemke, 1981),
- Manager (Cherniss, 1980c; Etzion, Kafry & Pines, 1982; Freudenberger, 1977b; Ginsburg, 1974; Kahn, 1978; Lauderdale, 1982; Levinson, 1981; Nelson, 1980; Pines & Aronson, 1989),
- Sekretärinnen (Anderson, 1983; Nagy, 1985),
- Versicherungspersonal (Sperber, 1984).

Sonstiges
- Arbeitslose (Amundson & Borgen, 1982; vgl. a. Cobb, 1974; Kasl & Cobb, 1970; Kasl, Gore & Cobb, 1975)
- Ingenieure (Etzion, 1988),
- Musikstudenten (Dews & Williams, 1989),
- Sozialforscher (Levine, 1982),
- Sportler (Fender, 1989; Petermann, 2004),
- Studenten (Gold, Bachelor & Michael, 1989; Meier & Schmeck, 1985).

Einseitiges Geben ist gefährlich

Mit Ausnahme einiger weniger Kategorien, vornehmlich der letztgenannten, handelt es sich überwiegend um Berufe oder Rollen, von denen nicht nur Hilfe im technischen Sinne erwartet wird, sondern auch emotionale Zuwendung, (also Versorgen, Beraten, Anleiten, Heilen, Schützen) die, weil professioneller Natur, beim Ausbleiben von Gegenseitigkeit nicht versiegen darf. Ähnlich wie die Tafel der Elemente zur Postulierung (und später zur Entdeckung) unbekannter chemischer Elemente benutzt worden ist, lässt sich das Syndrom mit Hilfe dieses simplen Schemas auch noch an weiteren Stellen vorhersagen: etwa bei Kellner(inne)n, Friseusen, Handelsvertretern, Animateuren, Fremdenführern, Rezeptionistinnen, Fahrern von Krankenwagen, Krankengymnastinnen, Rettungsmannschaften, Auskunftsdiensten, Verkäufer(inne)n, aber auch bei Hausfrauen und Eltern, speziell alleinerziehenden. Wenn es entsprechende Berichte noch nicht gibt, dann ist mit ihrem Erscheinen zu rechnen. In der Tat: Inzwischen hat Greenblatt (2001) Burnout im *Club Mediterranée* beschrieben.

Nicht nur Helfer sind gefährdet

Hätte man demgemäß auch andernorts gesucht, dann wäre die bisherige Konzentration auf die »Helfer« im klassischen Sinne wahrscheinlich endgültig in Frage gestellt worden. So untersuchte Nagy (1985) eine Stichprobe von 153 Sekretärinnen einer amerikanischen Staatsuniversität mit dem MBI (► Absch. 1.2.2) und fand alarmierend hohe Mittelwerte.

1.2.1 Burnout-Symptomatik – Eine Synopse

Burnout-Symptome im Überblick

Das Symptombild in den genannten Studien ist sehr vielschichtig, andererseits aber von Studie zu Studie überraschend einheitlich. Alle in der Literatur häufig genannten Symptome werden in der folgenden Übersicht unter sieben Oberkategorien aufgelistet, die teils noch einmal in Unterkategorien aufgeteilt sind. Eine anders gegliederte Übersicht bringen z. B. Carroll & White (1982), Maher (1983) oder Kahill (1988). Schaufeli (1992) schlägt ein etwas gröberes Kategorienschema vor, das bei Gusy (1995, S. 25) auf Deutsch nachzulesen ist. Schaufeli & Enzmann (1998, Kap. 2) unterscheiden affektive, kognitive, körperliche, verhaltensmäßige und motivationale Symptome, jeweils auf individueller, zwischenmenschlicher und Organisationsebene. Der Sinn dieser Zusammenstellung ist ein erster, umfassender Überblick, der sowohl »Wald« als auch »Bäume« erkennen lässt. Dabei sind sprachliche Unschärfen in Kauf zu nehmen; teilweise liegen die Symptome auch auf unterschiedlichen Abstraktionsebenen.

Burnout-Symptomatik

1. Warnsymptome der Anfangsphase
   a) Überhöhter Energieeinsatz
      - Hyperaktivität
      - Freiwillige unbezahlte Mehrarbeit
      - Gefühl der Unentbehrlichkeit
      - Gefühl, nie Zeit zu haben
      - Verleugnung eigener Bedürfnisse
      - Verdrängung von Misserfolgen und Enttäuschungen
      - Beschränkung sozialer Kontakte auf Klienten
   b) Erschöpfung
      - Nicht Abschalten können
      - Energiemangel
      - Unausgeschlafenheit
      - Erhöhte Unfallgefahr

2. Reduziertes Engagement
   a) Für Klienten, Patienten etc.
      - Desillusionierung
      - Verlust positiver Gefühle gegenüber Klienten
      - Größere Distanz zu Klienten
      - Meidung von Kontakt mit Klienten und/oder Kollegen
      - Aufmerksamkeitsstörungen in der Interaktion mit Klienten
      - Verschiebung des Schwergewichts von Hilfe auf Beaufsichtigung
      - Schuldzuweisung für Probleme an Klienten
      - Höhere Akzeptanz von Kontrollmitteln wie Strafen oder Tranquilizern
      - Stereotypisierung von Klienten, Kunden, Schülern etc.
      - Betonung von Fachjargon
      - Dehumanisierung
   b) Für andere allgemein
      - Unfähigkeit zu geben
      - Kälte
      - Verlust von Empathie
      - Verständnislosigkeit
      - Schwierigkeiten, anderen zuzuhören
      - Zynismus
   c) Für die Arbeit
      - Verlust von Idealismus
      - Desillusionierung
      - Negative Einstellung zur Arbeit
      - Widerwillen und Überdruss
      - Widerstand, täglich zur Arbeit zu gehen
      - Ständiges Auf-die-Uhr-sehen
      - Fluchtphantasien
      - Tagträumen
      - Überziehen von Arbeitspausen
      - Verspäteter Arbeitsbeginn
      - Vorverlegter Arbeitsschluss
      - Fehlzeiten
      - Verlagerung des Schwergewichts auf die Freizeit, Aufblühen am Wochenende
      - Höheres Gewicht materieller Bedingungen für die Arbeitszufriedenheit
   d) Erhöhte Ansprüche
      - Konzentration auf die eigenen Ansprüche
      - Gefühl mangelnder Anerkennung
      - Gefühl, ausgebeutet zu werden
      - Eifersucht
      - Familienprobleme
      - Konflikte mit den eigenen Kindern

3. Emotionale Reaktionen; Schuldzuweisung
   a) Depression
      - Schuldgefühle
      - Reduzierte Selbstachtung
      - Insuffizienzgefühle
      - Gedankenverlorenheit
      - Selbstmitleid
      - Humorlosigkeit
      - Unbestimmte Angst und Nervosität
      - Abrupte Stimmungsschwankungen
      - Verringerte emotionale Belastbarkeit
      - Bitterkeit
      - Abstumpfung, Gefühl von Abgestorbensein und Leere
      - Schwächegefühl
      - Neigung zum Weinen

- Ruhelosigkeit
- Gefühl des Festgefahrenseins
- Hilflosigkeits-, Ohnmachtsgefühle
- Pessimismus, Fatalismus
- Apathie
- Selbstmordgedanken

b) Aggression
- Schuldzuweisung an andere oder »das System«
- Vorwürfe an andere
- Verleugnung der Eigenbeteiligung
- Ungeduld
- Launenhaftigkeit
- Intoleranz
- Kompromissunfähigkeit
- Nörgeleien
- Negativismus
- Reizbarkeit
- Ärger und Ressentiments
- Defensive/paranoide Einstellungen
- Misstrauen
- Häufige Konflikte mit anderen

4. Abbau

a) der kognitiven Leistungsfähigkeit
- Konzentrations- und Gedächtnisschwäche
- Unfähigkeit zu komplexen Aufgaben
- Ungenauigkeit
- Desorganisation
- Entscheidungsunfähigkeit
- Unfähigkeit zu klaren Anweisungen

b) der Motivation
- Verringerte Initiative
- Verringerte Produktivität
- Dienst nach Vorschrift

c) der Kreativität
- Verringerte Phantasie
- Verringerte Flexibilität

d) Entdifferenzierung
- Rigides Schwarzweißdenken
- Widerstand gegen Veränderungen aller Art

5. Verflachung

a) des emotionalen Lebens
- Verflachung gefühlsmäßiger Reaktionen
- Gleichgültigkeit

b) des sozialen Lebens
- Weniger persönliche Anteilnahme an anderen oder exzessive Bindung an einzelne
- Meidung informeller Kontakte
- Suche nach interessanteren Kontakten
- Meidung von Gesprächen über die eigene Arbeit
- Eigenbröteleien
- Mit sich selbst beschäftigt sein
- Einsamkeit

c) des geistigen Lebens
- Aufgeben von Hobbys
- Desinteresse
- Langeweile

6. Psychosomatische Reaktionen
- Schwächung der Immunreaktion
- Schlafstörungen
- Albträume
- Sexuelle Probleme
- Gerötetes Gesicht
- Herzklopfen
- Engegefühl in der Brust
- Atembeschwerden
- Beschleunigter Puls
- Erhöhter Blutdruck
- Muskelverspannungen
- Rückenschmerzen
- Kopfschmerzen
- Nervöse Tics
- Verdauungsstörungen
- Übelkeit
- Magen-Darm-Geschwüre
- Gewichtsveränderungen
- Veränderte Essgewohnheiten
- Mehr Alkohol/Kaffee/Tabak/andere Drogen

7. Verzweiflung
- Negative Einstellung zum Leben
- Hoffnungslosigkeit
- Gefühl der Sinnlosigkeit
- Selbstmordabsichten
- Existentielle Verzweiflung

Selbstverständlich sind die Listen nicht so zu verstehen, dass in einem Burnout-Fall alle Symptome vorhanden sein müssten. Der Syndrombegriff wird vielmehr in dem »weichen« Sinn gebraucht, dass das Vorhandensein eines Symptoms die Wahrscheinlichkeit erhöht, mit dem die anderen ebenfalls auftreten bzw. auftreten werden. Nur wenige Autoren legen sich fest, was sie als hinreichende oder notwendige Bedingungen ansehen wollen (z. B. Savicki & Cooley, 1983). Zum einen schließen sich manche Symptome oder Symptomkategorien gegenseitig aus, zum anderen impliziert die Anordnung in der Übersicht eine ungefähre zeitliche Reihenfolge, und nicht jeder erreicht die terminalen Stadien. Forney et al. (1982), die sich auf mehr als nur anekdotisches Material stützen können, betonen die »individuelle Natur« von Burnout. Welches Symptommuster sich in welcher Reihenfolge entwickelt, hängt von moderierenden Faktoren im Individuum und/oder seiner Umwelt ab, die einstweilen allenfalls spekulativ zugänglich sind.

Nicht alle Symptome müssen auftreten

Weiter sei sogleich konzediert, dass die Gruppierung der Symptome in Cluster unvermeidlich mit viel Willkür erfolgen musste. Teils bestehen temporale oder kausale Beziehungen zwischen den Kategorien. Nach der Art der Schuldattribuierung (Kategorie 3) z. B. richtet sich vermutlich, ob Aggression oder Depression als emotionale Reaktion vorherrschen werden. Auch die Reihenfolge ist nicht allzu zwingend gemeint. Beispielsweise werden manche psychosomatischen Symptome (Kategorie 6) auch schon in der Anfangsphase (Kategorie 1) auftreten. Und schließlich: Durch innere oder äußere Veränderungen kann der Prozess auch zu jedem Zeitpunkt gestoppt werden, nicht immer ohne bleibende Narben.

Gliederung teilweise willkürlich

Kategorie 1: Warnsymptome der Anfangsphase. Vor allem die ältere Burnout-Literatur war sich einig, dass am Anfang eines Burnout-Prozesses stets ein Überengagement steht. »Wer ausbrennt, muss einmal gebrannt haben« – für den Beruf als Lebensinhalt, für eine Idee, für ein Ziel, für eine Aufgabe – so jedenfalls ein noch heute viel gehörtes Klischee. Wenn dies je galt, dann wahrscheinlich nur für Ausbrenner vom »aktiven« Typ (▶ Absch. 1.4). Neuere empirische Untersuchungen, die aber ohnehin nicht zwischen aktivem und passivem Ausbrennen unterscheiden, haben einen Zusammenhang zwischen »Idealismus« und Burnout nur teilweise bestätigen können; es gibt sogar Korrelationen in der entgegengesetzten Richtung. Allerdings sind die entsprechenden Studien auch nicht über jeden methodischen Zweifel erhaben. Schmitz & Leidl (1999) fanden bei Lehrern, dass lediglich das Verfolgen »unrealistischer Ansprüche« zu Burnout prädestiniert. Eine eigene Studie an Krankenpflegeschüler(inne)n (Burisch, 2002, 2003) hat das Credo vom »Brennen« als notwendige Voraussetzung des Ausbrennens ziemlich massiv in Frage gestellt.

Meist beginnt's mit vermehrtem Einsatz

Ich ziehe es darum vor, nunmehr neutraler von »überhöhtem Energieeinsatz« zu sprechen. Denn den finden wir bei beiden Typen: sowohl bei der auf verlorenem Posten kämpfenden Betriebsrätin oder bei dem zunächst unermüdlichen Entwicklungshelfer, bei dem Sachbearbeiter, den sein neuer Chef vergraulen will, dem nach einer Firmenfusion plötzlich überflüssigen Marketingmann oder bei der von enervierenden Fluggästen und ständigem Jetlag geplagten Stewardess. Man muss sich das nicht notwendig in Form endloser Überstunden vorstellen, schon gar nicht in Form körperlicher Strapazen. Es reicht völlig aus, den größten Teil der Arbeitszeit mit angespanntem Zwerchfell zu verbringen, weil jederzeit etwas Bedrohliches oder Unangenehmes passieren kann, oder aber in der Freizeit stundenlang über einer (vermeintlich oder real) ausweglosen Lage zu brüten und so auch noch den Schlaf zu verpassen. In der Tat: Ein Warnsignal erster Güte ist es für mich, wenn Menschen nach der Arbeit nicht mehr abschalten können. Denn so können rasch Teufelskreise in Gang kommen, weil die ausgebliebene Erholung am nächsten Morgen die Widerstandskraft weiter schwächt.

Wer nicht glaubt, dass rein psychische Anspannung ein Gefühl auch körperlicher Erschöpfung nach sich ziehen kann, mag sich an seine Befindlichkeit nach einem aufwühlenden Kinofilm oder einer langen Autofahrt bei schlechter Sicht erinnern; er mag Prüflinge nach einer Klausur oder Trauernde nach einem Begräbnis beobachten.

Wann ein erhöhter Energieeinsatz zu einem »überhöhten« wird, das ist erst im Nachhinein zu beurteilen. (Dieselbe definitorische Schwäche haftet übrigens auch der Abgrenzung von »Eustress« und »Disstress« an; vgl. Karasek et al., 1982, S. 35.) Wenn das Ganze mit Lust und Liebe zur Sache geschieht, also gänzlich aus freien Stücken und ohne viel Schielen auf Publikumsresonanz, dann resultiert im Extrem vielleicht ein Schwächeanfall oder eine Ehekrise, aber nicht Burnout. Es ist nämlich nach meiner Überzeugung nicht die Arbeitsmenge, die zählt, sondern die Gefühlslage, mit der man seine Arbeit tut bzw. seine Zeit verbringt. Wenn Einsatz und Ertrag, Anstrengung und Belohnung, Negatives und Positives in keinem allzu krassen Missverhältnis stehen, dann kann ein hoher Grad von Engagement jahrelang aufrechterhalten werden.

Dass es doch zuviel oder das Falsche war, das lässt sich erst am häufigeren oder andauernden Auftreten der Symptome unter »Erschöpfung« ablesen. Dafür reicht es, wenn Zweifel am »Sinn« des eigenen Tuns aufkommen, sei es durch groben Undank, durch ungerechte Kritik eines Vorgesetzten, oder durch ausbleibende Solidarität von Kollegen. Wahrscheinlich reicht sogar schon eine Sättigung durch »Zuviel-des-immer-selben« (wie beim dritten Bratschisten des Symphonieorchesters), um die anfangs ungebrochene Motivation mit Ambivalenzen zu durchsetzen. Wer sich dann unversehens in einer Falle entdeckt (»Was soll ich denn sonst machen? Ich hab doch nichts anderes gelernt!«), der spürt erst, wie sich der Widerwillen in ihm aufbaut. Schließlich – wenn daraus kein neuer Aufbruch entsteht – fühlt er nur noch Erschöpfung.

Ob eine »dynamische« Anfangsphase, in der unrealistische Ziele durch eine »Lösung erster Ordnung« – vermehrter Einsatz – rigide verfolgt werden, tatsächlich notwendige, also immer vorhandene Etappe des Burnout-Prozesses ist, oder ob es auch den direkten Weg von der Überbelastung in eine der anderen Symptomkategorien gibt, das erscheint mir, wie gesagt, fraglich. Freilich handelt es sich letztlich um eine Definitionsfrage (► Kap. 1, S. 14–16). Sämtliche Fälle, von denen Freudenberger & Richelson (1983) berichten, gehören zum »dynamischen« Typus, aber es ist möglich, dass Freudenberger nur solche unter Burnout fasst.

Die 28 Berufsanfänger (sämtlich »*Public Professionals*«), die Cherniss (1980a) eine Weile lang begleitet hat, arbeiteten während ihres ersten Berufsjahres alle mehr als normal, aber bei vielen gab sich das nach der Einarbeitungszeit wieder. Ohnehin entwickelten beileibe nicht alle das, was man Burnout im engeren Sinne nennen könnte.

Höheres Risiko an Zäsuren

Es ist hier aber eine wichtige Situationsklasse benannt, in der viele (nicht alle) Burnout-Prozesse starten: Eine biographische Zäsur, in der sich plötzlich die Umwelt ändert. Das kann der Studienanfang sein, der einen ehrgeizigen, aber wenig autonomen Schüler vor neue Herausforderungen stellt; der Berufseintritt, der speziell bei akademischen Berufen oft eine »Kompetenzkrise« (Cherniss, 1980a) auslöst; ein neuer Vorgesetzter, der zu Anpassungsleistungen zwingt (womöglich auch noch zu uneindeutig definierten); die erste eigene Projekt- oder Führungsverantwortung, die gerade für hervorragende Fachexperten unvermittelt Aufgaben bereithält, zu denen diese weder die leiseste Lust noch die geringste Fähigkeit in sich spüren. Es können auch sehr viel subtilere Veränderungen sein. Oder aber gerade das endgültige Ausbleiben einer herbeigesehnten Veränderung, wie der »eigentlich fälligen« Beförderung. In den meisten Fällen gelingt es den Betroffenen offenbar, eine neues Gleichgewicht, eine mindestens erträgliche Passung zwischen eigenen Bedürfnissen und Fähigkeiten einerseits und externen Angeboten und Anforderungen andererseits herzustellen. Oder aber abzubrechen und anderswo neu anzufangen. Misslingt das dauerhaft, kann die Entwicklung in einen Burnout-Prozess eskalieren.

Wenn Ziele abhanden kommen

In Fällen, in denen Burnout als Folge verfehlter Zielerreichung zu sehen ist, ergeben sich sehr direkte Querverbindungen zu Klingers (1975) Theorie des »Zielbindungsverlusts«. Klinger postuliert für das Unerreichbarwerden wichtiger Anreize (Objekte oder Ereignisse) einen Reaktionszyklus aus Frustration, vermehrter Anstrengung, Aggression, Depression und schließlich Erholung mit Bindung an neue Ziele (▶ Absch. 2.2, S. 111–113). Das findet seine Entsprechung in den folgenden Kategorien.

Erst Übersoll, dann Rückzug

Kategorie 2: Reduziertes Engagement. In dieser Kategorie finden wir die Erscheinungen, die Maslach (1978, 1982a) und Aronson et al. (1983) für den Kern des Syndroms halten. Idealistische Überhöhung der Arbeit – speziell der Arbeit mit und für Menschen – wird gefolgt von emotionalem, kognitivem und verhaltensmäßigem Rückzug, zunächst weg von diesen Menschen (»Reduziertes Engagement für Klienten, Patienten«), oft auch von anderen (Kollegen, Freunden, Bekannten; »Für andere allgemein«) und von der Arbeit schlechthin (»Für die Arbeit«). Wo früher eher im Übermaß gegeben wurde, und zwar freiwillig gegeben, da möchte man nun vor allem nehmen (»Erhöhte Ansprüche«), und wo das nicht geht, da nimmt man eben sich selbst zurück.

Bei den helfenden Berufen sind viele Techniken der Selbstdistanzierung beschrieben worden. Ärzte und Krankenschwestern sprechen von Patienten nur noch als »die Niere auf Zimmer 17«; Fürsorger, Sozialarbeiter und Berater machen ihre Klienten in viel höherem Grad für ihre Probleme selbst verantwortlich (»verdienen nichts anderes«, »wollen es gar nicht anders haben«, »bilden sich ein, sie wären die einzigen, die Schwierigkeiten haben«); Lehrer und Erzieher erfinden allerlei abwertende Bezeichnungen für ihre Kinder.

Abwertung, weil man eigene Ansprüche nicht gestellt werden kann.

Alle versuchen, die Beziehung zu entpersönlichen, indem sie sie zu einer bloß verwahrenden, beaufsichtigenden umdefinieren. Und alle verringern das Ausmaß des Kontakts mit den ihnen Anvertrauten.

Dann leidet die Familie

Wo einer solchen Abwendung enge Grenzen gesetzt sind, z. B. in Dienstleistungsberufen mit Konkurrenzdruck, beginnt bald der Kontakt zur Familie zu leiden (Burke, 1982; Maslach, 1982a, S. 81ff.). Vater hört nicht mehr zu, will von Problemen unbehelligt bleiben, will sich nicht mehr auf Frau und Kinder einstellen, sondern zu Hause vor allem seine Ruhe – sobald er Bier und Pantoffeln hat, sagt das Klischee.

Stärkere Anforderungen an den oder die Partner gibt es natürlich auch bei den »Helfern« (vgl. Bates, 1982) und auch bei berufstätigen Frauen im Burnout (Cooper & Davidson, 1982).

Aus Begeisterung wird Überdruss

Parallel entwickelt sich ein ausgeprägter Überdruss an der Arbeit (der später auf weitere Lebensbereiche generalisieren kann). Zu Zeiten scheint es fast unmöglich, morgens zur Arbeit zu gehen, das Wochenende ist schon von dem Gedanken an den Montag überschattet.

Mancher Leser wird das für den normalen Stand der Dinge halten. In der Tat sind der »blaue Montag«, das ganzjährige Erzählen vom vergangenen oder nächsten Urlaub, das Zählen der Jahre bis zur Pensionierung jedermann vertraute Beobachtungen aus dem Arbeitsleben. Auch der Suff und das übermäßige Essen, die erst in Kategorie 7 auftauchen, gehören dazu. Aber es muss daran erinnert werden, dass hier primär von Leuten die Rede ist, die ihren Beruf selbst gewählt und ihn einmal geliebt haben.

Am Ende der Kategorie »Reduziertes Engagement für die Arbeit«, findet sich ein veränderter Lebensstil, den man, je nach Ausgeprägtheit und Vorhandensein von Alternativen, als Endzustand eines beruflichen Burnout-Prozesses oder als realistische Anpassung an unabänderliche Verhältnisse sehen kann. Diese Menschen haben es entschieden aufgegeben, zu leben, um zu arbeiten – sie arbeiten allenfalls, um zu leben. Das frühere Engagement ist nur eine ferne Reminiszenz, die Wehmut und/oder Schuldgefühle produzieren kann.

»Innere Kündigung«

Gerade in unübersichtlichen Großorganisationen gibt es Mitarbeiter, von denen kaum jemand recht weiß, was sie tun, die aber stets sehr beschäftigt wirken. Im Amerikanischen nennt man solches Personal »totes Holz« (Aronson et al., 1983, S. 27f), bei uns gelegentlich »Statisten«; man spricht auch von »innerer Kündigung« (Nuber, 1987; Raidt, 1987; Faller, 1993). Manche dieser unscheinbaren Existenzen legen sich in ihrer Freizeit eine Art Doppelleben in Hobbys und Vereinen zu, das ihnen die Befriedigung verschafft, die sie von ihrer Arbeit nicht mehr erwarten, sie blühen erst am Feierabend auf.

Das Leben beginnt nach Arbeitsschluss

Dieses Phänomen nennt Lauderdale (1982, S. 45) mit einem Begriff aus der Biologie »*Chrysalis*« – dort bedeutet er die Befreiung des Schmetterlings aus dem Kokon. Mag ein solcher Rückzug ins Privatleben für viele Angestellte den einzig gangbaren Weg darstellen, so hat er bei Angehörigen von Sozialberufen verheerende Folgen. Wohl jeder wird sich an einzelne Lehrer dieses Typs erinnern, und in Krankenhäusern trifft man ihn beim Personal ebenfalls an. Einmal so weit gediehen, dürfte der Prozess auch schwer reversibel sein, und es entwickelt sich ein Teufelskreis: Das verringerte Engagement erzeugt Reaktionen, die es wiederum rechtfertigen (▶ Absch. 3.11, S. 194–197).

Materielles wird wichtiger

Da die Arbeit erst stärker und später ausschließlich dem Lebensunterhalt dient, wird die Bezahlung sehr viel wichtiger, als sie es ursprünglich einmal war. Auch andere Bedingungen, die Herzberg (Herzberg et al., 1959) in seiner bekannten Zwei-Faktoren-Theorie der Arbeitszufriedenheit zu den »Hygienefaktoren« zählt, gewinnen an Bedeutung. Entsprechende Beobachtungen hat schon Freudenberger (1974) mitgeteilt, immerhin bei Mitarbeitern »alternativer« Institutionen innerhalb der amerikanischen Drogenszene, wo materielle Werte seinerzeit tief im Kurs standen.

Burnout im öffentlichen Dienst

Ich persönlich halte es für wahrscheinlich, dass der »Chrysalis«-Lebensstil unter Angehörigen der öffentlichen Verwaltung, der Post, der Finanzämter, des Zolldienstes etc. weit verbreitet ist, jedenfalls bei Beamten mit »Publikumskontakt«. Es ist nicht jedem auf den ersten Blick klar – und Reformbemühungen in die entsprechende Richtung sind nicht gerade Selbstgänger –, dass der öffentliche Dienst ein Dienstleistungsbetrieb ist, dass zumindest seine Schalterbeamten Sozialberufler sind, wenn auch im weiteren Sinne. Was die Öffentlichkeit von den Beamten hält, ist in nahezu jeder Zeitung nachzulesen. Ob die oft gehörte Klage über die »der allgemeinen Entwicklung hinterherhinkende Beamtenbesoldung« etwas mit den Symptomen der Kategorie »Erhöhte Ansprüche« zu tun hat?

Wer ist schuld?

Kategorie 3: Emotionale Reaktionen; Schuldzuweisung. Die Desillusionierung, das Aufgeben zentraler Ziele und Befriedigungsquellen, das sind schmerzliche Prozesse, die, einmal als unumgänglich akzeptiert, Trauerarbeit erfordern. Kaminski (1974) hat dies für Psychologiestudenten beschrieben, die in den ersten Semestern viele Vorstellungen vom qualifizierenden Charakter des Studiums korrigieren müssen, Burnett-Beaulieu (1982) für Beschäftigungstherapeuten.

Zwei Möglichkeiten, Trauerarbeit heraus zu schieben, bestehen darin,
- sich selbst oder
- der Umwelt

die Schuld für den unbefriedigenden Zustand zuzuschreiben.

Etwa so: Meine Vorstellungen vom Lehrer-, Krankenschwester-, Sozialarbeiterberuf sind schon richtig – aber entweder (a) ich bin ungeeignet, der Falsche, ein Versager oder (b) ich bin falsch ausgebildet worden, die Schüler sind anders geworden (z. B. Bardo, 1979), die Patienten und Klienten sind undankbar, unreif und uneinsichtig, oder »das System« macht sinnvolle Arbeit eben sowieso unmöglich.

Die Schuldfrage ist schwer entscheidbar

Über den Wahrheitsgehalt dieser Attribuierungen soll hier nicht geurteilt werden. Sicher kann wirklich nicht jeder die genannten Berufe ausüben (jedenfalls nicht überdurchschnittlich gut), das Klientel von Helfern hält für Unvorsichtige tatsächlich mancherlei Enttäuschung bereit, und das System der »psychosozialen Versorgung«, wie das im Jargon heißt, ist zweifellos nicht das beste aller denkbaren. Worauf es wahrscheinlich ankäme, wäre, das Unabänderliche vom Veränderbaren zu unterscheiden und sich mit dem ersteren abzufinden, das letztere in kleinen Schritten in Angriff zu nehmen (Glasser, 1972). Aber das ist leichter geschrieben als ausgeführt, wie wohl jeder aus eigener Erfahrung weiß.

Depression oder Aggression

Jedenfalls, darauf hat Lazarus (1977) hingewiesen, dürfte sich an dieser Stelle entscheiden, ob Stimmungslage, Einstellungen, Lebenssicht und Verhalten eher depressiv-ängstlich oder eher aggressiv-gereizt-paranoid getönt sein werden. Folgt man Burnett-Beaulieu (1982), die sich auf Kübler-Ross (1969) bezieht, dann sind sowohl Ärger als auch Depression notwendige Stadien der Trauerarbeit, die mit der Annahme des Verlusts (des unrealistisch optimistischen Weltbildes) auch einen konstruktiven Abschluss finden kann.

Die Stimmung schwankt oft früh

Selbstverständlich ist es eine unzulässige Vereinfachung, wenn erst jetzt von »emotionalen« Reaktionen die Rede ist. Aber die Reihenfolge der Kategorien entspricht, wie gesagt, auch nur ungefähr einer Chronologie, die zudem im Einzelfall höchst unterschiedlich sein kann. In Fällen, in denen eine emotionale Reizüberflutung die Hauptursache bildet (z. B. bei Fluglotsen oder Unfallchirurgen) oder in denen ein isoliertes Ereignis einen ganzen Lebensplan zerstört, ist der Weg zur Stimmungsveränderung sicher besonders kurz.

Es soll hier auch nicht von vereinzelten emotionalen Reaktionen die Rede sein, sondern von überdauernden Stimmungen, sozusagen der seelischen Großwetterlage, die bald beginnt, das Verhältnis des Ausbrenners zu sich und anderen zu bestimmen.

Wer die Schuld bei sich sucht

Depression. Sieht der Ausbrennende die Ursachen seiner Probleme in erster Linie bei sich selbst, so wird er überwiegend depressiv reagieren. Das Gefühl der Hilflosigkeit – nach Seligman (1975/1979) ohnehin Vorläufer bzw. Auslöser der meisten Depressionen (► Abschn. 2.2.1, S. 105–108) – führt, als persönliches Versagen interpretiert, zu einer Erniedrigung des Selbstwertgefühls.

Im Fall des früher hochmotivierten Idealisten, der den unter Kategorie 2 beschriebenen Rückzug vollzieht und gegenüber den Veränderungen an sich selbst nicht blind ist, kommt ein u. U. drückendes Schuldgefühl hinzu. Gehörte er zu denen, deren Arbeit ihr Lebenszweck ist, dann verliert er für sich selbst die Existenzberechtigung.

Die Symptome unter »Depression« entsprechen denen des »depressiven Syndroms« (z. B. Hippius & Selbach, 1969; Marneros, 2004), sowohl des »retardierten« als auch des »ängstlich-agitierten« Typs. (Freilich, darauf hat Farber, 1983d, hingewiesen, ist Depression im klinischen Sinne meist ein umfassender Zustand, während Depression als Burnout-Symptom zumindest anfangs bereichsspezifisch bleibt. Zum schwierigen Thema der Abgrenzung s. auch Schaufeli & Enzmann, 1998, S. 39–40.) In diesem Stadium ist die Chance für erfolgreiche Problemlösungen – sei es durch aktive Veränderung der Umwelt, Veränderung der Erwartungen oder Verlassen der Situation – schon gemindert. Möglicherweise ziehen nicht wenige Ausbrenner kurz vorher die Notbremse.

Wer die Schuld woanders sieht

Aggression. Schon das Symptom »Bitterkeit« unter »Depression« signalisiert, dass auch die depressive Reaktion oft nicht frei von Vorwürfen an die Umwelt ist (vgl. Wallace et al., 1983). Wer nun ohnehin »extrapunitiv« disponiert ist – das sind Leute, die lieber austeilen als einstecken –, wird sich zu einem jener unangenehmen Zeitgenossen entwickeln, die nörgelnd und pessimistisch selbst die kleinsten Veränderungen in ihrem Einflussbereich zu behindern versuchen oder aber in chronisch gereizter Stimmung ständige Wutausbrüche gegen Kollegen, Untergebene oder Familienangehörige produzieren. Eine ursprünglich unbegründete defensive Einstellung zur Umwelt (»alle hacken nur auf mir rum«, »alle wollen nur meinen Job«) kann sich so rasch ihre eigene Rechtfertigung schaffen.

Der Kollaps als Hilfeschrei

Es ist ungeklärt (wohl auch von Fall zu Fall verschieden), wie weit den geschilderten emotionalen Reaktionen auch appellative Funktion zukommt. La Vigna (1979) hat erklärt, dass für Eltern autistischer Kinder oder Jugendlicher, deren Pflege offenbar übermenschliche Anforderungen stellt, ein depressiv gefärbter Zusammenbruch der einzig akzeptierte Grund ist, ihr Kind in eine Anstalt zu geben, jedenfalls für den Elterntyp, der sich mit anderen zu trutzigen Selbsthilfegruppen zusammenschließt und schwört, gerade das niemals zu tun (vgl. auch Linden, 1976). Ähnlich interpretierten Grinker & Spiegel (1945, S. 35) die »Gefechtsneurose« amerikanischer Jagdflieger des Zweiten Weltkrieges als psychisch ungefährlichsten Ausweg aus dem Konflikt zwischen der Angst vor dem nächsten Einsatz und der Angst, aus der Solidarität der Kameraden herauszufallen.

Freudenberger (1977b) deutet auch die Reizbarkeit und den Zynismus des extrapunitiven Ausbrenners als Hilferuf – der freilich, wenn beantwortet, in der Regel als solcher dementiert wird. Folgt man Freudenberger, dann sind Ausbrenner gewöhnt, sich stets selbst helfen zu können; sie können Schwäche und Hilfsbedürftigkeit sehr schwer offen zugeben (vgl. auch Schmidbauer, 1977, zum »Helfer-Syndrom« und Englishs, 1982, Typ des »Über-Sicheren«).

Die Leistung fällt ab

Kategorie 4: Abbau. In Wechselwirkung mit den vorstehenden Reaktionsweisen kommt es nun auch zu Leistungsabfällen (»Abbau der kognitiven Leistungsfähigkeit«).

Flüchtigkeitsfehler in Berichten und Briefen oder vergessene Terminabsprachen können im günstigen Falle eine Weile lang von Mitarbeitern oder Kollegen aufgefangen werden, dann werden die Anzeichen häufiger oder unübersehbarer. Innovative Impulse, die den Ausbrenner früher gekennzeichnet haben, bleiben nun völlig aus (»Abbau der Motivation«).

Statt dessen findet dort, wo das möglich ist, Dienst nach Vorschrift statt. Nicht auffallen, keine Experimente und möglichst wenig Aufregung, so heißt jetzt die Devise (»Abbau der Kreativität«).

»Kleinkarierte Bürokraten«

Auch die Denkweisen werden nun bequemer (»Entdifferenzierung«). Was immer kognitive Entlastung bringt – Vorgehen in eingefahrenen Bahnen, Gut-Böse-Dichotomisierungen, *Ingroup-Outgroup*-Schemata etc. – wird begierig ergriffen. Der »alte Hase«, der zu jedem Veränderungsvorschlag sagt, »das haben wir schon immer so gemacht«/«das haben wir noch nie so gemacht«/«da könnte ja jeder kommen«, ist wohl der Prototyp dieser Reaktionskategorie. Für Maslach (1978) ist der »kleinkarierte Bürokrat« tatsächlich burnoutprototypisch.

Wechselwirkungen bestehen z. B. zu Kategorie 3 insofern, als der Abbau, soweit er ins Bewusstsein tritt, depressive oder Angstreaktionen verstärken kann, die dann im Sinne eines Kreislaufs wiederum verstärkend zurückwirken.

An der Umwelt desinteressiert

Kategorie 5: Verflachung. In Fortführung der Symptome von Kategorie 4 kann es zu einer generellen Verflachung des emotionalen, sozialen und geistigen Lebens kommen. Ein solcher Verlust der Anteilnahme an der Umwelt schlechthin kann ebenfalls in einen Teufelskreis einmünden: Wer anderen nicht einmal mehr seine Aufmerksamkeit schenken kann, wer durchgehend gleichgültig und desinteressiert wirkt, wird auch immer seltener in Situationen geraten, die eine Reaktion erlauben würden. Freunde ziehen sich nun zurück, soweit sie das nicht schon im Anfangsstadium getan haben, und die nachfolgende Einsamkeit, soweit sie überhaupt noch registriert wird, macht alles noch aussichtsloser.

Der Körper merkt's

Kategorie 6: Psychosomatische Reaktionen. Bereits parallel zu den Symptomen der Anfangsphase zeigen sich psychosomatische Symptome wie größere Häufigkeit von Infektionskrankheiten, Schlafstörungen, Kreislaufbeschwerden, Verspannungen und Verdauungsbeschwerden. Durch veränderte Essgewohnheiten (z. B. öfter oder mehr essen, mehr Süßigkeiten) kann das Gewicht rasch steigen. Der Verbrauch von Nikotin, Alkohol und anderen Drogen steigt. Im weiteren Verlauf können koronare Herzkrankheiten oder Geschwüre im Magen-Darm-Trakt auftreten.

Hilflos, hoffnungslos, sinnlos

Kategorie 7: Verzweiflung. Das terminale Burnout-Stadium, das Lauderdale (1982) »*Meltdown*« nennt, will ich hier mit »existentieller Verzweiflung« bezeichnen. Das temporäre Gefühl der Hilflosigkeit hat sich zu einem chronischen Gefühl der Hoffnungslosigkeit verdichtet. Das Leben hat seinen Sinn verloren. Selbstmordgedanken tauchen auf – und werden mit einer bestimmten Wahrscheinlichkeit wohl auch ausgeführt. Manche saufen sich zu Tode. Andere erschießen sich – wie ein Offizier, zwei Jahre, nachdem er zur Beratung bei mir war.

1.2.2 Messung von Burnout

Burnout-Fragebögen

Die gebräuchlichsten Fragebögen

Viele der frühen Burnout-Publikationen enthielten informelle Fragebögen oder Checklisten, deren technische Qualitäten niemals überprüft wurden. Eine anspruchsvollere Konstruktion, die Emener-Luck Burnout Scale (Emener et al., 1982) ist anscheinend nicht weiter verfolgt worden. Durchgesetzt haben sich bislang nur zwei Instrumente: das Maslach Burnout Inventory (Maslach & Jackson, 1981b, 1986; Maslach, Jackson & Leiter, 1996) und das Tedium Measure (Aronson et al., 1983, S. 50), später in Burnout Measure umgetauft.

Das Maslach Burnout Inventory

Das Maslach Burnout Inventory (MBI) besteht in seiner ursprünglichen Version aus 22 Items, die in 3 Skalen gegliedert sind:

- Emotionale Erschöpfung (*Emotional Exhaustion*, EE), 9 Items,
- Depersonalisation (DP), 5 Items
- Leistungs(un)zufriedenheit (*Personal Accomplishment*, PA), 8 Items.

Ein Beispielitem für EE ist: »Nach der Arbeit bin ich völlig fertig«, für DP: »Manche meiner Partner sind mir ziemlich gleichgültig«, für PA: »Ich glaube, ich kann mich in meine Partner gut hineinversetzen«.

In der Originalversion hatte das MBI eigentlich 6 Subskalen, da jedes Item zweimal, nach Intensität und nach Häufigkeit, beantwortet werden musste. Die Intensitätsskalen wurden dann in der zweiten Auflage (1986) zugunsten eines einzigen Häufigkeitsformats (von »nie« bis »täglich«) fallengelassen, weil die beiden Formate ohnehin hoch korreliert waren.

In einer eigenen kleinen Studie (Burisch, 1984c) weigerten sich nicht wenige Probanden, Items wie »Ich bin dickfelliger geworden, seitdem ich an meinem jetzigen Arbeitsplatz bin« auf einer Häufigkeitsskala zu beantworten. Unerklärlicherweise gibt es in der mir bekannten MBI-Literatur nirgends Hinweise auf analoge Erfahrungen. Ich habe in späteren Anwendungen eine 7fach abgestufte Zustimmungs-Ablehnungs-Skala verwendet, was wenigstens dieses Problem löste.

Die dritte Auflage des Manuals (Maslach, Jackson & Leiter, 1996) brachte zwei weitere Neuerungen. Die Urform des MBI verwendet in 7 Items den allgemeinen Ausdruck *recipients* (etwa: Dienstleistungsempfänger) für das Klientel von Krankenpflegepersonal, Sozialarbeitern o. Ä. Diese Form heißt jetzt MBI Human Services Survey (MBI-HSS). Eine zweite Form (MBI Educators Survey; MBI-ES) ersetzt lediglich *recipients* durch *students*, was ihre Anwendbarkeit im pädagogischen Bereich, vom Kindergarten bis zur Hochschule, verbessert.

Zusätzlich gibt es eine neue Version, an der auch Wilmar Schaufeli mitgearbeitet hat, das *MBI General Survey (MBI-GS)*, gedacht für Berufstätige aller Art. Die 16 Items dieser Variante, die sich ansonsten möglichst eng an Formulierungen der Form HSS anlehnen, vermeiden jede Bezugnahme auf andere Menschen. Sie gliedern sich in die drei Skalen Erschöpfung (5 Items), Zynismus (5 Items) und berufliche Leistung *(Professional Efficacy;* 6 Items). Mit dieser neuen Form liegen bislang erst wenige Erfahrungen vor (Schaufeli, Leiter & Kalimo, 1995; Leiter & Schaufeli, 1996; Schutte et al., 2000); immerhin wurde sie in Kanada, Finnland, Schweden und den Niederlanden eingesetzt, existiert also in mindestens vier Sprachen.

Das MBI-HSS liegt auf Deutsch in mindestens vier Übersetzungen vor, eine von Büssing & Perrar (1992), eine von Enzmann & Kleiber (1989), eine von v. Geldern & Schenke (zit. in Fengler, 1991), sowie eine von mir. Die Version von Büssing & Perrar trägt als einzige das Siegel einer Autorisierung durch Christina Maslach.

Das Tedium Measure

Das Tedium Measure (TM), d. h. die »Überdruss-Skala«, ist ein Satz von 21 Items (z. B. »sich abgearbeitet fühlen«), die nur hinsichtlich Häufigkeit beantwortet werden.

An dieser Stelle soll nicht versucht werden, die rasch anwachsende Literatur zu den beiden Instrumenten zusammenzufassen (Shinn, 1982; Stout & Williams, 1983; Schaufeli & Enzmann, 1998, S. 48-66). Vielmehr möchte ich einige Erfahrungen aus dem erwähnten Projekt (Burisch, 1984c) mitteilen. Verwendet wurde eine leicht veränderte Übersetzung des TM, wie es in Aronson et al. (1983, S. 50) enthalten ist; das MBI wurde von mir übersetzt.

Eigene Ergebnisse

In einer Stichprobe von 67 Probanden zeigte das TM eine innere Konsistenz von α=.94 und eine Validität von .76 (für das mittlere Fremdrating von je 2 Bekannten). Kleiber & Enzmann (1986) erhielten bei 69 Sozialberuflern ein α von .91. Das sind sehr gute Werte. Für den Validitätskoeffizienten dürfte eine Rolle gespielt haben, dass die zu beurteilenden Symptome relativ gut von außen zu beobachten sind, dass die Reliabilität des Kriteriums durch Aggregation sehr hoch war und dass sich Fragebogen und Peer-Ratingskala nur durch die Verwendung von 1. bzw. 3. Person Singular unterschieden; die Informationsübertragung war somit arm an »Rauschen« (Burisch, 1984a, 1984b). Zu bezweifeln ist, ob das TM eine ausreichende diskriminante Validität gegenüber Konstrukten wie Depression, Selbstwertgefühl oder Ängstlichkeit besitzt.

Schwächen des MBI

Weniger ermutigend fielen die Ergebnisse für das MBI aus. Die Alpha-Koeffizienten der 6 Subskalen rangierten von .53 bis .81; die Quasi-Paralleltest-Korrelationen zwischen je 2 verwandten Subskalen lagen allerdings mit .76, .84 und .88 höher. Dies reflektiert die relative Heterogenität selbst faktorenanalytisch konstruierter Skalen (Burisch, 1984a) und die – angemessen – geringe Anzahl Items: 9 für EE, 5 für DP, 8 für PA. Kleiber & Enzmann (1986), die eine eigene Übersetzung verwendeten und zur Scorebildung die Punktwerte für Intensität und die für Häufigkeit multiplizierten, erhielten in einer kleinen Stichprobe von 20 Probanden Alpha-Koeffizienten von .89 (EE), .89 (PA) und .64 (DP).

Bei den Validitäten gab es in meiner Studie Enttäuschungen: Sie lagen zwischen lediglich -.14 und .30. Diese Werte sind allerdings nur bedingt mit denen für das TM vergleichbar, weil die Kriteriumsratings auf Konstrukt- und nicht auf Itemebene vorgenommen werden mussten. Zudem erfragt das MBI relativ spezifische Einstellungen, Kognitionen und Verhaltensweisen, sowohl aus dem Berufs- als auch aus dem Privatbereich, was den Aussagewert von Fremdratings stark einschränkt.

Während das TM universell anwendbar ist, lässt sich das MBI-HSS ohne weiteres nur bei Berufstätigen aus Dienstleistungs- und Sozialberufen einsetzen, weil einige Itemformulierungen auf die Berufstätigkeit Bezug nehmen.

Eine wacklige Grundlage

Das MBI in der Form HSS hat sich über die Jahre als »Goldstandard« der Burnout-Forschung etabliert; mehr als 90% der veröffentlichten Studien setzten es ein. Angesichts der erwähnten Schwachstellen erstaunt das. Hinzu kommt, dass selbst die Autor(inn)en höchstens einige sehr magere Validitätshinweise beibringen, lässt man als Validitätskriterien nur *Peer Ratings* (nicht aber Selbstratings) gelten (Maslach, Jackson & Leiter 1996, S. 45–46). Die Validität oder Gültigkeit, meist als Korrelationskoeffizient mit einem aussagekräftigen Außenkriterium abgeschätzt, ist nun mal das alles entscheidende Qualitätskriterium eines Messinstruments. So gesehen, steht die Burnout-Forschung schon ganz unten auf äußerst wackliger Basis.

Weitere Fragebögen

Das OLBI

In den letzten Jahren sind in Deutschland einige weitere Fragebögen entwickelt worden. Das Oldenburg Burnout-Inventar (OLBI) entstammt einer unveröffentlichen Diplomarbeit von Ebbinghaus (1986). Es enthält die beiden Skalen Erschöpfung (8 Items; Beispiel-Item: »Nach der Arbeit brauche ich jetzt längere Erholungspausen als früher, um wieder fit zu werden«) und Engagement (8 Items; Beispiel-Item: »Mit der Zeit engagiere ich mich immer mehr bei meiner Arbeit«). Obwohl es, vor allem von Evangelia Demerouti, in mehreren Projekten verwendet wurde, ist über seine Validität für Außenkriterien wenig bekannt.

BHD-System

Eine Arbeitsgruppe um den Dresdner Psychologen Winfried Hacker (Hacker, Reinhold, Darm, Hübner & Wollenberger, 1995) entwickelte das sog. BHD-System zum »Beanspruchungsscreening bei Humandienstleistungen«. Das BHD-System besteht aus dem BHD-Fragebogen und der Hilfe zur Organisations- und Arbeitsanalyse im Pflegebereich (BHD-Checkliste). Der Fragebogen besteht aus 5 Skalen von je 5-12 Items [Emotionale Erschöpfung, Intrinsische Motivierung, (Un-)Zufriedenheit, Klientenaversion, Abschirmen. Mit der Checkliste werden organisations-, patienten- und tätigkeitsbedingte Anforderungen erhoben. Das System ist in erster Linie für Pflegeberufe im weiteren Sinne konstruiert.

Weder Konsistenz- noch Stabilitätskoeffizienten sind sehr beeindruckend. Ein Kuriosum bei den Validitäten: Das Manual (S. 27) berichtet eine Korrelation von .53 zwischen der Skala Emotionale Erschöpfung und der gleichnamigen des HBI (s. unten). Das wäre wenig überraschend, wird doch (auf S. 12) angegeben, 10 der 38 Items seien aus dem HBI übernommen. Vom Erstautor war aber zu hören (W. Hacker, pers. Mitt. 11.5.02), dass gar keine Vergleiche mit dem HBI vorgenommen wurden. Das verwundert.

Das HBI

Anfang der 90er Jahre begannen die Arbeiten am Hamburger Burnout-Inventar (HBI), vor allem in Form von unveröffentlichten Diplomarbeiten. Das HBI sei hier kurz vorgestellt, obwohl es zu seinen Gütekriterien noch keine formellen Publikationen gibt. Es besteht aus 39 Items, die sich in die 10 sehr kurzen Skalen (je 3–5 Items) Emotionale Erschöpfung, Leistungsunzufriedenheit, Distanziertheit, Depressive Reaktion auf emotionale Belastungen, Hilflosigkeit, Innere Leere, Arbeitsüberdruss, Unfähigkeit zur Entspannung, Selbstüberforderung und Aggressive Reaktion auf emotionale Belastung gliedern. Das 40. Item, das in keiner der Skalen verrechnet wird, sondern sozusagen ein 1-Item-Maß für Burnout darstellt, lautet »Ich stecke in einer Krise, aus der ich momentan keinen Ausweg finde.«.

Die Item-Inhalte nehmen teilweise auf das Thema Arbeit Bezug; daraus resultiert eine eingeschränkte Anwendbarkeit z. B. bei Erwerbslosen, Hausfrauen und Rentnern. Es wird aber nicht »Arbeit mit Menschen« unterstellt.

In einem unveröffentlichten Projekt wurde das HBI mit dem Freiburger Persönlichkeitsinventar, Form K (FPI-K; Fahrenberg, Selg & Hampel, 1973), verglichen. 182 Proband(inn)en füllten beide Fragebögen aus und wurden von je zwei guten Bekannten, die unabhängig und anonym arbeiteten, mittels Beurteilungsskalen eingeschätzt, die den Konstrukten entsprachen. Korrelierte man die Skalenwerte mit den gemittelten Peer-Ratings, dann ergaben sich für das HBI Werte zwischen .22 und .46 (durchschnittlich .36). Die Reliabilitäten (Cronbachs Alpha) lagen zwischen .56 und .89 (durchschnittlich .72).

Demgegenüber erreichten die 8 knapp eineinhalb Mal so langen FPI-K-Skalen (sie enthalten je 7 Items) Validitäten zwischen .15 und .40 (durchschnittlich .29), bei Reliabilitäten zwischen .62 und .77 (durchschnittlich .67).

Der Validitätsabstand zwischen den Instrumenten vergrößert sich noch einmal, wenn man die Koeffizienten mit den Inter-Rater-Übereinstimmungen der Beurteilung einseitig minderungskorrigiert.

Dass der Vergleich zuungunsten des FPI-K ausfiel, ist nicht nur darum bemerkenswert, weil hier ein etabliertes Instrument gegen einen unaufwendig konstruierten »Newcomer« antrat, sondern auch darum, weil die Konstrukte des HBI überwiegend nicht der Alltagssprache entstammen und von außen schwerer beobachtbar sein dürften als die des FPI-K.

Zum HBI existieren geschlechtsgetrennte Grobnormen aufgrund von 270 Frauen und 225 Männern (weit überwiegend norddeutsche Arbeitnehmer; vermutlich nicht drastisch unrepräsentativ).

Das Inventar ist in den letzten Jahren für etliche Diplomarbeiten und Dissertationen angefordert und vermutlich auch verwendet worden, zu zitierbaren Ergebnissen hat dies aber nur in seltenen Fällen geführt.

AVEM

Nicht unmittelbar als Burnout-Instrument gedacht ist das Arbeitsbezogene Verhaltens- und Erlebnismuster (AVEM) von Schaarschmidt & Fischer (1997). Vielmehr soll es allgemeiner personbezogene Interventionen zum Abbau »gesundheitsgefährdender Verhaltens- und Erlebnisweisen« sowie bedingungsbezogene Interventionen ermöglichen. Dabei kommt das Thema Burnout aber rasch ins Blickfeld, auch sind die Konstrukte ähnlich burnoutnah wie die des HBI.

Der AVEM-Fragebogen besteht aus 11 Skalen zu je 6 Items. Die Benennungen: Subjektive Bedeutsamkeit der Arbeit; Beruflicher Ehrgeiz; Verausgabungsbereitschaft; Perfektionsstreben; Distanzierungsfähigkeit; Resignationstendenz bei Misserfolg; Offensive Problembewältigung; Innere Ruhe und Ausgeglichenheit; Erfolgserleben im Beruf; Lebenszufriedenheit; Erleben sozialer Unterstützung.

Die Reliabilitäten liegen durchweg hoch. Zur Validität liegen einige indirekte Hinweise vor (als Kriterien dienten ausschließlich andere Selbstauskünfte). Die Normierung erfolgte anhand einer sehr umfangreichen deutsch-österreichischen Stichprobe.

Eine Besonderheit des Verfahrens: Es erlaubt die Zuordnung eines Individuums zu einem von 4 »Typen«, welche mittels Clusteranalyse destilliert wurden. Typ G ist durch allgemein hohe Werte auf den obigen »positiven« und niedrige auf den »negativen« gekennzeichnet; bei Konstrukten wie Subjektive Bedeutung der Arbeit oder Verausgabungsbereitschaft liegen die Punktwerte hoch, aber nicht zu hoch.

Typ S zeichnet sich durch die »freizeitorientierte Schonhaltung« aus, die bei Arbeitgebern nicht sehr begehrt ist, ihn aber wohl weitgehend gegen stressbedingte Krankheiten immunisiert.

Mit den beiden Risikotypen A und B nähern wir uns dem Thema Burnout. Typ A (32% der Studienteilnehmer) ist in Anlehnung an einen aus der Stressforschung bekannten Verhaltens- und Erlebensstil (S. 125) benannt. Dieser entspricht etwa dem, was oben mit »aktivem« Burnout bzw. »Selbstverbrennung« gekennzeichnet wurde, nämlich überhöhtem Engagement, wenig Abstand zur Arbeit, verminderter Widerstandsfähigkeit, Ausgeglichenheit und Lebenszufriedenheit, sowie erhöhter Resignationstendenz. (Letzteres passt nicht ganz ins Bild des Dynamikers.)

Typ B (21%) schließlich zeichnet sich durch »vorherrschende Resignation, Motivationseinschränkung, herabgesetzte Widerstandsfähigkeit gegenüber Belastungen und Unzufriedenheit« aus. Das Bild erinnert an »passives« Burnout im fortgeschrittenen Stadium.

Auch wenn die Autoren angeben, nur ca. 20% der Fragebogenprofile erlaubten eine hinreichend eindeutige Zuordnung zu einem der Typen, ist der Ansatz des AVEM zweifellos interessant und verspricht wichtige Aufschlüsse.

Selten benutzte Fragebögen

Eine Handvoll weiterer, weniger gebräuchlicher Instrumente listen Schaufeli & Enzmann (1998, S. 66) auf.

Alternativen zu Fragebögen

Alternativen zu Fragebögen: Rar und teuer

Fragebögen gehören zu den ökonomischsten Datenerhebungsverfahren der Sozialwissenschaften. Das erklärt ihre grenzenlose Beliebtheit auch in der Burnout-Forschung; die Springflut akademischer Abschlussarbeiten zum Thema wäre anders nicht möglich gewesen. Das hat seine Schattenseiten, und insbesondere Rösing (2003) geißelt, überwiegend zu Recht, die forscherische Monokultur einzig auf Basis des MBI. Alternativen, es sei eingestanden, sind aber rar und teuer. Die einzige mir bekannte wurde von Cary Cherniss (1980a) gewählt: Mehrere unabhängige Beurteiler vergaben Punkte für Burnout-Komponenten aufgrund von Interview-Ausschnitten. Die 28 Teilnehmer(innen) der Studie wurden jeweils mehrfach interviewt. Wer dergleichen einmal selbst versucht hat, weiß, wie gigantisch der erforderliche Aufwand ist. Trotzdem hat Cherniss übrigens von diesen Daten nur sehr sparsamen Gebrauch gemacht.

Im weiteren Sinne kann man auch Interviews zur »Messung« von Burnout einsetzen. Wenn man das gründlich tut, handelt man sich ähnlichen Aufwand ein. Blase (1982) hat sich das ambitionierte Projekt einer *»grounded theory«* von Lehrer-Burnout vorgenommen. Er beforschte ein volles akademisches Jahr lang eine Vorstadtschule im Staate New York mit etwa 50 Lehrern. Allein die Datenerhebung (je 3 strukturierte und unstrukturierte Interviews mit allen Lehrern) kostete 400 Stunden; die Transkripte füllten 900 eng beschriebene Seiten!

1.3 Verlauf

Ein schleichender Prozess

Dass Burnout, zumindest in den meisten Fällen und von außen beobachtet, ein schleichend einsetzender und langwieriger Prozess ist, darüber besteht in der Literatur weitgehend Einigkeit (Savicki & Cooley, 1983, S. 236). Es sind mir allerdings keine systematischen Versuche bekannt, den Beginn individuell auf ein mögliches Initialerlebnis zu datieren; wahrscheinlich wäre ein solcher Versuch erfolgreich. Eine Reihe von Autoren (Edelwich & Brodsky, 1980; Cherniss, 1980b; Freudenberger & Richelson, 1983; Lauderdale, 1982; Pines & Maslach, 1978) behaupten darüber hinaus eine gewisse Regelmäßigkeit im Auftreten von Symptomen und Symptomkategorien. Die folgende Übersicht stellt die postulierten Verlaufsstadien in übersichtlicher Form dar.

Burnout-Phasentheorien

Freudenberger

Phase 1: Empfindendes Stadium
- Chronische Müdigkeit
- Höherer Energieeinsatz zur Erreichung der gewohnten Leistungsstandards
- Verdrängung negativer Gefühle

Phase 2: Empfindungsloses Stadium Symptome von (1) plus
- Gleichgültigkeit
- Langeweile
- Zynismus
- Ungeduld
- Erhöhte Reizbarkeit
- Gefühl der Unersetzlichkeit
- Angst, nicht anerkannt zu werden
- Schuldzuschreibung an die Umwelt
- Kognitive Desorientierung wegen Überlastung
- Psychosomatische Beschwerden
- Depressionen

Cherniss

Phase 1: Berufsstress
- Anforderungen übersteigen die Ressourcen

Phase 2: Stillstand
- Angst
- Spannung
- Reizbarkeit

- Ermüdung
- Erschöpfung

Phase 3: Defensive Bewältigungsversuche
- Emotionale Abkopplung
- Rückzug
- Zynismus
- Rigidität

Lauderdale

Phase 1: Verwirrung
- Vages Gefühl, dass etwas nicht in Ordnung ist
- Gelegentlich grundlose Angst
- Beginnende somatische Symptome wie Kopfschmerzen, Angespanntheit, Schlaflosigkeit, Energiemangel

Phase 2: Frustration
- Unzufriedenheit und Ärger
- Gereiztheit gegen Freunde und Kollegen
- Evtl. Arbeitsplatzwechsel
- Gefühl, betrogen zu werden
- Ausgeprägtere somatische Symptome wie Rückenschmerzen, Migräne
- Entspannung nur noch mit Alkohol und Tranquilizern

Phase 3: Verzweiflung
- Insuffizienzgefühle
- Gefühl der Sinnlosigkeit
- Selbstanklagen
- Zynismus
- Misstrauen
- Mechanisierung des Lebens
- Erschöpfungsgefühl schon bei kleinsten Anforderungen
- Rückzug
- Apathie

Edelwich

Phase 1: Idealistische Begeisterung
- Selbstüberschätzung
- Hochgesteckte Ziele
- Omnipotenzphantasien
- Optimismus
- Hoher Energieeinsatz
- Überidentifikation mit Klienten und mit der Arbeit allgemein

Phase 2: Stillstand
- Erste Enttäuschungen
- Bedürfnisse nach Komfort, Freizeit, Freunden, Karriereaussichten werden wichtiger
- Beschränkung der Kontakte auf Kollegen
- Reduzierung des Lebens auf die Arbeit
- Familienleben leidet
- Rückzug von Klienten

Phase 3: Frustration
- Erfahrung der Erfolglosigkeit und der Machtlosigkeit
- Probleme mit Bürokratie
- Fühlbarer Mangel an Anerkennung von Klienten und Vorgesetzten
- Zu viel Papierkrieg
- Gefühl der Inkompetenz
- Psychosomatosen
- Drogengebrauch
- Überernährung

Phase 4: Apathie
- Völlige Desillusionierung
- Verzweiflung wegen schwindender beruflicher Alternativen
- Resignation
- Gleichgültigkeit

Phase 5: Intervention (fallspezifisch)

Maslach

Phase 1a: Emotionale Erschöpfung
- Müdigkeit schon beim Gedanken an Arbeit

Phase 1b: Physische Erschöpfung
- Schlafstörungen
- Anfälligkeit für Erkältungen, Kopfschmerzen, sonstige Schmerzen

Phase 2: Dehumanisierung
- Negative, zynische Einstellung zu Kollegen
- Negatives Gefühl für Patienten/Klienten
- Schuldgefühl
- Rückzug ins Schneckenhaus
- Vermeidung von Unannehmlichkeiten
- Reduzierung der Arbeit auf das Allernotwendigste

Phase 3: Terminales Stadium
- Widerwillen gegen sich selbst
- Widerwillen gegen alle anderen Menschen
- Widerwillen gegen überhaupt alles

Phasentheorien wenig fundiert

Alle diese Phasentheorien, das sei schon hier angemerkt, beruhen auf intuitiven Typisierungsversuchen, nicht auf systematischen empirischen Studien. Es ist zu vermuten, dass selbst in dem jeweils zugrunde gelegten Beobachtungsmaterial nur ein gewisser Anteil die »typischen« Verlaufsformen zeigte. Dass die Abgrenzung der Stadien untereinander größtenteils willkürlich ist, wird von den Autoren meist selbst betont. Weiter ist zu beachten, dass Freudenberger und Lauderdale überwiegend bzw. ausschließlich über in der Wirtschaft Beschäftigte schreiben, Edelwich, Cherniss sowie Pines und Maslach ausschließlich über professionelle Helfer.

Ähnlichkeiten auf den zweiten Blick

Auf den ersten Blick erscheinen die vorgeschlagenen Stadien recht unähnlich. Ein Teil der Diskrepanzen geht aber bei näherer Betrachtung auf unterschiedliche Interpunktionen zurück. Beispielsweise erwähnt Cherniss als einziger die auslösende Situation (»Berufsstress«) als eigenständiges Stadium, was bei den anderen zeitlich vorangehend mitgedacht werden muss. Die Initialreaktion auf überhöhte Anforderungen, nämlich den nicht dauerhaft durchzuhaltenden Energieeinsatz, gibt es andererseits nur bei Freudenberger und Edelwich, obwohl auch die übrigen an anderen Stellen davon berichten.

Bei allen Autoren folgt nun, als klassisches Warnsignal, Ermüdung bzw. Erschöpfung. Verschlechterte Beziehungen zur sozialen Umwelt in Form von Reizbarkeit, Ungeduld, Vorwürfen etc. kommen gleichfalls bei allen vor; allerdings ist von Dehumanisierung oder äquivalenten Begriffen nur da die Rede, wo die Beziehungen im Zentrum der beruflichen Arbeit stehen, eben bei den Helfern. Begleitende Psychosomatosen werden, außer bei Cherniss, ebenfalls überall erwähnt. Der vorläufige Endzustand wird von allen mit Begriffen wie Depression und Rückzug charakterisiert; Lauderdale, Cherniss und Maslach gehen noch weiter und sprechen von Apathie, Verzweiflung oder Widerwillen (*Disgust*).

Burnout kann sich wiederholen

Es sei noch bemerkt, dass in jedem, außer dem letzten Prozess-Stadium (wo meist die Energie nicht mehr ausreicht), ein gewisser Prozentsatz der Betroffenen den Arbeitsplatz oder gar den Beruf wechselt. Für manche Bereiche wie Krebsstationen, Rechtsberatungsstellen, Sonderschulen oder Gefängnisse werden mittlere Beschäftigungszeiten von nur 1–2 Jahren genannt (Armstrong, 1979); Farber (1984b) berichtet für die späten 70er Jahre eine jährliche Schwundquote von 10% bei US-Lehrern. Die Vermutung, dass dann an anderem Orte ein erneuter Burnout-Prozess beginnt, ist zwar nirgends belegt, aber oft geäußert worden. Überhaupt betonen viele Autoren, dass ein Individuum im Laufe seines Lebens durchaus mehrmals sämtliche Stadien durchlaufen könne.

Eine quantitative Phasentheorie

Eine ganz andere Phasentheorie haben Golembiewski et al. (z. B. Golembiewski et al., 1983; Golembiewski et al., 1986) vorgestellt. Sie dichotomisierten die 3 Skalen des MBI (Depersonalisation, Leistungsunzufriedenheit und Emotionale Erschöpfung) jeweils am Median und kreierten so das nachfolgend wiedergegebene 8-Kategorien-System.

Kategorie	1	2	3	4	5	6	7	8
Depersonalisation (DP)	N	H	N	H	N	H	N	H
Leistungs-unzufriedenheit (PA)	N	N	H	H	N	N	H	H
Emotionale Erschöpfung (EE)	N	N	N	N	H	H	H	H

(N niedrig, H hoch)

Es ließ sich zeigen, dass die 8 Kategorien insofern als fortschreitende Verschlimmerungen zu verstehen sind, als die Gruppenmittelwerte in bezug auf die Skalen des *Job Descriptive Index* (Smith et al., 1969) und des *Job Diagnostic Survey* (Hackman & Oldham, 1975; Schmidt et al., 1985), zweier Messinstrumente für Arbeitszufriedenheit, von links nach rechts (mit Ausnahmen) monoton sanken. Diese Befunde wurden von Burke et al. (1984) in einer anderen Stichprobe und mit anderen Kovariaten im Wesentlichen repliziert. Akzeptiert man die Reihung der Kategorien 1–8 als Widerspiegelung eines tatsächlich fortlaufend sich verschlechternden Zustands, dann heißt das, dass den 3 MBI-Skalen gewissermaßen unterschiedliches Gewicht zukommt.

Gibt man z. B. einem H bei Depersonalisation das Gewicht 1, einem H bei Leistungsunzufriedenheit das Gewicht 2 und einem H bei Emotionaler Erschöpfung das Gewicht 4 (und allen N's das Gewicht 0), dann ergeben sich als Spaltensummen die Zahlen 0–7.[1]

Golembiewski et al. (1985) haben die Fragebögen von 8928 Mitgliedern von 28 Organisationen verschiedenster Art zusammengetragen und analysiert. Obwohl es sich nach Meinung der Autoren nicht um eine Negativauswahl handelte, fanden sich nicht weniger als 21,8% ihrer Probanden in der fortgeschrittensten Kategorie (8).

Als Illustration des hypothetischen Phasenverlaufs DP–DP+PA–DP+PA+EE skizzieren Golembiewski et al. (1986, S. 18) den idealtypischen Karriereverlauf eines Angestellten in einem traditionell ausgerichteten Unternehmen. Für die ersten Sporen mag eine Neigung zu nüchternen und distanzierten Arbeitsbeziehungen (DP) durchaus nützlich sein. Mit dem Aufstieg in Vorgesetztenfunktionen wird eine solche Einstellung aber zu einem Handicap, das die Leistungen, die nun ja weitgehend von den Führungsfähigkeiten abhängig werden, beeinträchtigen kann (weniger PA). Der resultierende Stress kann dann die individuelle Belastbarkeit übersteigen, und in diesem Fall kann Emotionale Erschöpfung (EE) die Folge sein.

Kritik des Golembiewski-Modell

Unglücklicherweise suggerieren Golembiewski et al. durch die Bezeichnung »Phase« bzw. »Stadium« für ihre Kategorien eine Dynamik, die ihre Querschnittdaten nicht ausweisen (was die Autoren an anderer Stelle selbst konzedieren; endgültig und mit dem Ausdruck des Bedauerns etwas zeitverzögert; Golembiewski et al., 1996, S. 2). Die an sich triviale Tatsache, dass sich Probanden in ein derartiges Schema einordnen lassen, oder auch die Kovariation mit weiteren Variablen ist nämlich kein hinlänglicher Beleg für einen zugrundeliegenden Zeitverlauf. Ein solcher könnte allenfalls durch Längsschnittdaten erbracht werden (Burisch & Rhenius, 1984).

Es sei nicht unerwähnt, dass – weil Golembiewski überwiegend im Wirtschaftsumfeld forscht – in der Skala DP der Begriff *recipients* (Klienten) durch *colleagues* (Kollegen) ersetzt wurde. Das mag in der Tat dem Konstrukt Depersonalisation eine andere Färbung verliehen haben, wie Schaufeli & Enzmann (1998, S. 134) kritisieren, vielleicht auch nicht.

Erste Reanalysen der Daten meiner eigenen Längsschnittstudie (Burisch, 2002) erbrachten wenig Unterstützendes für die Verlaufshypothese. Allerdings zeigte sich bei näherem Hinsehen, dass diese auch kaum zu falsifizieren ist,

1 Diesen Gedanken verdanke ich Dean Peabody.

weil sie keine Angaben über die Prozessgeschwindigkeit enthält. Wenn z. B. eine Schwesternschülerin innerhalb eines halben Jahres – das war der Abstand zwischen je 2 benachbarten der insgesamt 7 Messzeitpunkte – erwartungswidrig von Phase 3 in Phase 8 übergewechselt ist statt erwartungsgemäß in Phase 4, dann ist nicht auszuschließen, dass sie im Verlauf der Entwicklung auch die Phasen 4–7 durchlaufen hat, was aber mangels Testung keine Spur in den Daten hinterlassen hat.

Aber auch andere Aspekte der Theorie sind auf Kritik gestoßen. Golembiewski, ein gebürtiger Pole, schreibt ein farbiges Englisch und riskiert erfrischend dezidierte Aussagen; auch ist er gar nicht »vom Fach«, sondern Politologe. Vielleicht liegen hier einige der Gründe, warum das Sperrfeuer der akademischen Kollegen so besonders dicht ausfiel (z. B. Leiter, 1993; Rösing 2003, S. 38-40).

Fakten, Fakten, Fakten

Tatsächlich war schon in dem ursprünglichen Datenmaterial die Beweislast nicht allzu erdrückend (Burisch, 1993, S. 86–87). Das Buch von Golembiewski et al. (1986) enthält Informationen zu 68 Variablen, sowohl Faktoren der Arbeitswelt (z. B. Arbeitsplatzsicherheit oder Mitspracherecht bei arbeitsbezogenen Entscheidungen, subjektiv eingeschätzt) als auch Produktivitätsmaße (ebenfalls subjektiv eingeschätzt) oder somatische Symptome (dito). Wenn die These stimmt, dass die 8 »Phasen« stetige Verschlechterung anzeigen – dies die bescheidenste und am leichtesten prüfbare Version des Phasenmodells –, dann müssten die Mittelwerte von Menschen in der zweiten Phase schlechter sein als die von solchen in der ersten, die von Menschen in der dritten schlechter als in der zweiten, usw.; die achte und letzte Phase müsste jeweils die extremste Normabweichung aufweisen. Eine Möglichkeit, die Enge dieses postulierten Zusammenhangs zahlenmäßig auszudrücken, liefert der Rangkorrelationskoeffizient *tau*. Er würde +1.00 ergeben, wenn die Rangreihe genauso verliefe, wie behauptet; −1.00, wenn sie genau umgekehrt aussähe, oder 0.00, wenn überhaupt kein Zusammenhang bestünde. In der Tat gibt es Variablen mit *tau* = 1.00, aber auch solche mit bloß *tau* = .07; im Durchschnitt beträgt *tau* .61.

Drei unveröffentlichte Diplomarbeiten aus unserem Institut fanden noch schwächere Zusammenhänge. Frank (1989) ließ 227 Pflegeschüler(innen) verschiedene Aspekte ihrer Krankenpflegeschule und der Stationen, auf denen sie arbeiteten, beurteilen. Dabei ergaben sich *tau*-Koeffizienten zwischen –.21 und .91; im Durchschnitt .51. Eine vergleichbare Studie von Bode (1988) an 87 Krankenschwestern ergab *tau*'s von .00 bis .71, durchschnittlich .47. Schließlich gab Moritz (1988) 216 Angestellten eines Industrieunternehmens das MBI im Rahmen einer Mitarbeiterbefragung zur Arbeitszufriedenheit. Hier lagen die *tau*'s zwischen -.14 und .86 bei einem Mittelwert von .29.

Im Grunde sind diese niedrigen Korrelationen erstaunlich; wahrscheinlich erklären sie sich teilweise aus der geringen Größe der Teilstichproben, die deren Mittelwerte zufallsabhängig macht. Golembiewskis Befunde dagegen stellen das dar, was man erwarten sollte. Sagen sie doch nichts anderes aus, als dass die MBI-Skalen, dichotomisiert und abgestuft gewichtet, mit anderen Variablen in Zusammenhang stehen, für die man das vorhersagen würde. Derlei ist aber schon dem MBI-Manual zu entnehmen. Neu ist daran lediglich, dass, was man bislang nur für den bivariaten Fall wusste, auch im multivariaten Ansatz funktioniert; das aber ist wenig überraschend.

Was solchen Ergebnissen ihren Verblüffungswert nimmt, ist die Tatsache, dass stets Selbstauskünfte derselben Personen miteinander in Beziehung gesetzt werden. So ist es wenig erstaunlich, wenn Menschen, die ihre eigene Verfassung als beklagenswert einschätzen, sich auch mit anderen Seiten ihres Lebens, z. B. ihrer Arbeit oder ihrer Gesundheit, tendenziell unzufrieden zeigen, und umgekehrt. Überzeugender wären Zusammenhänge des MBI mit Variablen aus anderen Datenquellen, z. B. Fremdbeurteilungen. Dergleichen ist schon im MBI-Manual nicht die Regel (s. oben). Golembiewski & Munzenrider (unveröffentlicht) haben ihre Phaseneinteilung mit 8 objektiv ermittelten Stresshormon-Parametern in Beziehung zu setzen versucht, was leider komplett misslang.

Die neueste Zusammenfassung der Befundlage (Golembiewski et al., 1996) weist mehr als 400 Variablen auf; die Studien wurden nicht nur in den USA, sondern auch in Ländern wie Polen, Japan oder Taiwan durchgeführt. Das Gesamtbild bleibt unverändert: Wo die Außenvariablen von »härterer« Qualität sind oder doch wenigstens unabhängigen Quellen entstammen, sind auch die Zusammenhänge mit Abstand magerer.

Dass die Diskussion über Phasentheorien in der an Kontroversen armen Burnout-Literatur verhältnismäßig viel Staub aufgewirbelt hat, mag, wie gesagt, mehrere Gründe haben. Einer davon ist, dass Christina Maslach eine andere Abfolge vorschwebt. Ein zweiter lag in der Hoffnung, hier nun mal aufgrund von Daten an einer Stelle Klarheit schaffen zu können, wenigstens an *einer*; immerhin bezogen sich beide Kontrahenten auf das MBI. Mittlerweile scheint diese Hoffnung geschwunden (s. oben), es ist relative Ruhe eingekehrt. Den letzten Stand der Debatte geben Schaufeli & Enzmann (1998, S. 131-134) sowie Rösing (2003, S. 113-115) wieder.

1.4 Ätiologie

Unzulängliche Erklärungen

Was die kausale Erklärung des Burnout-Syndroms betrifft, sind die vorliegenden Bestimmungsversuche am unzulänglichsten. Entweder sind sie so global, dass nahezu jeder unbefriedigende Umstand als Ursache in Frage kommt, oder aber so spezifisch, dass sie auf nur ganz wenige Berufsgruppen anwendbar sind, von Burnout-Prozessen im Privatleben ganz abgesehen (vgl. Savicki & Cooley, 1983).

Nur wenige Autoren haben sich der Aufgabe gestellt, mit einem Minimum an begrifflicher Präzision disponierende, moderierende, auslösende und perpetuierende Faktoren zu analysieren, die für das Phänomen verantwortlich sind. So gibt es Versuche, das Phänomen auf eine einzige Formel zu bringen (z. B. Burnout als »ökologische Dysfunktionalität«; Carroll, 1980); dies ist zwar nicht falsch, aber auch nur wenig erhellend; es gibt vereinzelte Versuche, Brücken zu bereits besser erforschten Gebieten zu schlagen, z. B. zum Berufsstress (MacNeill, 1982), zur Erlernten Hilflosigkeit (Greer & Wethered, 1984) oder zur Lerntheorie (Maher, 1983), was meist allzu vieles unberücksichtigt lässt; es gibt eine Anzahl von Versuchen, die bislang ins Blickfeld geratenen Mosaikstücke additiv nebeneinanderzustellen (z. B. Savicki & Cooley, 1982). Es gibt aber nur sehr wenige Theorien oder Modelle im engeren Sinne des Wortes. Einige der besser ausgearbeiteten Ansätze werde ich im Folgenden darstellen, auch solche, die später nur selten aufgegriffen wurden. Neue Theorieentwicklungen sind bei Schaufeli & Enzmann (1998, Kap. 5) und Rösing (2003, Kap. 6) nachzulesen.

1.4.1 Lauderdale: Enttäuschte Rollenerwartungen

Eine sehr allgemeine Theorie

Lauderdale (1982), der das Phänomen mit dem breitesten Blickwinkel angeht, sieht als auslösendes Moment von Burnout ein Auseinanderklaffen der Erwartungen, die ein Individuum an eine gewisse Rolle geknüpft hat, und den realen Erfahrungen mit der Einnahme der Rolle. Mit »Rolle« ist hier ein Satz von kohärenten Verhaltensweisen gemeint.

Die Mutterrolle z. B. wäre verhaltensmäßig durch die fürsorgliche Versorgung eines Kindes definiert. Erwartungen seitens einer Mutter mögen sich im individuellen Fall auf das Verhalten des Kindes richten, auf die Anteilnahme der näheren und weiteren Familie, auf die Rücksichtnahme von Arbeitgebern und Kollegen, auf die Wertschätzung der Rolle durch Freunde und Bekannte oder durch »die Gesellschaft« im breiten Sinne. Werden einzelne oder all diese Erwartungen enttäuscht, etwa durch ein kränkelndes/aggressives/retardiertes Kind, einen interesselosen Ehemann, wenig kompromissbereite Vorgesetzte, oder durch einen Kreis von Freundinnen, die im Zuge einer allgemeinen Umwertung ihren beruflichen Erfolg höher zu gewichten beginnen als die Mutterschaft – dann ist der Grundkonflikt eines Burnout-Verlaufs gegeben.

Dabei benutzt Lauderdale den Rollenbegriff sehr feinkörnig; beispielsweise wären »Mitglied des Vereins X«, »Nachbar der Familie Y« oder »Leser der Zeitschrift Z« durchaus Rollen, »Vater von Kind A« und »Vater von Kind B« wären verschiedene Rollen. Dementsprechend sind in seinem Denkansatz die Möglichkeiten von Enttäuschungen und Burnout-Prozessen äußerst vielfältig.

Arbeitsunzufriedenheit, Entfremdung, Stress

Lauderdale sieht selbst die Notwendigkeit, Burnout von Begriffen wie »Arbeitsunzufriedenheit« (*Low Job Satisfaction*), »Entfremdung« (*Alienation*) und »Stress« abzugrenzen. Wie er ausführt, intensivieren Entfremdung und Stress Burnout-Prozesse, verursachen sie aber nicht. Der Galeerensklave im alten Rom, der mittelalterliche Lehensmann, der Kleinbauer des 18. Jahrhunderts, der Industriearbeiter um 1900 – sie alle erduldeten, u. a., beträchtlichen Stress und oft auch entfremdete Arbeit. Es sei aber verfehlt, bei ihnen Burnout zu vermuten, denn ihre Erwartungen an das Leben dürften im typischen Fall sehr realistisch das vorhergesehen haben, was dann tatsächlich ihr Los wurde.

Gesellschaftliche Rahmenbedingungen

Lauderdale analysiert auch sehr umfassend die Umstände, die zu gehäuftem Auftreten von Burnout führen; sein Buch gewinnt hier ungeahnte Aktualität. Gesellschaftliche Umwälzungen sorgen dafür, dass die Zeitläufte jedenfalls für eine Lebensspanne unvorhersehbar werden. Das erhöht das Burnout-Risiko auf dreierlei Weisen:

- Hoffnungen und Träume können sich zu Erwartungen verfestigen. Wirtschaftliche Neuanfänge nach Kriegen etwa (Gründerzeit!) – aber auch die Proklamation bildungspolitischer Chancengleichheit in den Siebziger Jahren des vorigen Jahrhunderts in Westdeutschland – dürften vielerorts Erwartungen sozialen Aufstiegs geweckt haben, die in ruhigeren Zeiten einfach zu phantastisch gewesen wären. Die »blühenden Landschaften«, die der damalige Bundeskanzler den Ländern der vormaligen DDR binnen weniger Jahre in Aussicht stellte, haben sich in den ersten 15 Jahren nach der Wiedervereinigung nur sehr punktuell materialisiert, so die Meinung vieler Beobachter. Das hat zu viel Bitterkeit geführt.

- Gleichzeitig wächst die Gefahr, dass unvorhergesehene Veränderungen der Umwelt – politisch (z. B. Wiedervereinigung; EU und deren Erweiterung), wirtschaftlich (Globalisierung), technologisch (Internet), ökologisch (globale Erwärmung) – die Zielerreichung blockieren werden. Ein drastisches Beispiel lieferten in der alten Bundesrepublik arbeitslose Lehrer, denen zu Beginn ihres Studiums von Kultusministern noch »rote Teppiche« versprochen worden waren. (Nur Leser jenseits der Fünfzig werden sich heute an diese Zeiten erinnern.) Nachdem dann viele Jahre lang Lehrer nur noch als Taxifahrer vermittelbar schienen, wiederholte sich das Spiel um die Jahrtausendwende ein weiteres Mal. Gleichzeitig gilt aber der Lehrerberuf in Deutschland heute als »Höllenjob« (so der *Focus* im April 2001). Die Mehrheit von rund 1000 Befragten einer Umfrage äußerten Verständnis für die Pädagogen.
  Ältere Prognosen bereiteten Arbeitnehmer, die in den 80er Jahren ins Berufsleben traten, bereits auf etwa 3–4 Berufswechsel bis zur Pensionierung vor. Mittlerweile ist sogar die Rente unkalkulierbar geworden.
- Schließlich geraten Rollen im Zuge raschen Wertewandels eher in Gefahr, entwertet zu werden. Die Mutterrolle ist ein eklatantes Beispiel (daher der brisante Geburtenmangel in allen westlichen Zivilisationen), aber andere Rollen und Verhaltensweisen – von der konventionellen Landwirtschaft über das Fahren aufwendiger Autos bis zum Engagement im Beruf *(»Workaholism«)* – sind gleichfalls in Gefahr, statt Anerkennung und Bewunderung nur noch Ablehnung, Spott oder Mitleid hervorzurufen. Zwischen dem Niederschreiben dieser Beispiele Mitte der 80er Jahre und der vorliegenden 3. Auflage hat, wenn ich mich nicht täusche, längst wieder eine Neubewertung stattgefunden; die Moden wechseln immer rascher.

Trendwenden

Das letzte Jahrzehnt des vergangenen Jahrhunderts hat, so mein Eindruck, das Auseinanderdriften verschiedener Subkulturen beschleunigt, die ihre jeweils eigenen Werteschemata, oder deren Mangel, pflegen: *»anything goes«*, »die neue Unübersichtlichkeit« oder »die neue Beliebigkeit«, das waren Slogans der Zeit, die noch heute debattiert werden. Schon das Bestreben, in wenigstens einer solchen Szene *up to date* zu bleiben und sich nicht etwa auf einer *In-Out-List* in der falschen Spalte wiederzufinden, verlangt ständige Trendbeobachtung.

Noch einmal Wiedervereinigung: Bei aller Rückbesinnung auf real oder vermeintlich eigenständige Werthaltungen in der ehemaligen DDR (z. B. einer Ablehnung westlicher Ellenbogenmentalität): Wirtschaftlicher Erfolg, sofern nicht zweifelsfrei kriminell errungen, womöglich mit einem eigenhändig gegründeten Unternehmen (einem *»start-up«)*, genießt in West wie Ost höchsten Respekt. Der Endzwanziger mit der ersten selbsterarbeiteten oder -erspekulierten Million ist der Mann des Tages. Gleichzeitig regt sich erstes Unbehagen an den psychischen Kosten des »Turbokapitalismus«, der Globalisierung, der Selbstausbeutung. Selbst ein gewöhnlich nicht zur Panikmache neigendes Blatt wie die *Frankfurter Allgemeine Zeitung* druckt einen Beitrag über zunehmende Angst und Krankheitsanfälligkeit in deutschen Unternehmen (Volk,

2000). Möglicherweise kündigt sich hier eine erneute Trendwende an. Denn seriöse Prognosen verheißen uns (und das ist nicht nur Deutschland) ab ca. 2010 aufgrund der schrumpfenden Bevölkerung – Stichwort »demographischer Wandel« – einen eklatanten Arbeitskräftemangel. Spätestens ab dann wird man sich als Arbeitgeber allerhand müssen einfallen lassen, will man noch Umsatz machen.

Kritik

Was bei Lauderdale fehlt, ist vor allem die Abgrenzung gegenüber den ephemeren Enttäuschungen, die der Alltag für jeden von uns bereithält. Beispiele für Verhaltensweisen, die nicht die erwartete Wirkung erzielten, lassen sich in beliebiger Anzahl anführen: die Düngung mit dem Wundermittel, die unsere kränkelnde Topfpflanze erst recht eingehen ließ; die Urlaubsreise, die soviel anders verlief als man sie nach dem Prospekt erwarten konnte; die teure Inspektion, die den TÜV dennoch nicht bewog, unser Auto noch einmal durchzulassen; das Gespräch mit dem Sohn, das zu mehr Anstrengung in der Schule führen sollte, aber nur für zwei Tage vorhielt; der Arbeitsplatzwechsel, der uns vom Regen in die Traufe brachte. Warum führen nicht alle Enttäuschungen zu Burnout? Warum brennen wir nicht alle andauernd aus?

Weiter fehlt das Element eigenen, intrinsisch motivierten Handelns, an dessen Erfolge Erwartungen geknüpft werden: Enttäuscht werden kann man auch vom Wetter, ohne dass das Burnout hervorruft.

Lauderdale gebraucht den Begriff sehr großzügig, etwa wenn er schreibt (S. 58), ein Ausbrenner, insofern als er nicht mehr alle Erwartungen erfülle, lasse nunmehr andere »ausbrennen«, die mit ihm in Kontakt stünden. Dass enger Kontakt mit einem Ausbrenner etwa auf Ehepartner(innen) negative Auswirkungen haben kann, ist natürlich einleuchtend und auch belegt (z. B. Bates, 1982; Burke, 1982; Jackson & Maslach, 1982).

1.4.2 Meier: Pessimistische Prognosen

Eine Erwartungstheorie

Ähnlich wie bei Lauderdale spielen in Meiers (1983) Skizze eines Burnout-Modells verschiedene Arten von Erwartungen die zentrale Rolle:
- die Erwartung positiver Bekräftigungen (niedrig),
- die Erwartung von Bestrafung (hoch),
- die Erwartung, dass Bekräftigungen im Prinzip kontrollierbar sind (niedrig),
- die Erwartung, sie selbst kontrollieren zu können (ebenfalls niedrig).

Wie kommt es zu derart trüben Aussichten?

Erfahrungen werden über »kontextabhängige Informationsverarbeitung« in Prognosen transformiert. Damit ist gemeint, dass das persönliche »Glaubenssystem« einen entscheidenden Einfluss auf die Wahrnehmung der Welt ausübt. Wer beispielweise als Lehrer fest an die Prämisse glaubt, dass alle wichtigen Entscheidungen sowieso von der Schulbehörde getroffen werden, wird Möglichkeiten übersehen, wo er selbst etwas bewirken könnte.

Meier deutet auch an, dass die »Tiefe« der Informationsausnutzung etwas mit Burnout zu tun haben könnte: »Gründliche« Verarbeiter setzen Ereignisse in Beziehung zu sich selbst, sie denken über die Dinge nach und erinnern sie besser als »oberflächliche« Verarbeiter. Ihr besseres Gedächtnis für Erfolge sollte demnach ihren Optimismus hinsichtlich persönlicher Einflussnahmen erhöhen.

Schließlich meint der Autor, die helfenden Berufe seien deshalb so burnoutträchtig, weil der Kontakt mit Klienten und ihrem andersartigen Weltbild häufig das eigene in Frage stelle. Dieser unangenehmen Erfahrung entziehe sich der ausbrennende Helfer mittels Distanzierung.

Kritik

Ob Ausbrenner wirklich ein schlechteres Gedächtnis für (oder vielmehr ein höheres Bedürfnis nach) Erfolg haben – warum eigentlich nicht auch für Misserfolg? – und ob der Aufeinanderprall verschiedener Weltbilder der belastendste Aspekt der Arbeit mit Klienten ist, mag dahingestellt bleiben. Beim Gedächtnis ist mir aus eigener Erfahrung die umgekehrte Kausalrichtung plausibler: In der charakteristischen Hektik eines Burnout-Prozesses nimmt man sich nicht mehr die Zeit zu gründlicher Verdauung von Informationen; alles rauscht nur noch vorbei und wird schon darum nicht gespeichert. Meiers Modell enthält einige wichtige Komponenten, die ein Burnout-Modell meiner Ansicht nach braucht. Sie bleiben nur zu unstrukturiert und sind sehr lose zusammengefügt, so dass das Fundament, das gelegt werden sollte, nicht recht tragfähig erscheint. Auch mag der eine oder andere Baustein fehlen. So bleibt z. B. offen, warum ein Mensch mit derart düsteren Erwartungen an seinen Arbeitsplatz nicht einen neuen sucht, oder warum Burnout nach Feierabend nicht einfach aufhört.

1.4.3 Perlman und Hartman: Ein komplexes Modell

Persönlichkeit und Organisation

Perlman & Hartman (1982) haben knapp 50 der seinerzeit vorliegenden Burnout-Publikationen zusammengestellt. Die Definitionen, die dabei mit herausdestilliert wurden, reichen von »Totale Distanzierung vom oder Überengagement im Beruf« über »Gefühl, in berufliche Routine eingespannt zu sein« und »Verringerte berufliche Leistung« bis zu »Totale emotionale und physische Erschöpfung«. Die Fundstücke und ihre eigenen Überlegungen verarbeiteten die Autoren zu dem Flussdiagramm, das in ◘ Abb. 1.1 wiedergegeben ist.

Kritik

Das Modell ist tatsächlich umfassend, wie seine Autoren behaupten. Es enthält einen großen Teil der Variablen, die mit Burnout in Verbindung gebracht worden sind. Dennoch lässt es merkwürdig unbefriedigt. Zum einen mag das am hohen Abstraktionsniveau der meisten Faktoren liegen. Was beispielsweise hat man sich unter »Persönliche Dynamik« vorzustellen? Zum anderen ist das Modell hochgradig willkürlich. Die Abfolge der Stationen auf der mittleren Horizontalachse folgt einem Zeitablauf und ist insofern determiniert, allerdings wären schon hier Rekursionspfeile von jeder Etappe zu jeder früheren angebracht. Beispielsweise beeinflusst die konative Reaktion auf Stress (die ja übrigens als Bewältigungsversuch aufzufassen ist) ohne Zweifel die Situation und ihr Stresspotential. Bateman & Strasser (1983) haben einen solchen Aufschaukelungseffekt zwischen »Angespanntheit« einerseits und Unzufriedenheit mit diversen Aspekten der Arbeitssituation andererseits bei 129 Krankenhausmitarbeitern, die zweimal befragt wurden, wahrscheinlich machen können.

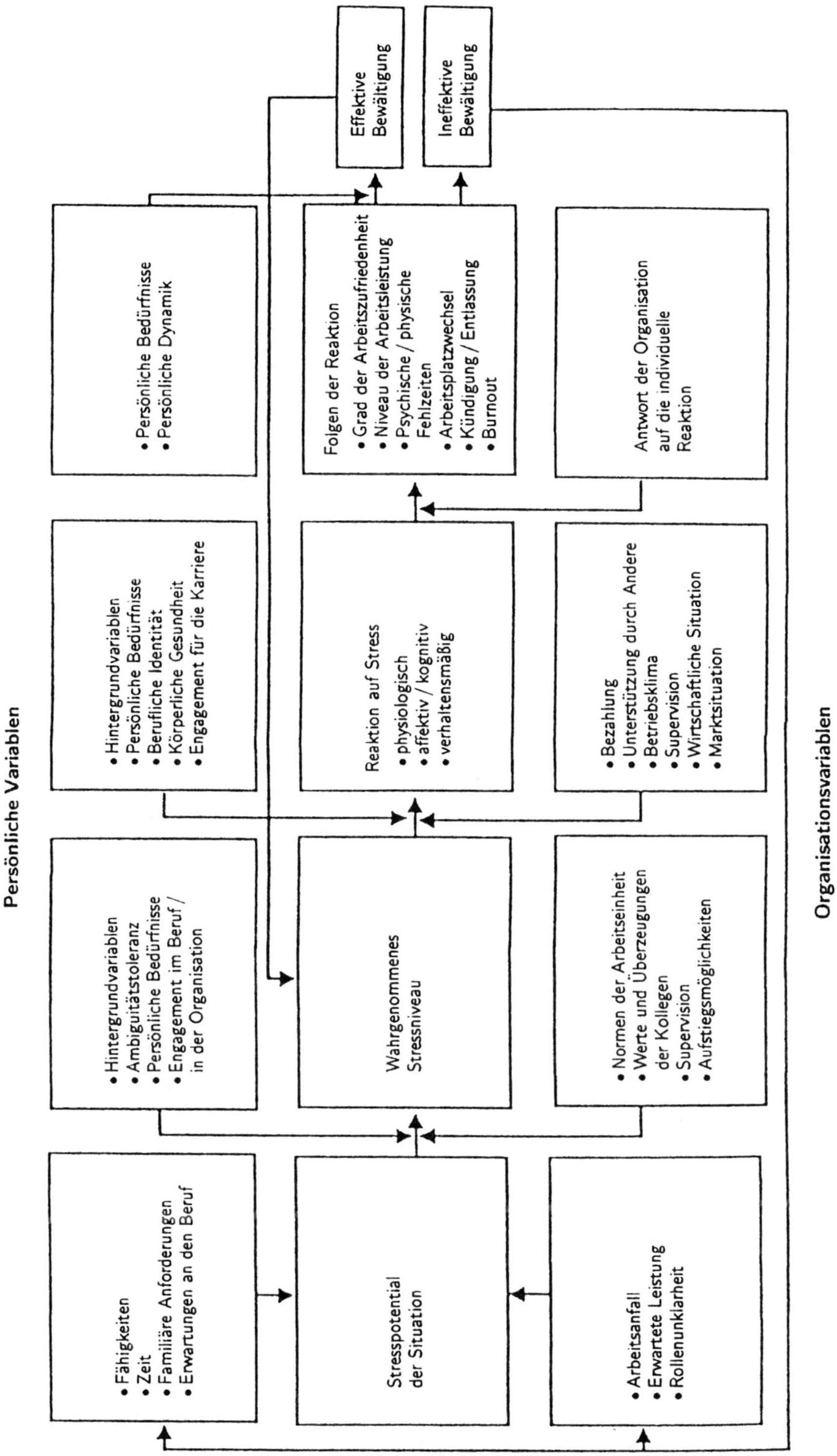

Abb. 1.1. Burnout-Modell von Perlmann & Hartmann (1979)

Vor allem aber sind die Inhalte der Kästen auf der oberen und unteren Horizontalachse, die behaupteten Kausalfaktoren, nicht nur untereinander vernetzt, sondern auch fast beliebig austauschbar. Anders ausgedrückt: Fast jeder dieser Kästen könnte einen Pfeil zu fast jedem der Prozesskästen auf der mittleren Achse schicken. So bleibt denn der heuristische Wert des Schemas vergleichsweise bescheiden. Versuche, ähnliche Modelle auch nur in Ausschnitten empirisch zu validieren (z. B. Cooke & Rousseau, 1983), waren nicht besonders erfolgreich.

1.4.4 Freudenberger: Verfehlte Lebenspläne

Ausbrennen an sich selbst

Auch Freudenberger, der sich nicht wie Lauderdale auf Burnout im Beruf beschränkt, sieht eine Diskrepanz von Erwartung und Realität als auslösendes Moment: Burnout »wird hervorgerufen, wenn sich der Betroffene auf einen Fall, eine Lebensweise oder eine Beziehung einlässt, die den erwarteten Lohn nicht bringt.« (Freudenberger & Richelson, 1980, S. 34). An die Stelle von »Rolle« tritt aber der Begriff »Image«.

Wenn man von den meisten der in seinem Buch skizzierten 20 Fälle ausgeht, so wäre »Lebensplan« vielleicht eine treffendere Bezeichnung. Diese Personen unternehmen beträchtliche Anstrengungen, um ein »Skript« oder »Drehbuch« (im Sinne der Transaktionsanalyse; s. z. B. Barker, 1980) zu realisieren, etwa das des Kunstlehrers einer Ghettoschule, der unterprivilegierten Schülern einen Kontakt zur Schönheit vermittelt; das der Schauspielerin, die nach langen, entbehrungsreichen Jahren den Gipfel des Ruhms erklimmt, ohne je wieder herunterzukommen; das des zäh arbeitenden, sich nie schonenden Managers, der der Familie ein anständiges Leben ermöglicht, ohne sich selbst etwas zu gönnen – etwa wie Willy Loman in Arthur Millers *Tod eines Handlungsreisenden*. (Miller, Anfang 2005 gestorben, war ein Autor, der offenkundig etwas von Burnout verstand.) Die zugehörigen Erwartungen sind, ebenfalls präziser als bei Lauderdale, auf Belohnungen gerichtet, und zwar in aller Regel auf immaterielle, wie Anerkennung und Dankbarkeit.

Das Erreichen von Zielen ist von großer Bedeutung. Probleme entstehen im Wesentlichen auf drei Arten:

- Ziele werden so unrealistisch hoch gesteckt, dass sie entweder nicht erreicht werden oder nur durch ganz unverhältnismäßigen Energieeinsatz. Im ersteren Falle bleibt eine Belohnung aus, im letzteren kann sie die angesichts der Anstrengungen weiter gestiegenen Ansprüche nicht erfüllen.
- Die Ziele entsprechen nicht »wirklichen« eigenen Bedürfnissen, sondern waren fremdbestimmt, gleichsam »implantiert« worden. Die zugehörigen Belohnungen, wenn sie denn erreicht werden, sind dann ebenfalls nicht bedürfnisgerecht und verschaffen keine Befriedigung.
- Mit einem an sich realistischen Ziel werden unrealistische Belohnungserwartungen verknüpft, die nicht einzulösen sind.

Im Einzelfall sind die drei Varianten nicht immer so klar zu unterscheiden wie in der abstrakten Formulierung; sie schließen sich auch nicht gegenseitig aus.

Kritik

Nicht einmal die obige, bescheidene Systematik ist so bei Freudenberger zu finden; sie beruht vor allem auf eigenen Interpretationen seiner Fälle. Das

Buch (das Ansprüche an Wissenschaftlichkeit freilich auch nicht erhebt) verfährt meist nach dem Muster, ein bestimmtes Prinzip zu skizzieren und dann durch einen Beispielfall zu illustrieren. Dabei bleibt der logische Zusammenhang der Prinzipien völlig unklar: Was notwendige, was hinreichende Bedingung für Burnout sein soll, muss der Leser selbst entscheiden. Einzelne Fälle – etwa »Clyde« oder »Harriet« – passen bei näherem Hinsehen in keines von Freudenbergers Erklärungsschemata.

Sein personologisches Grundmuster andererseits – das Alice Miller (1979) als »Drama des begabten Kindes« beschrieben hat, nämlich die Abspaltung gewisser Persönlichkeitsanteile im Kindesalter, die die Zuneigung der Eltern hätten gefährden können – ist bei vielen Fällen zumindest nicht klar herausgearbeitet, bei einigen (z. B. »Miriam« oder »Martha«) fehlt es ganz.

Herbert Freudenberger war der »Gründervater« der Burnoutforschung; er starb hochgeehrt im Jahre 1999. Zwar hatte es den Begriff, wie gesagt, schon sehr viel früher gegeben. Auch eine erste detaillierte Fallbeschreibung war schon mehr als 20 Jahre vorher erschienen, freilich ohne den Begriff zu verwenden. Dennoch, Freudenbergers erster Aufsatz von 1974, dem weitere und auch mehrere Bücher folgen sollten, markierte den Startschuss zur ersten Phase der Burnout-Forschung. Nennen wir sie die »feuilletonistische«.

1.4.5 Maslach: Ein umfangreiches Werk

Schwierige Anfänge …

Der Übergang von der feuilletonistischen zur empirischen Phase ist eng mit den Namen Christina Maslach und Ayala Pines verbunden, zwei Psychologinnen der *University of California at Berkeley*, die in der zweiten Hälfte der 70er Jahre erste quasi-empirische Arbeiten veröffentlichten, zunächst gemeinsam, bis sie dann getrennte Wege gingen. Beide veröffentlichten Anfang der 80er Jahre ein erstes Buch; beide holten sich dafür den Begleitschutz eines überaus prominenten akademischen Psychologen. Pines suchte sich Elliot Aronson als Coautor – und verwunderte sich höchlich, als die deutsche Übersetzung des amerikanischen Originals *Burnout* (Pines, Aronson & Kafry, 1981) als *Ausgebrannt* (Aronson, Pines und Kafry, 1983) herauskam. Maslach ließ sich von Philip Zimbardo, ihrem Ehemann, zu ihrem Buch *Burnout – The Cost of Caring* (1982a) ein Vorwort schreiben. Wie sie später an anderer Stelle erzählte, war es anfangs nämlich sehr schwierig, Aufsätze über Burnout in Fachzeitschriften unterzubringen, weil die Herausgeber das Thema allenfalls mit äußerst spitzen Fingern anfassten. Einmal sei ihr ein Artikel ungelesen mit der Notiz zurückgeschickt worden, man sei an »Pop-Psychologie« nicht interessiert.

… dann das MBI

Das sollte sich ändern. Wenn der Name Maslach sozusagen untrennbar mit Burnout verbunden ist, dann nicht nur wegen ihrer zahlreichen Veröffentlichungen. Der Fragebogen, den sie 1981 mit Susan E. Jackson veröffentlichte, das Maslach Burnout Inventory (MBI), war der erste einigermaßen nach den Regeln der Kunst konstruierte. Er wird bis heute in über 90% der einschlägigen Forschungsarbeiten eingesetzt (▶ Absch. 1.2.2).

Eine eigene Theorie im engeren Sinne hat Maslach eigentlich nicht formuliert. Ähnlich wie Freudenberger, der allerdings nie Ansprüche auf Wissenschaftlichkeit erhob, richtet sie sich in ihren Publikationen auch meist an ein breiteres Publikum.

Ein Phasenmodell

Immerhin hat sie zumindest anfangs ein dreistufiges Phasenmodell (▶ Absch. 1.3) vertreten, das sich folgendermaßen zusammenfassen lässt: Berufliche Helfer müssen in ihren Kontakten mit ihrem Klientel emotional hochgradig belastende Erfahrungen aushalten. Dazu kommen die Asymmetrie der Beziehung (»immer nur geben müssen«), ausbleibende Erfolgserlebnisse, Undank, bürokratische Behinderungen und vieles mehr. Dies erzeugt das erste Kernsymptom: Emotionale Erschöpfung (»ich kann nicht mehr«). Eine sekundäre Reaktion darauf, die Schutz-und Abwehrfunktion hat, ist die Distanzierung von den und die Abwertung der Klienten (»will niemanden mehr sehen«; »sind selbst schuld an ihrem Elend«). Das konstituiert das zweite Kernsymptom: Depersonalisation. Sobald die veränderte persönliche Beziehung auch im Verhalten spürbar wird, sinkt die Chance für Erfolgserlebnisse des Helfens über kurz oder lang. Daraus erwächst dann das dritte Kernsymptom: Leistungsunzufriedenheit.

Mit den 3 Kernsymptomen sind auch die 3 Messskalen des MBI bezeichnet.

Das Phasenmodell trägt außerhalb der Helferszene natürlich nicht weit. Aber anfangs herrschte eben die Meinung vor, Burnout sei etwas für diese spezifisches. Der Titel von Maslachs erstem Buch – etwa »Der Preis der Fürsorge« – ist insofern programmatisch. Pines unterschied zu dieser Zeit zwischen Burnout und Tedium (Überdruss), ersteres bei Helfern, letzteres bei allen anderen; eine Differenzierung, die auch sie inzwischen aufgegeben hat. Schaufeli & Enzmann (1998, S. 84–85) fassen die widersprüchliche, aber eher negative Befundlage folgendermaßen zusammen:

> »Es scheint also, dass die Behauptung, Burnout hinge besonders eng mit emotional geladenen Klientenkontakten zusammen, aus empirischen Gründen fallengelassen werden muss.«

In Maslachs neuestem Buch (Maslach & Leiter, 1997; deutsch 2001) ist folgerichtig von Bankern, Juristen und Computerfachleuten ebenso die Rede wie von Ärzten, Schwestern und Sozialarbeitern.

Schuld ist die Organisation

Als universelles Phänomen erkennt Maslach Burnout also mittlerweile an. Mit einem anderen Umschwenken bin ich weniger einverstanden. 1982 hatte sie 3 Ebenen unterschieden, auf denen Burnout stattfindet – nämlich die individuelle, die zwischenmenschliche und die institutionelle –, und konzediert, dass wir »die relativen Bedeutungen jeder dieser Dimensionen noch zu wenig kennen, um Fragen beantworten zu können wie ‚Hat die Art der Arbeit einen stärkeren Einfluss als die individuelle Persönlichkeit, oder umgekehrt?'« (Maslach, 1982, S. 145). Fünfzehn Jahre später ist der Fall klar. Schon auf dem Buchumschlag wird mitgeteilt, »… wo die Verantwortung oft liegt … vollständig auf den Schultern der Organisation. Es wird gezeigt, dass Burnout Anzeichen einer schweren Funktionsstörung innerhalb einer Organisation darstellt und mehr über die Arbeitsumstände aussagt als über die Mitarbeiter« (Maslach & Leiter, 1997 ; Klappentext). Dem stimmt der ansonsten von mir hoch geschätzte Cary Cherniss zu: »Die Autoren zeigen überzeugend auf, dass die Ursachen – und die

Lösungen – in erster Linie in der Organisation zu finden sind, nicht im Individuum« (auf dem rückseitigen Buchumschlag).

Da wird eine fundamentale – und wirklich schwer zu beforschende – Frage mit großer Entschiedenheit gelassen beantwortet. Leider werden Belege nicht geliefert. Was ich daran zusätzlich besonders bemerkenswert finde, ist die Selbstdarstellung, mit dieser Behauptung werde ein »gängiger Mythos« zerstört. Ein Blick in die Forschung zeigt, dass individuellen Faktoren im Vergleich mit organisationalen nur ein verschwindend kleiner Anteil der Aufmerksamkeit gilt. Hie und da regen sich kritische Stimmen – so findet Schmitz (1998) vor allem unrealistische Erwartungen im Vorfeld von Burnout bei Lehrern; Schaarschmidt & Fischer (2001) richten das Augenmerk auf Persönlichkeitsunterschiede in der Auseinandersetzung mit der Arbeitsbelastung. Auch fehlt selten der Hinweis, »die Persönlichkeit« spiele selbstverständlich ebenfalls irgendeine Rolle. Aber der Mainstream der gegenwärtigen Auseinandersetzung mit dem Thema ist das nun wirklich nicht (Cherniss, 1993 , S. 139). Hier wird ein Pappkamerad aufgebaut, den man unter dem Applaus der Interessierten bravourös erledigen kann .

Eine 6-Faktorentheorie

Zurück zu den Entwicklungen in Christina Maslachs theoretischen Beiträgen. Eine gewisse Kontinuität lässt sich da durchaus finden. Schon ihre frühen Arbeiten über Burnout bei Sozialberuflern allgemein, in der Krankenversorgung, bei Anwälten, Polizisten und Erzieherinnen (Zusammenfassungen in Maslach, 1982 a, S. 175-176) enthalten meist Listen der beteiligten Faktoren (selbstverständlich sämtlich intuitiv plausible). Maslach & Leiters Buch, das tatsächlich auch in der deutschen Übersetzung »Die Wahrheit über Burnout » (2001) betitelt ist und das ganze Spektrum menschlicher Arbeit im Blickfeld hat – aber es geht dann doch fast nur um Angestellte aller Ebenen von amerikanischen Großunternehmen –, präsentiert jetzt die ultimative Liste:

Burnout wird von 6 Faktoren verursacht:

- Arbeitsüberlastung
- Mangel an Kontrolle
- Ungenügende Belohnungen
- Zusammenbruch des Gemeinschaftsgefühls
- Mangelnde Gerechtigkeit (*fairness*)
- Wertkonflikte (Maslach & Leiter 1997 , S. 38).

Und während das Buch von 1982 in einem Anhang noch Entspannungstechniken empfahl, enthält das neue konsequenterweise Rezepte für Organisationsentwicklung; zweifellos ein Fortschritt.

Kritik

Das klingt alles einleuchtend, schon wahr. Dennoch bleibt der Eindruck einer gewissen Beliebigkeit, die die Liste zu einer »Wäscheliste« (Shirom, 1989) macht. Cherniss (▶ Absch. 1.4.10) hat aus seinen Interviews 8 Faktoren herausdestilliert, u. a. »Intellektuelle Anregung« und »Führung«. Warum fehlen diese hier? Selbst Maslachs (1998) Beitrag zu einem Sammelband über Stress in Organisationen, in dem Cary Cooper die Theorien führender Experten versammelt hat, in einem anspruchsvollen Kontext also, wiederholt die Faktoren-Liste, aber wiederum ohne jeden Hinweis auf ihre Entstehung. Vielmehr wird ein deutlich anderes Modell aus einer früheren Publikation der Autorin abgedruckt; die Diskrepanz wird nicht einmal erwähnt. So als käme es so genau nicht drauf an. … (Vielleicht ist das so.)

Weiter: Empfinden wir nicht alle oft Mangel an Kontrolle, vom Selbständigen über Unternehmer bis hin zu den mächtigsten Männern der Welt (gemeinhin denkt man da an die Präsidenten der USA)? Lässt sich nicht zeigen, dass nicht einmal Künstler und Schriftsteller immun sind? Wenn also einzelne oder viele Punkte der Liste Viele betreffen, warum ist Burnout dann nicht allerorten? Wie steht es mit früheren Zeiten – sagen wir: Europa Ende des 19. Jahrhunderts – wo alles noch deutlich finsterer aussah (bis auf das Gemeinschaftsgefühl, das damals angeblich intakter war)?

Auch ist so ziemlich alles von der Liste schon im Fadenkreuz der Stressforschung aufgetaucht. Wie lässt sich Burnout davon abgrenzen?

Maslach und Leiter stellen ihre Liste übrigens unter einen Oberbegriff, der das Ausgangsszenario eines Burnout-Prozesses m. E. sehr gut auf den Punkt bringt: Person-Job-Mismatch. Als Person-Environment Misfit ist dies ein respektabler Ansatz der Stresstheorie (▶ Abschn. 2.1.5). Ich habe ihn selbst herangezogen, um das Ausbrennen von Pflegeschüler(inne)n zu erklären (Burisch, 2003): Der richtige Mann, die richtige Frau am falschen Platz – da entsteht Reibung, das geht nicht lange gut. Maslach und Leiter verschenken aber das Potential des Begriffs, in dem sie die Person-Komponente völlig vernachlässigen. Sie scheinen davon auszugehen, dass wir alle ein universelles und gleich starkes Bedürfnis nach Arbeitsbelastung (mäßig), Kontrolle, Belohnung, Gemeinschaftsgefühl und Wertkonformität haben (hoch; bei Gerechtigkeit mag das am ehesten stimmen); dass wir beim Fehlen dieser Rahmenbedingungen gleichermaßen wehrlos sind und darauf gleichermaßen sensibel reagieren. Der Vorwurf, den sie an die angebliche Mehrheitsmeinung richten, nämlich die »objektiven Faktoren« auszublenden, trifft im Umkehrschluss sie selbst: Sie blenden die subjektiven aus. So können sie z. B. nicht erklären, wieso von zwei Kollegen in derselben Arbeitseinheit, die Schreibtisch an Schreibtisch unter identischen Bedingungen arbeiten, der eine ausbrennt, der andere aber nicht. Aber das gibt's.

1.4.6 Fischer: Burnout als Selbstverbrennung

Gestörte Persönlichkeitsstrukturen

Fischer (1983), wie Freudenberger Psychoanalytiker, der von *drei* behandelten Fällen berichtet, beschränkt sich bei seiner Theorie ganz auf die narzisstisch gestörte Persönlichkeitsstruktur. Er kommt mit einer »frustrierenden Umwelt« als äußerem Faktor aus. Wenn ein Mensch, für den seine Arbeit das Wichtigste im Leben ist, spürbaren Frustrationen gegenübersteht, erscheinen 2 Wege zur Bewältigung der Enttäuschung gangbar: Er kann

- die Idealisierung seines Berufs aufgeben (»halt auch nur ein Job«) oder
- »aus dem Felde gehen«.

Das Hochgefühl, »besonders« zu sein

Was den Ausbrenner am Beschreiten dieser Wege hindert, ist der drohende Verlust des Selbstwertgefühls, das ausschließlich auf der Überzeugung basiert, etwas Außergewöhnliches zu sein oder zu tun. Gerät dieser Glaube ins Wanken, dann ist das derart schreckenerregend, das jede Anstrengung bis zur physischen Selbstvernichtung unternommen wird, um das endgültige Scheitern zu verhindern. Fischers Fälle »kamen schließlich alle zu einer Einsicht in die zentrale

Rolle ihrer Motivation, sich ‚außergewöhnlich' und ‚überlegen' zu fühlen. Sie berichteten bei der Vorstellung, etwas Besonderes zu sein, ein intensives und durchdringendes Lustgefühl. Dieses Hochgefühl wurde zu einer Besessenheit, die sie wie Drogenabhängigkeit beschrieben« (S. 43). Die Therapie kam erst in Bewegung, nachdem Fischer statt des anfänglich gezeigten Mitgefühls Bewunderung für die Leistungen seiner Patienten ausdrückte. Sie selbst wiesen die Vermutung, etwa Angst zu haben, weit von sich.

Die Angst vor Enttarnung

Genau diese behauptet aber der Therapeut, und zwar die Angst vor der Entdeckung einer »Leiche im Keller«: Ein Versagen würde aller Welt vor Augen führen, wie durchschnittlich oder gar kindlich der Ausbrenner in Wirklichkeit ist. Vor die Wahl gestellt, die physische Existenz aufzugeben oder die Selbstachtung, ziehe er ersteres vor.

Burnout vs. Verschleiß …

Von diesen, wie Fischer meint, selteneren möchte er die häufigeren und banaleren Fälle abgegrenzt wissen, in denen ambitionierte Menschen unter »unangenehmen, stressreichen oder sogar gefährlichen« Situationen leiden. Wer unter solchen Umständen in Depression gerate, nach besserer Bezahlung und weniger Arbeitsdruck verlange, dem sei die Selbstachtung schon früher beschädigt worden. Der echte Ausbrenner klammere sich zäh an eine hohe Selbstachtung und weigere sich aufzugeben; er verdoppele seine Anstrengungen, um die »Illusion der Grandiosität« nicht fahrenlassen zu müssen. Wer über Burnout *klage*, sei in Wirklichkeit »*worn-out*« (»abgenutzt«, »verschlissen«). Dann sei auch eine andere Behandlungsstrategie angezeigt (ähnlich Farber, 2000b).

… vielleicht ein Kontinuum?

Was mir zunächst nur eine interessante Hypothese schien, wie Psychoanalytiker sie nicht selten schon aufgrund noch kleinerer »Stichproben« mit großer Bestimmtheit formulieren, ist mir im Lauf der Jahre immer plausibler geworden. Allerdings als ein Kontinuum, dessen Enden mit Fischers »Burnout im engeren Sinne« und seinem »*Wearout*« benannt werden können (◼ Abb. 1.2).

An jedem individuellen Fall, so meine Überzeugung, sind innere und äußere Faktoren beteiligt, mit je unterschiedlichem Gewicht. Da, wo die inneren Faktoren, die persönlichen Dispositionen, so weit überwiegen, dass äußere nahezu entbehrlich werden, allenfalls noch ein äußerer Auslöser gebraucht wird, da spreche ich von »Selbstverbrennern«. Am anderen, rechten, Ende des Kontinuums stehen »Opfer der Umstände«, in die sie ohne eigenes Zutun geraten sind und die sie zermürben. Wer beispielsweise in fortgeschrittenem Alter, auf einem alternativenarmen Arbeitsmarkt, mit Kindern in der Schule, einem noch

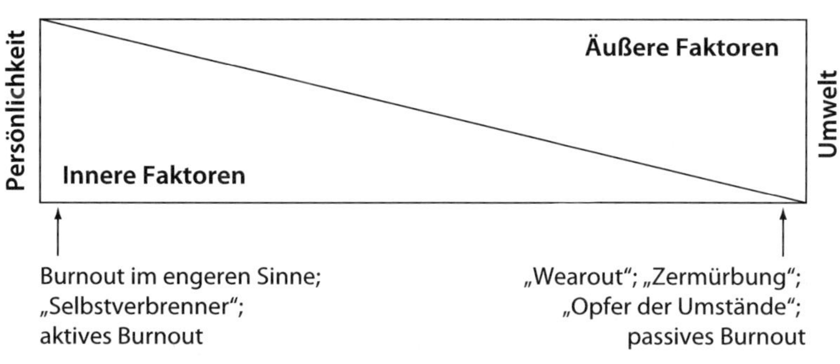

◼ **Abb. 1.2.** Innere und äußere Faktoren der Burnout-Entstehung

nicht abgezahlten Haus und einer Partnerin, die beruflich ortsgebunden ist, einen neuen Chef bekommt, der alles daran setzt, ihn aus dem Job zu ekeln – dem muss man keine persönlichen Dispositionen zuschreiben, wenn er in die Krise gerät. Auch viele niedergelassene Ärzte, die in den 90er Jahren spürbare Einkommeneinbußen und gesteigerte Kontrollen, vor allem aber ein drastisch gesunkenes Renommee in der Öffentlichkeit zu verdauen hatten und in alarmierenden Zahlen mit Burnout in Berührung kamen (Bates, 1982; Karazman & Geißler, 1994; Stern, 1996), dürften an diesen Entwicklungen selbst wenig beteiligt gewesen sein (allenfalls durch das bequeme Sich-Einrichten in offenkundig reformbedürftigen Umständen).

Dass »Opfer der Umstände« sich so oft zermürben lassen, bevor sie flüchten (wenn überhaupt), mag an dem »Salami«-Charakter allmählicher Verschlechterungen liegen, der viele »Verschlankungsprozesse« kennzeichnet. Zwei sicher nicht atypische Beispiele lernte ich als Teilnehmer einer Talk-Show 1994 kennen.

Eine Krankenschwester schilderte, wie sich an ihrem früheren Arbeitsplatz, einer Intensivstation, die Anzahl der Beatmungsplätze innerhalb weniger Jahre vervielfacht habe; nicht so die Personalstärke.

Ähnlich eine Sozialarbeiterin in der Betreuung von Obdachlosen: »Anfangs hatten wir die Biertrinker, die waren friedlich und schliefen rasch ein. Aber dann wurden die Schnapstrinker häufiger. Die waren aggressiv und beklauten Kameraden. Nach einer Weile hielt ich es nicht mehr aus, ging nicht mehr ans Telefon, dachte nur noch: lasst mich in Ruhe!«.

»Arbeitsverdichtung« und schrittweise Verschärfung der Zumutungen gibt es selbstverständlich auch in anderen Berufen. Das Gefährliche dabei: Sie kommen oft tropfenweise daher und bringen so das Fass nicht zum Überlaufen. Vielmehr wird das Fass ein Fass ohne Boden – »wegen so einer Kleinigkeit kann ich doch nicht kündigen!« –, damit auch der nächste Tropfen noch hinein passt. Dem Fass bekommt das schlecht.

Mögliche Versöhnung zweier Denkschulen

»Reine« Fälle, die auf dem obigen Kontinuum ganz links oder ganz rechts gelegen hätten, sind mir noch nicht begegnet. Dennoch finde ich es als Denkwerkzeug nützlich. Es könnte die Divergenzen zwischen den klinischen Burnout-Konzeptionen Freudenbergers oder Fischers einerseits und denen von Sozialpsychologen wie Aronson, Pines & Kafry (1983) oder Maslach (1982a) andererseits erklären. Wer eine psychoanalytische Praxis in Manhattan aufsucht, dürfte mit größerer Wahrscheinlichkeit einem Berufsmilieu entstammen, in dem das Eingeständnis von Schwäche und Hilflosigkeit höchst riskant wäre. Forscherinnen wie Pines oder Maslach dagegen haben ihre Erkenntnisse bevorzugt in Berufsgruppen gesammelt, wo eine gewisse Klagsamkeit fast zum guten Ton gehörte (z. B. Krankenpflege oder Erziehung), und die, jedenfalls bis vor kurzem, auch mit einem gewissen Verständnis der Öffentlichkeit rechnen durften. Natürlich gibt es Selbstverbrenner auch in diesen Berufen.

Nein sagen zu sich oder zu anderen

Beiden »Typen« fällt das Neinsagen schwer, beide müssen es darum lernen. Während aber die »Opfer« meist Schwierigkeiten haben, sich durchzusetzen, zu anderen Nein zu sagen, liegt das Problem der »Selbstverbrenner« darin, zu sich selbst Nein zu sagen. Genauer: Zu ihren inneren Antreibern, die beispielsweise fordern »Beeil Dich«, »Streng Dich an«, oder »Sei perfekt«. So sieht denn auch das individuelle Lernprogramm unterschiedlich aus.

Auch die individuelle Therapie, wenn sie denn begonnen wird. Das jedenfalls sagt Barry Farber, der – eine absolute Seltenheit – sogar je einen erfolgreich therapierten Fall von »klassischem« Burnout und »Wearout« relativ ausführlich dokumentiert hat (Farber, 2000b). Bei ihm gibt es sogar einen dritten Fall – Krise aufgrund von Unterforderung –, aber der Autor ist sich nicht sicher, ob man dies als weitere Unterkategorie unter Burnout subsumieren soll.

Einstweilen gibt es keine empirische Untermauerung für die Unterscheidung von zweierlei Burnout (die sich ähnlich auch bei Gillespie, 1981, findet; vgl. auch Schaufeli & Enzmann, 1998, S. 163) oder für das Kontinuum. Sie wäre auch schon darum schwer zu beschaffen, weil »echte«, aktive Ausbrenner normalerweise wenig Neigung zeigen, sich an Forschungsstudien zu beteiligen.

1.4.7 Ressourcenschutz als Top-Priorität – die COR-Theorie Stevan Hobfolls

Behalten, was man hat

Eine allgemeine Stresstheorie (Hobfoll, 1989, 2001) wird hier vor allem erwähnt, weil der Autor selbst ausdrücklich Verbindungen zu Burnout hergestellt hat (Hobfoll & Freedy, 1993). Oberstes Anliegen des Menschen, so postuliert die COR-Theorie (Conservation of Ressources), ist es, seine schon vorhandenen Ressourcen zu bewahren, d. h. gegen Verlust zu schützen. Auch trachtet er danach, weitere Ressourcen in seine Verfügung zu bringen. Das nur in zweiter Linie und unter anderem darum, weil das dem Ressourcenschutz dient – wer sich eine Alarmanlage leisten kann, kann das Seine besser sichern.

Ressourcen, das sind zunächst einmal jene feinen Sachen, die einem sofort einfallen: Geld, Macht, Besitz, Status, die Zuneigung wichtiger Personen. Aber auch Zeit, eine befriedigende Ehe, ein Job oder Wissen sind Ressourcen.

Stress: Vor und nach Verlusten

Stress wird ausgelöst, wenn

1. Ressourcen von Verlust bedroht sind,
2. Ressourcen verlorengegangen sind oder
3. Investitionen von Ressourcen nicht den erwarteten Ressourcengewinn erbringen.

Das fängt nicht besonders vielversprechend an. Die Grundaussage der COR-Theorie, dass nämlich »Individuen danach streben, diejenigen Dinge zu erlangen, behalten, schützen und pflegen, die sie schätzen« (Hobfoll, 2001), ist offenkundig tautologisch. Um diesem Einwand zu begegnen und um sich von *Appraisal*-Theorien abzugrenzen (▶ Absch. 2.1.2), behauptet Hobfoll, dass es bei der Bewertung von Ressourcen kaum interindividuelle Unterschiede gebe, da sie über die Sozialisation innerhalb von Familie und Kultur (»Stamm«) weitgehend gleich vermittelt würden.

Tatsächlich liefert Hobfoll eine lange Liste von Kern-Ressourcen. Diese reichen von »private Verkehrsmittel (Auto, LKW etc.)« bis »Gesundheit von Familie und guten Freunden«, die sich in mehreren Stichproben als zentral herauskristallisiert hätten. Und einige der zur Untermauerung der Theorie herangezogenen Studien beschäftigen sich mit Naturkatastrophen wie Hurricanes und Erdbeben (wo es normalerweise nur Verlierer gibt und wo die interindividuellen Unterschiede in der Tat verblassen mögen).

… mit Ausnahmen

Bei näherem Hinsehen werden die Grenzen zu etablierteren Stresstheorien dann immer verwaschener. Es gibt nämlich Ausnahmen. Die subjektive Einschätzung objektiver Stressoren ist weitgehend uniform, sagt der Autor, *es sei denn*

- der Stressor ist uneindeutig
- die objektiven Umstände sind nicht allgegenwärtig oder überwältigend
- es gibt biologischen oder kulturellen Spielraum für die Interpretation der Umstände
- die Einschätzung beinhaltet keine Bedrohung der Selbst-Definition. Das limitiert den Geltungsbereich der Theorie auf eher seltene und uninteressante Fälle.

Und: Es gebe fließende Übergänge zwischen Situationen, in denen die COR-Theorie gelte, und anderen. Das klingt nach Rückzugsgefecht. In der Tat räumt der Autor ein (Hobfoll 2001), es handle sich um eine »breitangelegte Motivationstheorie«, die » auf der mikroanalytischen Ebene an Vorhersagekraft verliere«; auch könnten die Abgrenzungen zu *Appraisal*-Theorien mit der Zeit an Konturen verlieren (s. auch Hobfoll, 1989).

Kritik

Es bleibt der Eindruck, dass hier altbekannter Wein lediglich in neue Schläuche (mit frischen Etiketten) umgefüllt worden ist. Auch nimmt sich die COR-Theorie, so scheint mir, gerade der Fälle an, für die kein Psychologe nötig ist, und liefert dort Erklärungen, die der gesunde Menschenverstand ebensogut hervorzubringen wüsste. Psychologisch interessant wird es doch gerade da, wo des einen Eule des anderen Nachtigall ist.

Die Ressourcenliste überzeugt auch nicht gerade. Unklar bleibt, ob es sich um die Vereinigungs- oder die Schnittmenge individueller Listen handeln soll. Die Schnittmenge kann es nicht sein, denn bekanntlich sind die Geschmäcker an vielen Stellen höchst unterschiedlich. (Beispielsweise bezahlen Masochisten hohe Summen dafür, sich Behandlungen auszuliefern, die alle anderen Menschen unbedingt zu vermeiden trachten.) Die Vereinigungsmenge andererseits dürfte kaum zu ermitteln sein. Jedenfalls ist schon vor Jahrzehnten der Versuch gescheitert, erschöpfende Inventare menschlicher Triebe aufzustellen – Triebe, die sämtlich nur daraus erschlossen wurden, dass einzelne Menschen ein dringendes Bedürfnis unter Beweis stellen, dies oder jenes zu tun bzw. zu erreichen. Ein amerikanischer Autor hat 1921 einmal rund 400 Veröffentlichungen ausgewertet und insgesamt 5.684 postulierte Triebe zusammengetragen, darunter den »Trieb, mit den Fingern Ritzen nachzufahren«.

COR und Burnout

Was sagt die COR-Theorie zu Burnout? Zunächst einmal: Menschen reagieren sensibler auf Verluste als auf Gewinne; darum können etwaige Belohnungen die Verluste nicht wettmachen, die z. B. Lehrer durch Kontakt mit unangenehmen Schülereltern, Problemkindern und Schulbürokraten erleiden, andere in Form von zwischenmenschlichen Konflikten. Die wesentlichen Stressursachen im Geschäftsleben sind drohende Ressourcenverluste im Gefolge von Fusionen, Übernahmen und Massenentlassungen (Hobfoll & Freedy, 1993, S. 118).

Das lässt schon wieder wichtige Fragen offen. Warum brennen wir alle nicht permanent aus? Einigen der Stressoren aus Hobfolls Liste – z. B. ein bedrohtes »Gefühl, dass ich meine Ziele erreiche,« oder ein dito »Gefühl der Unabhängigkeit« – sind die meisten von uns ständig oder immer wieder ausgesetzt. Und warum ist Burnout erst in den vergleichsweise saturierten und gesicherten Siebzigern ein Massenthema geworden, nicht zu Zeiten, als Verlust so ziemlich aller materiellen Ressourcen ein weit verbreitetes Schicksal war, wie während der Weltkriege?

Stress unter Überlastbedingungen

Immerhin, es finden sich zwei interessante Gedanken. Zum einen sei das Überwiegen von Negativa über Posiva besonders ausgeprägt zu Zeiten von psychischer oder physischer Überlastung. Dies, weil physiologische Übererregung die Folge von allzu schnell zu treffenden Entscheidungen sei, eine Erregung, die durch Zweifel an der Richtigkeit dieser Entscheidungen weiter gesteigert werde. Unter solchen Umständen sei die Angst vor Ressourcenverlust besonders ausgeprägt, und zwar zu Recht. Das scheint mir richtig beobachtet (Hobfoll & Freedy, 1993 , S. 117).

Teufelskreise

Zum anderen beschreibt Hobfoll Gewinn- wie Verlust-Spiralen (in Zusammenhang mit Burnout natürlich vor allem letztere; Hobfoll & Freedy, 1993, S. 122). Ein Verlust zieht weitere nach sich; jeder Verlust macht die Kompensation schwieriger; es entstehen Teufelskreise, von denen später ausführlicher die Rede sein wird.

Schon in diesem Beitrag zur Burnout-Diskussion wird klar, dass Hobfoll vor allem an die dritte der obigen Stressbedingungen denkt, wenn es um Burnout geht: Investierte Ressourcen bringen nicht die erwartete Rendite. So erwähnt er als Beispiel den Karriereknick, von dem ganz zu Anfang dieses Buches schon einmal die Rede war. Damit geht die COR-Theorie hier in Gerechtigkeitstheorien auf (► Absch. 1.4.8).

1.4.8 Die holländische Schule: Geben ist seliger denn Nehmen – oder?

Viel beforscht: Gerechtigkeitstheorien

Eine Gruppe von theoretischen Formulierungen, die unter *Balance-* , *Austausch-* oder *Gerechtigkeits-Theorie* subsumiert wird, muss hier aus mehreren Gründen Erwähnung finden. Zum einen handelt es sich nicht um etwas eigens für das Phänomen Burnout entwickeltes, sondern um einen in der Sozialpsychologie seit mindestens 40 Jahren verankerten Ansatz (Adams, 1965). Das hat Vorteile. Zum anderen gibt es zu kaum einer anderen Theoriefamilie innerhalb der Burnout-Forschung so viel empirische Literatur. Das liegt daran, dass Wilmar Schaufeli sich diesen Ansatz zu eigen gemacht hat, und der leitet das *Research Institute for Psychology & Health* in Utrecht. Aus diesem Institut stammt ein beträchtlicher Teil der europäischen empirischen Forschung zu Burnout. Zu erklären ist das nur durch Anzahl und Fleiß seiner Mitarbeiter und sonstigen Kombattanten, die ihrerseits über den ganzen Globus verstreut sind. Dass bei der kaum glaublichen Produktivität auch schon mal der Eindruck aufkommen kann, dass rechte und linke Hand voneinander nicht wissen, hat Rösing (2003, S. 137-149) zu Recht aufgespießt.

Wie du mir, so ich dir

Worum geht es in der Gerechtigkeitstheorie? Sie behauptet, dass Menschen ihre Kontakte zu Mitmenschen sozusagen kaufmännisch sehen: Eine Hand wäscht die andere (oder eben nicht). Wir investieren in Andere – Zuwendung, Zeit und andere Ressourcen –, und wir erwarten, dass etwas zurückkommt. Nicht notwendig in derselben Währung (Tauschmärkte) und auch nicht gleich, sondern evtl. zeitversetzt (»Generationenvertrag«). Aber das Verhältnis von Investitionen und Erträgen muss subjektiv ausgeglichen (balanciert) sein, sonst resultieren Unzufriedenheit und Versuche, Ausgewogenheit wieder herzustellen. So viel hätte einem der gesunde Menschenverstand auch gesagt. Kontraintuitiv ist höchstens, dass nach der Theorie auch ein »Gewinnüberschuss« (also »schwarze Zahlen« statt »roter«) zu Unbehagen führen soll. Da fallen wahrscheinlich jedem viele Gegenbeispiele ein. Aber das ist nicht das Wichtigste an der Sache.

Asymmetrische Rollenverteilungen

Jetzt die Verbindung zu Burnout, die zuerst für die Krankenpflege, später auch für andere Sozialberufe, hergestellt worden ist (Buunk & Schaufeli, 1993). Dort herrschen fest eingebaute Asymmetrien derart, dass die eine Seite – die heilende, pflegende, helfende – gibt und die andere nimmt. Daraus kann auf der gebenden Seite der Eindruck resultieren, zu schlecht wegzukommen, übervorteilt zu werden, sich zu sehr zu verausgaben. Und dann ist es u. U. nicht mehr weit zu den Symptomen der Kategorie 2 (»Reduziertes Engagement«) der obigen Übersicht (Burnout-Symptomatik). Von dort, das wäre ein Anfang mit Depersonalisation, könnte es zu verringerter Zufriedenheit mit der eigenen Leistung weitergehen, weil negatives Feedback von Patienten oder Schülern wohl nur bei sehr autonomen Persönlichkeiten einfach weggesteckt werden kann. Daran mag sich Erschöpfung anschließen. Das wäre der Phasenverlauf von Golembiewski (▶ Absch. 1.3).

Der unsichtbare Dritte

Schon hier einige eigene Überlegungen. Der Gedankengang vernachlässigt, dass es sich bei Patient und Krankenschwester nicht um eine normale zweiseitige Tauschbeziehung handelt. In Wirklichkeit herrscht, was man in der Organisationsentwicklung einen »dreiseitigen Kontrakt« nennt. Arzt und Schwester verrichten ihr Werk am Kranken ja nicht für Gotteslohn, sie werden von einem anonymen Dritten, dem Krankenhausträger bzw. indirekt von der Krankenkasse, dafür bezahlt (meist nach dem Bundesangestelltentarif). In die Kasse hat der Kranke zuvor eingezahlt. Und nun hat er oder sie bestimmte Erwartungen an die Dienstleistung, die so vorfinanziert wurde. Diese Erwartungen können aus Sicht der Hilfespender grob unrealistisch aussehen, z. B. »aufopfernde« Pflege, Rundumversorgung rund um die Uhr, Wunderheilung ohne eigenes Zutun (etwa disziplinierte Medikamenteneinnahme). Das ändert aber nichts, denn unrealistische Erwartungen korrigieren sich nur ausnahmsweise naturwüchsig von selbst. »Man wird doch wohl noch erwarten können, dass …«, so fangen Unmutsbekundungen oft an, wenn alles viel schlichter ausfällt als gedacht.

Schon wieder: Unrealistische Erwartungen

Umgekehrt finden sich auf Seiten der Hilfespender oft Erwartungsmuster – bezüglich Dankbarkeit und *»compliance«* von Patienten oder Schülern, Engagement und Uneigennützigkeit von Kollegen, Anerkennung von Vorgesetzten, Qualität der Arbeitsbedingungen –, die jeder Kenner der jeweiligen Verhältnisse ebenfalls als unrealistisch einstufen würde. Besonders unvorbereitet scheinen Berufsanfänger der Helferberufe auf den »Undank« derer zu sein, denen geholfen werden soll. Beide Seiten übersehen, dass ihre Beziehung im Kern keine private, sondern eine Geschäftsbeziehung ist, in welcher der unsichtbare Dritte eine mächtige Rolle spielt. Denn der regelt in vielerlei Weise, was man für den eigenen finanziellen Beitrag erwarten kann bzw. was freiwillige Zugabe ist. Und in dieser Grauzone – gehört beispielsweise »menschliche Anteilnahme« zum bezahlten Standard-Service-Paket der Krankenanstalt, oder muss man sich dafür bedanken? – keimen wohl tatsächlich Bitterkeit und Burnout. Vermittelt aber über enttäuschte Erwartungen, von denen oben bei Lauderdale und Freudenberger ja schon die Rede war. Empirisch gestützt wird diese Behauptung von Schmitz (1998) und Schmitz & Leidl (1999), die Burnout nicht bei Sozialberuflern (im Allgemeinen) bzw. Lehrern (im Besonderen) mit ausgeprägtem Idealismus fanden, wohl aber bei solchen mit *unrealistischen* Erwartungen.

Filigrane Befundlage

Beforscht wurden die diversen Spielarten der Gerechtigkeitstheorie, die sich meist wohl nur durch etwas abgewandelte Nomenklaturen unterscheiden, intensiv, wie gesagt. Dabei ergaben sich in der Regel Zusammenhänge in der vorhergesagten Richtung, aber auch allerlei Überraschungen und Inkonsistenzen (z. B. van Dierendonck, 1997). Durch den hohen Forschungsaufwand ist wahrscheinlich die Tendenz zu immer filigraneren Modellen zu erklären. Zunächst tauchte die Moderatorvariable »Gemeinschaftssinn« *(communal orientation)* auf: Der Zusammenhang zwischen subjektivem Ungerechtigkeitsgefühl und Burnout existierte *nicht* bei Schwestern mit ausgeprägtem Altruismus, also wohl solchen, denen »Gotteslohn« genügte. Dann wurde es noch komplexer: Die Pufferwirkung des Gemeinschaftssinnes verschwand innerhalb einer Pflegephilosophie, die vom Patienten aktive Beiträge zu seiner Gesundung erwartete; es gab sie nur dort, wo Patienten als passive Pflegeobjekte gesehen wurden. Ob sich das wird replizieren lassen?

Kritik

Insgesamt erscheinen mir die Gerechtigkeitstheorien weder ausreichend belegt noch überzeugend genug, um eine *umfassende* ätiologische Burnout-Theorie abzugeben. Zwar ist die ursprüngliche Fixierung auf die helfenden Berufe durch diverse theoretische Anbauten – Ungerechtigkeit kann ja auch zwischen Arbeitgeber und Arbeitnehmer, zwischen Lebenspartnern, zwischen Familienangehörigen etc. bestehen – behoben worden. Dennoch bleiben zu viele Möglichkeiten von Burnout-Prozessen unabgedeckt.

Darüber hinaus bleiben diverse Fragen offen. Die Asymmetrie zwischen Helfern und Klientel in den Sozialberufen ist allgemein bekannt. Sie ist auch in der Natur der Sache begründet. Und es besteht Grund zu der Vermutung, dass viele derjenigen, die diese Berufe dennoch ergreifen, die Asymmetrie geradezu anstreben (vgl. Schmidbauers »Pflegecharaktere«). Sollten dann dennoch Erwartungsenttäuschungen das entscheidende Agens bilden? Wenn ja: Warum ergreifen dann nicht mehr Krankenschwestern und -pfleger die Flucht? Schon wahr, viele brechen bereits die dreijährige Ausbildung ab, wie ich aus einem eigenen Projekt (Burisch, 2002) weiß, und auch später sind Fluktuation und Berufswechsel relativ hoch. Aber dass es doch immer wieder Menschen schaffen, mit diesem und vergleichbaren Berufen zurechtzukommen, das muss aufgrund der Gerechtigkeitstheorien allein unerklärlich scheinen.

1.4.9 Lennart Hallstens Prozessmodell von Burnout

Die Überlegungen des Schweden Lennart Hallsten (1993) decken sich in vielen Details mit den meinen. Wir entdeckten das nicht ohne Verblüffung, als wir uns, während des Krakauer Kongresses in dasselbe Studentenappartement einquartiert, bei Chianti (ich war aus Italien gekommen) und Whisky (er war geflogen) bis in die Nacht austauschten. Leider hat Hallsten, der als einer der we-

1

nigen einschlägigen Autoren Burnout selbst kennengelernt und das auch konzediert hat, anschließend nichts mehr zum Thema veröffentlicht.

Ursachenforschung mit der Interview-Methode

Auch er kritisiert eine lediglich an Symptomen interessierte Zustandsauffassung von Burnout, auch er sucht nach der Ätiologie, den disponierenden, auslösenden und aufrechterhaltenden Faktoren eines Entwicklungsprozesses, der in terminalem Burnout enden, aber auch in persönliche Umorientierung münden kann.

Hallsten stützt sich, neben informellen Quellen, auf Interviews mit 60 Angehörigen einer schwedischen Sozialbehörde – also ausnahmsweise nicht auf Fragebogen-Daten. Ein solches Vorgehen führt erfahrungsgemäß zu tieferen Einsichten und breiteren Querverbindungen (so auch Rösing, 2003), hat aber den Nachteil, es sei nicht geleugnet, schwererer Überprüfbarkeit.

Burnout vs. Depression

Hallsten sieht Burnout als Spezialfall von Depression. »Depression tritt auf, wenn die Ausübung einer selbstdefinierten Rolle unterbunden wird, falls keine alternative Rolle zur Verfügung steht« (1993, S. 99). Was Burnout hiervon unterscheidet, ist das *aktive* Moment und dass bereits eine *Bedrohung* der Rolle genügt: »Burnout tritt auf, wenn die Ausübung einer *aktiven*, selbstdefinierten Rolle unterbunden oder *bedroht* wird, ohne dass eine Alternative zur Hand wäre« (ebenda, Hervorhebungen von mir).

»Verzehrende Zielbindungen« bei Disponierten

Als Kernelement des Ausbrennens nennt er eine »Alles verzehrende Zielbindung«(*absorbing commitment*) und frustrierte Anstrengung zur Zielerreichung, die entweder schließlich doch noch zur Zielerreichung führen oder aber direkt zu Burnout.«

Dabei spielt zunächst einmal die persönliche Vulnerabilität eine wichtige Rolle. (Der Begriff, wörtlich »Verletzlichkeit«, stammt aus der Medizin, er leitet sich aus der Beobachtung ab, dass Organismen, die denselben objektiven Schädigungen ausgesetzt sind, unterschiedlich stark mit Krankheit reagieren.) Die Vulnerabilität gegenüber Burnout ist bedingt durch

- ein labiles Selbstbild und eine ebensolche Selbstachtung,
- die Abhängigkeit der Selbstdefinition von der erfolgreichen Ausübung einer einzigen Rolle (z. B. der der effektiven Sozialarbeiterin) ohne tragende Nebenrollen außerhalb der Arbeit,
- fehlende soziale Unterstützung im Privatleben.
- Hinzu kommt der Ehrgeiz, durch eigene Aktivitäten Ziele zu erreichen, z. B. Probleme zu lösen.

Wenn der entsprechend disponierte Burnout-Kandidat nun in eine Arbeitsumgebung mit schlechter »Person-Umwelt-Passung« gerät (► Abschn. 2.1.5; Hallsten spricht von »wahrgenommener Umweltkongruenz«), dann wird die Vulnerabilität zum Manko: Eigene Kompetenzen und verfügbare Ressourcen reichen nicht aus, die ambitionierten Ziele zu erreichen – es gibt Frust.

Noch einmal die Vulnerabilität: Die Versuche zur Zielerreichung scheitern oft wegen ihrer Unzweckmäßigkeit. Das wiederum rührt aus ihrer Defensivität her; es soll um jeden Preis eine akzeptable Fassade aufrechterhalten werden. (Denken wir an Thomas Buddenbrook!) »Aus dem Felde gehen« ist unmöglich, dass würde gerade den am meisten gefürchteten Ausgang bedeuten. Hallsten bezieht sich hier ausdrücklich auf den Narzissmus-Begriff, wie ihn auch Fischer

(1983; s. oben Abschn. 1.4.6) mit Burnout in Beziehung gesetzt hat, aber auch auf Klingers (1977; ► Abschn. 2.2.2, »Theorie des Zielbindungsverlusts«).

Wenn Skripts aktiviert werden

Zurück zum Prozess des Ausbrennens. Die Phase der »alles verzehrenden Zielbindung«entspricht in etwa Edelwich & Brodskys (1980; ► Absch. 1.3) »enthusiastischer«Phase. Sie wird eingeläutet, wenn eine vulnerable Person in ihrer Umgebung ein »Projekt« wahrnimmt, das ihr geeignet scheint, sich daran zu beweisen. (Ein Beispiel mag Wittgensteins Versuch sein, seine Schüler »aus dem Dreck zu ziehen«.) Sobald erste Schwierigkeiten auftauchen, wird die eventuell von Anfang an bestehende Ambivalenz stärker. Einerseits lockt die Aussicht auf Identitätsstiftung und Sinnfindung, andererseits kommen Zweifel an der Erfolgsprognose und damit Ängste auf. Existierende »Skripts« (► Absch. 3.12.2) werden aktiviert. (Hallsten fand in Tiefeninterviews mit 17 Hochprofessionellen der erwähnten Behörde vor allem das Skript »Ich bin, was ich leiste«, aber auch andere, nicht weniger riskante.)

Aus dieser Phase gibt es mehrere Ausgänge. Im besten Fall, wenn auf dem Weg größere Katastrophen ausbleiben, kann sich aus Kompetenzzuwächsen und/oder verbesserter Umweltpassung eine gewisse Souveränität entwickeln, die zeitverzögert doch noch die Übernahme einer vielleicht weniger grandiosen, aber immer noch befriedigenden Arbeitsrolle gestattet. (Derlei fand auch Cherniss, 1995.) Ich denke z. B. an die Rolle des altersmilden »alten Hasen«, den jeder achtet, schon weil seine frühen Berufskrisen nie auffällig wurden, oder, wenn doch, längst vergessen sind. Weniger positiv, aber immer noch günstiger als Burnout, ist ein Arbeitsplatz- oder Berufswechsel.

Machtlosigkeit

Der dramatischste Ausgang ist der Übergang in die Phase *frustrierter Anstrengungen,* der Kernphase eines Ausbrennprozesses. Traumatische Fehlschläge, abgelehnte Bewerbungen (d. h. vergebliche Fluchtversuche), verschlechterte Arbeitsbedingungen oder psychosomatische Symptome können diesen Übergang bewirken. Hier finden wir dann vor allem ein tiefes Gefühl von Machtlosigkeit, aber auch alle anderen Symptome der Phasen 2–7 (► Abschn. 1.2.1).

Erfolg ohne Lohn

Eine andere Phase – zeitlich später oder alternativ – ist die der »*Erfolgsdepression*«. Dazu kommt es, wenn die angepeilten Ziele zwar erreicht werden, die Belohnung dafür aber hinter den Erwartungen zurückbleibt. Das Projekt wurde erfolgreich abgewickelt, aber niemand nimmt es zur Kenntnis, ganz zu schweigen von der erhofften Beförderung. Die Symptome sind die einer unipolaren Depression (niedergeschlagene Stimmung, Energiemangel, Pessimismus) sowie Selbstwertabbau, Wert- und Sinnverlust. Hallsten sieht dennoch eher gute Aussichten, dass sich daraus eine gesunde Umorientierung entwickelt. Allerdings sei diese Phase in den helfenden Berufen seltener.

Dienst nach Vorschrift

Prekäre Gleichgültigkeit kann eine weitere Alternative oder eine Folge der vorangegangenen Phasen sein; letzteres scheint mir plausibler und häufiger zu beobachten. Dann stellt es einen Lösungsversuch, einen Notausgang vor der drohenden Selbstverbrennung dar. Mir fallen dazu die »verknöcherten Bürokraten« ein, die mancherorts »totes Holz« genannt werden; es gibt sie in allen Berufen, in denen die Resonanz von Kunden unwichtig für das berufliche Schicksal ist. Hallsten möchte ihnen das Etikett Burnout nur dann zuerkennen, wenn eine Phase von alles verzehrendem Engagement oder von frustrierten Anstrengungen vorausgegangen ist. Menschen können in diesem Zustand lebenslänglich verharren, sie können auch in eine umfassende Depression abgleiten, wenn weitere Belastungen hinzukommen.

Ein Schlag ins Kontor

Umfassende Depression kann ebenfalls an die genannten Phasen anschließen; dann will Hallsten auch hier von Burnout sprechen, anderfalls von »Verschleiß« (*Wearout* im Sinne Fischers) ohne Depression. Auftakt dieser Phase ist meist ein schwerer Schlag ins Kontor, der Selbstwertgefühl und Lebenssinn nachhaltig erschüttert. Eine Degradierung, Blamage oder sonstige Demütigungen sind Beispiele, aber auch eine Krankheit oder ein Zerwürfnis mit einer wichtigen Person.

Hallsten skizziert auch noch zwei Typen wenig gefährdeter Individuen und deren Reaktion auf frustrierende Arbeits- oder Lebensumstände. Diese sind hypothetisch – anscheinend hat er dergleichen in seinen Interviews nicht kennengelernt – und interessieren hier schon darum weniger.

Meine eigenen Überlegungen zum Ausbrennen – vor allem der Prozesscharakter – decken sich, wie gesagt, weitgehend mit denen Hallstens. Bei soviel Übereinstimmung stellt sich natürlich die Frage nach den Unterschieden.

Abgrenzung

Zunächst scheint mir einiges an der Prozessbeschreibung doch etwas sozialberufsspezifisch. Hallsten betont zwar (wie ich), dass man in jedem Beruf ausbrennen könne, bleibt aber in weiser Beschränkung bei dem Material, dass er von seinen Interviewpartnern gesammelt hat, auch wenn er Beispiele nur sparsam anführt.

Zweitens habe ich es vorgezogen, etwas feinkörniger zu arbeiten. In meiner Konzeption (Kap. 3) gibt es z. B. neben völliger Zielvereitelung und unzulänglicher Belohnung zwei weitere Klassen von Frustrationssituationen. Auch habe ich größeres Schwergewicht auf intrapsychische Prozesse gelegt. (All das hat Vor- wie Nachteile.) Vor allem aber scheint mir das Element des schier unauflöslichen Motivkonflikts, der die Falle des Ausbrenners ausmacht, viel zentraler als Hallsten.

1.4.10 Burnout nach Praxisschock – die Arbeiten von Cary Cherniss

Ein einmaliges Längsschnittprojekt

Cary Cherniss hatte gerade in Yale promoviert und, damals 25, seinen ersten Job als *Assistant Professor* an der University of Michigan angetreten, da startete er 1973 ein Projekt, das bis heute in der Burnout-Forschung einmalig geblieben ist und deshalb ausführlicher dargestellt werden soll. Anders als z. B. Lauderdales Theorie handelt es sich also um im Wesentlichen empiriegestützte Ergebnisse, weniger um *armchairing*.

Was macht das Projekt so einmalig? Nun, zunächst einmal sind Interviews als Datenerhebungsverfahren dem Phänomen Burnout wahrscheinlich angemessener als Fragebögen; sie sind aber auch enorm viel aufwendiger, vor allem, wenn sie nur wenig strukturiert angelegt sind. Das macht sie zu einer Rarität. Hier wurden nicht weniger als 28 Interviewpartner befragt und zwar bis zu 6-mal. (Im Vergleich zu den Standards quantitativer Forschung ist das eine kleine Stichprobe. Bei Tiefeninterviews stellt es eine heroische Leistung dar, die nur durch den Einsatz von 4 Interviewern möglich wurde.) Zweitens war der Zeitpunkt klug gewählt: Die ersten Kontakte fanden kurz nach dem Berufseinstieg statt, die vorläufigen Abschlusskontakte durchschnittlich 5 Monate später. Beforscht wurde demnach ein Zeitraum, innerhalb dessen plausibler Weise allerlei burnoutrelevante Veränderungen zu erwarten waren; das sollte sich bestätigen. Absolut einmalig, diese Pointe sei schon hier verraten, ist der Umstand, dass 12 Jahre später fast alle Teilnehmer ein weiteres Mal interviewt werden konnten. Davon später mehr.

Die Befragten, sämtlich akademisch gebildete Berufsanfänger im »öffentlichen Dienst« (*new public professionals*), stammten aus 4 Berufsgruppen: Je 7 waren Armenanwälte in öffentlichen Rechtsberatungsstellen, Psycholog(inn)en oder psychologisch orientierte Sozialarbeiter(innen), Lehrer(innen) an High Schools und Gemeindeschwestern. (Krankenpflege ist in den USA stärker »professionalisiert« als bei uns; sie genießt auch einen höheren Status.) Mit durchschnittlich 28 Jahren waren die Einsteiger übrigens auffallend alt; einige hatten vor ihrem Studium etwas anderes gemacht.

Nachdem 1976 alle Interviews im Kasten und auf Tausenden von Seiten transkribiert waren, begann der schwierigste Teil: Struktur in das Material zu bringen. Cherniss wird von seinem akademischen Lehrer Seymour Sarason (im Vorwort zu Cherniss, 1980a) bescheinigt, er sei *thoughtful*, was soviel wie »nachdenklich«, »gedankenreich«, aber auch »gründlich« bedeutet. So brauchte er ein volles Jahr, bis sich die vielen Bäume zu einem Wald formierten. Es dauerte weitere Jahre, bis daraus zwei Bücher wurden (vor allem Cherniss, 1980a; s. auch Cherniss, 1980b). Derlei macht man nur einmal im Leben, und das mag nun endgültig erklären, warum dieses Projekt das bislang einzige seiner Art geblieben ist. Übrigens ist Cherniss einer der ganz wenigen Forscher, die ihre eigenen Erfahrungen mit Burnout wenigstens angedeutet haben (Cherniss, 1995/1999, S. 28).

Was war nun der Ertrag? Für mich persönlich sind die vielen Erklärungen »mittlerer Reichweite« am wertvollsten, gestützt durch kundig ausgewählte und in einen übergreifenden Zusammenhang gestellte Interview-Ausschnitte. Cherniss hat das Ganze aber auch noch in ein »Modell« eingebettet (Cherniss 1980a, S. 208), das in ◘ Abb. 1.3 wiedergegeben ist.

Acht Burnout-Faktoren aus der Umwelt

In diesem Modell gibt es 8 burnoutverursachende Faktoren der Arbeitsumgebung:

- Qualität des Einführungsprozesses,
- quantitative Arbeitsbelastung,
- intellektuelle Anregung,
- Einseitigkeit des Klientenkontakts,
- Ausmaß bürokratischer Kontrolle,
- Eindeutigkeit der Arbeitsziele,
- Führung,
- Verhältnis zu Kollegen.

Zwei Personen-Faktoren

Obwohl Cherniss selbst betont, es komme auf die Interaktion zwischen Person und Umwelt und die resultierende »Passung« an (1980a, S. 11f.), interessiert ihn die Umwelt sichtlich stärker. So enthält sein Modell auch nur zwei Personen-Faktoren. Eigentlich sogar nur einen, denn »Soziale Unterstützung bzw. Inanspruchnahme außerhalb der Arbeit« ist ja nicht gerade eine innerpsychische Variable. Der andere Faktor, »Karriereorientierung«, ist dafür umso interes-

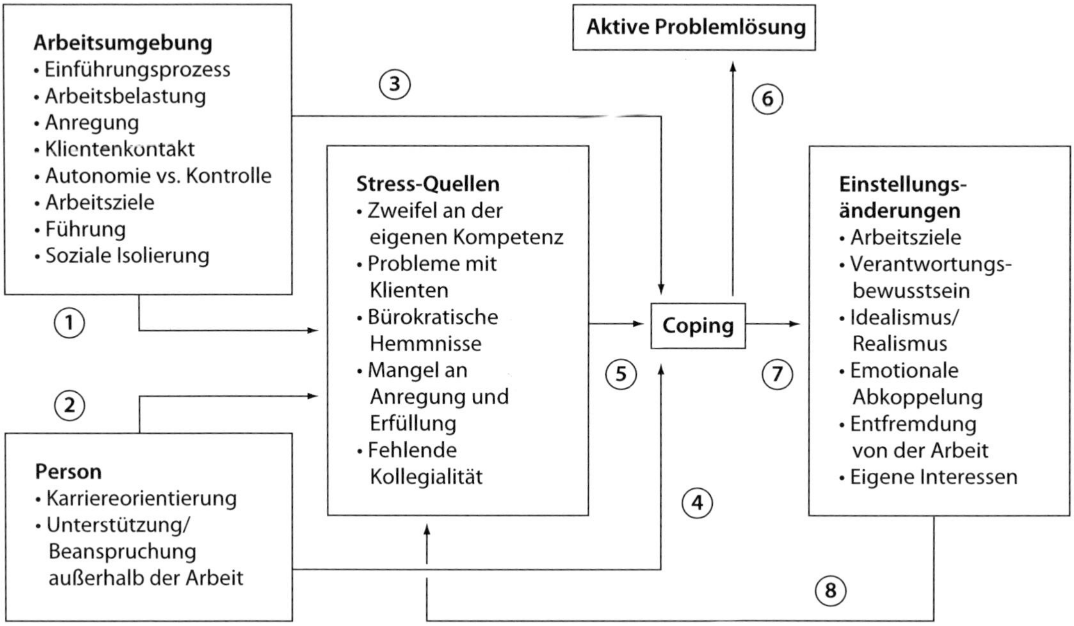

Abb. 1.3. Burnout-Modell von Cherniss (1980a)

santer. Er bildet ab, was Arbeit und Beruf für das Individuum bedeuten, was es dafür zu investieren bereit ist, und was es dafür an Gewinn erwartet.

Vier Typen der Karriereorientierung

Cherniss meinte, unter seinen Befragten vier »Typen« unterscheiden zu können. Weil ihm dabei doch etwas die Hand zitterte, hatte jeder auch noch einen »sekundären« Typus, was der Einfachheit halber hier aber unterschlagen werden soll.

Sozial Engagierte (3 Teilnehmer; sämtlich Armenanwälte bzw. Anwältinnen) betrachten ihre Arbeit primär als Mittel, um die Welt zu verbessern. *Freischaffende (Self Investors;* 12 Tln) arbeiten, um zu leben; ihre Prioritäten liegen außerhalb des Berufs, z. B. bei der Familie oder bei persönlicher, nicht beruflicher, Weiterentwicklung. *Karrieristen* (3 Tln) wollen beruflich weiterkommen; ihre Arbeit dient ihnen als Sprungbrett zu mehr Status, Macht oder Geld. *Selbstbestimmte Individualisten, sozusagen »Kunsthandwerker« (Artisans;* 9 Tln) sind weder an politischer Wirksamkeit noch an externen Belohnungen interessiert; sie möchten ihr Handwerk ständig perfektionieren, suchen in der Arbeit Selbstverwirklichung. (Ein weiterer Untersuchungsteilnehmer konnte nicht eindeutig genug eingeordnet werden.)

Vom Aktivisten zum Privatier in fünf Monaten

Cherniss spekuliert, dass sozial Engagierte und selbstbestimmte Individualisten am stärksten burnoutgefährdet sein werden (weil bei ihnen die Person-Umwelt-Passung am problematischsten sein dürfte), Freischaffende am wenigsten. Merkwürdigerweise lässt er diese Hypothese ungeprüft, obwohl das einfach zu machen gewesen wäre. Immerhin analysiert er, wie sich die Karriereorientierung innerhalb des ersten Untersuchungszeitraums veränderte. Von den 27 Klassifizierbaren änderten 12 ihre Orientierung; davon wurden fast alle, nämlich 11, Privatiers (Freischaffende), einer wurde Karrierist. Sozial Engagierte gab es zum Ende der Berufseinstiegsphase *keine* mehr.

Was hat man sich nun unter den genannten 8 Umweltfaktoren vorzustellen? Wenn bei Cherniss die 8 Probanden mit der negativsten Einstellungsveränderung bzgl. Arbeit und Klienten (d. h. die mit dem stärksten Burnout) den 6 Probanden mit der am wenigsten negativen (oder sogar positiven) Einstellungsveränderung gegenübergestellt wurden, dann korrelierten diese Faktoren – ebenfalls jeweils zweistufig codiert – hochgradig mit dieser Dichotomie. (Zu berücksichtigen ist, dass durch diese Betrachtungsweise Zusammenhänge akzentuiert werden; die mittleren 14 Untersuchungsteilnehmer werden ausgeblendet.)

In kaltes oder warmes Wasser?

Einführungsprozess. Die Einführung in den Beruf wurde als gut beurteilt, wenn es eine formelle Orientierungsphase mit allmählich ansteigenden Anforderungen gab oder wenn der Berufsneuling bereits während seiner Ausbildung in der Institution gearbeitet hatte. Der Einführungsprozess wurde als schlecht beurteilt, wenn der Anfänger mehr oder weniger »ins kalte Wasser geworfen« wurde. In den letzteren Fällen war die »Kompetenzkrise« offenbar besonders schmerzlich oder kräftezehrend. Kann ich wirklich schon Verantwortung für andere übernehmen? Werde ich ernst genommen? Werde ich es in diesem Beruf je schaffen, oder bin ich ein Versager? Gerade bei den unvermeidlichen Anfangsfehlschlägen stellten sich derart quälende Fragen permanent. Viele Interviewpartner berichteten, dass ihr Selbstbewusstsein von Tag zu Tag alle Höhen und Tiefen durchmaß – in Abhängigkeit von Pannen oder (seltenen) Triumphen. In dieser Phase kam der Aufmunterung und Unterstützung – oder dem Desinteresse oder der Kritik – seitens erfahrener Kollegen entscheidende Bedeutung zu; vgl. Kleiber & Enzmann (1986), Künzel & Schulte (1986).

Berufsanfänger machen nicht selten vielfältige, u. U. sogar traumatische Misserfolgserfahrungen, die bewältigt werden müssen. Wo dafür keine Unterstützung vorgesehen ist, befinden sie sich in der Lage eines Kapitäns, der nicht nur lernen muss, sein Floß zu steuern, sondern dies erst noch bauen muss, während er sich bereits auf hoher See befindet. Das erzeugt Hilflosigkeit; Stress zweiter Ordnung, wie ich es nennen werde (► Kap. 3.)

Viele von Cherniss' Interviewpartnern reagierten anfangs auf die Bedrohung ihrer Selbstachtung durch Reaktanz: Sie arbeiteten bis zu 12 Stunden täglich, 7 Tage pro Woche, um nicht zu scheitern. Die resultierende physische und psychische Erschöpfung mag hier und da Teufelskreise in Gang gesetzt haben. Auch wurden viele dieser Überstunden an unzweckmäßigen Stellen investiert – wiederum ein Argument für Beratung und behutsame Einführung.

Wenn die Last zu groß wird

Arbeitsbelastung. Die quantitative Arbeitsbelastung, ausgedrückt durch die durchschnittliche Anzahl von Klientenkontakten pro Tag, stand in ähnlich engem Zusammenhang zu Burnout. Qualitative Faktoren schienen ebenfalls eine Rolle zu spielen, z. B. die Art des Klientels, seine Heterogenität, eine konfliktreichere Rollendefinition und die Möglichkeit oder Unmöglichkeit, sich seine Klienten selbst auszusuchen. Die Kahn'schen Begriffe »quantitative und qualitative Rollenüberlastung«, die wir als Unterbegriffe des Terminus Rollenkonflikt kennenlernen werden (► Absch. 2.1.3), lassen sich hier unschwer wiederfinden.

1

Überbelastung diskutieren unter vielen anderen auch Aronson, Pines & Kafry (1983, S.82ff). Nach den stressträchtigsten Aspekten ihrer Arbeit gefragt, antworteten mehr als 50% einer großen Stichprobe aus helfenden Berufen mit Angaben zur Überbelastung.

Papierkrieg macht nicht stolz

Ich vermute allerdings, dass das entscheidende Moment nicht im schieren Quantum der Arbeit liegt. Vielmehr dürfte Burnout aus dem Konflikt herrühren, der einen Aufgabe nur auf Kosten einer anderen, dem einen Klienten nur auf Kosten eines anderen gerecht werden zu können (► Abschn. 3.7.2). Dazu kommt, dass die Arbeitsüberlastung in vielen sozialen Diensten zu einem beträchtlichen Teil aus »Papierkrieg« besteht – Arbeit, deren Sinn weder dem Klienten noch dem Helfer einleuchtet. Handlungen, die ausschließlich zur Meidung negativer äußerer Konsequenzen vorgenommen werden und nicht zum Erreichen positiver Ziele, tragen aber nichts zur persönlichen Stabilisierung bei.

Zur Routine degeneriert

Anregung. Ein dritter mit Burnout eng korrelierter Faktor war das Ausmaß intellektueller Anregung. Obwohl dieser Faktor sicher nicht unabhängig von der Wahrnehmung des Akteurs zu definieren ist und obwohl aus der Schilderung bei Cherniss hervorgeht, dass z. B. bei Lehrern eher interessierte vs. desinteressierte Schüler gemeint sind, ließen sich doch abwechslungsreiche Berufssituationen von solchen unterscheiden, die besonders rasch zur Routine degenerierten. Die psychologische Brücke zu Burnout liegt vermutlich darin, dass die Bewältigung von Routineaufgaben für die Stützung des Selbstwertgefühls nichts hergibt, sondern dieses sogar unterminieren kann: Wer sich qualitativ unterfordert fühlt, kann das auch als demütigende Unterschätzung seiner Fähigkeiten interpretieren. Und Sättigung ist nun einmal ein allgegenwärtiges Phänomen.

Wenn Menschen nur Probleme mitbringen

Klientenkontakt. Einseitigkeit vs. Vielseitigkeit des Kontaktes mit Klienten korrelierte ebenfalls, wenn auch geringer, mit Burnout. Wo Klienten nur als Problemträger auftraten, also nur ihre negativen, defizitären Aspekte präsentieren durften – nicht untypisch für Helferkontakte unter Zeitdruck –, war Burnout für die Helfer wahrscheinlicher als in Fällen, wo die Rollenbeziehung eine differenziertere, vielschichtigere Sicht der Hilfsempfänger erlaubte (z. B. bei Gemeindeschwestern).

Nähe birgt auch Risiken

Freilich berichteten mehrere von Cherniss' Befragten, insbesondere Lehrer und Anwälte, auch von den Risiken engerer und wärmerer Beziehungen zu Klienten. Wo solche Beziehungen sich entwickelten, bestand aus ihrer Sicht die Gefahr, ausgenutzt zu werden; auch befürchteten sie Neid und Eifersucht bei weniger bevorzugten Klienten bzw. Schülern.

Dass die Möglichkeit zu vielseitigen Klientenkontakten auch ihre Schattenseiten haben kann, macht Savicki (2002 , S. 19f.) deutlich. Er vergleicht die Burnout-Risiken von Sozialpädagogen, die mit ihren Klienten zusammenleben (z. B. in therapeutischen Wohngemeinschaften), mit denen solcher, die die ihren im »50-Minuten-pro-Stunde«-Takt sehen. Bei ersteren spielt die Unberechenbarkeit der Alltagsabläufe und die Unverzichtbarkeit belastbarer Teamunterstützung eine viel größere Rolle.

Professionelle Autonomie. Der Entscheidungsspielraum des individuellen Helfers wurde in unterschiedlichem Maße durch bürokratische Kontrollen eingeschränkt, und dieser Faktor korrelierte ebenfalls eng mit dem Burnout-Verlauf. Allerdings scheint er mit Rollenkonflikten und Abwechslung konfundiert zu sein. Einengende bürokratische Vorschriften existierten vor allem in Großorganisationen, wo der Berufsanfänger typischerweise auch unter dem Erwartungsdruck verschiedener Parteien stand und eher standardisierbare Routineaufgaben zu verrichten hatte. Von den 8 »schwereren« Burnout-Fällen arbeiteten 7 unter diesen Bedingungen, keiner der 6 Burnout-Resistenten.

Helfer an kurzer Leine

Ziele. Ein ähnliches Bild ergab sich für den verwandten Faktor Eindeutigkeit und Verbindlichkeit der Arbeitsziele. Fünf der sechs »stabilen« Fälle arbeiteten in Organisationen mit eindeutig definierten, wenig konfliktträchtigen Zielen, die von allen Kollegen geteilt wurden. Alle 8 Burnout-Fälle dagegen erlebten die gegenteiligen Bedingungen. Die Arbeit in einer öffentlichen Rechtsberatungsstelle beispielsweise ließ sich als Vehikel für politische Reformziele, als individuelle Hilfestellung für sozial Schwache oder als Karrieresprungbrett auffassen; bei den Berufsneulingen scheint dies Rollenunsicherheit ausgelöst zu haben. Außerdem erhöht ein solch weites Spektrum möglicher Werte die Wahrscheinlichkeit von Konflikten mit Kollegen und Vorgesetzten.

Am selben Strang – aber in unterschiedlicher Richtung

Vorgesetzte. Führung und Supervision als Umweltfaktoren sind zu offensichtlich bedeutsam, gerade für Berufsanfänger, um langer Erläuterungen zu bedürfen. Wie Cherniss ausführt, kann ein guter Vorgesetzter durch Rat und Hilfestellung direkt einwirken, d. h. er kann die Rate erfolgreicher Handlungsepisoden erhöhen. Weiter dürfte Lob von dieser Seite die höchstgeschätzte Belohnung für Zielerreichung sein; konstruktive Kritik kann über den Aufbau eines realistischen Weltmodells die Effektivität eines Anfängers erhöhen. Und schließlich entlastet es von den Sorgen frisch erworbener Verantwortung, zu wissen, dass man bei Misserfolgen und Fehlern nicht allein und schutzlos dastehen wird. »Der Vorgesetzte« war die einzige von vier potentiellen Unterstützungsquellen in der Studie von Russell, Altmaier & van Velzen (1987) an Lehrern, die signifikante Zusammenhänge mit Burnout (alle Skalen des MBI) aufwies.

Von der Wichtigkeit der Chefs

Während einige der Anwälte und Sozialarbeiter Glück mit ihren Chefs hatten, erhielt keiner der Lehrer irgendeine formelle Supervision im engeren Sinne. Schul- und Verwaltungsleiter traten nur dann auf den Plan, wenn etwas schiefgegangen war, und dann nicht übermäßig hilfreich.

Führung. Qualität von Führung und Supervision korrelierte hoch mit Burnout. Maslach (1982a, S. 45ff) nennt einige Gründe, warum gerade in sozialen Dienststellen die Beziehungen zum unmittelbaren Vorgesetzten unter Spannung geraten können. Helfer an der Frontlinie sind sich einig, dass die Qualität ihrer Arbeit quantitativ nicht erfassbar ist – z. B. nicht durch die Zahl »bearbeiteter« Fälle pro Zeiteinheit –, können aber in der Regel keinen überzeugenderen Maßstab nennen. Vorgesetzte der Helfer mögen mit ihren Mitarbeitern hier sogar einer Meinung sein, stehen aber oft unter dem Druck höherer Vorgesetzter oder der »Öffentlichkeit«, Zahlen beizubringen, die die Existenzberechtigung der Institution dokumentieren. Wenn hier ungeklärte Konflikte entstehen,

Wo klare Maßstäbe fehlen

bildet sich rasch die Einstellung »Warum soll ich mich anstrengen, wenn es eh nicht zählt?« – ein entscheidender Schritt in Richtung Burnout.

Jeder für sich …

Kollegen. Ganz ähnliche Gedankengänge wie die obigen zur Wichtigkeit von Führung und Supervision erklären, warum das Verhältnis zu den Kollegen (statistisch) ebenso eng mit Burnout zusammenhing wie das zum Vorgesetzten. Kollegen können emotionale und strategische Rückendeckung bieten, sie können Informationen, Rat und Feedback liefern, und sie können eine Quelle intellektueller Anregung darstellen – oder auch nicht.

Zunächst einmal gab es hier Unterschiede zwischen den Berufssparten: Im Gegensatz zu Sozialarbeitern und Anwälten arbeiteten Lehrer und Gemeindeschwestern allein; Kollegenkontakte waren schon aus diesem Grunde spärlicher. Noch wichtiger als die schiere Erreichbarkeit von Kollegen schien aber das Klima der jeweiligen Organisation zu sein: Burnout war häufiger, wo es zwischen »alten Hasen« und Neulingen generationsspezifische Wertkonflikte gab, oder wo das Personal einer Organisation in verfeindete Lager (z. B. Therapie-Schulen) aufgespalten war – für Sozialberufler wohl keine atypische Situation. Anders lagen die Verhältnisse, wenn ein kollegiales Interesse an Person und Arbeit eines Neuankömmlings vorherrschte und Stützung ohne Einschränkung gewährt wurde.

… und gegen alle

Die Art des kollegialen Klimas mag ihrerseits von vielen Faktoren abhängen (Maslach 1982a, S. 41ff.). In manchen Organisationen ist Kontakt unter Kollegen so wenig vorgesehen, dass es nicht einmal Räumlichkeiten dafür gibt (z. B. in Gefängnissen). Auch regelmäßige Team-Konferenzen sind nicht überall selbstverständlich, und wenn doch, oft kontraproduktiv (z. B. Lehrerkonferenzen). Wo vielen Aufstiegsbegierigen nur wenige Aufstiegsmöglichkeiten offenstehen, ist Konkurrenz statt Kooperation vorprogrammiert. Auch Rivalitäten zwischen verschiedenen Berufsgruppen unterschiedlicher Bezahlung und ohne klare Aufgabenabgrenzung innerhalb derselben Organisation kann zu Spannungen führen. Schließlich mag in helfenden Berufen die Situation auftreten, dass Aggressionen gegen ein schwieriges Klientel »verschoben« und gegen die Kollegen oder Vorgesetzten gerichtet werden. Maslach (1982a, S. 42) schildert einen solchen Fall aus einer Institution für geistig behinderte Kinder.

Wenn's regnet, dann gießt's

Gab es statt acht vielleicht nur einen Faktor? Es sei noch erwähnt, dass die obigen Umweltfaktoren nicht unabhängig variierten. Cherniss (1980a, S. 179f.) merkt das selbst an, teilt aber keine Kontingenztabellen mit. Aus gewissen Informationen lässt sich jedoch schließen, dass die meisten Faktoren nahezu perfekt korreliert haben müssen. Mit anderen Worten: Die Burnout-Fälle arbeiteten unter mehr oder weniger durchgängig ungünstigen Bedingungen, bei den Nicht-Burnout-Fällen war es, etwas weniger durchgängig, umgekehrt. Da der Studie ausschließlich Interview-Daten zugrunde liegen, ist somit nicht einmal auszuschließen, dass eine Persönlichkeitsvariable, nämlich die Neigung, Dinge negativ zu sehen und diese Sicht auch zu kommunizieren, viel zur Stiftung der Zusammenhänge mit Burnout beigetragen hat (vgl. Fineman & Payne, 1981; Burke, Brief & George, 1993). Das ist sogar plausibel, bedenkt man, dass Burnout hier durch das Ausmaß negativer Einstellungsänderungen zur Arbeit und zu Klienten operationalisiert wurde.

Allein machen sie dich ein

Zurück zu Cherniss' Modell. »Karriereorientierung« als Personen-Faktor wurde schon erwähnt. Der zweite Faktor (◘ Abb. 1.3, unten links) zeigt, wie schwierig es sein kann, Persönlichkeits- von Umweltfaktoren auch nur begrifflich zu trennen. Cherniss berichtet (ohne Zahlen zu nennen), dass Befragte in stabilen, harmonischen Beziehungen eher gegen Burnout gefeit waren als Alleinlebende oder solche mit häufigen Partnerkonflikten. Das unterstreicht die Wichtigkeit von häuslichem »Support«. Selbstverständlich lässt sich dieser Zusammenhang aber auch dergestalt deuten, dass »schwierige«, »unglückliche« Menschen sowohl zu Burnout neigen als auch Probleme im Umgang mit nahestehenden Personen haben.

Fünf Stressquellen

Im Falle schlechter Passung von Person und Arbeitsumgebung entsteht nun Stress, der sich aus 5 Quellen speist (◘ Abb. 1.2, mittlerer Kasten, Pfeile 1 und 2):

- Zweifel an der eigenen Tüchtigkeit,
- Probleme mit Klienten,
- bürokratische Hemmnisse,
- Mangel an Anregung und Erfüllung,
- Mangel an Kollegialität.

Diese »Quellen« wiederholen z. T. schon oben Gesagtes. Warum werden sie hier separat aufgeführt?

Hier kommt der Lauderdale'sche Erwartungsfaktor ins Spiel. Die Frustrationen sind darum so burnoutträchtig, weil sie *unerwartet* auftreten.

»Ein Fall für Dr. X«

Professionelle Mythen. Folgt man Cherniss (1980a, S. 249ff), so trugen Ausbildung und populärpsychologische Massenmedien, jedenfalls in den USA der späten 60er Jahre, zur Entstehung professioneller Mythen bei, die ihre Langzeitwirkungen gleichsam über »Implantate« im Erwartungshorizont von Berufsanfängern der helfenden Berufe ausübten. Zu diesen Irrglauben gehört beispielsweise, dass der Ausbildungsabschluss bereits die Kompetenz garantiert und diese wiederum durchschlagende Erfolgsraten; dass Klienten grundsätzlich einsichtig, kooperativ und dankbar sind; dass in Hilfsorganisationen alle an einem Strang ziehen (und zwar in der selben Richtung); dass das »richtige« (Arbeits-) Leben permanent aufregend, heroisch und erfüllend sein wird; dass Kollegen durch die Bank hilfsbereit und solidarisch sind; etc. Amerikanische *Soap-Operas* (wie die deutsche *Schwarzwaldklinik*) mögen dazu ihren Beitrag geleistet haben.

Wunder dauern etwas länger

Frustrierte Allmachtswünsche. Um nur zu dem ersten Mythos zurückzukehren: Die seit einiger Zeit in der Psychotherapie zu beobachtende Faszination durch »Wunder«-Heilverfahren (ein einflussreiches Buch heißt tatsächlich *The Structure of Magic*), die angeblich in kürzester Zeit zu Problemlösungen führen, wird möglicherweise viel Enttäuschung auf seiten junger Therapeuten zum Preis haben. Wer wünschte sich nicht den Fall, dem in einer einzigen Sitzung geholfen werden kann – und möglichst noch, ohne dass er weiß, wieso? (Allen & Mendel, 1982, beschreiben eine radikal verschlechterte Einstellung zu Patienten bei Medizinstudenten während eines 18-wöchigen Kurses in palliativer Therapie und erklären diesen Effekt gleichfalls durch enttäuschte Hoffnungen auf Wunderheilungen.)

1

Etwas Ähnliches war schon einmal beim Aufkommen verhaltenstherapeutischer Methoden Anfang der 70er Jahre zu beobachten, denen anfänglich eine nie dagewesene Wirksamkeit zugeschrieben wurde. Kleiber & Enzmann (1986) kommentieren die spätere Ernüchterung:

»Unsicherheiten der Helferberufe«

> »Von Zukunftsoptimismus, Triumphalismus und von Wirksamkeitseuphorien und dem blinden Vertrauen in psychologische Technologien ist heute nichts mehr zu spüren. Krisenerscheinungen, Widersprüche, die zu heftigen fachinternen Kontroversen führen, Unsicherheiten der Helferberufe, die selbstreflexiv und zunehmend resignativ verarbeitet werden, zeigen sich auf verschiedensten Ebenen und tragen insgesamt zum Entstehen von Burnout bei.«

Coping: Erfolgreich oder nicht

Coping. Wie geht es weiter? Die Pfeile 3, 4 und 5 zeigen an, dass nun Bewältigungsanstrengungen ausgelöst werden. Das kann auf zwei Arten geschehen: Aktives, problemorientiertes Coping (Pfeil 6) führt im Idealfall zu Problemlösungen (▶ Absch. 2.1.2). Wo dies misslingt oder gar nicht erst versucht wird, führt Pfeil 7 zu Burnout-Symptomen, die unter »Einstellungsänderungen« subsumiert werden: Ziele werden niedriger gehängt; die persönliche Verantwortung für (unbefriedigende) Ergebnisse wird geringer eingeschätzt; Idealismus wird durch (resignativen) Realismus ersetzt; man koppelt sich emotional von den Klienten ab; man zieht sich von der Arbeit mehr und mehr zurück, evtl. zugunsten privater Interessen; die eigenen Bedürfnisse rücken mehr in den Vordergrund. Die 6 Einstellungsänderungen oder Symptome, die hauptsächlich in Richtung Depersonalisation zu gehen scheinen, wurden aus den Interviews destilliert; das MBI war noch nicht erfunden.

Einmal Burnout und zurück

Ten Years After. Zehn Jahre nach Abschluss des Projekts bereute der Forscher, die Adressen aller Interviewpartner vorschriftsmäßig vernichtet zu haben. Was mochte wohl aus den Leuten geworden sein? Glücklicherweise existierten die Terminkalender der Interviewer noch. Zwei Jahre detektivischer Arbeit vergingen, bis alle Teilnehmer der ersten Phase – mittlerweile über die ganzen USA verstreut – gefunden und fast alle ein letztes Mal interviewt werden konnten, diesmal ausschließlich von Cherniss selbst. Auf diesen langen Gesprächen basiert *Beyond Burnout* (Cherniss 1995; vier Jahre nach der Originalausgabe als *Jenseits von Burnout und Praxisschock* auch auf deutsch).

Wieder gelang ein großer Wurf. Das Buch ist eine Fundgrube für jeden, der sein Denken über Burnout bereichern will.

Autonomie und Unterstützung

Die 26 Biographien waren überwiegend bewegt. Nur 10 der Befragten arbeiteten noch im öffentlichen Dienst, und auch von diesen wären viele gerne entflohen. Ein bemerkenswert handfestes Kapitel ist 5 Personen gewidmet, die ihr Leben besonders gut zu meistern schienen – obwohl sie zur Zeit der ersten Studie am ausgebranntesten gewirkt hatten. Wiederum arbeitet Cherniss zwei Arbeitsplatzfaktoren heraus, die er für ausschlaggebend hält (als Organisationspsychologe hält er nicht viel von Persönlichkeitsfaktoren): *Autonomie* (im Sinne von beruflicher Ellenbogenfreiheit) und *Unterstützung* (von Vorgesetzten und Kollegen), jeweils mit einer langen Liste von speziellen Komponenten. Hier wie in den Schlussfolgerungskapiteln am Ende des Buches mögen Betroffene tatsächlich manche brauchbare Anregung finden. Auf jeden Fall die Gewähr, dass Burnout keine Einbahnstraße sein muss.

Begrenzte Verallgemeinerungsfähigkeit

Kritik. Ich schätze Cherniss' Studien, wie gesagt, vor allem wegen der Tiefe der Auseinandersetzung und der Anschaulichkeit des Interviewmaterials. Die Verallgemeinerungsfähigkeit der Befunde, eh die Archillesferse qualitativer Untersuchungen an geringen Fallzahlen, sehe ich skeptischer. Die Zusammenhänge der 8 Arbeitsplatzfaktoren mit der Zugehörigkeit zu den beiden Burnout-Extremgruppen sind relativ eng, aber die Faktoren wurden ja auch mit dem Ziel herausgefiltert, hohe Korrelationen zu ergeben. Zudem sorgte die berufliche Inhomogenität der Stichprobe für Effekte, die andernfalls vermutlich kleiner ausgefallen wären. Zwei Hamburger Diplomarbeiten an Krankenschwestern (Bode, 1988) bzw. Pflegeschüler(inne)n (Frank, 1989) fanden jedenfalls sehr viel schwächere Beziehungen (genauer bei Burisch, 1993, S. 87).

Großenteils übereinstimmende Befunde, freilich mit schwächerer Methodik erhobene, berichtet Armstrong (1979) für 162 Mitarbeiter von Kinderbetreuungsstellen. Dass planmäßige Versuche, Cherniss' 8 Umweltfaktoren (und einige weitere) zu optimieren, keineswegs sicher vor Burnout schützen, macht die erwähnte Arbeit von Beemsterboer & Baum (1984) deutlich. Klar ist, dass Cherniss' Modell von vornherein für Berufsanfänger einiger helfender Berufe konzipiert wurde. Seine Reichweite vergrößert sich allerdings beträchtlich, wenn man es als *eine* Ausgestaltung des *Person-Environment-Fit* Modells auffasst, welches später (► Abschn. 2.1.5) dargestellt werden wird.

1.4.11 Wenn Sinn und Zweck verloren gehen – Ayala Pines' »Existentielle Perspektive«

Eher noch näher an meinen eigenen Überlegungen zu Burnout liegt, was Ayala Pines, wie Christina Maslach eine der »Gründermütter« der Beschäftigung mit dem Thema, auf dem Krakauer Kongress als »existentielle Perspektive« von Burnout vorgetragen hat (Pines, 1993). Dazwischen liegen wahrscheinlich nur noch unterschiedliche Begriffsverwendungen, wie sie sogar innerhalb derselben, erst recht aber natürlich zwischen verschiedenen Sprachen nahezu unvermeidlich sind; außerdem Fokussierungen auf unterschiedliche Etappen eines Burnout-Prozesses. Hier zeichnet sich, vor allem, wenn man auch noch Cary Cherniss' Beitrag zum selben Tagungsband (1993) liest, der Anfang einer haltbaren Theorie auf dem richtigen Abstraktionsniveau ab.

Nach Fehlschlägen Gefühl von Sinnlosigkeit

Wurzelgrund von Burnout ist für Pines »unser Bedürfnis, zu glauben, dass unser Leben sinnvoll ist, dass die Dinge, die wir tun – und also wir selbst – von Nutzen und wertvoll sind« (Pines, 1993, S. 33). Mit diesem Konzept kann sie sich auf Vorläufer wie Camus oder Viktor Frankl berufen. Ich halte ein derart philosophisches Konstrukt für entbehrlich. Denn auf welche Weise kann der Glaube an den eigenen Wert erschüttert werden? Pines' Prozessmodell kennt da nur wenige Stationen: Wenn »Ziele und Erwartungen« auf »stressreiche Umgebungen« treffen, dann führt das dazu, dass »Ziele und Erwartungen nicht erfüllt« werden. Von da aus geht es dann über die Station »Fehlschlag« (*failure*) direkt zu

»Burnout«. Der einzige alternative Weg führt über »Zielerreichung« und »Erfolg« zu »Existentielle Bedeutsamkeit«. Das klingt, als wäre Burnout etwas, was man »hat« oder »nicht hat« – für meinen Geschmack etwas übervereinfacht. Das würde nur Sinn machen, wenn man den Begriff für das terminale Stadium reservierte, aber das möchte nicht einmal Pines.

Auch stören mich die immer wieder auftauchenden Verweise auf die Sozialberufe und das gute alte Klischee vom Brennen vor dem Ausbrennen: »... um auszubrennen, muss man erst ‚unter Feuer' sein. Ein Mensch ohne derartige Anfangsmotivation kann die Erfahrung von Stress, Entfremdung, Depression, einer existenziellen Krise oder von Ermüdung machen, aber nicht von Burnout« (Pines, 1993, S. 41). Das ist eine Definitionsfrage.

Auch Klinger, der schon ein frühes Buch *Meaning and Void* (etwa: Sinn und Sinnlosigkeit; Klinger, 1977) betitelte, hat sich in letzter Zeit erneut zu Zielen, Zielfrustrationen und Sinnlosigkeitsgefühl geäußert.

> Einem Verhaltenssystem ohne Ziele oder mit ungeeigneten Zielen fehlen die Voraussetzungen für dauerhaft gesundes Funktionieren. Das ist so, weil der Zielhorizont eines Individuums dessen Aufmerksamkeit, Wahrnehmung, Kognition, Gedächtnis, Gedankeninhalte und emotionale Reaktionen steuert und auf diese Weise auch einen allgegenwärtigen Einfluss auf das Bewusstsein ausübt. Folglich entfernt das Fehlen angemessener Ziele den Dreh- und Angelpunkt aus der psychologischen Organisation. Das würde zu halbherzigen, apathischen Aktivitäten führen, zu viel Inaktivität und zu verringerter Reaktivität auf Umweltereignisse. Da dies ein unglücklicher Zustand ist, wird es wahrscheinlich kritische Selbstprüfung auslösen, was auch den Sinn des eigenen Lebens in Frage stellen kann (Klinger, 1998, S. 44).

Selbstwirksamkeitsüberzeugung

Es reicht also und bringt uns m. E. weiter, sich auf die »Fehlschläge«, die subjektiven Misserfolgserfahrungen zu konzentrieren, wie das meine Handlungstheorie (▶ Kap. 3) tut. Dort gibt es als Kernvariable der Befindlichkeit die Beinträchtigung der »subjektiven Autonomie«. Dem stellt Cherniss (im selben Tagungsband, 1993) den von Bandura entlehnten Begriff *self-efficacy* gegenüber, der meist, etwas klobig, mit »Selbstwirksamkeitsüberzeugung« verdeutscht wird und seinerseits auf Kurt Lewin, Chris Argyris und D.T. Hall zurückgeht. Wahrscheinlich hätte ich die Akzeptanz meines Ansatzes wesentlich erhöhen können, hätte ich von vornherein dieses Etikett verwendet. Denn zwischen diese beiden Begrifflichkeiten passt kaum ein Blatt Papier. Auch Cherniss (1993, S. 140–141) betont in seiner Diskussion eher die Gemeinsamkeiten als die Unterschiede zwischen den Konzeptionen Hallstens, Pines', Halls und der meinen.

Freiwillige Selbstbescheidung

Eine Pointe aus derselben Quelle sei aber doch noch erwähnt. Cherniss berichtet, dass die 7 Gemeindeschwestern, eine seiner 4 Berufsgruppen, während ihres ersten halben Jahres nur einen sehr eingeschränkten Handlungsspielraum hatten. Sie durften lediglich bei einer erfahrenen Kollegin hospitieren und kaum einen eigenen Handschlag tun. Das aber entsprach ihrem Ausbildungsstand, der Realität und offenbar ihren eigenen Wünschen, um schrittweise Kompetenzen aufzubauen. Jedenfalls zeigte diese Gruppe anfänglich am wenigsten Stress und Burnout. Er benutzt dies als Beispiel dafür, dass Autonomie (eng als Entscheidungsspielraum verstanden) und *self efficacy* auch gegenläufig sein können. Genau aus diesem Grunde hatte ich es aber vorgezogen, weder von Freiheit noch von Kontrolle noch von Macht zu sprechen, sondern mich für »subjektive Autonomie« entschieden, weiter verstanden als universelle Freiheit – auch die Freiheit, auf Macht verzichten zu können!

Bei genauerem Hinsehen …

Cherniss versteht *self efficacy* übrigens nicht als globales Persönlichkeitsmerkmal, sondern als rollenspezifischen subjektiven Zustand. Am wichtigsten sei das in Bezug auf berufliche Rollen. Das mag für den Durchschnitt stimmen, muss aber nicht immer so sein. (Bei Arbeitslosen macht es keinen Sinn.) Nur ist eine Festlegung auch gar nicht nötig. Schaut man genauer hin, so erkennt man, dass jemand, der sich in den meisten Situationen durchaus kompetent fühlt, spezielle Situationsklassen kennen kann, in denen er hilflos ist – bei Konfliktsituationen etwa oder vor großen Gruppen oder mit Vorgesetzten. Gibt es deren ausreichend viele oder häufige, und ist damit das Selbstwertgefühl spürbar gefährdet, dann kann das für die Auslösung eines Burnout-Prozesses reichen. Es gilt dann, genau dort anzusetzen, wo das Problem liegt. Und dazu muss man genau hinschauen.

Wenn die Kompetenzkrise erledigt ist

Noch eine interessante Beobachtung, diesmal aus der Follow-up-Phase von Cherniss' Projekt. Schon im Bericht über die erste Phase, deren Daten in den Siebzigern eingefahren wurden, trug das erste Kapitel die Überschrift »Die Kompetenzkrise«. Gemeint war die offenbar universelle Angst davor, zu scheitern, als »Versager« dazustehen und evtl. unehrenhaft aus dem Beruf ausscheiden zu müssen. (Wie gut ich das kenne!) Für manche seiner Interviewpartner war diese Angst anscheinend auch nach 10-12 Jahren nicht völlig gestorben (Cherniss, 1995, S. 84). Was den Autor doch ein wenig überraschte – aber es ist eine seiner Stärken, sich von unerwarteten Ergebnissen überraschen zu lassen –, war sozusagen das Gegenteil von Versagensangst. Klar, wenn sich in einer konkreten Handlungsepisode, etwa einer Therapiestunde, der Traum von der Wirksamkeit erfüllte, dann kam ein Gefühl von Erfüllung auf, »wie ein Künstler oder Kunsthandwerker«. Andererseits war vielen klar geworden, wie brüchig diese Grundlage ist. Und so holten sich denn diejenigen, denen es mittlerweile am besten ging, ihre Befriedigung überwiegend aus anderen Quellen: Status im professionellen Rahmen, allgemeines Ansehen, auch Einkommen. Innerhalb der Branche ein gefragter Vortragsredner, Kongressteilnehmer, Workshopveranstalter oder Beiträger zu Fachzeitschriften zu sein, als Gutachter bei Gericht in dem Ruf zu stehen »Wenn X das sagt, dann wird das wohl so sein«, richtig gut zu verdienen – das war früher eher ein Tabuthema, mittlerweile war es wichtiger geworden (umgekehrt auch dann, wenn es ausgeblieben war).

Sowohl Stolz auf Erreichtes als auch Trauer über Nicht-Erreichtes wurde Cherniss, der ja in der zweiten Phase als einziger Interviewer auftrat, offenbar bereitwilliger mitgeteilt als früher. Man glaubte ihm anscheinend eher als früher seinen Interviewern, dass es um Verstehen statt um Beurteilen ging. (Und inzwischen, möchte ich vermuten, war auch ein wenig an Wertewandel über die USA gekommen – von den idealistischen zu den materialistischen Werten; an die sog. postmaterialistischen habe ich nie so recht glauben können.)

All das liegt nun schon wieder mehr als 10 Jahre zurück. Wie mag es heute aussehen? Ich vermute mit Barry Farber (2000a), dass Burnout heute in erster Linie eine Folge von »*inconsequentiality*« – Folgenlosigkeit – ist. »Egaaaal!« ist ein offenbar weit verbreitetes Grundgefühl weiter Kreise auch in diesem Land. Aber besser kann man das Gegenteil von *self-efficacy* vielleicht nicht übersetzen.

Von Sinn und Zweck

Es gibt im Deutschen eine interessante etymologische Verbindung von »Sinn« und »Zweck«. Der »Zweck«, das war die Zwecke (heute noch als Reißzwecke bekannt) auf der »12« alter Zielscheiben. Was also keinen Zweck hatte, darauf lohnte es sich nicht zu zielen. Ich finde es bemerkenswert, dass Menschen ihr Leben vor allem dann als »sinnlos« empfinden, wenn es »keinen Zweck mehr« hat. Das aber tritt gehäuft nach Zielfrustrationen auf: Man kam »nicht ans Ziel«, und »wusste nicht mehr weiter«. Das lässt mich dazu neigen, die verbale Messlatte etwas tiefer zu hängen: »Existentielle Sinnsuche« klingt irgendwie toll – aber haben wir's nicht auch ein bisschen kleiner? Wir wollen haben können, was wir wollen, und und wir wollen vermeiden können, was wir nicht wollen. Wenn da was dazwischen kommt, zweifeln wir am Sinn des Lebens.

1.4.12 Burnout und Stress

Umwelttheorien

Dass Stress für das Verständnis des Burnout-Syndroms ein Schlüsselphänomen ist, wurde von nahezu allen Autoren der frühen Jahre betont (z. B. Maslach, 1982a, S. 9, 11; Pines et al., 1981, S. 16; Carroll & White, 1982, S. 45; Pfifferling & Eckel, 1982, S. 261; Veninga & Spradley, 1981, Kapitel 2; Maslach & Leiter, 1997). Cherniss (1980a) spricht von »psychologischem Rückzug von der Arbeit als Reaktion auf übermäßigen Stress und Unzufriedenheit«. Der Begriff wurde aber in der Regel im umgangssprachlichen Sinn für alles gebraucht, was irgendwie »unangenehm« ist bzw. als solches in Verruf steht. Kaum eine Publikation, die nicht mit großem Einfühlungsvermögen (oft aus eigener Erfahrung) und mit beträchtlicher Eindringlichkeit die »*Stresses*« des Lehrer-, Sozialarbeiter-, Krankenschwester-, Arzt- oder Managerdaseins schilderte und damit ein gewisses kopfnickendes Einverständnis schaffte.

»Beispielweise klagen praktisch alle Sozialberufler über lange Arbeitszeiten, Isolation, mangelnde Handlungsfreiheit, »Bedürftigkeit« der Klienten, falsche Vorstellungen der Öffentlichkeit über ihre Arbeit, ungenügende Hilfsmittel, fehlende Erfolgskriterien, übertriebene Ergebnisanforderungen, ungeeignete Ausbildung und eine Verwaltung, die gleichgültig ist oder die Arbeit behindert« (Farber, 1983d, S. 5).

Kritik

Gründlichere Überlegungen machen es aber wahrscheinlich, dass alle oder nahezu alle Berufe bei genauerer Betrachtung ihre Schattenseiten haben:
- Ungeregelte Arbeitszeit, Wetterabhängigkeit und ökonomische Unsicherheit des Landwirts;
- ständige Dienstbereitschaft, Termindruck und Konkurrenzsituation des Journalisten;
- Weisungsgebundenheit, Monotonie und Unterforderung des kleinen Verwaltungsbeamten – die Liste lässt sich beliebig verlängern (Shaw & Riskind, 1983).

Dennoch gibt es immer wieder Menschen, die freiwillig diese »stressenden« Berufe ergreifen, beibehalten – und nicht ausbrennen. Selbst einer der an »objektiven« Stressoren reichsten Berufe, der des Bergmanns, entließ seine Angehörigen, jedenfalls solange es sich um eine hochgeachtete Tätigkeit handelte, zwar mit Staublunge, aber ohne Burnout.

Ergebnisse besser kontrollierter empirischer Untersuchungen nähren weitere Zweifel an manchen bislang unbezweifelten Behauptungen. Einige Beispiele:

- So fand Kirsten Bode (1988), die 87 repräsentativ ausgewählten Hamburger Krankenschwestern u. a. die Belastungsskala des FPI-R (Fahrenberg et al., 1984) gegeben hatte, einen Mittelwert, der erstaunlicherweise fast exakt dem Bevölkerungsdurchschnitt entspricht.
- Keane et al. (1985) zeigten in einer vergleichenden Untersuchung, dass Schwestern auf Intensivstationen eher weniger von Burnout betroffen waren als solche auf normalen (gemessen durch die Staff Burnout Scale for Health Professionals; Jones, 1982a).
- Jackson et al. (1986), die 248 Lehrern im Abstand von 1 Jahr zweimal einen Fragebogen vorlegten, fanden als maximale Korrelation zwischen vermuteten Ursachen und Symptomen von Burnout lediglich r=.36 (zwischen Rollenkonflikt, Test 1, und Emotionale Erschöpfung, Test 2); viele andere Korrelationen waren unbedeutend.
- Lewiston et al. (1981) gaben Pflegepersonal unheilbar Kranker das MBI und erhielten keine Abweichungen von den Normdurchschnitten. Mitarbeiter mit hohem Patientenkontakt hatten zwar signifikant höhere Scores für Emotionale Erschöpfung als solche mit wenig Patientenkontakt, sie hatten aber auch signifikant niedrigere Scores für Depersonalisation.

Stress kann auch als bloßes Schlagwort eingesetzt werden und hat dann geringen heuristischen Wert.

1.4.13 Nähe als Stressor

Aber selbst differenziertere Analysen überzeugen nicht immer.

Stressen Menschen stärker als Papier?

- Beispielsweise ist bis heute in der Burnout-Literatur oft die Behauptung anzutreffen, ständige Arbeit oder auch bereits ständiger enger Kontakt mit Menschen seien an sich »*stressful*« (z. B. Maslach, 1982a, Kap: 2; Pines et al., 1981, S. 48ff.). Doch wenn man Sozialberufler fragt, warum sie ihren Beruf ursprünglich ergriffen haben, dann scheint die häufigste Begründung zu sein, dass sie eben diesen Kontakt anstrebten (Pines et al., 1981, S. 52).
- «Zuviel Papierkrieg«, also das, was dem Helfer die Zeit für die »Arbeit mit Menschen« raubt, rangiert ebenfalls hoch in den selbstberichteten Stressoren (z. B. Edelwich & Brodsky, 1980, S. 137ff:).
- Gisela Mohr (1980, S. 179) und Diemut Moosmann (1980) fanden bei angehenden Erzieherinnen eine prononcierte Ablehnung von »Büroberufen«.

Diese Beobachtungen stimmen mich skeptisch gegenüber dem häufig geäußerten Vorschlag, ausbrennende Helfer gelegentlich von der »Frontlinie« zurückzuziehen und statt dessen mit Verwaltungsarbeit zu betrauen. Zwar fanden Riggar et al. (1984) signifikant niedrigere Burnout-Werte bei Verwaltungskräften, verglichen mit Kontaktpersonal von Rehabilitationseinrichtungen, die Gruppen waren aber auch in einigen anderen Merkmalen nicht vergleichbar.

Fazit

Was Burnout auslöst, scheint mir einstweilen weiter klärungsbedürftig; das ist ein Argument dafür, die Abgrenzung des Syndroms einstweilen nur anhand der Symptomatik zu versuchen. Ich bin, wie viele andere Autoren (z. B. Edelwich & Brodsky, 1980, S. 15; Veninga & Spradley, 1981, S. 5), der Meinung, dass Burnout-Prozesse in jedem Beruf, an jedem Arbeitsplatz und in jeder Lebenssituation möglich sind; Ayala Pines (1988) hat ein Buch über Burnout in *Partnerschaften* geschrieben. Das folgende Kapitel wird zu klären haben, ob »Stress« in präziser gefasster Bedeutung zur Erklärung des Burnout-Syndroms tauglicher ist.

Anleihen bei benachbarten Forschungsgebieten

Nach mehr als einer Dekade Burnout-Literatur, die ganz überwiegend deskriptiv, anekdotisch und auf rasche Interventionen ausgerichtet war, regte sich ein zunehmendes Interesse, das Phänomen auch theoretisch zu durchdringen. Einsiedel & Tully (1982) kritisierten an der bisherigen Behandlung des Themas die weitgehende Vernachlässigung des Wissens, das schon länger etablierte Forschungstraditionen anzubieten haben. Dieser Vorwurf erscheint mir berechtigt. Fünf Gebiete sind m. E. besonders aussichtsreich, Denkmodelle und Ergebnisse zur Burnout-Forschung beizusteuern:

Vorhandenes Wissen nutzen

- die Stressforschung;
- Untersuchungen zu Kontrollverlust, Hilflosigkeit und Frustration;
- die Psychosomatik von Ulzera, Herz-Kreislauf-Erkrankungen und Krebs;
- Ansätze zum Begriff der Arbeitszufriedenheit und schließlich
- Theorien subjektiven Wohlbefindens.

Bezüge zum Phänomen der Sucht werde ich nur streifen können.

Bevor ich einen eigenen Integrationsversuch unternehme, werde ich skizzieren, welche Aspekte dieser Gebiete mir besonders relevant erscheinen. Ich werde mich dabei nicht scheuen, höchst spekulative Querverbindungen zwischen heterogenen und einstweilen durchaus anfechtbaren Theorien und Befunden herzustellen.

2.1 Der Beitrag der Stressforschung

In seiner 1976 erschienenen Bibliographie *Stress in Health and Disease* erwähnt Hans Selye, der Begründer der neueren Stressforschung, bereits mehr als 100.000 einschlägige Veröffentlichungen. Dementsprechend zersplittert stellt sich das Feld dar (vgl. auch Fleming et al., 1984). Für unsere Zwecke scheint es mir zweckmäßig, drei Forschungstraditionen oder »Schulen« zu unterscheiden:

Drei stresstheoretische Schulen

- primär physiologisch orientierte Stressforscher, vor allem Selye selbst,
- psychologische Grundlagenforscher wie Richard Lazarus,
- Organisationspsychologen wie Robert Kahn.

Obwohl oder gerade weil diese drei Ansätze nicht einmal in der Terminologie übereinstimmen, haben sie alle Wertvolles zum Thema Burnout beizutragen.

2.1.1 Physiologische Stressforschung

Vergleicht man die Symptomatologie und die Verlaufsschilderungen im ► Kap. 1 mit den Ergebnissen der physiologischen Stressforschung, so steht außer Zweifel, dass die leichter beobachtbaren körperlichen Anzeichen des Burnout-Syndroms identisch sind mit dem, was Selye (z. B. 1976) das Allgemeine Anpassungssyndrom (*General Adaptation Syndrome*, GAS) genannt hat. Üblicherweise werden hierbei die 3 Stadien Alarm, Resistenz und Erschöpfung unterschieden.

Kurzzeit-Stress

Sympathikus

Stammhirn

Alarmphase. Wird die Alarmreaktion durch einen Stimulus ausgelöst, so aktiviert der Hypothalamus auf hormonalem und neuronalem Weg Nebennierenrinde und -mark. Die Hormone Adrenalin und Noradrenalin werden ausgeschüttet; sie erhöhen den Blutdruck, beschleunigen den Pulsschlag und bewirken eine Verlagerung des vegetativen Gleichgewichts zum Sympathikus. Die Zucker- und Fettreserven des Körpers werden angegriffen, um im Bedarfsfall die Muskulatur versorgen zu können, deren Tonus jetzt ebenfalls erhöht ist. Verdauungs- und Sexualfunktionen werden vermindert bzw. ausgeschaltet, die Immunabwehr ist geschwächt, die Blutgerinnungsfähigkeit erhöht. Gleichzeitig wird durch Einwirkung der Nebennierenhormone an den Synapsen des ZNS die kognitive Leistungsfähigkeit herabgesetzt.

Anhaltender Stress

Resistenzphase. Hat es sich nur um einen kurzzeitigen Stressor gehandelt – etwa einen Knall oder ein Stolpern auf der Straße – dann folgt eine Erholungsphase, in der alle physiologischen Parameter, evtl. nach einem Pendelausschlag zur Gegenseite, auf ihr Ausgangsniveau zurückkehren. Gibt es aber keine Entwarnung oder folgen der ersten Alarmreaktion alsbald weitere (z. B. längere Autofahrt bei Glatteis; Gefechtssituation), dann geht der Organismus in die Widerstandsphase über. In dieser ist zwar die Widerstandsfähigkeit gegenüber dem ursprünglichen Stressor erhöht – die Alarmreaktion kann jetzt noch schneller ausgelöst werden als aus der Ruhelage –, aber die Immunreaktion als Ganzes bleibt geschwächt; Krankheitserreger können schwerer unschädlich gemacht werden als sonst.

Nebennierenhormone

Daneben haben die dauernd erhöhten Konzentrationen gewisser Nebennierenhormone – insbesondere dann, wenn die motorischen Energiereserven nicht durch körperliche Betätigung abgerufen werden – eine Reihe weiterer Nebenwirkungen. Die Thymusdrüse, das zentrale Steuerungsorgan des Immunsystems, dessen Schwächung mit Krebsentstehung und -wachstum in engem Zusammenhang steht (Selye, 1979; Riley, 1981), schrumpft. Nicht abgebaute Fettsäuren im Blut beschleunigen die Arteriosklerose; verstärkte Blutgerinnungsfaktoren erhöhen die Thromboseneigung; die andauernde Verschiebung der Balance im vegetativen Nervensystem belastet den Kreislauf und vergrößert das Infarktrisiko; erhöhte Magensäureproduktion und Darmverkrampfungen führen zu Magen- und Darmgeschwüren; alle Sexualfunktionen werden dauerhaft beeinträchtigt; Konzentrations- und Lernschwierigkeiten treten auf (Vester, 1978; Huber et al., 1983).

Stress-Tod

Selbstverständlich müssen nicht alle diese Prozesse zu den genannten manifesten Erkrankungen führen; es hängt u. a. von konstitutionellen Faktoren ab, an welchem Organ die Schädigungen am frühesten und am massivsten auftreten. Ein nicht vorgeschädigter Organismus wird auch mehrere solche Widerstandsphasen überstehen, ohne dass es zu den genannten Endfolgen kommt, vorausgesetzt, es gibt ausreichend lange Erholungsphasen und die Belastung ist nicht zu langandauernd oder zu schwer.

Erschöpfungsphase. Hält dagegen die Stress-Situation genügend lange und intensiv an, so tritt die Erschöpfungsphase ein. Es erscheinen noch einmal die Symptome der Alarmreaktion, diesmal aber irreversibel. Auch beim Menschen kann dann der Tod folgen, ohne dass eine organische Todesursache gefunden werden muss (vgl. Seligman, 1979). In Japan nennt man das *Karoshi.*

Dauerstress. Nach Selye verbraucht jede Stressreaktion – also bereits jede Auslösung der Alarmphase – »Anpassungsenergie«. Diese muss in genügend langen Ruhepausen wieder aufgebaut werden (s. auch Karasek et al., 1982 a). Sind solche Regenerationsphasen zu selten oder zu kurz, dann entsteht ein Defizit, das über kurz oder lang zur Erschöpfung des Reservoirs führen muss. Dabei ist noch zu berücksichtigen, dass Stresseffekte nicht nur kumulativ, sondern auch additiv zu Buche schlagen: Im realen Leben dürfte das Individuum typischerweise unter dem Einfluss mehrerer Stressoren gleichzeitig stehen.

Stress kostet Kraft

Interessanterweise betont Selye sehr die Unspezifität der Stressreaktion, die durch jede Auslenkung der Situation aus der Normallage ausgelöst werden könne, z. B. auch durch freudige Überraschungen. In der Tat erscheinen in den Listen der *Life-Event*-Forschung (z. B. Holmes & Rahe, 1967) auch Ereignisse wie Beförderungen als Stressoren, die etwa das Herzinfarktrisiko erhöhen sollen. Dies kann jedoch auch anders erklärt werden (s. u.), und die Unspezifitätsdoktrin ist umstritten (vgl. Mason, 1975).

Eustress und Distress

GAS und Burnout. Wie schon gesagt, verlangt es nicht viel Spekulation, die somatischen Symptome des Burnout-Syndroms in dem soeben geschilderten GAS wiederzufinden. Was die übrigen betrifft, so lassen sich die meisten auch als psychosomatische oder somatopsychische Reaktionen auf Primärsymptome interpretieren. Eine exakte Analyse auf Mikroebene wird aus mehreren Gründen vermutlich schwierig sein: Zum einen dürften bedeutende interindividuelle Unterschiede in den Verhältnissen bestehen, zum anderen ist mit komplizierten Rückkopplungskreisen zwischen allen beteiligten Prozessen zu rechnen, für die ja auch unsere Fachsprache allenfalls sehr unpräzise Metaphern bereithält.

Körperliche Burnout-Symptome sind Stress-Symptome

Ein Beispiel: Wer, durch längerdauernde Stressoren etwa sozialer Natur, ins zweite GAS-Stadium gelangt, bei sich Merkfähigkeitsstörungen beobachtet, obwohl das Gedächtnis stets gut war und im Beruf auch wichtig ist, mag emotional mit Depressionen, sozial mit Kontaktmeidung, attitudinal mit Abwertung der Wichtigkeit von Informationen oder Informationsträgern, motivational mit Arbeitsunlust, attributional durch Nachdenken über seinen Alkoholkonsum ... etc. reagieren – was dann auf allen diesen Ebenen weitere Reaktionen auslösen kann.

Dank zweier israelischer Arbeiten ist die Brücke zwischen Burnout und GAS mittlerweile tragfähiger geworden. Melamed, Kushnir & Shirom (1992) fanden bei 104 männlichen Arbeitnehmern Korrelationen zwischen zwei Typen von Burnout (Angespanntheit und Lustlosigkeit) einerseits und diversen Risikofaktoren für Herz-Gefäß-Krankheiten andererseits. Nach Kontrolle von fünf möglichen Störvariablen (Alter, relatives Gewicht, Rauchen, Alkohol und sportliche Aktivität) ergaben sich signifikante Korrelationen zwischen »Burnout plus Angespanntheit« und drei endokrinologischen Parametern (Serum Cholesterol, Glukose und Harnsäure) sowie selbstberichteten körperlichen Beschwerden. »Burnout plus Lustlosigkeit« korrelierte mit dem Glukosespiegel und Beschwerden, negativ mit dem diastolischen Blutdruck. Eine noch besser kontrollierte Studie von Shirom, Westman, Shamai & Carel (1997) benutzte Daten von

Burnout und objektive physiologische Parameter

665 Arbeitnehmern (30% weiblich), die von ihren Arbeitgebern zu routinemäßigen Vorsorgeuntersuchungen geschickt worden waren. Bei einer ersten Untersuchung wurden neben zwei physiologischen Parametern (Cholesterol und Triglyzeride) vier psychologische (Fragebogen-)Maße erhoben: Burnout (im Sinne von emotionaler Erschöpfung), physische Erschöpfung, Überlastung und emotionale Reaktivität, außerdem, als objektives Maß der Arbeitsbelastung, die Anzahl der Arbeitsstunden pro Woche. Zwei oder drei Jahre später, bei Wiederholungsuntersuchungen, konnten die physiologischen Variablen erneut gemessen werden. – Die Resultate zeigten einige signifikante Zusammenhänge zwischen Burnout und physischer Erschöpfung mit Veränderungen der Blutwerte, allerdings waren diese geschlechtsspezifisch (mal positiv, mal negativ) und zahlenmäßig schwach. Zu bedenken ist, dass generell die Messung von Veränderungen methodisch noch nicht befriedigend gelöst ist; das mag die eher enttäuschenden Befunde teilweise oder ganz erklären.

Ausbrenner sind angeschlagener

Belcastro & Hays (1984) klassifizierten diejenigen 20% ihrer 265 Lehrer, deren Scores auf sämtlichen Skalen des Maslach Burnout Inventory einen normativen Cutoff überschritten, als »*burned out*« und verglichen sie mit den übrigen. Bei der Burnout-Gruppe fanden sich signifikant größere Häufigkeiten und/oder Intensitäten in Bezug auf 3 von 12 Krankheiten (Magen-Darm-Geschwüre, Nierenkrankheiten und Depression) und in bezug auf 26 von 38 Beschwerden (z. B. Einschlafstörungen oder Kopfschmerzen). Aufgrund einer Diskriminanzanalyse mit 25 der somatischen Beschwerden ließen sich 89% der Stichprobe richtig klassifizieren. Die somatischen Symptome wurden allerdings durch Selbsteinschätzung erhoben, was die Aussagekraft der Ergebnisse mindert.

Dasselbe gilt für die Studie von Belcastro (1982). Hier wurden 15% von 181 Lehrern aufgrund des MBI der Burnout-Gruppe zugewiesen. Mit Hilfe von 24 somatischen Beschwerden als Prädiktoren einer Diskriminanzanalyse konnten 94% der Stichprobe richtig klassifiziert werden. (Das klingt beeindruckend, doch ist zu bedenken, dass in beiden Fällen eine Kreuzvalidierung unterblieb, und dass bereits blind 80% bzw. 85% Treffer zu erzielen gewesen wären.)

Was es zu Hunderten gibt, sind Untersuchungen an bestimmten Berufsgruppen, bei denen a priori häufige Alarmreaktionen zu vermuten sind, etwa Fernfahrer oder Fluglotsen (z. B. Selye, 1976) – aber das Verhältnis von »Arbeitsüberlastung« und Burnout ist ja einstweilen ungeklärt.

Arbeitslosigkeit und Hormonlage

Cobb (1974) konnte in einer Längsschnittstudie an Arbeitern, deren Werke geschlossen wurden, signifikante Effekte drohender und später dann eingetretener Arbeitslosigkeit auf vier hormonelle Parameter nachweisen (vgl. auch Dekker & Schaufeli, 1995).

Hormonreaktionen auf Spielfilme

Immerhin haben z. B. die Untersuchungen von Levi et al. (Levi, 1972) gezeigt, dass selbst psychosoziale Stimulussituationen ohne jede objektive Bedrohungskomponente, nämlich Spielfilme, bei Versuchspersonen endokrine Reaktionen von der oben skizzierten Art auslösen. So ist es naheliegend, im Alltag eines Büros mit »schlechtem Betriebsklima« oder einer aggressiven Schulklasse ähnliches zu vermuten.

2.1.2 Psychologische Stressforschung

Belastung und Beanspruchung

Selye (1975; 1977, S. 38) definiert Stress als »die unspezifische Reaktion des Körpers auf jede Anforderung, die an ihn gestellt wird«, wobei er selbst sich im Wesentlichen um die Erforschung eben dieser Reaktion bemüht hat. Die Stimulusseite des GAS, d. h. die spezifischen »Stressoren«, haben ihn weniger beschäftigt. Diese wiederum sind rasch zu einer Domäne von Psychologen geworden, die im Übrigen auch die behauptete Nichtspezifität bezweifeln; sie gebrauchen nun das Wort Stress (Beanspruchung) für die auslösenden Reize und »*Strain*« (Belastung) für die Reaktionsseite. Ich werde Selyes Terminologie von Stressreaktion und Stressor übernehmen, ohne auf die Ergebnisse der psychologischen Stressforschung zu verzichten, zumal Selye selbst sich keineswegs gescheut hat, sich über die »Eustress«- bzw. »Distress«-Wirkungen bestimmter Stimmungslagen zu äußern (z. B. 1976, S. 320, 662; 1977, S. 71–79).

Stress ist etwas Individuelles

Es ist das Verdienst der psychologischen Stressforschung, die Bedeutung individueller psychischer Faktoren herausgearbeitet zu haben. Nicht nur reagieren Menschen mit unterschiedlichen physiologischen Reaktionsmustern auf Stressoren, ein und dieselbe »objektive« Situation löst auch beim einen sehr starke, beim anderen gar keine Reaktionen aus. Speziell psychosoziale Stressoren (also z. B. nicht Verletzungen, Infektionen, Vergiftungen, Klima, Strahlen etc.) sind nur subjektiv zu definieren. Diese phänomenologische Sichtweise wird am häufigsten mit R. S. Lazarus (z. B. 1966) in Verbindung gebracht, ist aber auch schon bei früheren Autoren vorhanden. Folkman (1984) hat die Position der Lazarus-Gruppe, unter besonderer Berücksichtigung des Faktors Situationskontrolle, dargestellt (vgl. auch Lazarus & Folkman, 1987).

Wie brenzlig ist die Lage?

Die Wahrnehmung von Stressoren. Nach Lazarus entscheiden Menschen in einer ersten Lageeinschätzung (*Primary Appraisal*), ob eine Situation für sie neutral, positiv oder stressgeladen ist. Stress-Situationen sind solche, die Schaden/Verlust, Bedrohung und/oder Herausforderung beinhalten.

- Schaden/Verlust meint bereits eingetretene Ereignisse, wie Verletzungen, den Verlust einer Freundschaftsbeziehung oder eine Minderung des Selbstwertgefühls (»Blamage«).
- Mit Herausforderung ist die Chance gemeint, eine Anforderung zu meistern und so Fähigkeitszuwachs oder Gewinn zu erreichen.
- Bedrohung schließlich, die Kategorie, mit der Lazarus sich am intensivsten auseinandergesetzt hat, bedeutet die Erwartung, vor Anforderungen gestellt zu werden, zu deren zufriedenstellender Bewältigung die eigenen Ressourcen ohne anderweitige Opfer nicht ausreichen werden, wovon negative Konsequenzen für wichtige persönliche Ziele befürchtet werden.

Was macht eine Lage brenzlig?

Wichtig ist die subjektive Bewertung an mindestens vier Stellen. Es geht um
- die Erwartung einer Anforderung,
- die Qualitätsnorm, nach der die eigene Reaktion beurteilt wird,
- das Zutrauen in die eigenen Fähigkeiten und Mittel,
- die Risikoeinschätzung bezüglich des persönlichen Wertemusters.

Eine berufliche Beförderung wird um so eher als Bedrohung angesehen, je höher die Anforderungen eingeschätzt werden, je strenger die Maßstäbe für erfolgreiche Rollenausfüllung sind, je geringer die eigenen Kompetenzen und Ressourcen veranschlagt und je dramatischer die Konsequenzen eines Scheiterns vermutet werden. (Man möchte die Liste noch um den Faktor subjektive Wahrscheinlichkeit ergänzen, der ja bei allen Entwicklungen, die in der Zukunft liegen, eine Rolle spielt.)

Die kognitive Komponente ist das zentrale Unterschiedsmerkmal zu physiologischen Stresstheorien. Lazarus (1974) hat die These vertreten, dass sogar bei Verletzungen und anderen direkten Eingriffen in das Körpergewebe eine psychologische Repräsentation dieses Sachverhalts notwendige Bedingung für das GAS sei (s. jedoch Fleming et al., 1984, S. 942).

Stressbewältigung. Die primäre Lageeinschätzung erfolgt sehr schnell, in der Regel wohl in Sekundenbruchteilen.

Was kann ich tun?

Begrifflich, nicht notwendig sequentiell, von ihr abgegrenzt wird die sekundäre Lageeinschätzung (*Secondary Appraisal*). Hier werden, mehr oder weniger bewusst, verfügbare Handlungsalternativen geprüft und ausgewählt. Insofern es hier um Handlungsplanung geht, ist dies das erste Stadium der Situationsbewältigung (*Coping*). Man stellt sich die Frage: Was kann ich tun? Die Antwort wird unter Abwägung der physischen, sozialen, psychologischen und materiellen Ressourcen, der vermuteten Wirksamkeit und zu befürchtender Nebeneffekte gefunden. Bewältigungsstrategien auf der motorischen Ebene lassen sich grob in »*Fight or Flight*«, Angriff oder Flucht, einteilen, mit den emotionalen Korrelaten Ärger oder Angst.

Zwei Arten der Stressbewältigung

Folkman (1984) hebt noch eine andere Unterteilung hervor, nämlich emotionsorientiertes im Gegensatz zu problemorientiertem Coping.

Arbeit am Gefühl

Emotionsorientiertes Coping kann z. B. Umdeutung der gesamten Situation (»kein Misserfolg, sondern Lernerfahrung«), Abwertung der bedrohten Ziele (»Saure-Trauben-Reaktion«) oder Verleugnung (»alles halb so schlimm«) bedeuten. Es dient dazu, unangenehm empfundene Gefühlslagen abzuschwächen oder abzukürzen und wird vor allem dann eingesetzt, wenn eine verhaltensmäßige Situationskontrolle mit den vorhandenen Mitteln nicht möglich ist, also bei den sog. Unabänderlichkeiten.

Arbeit am Problem

Problemorientiertes Coping wird in der Regel aus irgendeiner Form des Sich-Behauptens bestehen und findet vor allem dann statt, wenn die Situation als prinzipiell kontrollierbar wahrgenommen wird. Eine Fragebogenuntersuchung von Folkman & und Lazarus (1980) ergab allerdings, dass zumindest ältere Erwachsene in nahezu allen Stressepisoden beide Typen von Coping-Strategien anwenden. (Eine aktuelle Übersicht geben Folkman & Moskowitz, 2004.)

Bedrohliche Situationen

Was macht eine Situation zur Stress-Situation? Lazarus (1966) diskutiert drei Attribute von Situationen, die eine primäre Lageeinschätzung »bedrohlich« wahrscheinlicher machen:

- ein überwältigendes Verhältnis von bedrohenden abzuwehrenden Kräften, das ich mit dem Begriff Dominanz- oder Kontrollverlust belegen möchte,
- große zeitliche und räumliche Nähe zu einer Bedrohung,
- Uneindeutigkeit oder Unberechenbarkeit einer Situation.

Kontrollverlust, insbesondere in seiner extremen Ausprägung als reale oder vermeintliche Hilflosigkeit, wird uns im ► Abschn. 2.2 beschäftigen. Die Bedeutung des Nähefaktors ist zu offensichtlich, um viel Kommentar zu erfordern. Uneindeutigkeit spielt eine Rolle in der organisationspsychologischen Stressforschung und wird dort behandelt werden.

Jeder reagiert anders

Es sei schon hier angemerkt, dass Lazarus auch bei der Untersuchung »objektiver« Situationsattribute konsequent phänomenologisch vorgeht. Die objektive Gefährlichkeit von Situationen, etwa bei Kampfpiloten, korreliert zwar mit ihrem Stresspotential, sie determiniert sie aber nicht völlig. Subjektive Sichtweisen sind stets von zentraler Bedeutung.

Lazarus berücksichtigt auch den Einfluss von Persönlichkeitsfaktoren, also situationsüberdauernden Dispositionen, auf die Neigung zu bestimmten primären und sekundären Lageeinschätzungen; ► Abschn. 3.12.

»Geistige Anforderungen unter erschwerten Bedingungen«

Zu diesem Thema ein Beispiel: Schulz (1982), der die Bedingungen analysierte, »unter denen eine emotionale Erregung zur emotionalen Belastung wird«, fand in einem Experiment beträchtliche Unterschiede zwischen Versuchspersonen, die sich präexperimentell als »emotional belastbar«, d. h. als von Misserfolgserlebnissen wenig beeindruckbar geschildert hatten, und solchen, die auf Fehlschläge mit »selbstwertlabilisierenden Bewertungen« reagierten. In dem Versuch mussten geistige Anforderungen unter erschwerten Bedingungen bewältigt werden. Wenig belastbare Probanden machten mehr Fehler, berichteten mehr Angst, Anstrengung, Unsicherheit, Unzufriedenheit und Nervosität, attribuierten schlechte Leistungen eher auf eigene Konzentrationsmängel, Angst und Unfähigkeit, und reagierten physiologisch auffälliger.

2.1.3 Organisationspsychologische Stressforschung

Stress am Arbeitsplatz

Hat die Stressforschung durch Autoren wie Lazarus eine entschieden psychologische Komponente erhalten, dann ist sie durch die äußerst produktive Gruppe um Robert Kahn am *Survey Research Center* der *University of Michigan* in Ann Arbor aus den Laboratorien an den Arbeitsplatz verlegt worden. Die Brücke zum Burnout-Syndrom ist dadurch noch kürzer geworden. Kahn (1978) hat sich als einziger prominenter Stressforscher übrigens auch direkt zu Burnout geäußert.

Organisationsstress

Die in unserem Zusammenhang wichtigste Veröffentlichung, die mittlerweile klassische Untersuchung *Organizational Stress* von Kahn et al. (1964), entstand im Rahmen eines umfassenderen Forschungsprogramms über den Einfluss von Organisationen auf das Individuum. Das empirische Datenmaterial wurde in einer Intensivstudie und einer bundesweiten Umfrage zusammengetragen. Die Intensivstudie konzentrierte sich auf 53 Manager verschiedener hierarchischer Positionen in Industrieunternehmen. Mit ihnen wurden mehrere ausführliche Interviews geführt, ergänzend wurde ein längerer Persönlichkeitsfragebogen eingesetzt. Außerdem wurden durchschnittlich sieben weitere Angehörige derselben Organisation, die wichtigsten »Rollensender« (s. unten) der Zielperson, über diese befragt. Die Umfrage richtete sich an 725 repräsentativ ausgewählte Arbeitnehmer, die nur einen Teil der Fragen aus der Intensivstudie beantworten mussten. Insbesondere wurde aus Interviewfragen ein Angespanntheitsindex gebildet und mit anderen, vor allem demographischen und arbeitsbezogenen Variablen, in Beziehung gesetzt. Die rein verbale Qualität der so gewonnenen Daten hat Selye (1976, S. 248) mit der Formulierung aufs Korn genommen, hier werde Stress als »Synonym für ‚Schwierigkeiten'«verwendet. Spätere Arbeiten der Michigan-Gruppe haben aber auch physiologische Variablen eingeführt.

Rollentheorie und Burnout

Grundbegriffe der Rollentheorie. Die wesentliche Bedeutung des Ansatzes von Kahn et al. für unser Verständnis des Burnout-Phänomens liegt ebensosehr wie in den empirischen Befunden in der Bereitstellung einer Anzahl von Begriffen, vor allem Rollenkonflikt und Rollenunklarheit, die sich für die Analyse als nützlich erweisen werden. Diese Begriffe sind größtenteils nicht neu geprägt, sondern von Soziologen wie Merton oder Rommetveit übernommen worden. Ich werde mich im Rest dieses Kapitels auf eine kurze Definition der für unsere Zwecke wichtigsten dieser Begriffe beschränken, mit nur gelegentlicher Erwähnung einiger Befunde.

Rollenerwartungen

Jeder Position innerhalb einer Organisation ist eine Menge potentieller Tätigkeiten und Verhaltensweisen zugeordnet. Auf relativ grobkörnigem Niveau wird diese Zuordnung normalerweise durch Stellenbeschreibungen vorgenommen. Möglicherweise noch wichtiger für den Inhaber einer Position sind aber die Rollenerwartungen, die die Inhaber mit ihm vernetzter Positionen auf ihn richten, also direkte und indirekte Vorgesetzte, gleichrangige Kollegen, mit denen er kooperieren muss, und unterstellte Mitarbeiter; kurz: alle jene, die ein Interesse daran haben, wie er seine Funktion ausübt. (Die Stellenbeschreibung definiert eher das *Was*, die Gesamtheit der Rollenerwartungen eher das *Wie* einer Position.)

Rollensender und Rollen-Set

Personen, die Rollenerwartungen an einen Positionsinhaber haben, werden Rollensender genannt und machen seinen Rollen-Set aus. In erweitertem Sinn gehören dazu auch Personen außerhalb der Organisation, soweit sie tatsächlich oder vermeintlich Rollenerwartungen hegen, also z. B. Ehepartner, Freunde, Angehörige anderer Organisationen (z. B. Kunden) oder die »öffentliche Meinung«.

Zugewiesene und empfangene Rolle

Die Rollenerwartungen eines Rollensenders definieren die zugewiesene Rolle. Was davon »ankommt« – oft sicher in verzerrter, vergröberter, verstärkter oder abgeschwächter Form, weil Rollenerwartungen selten unmissverständlich kommuniziert werden – wird empfangene Rolle genannt. Die empfangene Rolle ist, was der Rollenempfänger für die Erwartungen seiner Rollensender hält und muss mit der von diesen tatsächlich zugewiesenen Rolle nicht identisch sein.

Rollendruck

In dem Maße, wie Rollensender ein mehr als abstraktes Interesse an der Rollenausübung des Positionsinhabers haben, werden sie versuchen, ihn in Richtung eines erwartungskonformen Verhaltens zu beeinflussen, insbesondere dann, wenn dazu eine Verhaltensänderung nötig ist. Solche Beeinflussungsversuche können die Form einer dienstlichen Anweisung seitens eines Vorgesetzten haben, sie können aber auch in der Klage des Nachwuchses bestehen, andere Väter nähmen ihren Beruf nicht so ernst, dass sie Arbeit mit nach Hause brächten.

Aspekte von Rollendruck

Was immer an Ansprüchen tatsächlich ausgedrückt wird, wird Rollendruck genannt. Wichtige Aspekte von Rollendruck sind

- Spezifität,
- Intensität,
- Stärke.

Stärke betrifft die Wichtigkeit der Konsequenzen, die mit Erfüllung oder Nichterfüllung zugewiesener Rollenerwartungen verbunden sind, und hängt u. a. von der Macht des jeweiligen Rollensenders ab.

Was verursacht Rollenstress?

Nach dieser Klärung von Grundbegriffen können wir uns den Faktoren zuwenden, die nach Kahn et al. vorrangig für das Entstehen von »Angespanntheit« oder »Rollenstress« ursächlich sind: Rollenkonflikte und Rollenunklarheit.

Wenn man's nicht allen recht machen kann

Rollenkonflikte. Ein zugewiesener Rollenkonflikt besteht immer dann, wenn einem Rollenträger inkompatible Rollenerwartungen übermittelt werden, wenn er es also »nicht allen recht machen« kann.

Intra-Sender-Konflikte

Kahn et al. unterscheiden mehrere Typen von Rollenkonflikt. Ein Intra-Sender-Konflikt liegt vor, wenn ein und derselbe Rollensender inkompatible Anweisungen erteilt.

Ein Beispiel wäre der in Organisationen nicht seltene Fall, dass für ein Problem »innovative« Lösungen gesucht werden sollen, die aber nur dann akzeptiert werden, wenn alles beim alten bleiben kann; oder die Zuweisung einer Aufgabe ohne die dafür nötigen Ressourcen.

Inter-Sender-Konflikte

Bei einem Inter-Sender-Konflikt sind es die Anforderungen verschiedener Sender, die nicht vereinbar sind, aber auch nicht bedenkenlos ignoriert werden können.

Person-Rollen-Konflikte

Ein Beispiel sind die oft weit auseinandergehenden Vorstellungen, die Vorgesetzte und Unterstellte desselben Vorgesetzten von »richtiger« Führung haben. Dies ist wahrscheinlich einer der häufigsten Typen von Rollenkonflikt. Er gefährdet Rollenträger an Grenzen innerhalb von Organisationen und zwischen Organisation und Außenwelt besonders stark. Das bekannteste Beispiel ist der Vorgesetzte der ersten Linie (der »Vorarbeiter« oder der Industriemeister), dem es obliegt, die Sollzahlen des Managements mit den Interessen seiner Arbeiter (denen er herkunftsmäßig nähersteht und bis zu einem gewissen Grade oft auch ausgeliefert ist) in Einklang zu bringen. Das Risiko funktioneller Erkrankungen gilt hier als besonders hoch. Ähnliches gilt auch für Verkaufsmitarbeiter, deren notorischer Konflikt mit der Produktionsabteilung zum großen Teil daher rührt, dass sie ständig mit den Pressionen ihrer Kunden konfrontiert werden und so gewissermaßen »zwischen den Stühlen« sitzen.

Ein dritter Typus von Rollenkonflikt entsteht, wenn externe Erwartungen mit eigenen Vorstellungen von der Rolle kollidieren. Kahn et al. nennen diesen Typus Person-Rollen-Konflikt.

Er tritt etwa auf, wenn neue Mitarbeiter »frischen Wind« in einen Betrieb bringen möchten, darin aber von Mitgliedern der »alten Garde« gebremst werden; oder wenn Angestellte angewiesen werden, ungesetzliche Handlungen auszuführen, die ihren eigenen Wertnormen zuwiderlaufen.

Inter-Rollen-Konflikte

Ein Inter-Rollen-Konflikt zwischen unterschiedlichen Rollenzuweisungen kann entstehen, wenn Menschen mehreren verschiedenen Organisationen angehören. Der Doppelagent mag ein ebenso extremes Beispiel sein wie der anthroposophische Atommanager, aber ich kenne den Fall eines Verwaltungsjuristen, der regelmäßig Prozesse seiner Behörde gegen Angehörige einer Gewerkschaft führt, der er selber angehört. Auch ist nicht anzunehmen, dass etwa in der Großindustrie keine Anhänger eher »linker« Weltanschauungen beschäftigt sind.

Rollenüberlastung

Am häufigsten schließlich dürften quantitative oder qualitative Rollenüberlastung sein. Diese tritt ein, wenn Rollensender Anforderungen stellen, die vielleicht prinzipiell kompatibel sind, nicht aber in Anbetracht der verfügbaren Zeit oder in der verlangten Qualität. Wo dies auf den Anforderungen zu vieler Sender beruht, könnte man von einer Spezialform von Inter-Sender-Konflikt sprechen; wo externe Anforderungen und Fähigkeiten des Rollenträgers unvereinbar sind, auch von Person-Rollen-Konflikt. Das »Mädchen für alles« im Büro, der ununterbrochen angeforderte Betriebstechniker oder die Empfangsdame, die gleichzeitig noch die Telefonzentrale und das Fax bedienen muss, sind bekannte Beispiele.

Zugewiesene und empfangene Rollenkonflikte

Entsprechend der Unterscheidung von zugewiesener und empfangener Rolle sprechen Kahn et al. auch von zugewiesenem und von empfundenem Rollenkonflikt. Letzterer entspricht der subjektiven Repräsentation des ersteren und ist das, was Stress auslöst. (Ein objektiv vorhandener Inter-Sender-Konflikt etwa braucht für das Individuum keine Konsequenzen zu haben, solange es ihn nicht bemerkt.)

Zwischen allen Stühlen

Ich möchte schon hier vermuten, dass das gleichzeitige Auftreten von verschiedenen Handlungstendenzen, die nicht »unter einen Hut« zu bringen sind, die Belastung ausmacht. Mit entsprechenden Versuchsanordnungen ist es sogar bei Tieren ohne weiteres möglich, pathologische Symptome zu erzeugen (vgl. z. B. Kahn et al., 1964, S. 6; Seligman, 1979, S. 20ff.). Auf der Mikroebene der Lazarus-Theorie ist eine primäre Lageeinschätzung »Bedrohung« anzunehmen, der die Erkenntnis folgt, dass *keine* Coping-Strategie ohne weiteres zum Erfolg führen wird, jedenfalls dann, wenn mächtige Rollensender, die sich jeder Beeinflussung entziehen, intensiven und starken Rollendruck ausüben. Wenn diese sekundäre Lageeinschätzung, ein Hinundhergerissensein zwischen Handlungsalternativen mit dem Wissen »wie man's macht, ist es falsch« (also ein Vermeidungs-Vermeidungs-Konflikt in der Terminologie der Lerntheorie) öfter auftritt oder länger anhält, dann kann das sicher nicht ohne Folgen bleiben (► Abschn. 2.1.4).

Wenn unklar ist, was gespielt wird

Rollenunklarheit. Die zweite Hauptkategorie von stressauslösenden Bedingungen in der Theorie von Kahn et al. ist Rollenunklarheit (*Role Ambiguity*). Rollenunklarheit tritt auf, wenn ein Rollenträger weniger Informationen zur Verfügung hat, als er zur Bewältigung seiner funktionalen Aufgaben oder zur Stressbewältigung zu benötigen glaubt.

Die fehlenden Informationen können sich beziehen

- auf die Konsequenzen eigener Handlungen (was u. a. die Risikoabschätzung in Lazarus' sekundärer Lageeinschätzung erschwert),
- auf die Wahrscheinlichkeit ihn betreffender Ereignisse, insbesondere stressauslösender Anforderungen,
- auf die Spielregeln der Umwelt, in der er agiert, insbesondere die geschriebenen und ungeschriebenen Gesetze der Organisation, für die er arbeitet.

Rollenunklarheit in Großorganisationen

Wie können derartige Informationsdefizite entstehen? In komplexen Organisationen, und nicht nur dort, bestehen die meisten Strategien problemorientierten Copings in Versuchen, andere zu beeinflussen. Die Wirkungen und Nebenwirkungen solcher Versuche sind aber selten ausreichend berechenbar, zumal die Zielpersonen ihrerseits mit ähnlichen Versuchen beschäftigt sind, ihre Ziele zu erreichen. Der häufig apostrophierte »Kampf im Unterholz« großer Organisationen ist eine Bezeichnung für diesen Sachverhalt (vgl. Malik, 1986).

Eine solche Unsicherheit wird immer dann auch noch schlagartig verstärkt, wenn ein personeller Wechsel in einer wichtigen Position oder eine spürbare Veränderung in der Umgebung einer Organisation eintreten, etwa eine Fusion, eine Werksstilllegung, finanzielle Krisen, Rationalisierungsvorhaben, neue gesetzliche Auflagen oder Ähnliches.

Es ist auch die ausgesprochene oder unausgesprochene Politik vieler Organisationen, ihre Mitglieder nur eben so viel wissen zu lassen, wie zur Ausübung ihrer Funktionen unbedingt nötig ist. Unter solchen Umständen setzt dann die »Gerüchteküche« laufend »Latrinenparolen« in die Welt, und zwar um so hektischer, je schalldichter die Türen sind, hinter denen Entscheidungen gefällt werden, meist, »um keine unnötige Beunruhigung durch Gerüchte entstehen zu lassen«.

Informationsverknappung als Führungstechnik

Schließlich benutzen viele Vorgesetzte eine Informationszensur auch, um leichter Kontrolle ausüben zu können. Der Mitarbeiter, den eine Anforderung unvorbereitet trifft, wird weniger effektiv Widerstand leisten können, als derjenige, der sich bereits Strategien zurechtlegen konnte.

Rollenunklarheit mangels Definition

Nicht selten, vor allem bei Berufsanfängern oder Inhabern neugeschaffener Positionen, dürfte auch die Situation vorliegen, dass eine »offizielle« Rollendefinition nicht vorhanden oder von großen Auslegungsspielräumen umgeben ist. *Uni-HH*, die damalige Zeitschrift der Universität Hamburg, überschrieb 1984 einen Bericht über die Erfahrungen von Medizinstudenten im »Praktischen Jahr« (PJ), die Nachfolger der früheren Medizinalassistenten (MA), mit der Zeile »Rollenunsicherheit prägt das ‚Praktische Jahr'«.

In Auszügen aus einem Tiefeninterview las sich das so:

> »Die MAs, die hatten früher ihren festen Aufgabenbereich. Da wurde gesagt: So, Du bist MA, komm her! Da wurde man meinetwegen hingestellt und musste eine Station übernehmen und eigenverantwortlich arbeiten, und als PJ-ler steht man immer so ein bisschen dazwischen. Da heißt es, man soll ärztliche Tätigkeit und Aufsicht wahrnehmen. Die Aufsicht ist dann vielfach von Leuten, die selbst erst ein halbes oder Dreivierteljahr dabei sind, selber also nicht so richtig beaufsichtigen können.«

Messung von Rollenunklarheit

Auswirkungen von Rollenunklarheit. In der Studie von Kahn et al. wurden drei Unklarheits-Indizes aus Interviewfragen konstruiert.

- Unklarheit bezüglich Rollenerwartungen bezieht sich auf die wahrgenommene Klarheit zugewiesener Rollen durch die Mitglieder des Rollen-Set (»Sagt er, was er will, oder behält er es für sich?«).

- Bewertungsunklarheit betrifft den wahrgenommenen Grad an Klarheit, was die allgemeine Einschätzung angeht (»Weiß ich, ob er zufrieden mit mir ist?«).
- Ein globaler Unklarheitsindex wurde aus den ersten beiden plus der Unklarheit bezüglich der eigenen Handlungsvollmacht gebildet.

Begleiterscheinungen von Rollenunklarheit

Alle drei Indizes korrelierten einerseits, teils bis etwa .50, mit emotionalen Reaktionen wie Angespanntheit, Arbeitsunzufriedenheit, Resignation und Verlust von Selbstvertrauen, andererseits, etwas differenziert nach Indizes, mit weniger Vertrauen, Respekt und Sympathie gegenüber den Rollensendern. (Die Kausalrichtung dieser Zusammenhänge ist natürlich nicht eindeutig geklärt.)

»Was wird als nächstes passieren?«

Die Dynamik von Rollenunklarheit und Stress wird in einigen anekdotischen Berichten deutlicher, die Kahn et al. anführen. Insbesondere einschneidende Änderungen »von oben«, wie Versetzungen oder Degradierungen ohne Begründung, können eine schon vorhandene latente Spannung zu einem chronischen defensiven Alarmzustand verschärfen: »Was wird als nächstes passieren?« Nicht zu wissen, nach welchen Kriterien man beurteilt wird, kann das Selbstvertrauen stärker unterminieren als eine klare Kritik.

Rückzug hilft meist nicht

Schließlich ist eine relativ schwache Korrelation von Bewertungsunklarheit mit verringerter Kommunikationshäufigkeit erwähnenswert. Eine entsprechende, aber wesentlich stärkere Korrelation besteht mit Rollenkonflikt. Kahn et al. vermuten hier einen Teufelskreis. Meidung von Rollensendern kann eine kurzfristig erfolgversprechende Strategie zur Verminderung von Konfliktstress sein; langfristig mag sie das Problem eher verschärfen. Wer im Falle von Rollenunklarheit dazu übergeht, seinen Rollensendern aus dem Wege zu gehen, wird seine Informationsdefizite mit Sicherheit nicht beseitigen können.

Gespräche, die Klarheit schaffen

Warum fragen Menschen in Organisationen nicht einfach, vor allem was persönliche Einschätzungen betrifft? Nun, zu der Angst vor negativem Feedback mag noch eine weitverbreitete Befürchtung kommen, ein allzu offen geäußertes Interesse an der Wertschätzung anderer könnte als Zeichen von Schwäche interpretiert werden. Nicht wenige Firmen, auch in Deutschland, haben darum zur Überwindung der Schamschwelle regelmäßige »Mitarbeitergespräche« eingeführt, in denen Lob und Tadel verteilt und Rollen nötigenfalls neu ausgehandelt werden. Freilich bedarf es zweifellos großen Geschicks, damit eine solche Maßnahme den angestrebten Zweck erfüllt, ohne unerwünschte Nebeneffekte zu zeitigen.

Zusammenhänge mit Burnout

Rollenstress und Burnout. Die klassische Studie von Kahn et al. hat eine Vielzahl von Folgeuntersuchungen an verschiedenen Berufsgruppen nach sich gezogen. Obwohl das relative Schwergewicht von Rollenkonflikten und Rollenunklarheit je nach Stress-Symptom schwankt, wurden die korrelativen Befunde in der weit überwiegenden Zahl der Replikationen bestätigt (vgl. z. B. Jamal, 1984; Lyons, 1971; Orpen, 1982).

Neuerdings erscheinen zunehmend Studien, die als zusätzliche oder einzige abhängige Variable Burnout-Fragebögen einsetzen (z. B. Fimian, 1984; Jackson et al., 1986; Pierson-Hubeny & Archambault, 1985; Schwab, 1981; Schwab & Iwanicki, 1982; Shamir & Drory, 1982; Westerhouse, 1980); die Ergebnisse entsprechen in den meisten Fällen denen zu »Stress« (zusammenfassend Schaufeli & Enzmann, 1998, S. 82).

Persönlichkeit und Rollenstress. In einigen abschließenden Kapiteln behandeln Kahn et al. auch die Bedeutung ausgewählter Persönlichkeitsmerkmale für die Stressgenese. In ihrem, notwendigerweise vereinfachten, Modell kommen solche Variablen – etwa Ängstlichkeit, Extraversion, Rigidität, Leistungs- und Sicherheitsorientierung, Bedürfnis nach Klarheit – vor allem an folgenden fünf Stellen ins Spiel.

Nicht jeden trifft es gleich

- Zum einen beeinflusst die Persönlichkeit des Rollenträgers bzw. das, was seine Rollensender davon wahrnehmen, die Rollenerwartungen, die sie auf ihn richten, und die Art von Rollendruck, den sie ausüben. Wer beispielsweise, aus welchem Grund auch immer, gezeigt hat, dass er sich widerspruchslos Aufgaben zuschanzen lässt, die eigentlich nicht die seinen sind, wird auch in Zukunft leichter ein Opfer von Ausbeutungsversuchen sein als jemand, der von vornherein den Konflikt nicht gescheut und sich abgegrenzt hat. Der junge Arzt in dem schon erwähnten Tiefeninterview schildert das so:

  Nicht jeder wird gleich behandelt

  »Ich habe das bei der ersten Stelle gesehen. Da habe ich erst einmal versucht, den Schwestern ein bisschen zu helfen, zur Hand zu gehen, wenn mal nichts zu tun war. Das wurde erst sehr dankbar angenommen, und nachher wurde es zur Selbstverständlichkeit. Und da muss man erst mal wieder sagen, das ist nicht mein Job, das ist euer Job. Ich helfe euch gern, aber das ist nicht das Wesentliche, was ich hier zu tun habe. Und dann gibt es immer so ein bisschen Knatsch.«

- Individuen differieren hinsichtlich ihrer allgemeinen Stresstoleranz (die in Stellenanzeigen häufig »Belastbarkeit« genannt wird). Das gleiche Ausmaß an »objektiven« Rollenkonflikten oder Unklarheiten führt beim einen zu kaum wahrnehmbaren Reaktionen, beim anderen zu unübersehbaren Dekompensationen (vgl. auch das viel zitierte Experiment von Sales, 1970, in dem Testangst und Stärke des Leistungsmotivs die Auswirkungen von Über- und Unterforderung auf Variablen wie Angespanntheit, Selbstachtung, Ärger und Pulsfrequenz moderierten.)

  Nicht jeder verträgt gleich viel

- Es gibt Unterschiede in der Anfälligkeit für spezifische Stressoren. Beispielsweise moderierte die Fragebogenvariable »Bedürfnis nach Klarheit« (*Need Cognition*) den Zusammenhang von Rollenunklarheit und Angespanntheit dergestalt, dass die Korrelation bei »Klarheitsbedürftigen« sehr viel höher lag (Kahn et al., 1964, S. 88); ein Befund, den Lyons (1971) bei Krankenschwestern und Wright & Thomas (1982) bei Schulpsychologen auch für weitere abhängige Variablen bestätigen konnten. Holbrook & Ryan (1982) fanden bei intraindividuellen Analysen nicht einmal uniform positive Beziehungen zwischen Konflikt, Unsicherheit und Überlastung einerseits und Stress andererseits, was allerdings wahrscheinlich nicht verallgemeinerungsfähig sein dürfte.

  Nicht jeder hat dieselben Schwachstellen

- Auch Dispositionen für spezifische Gefühlslagen, z. B. Angst, Ärger, schlechtes Gewissen, Resignation, sind von vornherein ungleich verteilt.

  Nicht jeder empfindet gleich

Nicht jeder hilft sich gleich

- Und schließlich differieren Menschen in Art und Wirksamkeit ihrer bevorzugten Coping-Strategien, der bewussten und der unbewussten. Wie bei Lazarus wird zwischen problembezogenem und emotionsbezogenem Coping unterschieden; als dritte Kategorie (die wohl besser als späteres Stadium eines Zyklus zu sehen wäre) betrachten Kahn et al. die Bewältigung der Folgeprobleme, die die Auseinandersetzung mit dem Kernproblem mit sich brachte. Wer etwa auf jede Kritik mit einem Gegenangriff antwortet, wer zur Entspannung größere Mengen Alkohol benutzt, oder wer aufgestauten Berufsärger verschiebt und abends am Ehepartner auslässt, mag sich rasch vor abgeleiteten Problemen finden, die die ursprünglichen an Dringlichkeit übertreffen.

Beistand gegen Stress

Stress und gegenseitige Unterstützung. Zum Schluss dieses Abschnitts soll noch ein Thema angeschnitten werden, das bei Kahn et al. nur angerissen wurde, das in der Forschungstradition, die sie begründeten, aber mittlerweile viel Beachtung gefunden hat: der Einfluss von Beistand und Unterstützung (*Support*) seitens Kollegen und Vorgesetzten auf die Stressreaktion.

In offenen Befragungen über Stressoren wurde gelegentlich fehlende Unterstützung als Stressfaktor genannt; es ist aber anzunehmen, dass hier eine allzu umgangssprachliche Definition von Stress benutzt wurde. Andererseits hat eine Reihe von Autoren (z. B. French et al., 1974) die Vermutung geäußert, dass Unterstützung sowohl einen direkten stressreduzierenden Effekt ausüben als auch »puffernd« zwischen Stressoren und Individuum wirken kann. Dieser Immunisierungseffekt ist umstritten (siehe z. B. Eden et al., 1977; Karasek et al., 1982; LaRocco & Jones, 1978; Newman & Beehr, 1979, S. 13–14; Payne & Fletcher, 1983; Pines, 1982), ebenso, ob eine Wirkung auch auf physiologische Parameter, nicht nur auf psychologische besteht (Winnubst et al., 1982). Die unterschiedlichen Ergebnisse dürften teilweise auf unterschiedliche Vorgehensweisen rückführbar sein; schon der Begriff »Unterstützung« kann ja sehr Verschiedenartiges beinhalten, wie Pines (1982) und Bruhn & Philips (1984) ausgeführt haben. Auch ist an Moderatoreffekte zu denken (Etzion, 1984; Lefcourt et al., 1984; Shamir & Drory, 1982; zusammenfassend Schwarzer & Leppin, 1989). Die genaue Wirkungsweise ist zunächst vielleicht auch weniger wichtig als die einigermaßen anerkannte Tatsache, dass stützende, solidarische Beziehungen am Arbeitsplatz und/oder daheim Stress und Stressauswirkungen mindern können: »Gemeinsam sind wir stark«.

Beistand gegen Hilflosigkeit

Ich vermute, dass unter solchen Bedingungen schon die primäre Lageeinschätzung »Bedrohung« weniger wahrscheinlich wird, vor allem aber vielfältigere und weniger risikoträchtige Coping-Strategien zur Verfügung stehen.

Auf dem Sachverhalt, den diese Formulierung etwas umständlich ausdrückt, beruht letztlich die Existenz von Gewerkschaften, Schutzvereinigungen, Selbsthilfegruppen und Solidargemeinschaften. Der Familienverband, wie er in mehr traditionsgeleiteten Kulturen etwa Südeuropas noch immer im Lebenszentrum steht, hat ja ebenfalls die Funktion, Bedrohungen und Lasten des Einzelnen auf mehrere Schultern zu verteilen. Dieses Prinzip liefert, wie wir später sehen werden, die Grundlage für einen häufig empfohlenen Ansatz zur Prävention und Therapie von Burnout.

Leider sind auch hier die Befunde nicht einheitlich. Dekker & Schaufeli (1995) fanden in einer gut kontrollierten quasi-experimentellen Studie *keinerlei* protektive Wirkung seitens dreier subjektiv erhobener Support-Faktoren (nämlich Unterstützung von Kollegen, vom Management, von der Gewerkschaft) auf Stress und Burnout bei kündigungsbedrohten Angestellten eines australischen Verkehrsunternehmens.

2.1.4 Konflikt und Konfliktverarbeitung

Wie wirken Konflikte?

Kahn et al. haben sich bis auf wenige Bemerkungen in Einzelfallstudien darauf beschränkt, Konflikte zu beschreiben, zu typisieren und ihre messbaren Korrelate, sozusagen aus einigem Abstand, zu registrieren. Für die folgenden Betrachtungen wollen wir einige Schritte näher treten. Was geschieht innerhalb der »*Black Box*«, die sich in einem Konflikt befindet?

Konflikttypen. Dieses Thema hat selbst in der akademischen Psychologie eine ehrwürdige Tradition, von tiefenpsychologischen Schulen ganz zu schweigen (z. B. Mentzos, 1984). Der Exkurs kann dennoch kurz bleiben, weil die Ergebnisse dieser Bemühungen in gutem Einklang mit dem stehen, was wir aus alltäglicher Introspektion erschließen können. Lewin (1935) unterschied bereits vor Jahrzehnten Annäherungs-Annäherungs-, Meidungs-Meidungs- und Annäherungs-Meidungs-Konflikte.

Hin- und hergerissen

- Annäherungs-Annäherungs-Konflikte, die eher harmlosesten, bestehen in Situationen, wo das Anstreben eines Zieles notwendig die Aufgabe eines anderen beinhaltet; im Englischen sagt man in solchen Fällen »*You can't eat your cake and have it*«.

Wahl des kleineren Übels

- Meidungs-Meidungs-Konflikte zwingen zur Wahl eines »kleineren Übels«: Im Extremfall geht es nur noch um »Erhängen oder Erschießen«.

Nebenwirkungen

- Annäherungs-Meidungs-Konflikte schließlich liegen vor, wenn die Entscheidung für ein Ziel unweigerlich auch negative Nebeneffekte hat (vorher, gleichzeitig oder später): Schokolade schmeckt gut, macht aber auch dick.

Die Qual der Wahl

Wichtig ist nun, dass die Gefühlslage, die Konflikte begleitet, offenbar negativ getönt ist; dies bezeichnet der Ausdruck »die Qual der Wahl haben«. Die Qual ist um so quälender, je stärker die Annäherungs- oder Meidungstendenzen sind und vor allem, je weniger sich die widerstreitenden Tendenzen in ihrer Stärke unterscheiden. Das Gefühl des »Hinundhergerissenseins«, der »inneren Zerrissenheit« liegt ja schon metaphorisch nahe bei der »Angespanntheit«, einer der wichtigsten Stressvariablen in den Untersuchungen von Kahn et al.

Konflikte im Tierexperiment

Konfliktfolgen. Die Dynamik lässt sich sehr plastisch anhand der bekannten Tierversuche zur »experimentellen Neurose« (z. B. Beech, 1969) darstellen.

In diesen Experimenten lernten Versuchstiere, z. B. Hunde, eine Belohnungserwartung angesichts einer Reizkonfiguration (z. B. eines Kreises), keine Belohnungs- oder sogar eine Bestrafungserwartung angesichts einer anderen (z. B. einer Ellipse). Näherte man nun die Konfigurationen so weit aneinander an, dass sie mehr oder weniger ununterscheidbar wurden (z. B. immer rundere Ellipsen), dann zeigten die Tiere deutliche Unruhe, sie jaulten, bissen um sich und zerrten an ihrem Geschirr. Diese Reaktionen zeigten sich nach einigen Wiederholungen bereits beim Kontakt mit der Versuchsapparatur.

Konflikte und Schizophrenie

Eine Übertragung dieses Paradigmas auf menschliche Phänomene ist die sog. *Double-Bind*-Hypothese, die intensive Konflikte zwischen aufsuchenden und meidenden Impulsen gegenüber Elternfiguren für den Beginn schizophrener Prozesse verantwortlich macht. (Dass dies allerdings eine Reihe weiterer Faktoren voraussetzt, die teils unter genetischer Kontrolle stehen, erklärt beispielsweise Meehl, 1972.)

Ich greife das Thema Konflikt noch einmal gesondert auf, weil es an mindestens zwei Stellen Beschreibungen von zumindest burnoutähnlichen Symptombildern gibt, die auf Konfliktlagen zurückgeführt werden:

- Bräutigams (1968) Beschreibung der »Erschöpfungsreaktion«,
- Hochschilds (1983) Analyse der psychischen Kosten von »Gefühlsarbeit«.

Konfliktreaktionen

Erschöpfungsreaktion. Als Unterkategorie sog. Konfliktreaktionen schildert Bräutigam (1968, S. 32) die Erschöpfungsreaktion folgendermaßen:

»Gespannte, reizbare Erschöpfung«

> »Charakteristisch ist die gespannte, reizbare Erschöpfung, die nicht wohlige Müdigkeit des Erfolgreichen ist, sondern eine morose Verstimmtheit und Leistungsunfähigkeit einschließt. Das Gefühl der Ohnmacht und Müdigkeit ist von einem Spannungszustand begleitet. Die Erschöpfung und Schwäche führt nicht zum ruhigen und erholsamen Schlaf, sondern meist besteht eine paradoxe Unfähigkeit zur Entspannung mit Schlafstörung. Klagen über Müdigkeit, Schlaffheit und Leistungsunfähigkeit können also ganz in den Vordergrund treten. Sie kontrastieren aber meistens mit einer bemerkenswerten Unruhe. Die Stimmung ist gewöhnlich nicht ausgesprochen depressiv, sondern flach, fade, leer, lustlos. Alles ist zuviel, alles stellt eine Anforderung dar, von der man nichts mehr wissen möchte. Oft ist die Aufmerksamkeit auf den eigenen Leib gerichtet, ein hypochondrischer, klagsamer, schmerzlicher Zug mit meist diffusen Beschwerden stellt sich ein.«

Die Übereinstimmung mit der im ► Abschn. 1.2 dargestellten, ebenfalls sehr unspezifischen Burnout-Symptomatik ist unübersehbar (vgl. auch Kielholz & Hole, 1986; Pöldinger, 1984). Zu den Ursachen schreibt Bräutigam (1968 , S. 34):

»Leistung im Bewusstsein der Sinnlosigkeit«

> »Es reicht nicht aus, wenn man die Ursache der Erschöpfungsreaktion allein in einer starken körperlichen oder seelischen Belastung sucht. Ist der Mensch stark und eindeutig motiviert – wie im Krieg oder in Zeiten wirtschaftlicher Not, wo es um die nackte Existenz geht – so kann er körperlich Außerordentliches leisten und ist seelisch auch belastungsfähig. Sicher stellen Schlafentzug und Doppelbeschäftigung (Beruf und Hausfrau, Schichtarbeit und Hausbau in den Abendstunden) einen belastenden Faktor dar. Entscheidend scheint aber eine bestimmte Form eines Leistungskonfliktes, die als »selbstwidersprochene Anstrengung« (v. Baeyer) zu charakterisieren ist. Der pathogene Konflikt der Erschöp-

fungsreaktion liegt in einer Aversions-Appetenz-Ambivalenz gegenüber der eigenen Anstrengung. Der Leistungsmotivation steht ein innerer Widerspruch, das Bewusstsein der Sinnlosigkeit oder Ähnliches, hemmend entgegen.«

In ähnlichem Sinne referiert Wiesenhütter (1959) Alfvén (»Erschöpfung als Disharmonie zwischen Anstrengung und Tätigkeit; sie entsteht auf dem Boden einer Überinnervation mit Unlustaffekten«; S. 764) und J. H. Schultz:

Scheinermüdung

> »Anders [als bei der echten Ermüdung; d. Verf.] ist das bei der Scheinermüdung, die auf psychogene Unlusterlebnisse, depressive Verstimmungen mit hypochondrischen Ideen und erhöhter Anspannung gegen Widerstände, Angsterlebnisse mit Verkrampfung und vegetativen Symptomen, Flucht- und Zweckreaktionen (»Schulflucht« in der Kindheit, Rentenbegehren usw.) und psychische Sättigung infolge betrieblicher Einzwängung (»Widerwillen« im Sinne Lewins) zurückzuführen ist« (Wiesenhütter, 1959, S. 765).

Interessanterweise steigt der Anteil der Kategorie »Erschöpfungs- und Versagenszustand« in Bochniks (1961) Analyse Hamburger psychiatrischer Diagnosen von rund 10% 1935 auf etwa 70% in den Jahren 1952–1954, was der Autor allerdings mit Verschiebungen in den diagnostischen Gewohnheiten erklärt.

Ein Teufelskreis

Hinzuzufügen wäre noch, dass sich eine konflikthafte Motivationslage leicht selbst stabilisieren kann: Wo, etwa aus dem Konflikt von »Hoffnung auf Erfolg« und »Furcht vor Misserfolg« heraus, Ziele nur mit halbem Einsatz verfolgt werden, wird der Misserfolg auch häufiger eintreten – was den hemmenden Anteil und das Ohnmachtsgefühl weiter verstärkt. Dergleichen lässt sich bei Studenten nicht selten beobachten.

Gefühlstabus

Gefühlsarbeit. Besteht ein Konflikt, im Sinne Kahns oder Bräutigams, im gleichzeitigen Auftreten mehrerer inkompatibler Handlungstendenzen – etwa der Pflicht, Untergebene zu pünktlichem Arbeitsbeginn anzuhalten, und dem Wunsch, großzügig zu erscheinen, indem man »ein Auge zudrückt«, oder dem Ziel, ein Buch zu schreiben und dem gleichzeitigen Wunsch nach Entspannung – so geht eine Spezialform, das gleichzeitige Auftreten mehrerer inkompatibler Gefühlstendenzen, vermutlich noch »tiefer«, weil eher der »Kern« der Person betroffen ist. In der Abwehr nichtzugelassener Gefühle sehen sowohl die klassische Psychoanalyse als auch die Gesprächstherapie, jedenfalls in der Theorie von Rogers (z. B. 1977) etwas Pathogenes. Freilich ist damit eine nichtbewusste Abwehr gemeint, die, nach Ansicht der Psychoanalyse, erst dann zum Problem wird, wenn sie »brüchig« wird oder unverhältnismäßig viel Energie absorbiert. Im Folgenden wird es um Situationen gehen, in denen zunächst der Ausdruck gewisser Emotionen tabu ist, was nach und nach dazu führt, diese erst gar nicht mehr zuzulassen oder wahrzunehmen.

Es gibt nämlich Berufe, für die das Auseinanderklaffen von empfundenen und kommunizierten Gefühlen geradezu die Essenz ausmacht. Die Soziologin Arlie R. Hochschild (1983) hat ein Paradebeispiel in einem anregenden Buch beschrieben: die Stewardess, heutzutage Flugbegleiterin genannt.

Das Lächeln als Produktvorteil

Sehr knapp zusammengefasst, besagt ihre Analyse dieses Berufsstandes etwa folgendes: In Zeiten, in denen die tangiblen Aspekte des Fliegens (Gastronomie, Fluggeschwindigkeit, Stauraum, Sitzkomfort etc.) innerhalb derselben Preisklasse nicht mehr allzusehr differieren, besteht für Fluggesellschaften die Versuchung, ihren »Produktvorteil« in den menschlichen Qualitäten der Behandlung durch das Personal zu kultivieren. Hochschild hat ihre Untersuchungen hauptsächlich bei einer amerikanischen Linie angestellt, die diesen Weg bis zum Extrem gegangen ist; folgerichtig heißt der Untertitel ihres Buches »Kommerzialisierung menschlicher Gefühle«. Die »Wärme« und »Gastfreundlichkeit« des Bedienungspersonals spielt aber auch im Image anderer, vornehmlich der asiatischen Fluglinien eine bedeutende Rolle, sieht man sich daraufhin einmal die Werbung an.

«Erlebnisgastronomie« in der Luft

In einer Sozialschicht, für die die Knappheit der materiellen Güter zunehmend von einer Knappheit an Zeit und an persönlichen Erlebnissen abgelöst wird, werden die Rollenerwartungen, die man als »Flug*gast*« (!) zu hegen ermuntert wird, zu einem Verkaufsargument hohen Gewichts. Was bedeutet das für die Stewardess (und, in geringerem Grade, den Steward)?

Faktisch sieht sie sich auf jedem Flug einigen Dutzend bis einigen Hundert Fremden gegenüber. Sie weiß, dass deren explizite Ansprüche über die der Gäste eines erstklassigen Restaurants hinausgehen können. Sie weiß auch, dass im Falle eines technischen Defekts jederzeit noch ganz andere Anforderungen auf sie zukommen können. Unter diesen Umständen »fröhliche«, »glückliche« und »liebevolle« Empfindungen naturwüchsig zu haben, wird allenfalls der blauäugigsten Novizin gelingen. Solche vorgeblichen Empfindungen mit einem Dauerlächeln kommuniziert zu bekommen, entspricht aber genau den Erwartungen vieler ihrer Geschäftspartner, die sie, je nach Geschmack, gern wie die Gastgeberin auf einem Kindergeburtstag, wie eine Sekretärin, eine Geisha oder eine Kreuzung aus allem behandeln möchten.

Simulation positiver Gefühle

Die Diskrepanz zwischen ihren realen und den solcherart erzwungenen Gefühlen zu überbrücken, erfordert, was Hochschild »Gefühlsarbeit« nennt. (Dies hat keine Beziehung etwa zum Begriff Trauerarbeit – dort geht es ja gerade um das Durchleben von unangenehmen Gefühlen, die man lieber vermeiden möchte.)

Erzwungen wird die Simulierung positiver Gefühle nicht nur durch den Rollendruck der Passagiere, sondern auch durch die mehr oder weniger massiven Ermahnungen des Arbeitgebers. In einer Gesellschaft mit wachsender psychologischer »*Sophistication*« steigen die Ansprüche an die Qualität der Gefühlsarbeit insofern noch weiter an, als es mit einfachem Lächeln zunehmend nicht mehr getan ist: Fluggesellschaften sind zu der Behauptung übergegangen, das Lächeln *ihrer* Stewardessen komme »von innen«, sei nicht aufgesetzt, sondern »echt«.

Gefühlsarbeit in anderen Berufen

Der Beruf der Stewardess ist zweifellos ein extremer Fall. Aber Gefühlsarbeit spielt eine Rolle in einer großen Anzahl (vornehmlich »weiblicher«) Berufe: Bedienungs-, Verkaufs-, Büropersonal sind naheliegende Beispiele. Whytes (1948) klassische Untersuchung *Human Relations in the Restaurant Industry* enthält viele Beobachtungen, die gut zu dieser These passen. Hochschild schätzt, dass mehr als ein Drittel aller Berufstätigen in den USA mehr oder weniger schwere Gefühlsarbeit leisten müssen.

Gefühlsarbeit und Burnout

Die Symptome, die eine chronische Überforderung durch Gefühlsarbeit produziert, scheinen allenfalls in Nuancen und Pointierungen von den erwähnten des Burnout-Syndroms abzuweichen. Hochschild z. B. betont als Spezifikum sexuelle Störungen wie Orgasmusunfähigkeit. Ich vermute aber, dass die Gemeinsamkeiten beträchtlicher sind als die Unterschiede. Letztere mögen eher die unterschiedliche Geschlechts- und Schichtenzusammensetzung verschiedener Berufsgruppen widerspiegeln, nicht so sehr qualitative Unterschiede in den Stressoren oder den Coping-Mechanismen.

Sein Herz nicht auf der Zunge zu tragen, nicht jedem ohne weiteres zu zeigen, wie es in einem aussieht, ist selbstverständlich Teil nicht nur asiatischer Höflichkeitsregeln. Spielt sich derlei aber in einem Machtgefälle ab, und ist der Druck permanent spürbar, dann kann Gefühlsarbeit höchstwahrscheinlich als *ein* Faktor zu Burnout beitragen (vgl. Morris & Feldman, 1996; Zapf, 2002).

Verborgene Angst

In diesem Zusammenhang ist ein Bericht über Menschen interessant, denen eine ganz andere Art von Gefühlsarbeit abverlangt wird: Chemiearbeiter, überwiegend männliche, an Arbeitsplätzen mit hohem Gesundheitsrisiko (Nelkin, 1983). Als wesentliche Symptome werden für sie chronische (teils verleugnete) Angst, Gefühle der Machtlosigkeit und der Isolierung beschrieben. Grinker und Spiegels (1945) schon früher erwähnte Kampfflieger, überhaupt Soldaten in gefährlichen Situationen, denen eine Verhaltensnorm ja den Ausdruck von Angst verbietet, sind weitere Beispiele.

Übrigens fanden Haynes et al. (1980) Zusammenhänge auch zwischen Unterdrückung von Ärger und Herz-Kreislauf-Krankheiten.

Hinter der Fassade der Helfer

Gefühlsarbeit in Helferberufen. Schlagen wir nun den Bogen zurück, von Berufen, deren Gefühlsarbeit durch von außen gesetzte Rollenvorschriften erzwungen wird, über solche, bei denen sie einen notwendigen Teil einer gefährlichen Arbeitsrealität ausmacht, zu denen, wo sie, zumindest teilweise vermutlich, ein selbstauferlegtes internalisiertes Joch sind: den »helfenden«, den klassischen Burnout-Berufen. Der Sozialberufler, der seinen Gefühlen von Ärger, Enttäuschung, Angst, Trauer freien Lauf ließe, würde nicht unbedingt von einem Vorgesetzten auf der Stelle entlassen – aber die Folgen für sein Selbstwertgefühl wären u. U. noch gravierender, weil er eine *selbst* gesetzte Norm verletzt hätte. (Natürlich sind es auch allenfalls die erfahrensten Stewardessen, die in ihrem Kopf eine säuberliche Trennung von selbst- und fremdgesetzten Normen problemlos durchhalten können.)

Um nicht eines der ständigen Klischees der Burnout-Literatur zu wiederholen: Nicht alle Helfer sind »so«; vermutlich hat ein Großteil der Lehrer, Krankenschwestern, Sozialarbeiter, Erzieherinnen etc. akzeptable Wege gefunden, negativ getönte Emotionen auszudrücken, ohne in Konflikt mit sich selbst oder wichtigen Rollensendern zu kommen. Es brennen aber auch nicht alle aus.

Ich vermute, dass es u. a. das Vorhandensein einer emotionsunterdrückenden Norm im Idealbild ist, das manche Sozialberufler besonders zu Burnout prädestiniert (s. dazu auch Jürgens-Becker, 1987; Schmidbauer, 1983).

Distanziertes Engagement

Die eher interventionistisch orientierte Burnout-Literatur betont für solche Helfer ein Lernziel, das sie »distanziertes Engagement« (*Detached Concern*) nennt (z. B. Aronson et al., 1983, S. 67ff.; Maslach, 1982a, S. 147–148). Man könnte dies eine »verstellbar dicke Haut« nennen – dünn genug, um ein detailliertes Einfühlen in die Weltsicht anderer zu ermöglichen, dick genug, um sich davon nicht dauerhaft aus dem inneren Gleichgewicht bringen zu lassen.

Professionelle Masken

Ohne dieses Lernziel in seiner Bedeutung schmälern zu wollen, sehe ich bei seiner Verwirklichung dieselben Schwierigkeiten voraus, die Hochschild für Stewardessen beschrieben hat: Es erfordert viel Geschick, Rolle und eigene Identität auseinanderzuhalten, insbesondere

- bei einem Klientel, das für den Verdacht »professioneller Masken« empfindliche Antennen entwickelt hat, und
- angesichts von Problemsituationen, die auch viel gleichzeitige Aufmerksamkeit auf der Sachebene erfordern.
- Wo die Trennung von Rolle und Person vollzogen ist, kann es zu einer menschlichen Abkopplung vom Partner (Patient, Klient, Schüler etc.) kommen, die den Helfer einsam macht. Die Haut wird sozusagen zur Hornhaut.
- Und: Es müssen Skrupel bezüglich des Aspekts der »Unehrlichkeit«, »Schauspielerei«, »Illusionserzeugung« überwunden werden; gerade in einer Zeit, wo – zu Recht – das Misstrauen vor nur vorgetäuschten Werthaltungen gewachsen ist und das Adverb »echt« wegen übermäßigen Gebrauchs zum nichtssagenden Universalverstärker der Jugendsprache degeneriert ist.

Fazit

Fassen wir zusammen: Das gleichzeitige Auftreten unvereinbarer Handlungs- oder Gefühlstendenzen scheint bei Menschen – und sogar bei Tieren – eine innere Anspannung und nachfolgende Erschöpfung hervorzurufen. Dauert dieser Zustand länger an, dann kann ein Symptombild entstehen, das dem des Burnout-Syndroms zumindest stark ähnelt. Ich werde das Thema im ► Abschn. 2.2.2, erneut aufgreifen.

2.1.5 Person-Environment-Fit als übergreifende Konzeption

Passung von Mensch und Umwelt

Als Denkmodell, in das sich die verschiedenen Stressansätze einbetten lassen, erscheint mir die Konzeption des *Person-Environment-Fit* bzw. *-Misfit* am geeignetsten. In ihrer allgemeinen Formulierung lässt sie sich mindestens bis Kurt Lewin (1936) und Henry A. Murray (1938) zurückverfolgen (vgl. Stern, 1964; Pervin, 1968). In speziellerer Form handelt es sich um einen Versuch zur Erklärung von Arbeitsunzufriedenheit, der ebenfalls der Michigan-Gruppe zuzurechnen ist; gleichzeitig um ein methodisches Programm, dessen bislang nicht allzugroßer Erfolg aber nicht vorschnell zur Verwerfung des Grundgedankens führen sollte (s. dazu zusammenfassend Gebert & v. Rosenstiel, 1981, S. 100–106).

Überfordert und unbefriedigt

Dieser Grundgedanke sieht die Person ausgestattet mit einem individuellen Satz von Fähigkeiten und Bedürfnissen (z. B. dem Bedürfnis, einzelne oder alle seine Fähigkeiten weiterzuentwickeln und anzuwenden). Die Arbeitsumwelt – aber in unserem Rahmen denken wir besser an die Umwelt allgemein – hält nun einerseits Anforderungen an die Fähigkeiten, andererseits Chancen zur Bedürfnisbefriedigung bereit. Auch hier sollte zwischen »objektiven« und »wahrgenommenen« Umweltgegebenheiten (den »*Alpha-*« und den »*Beta-Presses*«

in der Terminologie Murrays) unterschieden werden. Klaffen wahrgenommene Anforderungen und Fähigkeiten merklich auseinander (subjektive Über- oder Unterforderung), und/oder werden Bedürfnisse nicht ausreichend befriedigt (den Fall der »Überbefriedigung« kann man wohl ausklammern), so entsteht in einem allgemeinsten Sinne psychischer Stress.

Ein schlechtsitzender Anzug

Man kann sich einen *Person-Environment-Misfit* wie ein schlechtsitzendes Kleidungsstück vorstellen, das einerseits spannt und kneift, andererseits sensible Körperpartien ungeschützt lässt. Wie lange derlei ertragen wird, und ob sich Folgewirkungen z. B. im Sinne von Burnout einstellen, hängt auch von den Auswahlmöglichkeiten ab, die der Arbeitsmarkt bietet.

Umgekehrt stabilisiert ein gutsitzender Anzug wahrscheinlich das, was in ihm steckt. So jedenfalls lassen sich Längsschnittstudien zur Wechselwirkung von Arbeit und Persönlichkeit interpretieren (s. Schallberger, 1987).

Fehlpassung und Burnout

Wie durch *Person-Environment-Fit* je nach Coping-Stil und -Erfolg die Arbeitszufriedenheit tangiert sein kann, ist im ► Abschn. 2.4, skizziert. In einem solchen Sinn haben Carroll (1980) und Perlman & Hartman (1980) das Modell zur Erklärung von Burnout herangezogen; Beehr & Newman (1978) verwenden es als Rahmentheorie zur Einordnung beruflicher Stressoren.

Vier Typen der Arbeitsorientierung

Einige weitere Anwendungen: Cherniss (1980a) klassifizierte, wie schon oben erwähnt, die 28 Interviewpartner seiner Längsschnittuntersuchung in vier Typen der Arbeitsorientierung:
- »Karrieristen«,
- »sozial Engagierte«,
- »Kunsthandwerker« (*Artisans*)
- »Freischaffende« (*Self Investors*; d. h. Menschen, deren Lebensinhalt etwas ganz anderes als Arbeit ist).

Der richtige Mann am falschen Platz

Er betrachtete dann das Ausmaß, in dem diese Orientierungen durch Rahmenbedingungen der individuellen Arbeitsplätze frustriert wurden, und setzte dies in Beziehung zu Burnout. Beispielsweise wäre ein Karrierist in einer rührigen öffentlichen Rechtsberatungsstelle ohne Sprungbrettchancen viel eher burnout-gefährdet als ein sozial Engagierter. Genau der gleiche Gedanke liegt Wilder & Plutchiks (1982) Präventionsvorschlag zugrunde, vor Arbeitsantritt das Bedürfnisprofil eines Berufsanfängers mit dem aus Erfahrungsberichten destillierten Befriedigungspotential einer arbeitgebenden Organisation zu vergleichen.

Für die Krankenpflege zu kess?

In einer eigenen Längsschnittuntersuchung (Burisch, 2002; Burisch, 2003, unveröffentlicht) an 123 Pflegeschüler(inne)n gerieten nur neun der Teilnehmer(innen) während der dreijährigen Ausbildung in eine oder mehrere eindeutige Krisen (ablesbar aus Burnout-Fragebögen), die nicht schon zu Beginn der Untersuchungsperiode erkennbar waren. Diese Neun schilderten sich eingangs gerade *nicht* so, wie es die ältere Burnout-Folklore erwarten ließ: Sie waren eher unter- als überidentifiziert mit dem Beruf, eher rebellisch als fügsam, eher zufrieden als unzufrieden mit den eigenen Kompetenzen usw. Diese Reibung zwischen Persönlichkeit und Rollenerwartungen der Pflegeausbildung führte zu Konflikten mit Vorgesetzten, Unterrichtskräften und Kollegen und diese, so *eine* Lesart der Befunde, zu Burnout.

Flow

Auf dem Mikroniveau einer einzelnen Situation hat *Person-Environment-Fit* viel gemeinsam mit dem Erlebnis des *Flow*, einem intensiv lustbetonten Zustand, den Csikszentmihalyi (1975) als Deckung von Anforderung und Fähigkeit (z. B. beim Klavierspielen) definiert hat (vgl. Privette, 1983). Er liegt also genau zwischen Unter- und Überforderung, zwischen den begleitenden Emotionen Langeweile und Angst. Es ist kein Wunder, dass *Flow*-Erlebnisse in selbstgewählten Beschäftigungen als Gegenmittel gegen Burnout empfohlen werden (Aronson et al., 1983).

Das Modell des *Person-Environment-Fit* hat zwei wichtige Vorteile.

Auch Unterforderung stresst

- Zum einen klassifiziert es auch Unterforderungssituationen (z. B. durch monotone oder extrem fraktionierte Arbeitsabläufe) als Stressoren, obwohl diese ja in keine der drei Kategorien von *Primary Appraisal* bei Lazarus passen. Dass längerdauernde Unterforderung beeinträchtigende Effekte haben kann, die denen von Überforderung nicht nachstehen, ist aber belegt (Karmaus, 1979, Farber, 2000a).

Auch Unterbefriedigung stresst

- Zweitens bezieht es ungenügende Bedürfnisbefriedigung oder, anders ausgedrückt, Zielfrustration explizit mit ein. Das hatte zwar auch Lazarus (1966) bereits getan, etwa in einem Abschnitt mit dem Titel »Psychologischer Schaden als Motivvereitelung«; in der Rezeption seiner Theorie steht jedoch die Bedrohungskomponente im Zentrum.

Es ist wahrscheinlich sinnvoll, die beiden Stressorentypen wenigstens begrifflich zu trennen; es macht beispielsweise einen psychologischen Unterschied, ob ein Lob ausbleibt oder ein Tadel eintrifft. (Zur Bedeutung von »Unterbefriedigung« vgl. auch Kanner et al., 1978.)

Midlife-Crisis und Burnout

Über das *Person-Environment-Fit*-Modell lässt sich auch die Beziehung von *Midlife-Crisis* und Burnout präziser formulieren. Die Midlife-Crisis oder allgemeiner, was Sheehy (1978) »*Passages*« (Übergänge) nennt, kann man sich als Folge revidierter Werte- oder Bedürfnismuster vorstellen, die bei konstanter Umwelt die »Passung« verringern. Derartige Revisionen treten wahrscheinlich gehäuft zwischen Mitte der Dreißiger und Mitte der Vierziger auf (daher *Midlife-Crisis*), aber keineswegs nur in dieser Altersspanne. Gelöst werden solche Krisen über eine Wiederanpassung der Person (z. B. durch Neuinterpretation der Situation) und/oder durch eine Veränderung der Umwelt (z. B. durch Berufswechsel). In diesem Sinne dauerhaft *un*gelöste Krisen können in einen Burnout-Prozess eskalieren, wenn die Wiederherstellung eines befriedigenden *Person-Environment-Fit* subjektiv unmöglich scheint (vgl. Cardinell, 1981).

Berufskrisen bei Psychologen

Suran & Sheridan (1985) haben diesen Gedanken in einem lesenswerten Aufsatz über die Karrierestadien von Psychologen (in USA) ausgeführt. Ihrer begründeten Meinung nach stellen sich dem Psychologen – aber man kann wohl mindestens auf andere akademische Berufe verallgemeinern – etwa bis zu seinen Fünfzigern vier Aufgaben, an denen er auch scheitern kann:

- Identitätsfindung (versus Rollenkonfusion),
- Kompetenzerwerb (versus Versagen),
- Produktivität (versus Stagnation),
- Erneuerung des beruflichen Engagements (versus Desillusionierung).

Speziell im vierten Stadium sehen sie die Gefahr einer klassischen *Midlife-Crisis* lokalisiert, das zweite (und vielleicht auch das erste) entspricht offensichtlich Cherniss' »Kompetenzkrise« (▶ Abschn. 1.4.10).

Eine vergleichbare Krise, wenn auch weit vor der Lebensmitte, lässt sich bei manchen Studenten beobachten, die im eher fremdbestimmten Milieu ihrer Schule gute Schüler waren. Misslingt es ihnen, in einem viel weniger reglementierten Studium *eigene* Ziele und Gütemaßstäbe zu entwickeln, dann kann es zu einem u. U. folgenreichen »Knick in der Lebenslinie« kommen.

Krisen im Studium

2.1.6 Ertrag

Die Beiträge der Stressforschung für das Verständnis des Burnout-Syndroms, die schon im Text verschiedentlich gekennzeichnet wurden, sollen hier noch einmal zusammengefasst werden.

- Was an somatischen Symptomen des Burnout-Syndroms bekannt ist (und in der Burnout-Literatur mit wenigen Ausnahmnen über Verbalmethoden erfasst wurde), stimmt offensichtlich mit denen des GAS überein. Die physiologische Stressforschung erklärt das Zustandekommen dieser Symptome und zeigt Parameter auf, die in der Burnout-Forschung als Indikatoren verwendet werden sollten.

Symptome von Stress und Burnout

- Die psychologische Stressforschung steuert den Begriff Bedrohung als wichtige Denkkategorie bei und betont den subjektiven, individuellen Charakter dieser Lageeinschätzung. Schon so lässt sich deuten, warum unter äußerlich sehr ähnlichen Bedingungen manche Individuen in einen Burnout-Prozess geraten, andere nicht. Weitere Erklärungen für diesen Sachverhalt lassen sich in individuellen Coping-Stilen und -Fähigkeiten vermuten; gleichfalls ein Beitrag dieser Richtung.

Subjektive Bedrohung schafft Stress

Schließlich verdient Beachtung, dass es bei Bedrohungen und Herausforderungen um Erwartungen geht, die steuernd in den Handlungsstrom eingreifen. Ich werde im ▶ Abschn. 3.5 auf die Bedeutung enttäuschter Erwartungen zurückkommen.

Enttäuschte Erwartungen

- Der organisationspsychologischen Stressforschung verdanken wir mit den Begriffsfeldern Rollenkonflikt und Rollenunklarheit wichtige Situationskategorien, die, moderiert durch individuelle Dispositionen, für Menschen bedrohlich wirken können. Damit sind auch situative Risikofaktoren benannt, die das Auftreten von Burnout-Prozessen begünstigen dürften – und Ansatzpunkte für Interventionen auf individueller, Organisations- und gesellschaftlicher Ebene.

Rollenstress und Burnout

- *Person-Environment-Fit* eignet sich vorzüglich als relativ umfassendes Denkmodell, sowohl für Stress- als auch für Burnout-Prozesse. Eine Umwelt, die ein Individuum zu häufig oder zu intensiv vor subjektiv bedrohliche Situationen stellt oder ihm zu häufig oder zu nachhaltig wichtige Bedürfnisbefriedigungen vorenthält, sorgt für Stress, u. U. Dauerstress. Scheitern die Bewältigungsversuche oder sorgen sie für nunmehr »hausgemachte« Bedrohungen/Frustrationen, dann ist der Weg für einen Burnout-Prozess bereitet.

Person-Umwelt-Passung und Burnout

Die Schuldfrage – eine Scheinfrage

Der obige Denkansatz lässt die Schuldfrage, die nicht nur in Teilen der Burnout-Literatur, sondern auch in jeder Diskussion rasch breiten Raum einnimmt, als Scheinfrage erkennen. Es ist die mangelnde »Passung« zwischen Situation und Individuum, die das Problem darstellt. Ich habe an anderer Stelle (Burisch, 1985) das Bild des sprichwörtlichen Kamels gebraucht, dem eine Last das Rückgrat bricht. Frage: War die Last zu schwer oder das Kamel zu schwach? Antwort: Die Last war zu schwer für das Kamel (▶ Abschn. 3.12.1). Selbstverständlich gibt es seltene Fälle von Kamelen, die unter einem Strohhalm zusammenbrechen, und von Lasten, die jedes Kamel überfordern würden …

2.2 Untersuchungen zu Kontrollverlust, Hilflosigkeit und Frustration

Ein komplexes Netz von Faktoren

Der vorangegangene ▶ Abschn. 2.1 über Stress mag einen Eindruck von der Komplexität vermittelt haben, der man sich gegenübersieht, will man die Auseinandersetzung von Menschen mit ihrer Umwelt auch nur begrifflich etwas schärfer fassen. Fleming et al. (1984, S. 946) sprechen in ihrem Übersichtsreferat von einer »schwindelerregenden Zahl von Variablen«, die es zu berücksichtigen gelte, und das ist sicher nicht übertrieben. Hinzu kommt eine hochgradige Vernetzung aller Faktoren.

Kontrolle, Macht und Einfluss

Einer der etwas dicker angelegten, sozusagen »roten« Fäden dieses Netzes ist mit Begriffen wie Kontrolle, Einfluss, Macht einigermaßen umschrieben. Das ergeben schon rein apriorische Überlegungen: Wer über alle Aspekte der Situation subjektiv vollständige Kontrolle hat, kann allenfalls freiwillig unter Stress stehen, keinesfalls unter »Disstress«. Der Faktor Kontrolle dürfte nicht nur für das Verständnis des Burnout-Syndroms zentral sein, er ist es wohl für das Leben schlechthin, soweit man es, wie üblich, als »Daseinskampf« begreift. Kontrolle, Macht und Einfluss beschäftigen die Psychologie spätestens seit Alfred Adler. Whites (1959) Begriff der Kompetenzmotivation, Brehms (1966, 1972) Reaktanztheorie, McClellands (1978, Original 1975) Machtmotiv, Decis (1980) »*Psychologie der Selbstbestimmung*« und Kusyszyns (1983) drei Kategorien der Effektanzmotivation stehen in dieser Tradition. Langer (1983) hat eine Sammlung von Aufsätzen veröffentlicht, die sich mit den Effekten vermeintlicher, tatsächlicher oder verlorengegangener Kontrolle beschäftigen.

Frustration

Eine zweite Forschungstradition untersucht unter dem Stichwort »Frustration« die Folgen einer mit Kontrollverlust zumindest begrifflich eng verwandten Bedingung. Bemerkenswerterweise hat sich die Entwicklung auf den beiden Gebieten nahezu unabhängig voneinander vollzogen. Frustration und Frustrationsfolgen werde ich deshalb in einem separaten Kapitel behandeln (▶ Abschn. 2.2.2)

Hilflosigkeit kann man lernen

Bleiben wir also einstweilen bei Kontrollverlust, Hilflosigkeit sowie den kurz- und langfristigen Konsequenzen. Als Startpunkt für die Darstellung dieses Begriffsnetzes scheint mir Seligmans (1979, Original 1975) Theorie der »Erlernten Hilflosigkeit« am geeignetsten.

2.2.1 Kontrollverlust und Hilflosigkeit

Erlernte Hilflosigkeit bei Tieren

Seligman beobachtete folgendes: Wurden Versuchstiere (Hunde) in einer klassischen Konditionierungsanordnung Schocks ausgesetzt, die sie nicht vermeiden konnten, und anschließend in eine operante Anordnung gebracht, in der sie durch eine sehr einfache Reaktion dem Schock entkommen oder sogar zuvorkommen konnten, dann gelang es diesen Hunden typischerweise nicht, die Reaktion zu erlernen. Nicht vorbehandelte Tiere dagegen lernten sehr schnell, wo der Ausgang war. Die vermeintlich »hilflosen« Tiere hatten, in Seligmans Deutung, im ersten Teil des Versuchs nicht nur den Zusammenhang von Signal und Schock gelernt, sondern auch, dass letzterer nicht kontrollierbar war. In einer neuen, anders strukturierten Umwelt übergeneralisierten sie das Lernergebnis – und ergaben sich in ihr Schicksal.

Erlernte Hilflosigkeit bei Menschen

Entsprechende Ergebnisse zeigten sich auch bei anderen Spezies und, in etwas anderen Versuchsanordnungen, sogar beim Menschen (z. B. Roth & Kubal, 1975). Es zeigte sich weiter, dass es keinen Unterschied machte, ob die Hilflosigkeit darin bestand, einen unangenehmen Reiz nicht vermeiden oder darin, einen angenehmen nicht herbeiführen zu können. Generalisiert wird auch von einem Hilflosigkeitstyp auf den anderen.

Allgemein scheint zu gelten: Wer einmal in einer hinlänglich unangenehmen Situation gelernt hat, dass er diese durch eigenes Zutun nicht verändern kann, tut sich in anderen Situationen schwerer, zu lernen, dass es sehr wohl Kontingenzen zwischen eigenem Verhalten und Resultat gibt; es entsteht so etwas wie ein verallgemeinerter Fatalismus, der besonders bei Hunden nur durch längerdauernde, sehr direktive Eingriffe wieder abzubauen ist.

Der Glaube macht's

Objektive und subjektive Hilflosigkeit. Zumindest beim Menschen, das ist wichtig, kommt es nicht auf die objektive Kontrollierbarkeit oder Unkontrollierbarkeit der Bedingungen an, sondern auf die Erwartung, dass alle Bemühungen vergeblich sein werden. Auch hierzu ein illustratives Experiment:

Ein Experiment

Glass & Singer (1972) ließen drei Gruppen studentischer Versuchspersonen Aufgaben lösen. In einer der Gruppen (A) waren die Probanden vorher in unregelmäßigen Abständen mit einem intensiven Geräusch beschallt worden, das die Versuchspersonen mit einem Knopfdruck abstellen konnten. In den beiden anderen Gruppen (B und C) gab es zwar den Abstellknopf, er war jedoch wirkungslos. Den Versuchspersonen der Gruppe B wurde gesagt, mit dem Knopf ließe sich der Lärm beenden; man sähe es aber lieber, wenn er nicht benutzt würde, was daraufhin auch geschah. Die Gruppe A hatte somit tatsächlich Kontrolle über den Stressor, die Gruppe C hatte keine Kontrolle (und wusste das auch), die Gruppe B hatte ebenfalls keine Kontrolle, wiegte sich aber in dem Glauben, Kontrolle zu besitzen. Die Probanden mit dem unvermeidbaren Störreiz (Gruppe C) gaben bei den anschließenden Aufgaben schneller auf, schnitten schlechter ab und empfanden den Lärm als störender. Die Gruppe B jedoch, der die Illusion vermittelt worden war, sie hätten faktisch Kontrolle über den Störreiz, entsprach in ihren Ergebnissen der Gruppe A, die tatsächlich Kontrolle besaß.

Einmal mehr zeigte sich: Für das Verhalten und Erleben kommt es weniger auf die »objektiven« Verhältnisse an als auf die subjektive Repräsentation der Verhältnisse – ein Thema, dem wir schon bei Stress und Stressbewältigung begegnet sind. (Selbstverständlich hat die Regel Grenzen: Wer etwa irrtümlich glaubt, alkohol*freies* Bier zu trinken, wird zweifellos die bekannten Funktionsstörungen zeigen.) Ich habe schon oben angemerkt, dass ich aus diesem Grunde die COR-Theorie wenig überzeugend finde.

Formulierung der Theorie

Theorie der Erlernten Hilflosigkeit: Erste Version. Diese und andere Ergebnisse hat Seligman (1979, S. 52) folgendermaßen zusammengefasst:

> »Die Erwartung, dass eine Konsequenz von den eigenen willentlichen Reaktionen unabhängig ist, (a) senkt die Motivation, diese Konsequenz kontrollieren zu wollen, (b) beeinträchtigt die Fähigkeit zu lernen, dass die eigenen Reaktionen die Konsequenz tatsächlich kontrollieren, und – wenn die Konsequenz traumatisch ist – (c) löst diese Erwartung so lange Furcht aus, wie das Individuum sich der Unkontrollierbarkeit der Konsequenz nicht sicher ist; danach führt sie zu Depression.«

Seligman spekuliert, dass Furcht und Frustration (das entspricht wohl den Emotionen Angst und Ärger in Lazarus' sekundärer Lageeinschätzung) die Funktion haben, das Suchen von Bewältigungsstrategien zu motivieren, solange das Individuum nicht überzeugt ist, dass das aussichtslos ist.

Nach dem Aufgeben »schwindet die Furcht ebenfalls – sie ist nicht nur nutzlos, sondern schlimmer, da sie das Individuum viel Energie in einer hoffnungslosen Situation kostet. Dann kommt es zu Depressionen« (Seligman, 1979, S. 51).

«Das muss doch zu schaffen sein«

Vor dem Aufgeben: Die Reaktanzphase. Was genau geschieht nun, solange das Individuum noch Hoffnung hat, die Umstände unter Kontrolle zu bekommen? Diese Durchhaltephase, in der u. U. sisyphusgleiche Anstrengungen unternommen werden, hat Seligman nur am Rande beschäftigt. Sie ist nun gerade zentraler Gegenstand von Brehms (1966) Reaktanztheorie. Es mag sich hier die »dynamische« Anfangsphase des Burnout-Syndroms theoretisch widerspiegeln, deren Symptome im ► Abschn. 1.2, unter der Kategorie »Vermehrte Anstrengungen« zusammengefasst wurden.

Formulierung der Reaktanz-Theorie

Wortman & Brehm (1975) haben in einem vielzitierten Aufsatz die Reaktanztheorie mit der der Erlernten Hilflosigkeit integriert. Den Autoren zufolge unternimmt ein Individuum, dessen Freiheit bedroht wird, zunächst Anstrengungen, die Kontrolle wiederzugewinnen, und zwar um so vehementere und ausdauerndere, je ausgeprägter die interne Kontrollerwartung ursprünglich war, je konkreter die Bedrohung ist, je höher die spezielle Freiheit geschätzt wird und je größer die Wahrscheinlichkeit ist, dass die eine Einschränkung weitere nach sich ziehen wird. Bleiben die Anstrengungen erfolglos, dann wird schließlich ein Punkt erreicht, an dem die anfängliche Hoffnung Resignation und Hoffnungslosigkeit Platz macht, an dem Motivation und Einsatz schwinden. Dort schlagen Reaktanz und Widerstand in Hilflosigkeit um. Den Grad der nachfolgenden Hilflosigkeit sehen Wortman und Brehm abhängig von folgenden Parametern:

- Kausalattribution für Misserfolg und Hilflosigkeit (internal/external, labil/stabil),
- absolute und relative Misserfolgshäufigkeit (im Vergleich zu anderen),
- selbsterlebte vs. an anderen beobachtete Hilflosigkeit,
- Akzeptanz des Misserfolgs als selbstverschuldet und »verdient«.

Eine Reihe dieser Parameter hat später Seligman differenzierend in sein Modell aufgenommen (s. unten).

Der Marmeladenglasversuch

Ein Beispiel aus der Küche. Die Theorie von Wortman & Brehm lässt sich sehr anschaulich an einer Alltagserfahrung demonstrieren: dem Marmeladenglasversuch. Entsprechend provozierbare Individuen verwenden herkulische Anstrengungen auf das Öffnen widerspenstiger Marmeladengläser, besonders wenn die Größe der eigenen Hände und positive Vorerfahrungen zu Optimismus Anlass geben und wenn die Anwesenheit von Zuschauer(inne)n den Erfolg kostbarer, den Misserfolg blamabler macht. Dass es auch darum gehen kann, die Furcht vor genereller Fähigkeitseinbuße zu bannen, darauf deutet hin, dass in dieser Phase einfache technische Lösungen, wie das Punktieren des Deckels, meist brüsk zurückgewiesen werden: »Das werden wir gleich haben.«.

Kommt es nach schweißtreibenden Versuchen schließlich zur endgültigen Kapitulation, lassen sich in der Regel Veränderungen in Mimik, Gestik, Intonation und Wortwahl beobachten, die die Bezeichnung »Mini-Burnout« rechtfertigen. Besonders aufschlussreich wird der Versuch, wenn nunmehr eine zarte Hand, womöglich diejenige, die das Marmeladenglas ursprünglich hilfesuchend überreichte, eher halbherzig einen »allerletzten Versuch« unternimmt – und ohne ersichtliche Mühe zum Erfolg gelangt. Dieser mögliche Ausgang verdeutlicht übrigens, dass es außerhalb des Labors oft unmöglich ist zu entscheiden, ab wann es klüger ist, sich geschlagen zu geben.

Eine differenziertere Theorie

Theorie der Erlernten Hilflosigkeit: Zweite Version. Die Theorie der Erlernten Hilflosigkeit war von Anfang an umstritten. Das *Journal of Abnormal Psychology* hat der Kontroverse im Februar 1978 ein ganzes Sonderheft gewidmet. In diesem Rahmen haben Abramson et al. (1978) eine differenzierte und modifizierte Version der ursprünglichen Theorie vorgestellt; ganz ähnlich, obgleich unabhängig, Miller & Norman (1979). Nunmehr finden nach der ersten Wahrnehmung einer unkontrollierbaren Situation Attribuierungsprozesse statt, die den weiteren Verlauf bestimmen. Das Individuum bildet sich eine Meinung,
- ob die Hilflosigkeit external oder internal bedingt ist (»Geht es allen so oder nur mir?«),
- ob sie global ist oder spezifisch (»Geht mir das allgemein so oder nur hier?«) und
- ob sie stabil ist oder variabel (»Kann sich das wieder ändern oder nicht?«).

Damit ist auch die von Bandura (1977) vorgeschlagene Unterscheidung von »*Outcome Expectation*« (»Gibt es irgendeinen Lösungsweg, der wahrscheinlich zum Ziel führen wird?«) und »*Efficacy Expectation*« (»Traue ich mir zu, diesen Weg zu beschreiten?«) in die Theorie aufgenommen; vorher waren die beiden kognitiven Prozesse im Grad der Hilflosigkeitserwartung zusammengefasst.

Depression und Pessimismus

Zu Depression wird es am ehesten dann kommen, wenn das Individuum die Hilflosigkeit für internal bedingt, global und stabil hält. (»Wegen meiner Unfähigkeit muss ich und nur ich damit rechnen, in allen ähnlichen Situationen hilflos zu sein und zu bleiben.«)

Auch das Lerndefizit des Hilflosen (Depressiven) für die Entdeckung von Kontingenzen wird differenziert: Er neigt dazu, Erfolge eigenen Handelns external, spezifisch und variabel zu erklären und somit in ihrer Aussagekraft für das Selbstbild zu bagatellisieren (»Zufall«; »kann jeder«; »bedeutet nichts«; vgl. Beutel & Prystav, 1984), während er Misserfolge zur Bestätigung der einmal vorgenommenen pessimistischen Attributionen heranzieht – der sicherste Weg, weitere Enttäuschungen zu vermeiden.

Und: Depression entsteht nicht mehr aus Unkontrollierbarkeit schlechthin, sondern aus wahrgenommener Hilflosigkeit, negative Ereignisse wie Verlust oder Bedrohung abzuwenden (vgl. Benson & Kennelly, 1976).

Brüten über Misserfolgen

Eine interessante Hypothese, die die Theorie der Erlernten Hilflosigkeit sozusagen auf der Mikroebene ergänzt und ausbaut, liefert Kuhl (1984). Demnach ist es gerade die innere Beschäftigung mit einem Misserfolgserlebnis, die zumindest bei entsprechend disponierten Menschen eine weitere Suche nach erfolgversprechenden Lösungsmöglichkeiten behindert – emotionsbezogenes beeinträchtigt problembezogenes Coping! Alloy et al. (1984) haben weitere Aufgliederungen vorgenommen, aber damit wird ein Auflösungsgrad erreicht, der für unsere Zwecke weder erforderlich noch zweckmäßig ist.

Streitfragen

Auch in ihren späteren Fassungen ist die Theorie der Erlernten Hilflosigkeit nicht überall akzeptiert worden; vgl. z. B. Hammen & de Mayo (1982), Petermann (1983, 1986), Sauer & Müller (1980) sowie die von Polivy (1982) edierte Diskussion. Insbesondere lässt sich einstweilen nicht entscheiden, ob das Modell alle Formen von Depression erklären kann; die Seligman-Gruppe äußert sich dazu heute zurückhaltender als früher.

Gibt es grundlose Depressionen?

Bis heute ist in der Psychiatrie umstritten, ob es sinnvoll ist, eine endogene (durch Außeneinwirkung nicht erklärbare) von einer reaktiven Depression zu unterscheiden. Ich könnte mir aber vorstellen, dass sich bei intensiverem Nachforschen in sehr vielen sonst unerklärlichen Fällen durchaus auslösende Momente finden ließen (diese Meinung hat z. B. Burchard, 1973, vertreten; vgl. auch Klinger, 1975, S. 10f.), wobei vor allem an eine Lerngeschichte von zahlreichen kumulativen Hilflosigkeitserfahrungen (»Mikrotraumata«) zu denken ist, die, jede für sich genommen, noch keine überzeugende Erklärung liefern würden.

Hilflosigkeit und Depression

Schon Wortman & Brehm (1975), später u. a. Petermann (1983) in einem kritischen Nachwort zur zweiten deutschen Auflage von Seligmans Buch, haben an der empirischen Literatur zur Erlernten Hilflosigkeit methodische Schwächen, begriffliche Unschärfen und Inkonsistenzen sowie schließlich, wegen der Einführung zu vieler unbeobachtbarer Prozesse, Immunisierung gegen Falsifizierungsversuche bemängelt. Diese Kritik betrifft aber überwiegend nur eine der beiden behaupteten Hilflosigkeitskonsequenzen: den Leistungsabfall bei lösbaren Aufgaben. In der Tat muten die Laborexperimente zu diesem Phänomen oft derart realitätsfern an, dass plausible Alternativerklärungen für Befunde unschwer zu finden sind (z. B. Wortman & Brehm, 1975, S. 304f.). Das gleiche gilt jedoch nicht für den Stimmungseffekt (Ärger/Depression), und auf diesen kommt es mir besonders an.

2.2.2 Frustration und Frustrationsfolgen

Eine zweite Forschungstradition

Tritt man einen Schritt zurück und vernachlässigt terminologische Unterschiede, dann erkennt man auffallende Parallelen zwischen der Literatur zu Kontrollverlust und Hilflosigkeit einerseits und der viel früher beginnenden Literatur über Frustration und Frustrationsfolgen. Noch auffallender freilich ist die Tatsache, dass es zwischen den beiden Forschungstraditionen kaum Berührungspunkte gegeben zu haben scheint.

Drei Arten von Frustration

Frustrationsforschung. Die Überlappungen in den Ergebnissen sind nicht weiter verwunderlich. Stäcker (1977, S. 19), der zunächst »Frustrierung« als auslösende Bedingung von »Frustration« als hypothetischem inneren Zustand und von »Frustrationsfolgen« als Effektvariablen abgrenzt, unterscheidet drei Klassen frustrierender Situationen:
- Physische oder psychische Barrieren, die eine Reaktion verhindern,
- Vorenthaltung oder Entzug oder Aufschub von Belohnungen,
- Konflikterzeugung als das Hervorrufen inkompatibler Reaktionen.

Zwei Seiten einer Medaille

Als gemeinsames Element dieser Klassen sieht er die »Nicht-Bekräftigung nach Bekräftigungserfahrung und Bekräftigungserwartung« (S. 80). Vergleicht man dies mit dem ursprünglichen Konzept der Erlernten Hilflosigkeit oder Wortman & Brehms (1975, S. 283) Formulierung der Reaktanzbedingung – »nicht tun können, was man will; tun müssen, was man nicht will« –, dann sind die Gemeinsamkeiten augenfälliger als die Unterschiede. Zugegebenermaßen ist für Frustrationsexperimente »nicht tun können oder nicht bekommen, was man will« typischer, für Hilflosigkeitsexperimente »erdulden müssen, was man nicht will«, der Unterschied ist aber nicht durchgängig. Lawson (1965, S. 47) spricht in diesem Zusammenhang von einem bloßen »Spiel mit Worten«. Es lohnt dennoch, sich mit der Frustrationsforschung gesondert zu beschäftigen, weil sie manches Burnout-Relevante beizutragen hat, was in der Hilflosigkeitsforschung zumindest nicht so akzentuiert zu finden ist.

Frustrationsfolgen

Als wesentliche Reaktionen auf frustrierende Umstände sind
- Aggression,
- Regression und
- Fixierung sowie
- gesteigerte und verringerte Reaktionsstärke

untersucht worden (vgl. Yates, 1971). Die letzte Kategorie, Veränderungen der Reaktionsstärke, lässt sich unmittelbar mit der Reaktanz- und der Depressionsphase in Beziehung setzen. Bleiben wir einen Augenblick bei den ersten drei Kategorien.

Was die Frustrations-Aggressions-Hypothese in ihrer ursprünglichen Form (Dollard et al., 1939) betrifft, nach der Frustration notwendige und hinreichende Bedingung für Aggression ist, so nimmt man mittlerweile an, dass zumindest die emotionale Reaktion »Ärger« zwischengeschaltet sein muss, damit tatsächlich aggressive Handlungen auftreten. Auch in dieser abgeschwächten Form ist die Hypothese nicht allgemein akzeptiert. Unumstritten dürfte aber sein, dass frustrierende Erfahrungen ein wenigstens latentes Aggressionspotential erhö-

2

hen. Ob dieses sich in offen aggressiven Akten manifestiert, hängt unter anderem davon ab,

- ob eine Quelle der Frustrierung klar erkennbar ist,
- ob es sich um eine absichtliche und willkürliche Frustrierung handelt,
- ob der Ausdruck von Feindseligkeit ohne Risiken möglich ist (z. B. Burnstein & Worchel, 1962).

Sind diese Bedingungen nicht gegeben, kann eine Verschiebung auftreten (»die Wut an jemand anders auslassen«). Verschoben werden kann die Aggression auch auf die eigene Person (Stäcker, 1977, S. 65ff.).

Regression nach Frustration

Im Verhältnis zur empirischen Basis nimmt die Diskussion über regressive Wirkungen von Frustrierungen einen unverhältnismäßig großen Platz ein. Yates (1962, Kap. 4) folgt einer Einteilung von Sears, der Objektregression, Triebregression, Zielhandlungsregression und Primitivierung unterscheidet.

Vier Arten von Regression

- Mit Objektregression ist die Ersetzung eines aktuell frustrierenden Triebobjekts (z. B. der Ehefrau) durch ein früheres (wie die Mutter) gemeint;
- Triebregression meint die Verstärkung entwicklungsgeschichtlich »früherer« Impulse (z. B. oraler) nach Frustrierung späterer (z. B. genitaler). Für beide Phänomene scheint es lediglich klinische Belege zu geben.
- Zielhandlungsregression liegt vor, wenn nach Frustrierung einer instrumentellen Verhaltensweise eine andere eingesetzt wird, die früher zum Erfolg führte.

Hierzu gibt es eine Fülle von teils gut kontrollierten Tierexperimenten (s. Yates, 1962). Immerhin fand Hinton (1968) bei erwachsenen Versuchspersonen eine verminderte Originalität in divergenten Denkaufgaben. Obwohl die Extrapolation gewagt ist, könnte die Unfähigkeit zu kreativen Problemlösungen bei fortgeschrittenen Burnout-Fällen aus derselben Quelle stammen.

Einziger Beleg für allgemeine Primitivierung scheint das außerordentlich berühmte, aber nur einmal replizierte Experiment von Barker et al. (1941) zu sein, in welchem beobachtet wurde, dass Kinder weniger »konstruktiv« spielten, nachdem man ihnen attraktives Spielzeug weggenommen hatte. Yates' (1962) überaus detaillierte Kritik lässt dem Ergebnis allerdings nicht viel Überzeugendes.

Fixierungen nach Frustration

Die Untersuchung von Fixierungen als Frustrierungsfolge ist vor allem das Verdienst Maiers (1949), obwohl das Phänomen erstmals bereits 1916 demonstriert wurde (vgl. Yates, 1962, S. 4).

Ein Tierexperiment

Maiers Frustrationsexperiment sah folgendermaßen aus: Versuchstiere (hauptsächlich Ratten) mussten von einem Podest aus eine von zwei nebeneinanderliegenden Klappen anspringen, die mit verschiedenen Zeichen versehen waren. Im Erfolgsfall fiel die Klappe und öffnete den Weg zu einer Belohnung, im Misserfolgsfall blieb die Klappe verschlossen, das Tier stieß sich infolgedessen die Nase und fiel in ein Netz. Im Gegensatz zur lösbaren Versuchsbedingung, wo entweder eine Position oder ein Zeichen ausnahmslos belohnt wurden, wurden in der unlösbaren Bedingung entweder 50 oder gar 100% der Reaktionen frustriert, gleichgültig, welche Reaktion gewählt wurde. In der Frustrationsbedingung war es also unmöglich, berechenbar zum Erfolg zu kommen. Unter diesen Umständen entwickelten durchschnittlich 70% der Ratten stereotype Verhaltensweisen: Sie sprangen entweder stets dieselbe Klappe oder stets dasselbe Symbol an. Katzen sprangen manchmal den Pfosten zwischen den Klappen an, was sogar mit Sicherheit zur Bestrafung führte.

Über die »beste« Erklärung dieser und ähnlicher Befunde hat es jahrzehntelange Diskussionen gegeben, ohne dass es zu einem Konsens gekommen wäre. Mehrere Theoretiker sehen in dem Fixierungsphänomen ein Analogon zu gewissen neurotischen Symptomen, z. B. zum Wiederholungszwang. Lauderdale (1982, S. 119f.) hat eine explizite Beziehung zum mechanischen, unreflektierten Agieren des Ausbrenners im fortgeschrittenen Stadium hergestellt.

Stereotypie kann entlasten

Mir persönlich erscheint eine Deutung über die Entlastungsfunktion stereotypen Handelns in Konfliktsituationen einleuchtend (die mir im Zusammenhang mit Ratten zugegebenermaßen etwas zu mentalistisch wäre). Wer handeln muss, weil Nichthandeln die allerunangenehmsten Konsequenzen nach sich zöge, aber trotz aller Anstrengungen keine Strategie findet, die Ertrag und Verlust in ein akzeptables Verhältnis brächte, der mag es vorziehen, sozusagen innerlich aufzugeben, statt stets aufs neue einen Aversions-Appetenz-Konflikt durchzustehen. Er erspart sich auf diese Weise zumindest die Erfahrung, dass all sein Denken und Mühen vergeblich ist.

Gefahren der Hartnäckigkeit

Investoren kennen das Phänomen, dass »schlechtem Geld gutes hinterher geworfen wird«. Eine Geldanlage hat sich als falsch erwiesen (»schlechtes Geld«); nun muss sie entweder abgeschrieben werden oder es muss frisches (»gutes«) Geld nachgeschossen werden. Oder: Ein Unternehmen entwickelt ein neues Produkt, an das sich große Hoffnungen knüpfen. Aber Erfolge bleiben aus. »Nach einer Reihe von Fehlschlägen wird das Projekt nicht etwa aufgegeben, sondern die Zielorientierung wandelt sich von Annäherung zu Vermeidung, insofern als nicht mehr der potentielle Geschäftserfolg handlungsleitend ist, sondern die Unannehmlichkeiten eines Projektabbruchs. Man führt das Projekt weiter, um die eingesetzten Ressourcen nicht als verloren betrachten zu müssen, um sein Gesicht zu wahren und nicht als Versager zu gelten, um sich nicht eingestehen zu müssen, dass alle bisherigen Bemühungen vergeblich waren, um letztlich nicht mit leeren Händen dazustehen« (Brandstätter, 1998, S. 59-60). Dieses Phänomen, das gerade versuchsweise erklärt wurde, ist in den letzten Jahren unter den Begriffen *entrapment* (»Gefangen sein in einem Handlungsverlauf«) bzw. *escalation of commitment* (»eskalierendes Engagement«) zum Gegenstand einer eigenen Forschungsrichtung geworden.

Eine weitgespannte Theorie

Klingers Theorie des Zielbindungsverlusts. Klinger (1975) hat in einer weitgespannten Theorie die Folgen von Bindung an (*Commitment*) und Lösung von Zielen oder Anreizen (*Disengagement from Incentives*) analysiert. Er hat sich dabei auf eine spezielle Frustrationsklasse spezialisiert: die völlige Vereitelung des angestrebten Zieles, die allmählich zu einem vollständigen Verlust der Zielbindung führt. Beispiele sind die unwiderrufliche Entlassung aus einer befriedigenden Arbeitsposition, der Tod eines Partners oder das Erblinden.

Unwiderrufliche Verluste und ihre Folgen

Klinger postuliert einen vierstufigen Reaktionszyklus aus Intensivierung, Primitivierung, Aggression und Depression, dessen erste und dritte Phase u. U. auch fehlen können.

Während der Intensivierung wird der verlorengegangene Zielzustand noch wertvoller als vorher; alternative Zielzustände dagegen vergleichsweise unattraktiver. Dieses Reaktanzphänomen mag dem anfänglich blinden »Koste es was es wolle« vieler Ausbrenner entsprechen, die nicht »loslassen« können. Übrigens dürfte es schwierig sein, die Intensivierungs- von der Aggressionsphase abzugrenzen (über die Primitivierungsphase äußert Klinger sich kaum). Wie Bandura (1979) schreibt:

> »Da Reaktionen von hoher Intensität ja tendenziell als aggressiv etikettiert werden, so wird die Reaktionsweise von Menschen, die lebhafter reagieren, nachdem ihre Anstrengungen ihren Zweck verfehlt haben oder behindert wurden oder nachdem ihre erfolgreichen Verhaltensweisen einfach nicht belohnt wurden, normalerweise als Aggression aufgefasst (S. 190).«

Depression nach Verlusten

Ganz ähnlich wie bei Wortman & Brehm (1975) folgt auf die Aggressions- eine Depressionsphase mit verringerten instrumentellen Anstrengungen, Kontaktminderung, Konzentrationsabbau und schließlich Apathie. Selbstverständlich wird sich dieses Stadium nur beim Verlust sehr zentraler Anreize nach außen manifestieren. Es wird wohl um so ausgeprägter sein, je weniger zahlreich die alternativen Anreize sind, an die ein Individuum Zielbindungen unterhält. Auch können mehrere Verlusteffekte sich summieren. Umgekehrt können Befriedigungen aus anderen Zielbindungen stabilisierend wirken. Ein interessantes Nebenthema, nämlich die per se euphorisierende Wirkung neuer Zielbindungen, hat Klinger nicht behandelt.

Gemeinsamkeiten

Bis hierhin steht Klinger in guter Übereinstimmung mit der Theorie von Reaktanz und Hilflosigkeit. (Einen ganz ähnlichen Phasenzyklus, der im positiven Fall mit neuen Zielbindungen beendet wird, hat übrigens Kübler-Ross, 1969, für Trauerreaktionen beschrieben; vgl. auch Price & Murphy, 1984.) Klingers Theorie erklärt die depressiven Symptome Hoffnungslosigkeit und Verlust des Selbstwertgefühls als Übergeneralisation der Verlusterfahrung:

> »Wenn mir ein Ziel hoffnungslos verlorengegangen ist, dann sind auch andere Ziele unerreichbar; wenn mein Selbstwert stark abhängig ist von erfolgreichen Zielerreichungen, dann bin ich jetzt wertlos« (vgl. Klinger, 1975, S. 16).

Unterschiede: Hilflosigkeit oder Anreizverlust?

Im Gegensatz zu Seligman sieht Klinger (1975, S. 18) Depression und Passivität nicht durch die Hilflosigkeitserfahrung bedingt, sondern durch den Anreizverlust. Er hält dies für eine ungelernte, biologisch fundierte Reaktion mit Selbstschutzfunktion. In der Tat ist die Depression des Erfolgreichen aus der Theorie der Erlernten Hilflosigkeit nicht, aus Anreizsättigung und damit Anreizverlust dagegen sehr gut zu erklären. Beide Denkrichtungen schließen sich aber gegenseitig nicht aus, wie Klinger selbst (S. 19) konzediert:

> »Der Glaube, über eine oder mehrere Anreiz-Klassen verfügen zu können, also nicht hilflos zu sein, mag selbst einen Anreiz darstellen.«

Anreizverluste und Burnout

Obwohl Klinger (1975) nur von der relativ eingegrenzten Bedingungsklasse »vollständiger Verlust/vollständige Vereitelung« ausgeht (später, z. B. bei Klinger et al., 1980, werden auch bloße Behinderungen einbezogen), finden alle Kernsymptome des Burnout-Syndroms ihr Gegenstück in seinen Reaktionskategorien. Emotionale Erschöpfung und Überdruss mögen Depression/Apathie entsprechen; Depersonalisation Aggression und Feindseligkeit; Leistungsunzufriedenheit verringertem Selbstwertgefühl. Ich vermute, dass weniger massive Frustrationen dieselben Wirkungen auslösen, nur weniger dramatisch – was vielleicht darum noch fataler ist, weil man »im Eifer des Gefechts« noch leichter aus dem Auge verlieren kann, was da eigentlich mit einem geschieht. Ich kenne aus Beratungsgesprächen Fälle, in denen es einigen Bohrens bedarf, um die Ursachen einer scheinbar unerklärlichen Lustlosigkeit und inneren Leere freizulegen. Größere Lebenskatastrophen dringen immerhin ins Bewusstsein; sie entfalten ihre Wirkungen seltener schleichend und unbemerkt.

Enttäuschung und Entfremdung

Stokols' Entfremdungstheorie. Zufällig im selben Heft der *Psychological Review*, unmittelbar nach Klingers Aufsatz, hat Stokols (1975) eine Theorie der Entfremdung (*Alienation*) publiziert, die die Frustrationsbedingungen noch weiter einengt. Zwischenmenschliche Entfremdung setzt nach Stokols ein, wenn ein Individuum durch ein anderes oder durch eine Gruppe in dem Sinne frustriert wird, dass die Konsequenzen der Beziehung magerer ausfallen als erwartet, und wenn trotz dieser Enttäuschung und der resultierenden Abwertung der frustrierenden Person(en) die Beziehung räumlich oder psychologisch nicht aufgelöst werden kann. Ein Beispiel wäre der Lehrer, der, von Apathie oder Disziplinlosigkeit seiner ersten Klasse überrascht, dennoch die Klasse nicht abgeben oder gar den Schuldienst quittieren mag.

Drei Komponenten von Enttäuschung

Die Intensität der Entfremdung sieht Stokols abhängig von drei Faktoren:

- von der Quelle der Frustrierung (Liegt sie in den Personen oder sind es die äußeren Umstände?),
- von der Richtung (Betrifft die Frustrierung speziell mich oder auch andere?)
- von der Absicht (Bin ich absichtlich oder unabsichtlich enttäuscht worden?).

Selbst im günstigsten Fall (neutrale, unspezifische und unabsichtliche Frustrierung) ist ein gewisses Maß an Desillusionierung zu erwarten.

Krankheit und Aggression

Stokols schreibt:

> »Die neuere Forschungsliteratur über sozialpsychologischen Stress … lässt erwarten, dass wenn P sein Entfremdungsgefühl nicht abbauen kann und wenn dieses längere Zeit andauert, zwei generelle Stress-Syndrome sich einstellen werden: psychophysiologischer Stress, der sich in gewissen Krankheiten niederschlägt … und selbstzerstörerisches oder antisoziales Verhalten, das sich in Selbstabwertung oder Aggression gegen andere manifestiert … (S. 35).«

Intensiviert werden diese Effekte, wenn keine Beziehungen in Sicht sind, die die unbefriedigenden ersetzen könnten; Klinger würde sagen: keine alternativen Anreize.

Die notwendigen Bedingungen der Entfremdung, die Stokols abstrakt formuliert, sind im Arbeitsfeld vieler Sozialberufe handgreiflich anzutreffen: Klientel oder Kollegen vermögen die hochgesteckten Erwartungen nicht zu erfüllen, aber der Ausweg in freundlichere Gefilde ist verbaut.

Vom Verblassen der Gefühle

Habituation, Sättigung und Extinktion nichtbelohnter Reaktionen. Im Grunde bedarf es nicht einmal dramatischer Enttäuschungen, um die Veränderungen von Gefühlen und Einstellungen in Gang zu setzen, die mit »Emotionale Erschöpfung« und »Depersonalisation« bezeichnet werden – nur wenige Dinge im Leben unterliegen nicht der Verblassung durch Habituation und Sättigung, sobald man sie einmal erreicht hat; wahrscheinlich sind dies eher die »einfachen« Dinge. Vieles andere, welches der Eintritt in eine Berufslaufbahn mit sich bringt, ist sehr abwertungsgefährdet, was viele Menschen unvorbereitet trifft. Schon 1928 schrieb Kurt Lewin über die »besondere Sättigungsempfindlichkeit ich-naher Beschäftigungen« das Folgende:

> »Gewisse pädagogische oder fürsorgerische Berufe z. B. führen auffallenderweise gerade dann, wenn sie ursprünglich von den Betreffenden wegen ihrer engen Beziehung zum Menschlichen und zur eigenen Person gewählt wurden, gar nicht selten zu einer besonders frühzeitigen Erschöpfung des Berufswillens« (zit. nach Ulich, 1984 , S. 424).

Klinger (1977, S. 132) schreibt:

> »Die Anreize, die der Habituation am stärksten unterliegen, dürften diejenigen sein, deren Wert durch soziale Lernprozesse vermittelt ist, die über sich selbst hinaus keinem Zweck dienen sollen, mit dem ein Mensch breite Erfahrung besitzen kann. »

Wer glaube, ein Beruf, eine Ehe, ein Wahlsieg oder dergleichen könne per se ewiges Glück garantieren, werde enttäuscht und unzufrieden werden. Leider macht man diese Erfahrung erst dann, wenn man in ein solches Ziel bereits beträchtlich investiert hat. Schon aus diesem Grunde bleibt das Erlebnis oft unreflektiert.

Gewohnheit stumpft ab

Ähnlich wie den Positiva geht es den Negativa. Ein gewisses Ausmaß an Abstumpfung (Habituation) dürfte überlebensnotwendig und damit unvermeidlich sein. In der Regel wird der hundertste Alkoholiker für den Sozialarbeiter, der hundertste Schwerverletzte für den Sanitäter weniger aufregend sein als der erste – man legt sich ein dickeres Fell zu (vgl. Maslach, 1982a, S. 3–7).

Hilfe will belohnt sein

Selbst eine tief befriedigende Verhaltensweise wie das »Helfen« unterliegt einer Sättigung, muss sie zu häufig ausgeübt werden. Wird der verbleibende Rest der Empathiereaktion (gerade weil er schwindet?) nun auch noch durch ausbleibende Anerkennung/Dankbarkeit oder gar Misserfolg bestraft, dann dürfte diese Reaktion gelöscht und evtl. durch eine andere ersetzt werden. Wenn sie intermittierend belohnt wird, kann das ein langer Prozess sein.

Empathie – das heißt ja in unserem Fall soviel wie: sich in jemanden hineinversetzen, die Welt durch seine Augen sehen und seine unerfreuliche Gefühlslage wenigstens bis zu einem gewissen Grade »mit-leiden«. Wer sich einer unangenehmen Erfahrung wie dieser aussetzt, obwohl er auch anders könnte, wird bewusst oder unbewusst etwas dafür erwarten.

Das bestätigten z. B. die 60 von Farber & Heifetz (1982) befragten Psychotherapeuten: Die Autoren schreiben, dass »Therapeuten zwar schwierige und sogar stressreiche Arbeit erwarten, aber auch, dass ihre Bemühungen ‚sich auszahlen'«.

Abschottung kann man lernen

Bleibt das aus, dann kann eine Schutzreaktion gelernt werden, die die aus der Identifikation mit dem Problemträger resultierenden unangenehmen Gefühlslagen gar nicht erst aufkommen lässt. Dass ein solcher Selbstschutz lernbar ist, zeigt ein Laborexperiment von Koriat et al. (1972).

Ein Gefühlsexperiment

Studentischen Versuchsgruppen wurde viermal ein Film über einigermaßen grauenvolle Arbeitsunfälle vorgeführt. Es wurde z. B. gezeigt, wie sich ein Mann den Mittelfinger absägt. Die Versuchspersonen sollten nun versuchen, sich bei einer der Vorführungen vom Geschehen möglichst zu distanzieren (d. h. ihre emotionalen Reaktionen abzuschwächen), bei einer anderen zu involvieren (d. h. die Reaktion zu maximieren). Interessanter noch als die Tatsache, dass ihnen dies gelang – als Indikator diente der Pulsschlag –, sind die bewussten Strategien, die sie dazu benutzten. Als häufigste Strategie zur Erhöhung der emotionalen Beteiligung wurde Identifikation angegeben, also die Vorstellung, man selbst sei das Opfer. Die häufigste Distanzierungsstrategie war die Vorstellung, die Unfälle seien nur simuliert worden – »alles nur gespielt«.

Und just diese Strategie (»bloß keine Aufregung, alles halb so schlimm«) findet sich natürlich in den Interaktionen ausbrennender Helfer mit ihren Klienten häufig wieder.

»Echtheit« macht schutzlos

Lässt sich Empathie »verlernen« und durch Teilnahmslosigkeit ersetzen, dann sind analoge Lernprozesse sicher auch bei anderen Aspekten von »Nähe« möglich. Idealistische Sozialberufler beginnen ihre Karriere nicht selten mit dem Vorsatz, gerade nicht mit »professionellen Masken« zu arbeiten, sondern im Umgang mit dem Klientel »echt« zu bleiben. In der Tat spricht ja viel dafür, dass die »Droge Helfer« dann am besten wirkt, wenn sie nicht als Mogelpackung dargeboten wird (vgl. Schmidbauer, 1983, S. 36). Wieviel Angst eine solche Preisgabe der Fassade von vornherein machen kann, ist aber aus dem Verlauf von Paarbeziehungen wohlbekannt: Hat man sich einmal in aller menschlichen Unvollkommenheit entblößt, steht man relativ schutzlos da.

Distanz schafft Puffer

In der beruflichen Auseinandersetzung schon mit Kindergartenkindern, erst recht mit Schülern, Studenten, Patienten etc. wird man nun unweigerlich häufig in Frage gestellt, schon darum, weil ja die Betreuten im Helfer nicht nur den Menschen, sondern zunächst einmal den Rollenträger erblicken. Ist ein »offenes Beziehungsangebot« ein paarmal mit Verletzungen beantwortet worden (oder mit dem Spott der Kollegen), dann setzt auch hier Lernen ein: Eine distanzierte, geschäftsmäßige Sicht der beruflichen Partner verschafft eine Pufferzone, vermindert das Risiko einer Bedrohung und senkt so den Stresspegel.

Vom Anfänger zum Profi

Cherniss (1980a, S. 98) berichtet aus den Beobachtungen seiner Längsschnittuntersuchung an 28 professionellen Helfern beim Berufseintritt:

> »Eine weitere Veränderung betraf allgemeine Einstellungen zu Menschen: Mit der Zeit tendierten die Berufsanfänger zu weniger idealistischen, weniger vertrauensvollen und konservativeren Einstellungen

zu Klienten und zu Menschen im allgemeinen. Schließlich stieg die Wichtigkeit von Selbstschutz und persönlichem Fortkommen .«

Führt die Schutzreaktion bis zur Gleichgültigkeit oder gar Verachtung, dann freilich ist die Bezeichnung »Depersonalisation« oder »Dehumanisierung« angemessen.

Dehumanisierung – Entleerung oder Löschung?

Ich persönlich finde die lerntheoretische Erklärung von Depersonalisation überzeugender als das in der Burnout-Literatur vorherrschende Denkmodell, nach dem »wer immer geben soll, irgendwann leer ist, wenn er nie nehmen darf«.

Ähnlich wie ich sieht Maher (1983), die sich auf Marks (1977) bezieht, die Dinge. Dem »hydraulischen« Modell der Energieentladung stellt sie das Marks-Modell gegenüber, in dem die Energiereserven für Engagement (in weiten Grenzen) als unerschöpflich gedacht sind. Ob ein Engagement eingegangen/aufrechterhalten wird oder nicht, hängt davon ab, ob die Handlung

- selbst angenehm, d. h. intrinsisch belohnend ist,
- mit Partnern zusammenhängt, die intrinsisch belohnend sind,
- extrinsische Belohnungen verspricht,
- extrinsische Bestrafung vermeiden lässt.

Kommt es entlang einer dieser Dimensionen zu subjektiven Veränderungen – z. B. einer Desillusionierung hinsichtlich des Klientels oder der Kollegen oder zu sinkender Belohnungserwartung – dann ist auch das Engagement in Frage gestellt (vgl. auch Heifetz & Bersani, 1983).

Stokols' »generelle Stress-Syndrome« mögen sich spätestens einstellen, sobald die Unauflöslichkeit der Beziehung spürbar wird: Man möchte all diesen Menschen mit ihren Sorgen und Ansprüchen gar nicht mehr ins Auge sehen, aber die Falle ist längst zugeschnappt – ein Berufswechsel wäre, wenn überhaupt, nur noch unter großen Verlusten zu vollziehen.

2.2.3 Rückgewinnung von Kontrolle

Hilfe zur Selbsthilfe

Die Arbeiten von Langer (1983) liefern viele interessante Hinweise auf die Wirkungen von Kontrolle und Kontrollverlust in Alltagssituationen, etwa bei Glücksspielen, in überfüllten Läden, nach Scheidungen, vor Operationen, in Altersheimen. Ebenso wie Seligman und seine Gruppe hat sie sich Gedanken über Präventions- und Therapiemöglichkeiten gemacht. Insbesondere die Hilflosigkeit älterer und abhängiger (weil pflegebedürftiger) Menschen und Wege zur Rehabilitation haben sie beschäftigt (vgl. auch Burisch, 1986).

Ein Experiment im Altenheim

Hierfür ein eindrucksvolles Experiment (Langer & Rodin, 1976): Zwei Stockwerke in einem Altenpflegeheim beherbergten Experimental- und Kontrollgruppe. Auf beiden Stockwerken wurden die Bewohner zu einer Ansprache des Verwaltungsleiters eingeladen.

Der Experimentalgruppe gegenüber wurde die Vielzahl von Entscheidungen betont, die die Bewohner für ihr Wohlergehen selbst treffen könnten und müssten (z. B. die Gestaltung ihrer Privaträume).

Stärkung von Eigeninitiative

- Sie wurden zu Anregungen und, wenn nötig, Beschwerden, aufgefordert,

- ein Arrangement, zu dem sie ebenfalls Stellung nehmen sollten;
- sie bekamen als Geschenk des Hauses eine Topfpflanze angeboten.
- Dabei mussten sie entscheiden, ob sie überhaupt eine wollten,
- und wenn ja, was für eine.
- Schließlich wurde ein Spielfilm angekündigt, den man entweder freitags oder samstags sehen konnte.

Die Ansprache enthielt somit sechs separate Appelle zur Eigeninitiative in Fragen, die kaum Energieaufwand erforderten. Der Vergleichsgruppe gegenüber wurde betont, wie sehr das Personal um ihr Wohlergehen bemüht sei.

Dämpfung von Eigeninitiative

- Die Möglichkeit zu Anregungen und Beschwerden wurde zwar gleichfalls betont,
- aber ohne zu fragen, was man von dieser Möglichkeit halte.
- Die Topfpflanzen wurden einfach verteilt,
- mit dem Hinweis, dass die Pflegerinnen sie versorgen würden.
- Dann wurde der Film angekündigt.
- Man werde noch bekanntgeben, wer für die Freitags- und wer für die Samstagsvorstellung eingeteilt sei.

Aktivierte lebten länger

Drei Wochen nach der experimentellen Manipulation zeigte die Gruppe, die zur Selbstverantwortung animiert worden war, signifikant stärkere Verbesserungen in Selbst- und Fremdratings hinsichtlich Aktivität, Zufriedenheit und Wachheit. Auch bei zwei direkten Verhaltensmaßen zeigten sich entsprechende Unterschiede. Am dramatischsten aber war der Einfluss auf die Mortalitätsrate: Mit 15 zu 30% (nach anderthalb Jahren) lag sie in der Experimentalgruppe nur halb so hoch wie in der Kontrollgruppe!

Wenn bereits derart minimale Interventionen nachweisbare Wirkungen zeitigen können, dann fragt man sich, was eine Altenpflege bewirken könnte, die den unvermeidlichen Selbständigkeitsverlust im Alter bewusst auf ein Minimum reduziert.

Die Studie von Langer & Rodin ist als *Citation Classic* in die Geschichte eingegangen. Spätere Replikationsversuche (z. B. Green & Hewitt, 1987; Slivinske & Fitch, 1987; auch Rodin, 1986) waren erfolgreich, wenn die Effekte auch weniger drastisch ausfielen.

2.2.4 Situationskontrolle und Dominanzgefühl

Gefühle steuern Verhalten

Ein weiterer Hinweis auf die Wichtigkeit des Faktors Situationskontrolle kommt aus einer ganz anderen Forschungsrichtung. Mehrabian & Russell (1974) haben den Rahmenentwurf einer umfassenden Theorie der Umweltpsychologie vorgestellt, deren Kernmodell folgendermaßen aussieht: Zwischen einer Situation und einer beobachtbaren Reaktion – namentlich Annäherung/Vermeidung, Aufnahme sozialer Kontakte und Arbeit – vermittelt eine nicht direkt beobachtbare emotionale Reaktion. Diese wird einerseits von der Wahrnehmung der Situation, andererseits von gewohnheitsmäßigen Stimmungslagen (z. B. dem habituellen Erregungsniveau) bestimmt.

Die empirische Basis der Theorie bilden Versuche der folgenden Art. Versuchspersonen bekommen eine Reihe von kurzen verbalen Situationsbeschrei-

2

bungen vorgelegt, mit der Bitte, sich hineinzuversetzen und ihre Gefühlsreaktionen auf Polaritätsskalen einzuschätzen. Ein Beispiel einer solchen Situation: »Sie unterrichten in einem Kindertagesheim. Alle Jungen rennen schreiend herum und schlagen aufeinander ein; ein kleines Mädchen sitzt ein paar Meter weiter und schlägt auf eine Trommel.«

Drei Gefühlsdimensionen

Die verwendeten Polaritätsskalen wurden über eine Serie von Faktorenanalysen auf drei nahezu unabhängige Dimensionen reduziert, die Mehrabian und Russell für fundamental halten:
- Lust/Unlust,
- Erregung/Ruhe,
- Dominanz/Submissivität.

Skalen zum letzten Faktor heißen z. B. »kontrollierend-kontrolliert« oder »autonom-gelenkt«.

Dominanz macht Spaß

Die Daten aus Peter Eggers' (1981) Replikationsversuch lassen sich zwar mit der 3-Faktoren-Theorie vereinbaren, nur – Lust und Dominanz sind nicht mehr unabhängig, sondern korrelieren zu .91 bzw. .92! Und eine Reanalyse der Daten von Mehrabian & Russell zeigt, dass auf Skalenebene auch dort eine Korrelation von .48 bestand. Das heißt: Situationen, die in den Probanden ein Gefühl von Kontrollverlust hervorriefen, wurden tendenziell auch als unangenehm erlebt, dominanzerzeugende als angenehm. Dominanzverlust war übrigens auch mit erhöhter Erregung gekoppelt (Dominanz und Erregung korrelierten zu –.51 bzw.–.59.) Es gibt zwar auch Situationen mit wenig Dominanz und starker Erregung, die als lustvoll beschrieben werden; dies sind aber in der Regel solche, in die man sich freiwillig begeben hat, z. B. »Eine Fahrt auf der Achterbahn«. Das weist auf die Notwendigkeit einer Differenzierung hin; Deci (1980, S. 112ff.) unterscheidet Selbstbestimmtheit von Kontrolle: Man kann Selbstbestimmtheit demonstrieren, indem man Kontrolle aufgibt. Und Watzlawick et al. (1974) analysieren Fälle, in denen eine Wiedergewinnung von Situationskontrolle nur über die freiwillige Aufgabe des Kontrollversuchs zu erreichen ist.

2.2.5 Kontrolle – soviel wie möglich?

Die Kehrseiten von Kontrolle

Der Umkehrschluss aus dem Gesagten, dass nämlich ein Maximum an Kontrolle optimal sein müsste, erweist sich rasch als wenig tragfähig. Folkman (1984) und Fleming et al. (1984) haben die Frage aufgeworfen, ob es im normalen Leben stets ein ungeteilter Segen für das Individuum ist, Kontrolle über alle Aspekte seines Daseins zu haben. Tatsächlich bringen Versuche, relevante Ereignisse unter Kontrolle zu bringen oder zu halten, in der Regel Kosten, Risiken und Verantwortung mit sich (vgl. Cobb, 1978, S. 34f.).
- Das lernt schon manches Kind, das darauf besteht, in seinem Zimmer »machen zu dürfen, was ich will« – was aber von Mutter meist mit der Verpflichtung zum Aufräumen und Sauberhalten verknüpft wird.
- Analog unterschätzt mancher, der der größeren Kontrolle wegen ein Eigenheim oder eine Eigentumswohnung anstrebt, den Instandhaltungsaufwand.

- Wer einmal versucht hat, Mieter für Begrünungsprojekte mit Selbstverwaltung zu begeistern (z. B. Voitl et al., 1977), der weiß, wie gerne Menschen anderen die Kontrolle über wichtige Aspekte ihres Lebens überlassen, besonders dann, wenn das die Möglichkeit mit sich bringt, alle Verantwortung für Missstände auf »die da oben« zu schieben.
- Der Versuch, eine behauptete Kontrollmöglichkeit auch zu beweisen – z. B. indem man anfängt, weniger zu rauchen, weniger zu essen oder Sport zu treiben –, kann auch mit der schmerzlichen Erkenntnis enden, dass man sich getäuscht hat.

Und schließlich: Einige der besten Aspekte des Lebens beruhen in ihrem Wert geradezu darauf, dass man sie *nicht* kontrolliert; Liebe ist das offensichtlichste Beispiel. Um auch diese Überlegungen zu integrieren, bedarf es eines erweiterten Kontrollbegriffs; ▶ Abschn. 3.2.

2.2.6 Ertrag

In der Zusammenschau ergibt sich folgendes Bild:

- Ein Individuum, das feststellen muss, ein wichtiges Ereignis, das es herbeiführen oder vermeiden möchte, nicht kontrollieren zu können, erhöht in der Regel, solange der Versuch nicht aussichtslos erscheint, zunächst seine Anstrengungen (Reaktanz), oft unter Vernachlässigung erfolgversprechender Strategien und Alternativziele. Je nach Disposition und Umständen kommt es zu Ärger und Aggression, die auch auf Dritte oder die eigene Person »verschoben« werden können. Wenn die Frustrierung von Menschen ausgeht und insbesondere dann, wenn sie als gezielt und beabsichtigt interpretiert wird, verschlechtert sich das Verhältnis zu diesen. Autoaggression ist wahrscheinlicher bei Frustrationen, die in Ursache und Richtung als ungezielt und unabsichtlich wahrgenommen werden.

Frustration, Trotz, Ärger, Feindseligkeit

- Wenn auch vermehrter Einsatz nichts fruchtet, kommt es zu subjektiver Hilflosigkeit. Diese Hilflosigkeit kann einer faktischen Unmöglichkeit entsprechen, es kann aber auch sein, dass der Akteur ihm gangbare Wege als solche lediglich nicht erkennt. Das Erlebnis der Hilflosigkeit löst weitere Konsequenzen emotionaler Art (Angst, Ärger, Unlust, Erregung, später evtl. Depression), motivationaler Art (Apathie) und kognitiver Art aus (verminderte Fähigkeit, bestehende Eingriffschancen doch noch zu entdecken, Strategien zu planen bzw. zu ändern oder zukünftig kontrollierbare Situationen von unkontrollierbaren zu unterscheiden). Lässt sich eine unkontrollierbare Situation nicht vermeiden (Beispiele: Unterricht in einer renitenten Klasse; Notoperation im Kriegslazarett), dann kann eine Art »emotionaler Totstellreflex« als Schutz gelernt werden.

Hilflosigkeit, Angst, Depression, Apathie

- Noch schwerer wiegende gesundheitliche Folgen, zu denen Seligman ebenfalls Verbindungen gezogen hat, werde ich im nächsten Abschnitt behandeln. Art und Schwere der Konsequenzen hängen von der Wichtigkeit des Ereignisses für den Akteur ab, vermutlich aber auch von seinen Kausalattributionen für die Hilflosigkeit.

Nicht jede Frustration ist gleich schwer

Jeder reagiert anders

- Wieviel interindividuelle Variation um die obige, idealtypisch skizzierte Reaktionsfolge besteht, ist unbekannt, ähnlich wie bei der Stressreaktion. Individuen besitzen nicht nur unterschiedlich gut funktionierende Bewältigungsmechanismen und unterschiedlich starke Hemmungen, Aggression oder Depression bei sich zuzulassen. Im »realen« Leben außerhalb des Labors überlagern sich normalerweise auch stets mehrere Erlebnisstränge: Erfolge und Fehlschläge an verschiedenen Fronten können sich gegenseitig kompensieren, aber auch summieren oder gar potenzieren.

2.3 Psychosomatik von Ulzera, Herz-Kreislauf-Erkrankungen und Krebs

Hilflosigkeit und Krankheit

Die Theorie der (erlernten) Hilflosigkeit ist für eine große Anzahl von Lebensbereichen potentiell relevant, von der Pädagogik und Entwicklungspsychologie über die klinische und die Organisationspsychologie bis hin zu Architektur und Gesellschaftspolitik. Alle diese Linien zu verfolgen, ist hier weder möglich noch nötig. Die Beziehungen zur Psychosomatik möchte ich dagegen kurz aufzeigen, zumal Seligman selbst sie hergestellt hat, und, wie wir im ► Abschn. 1.2, gesehen haben, Burnout sehr bedeutsame körperliche Begleiterscheinungen haben kann.

Der Begriff »Psychosomatik« soll hier in sehr weitem Sinne verstanden werden. Dieses Gebiet, früher eine Domäne psychodynamisch orientierter Kliniker (z. B. Alexander & Flagg, 1965), hat in den letzten Jahren wichtige Bereicherungen erfahren, vor allem durch die Beiträge von Arbeits- und Betriebspsychologen und -soziologen.

Mehrere Übersichtsreferate über die vielfältigen Einzelbefunde (z. B. Beehr & Newman, 1978; McQueen & Siegrist, 1982) betonen die methodischen Schwierigkeiten, psychosoziale Faktoren zu isolieren, die für die Genese körperlicher Erkrankungen eindeutig kausal sind.

Forschungsprobleme

Eines der wichtigsten Probleme dürfte sein, dass aus ethischen Gründen hier nicht ohne weiteres experimentiert werden kann, korrelative Studien aber stets mehrere Alternativhypothesen offenlassen (z. B. unterschiedliche Selektion).

Ein weiteres Problem liegt in der Messung von Stressoren und Stressreaktionen. Wenn es, wie ich oben argumentiert habe, nicht die »objektive« Situation ist, die zu Stress führt, sondern die subjektive Repräsentation derselben, dann sind Untersuchungen mit objektiv operationalisierten Stressoren zumindest einen Schritt vom Ort des Geschehens entfernt. Ob das vorhandene Zusammenhänge eher verschleiert oder besonders akzentuiert, hängt vom Einzelfall ab. Wenn andererseits wahrgenommene Stressoren verbal abgefragt werden, dann hat man mit allen möglichen Störeffekten, wie Antwortstilen, impliziten Theorien der Befragten etc. zu rechnen, besonders dann, wenn auch die Messung der körperlichen Effekte auf Fragebogen- oder Checklistenniveau erfolgt.

Eine berühmte Untersuchung …

Einige dieser Schwächen weist auch die vielzitierte Untersuchung von Kobasa (1979) zur psychosomatischen »Widerständigkeit« auf. Verglichen wurden Manager, die im Gefolge einer Reihe belastender *Life Events* nach eigenen Angaben krank geworden waren, mit solchen, die unter vergleichbaren Umständen gesund geblieben waren, anhand von rund 20 Fragebogenskalen aus den Inhaltskategorien Kontrolle, Engagement, Reaktion auf Herausforderungen. Die »labileren« Untersuchungsteilnehmer beschrieben sich u. a. als stärker selbstentfremdet, machtloser, internaler und leichter aufregbar als die »stabileren«.

... und ihre Schwächen

Eine Diskriminanzanalyse erlaubte 70% richtige Klassifikationen in einer Kreuzvalidierungsstichprobe. Ist schon dies nicht allzu hoch (per Zufall wären 56% Treffer zu erzielen gewesen), so stutzt man als nächstes, weil unter den bestdiskriminierenden *unabhängigen* Variablen »Wahrnehmung persönlichen Stresses« fungiert. Mit anderen Worten: Wer krank wurde, hatte sich (durch die *Life Events* oder wodurch immer) einfach stärker belastet gefühlt. Vor allem freilich ist, wie die Autorin selbst einräumt, die umgekehrte Kausalrichtung nicht auszuschließen: Das geringere Kontrollbewusstsein und Abwechslungsbedürfnis, das höhere Selbstentfremdungsgefühl etc., das angeblich für Psychosomatosen anfälliger machen soll, kann auch Folge, nicht nur Ursache der Erkrankungen gewesen sein.

Dies als Illustration für die Fußangeln, die auf diesem Gebiet reichlich ausliegen. Für die Zwecke unseres kurzen Überblicks mag es genügen, grundsätzlich ein besonders dickes Fragezeichen hinter die Befunde zu setzen. Wenn ich mich auf die in der Überschrift genannten drei Krankheitseinheiten beschränken will, dann darum, weil mir die Parallelen zu Burnout dort am offensichtlichsten erscheinen. Schon diesen Ausschnitt umfassend zu beschreiben, ist selbstverständlich nicht annähernd möglich.

2.3.1 Ulzera

Die »Managerkrankheit«

Ulzera (Magen- und Darmgeschwüre) sind schon in der Populärpsychologie besonders stark mit der »Managerkrankheit« assoziiert. Ein berühmt gewordenes Experiment von Brady (1958) an Affen hat dem Glauben starken Vorschub geleistet, dass es Verantwortung (speziell für das Wohlergehen anderer; vgl. auch Kahn, 1978) und Entscheidungsspielraum seien, die zu Geschwürbildung prädisponiere. Spätere Versuche von Weiss (vgl. Seligman, 1979, S. 111–116) ergaben jedoch, dass dieses Ergebnis ein Artefakt des experimentellen Designs war.

Unsicherheits-Stress und Magengeschwür

Folgt man der Interpretation Seligmans, dann sind es Unvorhersagbarkeit und Unkontrollierbarkeit von Stressoren, die zu Ulzera führen, insbesondere bei Individuen, die zu ausgeprägten emotionalen Reaktionen (vor allem Angst) neigen. Ein weiterer Moderator, der auch die nicht immer einheitlichen Ergebnisse verschiedener Studien erklären könnte, ist nach Vester (1978, S. 114f.) die Voreinstellung des vegetativen Nervensystems: Demnach sollen Vagotoniker eher zu Ulzerabildung, Sympathikotoniker eher zu Herz-Kreislauf-Erkrankungen neigen; freilich sind reine Typen selten.

Wie mögen nun Arbeitssituationen aussehen, die durch Unvorhersagbarkeit und Unkontrollierbarkeit gekennzeichnet sind? Unvorhersagbarkeit ist ja offensichtlich eine Unterkategorie des Zustands »Rollenunklarheit«, den wir in ► Abschn. 2.1.3 kennengelernt haben.

Der schweigende Boss als Stressor

Veninga & Spradley (1981, S. 184ff.) identifizieren den »schweigenden Boss« als Beispiel eines einschlägigen Stressors; zweifellos gibt es eine Vielzahl anderer Möglichkeiten.

Der schweigende Boss kommuniziert seinen Mitarbeitern nur das Nötigste – und oft nicht einmal das. Insbesondere lässt er sie im Unklaren darüber, was genau er von ihnen erwartet und was er von ihnen hält. Da er auch nicht lobt, beraubt er sie zusätzlich eines wichtigen stressimmunisierenden Mittels: eines stabilen Selbstwertgefühls. Und schließlich macht sein Schweigen auch den Arbeitsablauf um einiges unvorhersehbarer. Viele Sekretärinnen beispielsweise kennen den Chef, dem kurz vor Feierabend einfällt, dass ein Bericht »unbedingt noch heute raus« muss.

Das Element der Unkontrollierbarkeit besteht in allen diesen Fällen darin, dass die Hierarchieverhältnisse eine direkte Einflussnahme auf das Verhalten des Vorgesetzten riskant machen.

Liebesbedürftigkeit als Risikofaktor

Dass dies zumindest nicht die einzige Brücke zwischen Arbeitsstress und Ulzera ist, macht die gründliche Literaturübersicht von Alexander & Flagg (1965) wahrscheinlich. Die Lieblingstheorie dieser Autoren sieht das Magengeschwür auf der Basis einer ohnehin erhöhten Magensekretion aus einem typischen Konflikt entstehen: Regressive Wünsche nach Liebe, Zuwendung und Abhängigkeit werden entweder abgewehrt oder durch die Außenwelt frustriert. Der ursprüngliche Wunsch nach Liebe konvertiert dann in das Bedürfnis, gefüttert zu werden, was zu chronischer Magenüberfunktion führt. Die hierzu angeführte Literatur scheint mir aber nicht überzeugend genug, die berichteten Ergebnisse zu wenig einheitlich, um dies als mehr als einen Hinweis aufzufassen.

Hilflosigkeit und Kolitis

Interessant sind freilich die Parallelen zu den Überlegungen Schmidbauers über die Motivationslage von »Helfern«, zu denen ich im ► Abschn. 3.12.2 kommen werde.

Dass die Verhältnisse kompliziert sind, geht auch daraus hervor, dass Alexander & Flagg Magen- und Darmgeschwüre als getrennte Einheiten mit teils unterschiedlicher Psychodynamik behandeln. Für die letztere Kategorie schreiben die Autoren, die auslösende psychologische Bedingung sei »ein Gefühlszustand, der durch Hilflosigkeit und Verzweiflung gekennzeichnet ist« (Alexander & Flagg, 1965, S. 875); für die Therapie der Kolitis wird, ein wenig unvermittelt, der Rat gegeben, sie müsse den Patienten befähigen, sich realistische Ziele zu setzen und Fehlschläge als etwas Notwendiges ohne Selbstwertminderung zu akzeptieren. Hier werden vertraute Töne angeschlagen.

Frustration und Verdauungsbeschwerden

Eine methodisch sorgfältige retrospektive Studie von Craig & Brown (1984) macht es allerdings wahrscheinlich, dass sich zwischen Kontrollverlust/Hilflosigkeit und organischen gastrointestinalen Beschwerden durchaus auch quantitativ enge Verbindungen auffinden lassen, wenn man an der richtigen Stelle sucht.

Craig & Brown verglichen 135 Fälle erstmals auftretender Beschwerden im Verdauungstrakt, von denen später 56 als »organisch« diagnostiziert werden sollten, mit 135 parallelisierten Gesunden, u. a. in bezug auf Häufigkeit von und Reaktion auf »Zielfrustrationen« in den 38 Wochen vor dem Einsetzen der Beschwerden. Während in der Kontrollgruppe nur 9% der Probanden eine oder mehrere Erfahrungen von Zielfrustration gemacht hatten, lag die Rate unter den Organikern 6-mal so hoch bei 54%. In 41% der Frustrationsepisoden bei den klinischen Fällen gab es mindestens eine Vorwarnung, dass ein wichtiges Ziel gefährdet war (z. B. Einreichen der Klage durch einen Prozessgegner). Daraufhin unternahmen alle Patienten mindestens eine größere Anstrengung, das Ziel doch noch zu erreichen (Reaktanz) – Anstrengungen, die, wie Craig & Brown bemerken, in der Regel die Sache nur noch schlimmer machten.

Die »Ulkuspersönlichkeit«

Die Autoren verweisen auf frühere Befunde, die der »Ulkuspersönlichkeit« Ehrgeiz, Effizienz und Zielstrebigkeit zuschreiben, und integrieren ihre eigenen Ergebnisse mit der Formulierung »... es kann gut sein, dass viele Menschen sich ernsthaft anstrengen, aber nur wenige schwere Zielfrustrationen, wie hier beschrieben, erleben; und dass nur diese wenigen krankheitsgefährdet sind.«

2.3.2 Herz-Kreislauf-Erkrankungen

Arbeit und Herz

Herz-Kreislauf-Erkrankungen, und darunter vor allem koronare Herzerkrankungen (z. B. Angina Pectoris, Herzinsuffizienz, Herzinfarkt), bilden die Krankheitsgruppe, deren Beziehungen zu Variablen der Arbeitswelt einerseits und solchen der Persönlichkeit andererseits wahrscheinlich am gründlichsten erforscht sind. Dieser relativ fortgeschrittene Forschungsstand hat freilich auch seine Nachteile: Es sind mittlerweile so viele Parameter ins Blickfeld geraten, psychologische und physiologische, dass jeder kurze Überblick notwendigerweise selegieren muss.

Herz-Stressoren

Übersichtsreferate wie das von Cooper & Marshall (1978) berichten Zusammenhänge mit einer großen Anzahl der bekannten Stressoren, z. B.
- Fließbandarbeit (Taktbindung),
- quantitative oder qualitative Rollenüberlastung,
- Rollenkonflikte und Rollenunklarheit,
- Verantwortung für das Wohlergehen anderer,
- Über- oder Unterbeförderung,
- schlechte Beziehungen zu Vorgesetzten, Kollegen und/oder Untergebenen.

Beschwerden statt Krankheiten

Die Empirie leidet aber hier meist an den schon angedeuteten methodischen Schwierigkeiten. Es soll auch erwähnt werden, dass die Mehrzahl der Studien nicht manifeste Herz-Kreislauf-Krankheiten als abhängige Variable untersuchten, weil diese selbst in großen Stichproben relativ selten auftreten. Vielmehr hält man sich meist an die Standardrisikofaktoren, wie Bluthochdruck, erhöhten Cholesterolspiegel oder EKG-Auffälligkeiten.

Lebensereignisse und Krankheit

Im Zusammenhang mit Herz-Kreislauf-Erkrankungen muss auch der Beitrag der *Life-Event*-Forschung Erwähnung finden (z. B. das Sammelreferat von McQueen & Siegrist, 1982). Ereignisse wie der Tod einer nahestehenden Person, Entlassung, Umzug, etc. scheinen mit einer Reihe von pathologischen Konsequenzen in Zusammenhang zu stehen. Allerdings sind auch gegen diese Forschungsrichtung schwerwiegende methodische Einwände erhoben worden (Dohrenwend et al., 1984; Schroeder & Costa, 1984).

Es ist wohl von vornherein zu bezweifeln, ob derartig grobschlächtig operationalisierte Stressfaktoren, noch dazu in Querschnittsuntersuchungen, viel Erkenntnisgewinn bringen, außer dass sie die Zusammenhänge von ungünstigen

Arbeits- und Lebensbedingungen und Gesundheit nachdrücklich hervorheben. Wenn man nicht kompromisslos auf die Ebene des einzelnen Individuums hinabsteigen will, wäre wohl die Erstellung jobspezifischer Stressprofile ein erster notwendiger Schritt zur Differenzierung (Eden, 1982).

Auch Kleinigkeiten können krank machen

Das Hauptproblem eines phänomenologischen Ansatzes ist die Atomisierung der Variablen. Wenn man davon ausgeht, dass nicht nur größere, einschneidende Ereignisse oder chronische Stressoren wie Zeitdruck bei folgenschweren Entscheidungen (Fluglotsen!) die Gesundheit unterminieren können, sondern auch die Summe der kleinen Alltagsärgernisse (Eckenrode, 1984) – »Mikrostressoren« nach McLean (1976), »*Hassles*« nach Kanner et al. (1981), »Ministressoren« nach Etzion (1987) – bei gleichzeitigem Mangel an Erfreulichem (Kanner et al., 1978), dann ist der Punkt nicht mehr fern, wo weder Wald noch Bäume zu sehen sind, sondern nur noch Zweige.

Kontrollierbare und unkontrollierbare Stressoren

Neurohormonale Reaktionen auf Kontrollverlust. Ein möglicher Ausweg besteht darin, die Analyse auf die Ebene globalerer kognitiv-emotionaler Erlebniskomplexe zu verlagern. Auf dieser Ebene nun begegnen wir dem vertrauten Thema Kontrollverlust erneut. Karasek et al. (1982 a), die freilich von einem etwas anderen Stresskonzept ausgehen, betrachten Stressoren und Kontrollmöglichkeit als zwei unabhängige Situationscharakteristika.

Disstress

- Gesundheitsschädlicher »Distress« (Selye) trete nur dann auf, wenn starke/häufige Stressoren ohne adäquate Kontrollmöglichkeit ertragen werden müssen, oder wenn die Kontrollmöglichkeiten die Potenz des Stressors überwiegen. (Das ist die Unterforderungssituation, die ich weitgehend ausgeklammert habe)

Eustress

- Stressoren bei adäquater Kontrolle dagegen werden im Sinne von »Eustress« mit »Wachstum«, also wohl Kompetenzerhöhung, beantwortet.

Karasek et al. bringen diese unterschiedlichen Bedingungen mit zwei verschiedenen Hormonen in Verbindung: »Stressor mit Kontrolle« löse Epinephrinausschüttung aus, »Stressor ohne Kontrolle« zusätzlich noch Cortisolausschüttung. Erst die Kombination der beiden Hormone bilde ein Glied in einer Wirkungskette, die zu Herz-Kreislauf-Schäden führe.

Zwei Stressachsen

In ganz ähnlicher Richtung äußern sich auch McQueen & Siegrist (1982). Sie sprechen von zwei »Stressachsen«, besser: Coping-Strategien, nämlich Kampf/Flucht und Behauptung/Rückzug, die neurohormonal mit den Sekreten des Nebennierenmarks bzw. der Nebennierenrinde in Beziehung stehen:

> »Stressoren, die sozioemotionale Beziehungen oder den Sozialstatus bedrohen, können mit aktivem oder passivem Coping beantwortet werden. Bei aktivem Coping hat das Individuum das Gefühl, gegen die Bedrohungen kämpfen zu müssen und zu können (Überwiegen der Verteidigungsreaktion), während man passives Coping als Aufgeben nach Machtlosigkeits- und/oder Hilflosigkeitserfahrungen bezeichnen kann (Vorherrschen der Behauptungs/Rückzugs-Reaktion). Vergebliches aktives Coping, ständiges fruchtloses Ringen, drohende Gefahr des Scheiterns beim Versuch, eine relevante Situation unter Kontrolle zu bringen, und übermäßige oder überwältigende Anforderungen an die eigene Anpassungsfähigkeit – dies sind anscheinend kritische Erlebniskategorien,

die Irritation, Ärger, Frustration und Unzufriedenheit hervorrufen. Wahrscheinlich werden während derartiger Erlebnisse beide Stressachsen aktiviert … gleichzeitige Aktivierung dieser beiden Stressachsen ist wichtig für die Schaffung eines neurohormonalen Ungleichgewichts, welches das Herz-Kreislauf-System beeinflusst« (S. 362f.).

Das Herz des Dynamikers

Kreislauf und Persönlichkeit: Der »Typ A«. Es spricht einiges dafür, dass Erlebnisse der genannten Art nicht jedes Individuum gleich stark gefährden. Für die psychologischen Risikofaktoren der aktiven Reaktionskategorie ist der Terminus »koronargefährdendes Verhaltensmuster« (*Coronary-Prone Behavior Pattern*) gebräuchlich, dessen Kern wiederum der sog. Verhaltenstyp A darstellt.

Der Typ A sieht ungefähr so aus wie das Stereotyp »des« Managers:
- leistungs- und wettbewerbsorientiert,
- aggressiv,
- ungeduldig,
- ständig in Zeitnot,
- angespannt bis zum letzten.

Der Gegentypus, der alle diese Kennzeichen nicht aufweist, wird einfach als Typ B bezeichnet.

Zwei Langzeit-Projekte

Eine großangelegte prospektive Studie, die *Western Collaborative Group Study* (Rosenman et al., 1966), ergab, dass das Risiko aller Arten von kardiovaskulären Erkrankungen und Störungen bei Typ-A-Männern mehrfach höher war als bei Typ-B-Männern. Eine zweite prospektive Studie, die *Framingham Heart Study*, dehnte diesen Befund auch auf Frauen aus (Haynes & Feinleib, 1980). Typ-A-Verhalten und »unterdrückter Ärger« waren sowohl bei Männern als auch bei Frauen die wichtigsten Prädiktoren für spätere Herz-Kreislauf-Schäden (Haynes et al., 1980).

«Wer sich in Gefahr begibt …«

Wie hat man sich nun die Kausalkette vorzustellen? McQueen & Siegrist (1982), die im übrigen vor dem traditionellen Ursache-Wirkungs-Denken warnen, sprechen sich dafür aus, Typ-A-Verhalten als einen Coping-Stil zu interpretieren, der durch Aspekte der Arbeitssituation provoziert wird, vor allem durch Stressoren wie Kontroll- und Autonomieverlust, Zeitdruck, und Unterbrechung bei verantwortungsvollen Tätigkeiten. (Ähnlich auch Deci, 1980, S. 126.) Beteiligt mag freilich auch eine Wahrnehmungsweise sein, die gerade diese Aspekte besonders akzentuiert, und Bedürfnisse, die einschlägige Situationen bevorzugt aufsuchen lassen. Es kann sein, dass sich hier ein Teufelskreis schließt: Entsprechend disponierte Personen suchen für sie gefährliche Arbeitssituationen auf, werden dort eben wegen ihrer Rollenkonformität befördert und gelangen so schließlich in Positionen, die auch andere überfordern würden. (Ein kleines Experiment von Krantz et al., 1974, gibt einen Hinweis, dass möglicherweise A-Typen Hilflosigkeit schneller erlernen als B-Typen.) Wer nun auch noch den einschlägigen physiologischen Reaktionstyp besitzt, der kommt schließlich in der Gefahr um, in die er sich selbst begeben hat.

2.3.3 Krebs

Ein altes Thema

Krebs als psychosomatisches Phänomen zu sehen, stößt bei naturwissenschaftlich orientierten Medizinern noch immer auf beträchtliche Widerstände. So weit ich das beurteilen kann, ist aber zumindest eine *Beteiligung* psychischer Faktoren an *einigen* Arten von Krebs durch Forschungsergebnisse sehr wahrscheinlich geworden (Rosch, 1979; Selye, 1979). Erste Vermutungen in dieser Richtung werden schon von Galen berichtet; spätestens zu Beginn des 18. Jahrhunderts wird das Thema von mehreren Ärzten wieder aufgegriffen. Als typische Disposition wird zu dieser Zeit ein »melancholisches Temperament«, als typischer Stressor der Verlust einer nahestehenden Person genannt.

Methodenprobleme

Die Intensivierung der systematischen Forschung in den letzten Jahrzehnten hat auch die methodischen Schwierigkeiten ins Blickfeld gerückt. Aufgrund der sehr gründlichen und methodenkritischen Übersicht von Hürny & Adler (1981) scheint mir, dass fast nur noch breit angelegte prospektive Studien Aussicht haben, entscheidende Erkenntnisfortschritte zu erbringen. Zu überprüfende Hypothesen gibt es in Hülle und Fülle. Damit wird freilich auch ein immenser Aufwand erzwungen.

Stressoren treffen Schwachstellen

Als Verdichtung des bereits bei Hürny & Adler komprimierten Materials scheint mir ein Stressmodell am angemessensten, in welchem eingrenzbare psychosoziale Stressoren auf ein Individuum mit ebenfalls spezifizierbaren bevorzugten Coping-Stilen oder -Strategien treffen.

Gefühlsverleugnung

- Relativ gut belegt ist die Neigung von (später) Krebskranken, Konflikte mittels Verdrängung oder Verleugnung zu überstehen; Ärger und Wut, wenn sie denn empfunden werden, jedenfalls nicht zu äußern. Ganz allgemein wird von einer stark verminderten Fähigkeit, Gefühle auszudrücken, gesprochen (▶ Abschn. 2.1.4).

Aufgeben nach Verlusten

- Besonders gefährdet scheinen diese Menschen in Situationen, die durch einen spezifischen Stressor bestimmt sind: Verlust eines wertvollen Objekts (z. B. Bezugsperson, Besitz, Arbeitsstelle o. Ä.). Wir erinnern uns, dass dies eine der drei stressinduzierenden Lageeinschätzungen in der Theorie Lazarus' war. Was Psychoanalytiker Trauerarbeit nennen, d. h. eine Neudefinition der eigenen Identität ohne das verlorene Objekt, die schließlich ein dennoch befriedigendes Weiterleben ermöglichen würde (Lindemann, 1979), scheint diesem Menschentypus besonders häufig zu misslingen: Sie geben sich auf und gleiten in einen Zustand der Hoffnungslosigkeit ab. Klinger (1975) würde von ausgebliebenen neuen Zielbindungen (*Commitments*) sprechen.

Neuanfang unmöglich

- Ich möchte spekulieren, dass das entscheidende psychologische Defizit eine mangelnde Flexibilität in der Korrektur von Lebensplänen ist. Wer seine Zukunft untrennbar mit einem bestimmten Lebenspartner, einem bestimmten Beruf, einer bestimmten Idee etc. verknüpft hat, ist tatsächlich objektiv »hilflos«, wenn dieses individuelle Objekt irreversibel verschwunden ist; eine Kontrolle ist dann nicht möglich. In der Folge nimmt die Wahrscheinlichkeit für alle möglichen Erkrankungen zu (unspezifische Wirkung), eben auch für Krebs.

In das skizzierte Grobschema fügen sich auch die beobachteten Verlaufsunterschiede bei diagnostizierten Krebspatienten gut ein. Kranke, die die Diagnose stoisch akzeptieren und mit dem Leben abschließen, sterben rascher als solche, deren Überlebenswille aktiviert wird und die sich zu einer kämpferischen Haltung aufraffen können. In der Tat besteht der Kern der psychologischen Krebstherapie der Simontons (Simonton & Simonton, 1975) in der Festigung der Überzeugung, dass der Patient seine Krankheit besiegen kann.

Sieg über die Krankheit

Den Wirkungsmechanismus von Stress auf Krebsmanifestation stellt man sich so vor, dass längerdauernde emotionale Ungleichgewichte einerseits abnorme Zellbildungen direkt begünstigen, andererseits über eine Schwächung des Immunsystems die Zerstörung dieser Zellen erschweren (Selye, 1979). McQueen & Siegrist (1982, S. 363) schreiben präziser:

Der Wirkungsmechanismus

> »Wir glauben, dass passives Coping in Verbindung mit den belastenden Gefühlszuständen Hoffnungs- und Hilflosigkeit einzig das System Hypophyse-Nebennierenrinde aktivieren und die Anfälligkeit für infektiöse Prozesse und bösartige Entwicklungen erhöhen. Diese Arbeitshypothese wartet allerdings zu einem Großteil noch auf Bestätigung.«

Passives Coping

Auch ich möchte zum Abschluss dieses Abschnitts, der ein mit starken Ängsten und Hoffnungen befrachtetes Forschungsgebiet kaum anreißen konnte, betonen, dass meine eigene Lesart der Befunde über diese hinausgeht und insofern empirischer Prüfung bedarf. Ganz allgemein scheint es dort weniges zu geben, was mit einwandfreier Methodik erhoben und mehrfach repliziert wäre (Hürny & Adler, 1981).

Ich habe das vorstehende Psychosomatik-Kapitel nicht aus Bequemlichkeit kaum verändert, sondern um dem Leser einen Eindruck davon zu verschaffen, wie schnell sich die Befundlage ändern kann, manchmal. Dabei geht es hier um Themen aus der Epidemiologie, einer Domäne mathematisch versierter Mediziner, nicht etwa sentimentaler Psychologen, die womöglich nicht rechnen können oder wollen. Das soll den Leser vorbereiten auf die Brüchigkeit der Forschung zu Burnout. Im medizinischen Fall sind wenigstens die abhängigen Variablen klar: Ein Ulkus ist ein Ulkus, ein Herzinfarkt ist ein Herzinfarkt, ein Lungenkrebs ist ein Lungenkrebs. Bei Burnout ist das schwieriger.

Neues aus der Wissenschaft

Schon lange vor der 1. Auflage dieses Buches war, hierzulande unbemerkt, etwas passiert, was die Ausgangslage epidemiologischer Forschung schlagartig verbesserte. Die Dänen, unsere libertären nördlichen Nachbarn, hatten ab 1968 eine Neuerung eingeführt, die, jedenfalls damals, in unserem Heimatland undenkbar gewesen wäre. (Wer erinnert sich noch an die Volkszählungs-Kampagne? - aber das ist eine andere Geschichte.) Jede Dänin, jeder Däne bekommt seither bei ihrer oder seiner Geburt eine ID-Nummer, unter der sie oder er dann in vielfältigen Registern gespeichert wird. Wer zu diesen Registern Zugang hat - und die Abteilung für Psychosoziale Krebsforschung der Dänischen Krebs-Gesellschaft unter ihrem rührigen Leiter Christoffer Johansen hat ihn zweifellos -, der kann dann, sobald die Datenbank-Probleme gelöst sind, auf gigantische Datenmengen zugreifen. Er hat es nicht einmal mehr, wie sonst unvermeidlich, mit Stichproben zu tun; er hat die Grundgesamtheit vor Augen. Das eröffnet ungeahnte Möglichkeiten, die erst in den letzten Jahren - Epidemiologie ist eine Wis-

Man war nicht faul im Staate Dänemark

senschaft der langen Zeiträume – zu Publikationen geführt haben, die das Umschreiben von Lehrbüchern erforderlich machen könnten.

Dalton, Mellemkjaer, Olsen, Mortensen & Johansen (2002) beispielsweise verglichen die Häufigkeit von Krebserkrankungen bei 89.491 Erwachsenen, die zwischen 1969 und 1993 wegen Depression in eine Klinik eingewiesen worden waren, mit der entsprechenden Häufigkeit in der Allgemeinbevölkerung. Wenn die Faktoren Geschlecht, Alter und Jahreszeit »herausgerechnet« wurden, dann ergab sich eine lediglich um 5% erhöhte Krebswahrscheinlichkeit für die (mindestens einmaligen) Depressionspatienten, vor allem im ersten Jahr nach der Einweisung. Nach diesem Zeitpunkt beschränkte sich das erhöhte Risiko auf die Raucher(innen) – ohne Tabak glichen sich die Inzidenzraten fast völlig an.

Starker Tobak als Erklärung?

Noch ein Befund aus der derselben Quelle (Li, Johansen, Hansen & Olsen, 2002): Der Tod eines Kindes stellt für Eltern ohne Zweifel eines der erschütterndsten Lebensereignisse dar; man mag in solchen Fällen gar nicht von »Stress« sprechen, weil es zu banal klingt. Jedenfalls galt »Verlust einer nahen Bezugsperson« als ein Krebs begünstigendes Lebensereignis *par excellence.* 21.062 Eltern mit diesem Schicksal wurden 293.745 anderen gegenübergestellt, denen dies erspart geblieben war. Das Krebsrisiko der betroffenen Mütter 7–18 Jahre später war nur um 18% erhöht; allerdings vor allem bei Raucherinnen.

Ist Krebs doch Schicksal?

Das ist zwar mehr als Nichts, aber nicht annähernd das, was wir seit 20 Jahren als halbwegs gesichertes Gemeingut an Therapeuten und an unsere privaten Freundeskreise weitergegeben haben. De Raeve (1997) sorgt sich bereits, dass der Glaube an die Macht des »positiven Denkens«, welches seinerseits als zumindest lebensverlängernder Faktor allseits propagiert wurde, dazu unfähige Patienten unter unnötigen moralischen Druck gesetzt haben könnte. Ähnlich hatte die Ende 2004 gestorbene Susan Sontag schon 1978 in ihrem Buch *Illness as Metaphor* argumentiert, wie ich einem Nachruf auf die große amerikanische Intellektuelle in *TIME* (10.01.2005) entnehme.

Kleiner skeptischer Einwurf: Riesenstichproben wie die dänischen haben ihre Vorteile. Auf jeden Fall sagen uns die daraus abgeleiteten Ergebnisse: So einfach, wie früher behauptet, ist das nicht mit dem Krebs. Das schließt nicht aus, dass es doch noch Zusammenhänge geben wird, wenn man feinkörniger analysiert. Wer weiß, vielleicht ist die Therapie der Depression in dänischen Kliniken so wirkungsvoll, dass anschließend das Krebsrisiko drastisch sinkt? Und was ist mit *unbehandelten* Depressionen, die nie in eine Datenbank gerieten? (Nicht sehr plausibel, aber immerhin bedenkenswert.) Freilich kommen auch Amelang & Schmidt-Rathjens (2003) in ihrer Literaturübersicht, die auch eine eigene empirische Studie einschließt, zu ähnlich negativen Schlussfolgerungen, obwohl sie die dänischen Arbeiten noch gar nicht berücksichtigen konnten (vgl. auch Amelang, Hasselbach & Stürmer, 2004).

Herz-Kreislauf-Erkrankungen und Psyche: Auf Wiedervorlage

Noch erstaunlicher scheint mir, dass sich auch bei den *koronaren Herzerkrankungen* das Blatt offensichtlich gewendet hat, schienen doch dort die Befunde deutlich stabiler als bei Krebs. Insbesondere Reanalysen der *Western Collaborative Group Study* und der *Framingham-Study* (s. oben) fanden bei Typ-A-Patienten sogar *niedrigere* Mortalitätsraten nach Herzinfarkt, jedenfalls, sobald einige Jahre verstrichen waren! Allerlei Metaanalysen der letzten Jahre haben die früher fest etablierte Beziehung zwischen Persönlichkeitsvariablen und Herz zu einer *quantité négligeable* schrumpfen lassen. Ob das Bestand haben wird, mag ich nicht prognostizieren; die Zusammenschau ist noch zu frisch, als dass fundierte Kritik sich auf sie hätte einschießen können. Auch warten in der Kulisse neue Kandidaten auf ihren Auftritt als »persönliche Risikovariable«. Zum gegenwärtigen Stand eines aktiven Forschungsgebiets, das man nun wirklich nicht der Elfenbeintürmerei bezichtigen kann, zitieren Amelang & Schmidt-Rathjens (2003) Denollet & van Heck (2001, S. 466) mit der Formulierung, derzeit sei »...Persönlichkeit in der psychosomatischen Forschung zu Koronaren Herzkrankheiten aus der Mode«. Treffender kann man's nicht sagen. Je mehr man weiß, desto mehr weiß man auch, was man *nicht* weiß. Warten wir auf die nächste Welle.

2.3.4 Ertrag

Frappierende Parallelen

Bei einer ersten Betrachtung, die notwendig sehr grobkörnige Begriffe wie Unkontrollierbarkeit und Hoffnungslosigkeit verwenden muss, sind die Parallelen zwischen den Befunden der älteren psychosomatischen Forschung und den in früheren Abschnitten referierten frappierend (vgl. auch Joraschky & Köhle, 1981, z. B. S. 192). Es ist bedauerlich und nur durch den hohen technischen Aufwand bei geringer Manifestationswahrscheinlichkeit zu erklären, dass in relativ wenigen psychologischen Stress- oder Hilflosigkeitsuntersuchungen vom Längsschnitt-Typus (und noch seltener in Burnout-Studien) physiologische Parameter oder gar objektivierte Erkrankungen erfasst wurden. Umgekehrt wäre in psychosomatischen Langzeitstudien der Einsatz von Burnout-Maßen lohnend.

Krankheit nach Burnout oder anstatt?

So bleibt einstweilen ungeklärt, ob die genannten Psychosomatosen den vorläufigen Endpunkt eines vorangegangenen Burnout-Prozesses darstellen, oder ob es sich um zwei alternative Wege handelt, die von gleichen oder ähnlichen Anfangssituationen ihren Ausgang nehmen. Nicht auszuschließen ist, dass sich bei näherem Hinsehen doch subtile Unterschiede zwischen der Hilf- und Hoffnungslosigkeit der späteren Ausbrenner und der der späteren Psychosomatiker finden ließen. Wahrscheinlicher erscheint mir – ohne dass ich das belegen könnte –, dass der Unterschied in den Reaktionsweisen (im Sinne von Coping-Stilen) liegen könnte.

Gefühlsunterdrückung vs. Gefühlsabkopplung

Eine erste wilde Vermutung denkt an die Gefühlsunterdrückung, die für Herz-Kreislauf- und Krebskranke berichtet wird. Nimmt man den Begriff wörtlich, dann finden dort emotionale Reaktionen statt, vermutlich heftige, die aber selten oder nie kathartisch abreagiert werden. Für Ausbrenner dagegen scheint ab einem gewissen Stadium die emotionale Abkopplung typisch zu sein (▶ Abschn. 1.3, besonders Freudenbergers »empfindungsloses Stadium«), welche Gefühlsaufwallungen erst gar nicht mehr zulässt.

Regression in die Krankheit

Eine andere Hypothese zielt auf die Fähigkeit vs. Unfähigkeit, sich die Regression in eine Krankheit zu gestatten; vgl. Schmidbauers (1977) Unterscheidung des »oral-progressiven« und des »oral-regressiven« Charakters (▶ Abschn. 3.12.2). Zwei Wege oder unterschiedliche Etappen desselben Weges? Hier sind noch viele Fragen offen.

2

2.4 Theorien der Arbeits(un)zufriedenheit

«Ausgebrannt, aber zufrieden«

Man könnte meinen, Burnout sei geradezu ein Synonym für Unzufriedenheit mit der Arbeit, aber das ist nicht so. Wenn die Überdruss-Skala (Pines et al., 1981, S. 209) mit Skalen für Arbeitszufriedenheit korreliert wurde, dann ergab sich ein Medianwert von r=–.44. Noch niedriger (–.17 bis –.23) korrelieren damit die Skalen des MBI (Maslach & Jackson, 1981a; vgl. auch Shinn, 1982). Es muss demnach Menschen geben, die sich selbst als »ausgebrannt«, aber »zufrieden mit der Arbeit« bezeichnen.

Zur Erklärung dieses zunächst überraschenden Sachverhalts bieten sich mehrere Möglichkeiten an.

Die Arbeit ist es nicht …

- Die erste liegt in der häufig berichteten Neigung von Ausbrennern, den Prozess als Zeichen eigenen Versagens zu interpretieren. Diese Position würde ungefähr besagen: »Mir geht es schlecht, aber ich will niemandem die Schuld geben; an der Arbeit jedenfalls liegt es nicht.«

… eher die Arbeitsbedingungen …

- Eine zweite Deutungsmöglichkeit führt über die Hypothese, dass die Auslöser von Burnout-Prozessen, jedenfalls in der Sicht der Betroffenen, eher in Aspekten der Arbeits*bedingungen* liegen als in der Arbeit selber, und zwar oft in einigen wenigen, nicht so sehr in einer Vielzahl sich addierender Misslichkeiten. Dass Ausbrenner mit ihrer Arbeit typischerweise hochgradig identifiziert sind, jedenfalls in den frühen Stadien, wird ebenfalls ziemlich einheitlich berichtet.

… oder auch Privates

- Und schließlich: Burnout-Faktoren können natürlich auch außerhalb des Arbeitsbereichs liegen.

Arbeitszufriedenheit – schwer zu messen

Letztlich deuten diese Interpretationen auf das sehr grobe Auflösungsvermögen vieler Messinstrumente für Arbeitszufriedenheit hin. Wahrscheinlich ist die Berufsausübung für die meisten Menschen ein derart facettenreicher Vorgang, dass selbst eine mehrdimensionale Zufriedenheitsbeurteilung außer in extremen Fällen wenig aussagefähige Informationen erbringt (vgl. Mobley & Locke, 1970, S. 481).

Gebert (1979a) hat die Vermutung geäußert, dass Befragte das Element der Unabänderlichkeit von vornherein diskontieren, d. h. dass Unzufriedenheit nur mit Umständen geäußert wird, die als prinzipiell veränderbar angesehen werden. Dies drückt der Begriff der »resignativen Arbeitszufriedenheit« aus (s. unten).

«Halten Sie das noch 10 Jahre aus?«

Für die individuelle Analyse von Burnout-Potentialen könnte allerdings eine nicht weniger globale Startfrage sicher nützlich sein: »Was empfinden Sie bei der Vorstellung, auch in 10 Jahren noch am gleichen Arbeitsplatz zu sein?« (vgl. Edelwich & Brodsky, 1980, Kap. 9). Wenn man Fälle ausschlösse, wo die Wurzeln im Privatbereich liegen, würde ich eine hohe Korrelation zum selbstberichteten Burnout-Grad erwarten. (Buchka & Hackenberg, 1987, haben die Frage zwar gestellt, aber nicht in Zusammenhang mit anderen Variablen gebracht.)

«… nicht präzise analysiert«

Mit diesen kurzen einführenden Bemerkungen sind schon einige der Probleme angerissen, die Gebert & von Rosenstiel (1981, S. 67) feststellen lassen, »dass die immer wieder als bedeutsam behaupteten Aspekte der Arbeitssituation für die Arbeitszufriedenheit weder in ihrer Auswahl noch in ihrer logischen und erlebnismäßigen Verknüpfung untereinander hinreichend präzise analysiert sind« (ähnlich, wenn auch aus anderer Sicht, W. H. Meyer, 1982).

Trotz dieses unbefriedigenden Zustands sollen zwei Theorien der Arbeitszufriedenheit, eine »klassische« und eine relativ neue, kurz erwähnt werden. Sie erscheinen mir für das Verständnis von Burnout fruchtbar: die Zwei-Faktoren-Theorie von Herzberg und das Modell von Bruggemann.

Zwei Theorien

2.4.1 Herzbergs Zwei-Faktoren-Theorie

In komprimierter Form besagt die Zwei-Faktoren-Theorie (z. B. Herzberg et al., 1959), dass zwei unterschiedliche Gruppen von Faktoren die Arbeitszufriedenheit bestimmen:

- Hygienefaktoren (auch »*Dissatisfiers*« genannt) fallen nur durch Abwesenheit auf; sie schaffen Unzufriedenheit, wo sie fehlen, eine Verbesserung über das subjektive Anspruchsniveau hinaus schafft aber nicht Zufriedenheit.
- Motivationsfaktoren (auch »*Satisfiers*« genannt) verursachen bei Fehlen »Nichtzufriedenheit«, wo sie jedoch gegeben sind, Zufriedenheit.

Manches beseitigt Unzufriedenheit ...

... anderes schafft Zufriedenheit

Um also einen Mitarbeiter aus dem Zustand der Unzufriedenheit herauszuführen, müsste ein Unternehmen zunächst die Hygienefaktoren verbessern; soll auch noch die Nichtunzufriedenheit bzw. Nichtzufriedenheit überwunden werden, muss sich etwas bei den Motivationsfaktoren tun. Zu den ersteren zählen Gehalt, Beziehung zu Vorgesetzten und Kollegen und äußere Arbeitsbedingungen, zu den letzteren die Arbeitsaufgabe an sich, sowie die Chance, Verantwortung zu übernehmen, Leistungen zu vollbringen und Anerkennung zu erhalten.

Eine einfachere Formulierung der Theorie besagt, dass Hygiene- und Motivationsfaktoren unterschiedliche Reaktionskurven haben: Bei ersteren erreicht die resultierende Zufriedenheit früher eine Asymptote, die auch niedriger liegt.

Herzbergs Ansatz ist keineswegs unumstritten; die vorherrschende Meinung ist heute wohl, dass er die Dinge zumindest unzulässig vereinfacht hat (so z. B. Weinert, 1981, S. 292; Wofford, 1971). Interessant scheint mir aber, dass einzelne Beschreibungen von Burnout-Prozessen bei »Helfern« (z. B. Edelwich & Brodsky, 1980) ebenfalls Hinweise auf zwei unterschiedliche Faktorengruppen enthalten.

Solchen Schilderungen zufolge verstehen sich burnout-gefährdete Sozialberufler, typisiert natürlich, zunächst als Idealisten, denen nichts unwichtiger ist als die »äußerlichen« Arbeitsbedingungen (eben die Hygienefaktoren), während der »eigentlichen« Arbeit und ihren Resultaten alles untergeordnet wird. Gibt es nun Probleme bei den Motivationsfaktoren, weil spektakuläre Erfolge ausbleiben, der Eingriffsspielraum beschränkt bleibt und Anerkennung von allen Seiten nur spärlich fließt, dann werden nach und nach die unregelmäßige Arbeitszeit, die dürftige Bezahlung, die schäbige Arbeitsumgebung, die nichtvorhandenen Aufstiegsmöglichkeiten wichtiger, mindestens in dem Sinne, dass sie eine schwer greifbare Nichtzufriedenheit in eine nagende Unzufriedenheit steigern können.

Helfer: Erst nicht-zufrieden, dann unzufrieden

2.4.2 Das Bruggemann-Modell

Das vielzitierte Modell von Bruggemann (Bruggemann et al., 1975, S. 134f.) erscheint mir aus zwei Gründen bemerkenswert und in diesem Zusammenhang von Interesse:

Ein Modell mit Zeitachse

- Zum einen ist es, anders als die meisten Modellbildungen zur Arbeitszufriedenheit, nicht statisch, sondern dynamisch, d. h. es besitzt eine eingebaute Zeitachse. Das macht es angemessener für Phänomene mit Prozesscharakter.

Sechs Typen von (Un)zufriedenheit

- Zum anderen enthält es eine, wenn auch vorerst nur intuitiv plausible, Unterscheidung von sechs Typen der Arbeitszufriedenheit bzw. -unzufriedenheit, die für unsere Zwecke bedeutsam ist.

Start: Ist und Soll

Das Modell (das als Flussdiagramm nachgedruckt ist z. B. bei Gebert & von Rosenstiel, 1981, S. 68; Schmale, 1983, S. 196) beginnt mit einem Vergleich der allgemeinen und konkreten Merkmale der Arbeitssituation einerseits (Ist-Werte) mit den generellen und konkreten Bedürfnissen, bezogen auf diese Merkmale andererseits (Soll-Werte). Erreichen oder überschreiten die Ist-Werte die Soll-Werte, dann resultiert eine von zwei Typen der Arbeitszufriedenheit. Interessanter für uns ist der umgekehrte Fall: die Arbeitssituation bleibt hinter den Ansprüchen zurück und erzeugt eine diffuse Unzufriedenheit. (Hier wäre übrigens eine Kombination mit der Theorie Herzbergs überlegenswert; es wird einen Unterschied machen, welche Aspekte zu wünschen übrig lassen.)

Wenn Wünsche offenbleiben

Nun findet eine Entscheidung statt, ob Ansprüche und Bedürfnisse aufgegeben oder aufrechterhalten werden. Es liegt nahe, diese Entscheidung in Abhängigkeit von der wahrgenommenen Situationskontrolle zu sehen: Lässt sich da was machen oder schickt man sich besser drein? (Bei dieser Lageeinschätzung dürften auch Persönlichkeitszüge wirksam werden, z. B. der schon vorher erlernte Grad an »Hilflosigkeit« und das Selbstvertrauen).

»Resignative Arbeitszufriedenheit«

Wird ein aktives Coping für aussichtslos gehalten und das Anspruchsniveau gesenkt, dann kommt es zu »resignativer Arbeitszufriedenheit« – »Es gibt Schlimmeres, man muss zufrieden sein.« Wer auf seinen Ansprüchen beharrt, hat nach Bruggemann et al. drei Möglichkeiten:

»Konstruktive Arbeitsunzufriedenheit«

- Er kann sich um Problemlösungsversuche bemühen, also aktives Coping betreiben, und erlebt nun »konstruktive Arbeitsunzufriedenheit« (»Bin nicht mit allem zufrieden, aber ich versuche, was dran zu drehen.«).

»Fixierte Arbeitsunzufriedenheit«

- Oder er verzichtet auf Anstrengungen und landet im Zustand »fixierter Arbeitsunzufriedenheit« (»Mir stinkt es hier schon lange.«).

»Pseudo-Arbeitszufriedenheit«

- Schließlich kann er seine Situationswahrnehmung verfälschen und so »Pseudo-Arbeitszufriedenheit« erlangen (z. B. »Wenn ich all die Vorteile sehe, die ich habe, kann ich eigentlich nicht klagen.«).

Neuer Soll-Ist-Vergleich

Aus einer der sechs verschiedenen Befindlichkeiten springt das Modell zurück an den Anfang: Mit einem evtl. veränderten Satz von Situationen, Wahrnehmungen und Erwartungen wird ein erneuter Soll-Ist-Vergleich vorgenommen, und ein neuer Zyklus beginnt.

Arbeitsunzufriedenheit und Stress

Dass sich das Bruggemann-Modell sehr gut mit den Vorstellungen Lazarus' von Stress und Coping verbinden lässt, ist schon Gebert & von Rosenstiel (1981,

S. 69f.) aufgefallen. Darüber hinaus besitzt es ja einen Startpunkt, den man ohne weiteres als Beurteilung des individuellen *Person-Environment-Fit* bezeichnen kann. Die begrifflichen Querverbindungen zur Stresstheorie sind also besonders zwanglos herzustellen.

Anzumerken ist noch, dass das Bruggemann-Modell einstweilen nur heuristischen Wert beanspruchen darf; erste empirische Überprüfungsversuche (Neuberger & Allerbeck, 1978) verliefen eher negativ. Andererseits wäre es sinnvoll, denselben Denkansatz auf andere Bereiche zu übertragen, auf die sich (Un)zufriedenheit bezieht, z. B. Verbraucherzufriedenheit (z. B. Burisch, 1977; Ölander, 1977; Pfaff, 1977), Zufriedenheit in Beziehungen und Zufriedenheit schlechthin (Gutek, 1978).

2.4.3 Ertrag

Erfolglose Coping-Versuche

Ich vermute, dass Ausbrenner schon aus einer gewissen Rigidität bei der Normensetzung heraus besondere Schwierigkeiten haben, ihr Anspruchsniveau zu senken und darum eher in einer der Kategorien »resignative« oder »fixierte Arbeitsunzufriedenheit« oder »Pseudoarbeitszufriedenheit« zu suchen sein werden. Genauer gesagt, stelle ich mir den Burnout-Prozess – wo beruflich bedingt – als eine Sequenz nicht nachhaltig erfolgreicher Coping-Versuche vor, die, wenn sie nicht durch Arbeitsplatz- oder gar Berufswechsel abgebrochen wird, schließlich in fixierte (und allmählich generalisierte) Arbeitsunzufriedenheit mündet. Von dort aus können Effekte in andere Lebensbereiche »überschwappen«. Wo nicht, entsteht der »Chrysalis«-Lebensstil.

Mitbestimmung und Burnout

Wichtig scheint mir am Bruggemann-Modell das erneute Auftauchen des Faktors Situationskontrolle. Vor schnellen Schlussfolgerungen sei aber gewarnt. Eine der nächstliegenden Möglichkeiten, die Situationskontrolle abhängig Beschäftigter zu erhöhen, besteht ja in der Einführung partizipativer Formen des Managements. Maßnahmen der Organisationsentwicklung, wie Golembiewski (1982) sie in diesem Zusammenhang empfiehlt, haben erklärtermaßen das Ziel, »Betroffene zu Beteiligten zu machen«.

Müssten demnach nicht in selbstverwalteten Betrieben, unter Betriebsräten oder Mitgliedern anderer Mitbestimmungsgremien besonders niedrige Burnout-Raten herrschen? Einiges deutet darauf hin, dass das Gegenteil der Fall ist. Golembiewski (1982) hat Möglichkeiten aufgezählt, wie Organisationsentwicklung zu Burnout sogar beitragen kann.

Enttäuschte Erwartungen fördern Burnout

Was im Bruggemann-Modell fehlt, ist der Faktor der Erwartungsenttäuschung, den ich für eine notwendige Burnout-Bedingung halte. Wo z. B. über eine organisatorische Veränderung Mitarbeitern mehr Mitspracherechte eingeräumt werden soll, können übertriebene Hoffnungen geweckt werden, deren Enttäuschung auf die eine oder andere Weise eher Burnout-fördernd wirken kann.

Zweitens vermute ich, dass für die meisten Menschen die Kontrolle hautnaher und handgreiflicher Ziele entscheidender für das Entstehen des Burnout-Syndroms ist als die Kontrolle über viel »wichtigere«, aber mittelbarere Ereignisse. Einem Personalratsmitglied etwa, das jahrelang vergeblich um ein eigenes Arbeitszimmer kämpft (z. B. um sich einem verhassten Kollegen zu entziehen), wird es hier nur wenig Trost bieten, dass gewichtige Entscheidungen im Betrieb nur mit seiner Zustimmung fallen können.

2.5 Subjektives Wohlbefinden und Imagination

2.5.1 Was ist Glück, und woher kommt es?

Ein uraltes Thema

Neben den Forschungen zur Arbeitszufriedenheit hat sich über die Jahre eine breitere Forschungstradition etabliert, die sich mit dem Gefühl subjektiven Wohlbefindens beschäftigt. Wenn man so will, über die Jahrtausende. Denn was das Glück des Menschen ausmacht, hat schon die Philosophen der Antike umgetrieben (z. B. Schmid, 1998). Ich stütze mich im Folgenden auf die ausgezeichnete Übersicht von Diener (1984; s. auch Diener, Oshi, & Lucas, 2003), werde aber unter Zuhilfenahme eigener Zusatzannahmen Verbindungen zu neueren Theorien des Phantasielebens herstellen.

Was ist subjektives Wohlbefinden? Innerhalb der im engeren Sinne psychologischen Denkrichtungen zeichnen sich zwei Strömungen ab.

Wohlbefinden, kognitiv

- Die eine setzt Wohlbefinden mit Lebenszufriedenheit gleich und definiert diese z. B. als die »globale Einschätzung der Lebensqualität einer Person nach deren selbstgewählten Kriterien« (Shin & Johnson, 1978, S. 478). Hier geht es offenbar um eine Meinung, eine kognitive Situationsbeurteilung, etwa wie im Modell von Bruggemann et al.

Wohlbefinden, affektiv

- Eine zweite Definition, die ich übernehmen werde – nicht nur, weil sie der Alltagsbedeutung eher entspricht, sondern auch, weil sie für Burnout fruchtbarer ist –, sieht in Wohlbefinden oder Glück ein Überwiegen positiver über negative Affekte.

Wohlbefinden und Unwohlsein sind unkorreliert

Ein wenig präziser könnte man aus der Differenz von positivem und negativem Affekt einen Wohlbefindensindikator ableiten, wobei Affekt als Produktsumme aus Zeitdauer und Intensität zu definieren wäre. Zwischen so definiertem positiven und negativen Affekt besteht übrigens eine Nullkorrelation. Zwar herrscht zwischen der Dauer der einen und der der anderen Gefühlslage notwendigerweise eine inverse Beziehung, die Intensitäten korrelieren aber positiv, was per Saldo Unabhängigkeit ergibt.

Was bewirkt nun positive und negative Affekte?

Wohlbefinden durch Elementarerlebnisse

- Zunächst einmal scheint es Erlebnisse zu geben, die über »festverdrahtete« Reaktionsverbindungen angenehm oder unangenehm empfunden werden: Nahrungsaufnahme, sexuelle Entspannung, Wärme oder Kälte, Schmerz, usw. (vgl. Klinger, 1977, Kap. 4).

Wohlbefinden durch Zielerreichung

- Manche Theorien sehen Glück verursacht durch das Erreichen von Zielen. Es ist aber zweifelhaft, ob Zielerreichung per se über eine passagere Stimmungsverbesserung hinaus tatsächlich Wohlbefinden schafft, oder ob nicht der Zustand, in dem man »alles erreicht hat«, durch Gewöhnung rasch in die Langeweile führt.

In seiner Erzählung *Wälsungenblut* von 1906 lässt Thomas Mann den reichen Emporkömmling Aarenhold zu seinem Schwiegersohn sagen:

»Wenn Sie Ihr Leben genießen wollen, wahrhaft genießen, bewusst, künstlerisch, so trachten Sie, sich niemals an die neuen Umstände zu gewöhnen. Gewöhnung ist der Tod. Sie ist der Stumpfsinn. Leben Sie sich nicht ein, lassen Sie sich nichts selbstverständlich werden, bewahren Sie sich einen Kindergeschmack für die Süßigkeiten des Wohlstandes. Sehen Sie … Ich bin nun seit manchem Jahr in der Lage, mir einige Annehmlichkeiten des Lebens zu gönnen (…), und doch versichere ich Sie, dass ich noch heute jeden Morgen, den Gott werden lässt, beim Erwachen ein wenig Herzklopfen habe, weil meine Bettdecke aus Seide ist.«

»Gewöhnen Sie sich nie an den Wohlstand«

Es mag also möglich sein, durch bewusstes Bemühen dem Sättigungseffekt gegenzusteuern; man kann auch bewusst auf manche Befriedigung verzichten, um sie sich kostbar zu erhalten.

Mindestens ebensoviel Berechtigung wie die Auffassung, nach der das Glück im »Angekommen«-Sein besteht, hat also offenbar die, nach der es in der *Verfolgung* von Zielen liegt: Der Weg ist das Ziel; »Vorfreude ist die schönste Freude«. (Permanente Frustration und Deprivation machen selbstverständlich auch nicht glücklich, ebensowenig wie extreme Fixierung auf ein einziges Ziel und seine fanatische Verfolgung.)

Vorfreude ist die schönste Freude

Beide Anschauungen lassen sich ohne große Schwierigkeiten in Einklang bringen. Diener (1984, S. 563) schreibt:

»Die Vorstellung, dass der Akt der Bedürfnisbefriedigung zu Glück führt, ist das Gegenteil der Vorstellung, dass das größte Glück darin besteht, alle Bedürfnisse permanent gestillt zu bekommen. Dieser Formulierung zufolge kann es unmöglich sein, viel Glück zu erreichen, wenn die Wünsche und Ziele eines Individuums vollständig erfüllt sind. Houston (1981) behauptete: »Unsere genetische Anlage ist so, dass wir wahrscheinlich am glücklichsten sind, wenn wir Bedürfnisse auf der Grundlage von Entbehrungen verspüren und diese Bedürfnisse zu stillen vermögen.« (S. 7). Ähnlich Wilson (1960): »Wiederkehrende Bedürfnisse sind zyklischer Natur und es ist am beglückendsten, wenn sich die Zyklen normal und ordnungsgemäß wiederholen« (S. 76).«

Wunschlos glücklich währt nicht ewig

Wichtig ist also beides, Appetit und Sättigung, und am besten ist ein ungestörter Rhythmus von Spannung und Lösung.

Durch ein solches »Sowohl-als-Auch« lässt sich auch der Gegensatz zwischen erlebens- und verarbeitungsorientierten Sichtweisen auflösen.

Glück von außen oder von innen?

- Erstere sagen, vereinfacht, dass Menschen glücklich sind, weil sie Dinge erleben, die sie glücklich machen;
- letztere, dass glückliche Menschen auf ihre Erlebnisse halt positiver reagieren als unglückliche.

Individuelle Reaktionsbereitschaften auf »objektiv« gleiche Erlebnisse variieren sicher beträchtlich; auch Anspruchsniveaus unterscheiden sich. Der Mensch gewöhnt sich überdies an sehr vieles. In Untersuchungen beschrieben sich Lotteriegewinner als nicht glücklicher, Querschnittgelähmte (einige Zeit nach dem

Unfall) als nicht unglücklicher als der Durchschnitt. Die Schnelligkeit der Sättigung oder Habituation ist freilich nicht überall gleich.

Die Integration beider Standpunkte könnte folgendermaßen aussehen:

Innen und Außen im Wechselspiel

> »Ein Mensch mag Assoziationsnetze besitzen, die ihn zu glücklichen Reaktionen prädisponieren. Obwohl nun die Assoziationen die Antwort auf kommende Ereignisse beeinflussen, könnten die Ereignisse mit der Zeit auch die Assoziationen verändern. Mit anderen Worten: Die Assoziationsnetze des Menschen können mehr oder weniger durchlässig für neue Verbindungen sein« (Diener, 1984, S. 566).

Zwei Glücksbedingungen

Bislang haben wir außer den stets gegenwärtigen Personfaktoren zwei äußere Bedingungen für das Überwiegen positiver über negative Gefühlslagen formuliert:

- das Vorhandensein angestrebter Ziele (wieviele optimal sind, lassen die Theorien offen),
- das periodische Erreichen derselben.

Wollen wir das Geschehen ein wenig genauer betrachten, müssen wir einen Schritt näher treten. Für den Zweck der Ausschnittvergrößerung bieten sich, wie mir scheint, Theorien der Imagination, des Phantasielebens, an.

2.5.2 Die Innenwelt als Anreizlandschaft

Die Renaissance der Phantasie

Die vom strengen Behaviorismus in den Untergrund verdrängte Beschäftigung mit Phantasie, Tagtraum, Imagination – kurz: dem nichtproblemorientierten Denken – erlebte in den USA während der 60er und 70er Jahre des 20. Jahrhunderts eine Renaissance (z. B. Shorr et al., 1980; Klinger, 1981). Insbesondere Klinger, dessen Theorie des Zielbindungsverlusts ich im ► Abschn. 2.2.2, skizziert habe, hat in zwei beeindruckenden Büchern (Klinger, 1971, 1977) analysiert, was in unserem Kopf vorgeht, wenn unsere Aufmerksamkeit weder äußeren Stimuli noch der Lösung von Problemen gilt. Anders als die ältere Psychologie ist er dabei durchaus nicht nur introspektiv vorgegangen.

Inganggehalten von Projekten

Klingers Theorie ist in erster Linie eine Motivationstheorie. In der Version von Klinger et al. (1980) sieht ihr Kern folgendermaßen aus: Unser Leben – und damit unsere Phantasie, erst recht natürlich unser problemorientiertes Denken und unser Fühlen – kreist um Anreize, Zielereignisse (*Incentives*). Die Bindung (*Commitment*) an einen positiven oder negativen Anreiz verschafft dem Menschen ein »laufendes Anliegen« (*Current Concern*) bezüglich dieses Anreizes; ein Zustand, der mit der Zielerreichung oder dem Aufgeben (Zielbindungsverlust) beendet wird. Etwas umgangssprachlicher ausgedrückt: Wir haben stets »Projekte« in Gang, die irgendwann beginnen, während ihrer Dauer unser »Interesse« besitzen, bis sie mit Erfolg oder Fehlschlag zum Abschluss kommen. (Selbstverständlich ist dies in vielerlei Hinsicht eine – notwendige – Vereinfachung.)

Zwei profane Beispiele: Ich lese eine appetitanregende Buchrezension und beschließe, das Buch zu kaufen (positiver Anreiz, von außen initiiert). Mir fällt ein, dass bei meinem Auto der Ölwechsel fällig ist; um den Kolbenschaden zu vermeiden, nehme ich mir vor, bei der Werkstatt einen Termin auszumachen (negativer Anreiz, intern initiiert).

Dass mir auf der Suche nach Beispielen gerade diese beiden als erste in den Sinn kommen, mag – wenig überraschend – damit zusammenhängen, dass sie vor kurzem tatsächlich geschehen sind.

Wahrscheinlichkeit und Intensität einer zustandekommenden Zielbindung hängen ab:
- vom subjektiven Wert des Anreizes,
- von der subjektiven Wahrscheinlichkeit, ans Ziel zu kommen,
- vom zeitlichen Abstand zur – erwarteten – Zielerreichung.

Zielbindungen steuern die Aufmerksamkeit

Kommt es zur Zielbindung, dann sinkt zum einen die Aufmerksamkeitsschwelle für externe und interne Signalreize (*Cues*), die in irgendeiner Beziehung zu dem Anreiz stehen: Sobald ich weiß, dass ich im Urlaub nach Spanien will, wird alles, was mich von außen oder innen an Spanien erinnert, interessanter.

Zum anderen wird die affektive Reaktion auf Signalreize intensiver. Solange die Sache mit dem Ölwechsel nicht erledigt ist, werde ich jedesmal unruhig, wenn ich an Tankstellen vorbeikomme.

Das geschieht insbesondere dann, wenn die Zielerreichung durch irgendeinen Umstand blockiert oder behindert wird, etwa dadurch, dass sich das interessante Buch als vergriffen herausstellt, oder dadurch, dass die Werkstatt ausgebucht ist.

Barfuß in der Innenwelt

Zielbindung und zusätzlich eventuelle Hindernisse auf dem Weg zum Ziel bewirken so, vermittelt über eine leichter auslösbare und heftigere affektive Regung, dass der Anreiz als Vorstellung häufiger ins Bewusstsein tritt. Der James'sche »Bewusstseinsstrom« nämlich geht nach Klinger verschlungene Pfade, die vom Gefühl diktiert werden. Ich stelle ihn mir mehr als barfüßigen Gang durch eine Landschaft vor: Auf weiten Strecken ist alles neutral, aber wenn mir ein Gebilde besonders angenehm ins Auge fällt oder besonders unangenehm in den Fuß sticht, dann ändere ich meine Gang-(Denk-)Richtung. (Dem Dorn kann ich ausweichen oder ihn abbrechen, je nachdem, ob ich eher »*Repressor*« oder »*Sensitizer*« bin.)

Gefühle steuern das Bewusstsein

Gefühlen weist Klinger also eine entscheidende Steuerungsfunktion in Rückkopplungsprozessen zu. Nicht nur beim beobachtbaren Verhalten, wie das z. B. Mehrabian & Russell (1974; ► Abschn. 2.2.3) schon getan hatten, sondern auch während all der Zeiten, in denen wir weder etwas »tun« noch innerlich auf etwas »hinarbeiten«. Das dürfte einen beträchtlichen Teil des Lebens ausmachen. John Lennon sagte: »*Life is what happens to you while you're busy making other plans*«.

Wenn Ziele unerreichbar werden …

Was Klinger zufolge geschieht, wenn ein Ziel vollständig unerreichbar wird und aus der Anreizlandschaft getilgt werden muss, haben wir bereits im ► Abschn. 2.2.2 kennengelernt: Es kommt jene Reaktionsfolge von Intensivierung, Primitivierung, Aggression und schließlich Depression in Gang, die im besten Fall mit der Ersetzung des aufgegebenen Anreizes durch einen neuen abgeschlossen wird.

… und wenn sie erreicht werden

Klinger hat sich ebenfalls zu den Effekten von Ziel*erreichung* geäußert: Auch der Erfolg beendet ein »laufendes Anliegen«; damit sollte der Anreiz neutral werden. Es ist aber plausibel (und von Klinger et al., 1980, auch empirisch gefunden worden), dass Erfolge zumindest eine Weile lang häufiger ins Bewusstsein treten und dann positive Gefühle auslösen. Manche Ereignisse eröffnen ja sogar neue Zielhorizonte; überhaupt sind Anreize und Ziele untereinander vielfältig vernetzt. Wenn man sich z. B. endlich die langersehnte größere Wohnung am Stadtrand hat leisten können, dann ergeben sich daraus so viele zusätzliche Erlebnismöglichkeiten, dass bleibende Wirkungen zu erwarten sind.

Flüchtige Freuden

Freilich sind die Anreize, an die ich im Zusammenhang mit Ausbrennern denke – etwa: eine erfolgreiche Unterrichtsstunde, ein gelungenes Beratungsgespräch, der Dank eines Patienten – äußerst flüchtig (vgl. Burisch, 1987). Man ist vielerorts nur so gut wie der letzte Auftritt. Auch sind Ausbrenner vermutlich nicht von der Sorte, die sich lange auf Lorbeeren ausruhen mag.

Nichts ist schwerer zu ertragen …

Wie wir alle wissen, verlieren angenehme Beschäftigungen generell ihren Charme, wenn man sie zu oft oder zu lange ausübt; das eben meint der Begriff »Sättigung«. Klinger (1977) zitiert die frühe Untersuchung von Karstens (1928), in der Versuchspersonen beispielsweise so lange Gedichte vorlesen mussten, wie es ihnen möglich war – eine Tätigkeit, die vielen anfangs durchaus Spaß machte. Nach einer Weile waren spontane Variationen zu beobachten; die Versuchspersonen begannen beispielsweise, die Gedichte zu singen. Später versuchten sie, ihre Rezitationen zu automatisieren, aber auch das ging nur noch mit erhöhter Anstrengung. Wenn die Routine unerträglich wurde, fielen erst abwertende Kommentare, dann folgten aggressive Ausbrüche; schließlich gaben alle auf.

Eine analoge Reaktionsfolge, schreibt Klinger (1977, S. 121f.), lässt sich auch in vielen Ehen und Karrieren beobachten:

»Der Sinn gerät in Zweifel«

»In Universitäten beispielsweise trifft man auf Hochschullehrer mit einer normalen Anfangs-Begeisterung für das Unterrichten, die dann unbedingt ihre Methoden verbessern möchten, bis sie aller Innovation müde werden und Anregung und Befriedigung anderswo suchen – z. B. in Politik, Forschung, Verwaltung, Beratung, beim Angeln, oder sonstwo. Auch wenn sie ihre hauptsächlichen Lehrverpflichtungen weiterhin wahrnehmen, kostet das immer mehr Selbstdisziplin. Der Sinn der Lehre gerät immer mehr in Zweifel, das Verhältnis zu den Studenten und zur Institution wird zunehmend gespannt, und schließlich wechselt man den Job, wenn das sozial und wirtschaftlich möglich ist«.

Erreichtes wird rasch schal

Nehmen wir also eine je nach Individuum und Anreiz unterschiedlich steil abfallende »Verfallskurve« an. Mit anderen Worten: Der Beitrag erreichter Etappen zur Gefühlsbilanz und damit zum subjektiven Wohlbefinden nimmt mehr oder weniger rasch ab.

Bevor ich endgültig zu Burnout zurückkehre, möchte ich noch einige Zusatzpostulate einführen.

2.5.3 Verarmung der Anreizlandschaft

Vom Wert der Vorfreude

Ich behaupte, dass es nicht nur das quantitative Verhältnis von positiven und negativen Anreizen – und damit positiven und negativen Affekten – ist, was Wohlbefinden ausmacht. Zusätzlich bedarf es eines absoluten Minimums an konfliktfrei positiven Anreizen, auf die man sich freuen kann. (Das englische

Verb »*to look forward to*« für »sich freuen auf« drückt den zukunftsorientierten Aspekt gut aus.)

Offensichtlich erleben viele Menschen bereits den Akt der Zielbindung als lustvoll; das »Sich-Verlieben« ist ein offensichtliches Beispiel. Aber auch das ziellose Blättern in Katalogen (auf der Suche nach etwas, was man sich wünschen könnte), der Schaufensterbummel ohne Kaufabsichten, das »Fachsimpeln« in Sammler- oder anderen Kreisen sind Indizien dafür, dass eine gewisse positive Erwartungsspannung geradezu gesucht wird. Klinger (1977, S. 8f.) referiert Ergebnisse, nach denen Personen mit zahlreicheren, konkreteren und klareren Anreizen ihr Leben auch eher als sinnvoll bezeichnen.

Bloß nicht ankommen!

Es gibt darüber hinaus Beispiele, wo Menschen die Zielerreichung verzögern oder sabotieren, um nicht das spannende Gefühl zu verlieren, »unterwegs« zu sein. In John Steinbecks kalifornischen Erzählungen gibt es eine Figur (*Henri the painter*), die seit Menschengedenken an einem Boot baut, aber stets rechtzeitig vor Fertigstellung den Bauplan über den Haufen wirft; in Wirklichkeit soll das Boot nie fertig werden. Was Henri scheut, ist vermutlich das Nichtgefühl innerer Leere, in dem es nichts mehr gibt, was einen reizt.

Entlastungsdepression und Pensionierungstod

Die »Entlastungsdepression« (etwa nach bestandener Prüfung) ist ein verwandter Zustand. Es scheint, als ob die meisten Menschen, solange sie Energien in sich fühlen, Zielbindungen in sich vornehmen müssen, um glücklich zu sein.

Die Depression des Erfolgreichen, der alles erreicht hat, was er sich vorgenommen hatte; der »Pensionierungstod« (vgl. Jores & Puchta, 1959) vitaler Sechziger, die einer starren Altersgrenze wegen zu früh in den Ruhestand getreten sind: Dies sind Beispiele, wo Menschen es verabsäumt haben, neue Anreizhorizonte für die Zeit nach dem »Tag X« aufzubauen – oder dazu unfähig waren, weil zu stark festgelegt auf Anreize berufsbezogener Art. Was auf der Symptomebene oft »Antriebslosigkeit« genannt wird, sollte besser »Anreizlosigkeit« heißen.

Ein Beispiel aus dem 19. Jahrhundert

Wie sich der Zustand der erfolgsbedingten Anreizverarmung bei einem zweifellos burnout-disponierten Großbürger des 19. Jahrhunderts auswirken kann (der freilich auch unter Fehlschlägen litt), finden wir noch einmal in Thomas Manns *Buddenbrooks* beschrieben. Dort heißt es über Thomas Buddenbrook:

«Erlangt, was zu erlangen war«

> »Seit Jahren, schon seit seiner Berufung in den Senat, hatte er auch hier erlangt, was für ihn zu erlangen war. Es gab nur noch Stellungen innezuhalten und Ämter zu bekleiden, aber nichts mehr zu erobern; es gab nur noch Gegenwart und kleinliche Wirklichkeit, aber keine Zukunft und keine ehrgeizigen Pläne mehr.«

Und etwas später:

«Die Unfähigkeit zu ruhen«

> »In ihm war es leer, und er sah keinen anregenden Plan und keine fesselnde Arbeit, der er sich mit Freude und Befriedigung hätte hingeben können. Sein Tätigkeitstrieb aber, die Unfähigkeit seines Kopfes, zu ruhen, seine Aktivität, die stets etwas gründlich anderes gewesen war als die natürliche und durable Arbeitslust seiner Väter: etwas Künstliches

nämlich, ein Drang seiner Nerven, ein Betäubungsmittel im Grunde, so gut wie die kleinen, scharfen russischen Zigaretten, die er beständig dazu rauchte … sie hatte ihn nicht verlassen, er war ihrer weniger Herr als jemals, sie hatte überhand genommen und wurde zur Marter, indem sie sich an eine Menge von Nichtigkeiten verzettelte. Er war gehetzt von fünfhundert nichtswürdigen Bagatellen, die zum großen Teil nur die Instandhaltung seines Hauses und seiner Toilette betrafen, die er aus Überdruss verschob, die sein Kopf nicht beieinander zu halten vermochte und mit denen er nicht in Ordnung kam, weil er unverhältnismäßig viel Nachdenken und Zeit daran verschwendete.« (Aus dem 10. Teil.)

Sucht nach Bewegung

Sehr scharf beobachtet ist hier das suchtartige Bedürfnis, durch Anreize in Bewegung gehalten zu werden; ein Bedürfnis, das auch dem »hochreaktiven« Temperament zu eigen ist (▶ Abschn. 3.12.2). In diesem Beispiel manifestiert es sich beiläufig sogar in einer Substanzabhängigkeit. Wiesenhütter (1959, S. 772) bemerkt zu diesem Thema: »Der fehlende Reiz und Anreiz schafft eine Leere, die durch irgendwelche Genüsse gefüllt wird«.

Müssen wir Ziele erreichen?

Wäre also Zielerreichung unnötig, gar schädlich? G. B. Shaw wird der folgende Ausspruch (sinngemäß) zugeschrieben: »Dem Menschen kann zweierlei Unheil zustoßen — *nicht* bekommen, was er will, oder *bekommen,* was er will«. Abgesehen von biologischen Bedürfnissen, wie denen nach Nahrung und Schlaf, meine ich tatsächlich, dass periodische Zielerreichung *psychologisch* vor allem die Funktion hat, keine Zweifel an der Erreichbarkeit der Ziele aufkommen zu lassen. Um das zu erläutern, will ich ein weiteres Postulat einführen.

Phantasie-Konflikte

Es ist nämlich eine unzweckmäßige Vereinfachung, nur von positiven oder negativen Anreizen zu sprechen. Offensichtlich sind Anreize recht häufig ambivalent besetzt, und ich behaupte, dass gerade der unangenehme Konflikt zwischen aufsuchenden und meidenden Tendenzen dafür verantwortlich ist, dass solche Anreize besonders häufig im Bewusstsein auftauchen. Dabei kann der Konflikt auf verschiedene Weise zustande gekommen sein.

Es können sich auf dem Weg Hindernisse ankündigen. Beispiel: Ich habe mich auf einen Abend mit einem Freund gefreut, aber der ruft an, um zu sagen, dass die Verabredung evtl. noch platzen kann.

Oder: Das Hindernis ist kurz vor Zielerreichung tatsächlich schon einmal eingetreten. Beispiel: Ich möchte in meine Stammsauna gehen, aber ich erinnere mich, dass beim letzten Mal ohne Vorwarnung der Ofen ausfiel.

Oder: Ich zweifle an meinen Fähigkeiten, das Ziel zu erreichen. Beispiel: Ich möchte einen Text auf dem neuen Computer schreiben, aber ich bin mir nicht sicher, ob ich mit dem Programm schon zurechtkommen werde.

Hin- und hergerissen

In allen diesen Fällen »hänge ich in der Luft«, bin hin- und hergerissen und fühle mich um meine Vorfreude betrogen. Es kommt nicht die positive Gefühlslage zustande, die sonst meine Befindlichkeitsbilanz verbessern könnte.

Eine unangenehme Anspannung

Ich möchte spekulieren, dass derlei typischerweise dann geschieht, wenn das Ziel nicht abrupt und endgültig vereitelt wird (wie bei Klinger unterstellt), sondern vor allem, wenn die Erreichung sich verzögert, erschwert wird, in Zweifel gerät, unangenehme Begleiterscheinungen erwarten lässt etc. Mit anderen Worten: wenn die Zielerreichung erwartungswidrig unkontrollierbar wird.

Es wird sich der Drang verstärken, durch wiederholte Anläufe doch noch zum Ziel zu gelangen. Aber während die Bindung an ein rein positiv besetztes Ziel eine lustvolle Spannung verursachen würde, resultiert daraus eine durchaus nicht angenehme Angespanntheit. Diese beherrscht nun zunehmend das Bewusstsein, weil sowohl Erinnerungen als auch Phantasien – das einzige, was uns außer Wahrnehmungen direkt zugänglich ist – ambivalent bis negativ besetzt sind. Damit sind wir nun endlich wieder bei Burnout angelangt.

Außen ändert sich wenig

Was den Prozess für Außenstehende oft so unerklärlich macht, ist die Tatsache, dass sich die äußere Realität des Ausbrenners im Laufe der Zeit allenfalls wenig ändert. Oft wird sie sich sogar verbessern. Nehmen wir den Fall des Burnout-Prozesses, der mit dem Berufsanfang ins Rollen kam:

Innen staut sich Frust

- Zunächst kommt dem Anfänger ja der Status- und Einkommensgewinn des Berufstätigen zugute, und der erhöhte Arbeitsaufwand während der Einarbeitungszeit ist auch nicht unbedingt dauerhaft vonnöten. Die unbefriedigenden Erlebnisse aber – die ja auch erst im Vergleich mit einem subjektiven Maßstab unbefriedigend werden – spielen sich oft unbemerkt ab. Ich kenne den Fall einer Sozialberuflerin, die sogar jahrzehntelang hochangesehen ihre Arbeit tat, bis sie, von einem sensibleren Arzt dienstunfähig geschrieben, von einem Tag auf den anderen ihre Beschäftigungsstelle verließ, und zwar endgültig. Die Kollegen dieser Ausbrennerin rätseln noch heute, was dort geschehen ist.

Dinge, die einem nachgehen

- Verständlicher wird dergleichen, wenn man sich das Innenleben des Ausbrenners vergegenwärtigt. Obwohl seine Fehlschläge selbst gewöhnlich nur eine kurze Zeitspanne währen, ist er in einem Großteil der verbleibenden Zeit von der Erwartung zukünftiger und dem »Verdauen« bereits eingetretener (subjektiver) Misserfolge eingenommen. Und diese Beschäftigung verdrängt auch die verbliebenen positiven Anreize (zukünftige und vergangene) aus dem Bewusstsein. Dies zum einen darum, weil die Zeit halt endlich ist, weswegen Positives und Negatives komplementär zueinander stehen. Zum anderen erhalten die gefährdeten Anreize des Ausbrenners, wie gesagt, gerade durch ihre Gefährdung eine zusätzliche Affektbesetzung, was ihnen als »wunde Punkte« einen permanenten Vorrang im Innenleben verschafft. Das Grübeln über Dinge, die einem »nachgehen«, ist sowohl Folge als auch Ursache für weitere Etappen in einem Teufelskreis. Wenn zehn Aufgaben, die mich gerade beschäftigen, bloß in Frustration und Ratlosigkeit stecken bleiben, dann fehlt mir bei der elften, vielleicht lösbaren, leicht die »Frische« und der »gute Mut«, der für kreative Lösungen nötig wäre.

Abschalten geht nicht mehr

- Das Gegenprogramm, populär ausgedrückt, hieße: »Abschalten und an etwas Schönes denken«. Aber zunächst schaltet der Ausbrenner nicht ab, weil er davon weiteren Kontrollverlust bezüglich seiner bedrohten Anreize befürchtet. Und im fortgeschrittenen Zustand fällt ihm gar nichts Schönes mehr ein, an das er denken könnte und dessen Erlangung er sich zutrauen würde.

Die innere Landschaft verarmt

- Ich stelle mir die Anreizlandschaft des Ausbrenners bevölkert mit Anreizen vor, die, weil aussichtslos, entweder bereits im Zustand der Löschung sind, oder noch immer zäh verfolgt werden. Aus ersteren resultieren aggressive und depressive Stimmungsanteile, aus letzteren eine chronische

Angespanntheit mit ängstlichen Zügen. Insgesamt ergibt das jene dysphorische Affekttönung, die in den Symptombeschreibungen immer wieder erwähnt wird (► Abschn. 1.2).

- Dauert der Prozess an, kommt es zunächst zur »emotionalen Erschöpfung«.

Enttäuschungsprophylaxe

- Die noch später einsetzende »innere Leere« dürfte einem weitgehenden Mangel jedweder Anreize entsprechen. Menschen können es aufgeben, Zielbindungen einzugehen, wenn sie zu oft enttäuscht worden sind. Bei Trainingsprogrammen, mit denen die Arbeitsämter die Vermittlungschancen von Langzeitarbeitslosen verbessern wollen, lässt sich dieses Phänomen in sehr massiver Form beobachten.

Umbau in der Anreizlandschaft

Sind die Veränderungen in der Innenwelt des Ausbrenners richtig dargestellt und spielen sie tatsächlich die vermutete Rolle, dann machen sie einen beträchtlichen Anteil der Symptome, die in der Übersicht (► Abschn. 1.2.1) aufgelistet sind, verständlich. Der »Chrysalis«-Lebensstil ist dann nichts anderes als die Löschung aller berufsrelevanten Anreize zugunsten privater. Auch die *Midlife-Crisis* lässt sich nun präziser deuten als Begleiterscheinung eines größeren Umbaus in der Anreizlandschaft, soweit er durch altersbedingten Rollenwechsel ausgelöst ist (vgl. auch Novey, 1976, Kap. 9). Und wir begreifen besser, warum Ausbrenner nicht schon bei den ersten Schwierigkeiten ihre Energien an anderen Stellen einzusetzen beschließen: Wenn unsere Anreizwelt der größte Teil »der« Welt für uns ist, dann hieße das, eben diesen Teil aufzugeben bzw. auszuwechseln. Freiwillig tut man das nur, wenn man eine Ersatzwelt wenigstens in groben Zügen schon präsent hat. Die meisten »Umsteiger« in der Dannemann-Werbung (ca. 1980) hatten schon in ihrem ersten Beruf Kontakte zu dem später gewählten zweiten, mussten also nicht am Punkt Null neu anfangen.

2.5.4 Erleben zwischen Vergangenheit und Zukunft

Müssen wir Träumen nachlaufen?

Abschließend möchte ich ein wenig philosophieren, ob das alles so sein muss. Besteht das Leben wirklich nur aus dem Hinterherrennen nach Träumen, dem Ausweichen vor und Vermeiden von Albträumen – und später aus ein wenig Sinnieren über das Vergangene?

In einem seiner Songs singt Stevie Wonder: »*People 've been spending most their lives / living in a future paradise / … 've been spending most their lives / living in a past time paradise*« und stellt unausgesprochen die Frage, was eigentlich dazwischen passiert.

Leben in der Gegenwart

Ganz in diesem Sinne betonen Schulen wie die Gestalttherapie die Ausbildung der Wahrnehmung im »Hier-und-Jetzt«; Dale Carnegies berühmter Lebenshilfebestseller trägt den Titel »Sorge Dich nicht – lebe!«

Flow-Erlebnisse

Aronson et al. (1983) empfehlen als ein Gegenmittel gegen Burnout die von Csikszentmihalyi (1975) beschriebenen »*Flow*«-Erlebnisse, die sich bei selbstgewählten und nicht durch ihren Nutzen motivierten Tätigkeiten einstellen sollen. *Flow* wird gekennzeichnet als

- *ein vollständiges Hingegebensein, das die Unterscheidungen zwischen Selbst und Umwelt und zwischen Vergangenheit, Gegenwart und Zukunft weitgehend aufhebt (S. 175).*

Andere Charakterisierungen von Flow sind
- Selbstvergessenheit ohne Verlust des Kontakts mit der eigenen physischen Realität;
- Handlungskontrolle ohne aktive Bewusstheit dieser Kontrolle und ohne Sorge um einen Mangel an Kontrolle;
- zusammenhängende und klare, einander nicht widersprechende Forderungen nach Handlung und klare Handlungsrückmeldungen;
- *das Fehlen des Bedürfnisses nach äußeren Zielen oder Belohnungen.* (Csikszentmihaly, 1975, S. 176, Hervorhebung von mir).

Vielleicht ist *Flow* eine Rückkehr in das Freiheitsgefühl kindlichen Spiels, das nur im Jetzt stattfindet; erwachsene »Spieler« mögen etwas Ähnliches suchen (vgl. Kusyszyn, 1977, 1978).

In der Tat: So wenig empfehlenswert mir ein Leben ausschließlich in der Gegenwart erscheint, so sehr leuchtet mir ein, dass im Burnout die Beschäftigung mit Vergangenheit und Zukunft übertrieben wird. Ich werde das Thema im ► Kap. 4 wieder aufgreifen.

2.5.5 Ertrag

Vorfreude ohne Zweifel

Die Ergebnisse der Forschungen zu subjektivem Wohlbefinden und Imagination sind von alltagstheoretischen Vermutungen nicht weit entfernt, präzisieren sie aber. Der dauerhafteste Glückszustand scheint in positiven Erwartungen (»Vorfreude«) zu bestehen, die genügend oft erfüllt oder übertroffen werden, um nicht grundsätzlich in Zweifel zu geraten.

Wenn die Sache einen Knacks kriegt

Solange dies der Fall ist, ist die Welt »in Ordnung«. Einen Knacks bekommt die Sache, wenn die Erreichbarkeit des Zieles (prinzipiell oder auch nur zur erwarteten Zeit oder auch nur für den erwarteten Aufwand) fraglich wird. Dies kann durch sich ankündigende Schwierigkeiten geschehen oder durch einen ersten Misserfolg, der weitere Anläufe noch nicht hoffnungslos erscheinen lässt. In diesem Schwebezustand tritt das Ziel besonders häufig und – wegen des Konflikts von »Hoffnung auf Erfolg« und »Furcht vor Misserfolg« – intensiv unlustbetont ins Bewusstsein. Muss es dann endgültig abgeschrieben werden, setzt der schon im ► Abschn. 2.2.2, beschriebene emotionale Reaktionszyklus ein.

Das Innenleben des Ausbrenners

Wenn wir bereit sind, bei Menschen in Burnout-Prozessen gehäuft unerwartete Frustrationserlebnisse zu vermuten, dann eröffnet die Imaginationsforschung einen Blick auf das Innenleben des Ausbrenners. Seine Gedanken kreisen überwiegend um all das, was wieder nicht geklappt hat, was wahrscheinlich wieder nicht klappen wird, was alles er nicht erreichen kann, bis schließlich Freude allenfalls noch beim Denken an die Freizeit entsteht – oder nicht einmal dort: Dann wird alles grau. Der Begriff »Überdruss« (*Tedium*) sagt im Grunde ja nichts anderes aus.

Übergeneralisierung von Negativem

Bis eine solche durchgreifende Anreizverarmung eintritt, muss sicher viel Übergeneralisierung geschehen sein. Allem, was schiefgegangen ist, steht ja meist eine ganze Reihe geglückter Erfahrungen gegenüber (Klinger & Kroll-Mensing, 1995).

Erfahrene Supervisoren wissen das und haken ein, wenn sie auf Aussagen treffen wie »Die Schüler lehnen mich ab« oder »Ich komme mit den Patienten immer schlechter zurecht«. Die Frage lautet dann: Mit welchem Schüler? Mit welchen Patienten? Oder auch einfach nur: Woher weißt Du das?

Vielleicht generalisieren Burnout-gefährdete Menschen nur bereitwilliger und/oder lösen den inneren Alarm, der verlorengehende Kontrolle anzeigt, leichter aus.

Ein integrierendes Burnout-Modell

3.1 Ist eine allgemeine Burnout-Theorie überhaupt möglich?

Kurz vor Ende ihres verdienstvollen Buches schreiben Schaufeli & Enzmann (1998, S. 192):

> »Nichts ist so praktisch wie eine gute Theorie«, wie Kurt Lewin (1945, S. 129) konstatiert hat. Leider gibt es aber keine »gute Theorie« für Burnout, und wahrscheinlich wird es nie eine geben.

Schon bei Sozialpädagogen: Zweierlei Ursachen für Burnout

Warum ist eine allgemeine Theorie von Burnout auf den bisher beschrittenen Pfaden tatsächlich nicht zu erwarten? Ganz einfach, sie sind gleichzeitig zu speziell und zu allgemein. Das wurde mir endgültig klar, als ich in Savickis (2002, S. 19f.) einleitendem Kapitel über seine – zu Recht – filigrane Unterschiedung von Sozialpädagogen stolperte, welche in Institutionen ihre Klienten entweder rund um die Uhr um sich haben, oder aber, ähnlich wie niedergelassene Psychotherapeuten, nur für »Stunden« (die 50 Minuten dauern, weil zwischendurch ja noch das eine oder andere erledigt sein will). Wenn die einen ausbrennen, dann, so die Forschung, liegt das an ganz anderen Faktoren als bei den anderen. Das ist nachvollziehbar. Wenn nun aber schon innerhalb eines Berufsstandes (den ich mir naiverweise homogener vorgestellt hatte) solche Binnendifferenzierungen sachgerecht und unabweisbar sind, müssten wir dann nicht alle Versuche aufgeben, etwas berufsübergreifendes Allgemeines über Burnout auszusagen? Warum dann nicht noch eine Spezialtheorie für männliche vs. weibliche, hetero- vs. homosexuelle, verheiratetete/gebundene vs. ungebundene Sozialpädagogen, solche in kirchlichen (katholisch? protestantisch?) vs. anderen Einrichtungen?

Jeder Fall ist anders

Denkt man den Gedanken konsequent zu Ende, dann wird einem zunächst schwindlig. Dann erkennt man: Man kann die Bezugsgruppen beliebig immer weiter atomisieren, am Ende landet man beim Individuum. Das hat seine eigene Biographie, sein eigenes Muster von Aktionspräferenzen und Reaktionsmustern (also das, was wir seine Persönlichkeit nennen) – und es steckt in seiner ureigenen Lebenssituation. Und wenn es gerade ausbrennt, dann hat das mit all den genannten Individualitäten zu tun. Wie dann eine allgemeine Theorie?

Das Thema – allgemeine Gesetze (nomothetischer Ansatz) vs. Verständnis des Einzelfalls (idiographischer Ansatz) – hat in der Psychologie eine ehrwürdige Tradition, die ich hier nicht aufrollen will. Nur so viel: Lamiells (2003) neues Buch über William Stern, den Hamburger Psychologen, der die sog. Differentielle Psychologie begründete (bevor er dem nationalsozialistischen Regime knapp entkommen konnte), hat uns daran erinnert, was dieser schon früh erkannt hatte: Korrelationen, über Gruppen von Individuen berechnet, sagen uns nichts darüber, was in diesen Individuen vor sich geht. Es sei denn, sie wären ±1.00, was aber nicht vorkommt (Hake, 2001).

Es sei nicht verschwiegen, dass ich keineswegs den nomothetischen Ansatz verdamme; als Hochschullehrer für (vor allem quantitative) Forschungsmethoden, der ich seit langem bin, käme das dem Hochverrat gleich. Wo es um durchschlagende Effekte geht, beispielsweise um Themen wie die Wirkung von Umweltgiften (z. B. Dorrhauer, 1993), Folter oder Traumata anderer Art , kommt es m. E. mehr auf die Gemeinsamkeiten an als auf die individuellen Unterschiede.

Aber: Die seit der wirklich gründlichen Literaturdurchsicht von Schaufeli & Enzmann wahrscheinlich unabwendbare Erkenntnis, dass Burnout nicht einfach auf spezifische durchschlagende Effekte zurückzuführen ist, lässt nichts Gutes erhoffen für Versuche, Listen von Faktoren allgemeiner Art zusammenzustellen, die für Burnout verantwortlich sind. Burnout kann individuell durch fast alles ausgelöst werden, was einem Individuum »gegen den Strich geht« – und trotz aller Anstrengungen nicht abzustellen ist.

Zur Ätiologie des Beinbruchs: Osteoporose vs. Fallstrick

Ich karikiere ein bisschen: Nehmen wir an, jemand hätte ein besonderes Interesse am Phänomen der Knochenfraktur im Bereich der unteren Extremitäten entdeckt (z. B., weil dergleichen epidemisch häufiger geworden wäre); es ginge ihm in der Folge um eine allgemeine Theorie des Beinbruchs. Als erstes würde die Sache bei Skiläufer(inne)n beschrieben; gegeißelt würde vermutlich einerseits die unverantwortlich risikoreiche Ausgestaltung der meisten Pisten (die natürlich dem ruinösen Konkurrenzkampf der Wintersportorte in der Folge von Tourismuskrise X geschuldet ist), andererseits dem mangelnden Risikobewusstsein, der Rekordsucht der jungen Skiläufergeneration. (So etwa dies wird ja tatsächlich heute veröffentlicht, wo sich bei den Bergsteigern die Unfälle häufen.) Als nächste kämen die Dachdecker dran, bei denen der Beinbruch durch ungenügende Sicherungen von Leitern etc. erklärt wird. Aber dann: Die Briefträger! Bei denen bleibt die Forschungslage eher unübersichtlich (sie laufen einfach viel). Immerhin, das Phänomen, das im Bereich des Sports entdeckt wurde, hat nun auch die Sphäre des Berufs erreicht. Es folgen Fallstudien über Beinbrüche bei Organisten, Radfahrkurieren und Archäologen (Spatenarbeit!). Bald teilt sich die Forschung in zwei Lager: die Osteoporetiker (individuelle Disposition) und die Fallstricktheoretiker (Arbeitssicherheit!), die sich heftig bekriegen.

In Wirklichkeit kommt der Beinbruch zustande, wenn eine übermächtige physikalische Kraft in einem ungünstigen Winkel auf ein unterlegenes Schienbein einwirkt. Das kann unter zigtausend verschiedenen Umständen passieren. Manche dieser Umstände sind in gewissen Situationen (z. B. beruflichen) wahrscheinlicher als andere. Dennoch ist es unwahrscheinlich, dass der Beinbruch auf einen oder einige wenige dieser Umstände zurückzuführen sein wird.

Noch einmal Schaufeli & Enzmann (1998, S. 190):

> »Weil es sich um etwas Chronisches und Dynamisches handelt, ist es praktisch unmöglich, spezifische »Ursachen« zu identifizieren, die man für die Existenz des generalisierten, chronischen und habituellen Symptommusters verantwortlich machen könnte, das als Burnout etikettiert worden ist.«

So sehe ich denn die Möglichkeit einer allgemeinen Theorie für die Entstehung von Burnout nur auf einer Ebene, die unspezifisch ist für alle Unterschiede von Rasse, Klasse, Geschlecht und Beruf, etc. Ein entsprechender Versuch folgt in diesem Kapitel.

Ein Integrationsversuch auf allgemeiner Ebene

Es wird nicht überraschen, dass ein Integrationsversuch auf ziemlich allgemeiner Ebene stattfinden muss. Ich sehe Burnout in Gang gesetzt durch Autonomieeinbußen in gestörten Auseinandersetzungen des Individuums mit seiner Umwelt, genauer: durch die innere Repräsentation solcher Interaktionen als gestörter und das Scheitern bei ihrer Bewältigung. Um diese Auffassung zu explizieren, werde ich eine relativ grobkörnige Handlungstheorie einführen. Als molare Analyseeinheit wird darin eine Handlungsepisode fungieren, die für allerlei Störungen anfällig ist. Ihre Dauer kann zwischen Minuten und – bei komplexen Episoden mit vielfach verschachtelten Unterepisoden – Jahrzehnten liegen.

Störfälle und ihre Folgen

Das Modell ist von jeder Formalisierung weit entfernt. Seine Funktion ist hauptsächlich die Analyse von Störfällen und ihren Folgen, nicht die Analyse von kognitiven Prozessen der Handlungsplanung und -ausführung, wie sie die mittlerweile sehr populär gewordenen Handlungstheorien verfolgen. Es hat sich für diagnostische Zwecke im Rahmen von Beratung bereits bewährt. Claudia Grot (1990) hat in ihrer unveröffentlichten Diplomarbeit darüber hinaus zeigen können, dass sich burnoutlastige Erlebnissequenzen mit seiner Hilfe recht gut rekonstruieren lassen; jedenfalls leuchteten solche Rekonstruktionen den Betroffenen (Laien) durchaus ein. Das beweist nicht viel, lässt es aber unwahrscheinlich erscheinen, dass es sich um ein bloßes Hirngespinst seines Autors handelt.

Eine Reise mit Hindernissen

Das Modell gibt den Versuch auf, Burnout auf eine oder wenige spezifische »Ursachen« zurückzuführen. Vielmehr wird eine Art Reiseroute skizziert, die von einem gegenwärtigen Ist-Zustand zu einem in der Zukunft liegenden Ziel führt – oder es verfehlt. Jedenfalls ist die Reise stets in Gefahr, von allerlei Hindernissen aufgehalten, verlängert, umgeleitet oder ganz verhindert zu werden; auch mag es sein, dass das Ziel, einmal erreicht, nicht hält, was es versprach. In diese Rahmenhandlung werden die bislang analysierten Faktoren als Störungsmöglichkeiten eingebettet. Es versteht sich, dass das Denkmodell für Ergänzungen offen ist. Die potentiellen Störfälle sind, wenn nicht unendlich an Zahl, so doch zu vielfältig, um erschöpfend aufgezählt zu werden. Schon dieser Umstand erfordert einen beträchtlichen Abstraktionsaufwand.

Vereinfachungen

Eine zweite Vereinfachung liegt darin, dass einzelne Handlungsepisoden aus dem »Handlungsstrom« gleichsam herausgeschnitten und präpariert werden, während in der Realität Individuen typischerweise stets in mehrere Episoden gleichzeitig verwickelt sind. Immerhin erlaubt die Reiseanalogie schon längere Unterbrechungen innerhalb einer Episode (Zwischenaufenthalte, Exkursionen), die auf der kurzen Zeitachse der normalen Handlungstheorien – Episodenbeispiel: Kochen eines Frühstückseis (von Cranach et al., 1980) – schwerer unterzubringen wären.

Eine weitere Vereinfachung bedeutet die analytische Trennung von Prozessen (z. B. die von emotions- und problemorientiertem Coping analog Lazarus' primärer und sekundärer Lageeinschätzung), die ebensogut gleichzeitig oder in anderer als der angenommenen Reihenfolge ablaufen können; in der Realität ist eben alles mit allem verwoben (vgl. Dörner, 1982).

Vorteile des Modells

Die entscheidenden Vorteile des vorgeschlagenen Modells sehe ich darin, dass es

Orientierung am Erleben

- sich an der inneren Realität des Ausbrenners orientiert, an dem, was dieser (nicht notwendig bewusst) »proximal« erlebt, während die meisten Burnout-Theorien mit »distalen« Faktoren wie Überlastung, Undankbarkeit, Unterbezahlung operieren, deren Wirkung auf das Individuum erst noch vermittelt werden muss;

Breite Reichweite

- so umfassend formuliert ist, dass es im Prinzip alle Arten von Burnout-Prozessen abzubilden gestattet, während die bisherige Burnout-Literatur von Spezialtheorien beispielsweise für Lehrer-, Manager-, Therapeuten-Burnout dominiert wird, was eine unnötige Konstruktvielfalt mit sich bringt;

Spezifität

- genügend spezifisch ist, um Abgrenzungen von verwandten Phänomenen zu ermöglichen.

Bereits bekannte Prinzipien

Anders als viele Autoren, die Burnout als Phänomen *sui generis* betrachten, halte ich es für nichts fundamental Neues. Meine »Erklärung« des Syndroms wird darin bestehen, es unter bereits bekannte Prinzipien zu subsumieren. Zu diesem Zweck sind ja die »Anleihen bei benachbarten Forschungsgebieten« (▶ Kap. 2) aufgenommen worden. Freilich – das ist für psychologisches »Wissen« nicht atypisch – keines dieser Prinzipien ist so gründlich erforscht, dass man nun mit einiger Treffsicherheit vorhersagen könnte, wer wann unter welchen Umständen in einen Burnout-Prozess geraten wird. Ein prädiktiver Wert wäre erst noch zu ermitteln.

Übersicht über das Modell

Beginnen wir mit der Bedeutung von Autonomie im Verhältnis des Individuums zu seiner Umwelt. Einschränkungen der Autonomie, insbesondere solche durch innere Konflikte, erzeugen einen Stress besonderer Qualität. Ich werde anschließend die Folgen skizzieren, die Autonomieeinbußen »im Außenverhältnis« für das Innenleben und die Affektbilanz nach sich ziehen. Den Hauptteil des Kapitels wird eine detaillierte Analyse von »Störfällen« in Handlungsepisoden bilden – eine Nahaufnahme des Burnout-Prozesses. Danach werde ich persönliche und Umweltfaktoren diskutieren, die Burnout begünstigen, um abschließend dem Forschungsbedarf die sich anbietenden Möglichkeiten gegenüberzustellen.

3.2 Autonomie und Autonomieeinbußen

Menschen wollen Kontrolle …

Durch das gesamte ▶ Kap. 2 hat uns, in wechselnden Formulierungen und Nuancierungen, ein Thema begleitet, das man in erster Annäherung Situationskontrolle nennen könnte. Über die Alltagserfahrung hinaus gibt es vielfältige Belege dafür, dass Menschen Situationen aufsuchen und herstellen, die es ihnen erlauben, ihre Transaktionen mit der Umwelt zu kontrollieren, und solche zu meiden, zu verlassen oder zu verändern, die eine Kontrolle durch die Umwelt beinhalten.

… aber nicht unbedingt

Diese Formulierung muss sogleich präzisiert und erweitert werden, denn sie begegnet mehreren offensichtlichen Einwänden.

- Es ist keineswegs die gesamte oder auch nur die gesamte wahrgenommene Umwelt, über die Kontrolle angestrebt wird.
- Mit Kontrolle ist nicht die absolute Gewalt über alle Aspekte einer Situation oder Aufgabe gemeint; es genügt Kontrolle bis zu einem gewissen Grade, der von Fall zu Fall unterschiedlich sein kann.
- Das Ziel ist sicher nicht Kontrolle um jeden Preis: Der Aufwand (Energie, Zeit, materielle Ressourcen) muss angemessen sein.
- Es ist zu beobachten, dass Menschen freiwillig Kontrolle aufgeben (z. B., indem sie Roulette spielen, Achterbahn fahren oder Schlafmittel einnehmen).

- Es gibt Fälle, in denen Menschen sich sogar freiwillig fremder Kontrolle unterwerfen, insofern als und solange wie dies übergeordneten Zwecken in einer Zielhierarchie dienlich scheint.
- Schließlich muss der Begriff »Kontrolle« differenziert werden: Verhaltensmäßige Kontrolle bedeutet, den Lauf der Dinge aktiv durch Handeln beeinflussen zu können; Wahlfreiheit bedeutet, eine von mehreren alternativen Abfolgen bestimmen zu können; kognitive Kontrolle bedeutet, zumindest zu übersehen und zu verstehen, was wann wie und warum geschieht bzw. geschehen wird; emotionale Kontrolle bedeutet, wenigstens das innere Milieu vor übermäßigen Fremdeinflüssen schützen zu können.

Vier Arten von Kontrolle

Menschen unterscheiden sich in ihren Ansprüchen an diese verschiedenen Modi. Manche brauchen unbedingt verhaltensmäßige Kontrolle, andere geben sich mit emotionaler Kontrolle zufrieden. (Weisz et al., 1984, haben Unterschiede in der Bevorzugung dieser und anderer Kontrollmodi zwischen der japanischen und der amerikanischen Kultur analysiert.)

Nicht jeder braucht alles

Will man auch diese Einwände berücksichtigen, kommt man zu einer Formulierung »höheren Grades«: Menschen wollen entscheiden können,

Menschen suchen Autonomie

- welche Ausschnitte der Außen- und der Innenwelt sie
- auf welche Weise
- wie gründlich unter Kontrolle halten wollen,
- wann sie das tun wollen und vor allem
- mit welchem Kosten-Nutzen-Verhältnis.

Die Überzeugung, für wichtig erachtete Transaktionen mit der Umwelt und ihre inneren Resonanzen ohne übertriebene Anstrengungen ausreichend profitabel und durchgängig unter Kontrolle halten zu können, wenn man will, werde ich »subjektive Autonomie« nennen. Umgangssprachlich sagt man, wo diese Überzeugung vorliegt, man habe »sein Leben im Griff«.

Sein Leben im Griff haben

Ich habe bewusst von »subjektiver« Autonomie gesprochen, weil es eine hinreichend feste *Überzeugung* ist, die für das Wohlbefinden ausschlaggebend ist. Die Wirkung tritt auch da ein, wo die Überzeugung »objektiv« falsch ist, ebenso wie ein unberechtigter Zweifel daran negative Folgen hat. Was das Individuum anstrebt, ist sicher faktische Autonomie, nicht eine Illusion davon. Da es aber nicht ständig überall die Probe aufs Exempel machen kann, gibt es sich notgedrungen mit einer ausreichenden subjektiven Sicherheit zufrieden.

Subjektive Autonomie reicht

Derselbe ernüchternde Gedankengang findet sich übrigens schon bei C. S. Peirce (1877/1967, S. 301f.), dem Begründer des philosophischen Pragmatismus:

> »Wir mögen uns zwar einbilden, das sei nicht genug für uns, und wir suchten nicht bloß eine Meinung, sondern eine wahre Meinung. Aber stelle diese Einbildung auf die Probe, und sie erweist sich als grundlos … Das Äußerste, was wir behaupten können, ist, dass wir nach einer Überzeugung suchen, die wir für wahr halten. Aber wir halten jede unserer Überzeugungen für wahr, und daher ist die zuletzt vorgeschlagene Ausdrucksweise eine bloße Tautologie.«

(Gewisse Formen der Zwangsneurose sind durch die Unfähigkeit gekennzeichnet, sich mit nur durchschnittlichen Überzeugungsgraden zu begnügen.)

Ein Zirkelschluss?

Bis hierher ist das Argument schlicht zirkulär: Dem Menschen ein Autonomiebedürfnis zuzuschreiben, heißt wenig mehr, als dass Menschen anstreben, was sie wollen, und vermeiden, was sie nicht wollen. Die Postulierung des Bedürfnisses ist einstweilen lediglich ein Mittel zur Bündelung verschiedener Gedankenstränge. Es wird heuristisch fruchtbarer, wenn wir untersuchen, was geschieht, sobald das Bedürfnis verletzt wird.

Autonomie oder Kontrolle?

Zur Terminologie: Ich habe mich entschieden, die beschriebene Art von Metakontrolle »subjektive Autonomie« oder kurz Autonomie zu nennen, obwohl der Begriff von anderen Autoren teilweise anders aufgefasst wird. So grenzen Deci & Ryan (1987) davon nicht nur alle Fälle von Fremdkontrolle ab, sondern auch Handlungsziele, die nicht »von innen heraus«, »aus vollem Herzen« gewollt werden, beispielsweise die von Zwangshandlungen oder Suchtverhalten.[1]

Ich folge dieser Einschränkung nicht (obwohl ich ihre Vorteile sehe), weil die Unterscheidung in konkreten Situationen von Interesse praktisch schwerfallen dürfte. Die für Freudenberger sehr zentrale Kategorie der »falschen Befriedigungen« – nach Erreichen eines Ziels wird erfahrbar, dass es gar nicht »wirklich« gewollt war – werde ich berücksichtigen.

Freiheit, die ich meine

Man hätte statt von Autonomie ja auch von Freiheit sprechen können. Um zu begründen, warum ich mich dagegen entschieden habe, bedarf es eines kleinen Exkurses. Um seinen Endpunkt vorwegzunehmen: Autonomie beinhaltet die Freiheit, Freiheit oder Freiheiten auch aufgeben zu können – und das ist es, was Menschen wollen.

Bereits das kunstgerechte Auseinanderhalten und Verflechten verschiedener Handlungsstränge absorbiert Energie, es will gelernt werden – was Kindern meist schwerer fällt, woran man aber auch als Erwachsener scheitern kann. Man kann es verlernen, etwa in langer Gefangenschaft oder Arbeitslosigkeit; schließlich kann es als Fähigkeit auch wieder zerfallen, wie z. B. bei Demenz oder Drogenabhängigkeit zu beobachten ist.

Manche Menschen beherrschen die Kunst, scheinbar planlos dennoch eine Vielzahl nicht auf den ersten Blick erkenbarer Ziele zu verfolgen. (Dies wurde beispielsweise Goethe nachgesagt; ▶ Abschn. 3.13.3) Andere tun sich damit schwerer. Sie lehnen typischerweise zunächst Notizen oder gar Terminkalender vehement ab, um dann später völlig davon abhängig zu werden. (Dazu gehört der Traum, im Urlaub »einfach in den Tag hinein zu leben«, sich einmal »einfach treiben zu lassen« – also nur noch ganz kurze Handlungsepisoden zu absolvieren, und dies spontan.)

Dass die Freiheit zur Selbstentfaltung paradoxerweise auch zur Bürde werden kann, illustriert der Erfahrungsbericht eines erfolgreichen amerikanischen Journalisten, der im II. Weltkrieg zur Armee eingezogen wird (Parmenter, 1980, zit. nach Westcott, 1988). In den ersten Wochen erlebt er ein erhebendes Gefühl von Freiheit, das er mit dem vergleicht, was er bei Klostermönchen vermutet: Alle Komplexitäten der Karriereplanung sind auf einen Schlag entfallen, es gibt keine Telephone, Termine, Entscheidungen mehr; die Vergangenheit ist abge-

---

1 Den Hinweis darauf verdanke ich Gerhard Scherhorn.

schlossen, die Zukunft absolut unvorhersehbar und außerdem der eigenen Einflussnahme entzogen. Dieses Gefühl ändert sich allerdings; spätestens, als der Rekrut den Waffendienst aus Gewissensgründen verweigert.

Während der gesamten Zeit aber bleibt er Analysator seiner Gefühlslage, führt er ein Tagebuch.

> »Schrittweise kam er zu dem Schluss und der Erkenntnis, dass man objektiv frei sein und dennoch keine Freiheit empfinden kann, und dass man andererseits zu frei, zu grenzenlos frei sein kann (...) Er kam zu dem weiteren Schluss, dass niemand wirklich frei sein will, dass hingegen die meisten ein Gefühl von Freiheit haben wollen, welches andererseits aus einer schwindelerregenden Vielzahl von Bedingungen erwachsen kann, die von Mensch zu Mensch dramatisch variieren« (Westcott, 1988, S. 125).

Cherniss (1993, S. 140; 1995, S. 208) versteht unter Autonomie so etwas wie Entscheidungsspielraum und hält meine Konzeption deshalb für zu beschränkt. Das aber ist ein Missverständnis: Ich meine etwas allenfalls noch Umfassenderes als *self-efficacy* (▶ nächster Abschnitt); wäre das nicht so, hätte ich mit diesem etablierten Terminus gearbeitet.

3.3 Stress erster und zweiter Ordnung

Autonomieverlust durch Stress

Auf welche Weisen kann nun die Autonomie beeinträchtigt werden? Und wie hängt Autonomieverlust mit psychischem Stress zusammen? Psychischer Stress besteht nach Lazarus in der Wahrnehmung von Verlust, Bedrohung oder Herausforderung. Alle drei Kategorien von Situationseinschätzung beinhalten eine Beeinträchtigung der subjektiven Autonomie:

Stress durch Verlust

- Das verlorengegangene Anreizobjekt steht nicht mehr zur Verfügung und kann nicht mehr zur Befriedigung von Bedürfnissen oder zur Erreichung weiterer Ziele dienen, überdies kann der Verlust gegenüber Bedrohungen schutzloser machen.

Stress durch Bedrohung

- Bedrohung meint das Infragestellen der Erreichung von angestrebten Zielzuständen oder die Ankündigung von aversiven Ereignissen.

Stress durch Herausforderung

- Herausforderung schließlich bedeutet, von außen zu einer Kontrollanstrengung veranlasst zu werden, und zwar zu einem nicht selbstgewählten Zeitpunkt und mit der bedrohlichen Möglichkeit des Misserfolgs.

»Einschränkung des Gestaltungsspielraums«

Schulz (1982) sieht in der »Einschränkung des individuellen Spielraums zur flexiblen Gestaltung des Anforderungs-Kapazitäts-Verhältnisses« die »entscheidende Bedingung für das Entstehen einer emotionalen Belastung«.

Stress erster Ordnung

Psychischen Stress, der unmittelbar durch Bedrohung oder Herausforderung verursacht wird, will ich versuchsweise »Stress erster Ordnung« nennen. Bereits hier ist subjektive Hilflosigkeit im Spiel oder vielmehr die Befürchtung, hilflos zu werden: Wäre man sicher, eine Anforderung problemlos bewältigen zu können, träte *per definitionem* kein nennenswerter Stress auf.

Hilflos bei der Stressbekämpfung

Eine neue Qualität entsteht nun durch die Erfahrung, mindestens einmal tatsächlich hilflos geworden zu sein. Erfolglose Versuche zur Bewältigung des Stresses erster Ordnung:

- die befürchteten aversiven Ereignisse lassen sich nicht dauerhaft vermeiden;
- der angestrebte Zustand lässt sich trotz Anstrengungen nicht herbeiführen;
- die Bewältigungsversuche schaffen Folgeprobleme;
- der Verlust kann einstweilen weder äußerlich noch innerlich kompensiert werden;

Stress zweiter Ordnung

sorgen für einen »Stress zweiter Ordnung«, einen Stress durch erfahrene Hilflosigkeit. Im selben Sinne schreibt Farber (1983d, S. 14):

> »Burnout ist häufiger die Folge nicht von Stress per se (der in den helfenden Berufen unvermeidbar sein mag), sondern von unbewältigtem (*unmediated*) Stress – unter Stress stehen und keinen Ausweg, keinen Puffer, kein Unterstützungssystem haben …«

Wenn die Bewältigung scheitert

Das Erlebnis tatsächlicher Hilflosigkeit bei der Verfolgung eines Ziels oder bei der Abwehr einer Bedrohung, insbesondere wenn es sich mehrmals wiederholt, setzt bei Personen, die hierfür keine effektiven Coping-Strategien besitzen, weitere Prozesse in Gang, die mittelfristig gerade zur Verminderung der Bewältigungsanstrengungen führen, also lähmend wirken. Wiederholte Autonomieverluste pflegen auch Reizgeneralisation hervorzurufen: Wenn ein paarmal »alles schiefgegangen« ist, traut man sich »bald gar nichts« mehr zu. Und Pessimismus taugt zur Enttäuschungsprophylaxe – wer keine Hoffnung mehr aufkommen lässt, kann nur noch angenehm enttäuscht werden.

Hilflosigkeit und ihre Steigerungen

Die Folgen sind um so schwerwiegender, je universeller der Autonomieverlust ist. Zu verhaltensmäßiger Hilflosigkeit kann emotionale Hilflosigkeit treten, also eine langanhaltende Unfähigkeit, ein traumatisches Verlust- oder Misserfolgserlebnis zu bewältigen. Besonders schlimm ist es, wenn sich hierzu ein Moment der Erwartungsenttäuschung gesellt. Tritt dergleichen wiederholt auf, dann bedeutet das, dass Erfolg oder Misserfolg nicht einmal mehr zu prognostizieren oder zu erklären ist (kognitive Hilflosigkeit).

Wenn das Weltbild wankt

Noch einmal anders ausgedrückt: Erwartungsenttäuschung bringt sozusagen eine »höhergradige« Hilflosigkeit mit sich – nicht nur, dass man in einem speziellen Fall hilflos war beim Versuch, die Dinge zu beeinflussen, man wird nun auch noch hilflos beim Versuch, vorherzusehen, *wann* man hilflos sein wird und wann nicht. Das interne Weltmodell, das wir schon darum aufbauen, weil wir sonst wenig Aussicht hätten, unsere Bedürfnisse zu befriedigen (Pittman & Pittman, 1980), gerät ins Wanken. Unter diesen Umständen ist zu erwarten, dass das Selbstvertrauen (was Bandura, 1977, »*Self-Efficacy Expectation*« nennt) generalisiert absinkt, obwohl es sich durchaus um einen isolierten Fehlschlag gehandelt haben kann.

3.4 Autonomieeinbußen durch Konflikte

In der Zwickmühle

Im Prinzip, so sollte man meinen, lässt sich auch Stress zweiter Ordnung oft beenden, indem die betreffende Situation verlassen wird und ähnliche Arrangements in Zukunft gemieden werden. Vor allem in der Kindheit wird in der Tat meist so verfahren. Bleibt jedoch ein solcher Versuch, Stresserlebnisse zukünftig weniger wahrscheinlich zu machen, erfolglos, oder kann er aus inneren oder äußeren Gründen gar nicht erst unternommen werden, dann kommt es zu einer für Burnout charakteristischen Konstellation: einem Konflikt zwischen aufsuchenden und meidenden oder zwischen zwei meidenden Tendenzen.

Flüchten oder Standhalten

Schon in Stressituationen erster Ordnung ist stets ein Element von Konflikt enthalten, und zwar ein Konflikt zwischen der Angst vor der bevorstehenden Bewährungsprobe und der Angst vor den Konsequenzen eines Ausweichens. »Flüchten oder Standhalten«, das kann eine schwere Entscheidung sein.

Der Alltag ist selten dramatisch

Die meisten Stress-Situationen des Alltags sind indes nicht allzu dramatisch und die Folgen eines Fluchtversuchs meist deutlich angsterregender als der Bewältigungsversuch. Selbstverständlich – der Student kann von der Prüfung zurücktreten; der Patient kann es ablehnen, den Weisheitszahn ziehen zu lassen; der Fallschirmspringer kann den Absprung verweigern; der Schauspieler kann sich vor der Premiere krank schreiben lassen.

Das Schlimmste ist meist rasch vorbei

Im Regelfall werden diese Optionen aber nicht gewählt. Der Entschluss, die eigene Angst zu unterdrücken und sich der Sache zu stellen, wird dem Studenten und dem Patienten durch die Überlegung erleichtert, dass es sich ja (voraussichtlich) um ein einmaliges Erlebnis von begrenzter Dauer handeln wird und dass »Kneifen« viel folgenreicher sein würde, dem Fallschirmspringer und dem Schauspieler durch die gesicherte Erfahrung, dass meist das erste Mal das schlimmste ist, weil die Angst nachlässt und durch die Befriedigung des Glückens immer eindeutiger aufgewogen wird.

Wenn die Hoffnung schwindet

Beide Tröstungen stehen da nicht zur Verfügung, wo die Gefahr länger andauert oder wo Anforderungssituationen regelmäßig oder gar unvorhersehbar immer wiederkehren, ohne dass das Risiko des Scheiterns auf ein akzeptables Niveau gesenkt werden könnte. In Arbeits- oder Partnerschaftssituationen mag anfangs noch eine starke Hoffnung auf mindestens gelegentliche Erfolge lebendig sein. Insofern handelt es sich dort um einen Appetenz-Aversions-Konflikt, und das Verhalten zeigt oft die vermehrten Anstrengungen der Reaktanzphase. Sind »Erfolge« für den Betreffenden extrem wichtig, dann kann diese Phase jahrelang dauern; sie wird meist erst durch Folgeprobleme auf anderen Feldern (z. B. Gesundheit) unfreiwillig beendet. Schwindet die Hoffnung und erlahmen die Anstrengungen, dann würden nur noch drastische Veränderungen der beruflichen oder privaten Verhältnisse Besserung versprechen. Werden diese der Kosten wegen gescheut, dann sitzt der Ausbrenner endgültig in der Falle eines Aversions-Aversions-Konflikts, aus der ihn meist nur schmerzliche Eingriffe von außen befreien können.

3.5 Die Veränderung der Anreizlandschaft und ihre Folgen

Kleine Auslöser, große Folgen

Auch für den Ausbrenner hat die Woche 168 Stunden, und außer in Extremfällen wird nur ein kleiner Teil dieser Zeit im Zustand direkt erfahrbarer Autonomieeinbußen verbracht. Wie können aus diesen Erlebnissen die weitreichenden Folgen erwachsen, die fortgeschrittenes Burnout kennzeichnen? Zur Erklärung werde ich auf das Konzept der Anreizlandschaft in Anlehnung an Klinger (1977) zurückgreifen. Dieses Konzept habe ich bereits im ► Abschn. 2.5 eingeführt; ich kann mich also hier verhältnismäßig kurz fassen.

Die Anreizlandschaft als Weltmodell

Die Anreizlandschaft bildet den wichtigsten Bestandteil des Modells, das wir als innere Repräsentation der Welt zur Steuerung unserer Handlungen benutzen (vgl. Klinger, 1998). Außer positiven und negativen Anreizen (Ereignissen bzw. Zuständen), von denen einige im Normalfall ein »laufendes Anliegen« darstellen, enthält das Modell Abbildungen der realen Objekte (insbesondere Menschen) sowie des Selbst (das »Selbstbild«). Das Modell besitzt Vernetzungen in Form von Wahrscheinlichkeitsschätzungen

- einerseits zwischen Anreizen (»Wenn ich A erreiche, wird zusätzlich höchstwahrscheinlich B eintreten«),
- andererseits zwischen Attributen des Selbst und Anreizen (»Wenn ich will, kann ich A vielleicht erreichen«; »Wenn ich B erreiche, bestätigt das, dass ich Attribut X besitze«);
- und schließlich zwischen Anreizen und antizipierten Gefühlsreaktionen (»Wenn ich B erreiche, werde ich für den Rest meines Lebens glücklich sein«; »Wenn ich C nicht verhindern kann, werde ich Angst haben«).
- Darüber hinaus kennt es Prognosen über inkontingente Ereignisse (»A tritt auf jeden Fall ein, egal was ich tue«).

Das Weltmodell ist nie korrekt

Durch einlaufende Informationen wird das Modell laufend aktualisiert. Selbstverständlich bleibt es dennoch stets mehr oder weniger vereinfacht und verzerrt: Insbesondere der Grad der Kontingenz zwischen eigenen Bemühungen und Anreizen, ebenso die emotionalen Folgen bestimmter Ereignisse, können völlig unrealistisch eingeschätzt werden. Auch die Stärke unkontrollierter Einflüsse, des »Zufalls«, kann über- oder unterschätzt werden.

Einflüsse auf die Gefühlsbilanz

Über die für das Individuum ideale Beschaffenheit der Welt bzw. seines Weltmodells lassen sich nur Richtungsaussagen machen. Die Gefühlsbilanz wird umso positiver ausfallen,

- je zahlreicher die positiv besetzten Anreize bzw. Ziele sind,
- je stärker die positive Besetzung, d. h. die antizipierte Gefühlsreaktion ist,
- je schwächer konkurrierende negative Besetzungen sind,

wenn gleichzeitig die Chancen für Zielerreichung optimistisch beurteilt werden. Das Umgekehrte gilt für negativ besetzte Anreize und Ziele.

Darüber hinaus ist die Gefühlsbilanz abhängig von der Anzahl und vom Ausprägungsgrad positiv und negativ bewerteter Attribute, die das Individuum sich zuschreibt. Diese Aspekte des Selbstbildes wiederum hängen u. a. ab von den laufend gemachten Erfahrungen mit Anreizen, Zielen und Ereignissen. Die Abhängigkeit kann sehr eng sein; das Scheitern bei einem wichtigen Anreiz ist dann gleichbedeutend mit völliger Selbstabwertung.

Die Erlangung und Aufrechterhaltung eines positiven Selbstbildes lässt sich ihrerseits als Anreiz einordnen. Ein per se negativer Anreiz kann dennoch angestrebt und erreicht werden, weil man sich davon eine Selbstwerterhöhung verspricht. Im Falle für das Selbstwertgefühl bedrohlicher Erfahrungen besitzen die meisten Menschen mehr oder weniger wirksame Pufferungsmöglichkeiten.

Selbstwert als Anreiz

Die Soll-Einstellungen für die obigen Parameter Anreizrepertoire, Anreizstärke, Konfliktfreiheit und Hoffnungsgrad, oberhalb derer weitere Steigerungen im Wohlbefinden ausbleiben würden, sind inter- und intraindividuell verschieden. Dasselbe gilt für das Selbstwertgefühl.

Ohnehin ist aber der Zustand vollkommenen Glücks allenfalls punktuell herstellbar. Nahezu immer herrschen weite Abstände zum Idealzustand.

Unterschiedliche Menschen können sich an Abweichungen unterschiedlich gut gewöhnen, d. h. mit Suboptima zufrieden geben. Im allgemeinen ist aber jedes Individuum bestrebt, die Abweichungen zu minimieren, um seine Gefühlsbilanz zu optimieren. Die Möglichkeit, darauf hinzuwirken, bildet einen Meta-Anreiz. Auch dieser ist unterschiedlich kostbar, mit anderen Worten: Das Bedürfnis nach Autonomie ist quantitativ und qualitativ unterschiedlich ausgeprägt.

Individuelle Unterschiede

Wird ein Ziel erlangt und entspricht die Freude den Erwartungen, dann ist dort der Höhepunkt erreicht. Der positive Beitrag des Erfolgs zur Gefühlsbilanz und zur Selbstwertstärkung nimmt fortan ab, es sei denn, aus der Zielerreichung ergäben sich Bindungen an neue Anreize. Auch das alte Ziel kann seine Attraktivität wiedergewinnen.

Zielerreichung …

Hat es sich um ein sehr zentrales und langfristiges Ziel gehandelt, das den Großteil der anderen Anreize aus dem Bewusstsein verdrängt hatte – in der Regel der Endpunkt in einer ganzen Hierarchie von Unter- und Zwischenzielen –, dann kann seine schließliche Erlangung einen ähnlichen Zustand der Anreizverarmung bewirken, wie ich ihn unten als Folge von Blockierungen beschreiben werde. Außer in Fällen, wo die emotionale Belohnung deutlich überschätzt wurde oder wo die negativen Nebenfolgen eines Erfolgs übersehen worden waren, ist dies aber ein Durchgangsstadium, das mit neuen Zielbindungen verlassen wird.

… und Anreizverarmung

Wird ein Individuum auf dem Weg von der Bindung zur Zielerreichung erstmalig frustriert, so treten einige unmittelbare Reaktionen auf. Scheint die Frustrierung unzweifelhaft und ohne unverhältnismäßigen Aufwand irreversibel, dann kommt der von Klinger beschriebene Reaktionszyklus in Gang (▶ Abschn. 2.2.2). Der Anreizwert des Ziels steigt, der alternativer Ziele sinkt vorübergehend. Auch bei minder endgültigen Frustrierungen verschlechtert sich die Affektlage in Richtung Ärger, Angst und/oder Depression, je nach Attribution auf Zufall, eigenes oder Fremdverschulden, Absichtlichkeit, Billigkeit, Hoffnung auf Besserung usw. Es kann zu Aggressionen in verschiedene Richtungen kommen. Bei nicht aussichtslosen Zielen tritt Reaktanz auf. Wo ein Rollendruck empfunden wird, die emotionalen Reaktionen zu verbergen und manifeste Aggressionen zu unterdrücken, verstärkt dies das Unlustgefühl.

Erstmalige Zielverfehlung

Solange die Frustration anhält, d. h. als bevorstehende oder andauernde Tatsache das Bewusstsein bestimmt, besteht Stress mit allen Nebenwirkungen, z. B. verringerte Kompetenz für problemorientiertes Coping. Abhängig von personalen und situativen Faktoren, insbesondere aber von der Dauer dieses

Andauernde Frustration

Zustands, kann das GAS das erste, zweite oder gar dritte Stadium erreichen. Zu den genannten Faktoren zählt in erster Linie die Wichtigkeit des bedrohten/verlorengegangenen Ziels für das Individuum, aber auch die Stärke der ursprünglichen Kontrollerwartung.

Wenn's nicht so schlimm kommt

Für den Verlauf eines Frustrationserlebnisses gibt es natürlich unzählig viele Möglichkeiten. Einige für Burnout besonders interessante werden im weiteren Verlauf dieses Kapitels näher untersucht werden. Es ist aber ebensogut denkbar, dass sich durch eine neue Handlungsstrategie das Hindernis in Nichts auflöst, dass »auf einmal alles wie von selbst« geht, dass ein viel attraktiveres Zielereignis eintritt, dass sich gerade das Nichterreichen des ursprünglichen Ziels als Glücksfall herausstellt usf. Nehmen wir an, dass das Ziel nicht allzu wichtig war und auch die übrigen Bedingungen so beschaffen, dass die Frustration nach einer Weile aus dem Bewusstsein schwindet. Nach einer Durchgangsphase milder Depression werden dann evtl. Bindungen an neue Ziele eingegangen. Im Falle eines der vielen kleinen Alltagsärgernisse – wenn es nicht gerade das letzte in einer ganzen Serie ist – werden all diese Reaktionen kaum bemerkt.

Verarbeitung von Misserfolgen

Wäre der Mensch kein lernfähiges Wesen, dann wäre nach dem Verlassen der Situation und dem Abklingen der unmittelbaren Effekte der Fall erledigt. In seinem eigenen Interesse nimmt aber das Individuum nach jeder Erfahrung Umbauten an seinem Weltmodell vor, und im Falle spürbarer Frustration sind diese unangenehm:

- Ein verfehltes oder nicht befriedigend erreichtes Ziel wird subjektiv wertvoller. Gleichzeitig entsteht durch die Furcht vor Wiederholung der Frustration Ambivalenz.
- Analoge Veränderungen betreffen kontingente Anreize.
- Die Wahrscheinlichkeitsschätzungen an den Pfaden der Anreizlandschaft werden verändert, u. U. an vielen Stellen.
- Attribute des Selbstbildes müssen korrigiert werden.
- Parallel sinkt die Aufmerksamkeitsschwelle für interne und externe Signalreize, die an die Frustration erinnern. Damit verschlechtert sich auch die Affektbilanz.

Wenn's wirklich schlimm kommt

Wiederholt sich die Frustrierung (evtl. durch das Auftauchen von Folgeproblemen des Bewältigungsversuchs), werden in engem zeitlichen Abstand weitere Ziele verfehlt oder zieht die erstmalige Frustrierung die Blockierung zahlreicher kontingenter Ziele von hoher Wichtigkeit nach sich, dann tritt eine Verarmung an positiven Anreizen und eine Überschwemmung mit negativen ein. Eine größere Anzahl von Zielen muss aufgegeben werden; andere, die noch nicht endgültig abgeschrieben sind, tragen ambivalente Besetzungen. Ambivalent besetzte Ziele und Anreize werden besonders häufig imaginiert. Bereits ein Appetenz-Aversions-Konflikt, abgebildet in gleichzeitigen positiven und negativen Emotionen, wird als unlustbetont erlebt. Noch quälender und von geradezu paralysierender Wirkung ist ein Aversions-Aversions-Konflikt, etwa dann, wenn eine für fruchtlos gehaltene Handlung dennoch ausgeführt werden muss, um eine noch negativere Konsequenz zu vermeiden.

Ein Gefühl der Lähmung

Was sich an Positivem dennoch ereignet, geht mit vermindertem Stellenwert in die Stimmungsbilanz ein und trägt weniger zur Selbstwertstützung bei. Per Erfahrungsgeneralisation werden die Erfolgswahrscheinlichkeiten in weiten

Bereichen der Anreizlandschaft pessimistischer eingeschätzt. Da bei ambivalent besetzten Zielen zusätzlich innere Widerstände zu überwinden sind, muss für das gleiche Ergebnis ungleich mehr an Energie eingesetzt werden, die Aufwands-Ertrags-Bilanz verschlechtert sich also selbst im Erfolgsfall. So kommt es schließlich zu einem Gefühl der Erschöpfung oder Lähmung. Wo der Widerstreit der Anziehungs- und der Meidungskräfte per saldo zu nurmehr halbherzigen Anstrengungen führt, werden weitere Misserfolge wahrscheinlicher. Das Meta-Ziel »subjektive Autonomie« gerät in Gefahr oder wird, im Zustand der Hilf- und Hoffnungslosigkeit, schließlich ebenfalls aufgegeben. Das Selbstwertgefühl sinkt spezifisch oder allgemein ab; ein Effekt, den zu vermeiden manche Menschen heroische Anstrengungen unternehmen. Andere Personen, insbesondere solche, denen Verantwortung für die Frustration zugeschrieben wird, unterliegen ebenfalls der Abwertung.

Fatalistischer Gleichmut

Sind ganze Bereiche der Anreizlandschaft verarmt (z. B. die berufsbezogenen), ohne dass sie ersetzt würden, dann wird ein profunder Widerwille und Überdruss empfunden. Manche Menschen bewältigen einen andauernden Zustand dieser Art durch eine bereichsspezifische weitgehende Abflachung aller emotionalen Besetzungen. Sie verrichten den betreffenden Teil ihrer Handlungen im Zustand fatalistischen Gleichmuts. Es ist zu vermuten, dass diese Gefühlsabschaltung über kurz oder lang auch auf »lebendig« gehaltene Lebensbereiche übergreift.

Innere Leere

Wo diese Selbstschutzstrategie nicht gewählt wird, ist die Stimmung gekennzeichnet von Niedergeschlagenheit, Gereiztheit, Angst und Unlust, in fortgeschrittenem Zustand durch ein Gefühl »innerer Leere« und Apathie, das eigentlich ein Nichtgefühl ist und die Leere der Anreizlandschaft widerspiegelt.

Soweit ein erster Überblick über den Prozess, der, ausgelöst durch Autonomieeinbußen, zu der bereits beschriebenen Burnout-Symptomatik führt. In derart abstrakter Form bleibt der Prozess noch unanschaulich. Die folgenden Abschnitte werden das Geschehen darum wesentlich detaillierter analysieren.

3.6 Die ungestörte Handlungsepisode

Genaueres Hinsehen lohnt

Bringt man Ausbrenner zum Sprechen, dann bekommt man meist entweder einzelne traumatische Vorfälle oder aber Zustände geschildert, etwa »schlechtes Betriebsklima«; Konflikte mit dem Chef; Mittelkürzungen; Unbeweglichkeit des »Apparats« o. ä. Mit ähnlich statischen Kategorien arbeitet auch ein großer Teil der Burnout-Literatur. Es bedarf oft geduldigen Nachfragens, um von derart zu Diagnosen geronnenen Erlebnissen wieder zu dem zu gelangen, was effektiv geschehen ist bzw. typischerweise geschieht.

Die Handlungsepisode als Analyseeinheit

Für die Betrachtung individueller Burnout-Fälle wie zur Ausfüllung der allgemeinen Rahmentheorie ist also eine Analyseeinheit vonnöten, die weder zu fein-, noch zu grobkörnig ist. Für diesen Zweck scheint mir der Begriff der Handlungsepisode am besten geeignet, schon darum, weil sich sein Auflösungsgrad durch hierarchische Schachtelung sehr flexibel einstellen lässt. So mag die Absicht eines Berufsanfängers, im Geschäftsleben dermaleinst »ganz oben« zu stehen, Anfang und Ende der umfassendsten Episode markieren, die dieser sich vorzustellen vermag. Darin eingebettet wären dann die verschiedenen Sprossen der Karriereleiter zu denken. Beispiele für die elementarste hier nützliche Episodenlänge wären ein Brief, ein Telefonat, ein Gespräch, mit dem ein Vorhaben in die Tat umgesetzt werden soll, wobei ein und dieselbe Elementarepisode Teil mehrerer übergeordneter sein kann. Das Vorhaben andererseits, sein Leben einem höheren Wesen zu weihen, was seinen Lohn erst im Jenseits finden soll, ist anscheinend besonders burnoutimmunisierend (Cherniss, 1995, S. 182ff.).

Eine Reise vom Ist zum Soll

Wie schon gesagt ähnelt die Handlungsepisode einer Reise, die von einem Ist-Zustand zu einem mehr oder weniger fest umrissenen Soll-Zustand führen soll. Am Anfang der Reise steht ein Akteur, dem ich ein Profil nur schrittweise veränderbarer Motive (im Sinne Heckhausens, 1980) zuschreibe. Dieses Individuum gerät in Situationen, die seine Motive zu handlungsleitenden Motivationen anregen. Es sucht auch bevorzugt Situationen auf, die ihm zu bestimmten Anregungen verhelfen und prägt sie selbständig. Dieser Eröffnungsschritt der »Bindung« macht in Klingers Terminologie (► Abschn. 2.5.2, aus einem »Anreiz« ein »Ziel«, er verschafft dem Akteur ein »laufendes Anliegen«. Es sei wiederholt, dass Anreize und Ziele nicht nur »offensiv«, sondern auch »defensiv« sein können. Im letzteren Fall besteht das Ziel aus der Verhinderung oder Rückgängigmachung eines unerwünschten Ereignisses.

Erwartungsbildung

Etwa gleichzeitig mit ersten Handlungsentwürfen bilden sich, oft eher unbewusst als bewusst, Erwartungen verschiedener Art, in bezug:
- auf das Niveau des Ziels,
- auf den erforderlichen Zeit- und Energieaufwand,
- auf die Erfolgswahrscheinlichkeiten,
- auf Chancen und Risiken verschiedener Nebenwirkungen,
- auf die Instrumentalität des angepeilten Zieles, d. h. auf die Wahrscheinlichkeit, dass die Zielerreichung Belohnungen nach sich ziehen wird,
- auf die emotionalen Konsequenzen.

Abwarten oder Handeln

Die Erwartungen bilden sich aufgrund des Weltmodells. Erwartungen und Motivationsstärke sind interdependent zu sehen. Möglicherweise fällt an dieser Stelle aufgrund einer Abschätzung von Aufwand, Ertrag und Risiken der Entschluss, das Ziel in den Wartestand eines bloßen Anreizes zurückzuversetzen und manifeste Handlungen durch phantasierte Wunscherfüllung zu ersetzen oder das Ziel durch ein anderes zu substituieren. Andernfalls wird jetzt Energie mobilisiert, eine Handlung oder Handlungskette ausgeführt.

Wenn alles gutgeht

Wird das Ziel mit angemessenem Aufwand in befriedigendem Grade erreicht, ohne dass unverhältnismäßig starke unerwünschte Nebenwirkungen auftreten, und gewähren Zielerreichung oder nachfolgende Belohnung die erwarteten Befriedigungen, dann tritt für eine Weile Motivsättigung ein, oder aber der Zyklus wird, wo möglich, bis zur Sättigung wiederholt. Die Mittel-Zweck-Koppelung hat sich bewährt und wird bei der nächsten vergleichbaren Situation wahrscheinlich bevorzugt in Betracht gezogen werden. Das interne Weltmodell hat sich bestätigt; auch der Platz, den sich das Individuum darin selbst zuweist, ist gefestigt oder gehoben. Sollte das Ziel leichter erreichbar gewesen sein als erwartet, wird das Modell ohne Beunruhigung korrigiert; möglicherweise wird bei der nächsten Episode das Ziel anspruchsvoller gesetzt oder der Aufwand reduziert. Nach häufigerer Wiederholung kann vorübergehende oder permanente

Sättigung auftreten. War das Ziel ein Ereignis mit bleibenden Folgen, ein »Meilenstein«, kann nun ein neues Ziel aktuell werden.

Ein Zyklus von Spannung und Lösung ist abgeschlossen worden. Die daraus resultierende Zufriedenheit verbessert die Affektbilanz für eine Weile. Eventuell verbrauchte Energie wird rasch regeneriert. Zufriedenheit

Soviel zu den Stadien einer ungestört verlaufenen Reise. Ihr Ablauf ist in ◘ Abb. 3.1 noch einmal schematisch wiedergegeben.

Die obige, sehr dürre Skizze soll sogleich an einem Beispiel illustriert werden.

Beispiel einer ungestörten Handlungsepisode. Die Geschichte handelt von der Mutter zweier Kinder im Vorschulalter. Wir unterstellen ihr ein ausgeprägtes Motiv, sich als »perfekte Mutter lieber Kinder« in der Welt zu etablieren. Nehmen wir an, eine Freundin in ähnlichen Lebensumständen hat ihr erzählt, ein bestimmtes ausländisches Gemüse sei nicht nur sehr gesund, sondern habe ihren, der Freundin, Kindern auch hervorragend geschmeckt. (Das Gespräch kommt nicht ganz zufällig zustande: Die beiden Mütter suchen u. a. deswegen den Kontakt miteinander, weil dabei vielerlei Anregungen hin und her gehen, die gerade der Befriedigung ihres gemeinsamen Motivs dienlich sind.) »Probier's doch mal mit Artischocken«

Schon vor dem Einkauf wägt unsere Protagonistin die Risiken des Scheiterns bei einem noch nie probierten Gericht, den erhöhten Zeitaufwand beim Kochen und die möglichen Reaktionen des Ehemanns gegen die erhoffte Freu- Risikoabwägung

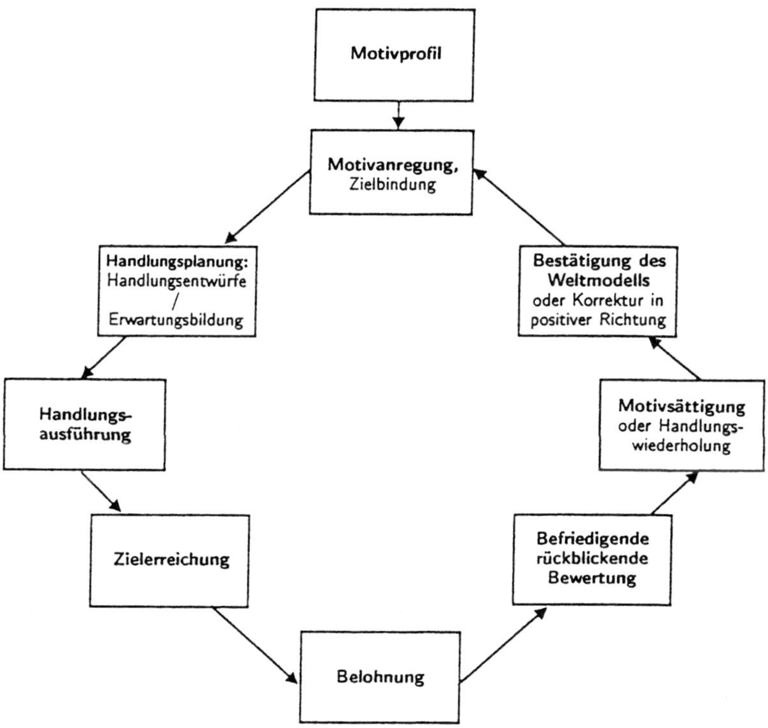

◘ **Abb. 3.1.** Ungestörte Handlungsepisode

de der Kinder ab, und beschließt, das Gemüse auf den Tisch zu bringen. Beim Einkauf kommen wegen des unerwartet hohen Preises noch einmal Zweifel auf, werden aber nach erneuter Abwägung hintangestellt.

Zielerreichung

Das Gemüse wird aufgetragen und die Kinder sind begeistert. Mutter ist zufrieden. Da sie sich heute schon einmal als perfekte Mutter bewiesen hat, wird möglicherweise das abendliche Vorlesen etwas kürzer ausfallen können. Sie überlegt einige weitere angenehme Konsequenzen dieser Episode:

- Am Abend wird sie ihrem Mann davon erzählen und auch sein Bild von ihr bestätigen.
- Sie wird der Freundin den Erfolg berichten und die Freundschaft ein wenig festigen.
- Sie hat in Zukunft ein weiteres Mittel verfügbar, bei Bedarf ihre Kinder zu belohnen bzw. ihr eigenes Motiv zu befriedigen.

Aktion gelungen

Auf jeden Fall hat sich die Welt als berechenbar und kontrollierbar erwiesen: Wenn sie will, kann sie mindestens genausogut kochen wie die Freundin; ihre Kinder sind dankbare Wesen; wenn sie sich etwas vornimmt, kann sie es ausführen.

Soweit ein erstes Beispiel, in dem sich die obigen Stationen Motiv, situative Motivanregung und Zielbindung, Handlungsentwurf und Erwartungsbildung, Handlungsausführung, Zielerreichung, unmittelbare und mittelbare Konsequenzen sowie Motivsättigung zwanglos wiederfinden lassen.

3.7 Die gestörte Handlungsepisode

Vier Störungskategorien

Wie schon angedeutet, kann auf der Route zwischen Motivanregung und Motivsättigung vielerlei schiefgehen, was dann weitere Auswirkungen auf den Reisenden hat. Die vier häufigsten Störfälle sind:

- Zielvereitelung,
- Zielerschwerung,
- Ausbleiben der Belohnung,
- negative Nebenwirkungen.

In allen Fällen handelt es sich subjektiv um »Misserfolge«, und es hängt vom Erfolg des persönlichen Copings ab, ob die gestörte Handlungsepisode zur Burnout-Episode wird. Ich werde die vier Störfälle kurz im Überblick skizzieren, bevor ich zur Veranschaulichung auch hier Beispiele von »Reisebeschreibungen« einfüge.

3.7.1 Störfälle

Ein unüberwindliches Hindernis …

Zielvereitelung. Zielvereitelung und Zielerschwerung haben gemeinsam, dass zwischen Handlungsausführung und Handlungsergebnis ein Hindernis auftaucht. Bei der Bewertung muss also konstatiert werden, dass das Ziel nicht erreicht wurde.

Ergibt eine weitere Handlungsplanung, dass das Ziel entweder überhaupt nicht, nur auf unattraktiv gesenktem Niveau oder nur mit unverhältnismäßig hohem zusätzlichen Aufwand zu erreichen sein wird, dann wird das Ziel aufgegeben – gemäß etwa der schon einmal zitierten Investorenregel, dass man »schlechtem Geld kein gutes hinterherwerfen« soll. Möglicherweise finden doch noch einige weitere Versuche statt, bis es dann endgültig zur Aufgabe kommt.

... zwingt zum Aufgeben

Ebenso wie die Zielerreichung u. U. Nebenwirkungen hätte haben können, sind solche natürlich auch für die Zielverfehlung vorstellbar. Jedenfalls bleibt der Ertrag, der Lohn der Zielerreichung, aus. Die nachträgliche Bewertung des Aufwand-Nutzen-Verhältnisses fällt wegen der vergeblichen Energieinvestition negativ aus. Das Motiv bleibt ungesättigt.

Konsequenzen

Der Fehlschlag wird alle schon oben skizzierten Folgen partieller Autonomieeinbußen nach sich ziehen. Je nach Einordnung der Störung als internal oder external verursacht, global oder spezifisch, stabil oder labil etc., werden emotionale Reaktionen wie Ärger und/oder Depression auftreten. Das Weltbild ist erschüttert und wird korrigiert werden müssen:
- Die Welt hat sich als unberechenbar entpuppt, wo man meinte, sie berechnen zu können.
- Man wird künftig das angestrebte Zielniveau senken, den Aufwand erhöhen oder Ziele dieser Kategorie ganz aufgeben müssen.
- Auch muss man zur Kenntnis nehmen, dass man die eigenen Fähigkeiten zur Zielerreichung überschätzt hat.

Wo diese Wege nicht gangbar erscheinen, mag eine diffuse Angst vor dem nächsten Scheitern entstehen.

Angst vor dem Scheitern

Zielerschwerung. Der Unterschied zur Zielvereitelung liegt darin, dass das Hindernis durch neuerliche Anläufe in der Reaktanzphase doch noch überwunden oder umgangen werden kann. Es kommt auch zur Belohnung und schließlich zur Motivsättigung. Die nachträgliche Bewertung ergibt aber ein grobes Missverhältnis von Aufwand und Ertrag. Es will keine rechte Freude aufkommen, die Sache war sozusagen ein schlechtes Geschäft, die Belohnung wurde zu teuer erkauft. Vielleicht hat auch der ganze Ablauf länger gedauert als geplant; andere Handlungsepisoden, die ausgleichende Befriedigungen hätten verschaffen können, mussten ausfallen, verschoben werden oder unter ungebührlichem Zeitdruck abgewickelt werden.

Ein Hindernis, das überwunden wird

Wieder werden, u. U. schmerzhafte Korrekturen am Weltmodell fällig. Je nach Attribuierungsstil ist an Enttäuschung über die Ungerechtigkeit der Welt, Ärger über die Niedertracht anderer beteiligter Akteure oder an eine Selbstabwertung zu denken. Das ursprüngliche Motiv mag sich verstärken (»Scharte auswetzen«; »nun erst recht«) oder es mögen sich konkurrierende Meidungsmotive (»nie wieder!«) herausbilden.

Konsequenzen

Ausbleiben der Belohnung. In diesem Fall tritt die Störung erst auf, nachdem das Ziel gemäß vorher gesetzten Maßstäben erreicht wurde. Die Erwartungstäuschung liegt in der zu hoch eingeschätzten Instrumentalität des Ziels für die Belohnung; jene bleibt ganz oder fällt wesentlich geringer aus als erwartet. Es muss sich übrigens nicht um eine von außen verweigerte Belohnung handeln.

Wenn der Erfolg trügt

Denkbar ist auch, dass der Akteur ein zur Motivsättigung ungeeignetes Ziel fixiert hat, weil er sich über die Natur seiner Motive nicht hinlänglich klar war. Gerade in diesem letzteren Fall wird bei der nachträglichen Bewertung voraussichtlich ein diffuses Unbehagen zurückbleiben; es besteht die Gefahr, dass die Handlungsepisode mit dem stets gleichen unbefriedigenden Ergebnis mehrmals hintereinander durchlaufen wird, bis Desillusionierung eintritt.

Die mittelbaren Konsequenzen entsprechen ansonsten denen der Fälle »Zielvereitelung« und »Zielerschwerung«.

Nach dem Erfolg ein böses Erwachen

Negative Nebenwirkungen. Dieser Fall ist gekennzeichnet durch Zielerreichung und Belohnung, insofern auch durch Motivsättigung. Die Störung besteht im Auftreten unvorhergesehener Nebenwirkungen, deren Negativeffekte genügend stark sind, um Positiveffekte der Belohnung ganz oder teilweise aufzuwiegen; »unterm Strich« bleibt das Ergebnis somit auch hier unbefriedigend. Für die mittelbaren Konsequenzen werden Attribuierungsprozesse ausschlaggebend sein:

Konsequenzen

- Konnte/musste ich das absehen und trifft mich insofern Schuld oder war es unvorhersehbar?
- Kann dergleichen jederzeit wieder passieren?

Wenn es sich nicht um ein einmaliges oder extrem unwahrscheinliches Ereignis handelt, sind die mittelbaren Konsequenzen wie bei den ersten drei Verläufen.

Abb. 3.2 gibt die oben beschriebenen Störfälle in schematischer Form wieder. Sie sollen nun an einigen Beispielen illustriert werden. Von Bewältigungsmöglichkeiten wird im ► Abschn. 3.8, »Die Bewältigung von Störungen«, die Rede sein.

3.7.2 Beispiele gestörter Handlungsepisoden

Der unberechenbare Kunde

Beispiele für Kategorie Zielvereitelung. Beispiele dieser Störungskategorie kennt jeder selbständige Handwerker, aber auch Fertigungsbetriebe, die Spezialanfertigungen nach Kundenspezifikation vornehmen, Reisebüros und viele andere. Der gemeinsame Nenner der folgenden Geschichten liegt in der Unberechenbarkeit des Abnehmers.

Nehmen wir folgende Fälle an:

- Der Handwerker wird um einen Kostenvoranschlag für eine Arbeit gebeten.
- Der Bootsbauer bekommt einen Auftrag für eine Yacht.
- Das Reisebüro soll eine Reiseroute ausarbeiten.

Vergebliche Liebesmüh'

Um die Geschichten weniger banal zu machen, nehmen wir weiter an, dass es sich für den Handwerker um ein Großprojekt handelt, dass der Bootsbauer rasch ziemlich weit in seiner Arbeitsvorbereitung vorankommt (z. B. weil seine Auftragsbücher leer sind), dass die Reise eine Weltreise ist. Nun tritt das Hindernis ein: Der Kunde lässt nach Erhalt des Kostenvoranschlags das ganze Vorhaben fallen oder beauftragt jemand anderen; der Bootsbauauftrag wird storniert; das Reisebüro verkauft niemals Tickets, weil der Kunde nicht wieder auftaucht. Alle Mühe war vergebens.

Auch Banales will verdaut sein

Enttäuschungen der beschriebenen Art mögen »in der Natur des Berufs« liegen und insofern auch in einer gewissen Häufigkeit vorhersehbar sein. Liegen diese Beispiele also auf den ersten Blick recht weit von Burnout entfernt, so denken wir an den Psychotherapeuten, der mit einem Klienten, dessen Prognose ihm günstig erschien, einige Stunden gearbeitet hat – bis dieser einfach wegbleibt; den Lehrer, der sich für eine, sagen wir, ausländische Schülerin sehr engagiert hat, Mitte des Schuljahres aber erleben muss, dass diese von ihren Eltern in die Heimat zurückgeschickt wird; die Krankenschwester, deren Lieblingspatient nach einer Besserungsperiode plötzlich doch noch stirbt. In den genannten Berufen sind dies zweifellos ebenfalls alltägliche Erlebnisse von Autonomieverlust, die aber bewältigt werden müssen, soll es nicht zu einem Gefühl allgemeinen Sinnverlusts kommen.

Eine Idealistin in der Verwaltung

Beispiele für Kategorie Zielerschwerung. Die folgende, nur leicht verkleidete Geschichte beruht auf einem realen Fall.

Eine junge Frau, die einige erfolgreiche Jahre in einem dynamischen Zweig der Wirtschaft verbracht hat, wird – aus Gründen, die hier nicht interessieren – Sachbearbeiterin in der Verwaltung eines staatlichen Kinderheims. Wenn wir bei ihr ein starkes Motiv vermuten, »Gutes oft und gut zu tun« – und dafür auch anerkannt zu werden –, liegen wir wahrscheinlich ziemlich richtig. Das Heim hält für dieses Motiv auch reichlich Anregungen bereit.

Bürokratische Hindernisse

Eine wiederkehrende Situation ist dadurch gekennzeichnet, dass die Kinder eine Ausfahrt machen möchten – sagen wir: zu einem Fußballspiel –, wofür das Heim sogar Busse besitzt. Nichts sollte also leichter sein, als diesen Wunsch zu erfüllen. Weit gefehlt, muss unsere Akteurin alsbald lernen. Die Fahrer der Busse beginnen ihren Dienst lange, bevor jemand sie benötigen könnte; dafür haben sie längst Feierabend, wenn beispielsweise Fußballspiele aufhören. Der Etat für Überstunden ist rasch erschöpft; die Sache ist genehmigungspflichtig und »spontan mal eben« geht schon gar nichts.

»Warum ist alles so zäh?«

Da unsere Akteurin hartnäckig ist, erreicht sie über Umwege nahezu jedesmal ihr Ziel – aber mit einem so unverhältnismäßigen Aufwand, dass sie sich (»Nachträgliche Bewertung«) dieser Erfolge, die auch durch die Dankbarkeit der Kinder belohnt werden, nicht recht freuen kann: »Es könnte doch so einfach sein – warum ist das alles so zäh?« Es bedarf einer langen Durststrecke von Coping-Anstrengungen, bis die Autonomie in diesem Bereich wiederhergestellt ist.

Einen weniger glimpflichen Ausgang beschreiben Aronson et al. (1983, S. 90) im Fall der Leiterin eines kommunalen Betreuungsprojekts:

Das frustrierende »System«

> »Für Susan war der Umgang mit »dem System« einer der frustrierendsten Aspekte ihrer Arbeit. Die Verwaltung kümmerte sich nicht um die Besetzung der verfügbaren Stellen, also musste Susan ihr Personal selbst anwerben und auswählen. Sie musste vier verschiedenen Stellen Abrechnungen vorlegen: »Wenn ein falsches Formular eingereicht wurde oder ein Formular an die falsche Dienststelle ging, dauerte es Wochen, bis es zurückkam, und dann musste die ganze Prozedur wieder-

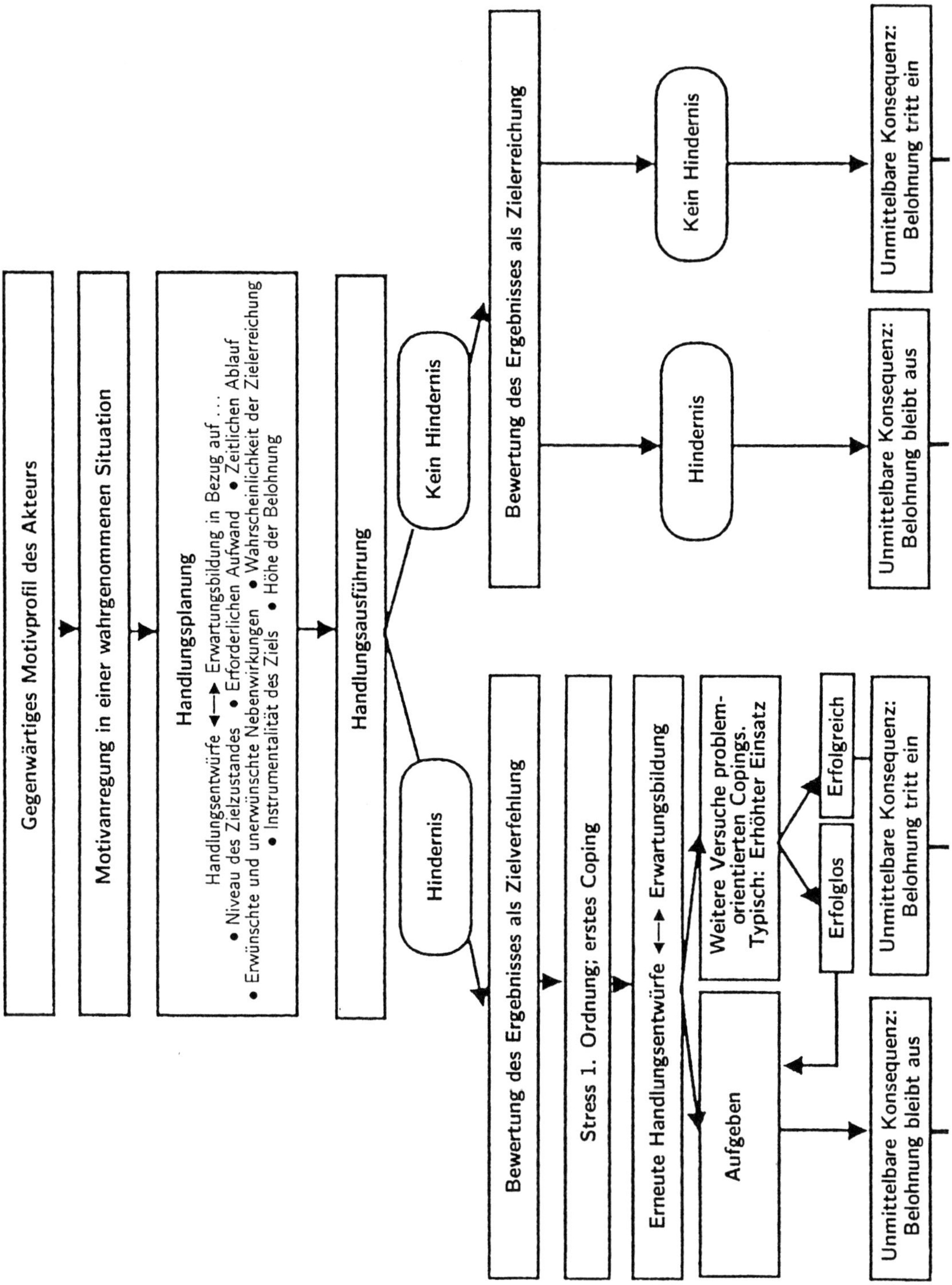

Abb. 3.2. Vier Arten gestörter Handlungsepisoden

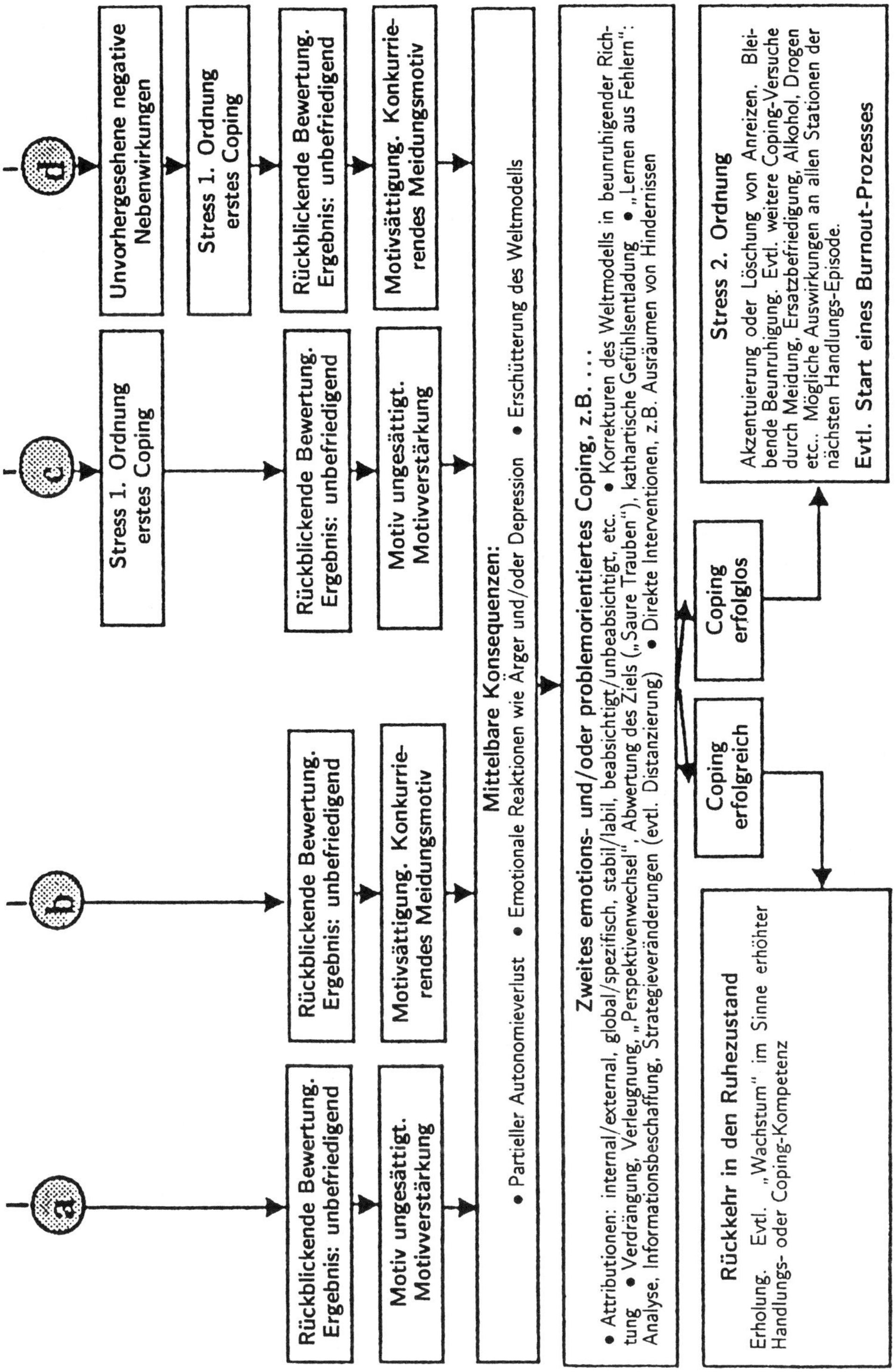
a
b
c
d
Rückblickende Bewertung. Ergebnis: unbefriedigend
Motiv ungesättigt. Motivverstärkung
Rückblickende Bewertung. Ergebnis: unbefriedigend
Motivsättigung. Konkurrierendes Meidungsmotiv
Stress 1. Ordnung erstes Coping
Rückblickende Bewertung. Ergebnis: unbefriedigend
Motiv ungesättigt. Motivverstärkung
Unvorhergesehene negative Nebenwirkungen
Stress 1. Ordnung erstes Coping
Rückblickende Bewertung. Ergebnis: unbefriedigend
Motivsättigung. Konkurrierendes Meidungsmotiv
Mittelbare Konsequenzen:
• Partieller Autonomieverlust • Emotionale Reaktionen wie Ärger und/oder Depression • Erschütterung des Weltmodells
Zweites emotions- und/oder problemorientiertes Coping, z.B. . . .
• Attributionen: internal/external, global/spezifisch, stabil/labil, beabsichtigt/unbeabsichtigt, etc. • Korrekturen des Weltmodells in beunruhigender Richtung • Verdrängung, Verleugnung, „Perspektivenwechsel", Abwertung des Ziels („Saure Trauben"), kathartische Gefühlsentladung • „Lernen aus Fehlern": Analyse, Informationsbeschaffung, Strategieveränderungen (evtl. Distanzierung) • Direkte Interventionen, z.B. Ausräumen von Hindernissen
Coping erfolgreich
Coping erfolglos
Rückkehr in den Ruhezustand
Erholung. Evtl. „Wachstum" im Sinne erhöhter Handlungs- oder Coping-Kompetenz
Stress 2. Ordnung
Akzentuierung oder Löschung von Anreizen. Bleibende Beunruhigung. Evtl. weitere Coping-Versuche durch Meidung, Ersatzbefriedigung, Alkohol, Drogen etc.. Mögliche Auswirkungen an allen Stationen der nächsten Handlungs-Episode.
Evtl. Start eines Burnout-Prozesses

holt werden. Oft brauchte man drei weitere Formulare, um einen Irrtum zu korrigieren. Bei der Stadt dauerte alles zehnmal so lange als vorgesehen war.«

Diese Idealistin gab schließlich auf.

Undankbare Abnehmer

Beispiele für Kategorie Ausbleiben der Belohnung. Die folgende Geschichte verläuft zunächst ganz wie unser »ungestörtes« Gemüsebeispiel, nimmt aber eine unerwartete Wendung, als die Kinder aus dem Kindergarten kommen, das durchaus gelungene Gemüsegericht mit allen Anzeichen des Ekels verweigern und stattdessen Nudeln mit Ketchup verlangen. Sei es, dass sie sich unterwegs verabredet haben, Mutter zu ärgern, sei es, dass das Gemüse sie an irgendetwas erinnert, das sie aus gleichgültigen Gründen abscheulich finden – wichtig sind weniger die tatsächlichen Gründe, als der Reim, den sich die Mutter darauf macht.

Aktives Coping (z. B. »es wird gegessen, was auf den Tisch kommt«) verbietet sich hier natürlich, denn das Ziel war ja nicht einfach, dass die Kinder essen, sondern dass sie gern essen. Dennoch stehen einer Frau mit stabilem Selbstbewusstsein und einiger Flexibilität etliche Möglichkeiten offen, den Schaden für ihr Weltbild gering zu halten.

Lohn kommt selten

Schon schwerer zu verkraften wird die Enttäuschung, wenn wir das Gemüse durch eine Unterrichtsvorbereitung und »Essen« durch »Lernen« ersetzen. Pamela Bardo (1979), eine amerikanische Lehrerin, die es nach 17 Jahren im Schuldienst vorzog, Börsenmaklerin zu werden, hat den entsprechenden Leidensweg detailliert beschrieben. Von den 365 amerikanischen Lehrern, die Farbers (1984b) Fragebogen beantworteten, gaben 11% an, dass sie nie und weitere 25%, dass sie selten angemessene emotionale Belohnung für ihre Bemühungen erhielten (ähnlich Blase, 1982).

Fruchtlose Anstrengungen

Weitere einschlägige Beispiele aus dem Berufsleben sind der Zeitschriftenjournalist, der unentwegt recherchiert und produziert, nur um meistens zu erleben, dass seine Story zugunsten aktuellerer Beiträge »gekippt« wird; der Architekt, der fruchtlos Wettbewerb auf Wettbewerb beschickt; die Werbegraphikerin, die ihr Bestes geben muss, wohl wissend, dass bei der Kundenpräsentation ihr Entwurf als einer unter vielen kaum eine Chance haben wird.

Was diese Geschichten von denen der Kategorie »Zielvereitelung« unterscheidet, ist das Erreichen des Handlungsziels, das wenigstens die »intrinsischen« Motive absättigen kann. Insofern als man Belohnung, Endziel und Zwischenziele – z. B. die Erstellung des Kostenvoranschlags – auch als verschiedenen Niveaus in einer Zielhierarchie sehen kann, ist die Abgrenzung vielleicht überdifferenziert.

Mitgegangen, mitgehangen

Beispiele für Kategorie Negative Nebenwirkungen. Die Beispiele dieser Kategorie haben gemeinsam, dass sie bei Wiederholung besonders schwer auflösbare Konflikte erzeugen. Beim je ersten Durchlauf mag die Sache z. B. so aussehen: Ein Mitarbeiter hat für seinen Chef einen diffizilen Spezialauftrag zu dessen Zufriedenheit erledigt; erst nachträglich stellt er fest, dass er nunmehr zur engeren Clique des Chefs gezählt und – mitgegangen, mitgehangen – von dessen innerbetrieblichen Rivalen ebenso bekämpft wird wie dieser.

Oder (wieder ein Realfall): Eine Mitarbeiterin hat sich durch Tüchtigkeit und Umgänglichkeit allgemeines Ansehen erworben. Als der weithin unbeliebte Abteilungsleiter ausgewechselt wird, bekommt sie die langersehnte Chance und wird seine Nachfolgerin. Schon bei der ersten Abteilungskonferenz muss sie zu ihrem Erschrecken erfahren, wieviel Konfliktstoff schon in der Rollenverteilung begründet liegt: Die Kollegen von gestern sehen in der Vorgesetzten von heute mitnichten den netten Menschen, mit dem sie vertraut waren.

Ein Aufstieg und sein Preis

Oder: Eine junge Lehrerin hat sich bei der Vorbereitung eines Schulfests oder bei einer Klassenfahrt sehr engagiert und von den Schülern dafür viel Anerkennung geerntet; erst später wird sie von der Ablehnung der Kollegen überrascht, die sie verdächtigen, sich »nur beliebt machen« zu wollen.

Eifersucht der Kollegen

In die Kategorie negative Nebenwirkungen möchte ich auch alle Situationen »quantitativer Überlastung« einreihen, in denen z. B. ein gründliches Eingehen auf die Bedürfnisse eines Patienten, Schülers, Gesprächspartners oder Kunden auf Kosten eines anderen geht, der warten muss oder sogar ganz leer ausgeht. Die Befriedigung über eine erfolgreich abgeschlossene Handlungsepisode wird dann u. U. aufgewogen oder gar überwogen von den Reaktionen der Zukurzgekommenen bzw. von Phantasien des Akteurs bezüglich dieser Reaktionen.

Wenn's nicht für alle reicht

Das Belastungspotential derartiger Situationen ist sogar empirisch belegt: In einer ausgezeichneten Diplomarbeit, die an der Universität Marburg erstellt wurde (Lieberei, 1991). Der Verfasser hat Angehörige von insgesamt 18 verschiedenen Berufsgruppen befragt, jeweils eine Teilstichprobe von Altenpflegern, Ärzten, Krankenschwestern/-pflegern, Sanitätern, Zahnärzten, Erzieherinnen, Fahrlehrern, Lehrern, Psychiatern, Psychologen, Sozialpädagogen, Friseusen, Kellnerinnen, Taxifahrern, Verkäuferinnen, Versicherungsvertretern, Polizisten und Rechtsanwälten (jeweils beide Geschlechter). Gemeinsames Merkmal aller Berufsgruppen war der zwischenmenschliche Kontakt als wesentlicher Bestandteil des beruflichen Alltags. Allen Untersuchungsteilnehmer(inne)n wurden Inventare mit Stress-Situationen vorgelegt, in denen beantwortet werden sollte, wie *oft* solche Situationen auftreten und wie *belastend* sie erlebt werden. Die Auswertung ergab zwei Situationsklassen, die in den meisten Berufen als vergleichsweise *häufig* und *hoch belastend* eingestuft wurden: Zum einen »im Umgang mit Menschen unter Zeitdruck stehen, Fristen einhalten müssen«. Zum anderen noch einmal fast das Gleiche: »für zuviele Personen gleichzeitig zuständig sein; Bildung von Warteschlangen«. Eine oder beide Klassen standen bei den meisten Berufen an der Spitze der Liste, lediglich bei Lehrern, Psychologen und Polizisten waren beide nicht unter den ersten zehn.

Fünf Dinge gleichzeitig

3.8 Die Bewältigung von Störungen

Mit Bedacht habe ich zur Illustration der Störungskategorien Zielvereitelung, Zielerschwerung, ausbleibende Belohnung und Nebenwirkungen wenig spektakuläre Alltagsbeispiele herangezogen, nicht lebensgeschichtliche Knickstellen, wie sie die *Life-Event*-Forschung untersucht. Denn dies sind häufige Ereignisse, die, wenn sie nicht zu häufig werden, in der Mehrzahl der Fälle äußerlich und/oder innerlich bewältigt werden, ohne bleibende Nachwirkungen zu hinterlassen. Freilich können auch an sich belanglose Störungen, wie Unterbrechungen

Bewältigung im Alltag

des Arbeitsablaufs (etwa ständige Telefonanrufe bei der Sekretärin, die gleichzeitig ein Manuskript tippen soll), ab einer gewissen Häufigkeit zur Belastung werden.

Vier Bewältigungs-Modi

Bevor wir uns im nächsten Abschnitt burnouttypischen Störungen und Verarbeitungsweisen zuwenden, wollen wir überlegen, wie denn Bewältigung »glücken« kann. Aronson et al. (1983, S. 181ff.) haben Lazarus' Unterscheidung von problem- vs. emotionsorientiertem Coping (▶ Abschn. 2.1.2), hier »direkt« vs. »indirekt« genannt, um eine zweite Dimension, »aktiv« vs. »inaktiv«, ergänzt. Eine recht ähnliche Dichotomie wie »direkt/indirekt« haben Weisz et al. (1984) mit den Begriffen »primäre« vs. »sekundäre Kontrolle« bezeichnet; Azuma (1984) hat für letztere eine Reihe japanischer Beispiele angeführt. Die so entstehenden vier Modi werden von Aronson et al. mit den Beispielen in ◘ Tab. 3.1 illustriert (deren Zuordnung mir nicht überall nachvollziehbar ist).

Werfen wir noch einen Blick auf die Geschichten zu den obigen Störungskategorien. Welche Coping-Strategien lassen sich dort erfolgversprechend an einsetzen?

Bewältigung von Zielvereitelungen

Die nächstliegende Lösung für unsere Gewerbetreibenden, deren Vorleistungen vom Kunden nicht honoriert wurden, besteht natürlich darin, künftig eine Vorauszahlung zu verlangen (direkt-aktiv). Wo das nicht geht, z. B. weil sonst die Konkurrenzfähigkeit leiden würde, wird wahrscheinlich am häufigsten eine indirekt-aktive Methode angewandt: »über den Stress sprechen«, d. h. »sich ausschimpfen«, »sich abreagieren«, damit man den Ärger anschließend vergessen kann. Dazu bedarf es lediglich mitfühlender Menschen, die bereit sind, »*Support*« zu gewähren.

»Distanziertes Engagement«

Langfristig am empfehlenswertesten, jedenfalls für den von Enttäuschung bedrohten Sozialberufler, scheint mir eine ebenfalls indirekt-aktive Selbstveränderung: die Entwicklung von »distanziertem Engagement« (»*Detached Concern*«; Maslach, 1982a, S. 147f.). Diese Einstellung behält genügend Engagement bei, um die Zielerreichung nicht durch Gleichgültigkeit zu gefährden, berücksichtigt aber stets und bewusst das unvermeidliche Element der Unkontrollierbarkeit: Zum Helfen, zum Heilen, zum Lehren gehören eben immer Zwei. (Der

◘ **Tab. 3.1** Vier Modi der Stressbewältigung

	Aktiv	Inaktiv
Direkt	Die stresshafte Situation verändern	Die stresshaften Elemente der Situation ignorieren
	Bestimmte Stressfaktoren beeinflussen	Die stresshaften Elemente der Situation vermeiden
	Eine positive Einstellung einnehmen	Die Situation verlassen
Indirekt	Über den Stress sprechen	Trinken
	Selbstveränderung	Krank werden
	Andere Tätigkeiten aufnehmen	Zusammenbrechen

Psychotherapeut J. Cleve hat diese Selbstveränderung aus eigener Erfahrung 1979 detailreich beschrieben.)

»Konstruktiver Fatalismus«

Wo immer die Faktoren, die über Erfolg oder Scheitern eines Projekts entscheiden, nicht voll in der Hand des Akteurs liegen, tut er gut daran, sich vor allzu verbissenem Engagement zu hüten und statt dessen der Sache eine spielerische Komponente zu verleihen. Angehörige gewerblicher Berufe entwickeln diese Art von »konstruktivem Fatalismus«, um es andersherum auszudrücken, wahrscheinlich ohnehin früh.

»Saure-Trauben-Reaktion«

Kinder und Jugendliche setzen gern die »Saure-Trauben-Reaktion« ein, also die nachträgliche Abwertung eines verfehlten Ziels. Eine Variante davon, die die Rückwirkung eines Fehlschlags auf das Selbstbewusstsein abfedern soll, ist die Umattribuierung auf mangelnde Motivation: »Hätte ich mich angestrengt, hätte ich es auch geschafft, aber ich wollte eigentlich gar nicht richtig.«

Bewältigung von Zielerschwerungen und ausbleibenden Belohnungen

Was Zielerschwerungen betrifft, so besteht die konstruktivste Strategie ebenfalls in einer Selbstveränderung, nämlich in Kompetenzerhöhung (»Schwierigkeiten sind dazu da, überwunden zu werden«). Wenn das Hindernis prinzipiell ausräumbar oder umgehbar ist, werden sich dafür Wege finden lassen, nötigenfalls mit fremder Hilfe. Flankierend mag eine direkt-aktive Einstellungsänderung hilfreich sein, die die Frustration zu einer Lernerfahrung umdefiniert. Beides wird auch zur Bewältigung ausgebliebener Belohnungen taugen. Wo die Belohnung in der Erstsituation auch bei größter Geschicklichkeit unerreichbar ist, mag es gut sein, wenigstens gegen Wiederholungen Vorsorge zu treffen. Der Autonomieverlust wird so von einem stabilen zu einem labilen (evtl. einmaligen), was ihm viel von seiner Wirkung nimmt.

Humor und Selbstbelohnung

Bei unserem Gemüsebeispiel, aber auch in allen anderen Fällen, kann ein wenig Humor entlasten, der das Komische an der Situation würdigt. Und zweifellos ist es von Vorteil, wenn man imstande ist, sich für entgangene Belohnungen selbst zu entschädigen.

Bewältigung negativer Nebenwirkungen

Schwieriger kann die Vermeidung negativer Nebenwirkungen sein, wenn (direkt-inaktiv) das Verlassen der Situation unmöglich ist oder zu kostspielig wäre. In Frage kommt eine Konfrontierung der Problempartner (direkt-aktiv), was über die Erhöhung des gegenseitigen Verständnisses den Konflikt entschärfen kann.

Rollendistanz

Wo der Konflikt in unabänderlichen Gegebenheiten vorgegeben oder, wie im Vorgesetztenbeispiel, in Rollen begründet liegt, die durch Verhandlungen schwer verändert werden können, mag man sich mit der distanzierenden Einsicht beruhigen: Nicht ich als Person bin gemeint, sondern der Rollenträger; jedem anderen würde es genauso gehen.

Bewusst entscheiden

Ratsam ist auf jeden Fall eine Bestandsaufnahme: Will ich mich jetzt, wo ich weiß, was passieren kann, umentscheiden oder werde ich das beim nächsten Mal genauso machen? Es kann subjektiv einen beträchtlichen Unterschied machen, ob man in einen Konflikt »hineinrutscht« oder ob man eine bewusste Entscheidung getroffen hat, für die man auch bereit ist, zähneknirschend vielleicht, die Verantwortung zu tragen.

Organisationsentwicklung

Wo das gehäufte Auftreten von Störungen in Organisationen in dysfunktionalen Spielregeln begründet liegt, sind selbstverständlich kollektive Anstrengungen zur Änderung dieser Umstände, etwa im Rahmen von Organisationsentwicklungsprozessen, vorzuziehen (► Abschn. 4.2).

- Pinchoff & Mirza (1982) beschreiben eine gründliche Umorganisation der Leitungsstruktur einer staatlichen Psychiatrieklinik in den USA; sie brachte ermutigende Anfangserfolge.
- Shinn et al. (1984) und Armstrong (1979) halten für soziale Dienste kollektives Coping sogar für das einzig wirksame (vgl. auch Ganster et al., 1982).

Solidarität

Weniger anspruchsvoll und auch häufiger anzutreffen ist gegenseitiger Beistand, *Support*, entweder informell oder auch formalisierter in irgendeiner Art von Selbsthilfegruppe, Arbeitskreis, oder gewerkschaftlicher Betriebsgruppe (z. B. Spicuzza & de Voe, 1982).

»Einfach Abschalten«

Und schließlich gibt es die universell brauchbare Methode »Abschalten, Ablenken und die Aufmerksamkeit auf Erfreuliches lenken«. Nicht weniger als 64% der Befragten in der Studie von Shinn et al. (1984) setzten diese Methode ein; sie war damit die populärste.

»Es gibt Schlimmeres«

Zumindest bei beruflichen Problemen scheint das allerdings auch nicht unbedingt zu helfen. In einer Längsschnittstudie an einer großen Stichprobe fanden Menaghan & Merves (1984) kaum Auswirkungen der vier untersuchten Coping-Strategien, weder auf die aktuelle, noch auf die subjektive Belastung (*Distress*) 4 Jahre später; erst recht nicht auf das Ausmaß wahrgenommener beruflicher Probleme. Lediglich eine Strategie, die mit Gedanken wie »Mir ging es schon viel schlechter« oder »Andere haben es viel schwerer als ich« charakterisiert wird, minderte gegenwärtige wie spätere Belastung etwas. Resignierte Erwartungsabsenkung (eine Art Anreizlöschung also) stand sogar mit verschlechtertem Befinden in Zusammenhang. Weder direkt-aktives Angehen der Probleme noch die drei emotionsorientierten Coping-Strategien vermochten die Problemlage zu verändern. Freilich, dies alles sind korrelative Befunde.

Kleine Fluchten

Wegen möglicher langfristiger Nebenwirkungen nur bedingt empfehlenswert, psychohygienisch aber nicht von vornherein zu verachten, sind die »Absetzbewegungen«, die Dörner (1982) beschrieben hat. Ursprünglich an Versuchspersonen beobachtet, die mit der Kontrolle komplexer Simulationsmodelle scheiterten, lassen sich Versuche zu »horizontaler« oder »vertikaler« Flucht tatsächlich auch im Alltag, speziell im wissenschaftlichen, vermuten – etwa in der Verlagerung der Konzentration auf und »Einkapselung« in irrelevante Details (weil die Dinge dort so gut zu erhellen sind), während das eigentliche Hauptproblem (weil zu undurchsichtig) rasch aus dem Blickfeld gerät; die Sucht des Computerhackers nach Potenzbestätigung in der Handhabung der Maschine; der Rückzug von der Praxisfront in die kühlen, klaren Gefilde der Theorie.

Zum Ziel führt mehr als ein Weg

Schließlich sei noch erwähnt, dass die meisten Menschen stets mehrere Coping-Strategien anwenden. In fast allen der von Folkman & Lazarus (1980) retrospektiv analysierten Stress-Situationen fand sowohl emotions- als auch problemorientiertes Coping statt, wobei letzteres in prinzipiell kontrollierbaren Situationen häufiger war. McCrae (1984) fand ebenfalls Unterschiede in der Häufigkeit der meisten von 28 Strategien, je nachdem, ob die Situation als Verlust, Bedrohung oder Herausforderung definiert war.

Selbstaufmerksamkeit schützt

Die obige, selbstverständlich unvollständige Aufzählung sollte lediglich flüchtige Hinweise darauf liefern, dass die für Burnout charakteristische Eskalation in gestörten Handlungsepisoden nicht *notwendig* auftreten muss. Solange die individuelle Bewältigungskapazität nicht voll ausgeschöpft wird, mag aus Störungserfahrungen sogar »Wachstum« im Sinne gesteigerter Handlungs- oder Coping-Kompetenz resultieren (Karasek et al., 1982a). Eine, vielleicht die entscheidende, Bedingung dafür ist ein hohes Maß an Selbstaufmerksamkeit, an bewusstem Umgang mit sich selbst und Situationen. Selye (1976, S. 33) schreibt:

> »Nur durch planmäßige Selbstanalyse können wir erfahren, was wir wirklich wollen; allzuviele Menschen leiden lebenslänglich, weil sie zu konservativ sind, eine radikale Veränderung, einen Bruch mit Traditionen zu riskieren.«

Im selben Sinne Lauderdale (1982, S 19):

> »Burnout wird am wahrscheinlichsten, wenn unsere Reaktionen gewohnheitsmäßig werden – wenn wir handeln oder stillhalten, ohne nachzudenken.«

»Handeln, ohne nachzudenken«

Die Gefahr liegt in blindem, reflexartigem Agieren. Und hier mag eine wichtige Umweltbedingung ihren Ansatzpunkt finden: Das Erlebnis von Autonomieverlust in gestörten Handlungsepisoden darf nicht so häufig auftreten, dass für Ruhepausen und bewusste Verarbeitung keine Zeit mehr bleibt. Andernfalls kann sich ein Fatalismus noch höherer Ordnung einstellen: Wer stets schon aufs Neue retten muss, was zu retten ist, bevor er die vorhergehende Frustration einigermaßen verdaut hat, gibt irgendwann sogar den Versuch zu einer solchen Bewältigung auf. Hier liegt dann der Griff zu indirekt-inaktiven Methoden – z. B. Betäubung in Alkohol – nahe, welche ihrerseits binnen kurzem ihre eigenen, schwer reversiblen Folgeprobleme erzeugen können.

Wenn's Schlag auf Schlag kommt

3.9 Kritische Handlungsepisoden

Auf die Gefahr hin, durch verfrühte Differenzierungen das vorgeschlagene Burnout-Modell unübersichtlich zu machen, will ich im Anschluss an das soeben Gesagte auf eine weitere Übervereinfachung hinweisen: Zwischen ungestörten und gestörten Handlungsepisoden gibt es Übergänge. Eine subjektiv unterscheidbare Zwischenkategorie will ich in Anlehnung an Edens (1982) *Critical Job Event* »Kritische Handlungsepisode« nennen. Sie ist durch Zielerreichung und Belohnung ohne unvorhersehbare Mehranstrengungen gekennzeichnet und insofern »ungestört«. Was sie von der idealtypischen »Routine«-Episode unterscheidet, ist, dass dieser positive Ausgang zum Zeitpunkt der Handlungsplanung höchst ungewiss erschien, sei es, weil das Zielniveau den Handelnden überforderte, sei es, weil sein Handlungsspielraum (Karasek, 1979) stark eingeengt war. Es handelt sich also um zeitlich begrenzte Situationen, die der Akteur als »Bedrohung« bzw. »Herausforderung« im Sinne Lazarus‘ wahrnimmt: Es ist »noch einmal gutgegangen«.

»Grad noch mal gutgegangen«

Derartige Situationen sind normaler Bestandteil vieler anspruchsvoller Berufsbilder. Die Notoperation des Chirurgen, der Einsatz der Polizeistreife, der

Belastungsspitzen

Auftritt des Musikers, der Absprung des Skispringers, die Landung des Piloten, die Vorlesung des Dozenten, die Prüfung des Studenten sind einschlägige Beispiele für das, was ich (► Abschn. 3.3) »Stress erster Ordnung« genannt habe. Da wir die Episode als zeitlich begrenzt und letztlich erfolgreich unterstellt haben (andernfalls fiele sie in eine der obigen Störungskategorien), sollte auf die Alarmreaktion eine Phase der Erholung und Rückkehr zum Ausgangszustand folgen, schließlich vielleicht sogar ein Kompetenzzuwachs. Allerdings vertritt Selye die Ansicht, dass Stresseffekte kumulativ wirken, sozusagen Narben hinterlassen (vgl. Fleming et al., 1984, S. 940).

Burnout ohne Fehlschläge

Obwohl also die Bedingungen der gestörten Handlungsepisode, die ich als notwendige Voraussetzung für Burnout postuliere, zunächst nicht gegeben sind, können auch kritische Handlungsepisoden für Burnout verantwortlich sein – und sind das wohl auch in einem gewissen Prozentsatz der Fälle.

Ich vermute, dass hierfür eine oder mehrere der folgenden Zusatzbedingungen erfüllt sein müssen:

Bewährungsproben ohne Pausen

- Kritische Handlungsepisoden folgen zeitlich so dicht aufeinander, dass die Erholungsphase noch nicht abgeschlossen, das Ausgangsniveau der Coping-Kapazität noch nicht wieder erreicht ist, woraus ein aversiver Dauerstress resultiert,

Verantwortlich, doch machtlos

- Zur Zielerreichung kann der Akteur nur einen schmalen Entscheidungs- und Handlungsspielraum nutzen.

Beinahe-Katastrophen

- Die Episode, deren Wiederholung nicht auszuschließen ist, hinterlässt ein emotionales Trauma von phobischer Qualität, z. B. weil ein subjektiv schwerwiegender Misserfolg so knapp verfehlt wurde, dass das Selbstvertrauen nachhaltig oder gar irreversibel erschüttert wird,

Wenn der Boden wankt

Die erste Bedingung kann gegeben sein z. B. bei Restaurant-Köchen und Bedienungspersonal (Whyte, 1948), Ärzten (Bates, 1982), Krankenschwestern und Rettungsmannschaften (Maslach, 1982a, S. 37); die zweite Bedingung ist beschrieben worden für Orchestermusiker (Schmale, 1983, S. 179) und Polizisten (Ellison & Genz, 1978, S. 4) – MacBride (1983) spricht hier von »Verantwortung ohne Autorität« –; die dritte für Fluglotsen (Mohler, 1983), speziell solche, die an ihrem Monitor einer Beinahe-Kollision beiwohnen mussten (Alexander, 1980).

Schwere Erschütterungen der letztgenannten Art können zu etwas führen, was inzwischen als *Posttraumatische Belastungsstörung* intensiv beforscht wird (Überblick s. McNally, 2003). Vermutlich sind die Grenzen zu Burnout nicht allzu randscharf.

Hilflosigkeit zweiter Ordnung

Was unter diesen Bedingungen zu Burnout führt, dürfte ebenfalls die Hilflosigkeit (Stress zweiter Ordnung) sein, die aus dem Aversions-Aversions-Konflikt zwischen Meidungsmotiv und schwerwiegenden Konsequenzen tatsächlicher Meidung resultiert. Gebert (1979a, S. 24) formuliert dieselbe Vermutung so:

»Depresssiv-resignative Distanzierung«

> »Kann sich eine Person weder durch Angriff (Veränderung der Arbeitssituation) noch durch Flucht (z. B. Kündigung) der gegenwärtigen, als aversiv erlebten Situation entziehen, sind ihr also beide Auswege verschlossen, so müsste dies – zumindest für die Dauer der Wahrnehmung

> der Situation als kaum veränderlich – deutliche Konsequenzen für den Grad depressiv-resignativer Distanzierung haben.«

In seiner Untersuchung erbrachte eine Varianzanalyse tatsächlich hochsignifikante Effekte beider Faktoren, Chancen für Veränderungen wie für Flucht, auf die Gestimmtheit. Allerdings waren alle Variablen durch Selbsteinschätzung in Fragebögen (380 Münchner Berufstätige) operationalisiert worden.

Unvorhersehbares ist schlimmer

Unter sonst gleichen Bedingungen sind wahrscheinlich Arbeitstätigkeiten mit unvorhersehbaren kritischen Handlungsepisoden (»Bereitschaftsdienst«) gefährdender als solche mit zyklischen Belastungsspitzen (»*Rush Hour*« oder »Saisonspitze«); vgl. Eden (1982, S. 326f.), Ellison & Genz (1978, S. 3) und Gebert (1979b).

Ohnmächtig unter Zeitdruck

Analoges vermute ich für Berufe mit geringen qualitativen, aber hohen quantitativen Anforderungen (»Zeitdruck«), die zudem unter detaillierten und rigiden Vorschriften, also mit geringem Entscheidungsspielraum, ausgeübt werden. Das Ziel jeder Elementarhandlung mag hier sicher erreichbar sein, es herrscht aber ständige Angst, nicht schnell genug zu arbeiten. Karasek (1979, S. 303) nennt die Beispiele Fließbandarbeiter, Näherin, Schwesternhelferin und Telefonistin. Er hat in großen amerikanischen und schwedischen Stichproben Belege dafür gefunden, dass die Kombination von ungenügendem Entscheidungsspielraum und Arbeit unter hohem Zeitdruck (sowohl subjektiv als auch »objektiv« von Experten eingeschätzt) besonders starke subjektive Belastung (Erschöpfung und Depression) hervorruft (s. jedoch Payne, 1979; Payne & Fletcher, 1983).

Hin- und hergerissen

Was macht Zeitdruck so belastend? Hier lassen sich sicherlich mehrere Antworten anführen, doch das quälende Gefühl, in einem Konflikt hin- und hergerissen zu werden und die Angst vor Qualitätseinbußen bei einer Arbeit, die man gut machen möchte, dürften die wichtigsten Belastungsfaktoren sein (vgl. die oben erwähnte Arbeit von Lieberei, 1991). Es meldet sich der quälende Anspruch, alles optimal schaffen zu wollen oder müssen, die Aufmerksamkeitsspaltung auf unterschiedliche Anforderungen und die Befürchtung, um den Erfolg gebracht zu werden, bei dem Versuch, alle Aspekte zu berücksichtigen und allen Interessen gerecht zu werden. Eine komplexe Struktur von Anforderungen und häufige Unterbrechungen zielgerichteter Handlungen (permanent klingelndes Telefon bei der Sekretärin unter Hochdruck!) führen rasch zu einem Gefühl der Überforderung. Auf dieser Ebene gestörter Handlungsepisoden entstehen nicht selten Teufelskreise, die den Betroffenen dann in ihrem Ablauf nicht mehr transparent sind.

Zeitdruck kann aber auch schlicht den »Spaß an der Freud'« verderben. Wer das Glück hat, sein Hobby zu seinem Beruf gemacht zu haben - sagen wir Schreiben, Gärtnern, Kochen oder Tischlern -, auch dem wird die Arbeitsfreude früher oder später vergehen, wenn für diese Freude wegen Hektik keine Zeit mehr bleibt. Umso schneller, wenn Ermüdung eigentlich Pausen verlangen würde, für diese aber erst recht keine Zeit da ist.

Ich vermute, dass nach langdauernder Arbeit unter solchen Bedingungen oft auch die übrigen Symptome des Burnout-Syndroms zu finden wären, wenn man danach suchen würde; Boyadijan (1980) hat sie bei der Arbeit in einer französischen Spinnerei am eigenen Leib erfahren.

Wenn der Ausweg verbaut ist

Auch hier sehe ich Burnout bedingt durch Stress zweiter Ordnung, d. h. Hilflosigkeit beim Verändern, Meiden oder Verlassen der Situation. Wo immer dieses defensive Ziel blockiert ist, der Mensch also subjektiv in der Falle sitzt, ist mit Burnout zu rechnen.

3.10 Die Handlungsepisode des Ausbrenners

Am Anfang steht immer ein Scheitern

In den vorangehenden Abschnitten (▶ Abschn. 3.8–3.9) habe ich versucht, vier Möglichkeiten für Autonomieverlust in gestörten Handlungsepisoden herauszuarbeiten – und ebenfalls Möglichkeiten, solche Erfahrungen konstruktiv zu bewältigen. Am Anfang eines Burnout-Prozesses dagegen, soviel scheint mir sicher, muss mindestens eine gestörte Handlungsepisode stehen, die nicht oder nicht ausreichend bewältigt wurde. Was ist nun das Kriterium für nicht ausreichende Bewältigung, oder: Wieviele solcher Burnout-Episoden müssen durchlaufen werden, bevor Burnout in Gang kommt?

3.10.1 Anfänge des Burnout-Prozesses

Unerforschte Frühphase

Unglücklicherweise wissen wir über die ersten Stadien viel weniger als über das Bild, das sich bietet, sobald ein Ausbrenner sich selbst oder anderen auffällig geworden ist. Bis jemand etwa kräftig erhöhte Scores im MBI oder TM aufweist, müssen in der Regel wohl mindestens einige Wochen vergangen sein, in denen mehr als eine Handvoll Burnout-Episoden abgelaufen sind.

Die Vagheit der obigen Formulierungen genügt wissenschaftlichen Ansprüchen offensichtlich nicht. Ich habe aber aufgrund der beschränkten Zahl von Fällen, bei denen ich über einigermaßen zuverlässige Informationen verfüge, den Eindruck, dass sich das Einsetzen eines Burnout-Prozesses retrospektiv oft ziemlich genau datieren lässt.

Geänderte Lebensbedingungen

Meist stand am Anfang eine Zäsur im Leben (meist *Berufs*leben), typischerweise ein Stellungs- oder ein Positionswechsel durch Beförderung, oder eine erstmals ausgebliebene Beförderung, vielleicht auch ein Wechsel des Vorgesetzten, was subjektiv eine Änderung der Lebensbedingungen mit sich brachte. Die für viele einschneidendste Zäsur – oder doch jedenfalls die unvermeidlichste – ist der Eintritt ins Berufsleben, den darum auch Cherniss (1980a) als Startpunkt seiner Längsschnittstudie gewählt hat.

Auf einmal klappt nichts mehr

Für Menschen, die wir später als Ausbrenner ansehen werden, verringert sich an dieser Stelle die Person-Umwelt-Passung (▶ Abschn. 2.1.5) mehr oder weniger drastisch. Auf einmal ereignen sich unbewältigte oder fehlbewältigte Autonomieeinbußen in solch rascher Folge, dass bewusstes Coping mehr oder weniger unmöglich wird. In einer solchen Eskalation von Frustration und immer weiter reduzierter Bewältigungskapazität ist meist eine erste Schwelle überschritten, sobald ungelöste berufliche Probleme mit in die Freizeit genommen werden und dort die dringend notwendige Regeneration beeinträchtigen. Schwartz & Will (1953/1961) haben einen in fünf Wochen sehr rasch verlaufenden Burnout-Prozess einschließlich Intervention und Remission ausführlich beschrieben, den ich unten wiedergeben werde (▶ Abschn. 3.11).

Schleichende Anfänge

Seltener fand ich unter meinen Fällen schleichend einsetzende, langsam verlaufende Prozesse, die »aus dem Nichts« entstanden. Die unerreichbaren Ziele bzw. Belohnungen müssen hier wohl ganz zentral und unverzichtbar für das Individuum sein, oder es wird in unmerklichen Schritten schwerer, sie zu erreichen. Vielleicht werden sie auch erst durch die Frustration so kostbar. Möglicherweise finden hier gestörte Handlungsepisoden viel seltener (und schwerer von außen beobachtbar) statt, entfalten ihre lähmende Wirkung aber dadurch, dass sie im Bewusstsein ständig wiederholt werden, ohne dass dieses Grübeln zu konstruktiven Lösungen führte.

Ein Beispiel

Ein solches Fallbeispiel möchte ich hier anführen. Es ist wenig dramatisch, demonstriert aber, dass schon die bloße Erwartung einer Zielerschwerung Anreize hinreichend mit Konfliktstoff ausstatten kann, um einen spürbaren Überdruss mit Generalisierung auf andere Bereiche und verminderter Problemlösekompetenz zu erzeugen.

Lähmende Lustlosigkeit

Ein überdurchschnittlich erfolgreicher angestellter Ingenieur Anfang Vierzig klagt über steigende Lustlosigkeit bei der Arbeit, die mit einer gewissen inneren Angespanntheit einhergeht. Im Laufe eines längeren Gesprächs, in dem ich zunächst die Vermutung »Bergbesteigung gelungen – neue Horizonte nicht in Sicht« verfolge, stellt sich heraus, dass der Gipfelsturm im Gegenteil noch gar nicht begonnen hat. Der Ingenieur möchte eine Patentschrift verfassen, die seine langjährige Entwicklungsarbeit abschließen und krönen soll. Unter günstigen Umständen würde er dafür einige Monate veranschlagen. Nun ist er aber in seiner Firma formeller und informeller Ansprechpartner vieler Kollegen; zu Hause teilt er sich mit seiner berufstätigen Frau die Versorgung zweier Kleinkinder; überdies pflegen ständig Nachbarn oder Freunde auf einen Schwatz hereinzuschneien. Es fehlt ihm schlicht an zusammenhängenden Stunden, in denen er sich auf die Aufgabe konzentrieren könnte. So wie die Dinge liegen, schätzt er das Projekt auf zwei Jahre – und unter diesen Umständen hat er überhaupt keine Lust mehr anzufangen, ist freilich auch nicht fähig, es fallenzulassen.

Fehlschläge außen oder innen

Als Arbeitshypothesen möchte ich formulieren: Ausbrenner

- erleben subjektiv häufiger und/oder nachhaltiger gestörte Handlungsepisoden als Menschen, denen das Burnout erspart bleibt,
- scheitern häufiger bei der konstruktiven Bewältigung.

Der Forschungsstand erlaubt einstweilen keine Aussagen darüber, welcher der beiden Umstände – Erlebnisse oder gescheiterte Erlebnisverarbeitung – der ausschlaggebendere ist.

3.10.2 Die Handlungsepisode bei fortgeschrittenem Burnout

Noch einmal Reise, kräftig erschwert

In den folgenden Abschnitten werde ich zu der anfangs eingeführten Handlungsepisode zurückkehren und an jeder Station der Reise mehr oder weniger kursorisch die Erschwernisse skizzieren, die durch das mehrmalige Durchlaufen qualitativ ähnlicher gestörter Episoden eintreten können. Qualitativ ähnlich insofern, als noch immer dasselbe Grundmotiv befriedigt werden soll, wenn auch die konkreten Ziele wechseln können. Im weiteren Verlauf kann es dann Generalisierungen auf ganz anders geartete Episoden geben, etwa wenn aus gestörten Interaktionen einer Krankenschwester mit einem Patienten später Probleme mit anderen, zuletzt auch mit Kollegen, resultieren oder umgekehrt.

Der Darstellung stellt sich das Problem, ein Flussdiagramm mit Vernetzungen zwischen allen Punkten in der Linearität eines geschriebenen Textes abzubilden. Analog wäre etwa die Aufgabe, einen Stadtplan mitsamt darauf rollendem Autoverkehr in ein fortlaufendes Protokoll zu übersetzen. Wäre dies schon bei einem einzelnen Burnout-Fall ein kaum zu bewältigendes Unterfangen, so zwingt die Vielfalt möglicher Prozesse zu unpräzisen Formulierungen. Das Leben »aus dem Griff verlieren« – das kann sehr unterschiedlich aussehen.

Am Ende dieses neuerlichen Rundgangs durch das Episodenschema werde ich auch auf Coping-Stile eingehen, die geeignet sind, den Burnout-Prozess in Gang zu halten oder zu beschleunigen. Vorausgeschickt sei, dass wie nahezu alles hier Gesagte allenfalls Plausibilität, nicht empirische Fundiertheit beanspruchen darf, die Trennung von disponierenden Persönlichkeitsmerkmalen und durch Erfahrung veränderten Strukturen kaum jemals eindeutig möglich ist; Ursachen und Folgen sind meist nicht klar auseinanderzuhalten.

Riskante Motive

Motiv-Profil. Wie im ► Abschn. 3.12 darzustellen sein wird, spricht manches dafür, bei Ausbrennern bestimmte beschreibbare Motivarten gehäuft zu vermuten, z. B. das Motiv, zu helfen und sich in der Hilfe für andere stark und potent zu fühlen. Die »vorzeigbaren« Teile derartiger Motive werden dann oft auch in das Weltmodell als hochrangige Werte aufgenommen, ihre Gegenpole (im Beispiel: Egoismus) vehement verurteilt.

Erst Verbissenheit, dann Zweifel

Wird ein solches angeregtes Motiv im Verlaufe gestörter Handlungsepisoden mehrmals frustriert, dann ist im Sinne der Reaktanzphase zunächst mit Motivverstärkung zu rechnen. Ebenso wie der »leidenschaftliche« Kreuzworträtsellöser nicht ruht, bis das letzte Kästchen gefüllt ist, der »süchtige« Computerbesitzer die Nächte durchwacht, bis die Maschine beherrscht ist, mag der idealistische Junglehrer (insbesondere in der Sonderpädagogik) große Teile seiner Freizeit daran setzen, die richtige Ansprache, das wirksame pädagogische Programm für das Problemkind in seiner Klasse zu finden. Anders als in den beiden ersten Fällen, die spielerischer und mit der Gewissheit versehen sind, prinzipiell lösbar zu sein, mischen sich aber in die Überlegungen des Lehrers nach einer Weile erste Zweifel, ob das Kind »überhaupt« ansprechbar – bzw. *von ihm* überhaupt ansprechbar – sein wird (»*Outcome*« vs. »*Efficacy Expectation*« im Sinne Banduras, 1977).

Wehrlos gegen Zumutungen

Ähnliche Konstellationen sind fester Bestandteil vieler Dienstleistungsberufe – die Stewardess ist dafür schon einmal als Beispiel herangezogen worden –, deren Kontakt zu ihren Klienten oder Kunden durch ein hohes Maß an sozialer Asymmetrie gekennzeichnet ist. Diese Asymmetrie kann durch ungleiche wirtschaftliche Machtverhältnisse, sozusagen von außen, diktiert sein (wie bei der Kellnerin und dem unverschämten Gast, der Sekretärin und dem unberechenbaren Chef, dem Orchestermusiker und dem autokratischen Stardirigenten) oder auch durch eine eigene Rollendefinition (wie bei der »modern erziehenden« Mutter und dem rücksichtslosen Kind, dem »aufgeschlossenen« Sozialarbeiter in der Alkoholikerfürsorge, der »hingebungsvollen« Altenpflegerin und der nie zufriedenen Oma). Ihre Hilflosigkeit stammt aus dem Konflikt zwischen dem Impuls, sich gegen Zumutungen spontan zur Wehr zu setzen und der Angst, auf diese Weise den Kontakt zum jeweiligen Partner zu verlieren und mit der beruflichen Aufgabe zu scheitern. Ist schon dafür viel »Gefühlsarbeit« vonnöten, so wird die Sache besonders belastend, wenn selbst von dieser Arbeit nichts an die Oberfläche dringen darf (► Abschn. 2.1.4).

Schließlich nur noch Widerwille

Beginnt der ursprünglich ungebrochene Optimismus allmählich zu welken, so taucht alsbald das Motiv auf, sich der nächsten Enttäuschung nicht auch noch auszusetzen, die nächste Frustration zu meiden. Schon der Impuls zur Meidung kann, wo er ins Bewusstsein dringt, zusätzlich beträchtliche Schuldgefühle hervorrufen. Das Meidungsmotiv kann auch recht schnell und offenbar unbewusst generalisieren: Auf einmal geht man z. B. generell ungern in jene Klasse, generell ungern zur Arbeit. Ich habe in Lehrergruppen Fälle erlebt, wo eine allgemeine Schulunlust durch beharrliches Nachfragen auf ganze zwei oder drei Schüler zurückgeführt werden konnte, mit denen man »überhaupt nicht zurechtkam«.

Eskalierende innere Konflikte

Wo zum ursprünglichen Appetenzmotiv ein Meidungsmotiv hinzutritt, besteht bereits ein Appetenz-Aversions-Konflikt, der im selben Maße wie die Hoffnung auf schließlich doch noch eintretenden Erfolg der Hoffnungslosigkeit weicht, zum Aversions-Aversions-Konflikt eskaliert: Was ist schlimmer – zur Arbeit gehen oder den Dienst quittieren? Welche lähmenden Auswirkungen ein solcher Grundkonflikt an allen folgenden Stationen einer Handlungsepisode haben kann, lässt sich leicht ausmalen. Wir haben hier die Situation, die nach Stokols (1975) »Entfremdung« ausmacht. Gerade bei Personen, die im möglichst häufigen Durchlaufen erfolgreicher Handlungsepisoden ihren Lebenssinn erblicken, tritt nun auch ein Sinnverlust, ein Gefühl der Vergeblichkeit ein, wie es die Antike im Bild des Sisyphus verewigt hat (► Abschn. 1.4.11).

In der Anreizfalle

Wie es sich in einer solchen »Anreizfalle« fühlt, mag ein Fallbeispiel illustrieren, das Aronson et al. (1983, S. 88f.) schildern. Ein mittlerer Angestellter wird nach 13-jähriger Beschäftigung an einen anderen Arbeitsplatz zwangsversetzt. In den folgenden 3 Jahren erlebt er sein Burnout nahezu bis zum bitteren Ende. Er wird folgendermaßen zitiert:

»Ich wollte um jeden Preis entkommen«

> »Ich wollte um jeden Preis entkommen, aber ich fand keinen Ausweg. Ich habe eine große Familie zu erhalten, also konnte ich nicht einfach weggehen. Ich wusste, dass ich in dem Pensionssystem, für das ich jahrelang gezahlt hatte, zu tief drinsteckte – Kündigung hätte den Verlust eines Teils meiner Altersversorgung bedeutet. Je mehr ich mich unter Druck fühlte, desto mehr Fehler machte ich, und je mehr Fehler ich machte, umso größer wurde der Druck. Schließlich war ich nicht mehr imstande, Entscheidungen zu treffen oder Prioritäten zu setzen. Ich stand unter so großem Stress, dass ich nirgends mehr Trost finden konnte und mich nie mehr wohl fühlte. Das Gefühl, nichts mehr wert zu sein, zerstörte alles. Ich war nicht in der Verfassung, ein liebender Ehemann und Vater zu sein. Ich war so verzweifelt, dass ich ernsthaft an Selbstmord dachte. Manchmal dachte ich sogar an Mord. Man weiß, dass so ungeheuer großer Druck einmal irgendwo durchbrechen muss.«

Die Intensität ist dahin

Ob nun der Käfig golden ist, weil einen die bereits avisierte betriebliche Altersversorgung hält, oder eisern, weil auf einem leeren Stellenmarkt Wechsel oder gar Umschulung zu riskant wären (Kleiber & Enzmann, 1986) – die Folgen sind ähnlich. Die früher gewohnte »Intensität« ist dahin. Das Motivprofil ebnet sich ein und besteht fast nur noch aus Meidungsmotiven; die Appetenzmotive verlagern sich im günstigsten Fall auf den Freizeitbereich.

Drogen und Sinnverlust

Mögliche weitere Konsequenzen beschreibt Klinger (1998, S. 45) folgendermaßen:

> »Wenn die Zielbestrebungen eines Individuums hauptsächlich aversiv sind, dann wird der vorherrschende Bewusstseinszustand von negativen Affekten geprägt sein, und die Nettowirkung wird generalisierter Stress mit wenig Erleichterung sein. Dieser Zustand ist höchstwahrscheinlich durch Sorgen und andere Anzeichen von Angst gekennzeichnet, und bei manchen Individuen wird er zu körperlicher Krankheit führen. Menschen ohne ausreichende Hoffnung, einen solchen Zustand beenden zu können, sind vermutlich Risikokandidaten für angstlösende und andere Drogen, z. B. Kokain und Opiate, und in manchen Fällen für Gewalttätigkeit (Klinger, 1977). Wahrscheinlich neigen sie auch zu Selbstprüfungen der Art, die den Sinn des eigenen Lebens in Frage stellt.«

Inszenierung der Meidungsmotive

Motivanregung. Ist zu vermuten, dass jedenfalls der »engagierte« Typ des Ausbrenners anfangs stark von Situationen angezogen wurde, die zur Motivanregung taugten – man kennt die Geschicklichkeit mancher »Helfer«, stets »Hilfsbedürftige« ausfindig zu machen, aber auch die Neigung »mit ihrem Beruf Verheirateter«, nur mit Kollegen zusammenzuhocken – ist ebenso plausibel, dass er Situationen zu anregenden umzugestalten wusste, wie der Lehrer, der selbst im privaten Kreis unausweichlich das Gespräch auf »seine« Klasse, der Arzt, der es auf »seine« Patienten, der Werbemann, der es auf »seine« Kampagne zu lenken weiß – so werden mit dem Aufkeimen von Meidungstendenzen auch diese Rückkopplungsschleifen seltener durchlaufen. Oder aber es wird gerade die Anregung der Meidungsmotive inszeniert: Der Professor, der bei jeder unpassenden Gelegenheit die Verderbtheit der je gegenwärtigen Studentengeneration geißelt, der Pfarrer, der auf Schritt und Tritt über seine schlaffe Gemeinde beredte Klage führt, die Serviererinnen, die tuschelnd über ihre Gäste herziehen – sie alle spielen ein Spiel, das die Transaktionsanalyse (z. B. Berne, 1964) unter dem Namen »*Isn't it awful*« (»Ist es nicht schrecklich«) kennt. Sie pflegen ihre Verwundungen, indem sie sich über diejenigen erheben, die sie verletzt haben. Sie rechtfertigen so ihren persönlichen Anteil am Misslingen ihrer Handlungsepisoden und sorgen gleichzeitig dafür, dass er nicht sinkt.

»Bloß keine Begeisterung aufkommen lassen«

Möglicherweise noch schlimmer ist dran, wer nicht einmal dieses Entlastungsventil nutzt und sich still zurückzieht. Er hat nichts mehr zu erzählen, winkt ab, wenn das Gespräch auf seine Arbeit kommt, geht Fachzeitschriften und Tagungen aus dem Wege, und sichert so selbst, dass die Motivanregung unterbleibt. Schlimm, wenn der Beruf sein einziges starkes Interesse war, wenn er neue nicht auszubilden vermag und nun allmählich feststellen muss, dass man ihn einfach langweilig findet.

Gefährliches Wunschdenken

Handlungsplanung. Wie ich noch ausführen werde, vermute ich bei zum Burnout Prädisponierten gewisse, eine realistische Handlungsplanung behindernde Anomalien des Weltbildes: Eine Neigung

- zu hochgesteckten Zielen (bescheidenere haben zu wenig Anreizwert),
- zur Unterschätzung von Aufwand und Zeitbedarf,
- zum Übersehen von Nebenwirkungen,
- zur Überschätzung von Erfolgsaussichten (»Wunschdenken«).

In manchen Berufen mögen solche Tendenzen durch kollektive Wunsch- und Trugbilder verursacht oder zumindest genährt werden. Warnungen vor illusionären Erfolgsphantasien finden sich in der Burnout-Literatur häufiger (z. B. Lamb, 1979, für Rehabilitationsberufe).

Hohe Erwartungen, verdrängt

Für manche Helfer mag auch die Tatsache der Belohnungserwartung aus dem Bewusstsein verdrängt, die Höhe dieser Erwartung aber immens sein. Weiter vermute ich eine Rigidität bei der Setzung von Anspruchsniveaus: Eine Korrektur nach unten wäre die Kapitulation, das Aufgeben eines – wahrscheinlich nie bewusst formulierten – Lebensplans.

Die obige Skizze nennt Dispositionen, die sicher nicht notwendig für die Entwicklung eines Burnout-Prozesses sind. Auch weniger Gefährdete kennen die trotzige Reaktanzphase, die nach etlichen Fehlschlägen den Erfolg im ursprünglich erhofften Umfang immer noch erzwingen will, mittlerweile »koste es, was es wolle« (▶ Abschn. 2.2).

Sinkende Rationalität

Darunter leidet eine rationale Handlungsplanung, die ja in vielen Fällen sogar zu dem Ergebnis führen müsste, das Ziel – wenigstens einstweilen – aufzugeben. Dörner et al. (1983) beschreiben die Senkung der »epistemischen Kompetenz« (bekannte Aufgaben zu erledigen) unter negativen Emotionen.

Im Teufelskreis von Kopflosigkeit und Misslingen

Selbstverständlich muss die Häufung von gestörten Handlungsepisoden nicht auf Kompetenzabfall zurückgehen; es kann sich auch um »Zufall« oder um ein generell oder aktuell tatsächlich unerreichbares Ziel handeln. Die Gefahr des Teufelskreises von »Kopflosigkeit« und Misslingen liegt aber auf der Hand. Planung kostet eben Zeit (vgl. die Untersuchung von Battmann, 1984). Typischerweise kann man sich ja im Berufsalltag nicht beliebig lange mit einem widerspenstigen Problem herumschlagen, und die Handlungsplanung wird unter Zeitdruck notwendig oberflächlicher.

Künzel & Schulte (1986, S. 317) schließen aus einer Befragung von 55 klinischen Psychologen zu Beginn ihrer Tätigkeit:

»Überforderung und emotionale Probleme«

> »Die Belastungen bei Berufseintritt sind nach den vorliegenden Ergebnissen nicht primär Folge berufsspezifischer Tätigkeitsaspekte, wie etwa das Anwenden diagnostischer und therapeutischer Methoden, sondern Folge von Tätigkeitsaspekten, bei denen es zu Überforderungen kommt und bei denen emotionale Probleme auftreten. Das entspricht der Theorie von Schönpflug und Schulz: Stress resultiert aus dem Bemühen, trotz mangelnder Erfolge mit der Tätigkeit fortzufahren. Die Misserfolge sind einerseits Resultat mangelnder Vorbereitung und Überforderung, andererseits Folge ablenkender emotionaler Probleme.«

Self-Fulfilling Prophecies

Eine zweite Art von Teufelskreis ist charakteristisch für das Burnout-Stadium nach der Reaktanzphase. Nach einigen frustrierenden Erfahrungen schützt sich das Individuum durch Enttäuschungsprophylaxe (»bestimmt geht's wieder schief«), verringert seinen Einsatz und verfehlt gerade darum ein erreichbares

3

Ziel im Sinne einer *Self-Fulfilling Prophecy*. In bürokratischen Großorganisationen, auch in Schulen und Universitäten, gibt es die »alten Hasen«, die jede Innovation mit dem Argument blockieren: »Das haben wir alles schon probiert – gebracht hat es nie was.«

Dienst nach Schema F

Von dort ist es dann nicht mehr weit bis zur »inneren Kündigung«, zum »Dienst nach Vorschrift«, der eben nur noch eine minimale Handlungsplanung erfordert, weil alles schematisch erledigt werden kann. Freude fällt bei der Arbeit nicht mehr an, wird aber auch nicht mehr erwartet.

Aus einer derart deprimierenden Situation auszubrechen, kann schwer sein. Bates (1982), die 105 australische Ärzte interviewte, berichtet:

»Von der Rolle tief enttäuscht«

> »Wenn man sich die Bänder anhörte, hatte man tatsächlich den Eindruck, dass die Allgemeinpraktiker einem Leben nachtrauerten, das sie erwartet, aber nie bekommen hatten; ein forderndes, interessantes Leben mit der Gelegenheit, interessanten Fragen nachzugehen. Sie waren von ihrer Arbeit und ihrer gegenwärtigen Rolle tief enttäuscht und fanden sich hauptsächlich durch ihr hohes Einkommen entschädigt, für das sie von den Medien häufig angegriffen wurden.«

Planlos unter Zeitdruck

Handlungsausführung. Was verändert sich im Verlauf eines Burnout-Prozesses, das die Wahrscheinlichkeit des Scheiterns beim Handeln erhöhte?

- Zunächst einmal, soviel ist trivial, ist mangelhafte Planung für zielgerichtetes Handeln i. Allg. schädlich.
- Zweitens, auch das ist klar, misslingen selbst gut geplante oder der Planung kaum bedürftige Handlungen eher, wenn sie unter dem Zeitdruck ausgeführt werden, den die Rollenüberlastung vieler Berufe nun einmal mit sich bringt. Der Lehrer, der in der 5-Minuten-Pause zwischen Tür und Angel noch schnell dem schüchternen Schüler »gerecht werden« will; die Krankenschwester, die rasch noch das tröstende Wort für den unheilbar Kranken finden möchte, während schon andernorts nach ihr Sturm geklingelt wird; der Vorgesetzte, der auch bei turbulentem Geschäftsgang noch für die privaten Sorgen seiner Mitarbeiter offen sein soll: Sie alle müssen die nötige Kraft und Konzentration irgendwo »herzaubern«, was erfahrungsgemäß nicht unbeschränkt lange gelingt.

Hilfsbedürftige Helfer

Und wer sich selbst schon körperlich, geistig und seelisch erschöpft fühlt – in einem Wort also: selbst hilfsbedürftig –, dem gelingt es sicher am allerwenigsten, Hilfe wirksam zu geben, oder, allgemeiner: Ziele zu erreichen.

Halbherzig misslingt's meist

In weniger offensichtlichen Fällen mögen es zuallererst die noch kaum bewussten Meidungsmotive sein, die eine nötige Bündelung von Energien verhindern. Die Aussprache etwa, die den Konflikt mit der Kollegin bereinigen sollte, der man aber mit »gemischten Gefühlen« entgegengesehen hat und die man darum auch nur halbherzig in die Wege leitet, steht von vornherein unter keinem günstigen Stern. Die Tage, an denen »einfach alles schiefgeht«, sind wahrscheinlich am ehesten solche, die man insgeheim gar nicht beginnen wollte; was man widerwillig tut, gelingt schon darum oft nicht.

Problematische Gegenübertragungen

Meyer (1982) fand bei Intensivinterviews mit 20 »ausgebrannten« Sozialberuflern Kompetenzeinbußen, die aus unbewältigten früheren Erfahrungen herrührten, z. B. bei einem Sozialarbeiter, der besondere Schwierigkeiten im Umgang mit Kindern unter 13 hatte – dem Alter, in dem er selbst seinen Vater verloren hatte. Pines (1982, S. 465ff.) führt weitere Beispiele von Helfern an, die ein spezielles Arbeitsfeld mit besonders vielen Möglichkeiten zur Gegenübertragung gewählt hatten. Dort gelang ihnen dann zwar eine besonders empathische Betreuung ihrer Klienten, die stets unvermeidlichen Misserfolge schmerzten aber auch umso mehr und machten weiteres Scheitern u. U. wahrscheinlicher.

Dies sind interessante Hinweise. Ich halte es aber für unwahrscheinlich, dass hier ein notwendiger oder hinreichender Auslöser für Burnout liegt.

Geistesabwesenheit

Die oben skizzierten Situationen betreffen offensichtlich Freudenbergers »empfindendes« Burnout-Stadium. Ist der Ausbrenner zu dieser Zeit nicht freiwillig aus dem Felde gegangen bzw. unfreiwillig entfernt worden, dann bildet sich im Gefolge einer mechanisierten Handlungsplanung ein neuer Stil der Handlungsausführung heraus. Gehandelt wird nur noch reaktiv, mit minimalem Energieeinsatz, und in Berufen, die das erlauben, u. U. fast geistesabwesend. Damit ist dann das empfindungslose Stadium erreicht.

»Man kann alles noch besser machen«

Bewertung des Handlungsergebnisses. Das im ► Abschn. 3.6 eingeführte Episodenmodell vereinfacht die Dinge auch insofern, als es ein von vornherein definiertes Zielniveau unterstellt. Typischerweise liegen aber, gerade in Sozialberufen, die Dinge nicht so einfach wie beim Marmeladenglasversuch, wo der Deckel entweder ab ist oder nicht. Was ist der Maßstab für die Qualität einer Unterrichtsstunde, einer neurologischen Untersuchung, einer psychotherapeutischen Intervention, einer Rechtsberatung? Wer genügend selbstkritisch und gewöhnt ist, von sich das Höchste zu fordern, der weiß, dass man nahezu alles auf Erden auch noch besser machen kann. Vielleicht ahnt und fürchtet er auch, dass schon die Kollegin nebenan es besser könnte.

Psychische Selbstversorgung

Wo alles schwimmt und der einzige Erfolgsindikator die Reaktion einer anderen Person ist, bedarf es der Fähigkeit, sich selbst Bekräftigungen zu geben, psychisch für sich selbst zu sorgen. Genau diese Fähigkeit dürfte aber bei Helfern eher unterentwickelt sein (Schmidbauer, 1977, 1983; Rösing, 2003, S. 199-202).

Unrealistische Maßstäbe

Meier (1983) hat an einem Beispiel demonstriert, wie darüber hinaus unterschiedliche Weltmodelle zu verschiedenen Bewertungen derselben Erfahrungen führen können. Derselbe unerfreuliche Schultag, den der erfahrene Veteran gelassen erträgt, mag für den unerfahrenen Anfänger, zu dessen Glaubenssystem gehört, dass Arbeit mit Schülern ausnahmslos Spaß machen muss, den Anfang eines Burnout-Prozesses darstellen.

Was nun?

Erneute Handlungsplanung (nach Zielvereitelung oder Zielerschwerung). Hat das Auftreten eines Hindernisses erstmals gezeigt, dass die ursprüngliche Handlungsplanung Fehler oder Lücken aufwies, dann tritt aus der Sicht des Individuums Kontrollverlust und ein mehr oder minder schwerwiegender Stress erster Ordnung ein. Ob darauf eher mit problem- oder mit emotionsorientiertem Coping geantwortet wird, hängt außer von persönlichen Prädispositionen vom Stadium innerhalb des Burnout-Prozesses ab. Die Reaktanzphase ist ja gerade definiert durch aktive Versuche, die Sache wieder in den Griff zu bekommen.

Dazu braucht es nun, was Dörner »heuristische Kompetenz« nennt: die Fähigkeit, neuartige Situationen zu meistern.

Klar denken wenn's überall brennt

> »Denken, zumindest problemlösendes Denken findet statt in Situationen, über die keine vollständige Kontrolle vorhanden ist. Dies bedeutet, je nach heuristischer Kompetenz (also der Einschätzung der eigenen Fähigkeit, durch Denken die Kontrolle wiederzugewinnen), eine mehr oder minder starke emotionale Belastung. Diese emotionale Belastung kann, wenn sie einen bestimmten Betrag überschreitet, zu Flucht-, Angriffs- oder Resignationstendenzen führen, ... Darüber hinaus führt starke emotionale Belastung zu einer Absenkung der kognitiven Aktivität insgesamt und zu einer Bereitschaft, schnell auf die »Notsituation« zu reagieren, ohne viel nach Bedingungen und Folgen zu fragen (Dörner, 1982, S. 35).«

Intellektuelle Notfallreaktionen

Dörner (s. auch 1984; Dörner et al., 1983) hat sich überhaupt viel mit den Folgen entglittener Situationskontrolle beschäftigt, sowohl mit der »intellektuellen Notfallreaktion«, dem »Holzschnittdenken«, was der Symptomkategorie »Entdifferenzierung des Denkens« in der ► Übersicht in ► Kap. 1.2.1 entspricht, als auch mit den emotionalen Indikatoren Angst und »dysphorische Spannung«, die dann in die Hilflosigkeitsphase überleiten. Auch Klinger (1975, S. 9) spricht vom »Verlust der Übersicht«, vom blinden Agieren, währenddessen andere Ziele unwichtiger oder sogar ganz ausgeblendet werden.

Freilich haben beide Theoretiker nur relativ kurze Zeitachsen im Blickfeld. Ich glaube, dass eine Extrapolation zum Burnout-Syndrom dennoch gerechtfertigt ist.

»Koste es, was es wolle«

Führt ein Aktivitätsschub tatsächlich zum Ziel (Kategorie »Zielerschwerung«), steht der Aufwand oft nicht mehr im Verhältnis zum Ertrag. Wenn er, vielleicht gerade wegen des kognitiven Defizits, vergeblich bleibt (Kategorie »Zielvereitelung«), ist auch noch eine Enttäuschung zu überwinden.

Nach dem Aufgeben: Selbstanklagen

Sind Zielerschwerung oder Zielvereitelung häufig genug erlebt worden, dann dürfte die erneute Handlungsplanung geradenwegs zum Aufgeben führen – was je nach Sachlage das einzig Vernünftige oder auch völlig unnötig sein kann. Es bleibt dann nur noch emotionsorientiertes Coping übrig, das unglückseligerweise aber auch nicht selten die Form von z. B. Selbstanklagen annimmt. Das ist die Kuhl'sche »Lageorientierung«, sind die »selbstwertlabilisierenden Bewertungen«, von denen Schulz (1982) spricht.

Spielen auf Nummer Sicher

Im weiteren Verlauf eines Burnout-Prozesses wird eine erneute Handlungsplanung evtl. seltener nötig, weil, wie ich oben ausgeführt habe, »auf Nummer Sicher gespielt« wird, riskante Zielsetzungen gar nicht mehr ins Auge gefasst werden. Wieder geht der Motivationsverlust mit Kompetenzeinbußen einher. Dörner et al. (1983, S. 72) schreiben:

Planen ist schwer

> »Eine Zielanalyse ist eine mühselige Arbeit. Konkretisieren fällt immer schwer. Unter dem Druck absinkender Kompetenz unterbleibt die Zielanalyse leicht, da sie nicht zu den unmittelbaren lösungsgerichteten Denktätigkeiten gehört.«

Wo dennoch einmal ein Hindernis auftaucht, führt die Abwägung von Kosten und Nutzen in der Regel fast kurzschlüssig zur Resignation. Allenfalls wo eine minimale Mühe exorbitante Belohnung verspricht, kommt es zu neuen Handlungsentwürfen. Enttäuschungen wären nicht mehr zu ertragen. Gleichgültigkeit und Leere sind die vorherrschenden Gefühlslagen, Lethargie und Verflachung die äußeren Symptome. Diese Menschen sind für kaum noch etwas zu begeistern.

Unverzügliche Resignation

Ausbleibende Belohnung. Wo nicht einmal das selbstgesetzte Ziel erreicht wurde (»Zielvereitelung«), bleibt außer in seltenen Fällen (»Trostpreis«) auch die Belohnung aus. Aber auch eigentlich gute Arbeit wird ja keineswegs zwangsläufig honoriert. Viele Vorgesetzte etwa verfahren nach dem Prinzip: »Wenn ich nichts sage, dann bedeutet das schon ein Lob!«, und in nicht wenigen Organisationen gehören Klagen über ausbleibende Anerkennung zu den immergrünen Gesprächsthemen jeder informellen Runde.

Das immergrüne Thema Anerkennung

Dass selbst besondere Leistungen vom Management nicht zur Kenntnis genommen würden, hörte z. B. Mohler (1983) von den 388 Fluglotsen, die er 3 Jahre lang in 9-Monatsintervallen untersuchte. Nicht weniger als 9% entwickelten übrigens in diesem Zeitraum Burnout im Sinne vollständiger psychogener Arbeitsunfähigkeit; mehr als 50% »tranken stark«.

Burnout bei Fluglotsen

Manche Berufe oder Arbeitsfelder sind geradezu so organisiert, dass bestimmte Arten von Belohnungen abgeschnitten werden. Beispielsweise werden Patienten von Intensivstationen just zum Zeitpunkt der Besserung auf normale Stationen verlegt. Zahnärzte hören von ihren Patienten in aller Regel nur dann wieder, wenn der Behandlungserfolg ausgeblieben ist (Aronson et al., 1983).

Fatale Arrangements

In Dienstleistungs- und Sozialberufen – wozu z. B. auch Kellner (»Trinkgeld«) oder Musiker (»Applaus«) zählen – ist zudem die für den »Idealisten« offen oder insgeheim wichtigste Art von Belohnung abhängig vom unberechenbaren Goodwill seiner »Abnehmer«. Diese – z. B. Schüler – können die Anerkennung durchaus erpresserisch verweigern. Wo dies nicht geschieht, ist ein positives Feedback nie ganz gegen eigene Abwertung geschützt: Können die meine Arbeit eigentlich beurteilen? Oder: Sind die vielleicht nur aus taktischen Gründen so freundlich zu mir? Oder: Die Dankbarkeit dieser Patientin ist einfach Teil ihres Widerstands.

Das unberechenbare Publikum

Negative oder ausbleibende Rückmeldung trifft Angehörige der genannten Berufsgruppen auch darum härter als etwa den Handwerker, weil sie ja in viel höherem Grad identisch mit ihrer Arbeit sind; sie sind selbst meist sowohl »Produzent« als auch »Produkt«.

Der Produzent als Produkt

Es verwundert nicht, dass im Verlauf von Burnout-Prozessen, aber wohl auch in den meisten »normalen« Karrieren von Sozialberuflern, die Wichtigkeit der ungreifbaren, symbolischen Gratifikationen zu Lasten der tangiblen Vergütungen abnimmt (► Abschn. 2.4). In Einzelfällen kann dann eine einzige zentrale Enttäuschung einen Burnout-Prozess in Gang setzen, wie in dem in der Einleitung erwähnten Managerbeispiel.

Greifbares wird wichtiger

Nebenwirkungen. Häufig durch negative Nebenwirkungen gestörte Handlungsepisoden als Auslöser von Burnout finden sich vermutlich in erster Linie in konfliktreichen Arbeitsfeldern und in Großorganisationen mit schwer durch-

Zwischen den Stühlen

schaubaren Interessen- und Einfluss-Strukturen. »Zwischen mehreren Stühlen« sitzen beispielsweise Sozialarbeiter, Lehrer, Strafvollzugsbeamte oder Außendienstler. Nicht nur, dass darüber, was eigentlich ihre Pflicht wäre, etwa ebensoviele Meinungen vertreten werden, wie Steuerzahler an Stammtischen sitzen, sie können auch alltäglich erfahren, dass jeder Erfolg gleichzeitig einen Preis hat. Der Sozialarbeiter etwa, der für einen Klienten eine Bescheinigung, eine Genehmigung oder einen Zuschuss erkämpft hat, mag sich auf diese Weise bei einer anderen Behörde unbeliebt gemacht haben.

Loyalitätskonflikte

Wiederholen sich derartige Vorkommnisse und ist vielleicht in denselben Fällen zusätzlich die Kooperation und Dankbarkeit der Betreuten ausgeblieben, dann liegt es nahe, ab irgendwann Scherereien zu vermeiden und sich zu den ohnehin stärkeren Bataillonen zu schlagen. Hier ohne allzu viel Krafteinsatz einen Mittelkurs zu steuern, erfordert wahrscheinlich viel taktisches Geschick. Gerade das aber wird von einem bestimmten Typ »Idealisten« abgelehnt.

Ebenso bedenklich klingt, was Volmerg et al. (1985) bei Gruppengesprächen mit Industriemeistern, also Vorgesetzten der untersten Ebene, erfuhren:

Wenn Chefs den Überblick verlieren

> »Mit dem Einsatz aller seiner Kräfte läuft … der Vorgesetzte Gefahr, ausgerechnet jene Funktionen zu verlieren, um deren Erhaltung willen er sich so bemüht hat. … Die Aufrechterhaltung der Kontrolle und des Überblicks ist für Vorgesetzte eine Voraussetzung ihrer Funktionstüchtigkeit. … Das macht die besondere Bedrohung verständlich, die in der Arbeitssituation der für den Ablauf Verantwortlichen von Störungen und sonstigen unvorhersehbaren Ereignissen ausgeht. Wachsen solche Ereignisse über den Kopf, droht mit dem äußeren auch der innere Kontrollverlust.«

Ein Gesprächsteilnehmer drückte das so aus:

»Da wird man wirklich zappelig«

> »… wenn wir das möglich machen, mit einem riesengroßen Krankenstand trotzdem noch die richtige Stückzahl rauszukriegen, und dann plötzlich dabei merken, dass uns die Qualität in die Binsen geht und wir am Wochenende alles auspacken müssen, dann treten Situationen auf, die uns seelisch so belasten, dass wir wirklich mal zappelig werden (Volmerg et al., 1985, S. 18).«

Eine ganz ähnliche Fallstudie berichten übrigens auch Kahn et al. (1964).

In der Terminologie unserer Handlungstheorie würde man diese Situation so beschreiben, dass auf eine Episode vom Typ »Zielerschwerung« eine zweite vom Typ »negative Nebenwirkungen« folgt.

Existenzbedrohte Betriebe

Wo solche Verhältnisse eher die Regel als die Ausnahme bilden, und in existenzbedrohten Branchen und Betrieben ist das wohl häufig so, wo weiter ein Verlassen der Situation die Arbeitslosigkeit bedeuten würde, sind psychosomatische Erkrankungen wahrscheinlich vorprogrammiert. In solchen Feldern ist die Frage, wie manche Menschen es schaffen, *nicht* auszubrennen, die eigentlich interessantere.

Rückblickende Bewertung von Anforderung und Nettoertrag. Eine nachträgliche Bilanz von Handlungsepisoden wird vermutlich nur dann bewusst gezogen, wenn die vorgängigen Erwartungen in der einen oder anderen Richtung merklich falsch waren. Sogar eine Reihe von Episoden mit unerwartet günstigem Aufwands-Ertrags-Verhältnis (»positive Überraschungen«) kann verhängnisvoll werden, z. B. für Ausbrenner vom Typus des »Grenzensuchers«, der sich mit Erreichtem nie zufrieden gibt, sondern seine Leistungsmöglichkeiten ständig weiterentwickeln will, oder für Menschen, die zu Schuldgefühlen neigen, wenn sie nicht »ihr Bestes« gegeben haben. In solchen Fällen wird nämlich kurzerhand das Anspruchsniveau erhöht, was zwangsläufig irgendwann zu negativen Überraschungen führen muss. Durch eben diese ist aber die gestörte Handlungsepisode gerade definiert.

Auch leichtes Spiel kann Folgen haben

Wer häufig oder gar regelmäßig feststellen muss, trotz aller Anstrengungen Ziel oder Belohnung verfehlt zu haben, eine Belohnung durch unverhältnismäßigen Einsatz zu teuer erkauft zu haben, oder durch Nebenwirkungen um seinen Lohn gebracht zu sein, der wird zumindest unzufrieden werden – ein Zustand, dem im MBI die Skala »Leistungsunzufriedenheit« entspricht. Nach längerer Dauer und erfolglosen Bewältigungsversuchen kann sich daraus eine alles durchdringende Verbitterung entwickeln, das Gefühl, irgendwie um etwas Wichtiges betrogen worden zu sein. Möglicherweise macht dies dann auch partiell blind für real gewährte Nebengratifikationen. Der ewig über seine Besoldung nörgelnde Beamte übersieht gern die Vorteile, die sein Status – freilich unabhängig von eigener Anstrengung, also inkontingent – mit sich bringt.

Durchdringende Verbitterung

Ausbleibende Motivsättigung. Was mit einem häufig frustrierten Motiv geschieht, darüber ist schon oben spekuliert worden. Klinger (1975, S. 8) drückt das im Rahmen seiner Theorie so aus:

»Jetzt erst recht«

> »Unvorhergesehene Schwierigkeiten beim Streben nach einer Belohnung scheinen eine Zeit lang deren Wert zu steigern.«

Das Alltagsleben bietet vielfältige Beispiele dafür, dass ein überraschendes Hindernis Anstrengungen auslöst, die in keinem Verhältnis zum vermutlichen Ergebnis stehen. Vor allem sorgt die Fixierung auf ein nunmehr »überwertiges« Motivziel für die Ausblendung alternativer Handlungsepisoden. Der Familienvater, der sich wutentbrannt unverzüglich an die Reparatur des streikenden Autos macht, statt das Fahrrad für den geplanten Ausflug zu nutzen, kann sich und seiner Familie unnötig den Sonntag verderben.

Für die Burnout-Problematik besonders interessant ist die Situation eines Motivs, das deshalb chronisch frustriert bleibt, weil es nur mit ungeeigneten oder sogar selbstblockierenden Mitteln gesättigt werden soll – dies, weil das Motiv nicht bewusst werden darf. In dieser Konstellation sieht Schmidbauer (1983, S. 22) den Kern des Burnouts in helfenden Berufen. Der ausbrennende Helfer erhält in dieser Sicht durchaus seine Belohnung im Sinne »gelungener« Kontakte mit Hilfsbedürftigen, die Belohnung aber hat für ihn den Charakter einer Droge: Er stumpft gegen ihre Wirkung ab und verschafft sich immer höhere Dosen, um wenigstens zeitweilig zufrieden zu sein.

Die falsche Droge wirkt zu schwach

Ungestillter Hunger

Helfer, die hinter einer starken, bedürfnislosen Fassade »narzisstische Bedürftigkeit, ja Unersättlichkeit« verbergen (Schmidbauer, 1977, S. 92), die einen »ausgeprägten Machthunger« kaschieren oder »mit Hilfe ihrer Klienten oder Patienten ihren eigenen Problemen zu Leibe rücken« wollen (Freudenberger & Richelson, 1983, S. 176), bleiben wahrscheinlich ewig hungrig, weil sie selbst dafür sorgen, nicht zu bekommen, was sie wollen.

Misserfolge sind das Schlimmste

Mittelbare Konsequenzen. Nicht weniger als 74% der 60 von Farber & Heifetz (1982) befragten Therapeuten bezeichneten »ausbleibenden Therapieerfolg« als den stresshaltigsten Aspekt ihrer Arbeit. Ähnliches würden wohl auch Angehörige anderer Berufe zu Protokoll geben, deren gemeinsames Charakteristikum darin besteht, Wirkungen auf prinzipiell unberechenbare Menschen ausüben zu sollen und zu wollen. Therapeutische oder pädagogische Misserfolge, die einen partiellen Autonomieverlust beinhalten, mögen zunächst als external, spezifisch und labil eingeschätzt und insofern mit einem Achselzucken und allenfalls mäßigen emotionalen Begleiterscheinungen weggesteckt werden.

Das Weltbild wird erschüttert

Häufen sich aber Handlungsepisoden, die mehr oder weniger deutliche Unzufriedenheit hinterlassen und verschlimmert sich dieser Zustand durch vermehrten Einsatz im Sinne der Reaktanzphase nur noch, dann wird das implizite Weltmodell des Ausbrenners u. U. gründlich erschüttert. Zunächst einmal erweisen sich die Kontingenzen zwischen eigenen Handlungen und angestrebten Wirkungen als nicht so eng, wie es dem eigenen Omnipotenzwunsch und den in der Ausbildung erworbenen »professionellen Mythen« entsprochen hätte.

Handlungszwang ohne Durchblick

Ärzte, Manager, Polizisten, Fluglotsen und viele andere müssen aufgrund lückenhafter und unzuverlässiger Information folgenschwere Entscheidungen treffen, über deren Auswirkungen sie nur unvollkommene Kontrolle besitzen. Das zu erkennen, wo man anderes geglaubt hatte, kann Angst auslösen. Diese wird vermutlich umso größer sein, je undifferenzierter das Weltbild ist, d. h. je leichter partielle zu generellen Autonomieverlusten übergeneralisiert werden.

Freiräume nutzen

Forney et al. (1982) haben eine Reihe der irrationalen, meist kontrollbezogenen »Mythen« in ihrer Stichprobe von Berufsberatern analysiert, deren einer besagt: »Jede Art negativer Rückmeldung bedeutet, dass ich etwas falsch mache.« In allgemeiner Form lautet ihr Ratschlag, mit rationaler Überlegung interne und externe Freiräume zu suchen, in denen Kontrollmöglichkeiten bestehen und diese faktisch auch zu nutzen; mit anderen Worten: die Übergeneralisierung bewusst rückgängig zu machen.

Gibt es Gerechtigkeit auf Erden?

Möglicherweise sind Ausbrenner, was ihre Weltmodelle angeht, auch stärker oder hartnäckiger an der »Gerechtigkeitshypothese« (»*Just World Hypothesis*«; Lerner, 1980) orientiert, die den Einfluss unkontrollierbarer Faktoren systematisch unterschätzt. Wenn es Gerechtigkeit gibt auf Erden, dann wird, wer Gutes sät, auch Gutes ernten – und zwar ausnahmslos. Das würde auch eine Erklärung für eine weitere Korrektur im Weltbild des Ausbrenners liefern: Die Abwertung der beruflichen Zielgruppe; das, was Stokols (1975) als Folge von Entfremdung sieht und Maslach (z. B. 1982a) Depersonalisation nennt (► Symptomkategorien »Reduziertes Engagement: Für Klienten, Patienten; Für andere allgemein; Erhöhte Ansprüche«, und »Emotionale Reaktionen, Schuldzuweisungen: Aggression« in der Übersicht (► Abschn. 1.2). Wer behandlungsresistent ist, d. h.

auf Wohltaten nicht mit Besserung reagiert, der muss irgendwie schlecht sein – womit die kognitive Dissonanz gemildert wäre.

Ein beunruhigendes Gefühl von Machtlosigkeit

Was die eigene Stellung im Weltmodell des Ausbrenners betrifft, so schätzt er seine Einflussmöglichkeiten gering, evtl. zu gering, ein; er erwartet eher Misserfolge (»Bestrafungen«) als Erfolge (► Abschn. 1.4.2). Diese zunächst höchst beunruhigende Veränderung kann zur Selbstabwertung führen; dem entspricht das Symptom »Leistungsunzufriedenheit« im MBI. Zusätzlich oder statt dessen wird, wie gesagt, eine Abwertung und Distanzierung vom Klientel und/oder den Kollegen vorgenommen. Im Extremfall entsteht eine Einstellung zur Umwelt, die in der Burnout-Literatur als defensiv oder gar paranoid bezeichnet wird (► Symptomkategorien »Emotionale Reaktionen, Schuldzuweisungen: Aggression« und »Verflachung des sozialen Lebens«, ► Abschn. 1.2).

Ent-Sorgung am Feierabend

Zweites Coping. Es stellt eine grobe Vereinfachung dar, an das vorläufige Ende einer Handlungsepisode eine zweite Coping-Phase zu platzieren, denn offensichtlich dienten viele der schon früher beschriebenen Vorgänge ebenfalls der Situationsbewältigung. Wenn ich diese Unterscheidung dennoch treffe, dann darum, weil hier oft eine entscheidende Chance bestünde, den einen Misserfolg oder die schon wiederholten Frustrationen durchzuarbeiten, eine Wiederholung unwahrscheinlicher zu machen, die emotionalen Folgen zu begrenzen, konstruktive Einstellungsänderungen zu vollziehen und neue (und realistische) Hoffnung zu schöpfen. Wer ein anschauliches Bild braucht, mag sich den Feierabend nach einem enttäuschenden Tag vorstellen, wo nicht mehr unmittelbar reagiert, überhaupt nicht mehr gehandelt werden muss, wo vielmehr eine ehrliche Manöverkritik stattfinden könnte.

Misslungene Bewältigung

Es spricht einiges dafür, dass sie beim Ausbrenner nicht stattfindet oder jedenfalls erfolglos bleibt. Brodsky (1982), die Burnout bei Gefängnispersonal untersucht hat, ohne den Terminus selbst zu verwenden, vertritt die Auffassung, dass Ausbrenner und Nichtausbrenner dieselben Stressoren wahrnehmen, der kritische Unterschied demnach in der misslungenen Bewältigung liege. Entsprechendes berichten Forney et al. (1982) für Berater und Farber (1984a) für Lehrer. Anzumerken ist hier freilich, dass alle drei Stichproben berufshomogen waren, individuelle Unterschiede also besonders akzentuiert wurden.

Coping-Schwächen

Was mag nun den geringeren Coping-Erfolg des Ausbrenners bedingen? Ich vermute, dass die persönlichkeitsspezifischen Unterschiede

- in einer geringeren Flexibilität beim Wechsel von Strategien,
- in der Bevorzugung mancher und Tabuisierung anderer Strategien, generell also in einem eingeschränkten Strategierepertoire liegen.

Kampf auf verlorenem Posten

Inflexibilität. Offensichtlich ist ja nicht jede potentielle Burnout-Episode mit ein und derselben Strategie zu bewältigen. Als ungefähre Richtlinie, der sich die Lebenspraxis natürlich allenfalls annähern kann, sei an das im ► Abschn. 2.2 erwähnte Niebuhr-Zitat erinnert: Kämpfen, wo es lohnt zu kämpfen; mit Unabänderlichem sich gelassen abfinden. Zum einen mag es den Ausbrennern an den analytischen Fähigkeiten oder Neigungen fehlen, die beiden Grobkategorien zu unterscheiden, zum anderen mag eine gewisse Rigidität rechtzeitiges Umschalten verhindern, obwohl andere Strategien verfügbar wären. Den Ausbrenner kennzeichnet jedenfalls, dass er auf verlorenem Posten kämpft, wo er sich selbst schützen sollte, und resigniert, wo ein erneuter, leicht verbesserter Ansatz zum Ziel führen würde.

Nicht loslassen können

Eingeschränktes Strategierepertoire. Die klassische problemorientierte Coping-Strategie des Ausbrenners, jedenfalls im Frühstadium, ist vermehrte Anstrengung: »mehr desselben«; bis zur Erschöpfung der Ressourcen. Später, wir hörten davon, wird Problemen möglichst nachhaltig aus dem Weg gegangen: »Dienst nach Vorschrift«, »innere Kündigung«. In beiden Fällen wäre einer solch externen »Lösung« u. U. ein Umbau des Glaubenssystems vorzuziehen (Forney et al., 1982, S. 438). Auch solche »paradoxen« Strategien wie zeitweiliges »Loslassen« – Meditation, Yoga, autogenes Training o. ä. – scheinen Ausbrennern nicht ohne weiteres zu Gebote zu stehen.

Die Wahrung der Fassade

Es gibt auch Anhaltspunkte dafür, bei Ausbrennern, speziell solchen mit labilem Selbstwertgefühl, eine ausgeprägte Scheu zu vermuten, die es verbietet, sich anderen in seiner Hilfsbedürftigkeit zu offenbaren. Der Anspruch an sich selbst, sämtliche Probleme eigenhändig zu lösen, ist jedenfalls ein gefährlicher: Er führt zur Vernachlässigung potentieller *Support*-Quellen wie Kollegen, Freunde, Partner (vgl. Kobasa, 1982), was dann als Folgeproblem auch noch soziale Isolation nach sich ziehen kann. Russell et al. (1987) fanden bei 316 Lehrern signifikante Beziehungen zwischen selbsteingeschätzter Unterstützung seitens Vorgesetzter, Kollegen und privater Partner einerseits und allen drei Skalen des MBI andererseits.

Angst vor der Lebenslüge

Die generell vielversprechendste Strategie – gründliche Analyse der Problemsituation, am besten unter Zuhilfenahme von Beratung, ggf. Informationsbeschaffung und Erhöhung der eigenen Bewältigungskompetenz – ist aus den obigen Gründen bei Ausbrennern selten anzutreffen. In fortgeschrittenem Alter und speziell in Fällen, wo eine ehrliche Bestandsaufnahme eine »Lebenslüge« im Sinne von Freudenbergers »falschem Selbst« offenlegen könnte – mit möglicherweise weitreichenden Folgen für die ganze Existenz –, würde dazu selbstverständlich viel Mut gehören.

Abwehrmechanismen

Aber auch bei den alltäglichen emotionsorientierten Strategien vermute ich Defizite. In manchen Berufen, z. B. bei Ärzten (vgl. Bates, 1982), ist schon etwas so elementar Menschliches wie Katharsis durch Gefühlsausdruck mit einem gewissen Tabu belegt. Bevorzugte unbewusste Abwehrmechanismen sind vermutlich

- Reaktionsbildung (»Geben, was man nehmen möchte«),
- Verleugnung (»Alles in Butter«),
- Verdrängung (»Am besten gar nicht dran denken«)

Zeitnot macht denkfaul

Ihr Wert ist aber zeitlich begrenzt. Freilich muss man sehen, dass der für viele Sozial- und Dienstleistungsberufe typische Zeitdruck (»quantitative Rollenüberlastung«) in der gestörten Handlungsepisode auch wenig Spielräume offenlässt. Und eine nachträgliche »Ent-Sorgung« am Feierabend würde die knappe Freizeit weiter dezimieren. Nicht jeder weiß auch, wie so etwas aussehen könnte. Mangels Erfolgserwartung lässt man es dann leicht ganz. Fernsehen und Bier lenken schneller ab.

Wenn der Seelenmüll sich stapelt

Folgewirkungen missglückten Copings. Haben sich, metaphorisch gesprochen, unerledigte »Tagesreste«, sozusagen seelische Stoffwechselprodukte und

Wunden, über eine Weile angesammelt, dann zieht der unkompensierte Autonomieverlust Folgen nach sich, die sich rasch verselbständigen können (► Abschn. 3.11). Die folgenden Möglichkeiten müssen nicht alle eintreten, vor allem nicht in der Reihenfolge, in der sie hier beschrieben werden. Sie dienen nur zur Illustration (Übersicht in ► Abschn. 1.2).

Allzeit alarmbereit

In und nach der Reaktanzphase resultiert aus häufiger gestörten Handlungsepisoden eine Dauervigilanz, besonders wenn jene intermittierend und unvorhersehbar auftreten. Die Folgen beschreibt Huber (1983, S. 46f.) plastisch folgendermaßen:

»Übererregbarkeit, Nervosität und Angespanntheit«

> »Ein Tier, das in einer besonders gefährlichen oder feindlichen Umwelt lebt, muss besonders aufmerksam, gespannt-wachsam und fluchtbereit sein. Dies besonders dann, wenn es selbst keine Waffen zur Verteidigung gegen Angreifer hat und nur auf Weglaufen angewiesen ist. Ein solches Tier nennen wir dann auch schon nervös oder sensibel, wie beispielsweise ein Reh oder eine Gazelle. Wird ein solches Tier zu allem Überfluss noch gefangen und in einen Käfig gesperrt, in dem es überhaupt keinen Ausweg mehr sieht, kann es nach anfänglicher Übererregtheit und Hyperaktivität bald die Nahrung verweigern, häufig defäkieren, schließlich apathisch werden und verenden. Ähnlich ergeht es dem (vegetativ labilen) Menschen unter einer Überdosis von Stressreizen, wenn er diese als solche nicht erkennt, sie lange genug andauern oder massiv genug auftreten und er keine Bewältigungsmöglichkeiten sieht. Von ständiger Übererregbarkeit, Nervosität und Angespanntheit über viele ungerichtete Flucht- und Bewältigungsversuche und psychosomatische Beschwerden bis hin zu nervöser körperlicher Erschöpfung, Erschöpfungsdepression und akuten Zuständen kann er sich ganz wie sein stammesgeschichtlich so viel älterer Vorfahre verhalten (müssen).«

Burnout mag also durchaus eine biologische Basis haben.

»Gefechtsneurose« bei Lehrern

Bloch (1978) hatte Gelegenheit, 253 kalifornische Lehrer psychiatrisch zu begutachten, die in ihren Klassen einem Höchstmaß an Gewalttätigkeit bis zu körperlichen Angriffen ausgesetzt gewesen waren. Er bezieht sich ausdrücklich auf Grinker & Spiegels (1945) Untersuchungen an Bomberpiloten des Zweiten Weltkriegs und übernimmt ihren Terminus »Gefechtsneurose«. Es findet sich auch ein expliziter Hinweis auf Stress zweiter Ordnung:

> »Anträge auf Versetzung an weniger stressreiche Schulen wurden in der Mehrzahl abgelehnt. Der zusätzliche Stress der Ausweglosigkeit aus einer als unerträglich wahrgenommenen Situation trug zur Symptomentwicklung bei. Psychophysiologische Beschwerden nahmen zu, bis viele arbeitsunfähig wurden (S. 1191).«

Nicht abschalten können

Auch Matteson & Ivancevich (1983) betonen die gesundheitlichen Folgen des Nicht-Abschalten-Könnens. Gebert (1979b) fand in empirischen Analysen signifikante Korrelationen zwischen »nervöser Angespanntheit« einerseits und gewissen Parametern von Erlebnissen andererseits, die in meiner Terminologie »gestörte« bzw. »kritische« Handlungsepisoden zu nennen wären. Die Beziehung zu psychosomatischen Erkrankungen war weniger eng; ich vermute, dass hier Persönlichkeitscharakteristika moderieren, die Kobasa (1979) unter dem Begriff »Widerständigkeit« (»*Hardiness*«) zusammenfasst.

Die emotionalen Korrelate des Autonomieverlusts sind Angst und Depression. Dörner (1982, S. 23) schreibt dazu:

»Angst oder dysphorische Spannung«

> »Eine geringe aktuelle Kompetenz eines Individuums in einer Situation bedeutet konkret, dass die Situation dem Individuum entglitten ist, dass es das Gefühl hat, keine Kontrolle über die Dinge zu haben. Der subjektive emotionale Indikator dieses Zustands der verlorengehenden oder verlorengegangenen Kontrolle ist Angst oder zumindest eine dysphorische Spannung.«

Im Teufelskreis der Depression

Depression (die z. B. Seligman als Selbstschutzautomatismus interpretiert) kann nun wiederum einen Kreislauf in Gang setzen: »Depression senkt den Anreizwert vieler Dinge« (Klinger, 1975, S. 8).

Mit weniger Engagement werden auch weniger Ziele und Belohnungen erreicht, womit die Depression sich ihre eigene Berechtigung geschaffen hat.

Vielfältige Auswirkungen

Die Auswirkungen eines solchen chronischen Zustands auf das Selbstvertrauen, die Leistungsfähigkeit, die sozialen Beziehungen und viele andere Bedingungen lassen sich leicht ausmalen; sie sind schon weiter oben angedeutet worden. Ob nun zunächst die Arbeitsqualität sinkt und so für »verringerte Leistungszufriedenheit« sorgt, ob zuerst die Erschöpfung eintritt und das Weitere nach sich zieht, oder ob am Anfang der Rückzug von den Mitmenschen (»Depersonalisation«) steht – die Symptombezeichnungen des MBI lassen sich unschwer als Folgen missglückten Copings verstehen. Nicht weniger als 80% der 105 Arztfrauen in der Studie von Bates (1982) sagten, dass ihre Männer »oft« emotional ausgelaugt nach Hause kämen. (Von den Ärzten selbst bestätigten das nur 22%.) Korrelationen zwischen Belastungen der Männer und Klagen der Ehefrauen fanden auch Burke (1982) in einer Stichprobe von 41 leitenden Sozialdienstmitarbeitern und Jackson & Maslach (1982) bei 142 Polizeibeamten.

Hoffnungslosigkeit als Selbstschutz

Wird der Prozess nicht frühzeitig gestoppt, kann es zu einem Zustand durchgehender Hoffnungslosigkeit kommen, den ich ebenfalls als Selbstschutz interpretiere. Fortgeschrittenen Fällen ist darum so schwer zu helfen, weil sie sich gegen aufkeimende Hoffnungen und neue Zielbindungen, u. U. hartnäckig, wehren – um beim Fehlschlag nicht ein weiteres Mal umso bitterer enttäuscht zu werden. Solche Menschen verhalten sich, wenn der Vergleich erlaubt ist, ein wenig wie Seligmans Hunde, die auch erst mehrmals aus der Gefahrenzone geschleppt werden mussten, bis sie den Ausweg erkannten.

Drogenprobleme

Spätestens in diesem Zustand ist auch die Schwelle zu Alkohol- und Medikamentenmissbrauch kräftig erniedrigt. Wird sie überschritten, so erzeugt das nach einer Weile Folgeprobleme, die ihrerseits bewältigt werden wollen, was dann die Coping-Kapazität des Individuums in der Regel endgültig übersteigt.

Der verlorene Sinn des Lebens

Als letzter und vielleicht tiefgreifendster Folge unbewältigten Autonomieverlusts soll hier noch einmal vom oft genannten Sinnverlust des Ausbrenners die Rede sein. Koocher (1979) beispielsweise hat das Thema mit Pflegepersonal von Krebskranken diskutiert; Menschen also, die den Tod ihrer Patienten meist nur auf übersehbare Zeit hinauszögern können. Miller & Adwell (1984) fanden bei 114 Gefängnisbeamten eine Korrelation von .62 zwischen einer Burnout-Skala und dem *Purpose-in-Life-Test*, einem Instrument, das Frankls Konzept des Lebenssinns (s. unten) erfassen soll.

Sinnverlust nach Fehlschlägen

Was denn der »Sinn des Lebens« ist oder sein sollte – dazu will ich auch in diesem Zusammenhang kein Votum abgeben. Es ist aber bemerkenswert, dass Menschen ihr Leben besonders rasch als sinnlos empfinden (oder die Notwendigkeit, einen anderen Sinn selbst zu suchen oder zu stiften, erstmals wahrnehmen), wenn sie gehäuft mit Zielfrustrationen zu tun bekommen (vgl. Klinger, 1998). Zumindest scheint das für Angehörige unserer Zeit und Kultur zu gelten; über frühere, stärker religiös geprägte Zeitalter oder über Kulturen, in denen fatalistischere Lebensphilosophien dominieren, weiß ich einstweilen zu wenig.

Die Sisyphus-Sage

Ich habe bereits im ► Abschn. 3.2 das Bedürfnis nach Autonomie als ein zentrales beschrieben, freilich gestützt auf Beobachtungen wie die obigen (vgl. auch Weisz et al., 1984, S. 956). Vielleicht ist subjektive Autonomie für den westlichen Menschen tatsächlich so etwas wie die »Essenz« des Lebens. Im *Mythos des Sisyphus* hat Albert Camus (zitiert nach Aronson et al., 1983, S. 40) zur Sisyphussage Stellung genommen; Sisyphus wurde zu seiner Strafe verurteilt, weil die Götter vergebliche und hoffnungslose Mühe für die schrecklichste aller Strafen hielten. Camus sagt dazu:

> »Diese Sage ist nur dann tragisch, wenn der Held die Strafe kennt. Wo bleibt die Qual, wenn ihn die Hoffnung auf Erfolg Schritt für Schritt aufrechterhält? Unsere Arbeiter tun ihr Leben lang Tag um Tag die gleiche Arbeit. Ihr Schicksal ist nicht weniger absurd – aber tragisch ist es nur in den seltenen Momenten, in denen ihnen das bewusst wird.«

Das Prinzip Hoffnung

Leben und Handeln ohne Hoffnung also als der Inbegriff von Tragik, Hoffnung somit letzte, unverzichtbare Triebfeder. Nur in Nuancen anders Hannah Ahrendt (1960, S. 184):

»Verstrickt in spannende Geschichten«

> »Dass wir es als Lebende überhaupt aushalten, mit dem Tod vor Augen zu existieren, dass wir uns nämlich keineswegs so verhalten, als warteten wir nur die schließliche Vollstreckung des Todesurteils ab, das bei unserer Geburt über uns gesprochen wurde, mag damit zusammenhängen, dass wir jeweils in eine uns spannende Geschichte verstrickt sind, deren Ausgang wir nicht kennen. Der Lebensüberdruss, das taedium vitae, ist vielleicht nichts anderes als ein Erlahmen dieses Gespanntseins.«

Spannung als Lebensnerv?

Sollte das Durchlaufen »spannender Geschichten« – die wohl zwanglos als Handlungsepisoden mit Spannung und Lösung zu übersetzen sind – tatsächlich alles sein, was uns vom Selbstmord abhält?

Vom Lebenssinn

Nach Viktor Frankl (1977), der die Sinnfrage in den Mittelpunkt seiner Logotherapie stellt, braucht der Mensch, um sich im Leben zu stabilisieren, in erster Linie die Einbettung seiner Episoden in einen übergeordneten Zielrahmen, der über den, der ihn trägt, hinausweisen muss. Wo dieses letzte Ziel, der »Lebenssinn«, gefunden sei, würden auch Fehlschläge verkraftet. (Frankl selbst überstand einen KZ-Aufenthalt, währenddessen er andere Häftlinge psychisch stützte.)

»Existentielle Frustration«

Für die »noogene Neurose«, das »Leiden am sinnlosen Leben« – das in der Symptomatik Burnout sehr ähnelt – macht Frankl Gewissenskonflikte, Wertkollisionen oder »existentielle Frustration« verantwortlich.

Zum »existentiellen Vakuum« schreibt er:

»Der Mensch weiß nicht, was er will«

> »Im Gegensatz zum Tier sagen dem Menschen keine Instinkte, was er muss, und im Gegensatz zum Menschen von gestern sagen dem Menschen von heute keine Traditionen mehr, was er soll. Nun, weder wissend, was er muss, noch wissend, was er soll, scheint er oftmals nicht mehr recht zu wissen, was er im Grunde will« (1977, S. 13).

Auf der Suche nach Sinn

Da wir uns ohnehin längst auf philosophischem Terrain befinden, erlaube ich mir, einen Autor anzuführen, der wohl nicht zufällig kulturelle und religiöse Wurzeln im Orient besitzt. Peseschkian (1983), der seine »Psychotherapie der kleinen Schritte« mit dem Titel »Auf der Suche nach Sinn« überschrieben hat, zitiert folgende »orientalische Weisheit«:

Die Macht der Vorsehung

> »Alles, was geschieht und uns zustößt, hat einen Sinn; doch ist es oft schwierig, ihn zu erkennen. Auch im Buch des Lebens hat jedes Blatt zwei Seiten. Die eine, obere, schreiben wir Menschen mit unserem Planen, Wünschen und Hoffen, aber die andere füllt die Vorsehung, und was sie anordnet, ist selten unser Ziel gewesen« (S. 233).

Lebenssinn jenseits von Kontrolle

Das erinnert an das Grundthema der griechischen Tragödie: der Mensch als Spielball der Götter (vgl. Klinger, 1977, S. 137). Lässt sich daraus die Forderung ableiten, den Sinn des Lebens nicht ausschließlich im Kontrollieren von Geschehen zu suchen – und den eigenen Wert nicht nur in erbrachter Leistung? Ich werde im ► Kap. 4 auf die Frage zurückkommen.

3.11 Fallbeispiel: Burnout einer Krankenschwester

Schwartz & Will (1953, Nachdruck 1961) haben den Burnout-Prozess einer Krankenschwester ausführlich dokumentiert, selbstverständlich ohne den Terminus bereits zu verwenden. Da sich das Beispiel zur Illustration ausgezeichnet eignet, will ich ihre Studie hier kurz wiedergeben.

Ein engagiertes Team

Der Fall trägt sich auf einer Pflegestation für psychiatrische Langzeitpatienten zu. Obwohl es sich um eine Patientenkategorie handelt, bei der allenfalls kaum wahrnehmbare Besserung zu erwarten ist, wird das Pflegepersonal als engagiert, empathisch und hochmotiviert beschrieben. Nur gelegentlich, so berichten die Autoren, treten Phasen der Entmutigung auf. Mit einer solchen Krise beginnt nun die Geschichte, deren Protagonistin eine Krankenschwester namens Miss Jones ist.

Chaos auf der Pflegestation

Miss Jones kehrt nach einer kurzen Abwesenheit mit ihrem gewohnten Enthusiasmus auf die Station zurück, die sie in desorganisiertem Zustand vorfindet.

- Die Oberschwester ist durch eine Vertretung ersetzt.
- Mehrere Kolleginnen fehlen.
- Der Dienstplan wird nicht eingehalten.
- Die Qualität der Krankenpflege ist gesunken.
- Die Patienten sind unruhig.
- Das Personal ist erschöpft.
- Die gegenseitige Abstimmung klappt nicht mehr – es herrscht allgemein niedrige Arbeitsmoral.

Schwierige Patienten

Eine erste Zielvereitelung erlebt Miss Jones, als sie Vorschläge zur Reorganisation der Station macht: Sie erntet bei den Kolleginnen Desinteresse oder offenen Widerstand. Sei es, dass sie keine Kämpfernatur ist, sei es, dass sie sich von der allgemeinen Lustlosigkeit anstecken lässt: Miss Jones beharrt nicht, sondern beschließt, sich verstärkt den einzelnen Patienten zu widmen, die ihr nun ihrerseits gestörte Handlungsepisoden am laufenden Band bereiten. Teils aus Ressentiment gegen die von den anderen Schwestern erhaltene schlechte Behandlung, teils, weil ihre Ängste durch das allgemeine Chaos verstärkt werden, zeigen aggressive Patienten mehr Aggression als gewöhnlich, werden zurückgezogene Patienten noch unzugänglicher; alle werden anspruchsvoller und störrischer, mit einem Wort: schwieriger.

Falsche Erwartungen

Der entscheidende Fehler in Miss Jones‘ Planung ihrer Interaktionen mit den Patienten scheint nun das Außerachtlassen dieser absehbaren Entwicklung zu sein. Sie hat offenbar nicht erwartet, die Folgen der Fehler ihrer Kolleginnen mit ausbaden zu müssen, hat möglicherweise sogar gehofft, als die Einzige, die sich noch Mühe gibt, besonderes Entgegenkommen zu ernten.

Fehlzuschreibungen

Am Ende der ersten Woche nach ihrer Rückkehr haben sich jedenfalls zahlreiche Episoden ereignet, die sie als Misserfolge bewertet. Die Attributionen für diese Störungen sind zunächst internal, global und stabil; später external, global und stabil. Folgt man Schwartz & Wills Analyse, so wäre eine realistische Attribution external (aber nicht an die Patienten, sondern an das Personal), spezifisch und labil gewesen.

Ein Gefühl von Versagen

Es ist nun bei Miss Jones eine Veränderung ihrer Anreizlandschaft zu vermuten. Die Misserfolge nagen an ihrem beruflichen Selbstbewusstsein, das sehr davon abhängt, ihre eigenen hohen Leistungserwartungen und die ihrer Klinik zu erfüllen. Miss Jones beginnt, sich als Versager zu fühlen.

Das mündet in einen Teufelskreis:

Ein erster Teufelskreis

> »Je mutloser sie wurde, desto mehr Fehlschläge erlebte sie bei den Patienten; je mehr Fehlschläge sie hatte, desto mutloser wurde sie. In diesem Zustand begann sie, sogar solche Situationen als Misserfolg zu bewerten, in denen sie recht tüchtig gewesen war« (Schwartz & Will, 1961, S. 568).

Ärger und Feindseligkeit keimen

Im Gefolge dieser depressiv gefärbten Bilanzen keimen Ärger und Feindseligkeit, zunächst eher versteckt gegen die Kolleginnen und die Klinikverwaltung, die nichts gegen die Personalknappheit tut; dann gegen die Patienten, die ihre Motive frustrieren. Sie beginnt, die Patienten als hoffnungslose Fälle zu sehen, an die man besser keine Zeit verschwendet; je mehr ihr Verhalten diese veränderte Einstellung widerspiegelt, desto mehr Ablehnung – und damit Rechtfertigung der Einstellung – erfährt sie.

Beim Versuch, ihre Erfahrungen zu bewältigen, erweitert sich der Teufelskreis:

Ein zweiter Teufelskreis

> »Je mehr sich ihre Beziehung zu den Patienten verschlechterte, desto stärker wurden ihre Schuldgefühle und desto geringer wurde ihre Hoffnung, irgendetwas Konstruktives bei ihnen bewirken zu können. Je weniger Hoffnung sie für sich selbst hatte, desto mehr sah sie die Patienten als hoffnungslos. Die Patienten als chronische Fälle zu sehen, linderte ihr schlechtes Gewissen und diente als Entschuldigung dafür, sich nicht besonders für sie anzustrengen. … Gleichzeitig hatte sie das Gefühl, dass diese Einstellung falsch war, da sie von der Aussichtslosigkeit der Patienten nicht überzeugt war (Schwartz & Will, 1961, S. 569).«

Müde und gleichgültig

Während der zweiten Woche entwickelt Miss Jones extreme Müdigkeit und Gleichgültigkeit. Ihr Grundgefühl zu dieser Zeit charakterisieren die Autoren mit den Worten: »Niemand kümmert sich um mich, also werde ich mich auch um niemanden kümmern.« Sie beschließt, ein paar Tage nicht zur Arbeit zu gehen.

Schwartz & Will beschreiben zwei weitere Konsequenzen:

- Eine Verengung des Blickwinkels,
- eine Tendenz zu Rückzug und Vereinsamung.

Negativismus und Rückzug

Miss Jones sieht ausschließlich die negativen Aspekte der Station, der Patienten und ihrer eigenen Bemühungen. Diese Ausblendung aller positiven Beobachtungen dient zur Rechtfertigung ihrer Resignation, welche wiederum ihre Depersonalisation der Patienten und die Stereotypisierung ihrer eigenen Handlungsepisoden rechtfertigt. Parallel dazu vergrößert sie die affektive, kommunikative und physische Distanz zum Geschehen: Sie reduziert ihr emotionales Engagement, spricht kaum noch mit den Kolleginnen (auch zur Verheimlichung ihres Zustands) und geht sporadisch nicht zum Dienst. Ihre Arbeit erscheint ihr mittlerweile sinnlos.

Eingriff von außen

Während der dritten Woche interveniert einer der Autoren. Es beginnen vorsichtige Gespräche mit der Schwester, die zunächst nur die Funktion haben, ihre Gefühlslage zu ventilieren. Nachdem einiges Vertrauen hergestellt und einiger Dampf abgelassen ist, wird Miss Jones geraten, ihre Strategien zu ändern: Statt die Situation ändern oder ihr entkommen zu wollen, solle sie versuchen, sie zu beobachten und zu verstehen.

Analyse statt Abwehr

Nach gewissen Anfangsschwierigkeiten mit dieser analytischen Einstellung gibt es einige Aha-Erlebnisse. Gleichzeitig steigt die Effektivität im Umgang mit Patienten und Kolleginnen, was im Wege der Rückkopplung die Lage am Ende der fünften Woche wieder auf den Normalzustand bringt.

Ein Beispiel für realistischere Erwartungsbildung und entsprechend positive Episodenbilanz liest sich, in den Worten der Krankenschwester, so:

»Man sieht die Dinge in anderem Licht«

> »Man sieht die Dinge in anderem Licht. Sogar wenn E sich Tag für Tag nicht aus dem Bett rührt, kann man sich wenigstens ein bisschen zu ihr

setzen, und wenn man's tut, sieht man Veränderungen. Heute zum Beispiel – ich saß lange bei ihr – sagte sie überhaupt nichts, bewegte sich oder reagierte kaum, aber sie war entspannter. Ihre Hände waren keine Fäuste mehr. Sie sah mich an; wir fühlten uns beide wohl. Ich dachte bei mir, dass es ihr heute immerhin 10 oder 20 Minuten lang besser ging. Meine Erwartungen an sie und an mich waren andere. Ich hatte das Gefühl, dass es für uns beide eine nützliche Sache war« (Schwartz & Will, 1961, S. 580).

Neue Hoffnung

Die Autoren tun sich etwas schwer, den Erfolg ihrer Intervention zu erklären. Ich vermute, dass der entscheidende Punkt die Anregung eines neuen Motives (»Einsicht in die Lage gewinnen«) und die gleichzeitige Bereitstellung einer effektiven Strategie (»Beobachten und Analysieren«) war. Es wurde so ein Anreiz aktiviert und sogar erreicht, wenigstens auf einem anderen Feld die verlorengegangene Autonomie wiederzugewinnen. Das schaffte eine ausgeglichenere Gefühlslage, in der auch das Denken wieder freier wurde.

Wieder klarer Kopf

Mit dem gestärkten Selbstvertrauen konnten die gewonnenen Erkenntnisse dann auch in verbesserte Handlungsplanung und befriedigende Bilanz der ursprünglich gestörten Handlungsepisoden umgesetzt werden. Die negativen Einstellungsänderungen wurden rückgängig gemacht. Man kann annehmen, dass die Protagonistin für die nächste vergleichbare Krise besser gewappnet war.

Manchmal reicht schon Beratung

Der Fall eignet sich deshalb so gut zur Veranschaulichung der Handlungstheorie von Burnout, weil der Prozess überwiegend aus diskreten Handlungsepisoden von überschaubarer Dauer besteht (z. B. Verlassen des Stationszimmers, Interaktion mit Patienten, Rückkehr). Im Übrigen stellt er ein ermutigendes Beispiel für eine individuumszentrierte Intervention dar, die lediglich aus nondirektiver Beratung mit dem Ziel größerer kognitiver Klarheit bestand. Ich habe die Hoffnung, dass auch die hier vorgestellten rein theoretischen Analysen ihren Wert für Prävention und Behandlung des Burnout-Syndroms erweisen werden.

3.12 Persönliche Risikofaktoren

3.12.1 Persönlichkeit versus Umwelt als Burnout-Faktoren

Wer ist schuld an Burnout?

Kaum eine Diskussion über Burnout, in der nicht rasch die Rede auf die Frage käme, wo denn nun die »Schuld« liegt: beim Individuum oder bei den Lebensumständen. Nicht selten nimmt das Gespräch an dieser Stelle eine gewisse Schärfe an; gerade für selbst Betroffene ist dies ein brisantes Thema. In der amerikanischen Burnout-Literatur, in der Sozialpsychologen dominieren, hat man sich überwiegend entschieden, die Umwelt verantwortlich zu machen (z. B. Aronson et al., 1983, S. 44, 74, 166; Karger, 1981; Maslach, 1982a, S. 9ff.; Maslach & Leiter, 1997) – was manche derselben Autoren übrigens nicht hindert, »die« Persönlichkeit des Ausbrenners ausführlich zu beschreiben.

Verschiedentlich ist diese Attribution damit begründet worden, dass nur so Ausbrenner erst einmal moralisch entlastet werden könnten und anschließend zu konstruktiveren Lösungen befähigt würden, was wahrscheinlich stimmt.

Auch wird gelegentlich vertreten, Änderungsversuche könnten aussichtsreich nur auf der Ebene des Arbeitsteams oder gar der ganzen Organisation, jedenfalls also »außen«, ansetzen – was nicht stimmt.

Ein Scheinproblem

In Wirklichkeit handelt es sich um ein Scheinproblem. Das wird rasch klar, wenn man formal analoge Fragen wie die beiden folgenden betrachtet:

Schwerer Fisch an dünner Schnur

- Wenn eine Angelschnur reißt – war dann die Leine zu dünn oder der Fisch zu schwer?
  Oder:
- Wenn ein Hochspringer die Latte reißt – lag dann die Marke zu hoch oder war der Sprung zu niedrig?

Offensichtlich sind beide Fragen im strengen Sinne unentscheidbar. Dennoch neigen wir im Alltagsleben spontan zu einer der beiden Antworten. Welche Attribution wir vorziehen, hängt von inter- und intraindividuellen Vergleichen ab. So werden wir die »Schuld« eher dem Springer geben, wenn die Sprunghöhe von den meisten vergleichbaren Sportlern zu schaffen ist, oder wenn wir wissen, dass er selbst diese Höhe bislang ausnahmslos überwunden hat. Anders ist es, wenn die Latte oberhalb der Weltrekordmarke lag.

Extremfälle sind selten

Ebenso gibt es wahrscheinlich extreme Lebensumstände – vor allem wohl: Arbeitsbedingungen – die über kurz oder lang selbst den Stabilsten und Geschicktesten zermürben, wie es auch solche gibt, unter denen Burnout fast nie auftritt. Und es gibt Menschen, die zum Ausbrennen prädestiniert sind. Wie ein Milieu aussehen kann, das solchermaßen disponierte Individuen erzeugt – »eine ganz normale Familie« – ist z. B. in Arthur Millers *Tod eines Handlungsreisenden* zu besichtigen. An einer Stelle sagt der Problemsohn sinngemäß zu seinem Vater:

> »Du hast immer erwartet, dass ich bei allem, was ich anfange, in zwei Wochen an die Spitze gelange«

– wahrlich ein Burnout-Lebensprogramm. Extremfälle beider Sorten – Situationen und Persönlichkeiten – dürften aber die Ausnahme sein.

Gefährdeter Mensch in gefährdenden Umständen

Damit sind wir schon mitten in Spekulationen über persönliche Dispositionen. Bevor ich hier ins Detail gehe, möchte ich noch einmal betonen, dass stets zwei Komponenten zusammentreffen müssen, die einzeln genommen notwendige, aber nicht hinreichende Bedingungen sind: ein *Misfit*

- von gefährdetem Individuum und
- gefährdenden Umweltbedingungen.

Niemand ist immun

Und gefährdet sein kann selbst ein äußerst widerstandsfähiges Individuum, z. B. dann, wenn einer aktuellen Situation eine lange Kette von frustranen Episoden vorangegangen ist, die die verfügbaren Coping-Ressourcen soweit erschöpft haben, dass nur noch der gewisse Tropfen fehlt, um das Fass zum Überlaufen zu bringen. Hinreichend für den Start eines Burnout-Prozesses sind dann die Erfahrungen, die das Individuum in Umweltsituationen macht, genauer: die Verarbeitung dieser Situationen (vgl. Jenkins, 1979).

Eine Wechselwirkung

Die Sache wird begrifflich dadurch noch komplizierter, dass es sich nicht, wie bei dem Angelschnurbeispiel, um einen eindimensionalen Vergleich von Determinanten wie Masse und Tragkraft handelt. Lehrer X mag an der quirligen, undisziplinierten Klasse A seine Freude haben, in der apathischen Klasse B dagegen sein Burnout erleben. Für Lehrer Y, der Probleme mit der Disziplin hat, mag es genau umgekehrt sein.

Entscheidend ist der Blickwinkel

Im Prinzip dasselbe Thema ist übrigens lange Zeit in der Persönlichkeitsforschung unter dem Etikett »Person vs. Situation« debattiert worden. Inzwischen scheint der vorherrschende Standpunkt irgendeine Spielart von »Interaktionismus« zu sein (z. B. Bowers, 1973), also eine Sichtweise, die die Wechselwirkung der beiden Faktoren für ausschlaggebend hält. Dort ist übrigens auch die entscheidende Bedeutung des Forschungsblickwinkels erkannt worden: Hält man die »objektiven« Arbeitsbedingungen weitgehend konstant – indem man z. B. mehrere Krankenschwestern derselben Station untersucht –, dann rücken die individuellen Reaktionsweisen ins Blickfeld. Geht man dagegen den Gründen nach, warum z. B. in verschiedenen, aber vergleichbaren Abteilungen derselben Organisation Krankmeldungen so unterschiedlich häufig sind, dann geraten zwangsläufig situative Faktoren in den Brennpunkt.

Ein Ergebnisbeispiel

Eine methodisch anspruchsvolle Studie von Parkes (1986), die Person-, Umwelt- und Situationseinflüsse auf das Coping-Verhalten von Schwesternschülerinnen untersuchte, fand teils hochkomplexe Wechselwirkungen. Ein Ergebnisbeispiel: Höhergradig neurotische Probandinnen neigten umso stärker zu inaktivem Coping, je niedriger die Arbeitsanforderungen auf einer Krankenstation waren, weniger neurotische zeigten diese Neigung sowohl auf wenig fordernden als auch auf anforderungsreichen Stationen.

Allerdings: Auch wenn es sich um signifikante Resultate handelt, habe ich wenig Hoffnung, dass sich derlei replizieren ließe.

3.12.2 Disponierende Persönlichkeitsmerkmale

Widersprüchliche Beschreibungen

Die »Persönlichkeit des Ausbrenners«, soviel sei vorausgeschickt, gibt es wahrscheinlich nicht. Vielleicht werden sich später einmal Persönlichkeits-Cluster, d. h. verschiedene »Typen«, aus empirischen Analysen destillieren lassen (z. B. Schaarschmidt & Fischer, 2001). Einstweilen müssen wir einige eklatante Widersprüche in der Literatur zur Kenntnis nehmen. So schreiben Freudenberger & Richelson (1980, S. 40):

»Dynamisch, charismatisch, zielstrebig …«

> »Das Ausbrennen beschränkt sich hauptsächlich auf die dynamischen, charismatischen und zielstrebigen Männer und Frauen, auf jene ausgemachten Idealisten, … die sich bei allem, was sie tun, voll und ganz einsetzen und auch innerlich daran beteiligt sind.«

Nicht ohne Verblüffung liest man daraufhin Maslachs (1982a, S. 63) Charakterisierung, die sich auf Fragebogenergebnisse aus der Dissertation von Gann (1979) stützt:

»… ohne Selbstvertrauen, Ehrgeiz, Ziele«

> »… dem burnoutgefährdeten Individuum fehlt Selbstvertrauen, es besitzt wenig Ehrgeiz, ist zurückhaltend und konventionell. Ein solcher Mensch hat weder klar definierte Zielvorstellungen noch das erforder-

> liche Maß an Entschlossenheit und Selbstsicherheit, um Ziele zu erreichen.«

Man wird an die Beschreibung des »typischen« Alkoholikers bei Miller (1976) erinnert:

> »Der durchschnittliche Alkoholiker ist ein passiver, überaktiver, gehemmter, ausagierender, zurückgezogener, geselliger Psychopath mit ausgeprägtem Gewissen, der als Folge exzessiver und ungenügender mütterlicher Zuwendung schwache Abwehrmechanismen abwehrt.«

Gibt es zwei Burnout-Typen?

Oder lässt sich das doch vereinbaren? Abgesehen von der Möglichkeit, dass sowohl Freudenbergers als auch Maslachs Typen gleichermaßen burnoutgefährdet sein können, ist es natürlich auch denkbar, dass Letzterer am Ende, Ersterer am Anfang seines Burnout-Prozesses beobachtet wurde, oder dass Maslach eher »*Wearout*« im Sinne Fischers (► Absch. 1.4.6) beschreibt. An anderer Stelle spricht auch Freudenberger (1982) von zwei burnoutträchtigen Persönlichkeitstypen.

- Der eine sehe sich als »Mitläufer, leistungsschwach, überempfindlich, passiv und liebesbedürftig«,
- der andere als »gesellig, begabt, wach, manchmal frenetisch und leistungsstark« (S. 178).

Hungrig nach Anerkennung

Einige Merkmale seien beiden Typen gemeinsam: Einsamkeit in der Kindheit und auch im Erwachsenenalter, Unfähigkeit zum Gefühlsausdruck und zur Selbstbehauptung, Hunger nach Anerkennung.

Das »wahre« und das »falsche« Selbst

Das Changieren zwischen Extremen in den obigen Charakterisierungen der »Ausbrennerpersönlichkeit« wäre schließlich auch dadurch erklärbar, dass es sich um die beiden Gesichter ein und desselben Januskopfs handelt. In Johnsons (1988) Analyse des »narzisstischen Persönlichkeitsstils« ebenso wie bei Freudenberger & Richelson (1983) gibt es die von dem Psychoanalytiker Kohut entlehnte Figur der Spaltung in ein »wahres« und ein »falsches« oder »vorgestelltes« Selbst.

Alles für die Fassade

> »Zugleich aber verlangt das vorgestellte Selbst, das Image, zunehmend nach Verstärkung, denn das wahre Selbst wurde als wertlos verdammt, und das vorgestellte verlangt nach einer Kompensation für alles, was es von innen nicht mehr bekommt. … Das betroffene Individuum … verabscheut dieses wahre Selbst dermaßen, dass es ins andere Extrem oder in was auch immer verfällt. Im Grunde aber führt es niemanden als sich selbst an der Nase herum, und es muss sich dermaßen anstrengen, sein Image aufrechtzuerhalten, dass diese Anstrengung allein schon zur Quelle seines Zusammenbruchs, seines »Burn-Out«, werden kann. Die Fassade zu wahren, wird zur wichtigsten Sache des Lebens, und der Betroffene investiert seine ganze Energie dafür (Freudenberger & Richelson, 1983, S. 67f.).«

Das versteckte Kind

Ganz ähnlich Fischer (1983): »Echte« Fälle von Burnout (▶ Abschn. 1.4.6) klammerten sich verzweifelt an ihr Ideal von »Besonderheit«. Was sie selbst als Gefühl von Hilf- und Hoffnungslosigkeit schilderten, sei von Außenstehenden als Depression fehletikettiert worden. In Wirklichkeit handele es sich nicht um Trauer; vielmehr manifestiere sich so die Furcht, als »Kind in der Verkleidung eines Erwachsenen« entlarvt zu werden.

Plausibel, aber spekulativ

Der Stellenwert all dieser Mutmaßungen ist schwer einzuschätzen. Ursache und Wirkung sind in Querschnittuntersuchungen nun einmal prinzipiell nicht auseinanderzuhalten. Längsschnittstudien haben allerdings auch nicht viel Klarheit geschaffen (vgl. Burisch, 2002). Darum sind sämtliche folgenden Ausführungen bestenfalls plausibel, aber spekulativ.

Um die Übersicht etwas zu erleichtern, habe ich die Charakteristika in fünf Grobkategorien eingeteilt:

- Allgemeine Persönlichkeitsmerkmale, Bedürfnisse, Motive,
- speziellere Persönlichkeitsstrukturen,
- Besonderheiten des Weltmodells,
- Fähigkeiten und Defizite,
- Coping-Stile.

Neurotizismus

Allgemeine Persönlichkeitsmerkmale, Bedürfnisse, Motive. In erster Linie sind hier die Merkmale aufzuführen, die den übergeordneten Faktor Neurotizismus ausmachen:

- Ängstlichkeit,
- mangelnde Selbstachtung,
- Neigung zu Irritationen, Sorgen und Depressionen;

ungefähr das Gegenteil von Kobasas (1979) »*Hardiness*«. McCranie & Brandsma (1988) fanden bei 440 Ärzten teils hochsignifikante, wenn auch zahlenmäßig geringe Korrelationen (maximal .17) zwischen diversen Skalen - z. B. Depression, Psychasthenie, soziale Introversion, Neurotizismus oder Insuffizienzgefühle - des *Minnesota Multiphasic Personality Inventory (MMPI)* einerseits und dem *Tedium Measure* andererseits. Das wäre nicht weiter bemerkenswert, hätten zwischen den beiden Fragebögen nicht 25 Jahre und entsprechend viele Studien/Berufsjahre gelegen. Das MMPI wurde nämlich am Beginn des Medizinstudiums, das TM entsprechend später ausgefüllt.

Labilität und Hilflosigkeit

Empirische Zusammenhänge fanden bereits Kahn et al. (1964). Geht man mit Huber (1983, S. 46ff.) davon aus, dass »vegetative« oder »emotionale Labilität« sowohl konstitutionsbedingt als auch die Folge von Langzeitstress sein kann, und erklärt man sich mit Seligman (▶ Abschn. 2.2.1) Depressionen aus speziell verarbeiteten Hilflosigkeitserfahrungen, dann liegt es nahe, hier einen geschlossenen Kreis zu vermuten. Unsichere, ängstliche, übererregbare Individuen werden schon a priori in ihren Handlungsvollzügen mehr Misserfolge erleben, was wiederum diese Ausgangsdispositionen verstärkt.

Schuldanfälligkeit

Schuldanfälligkeit und zwanghafte Neigungen, ebenfalls Komponenten von Neurotizismus, mögen über eine ähnliche Rückkopplungsschleife mit Burnout verquickt sein (Glicken, 1983). Eben die Dispositionen, die vermutlich Burnout begünstigen, sorgen dafür, dass Individuen an burnoutträchtige Positionen gelangen. Cobb (1978, S. 34f.) schreibt:

»Risikofälle erwünscht«

> »Verantwortung bringt gewöhnlich ... eine große Menge von Belohnungen ... mit sich. Das Risiko eines Misserfolgs ist jedoch oft sehr hoch ... Personen mit strengem Gewissen und/oder mäßig hoher Angst vor Misserfolg scheinen demnach in Tätigkeiten, die hohe Verantwortung mit einschließen, einem extremen Risiko ausgesetzt zu sein. Das sind jedoch genau die Personen, die in verantwortungsvollen Positionen erwünscht sind.«

Ich habe an anderer Stelle (Burisch, 1985) angemerkt, dass die Eigenschaften, die Lehrer zu Burnout prädestinieren – z. B. Idealismus, Sensibilität, unermüdlicher Arbeitseinsatz, hochgesteckte Ziele – größtenteils solche sind, die man sich beim Lehrer der eigenen Kinder wünscht.

Außenleitung

Ein verwandtes Persönlichkeitsmerkmal, das die Burnout-Literatur häufig in der einen oder anderen Form erwähnt, ist ein labiles Selbstwertgefühl, das in überstarkem Ausmaß von äußeren Bestätigungen abhängig ist, weil weder ein Fundus in stabiler Akzeptanz aller Persönlichkeitsanteile noch die Fähigkeit vorhanden ist, sich selbst zu belohnen und zu bestätigen (vgl. Carroll, 1980). Umgekehrt ist die Pufferung zwischen Zielverfehlung und Selbstbild im Weltmodell vermutlich unterentwickelt.

Quellen externer Bestätigungen können in erster Linie sein:

- Liebe (Beachtung, Zuwendung, Dankbarkeit, Wichtigschätzung),
- Leistung (Erfolg, Anerkennung),
- Macht (Einfluss auf Menschen).

Ein hochgradiges Bedürfnis nach Erfolg

Die oft erwähnte »Intensität« von Ausbrennern könnte nichts anderes sein als ein hochgradiges Bedürfnis, erfolgreiche Handlungsepisoden häufig zu durchlaufen (vgl. Freudenberger & Richelson, 1983, S. 125). Möglicherweise steckt hinter diesem Bedürfnis primär die Notwendigkeit, sich periodisch der eigenen Autonomie, ja Großartigkeit, zu versichern, d. h. die Verfügbarkeit der Ressourcen zu prüfen. Selbstverständlich ist auch an die umgekehrte Kausalrichtung oder an ein gegenseitiges »Aufschaukeln« zu denken: Wer häufiger Autonomieverluste erlitten hat, entwickelt den Zwang, immer und überall den Grad der vorhandenen Autonomie zu testen, was wiederum häufiger Autonomieeinbußen offenbart, usw. Die von Petrie & Rotheram (1982) gefundene Korrelation von –.70 zwischen Selbstachtung und Stressbelastung bei Feuerwehrleuten lässt sämtliche Interpretationen offen.

Das »hochreaktive Temperament«

Ich könnte mir vorstellen, dass sowohl »vegetative Labilität« als auch labiles Selbstwertgefühl gewisse Querverbindungen zu dem Temperamentsmerkmal Reaktivität unterhalten, das seit etwa drei Jahrzehnten von polnischen Psychologen erforscht wird. In der Nachfolge Pawlows und anderer sowjetischer Forscher grenzt insbesondere Strelau (1983, 1987) »Temperament« im Sinne biologisch, durch Eigenschaften des Nervensystems determinierter Merkmale ab von »Persönlichkeit« als Gesamtheit der in Interaktion mit der Umwelt entwickelten Züge.

Reaktionsschnell, aber rasch ermattet

Reaktivität wird alternativ durch einen von Strelau entwickelten Fragebogen, durch die Reaktionszeit oder durch EEG-Parameter gemessen. Hochgradig reaktive Menschen besitzen eine niedrige Schwelle für Reaktionen (vor allem emotionale) auf externe und interne Stimuli, da sie einen internen Reizverstärkungsmechanismus besitzen. Ihre Reaktionen ermüden aber schnell; solche Menschen besitzen wenig Ausdauer. Nicht nur liegt ihr optimales Aktivationsniveau niedriger, der Toleranzbereich, unterhalb dessen Langeweile und oberhalb dessen Angst einsetzt, ist auch schmaler als bei niedrig Reaktiven, die in allem das Gegenteil darstellen.

Ungeduld und geringe Belastbarkeit

Eine große Anzahl von Feldstudien und Experimenten hat inzwischen Unterschiede, u. a. im Arbeitsverhalten der beiden »Typen« herausdestilliert, freilich meist durch Vergleich von Extremgruppen (d. h. unter Ausklammerung des Mittelbereichs) und nicht immer replizierbar. So liegt bei Hochreaktiven das zeitliche Verhältnis von Haupt- zu Hilfstätigkeiten niedriger, sie werden bei Behinderungen schneller ungeduldig und zeigen unter quantitativer Arbeitsüberlastung stärkere Leistungsbeeinträchtigungen und mehr negative Affekte.

Ein simuliertes Büro

Zur Illustration ein sehr realitätsnahes Experiment von Mündelein & Schönpflug (1983). An einem simulierten Büroarbeitsplatz waren Aufgaben zu erledigen, die denen eines Versicherungssachbearbeiters entsprachen. Neben dieser Primärtätigkeit konnten die Versuchspersonen (Berufstätige aus dem entsprechenden Gebiet) Handlungen ausführen, die die Richtigkeit ihrer Aufgabenlösung sicherten, und solche, die eine erzwungene Arbeitsunterbrechung (Computerausfall) verhinderten. Hochreaktive Versuchspersonen arbeiteten schneller und fehlerfreier, sie führten auch mehr sichernde und präventive Handlungen aus als die Niedrigreaktiven. Bei Aufgaben, die schließlich falsch gelöst wurden, zögerten sie länger. Ihr Puls beschleunigte sich zu Anfang des Versuchs stärker, ein Unterschied, der sich im weiteren Verlauf wieder nivellierte (vgl. auch Mündelein, 1982).

Wie war nun Reaktivität definiert? Es wurde die Übersetzung von Strelaus Fragebogen eingesetzt, der die Neigung messen soll, die eigene »Erregung aufgrund von Reizverstärkung über ein optimales Niveau … hinaus zu steigern«. Der hochreaktiven Gruppe wurde nur zugewiesen, wer außer einem hohen Fragebogenscore überdurchschnittlich schnelle präventive Reaktionen auf die Ankündigung einer Unterbrechung zeigte. Hier scheint sich also der bei Arbeitgebern beliebte Angestelltentyp versammelt zu haben, der nicht jeden abgebrochenen Bleistift zum Anlass einer Kaffeepause nimmt – was auch den höheren Arbeitseinsatz erklären würde.

Eine biologische Basis für Burnout

Obwohl ich bei biologistischen Erklärungen eher skeptisch bin, scheint es mir doch lohnend, dem möglichen Zusammenhang von Reaktivität und Burnout nachzugehen. Die schon einmal apostrophierte »Intensität« könnte auch mit der Neigung zusammenhängen, rasch Anreize wahrzunehmen, Zielbindungen einzugehen – und dann auf dem Weg zum Ziel Geduld oder Ausdauer zu verlieren.

Klonowicz & Zawadzka (1988, S. 3) haben, einstweilen ebenfalls mehr hypothetisch, Reaktivität mit Kontrollbedürfnis in Verbindung gebracht:

»Eine Menge unnötiger Stress«

> »Man kann vermuten, dass Hochreaktive ihre Stimulation kontrollieren müssen, um die Gefahr der Überstimulierung zu vermeiden. Eliasz argumentiert, dass Hochreaktive den Regulationsstandard schneller erlernen und dass die Stimulationskontrolle dem Zweck der Stimulanzoptimierung dient. Dabei tritt jedoch ein Handicap auf. Hochreaktive sind eher auf ihre soziale als auf ihre physikalische Umwelt einge-

3

stellt, und während sie sich gut an soziale Stimulierung anpassen können, leiden sie immer noch unter der physikalischen Reizüberflutung. Das stärkere Kontrollbedürfnis der Hochreaktiven macht sich schließlich selbständig, d. h., es löst sich vom Ausgangszweck der Stimulationsregulation und wird so fehlangepasst. Indem sie sich weigern, dieserart generalisierte Verantwortlichkeiten wieder abzugeben, mögen Hochreaktive sich eine Menge unnötigen Stress aufbürden: Erfolgreiche Kontrolle der sozialen Stimulation gleicht den Zuwachs an Neurotizismus nicht aus …«

Ein noch deutlicherer Hinweis auf mögliche Brücken zu Burnout findet sich bei Eliasz & Reykowski (1986, S. 197):

»Selbstberuhigung mittels Informationsausblendung«

»Man kann die Hypothese aufstellen, dass Hochreaktive motiviert sind, sich in andere Menschen einzufühlen, wenn deren Gefühlsausdruck nicht allzu lebhaft ist, oder andererseits, bei sehr starken empathieauslösenden Reizen, wenn das Individuum meint, die Situation seines Partners kontrollieren und so dessen emotionale Verfassung beeinflussen zu können. Wenn das stimmt, dann könnte bei Hochreaktiven prosoziales Verhalten als Folge von Empathie auftreten. *Bei dieser Kategorie von Menschen kann Empathie auch noch zu anderen Reaktionen führen, z. B. zu defensiven Verhaltensweisen (wie Angst und einer Tendenz zur Selbstberuhigung mittels Vermeidung und Informationsausblendung bezüglich des Leidens anderer) und zu Angriffen auf die Person, der die empathischen Gefühle gelten. (Es muss kein körperlicher Angriff, sondern kann z. B. Abwertung des Opfers sein; Reykowski, 1979).«* (Hervorhebung von mir.)«

Hier läge also eine Deutung von Depersonalisation auf einer ganz neuen Analyseebene vor. Einstweilen, das sei wiederholt, handelt es sich aber um eine bloße Vermutung.

Grenzsucher: Nie zufrieden

Besonders fatal wirkt sich ein labiles Selbstwertgefühl beim Typus des »Grenzsuchers« aus, der die eigenen Zielmarken laufend erhöht. Sei es, dass er zu Schuldgefühlen neigt, wenn er es sich bei irgendeiner Tätigkeit leicht macht (Perlman & Hartman, 1979, S. 12), sei es, dass, wie beim Süchtigen (Schmidbauer, 1983, S. 22), sein Hunger nach Stimulation und Aufregung (Glicken, 1983) einmal errungene Belohnungen rasch schal werden lässt (Meier, 1983) – für den Grenzsucher ist morgen nicht mehr gut, was heute gut genug war. Wenn er nicht fähig ist, die Sache spielerisch zu sehen, ist sein Burnout vorprogrammiert.

Suchtstruktur

Mit dem einstweilen mehr gleichnishaft gemeinten Stichwort »Sucht« ist übrigens eine Richtung angegeben, in der weiter zu suchen lohnend wäre (vgl. Fischer, 1983; Mentzel, 1979, 1987; Russland, 1988). Personen mit Neigung zur Substanzabhängigkeit kennzeichnet Greaves (1974, zit. in Greaves, 1983) als

»Die kindliche Fähigkeit zur Euphorie«

»… diejenigen, deren Fähigkeit, angenehme sinnliche Erfahrungen wahrzunehmen, ein deutliches Defizit aufweist; sie haben die kindliche Fähigkeit verloren, durch aktives Spiel, zu dem auch entspannende Sexualität gehört, eine natürliche Euphorie zu erzeugen. Nachdem sie

> mit Drogen experimentiert haben, neigen sie dazu, diese Wirkstoffe in großen Mengen zu verwenden, um auf passive Weise eine Euphorie zu erlangen oder zumindest, um einen Teil des Schmerzes und der Angst zu beseitigen, die mit einem apathischen, dysphorischen Lebensstil einhergehen.«

Seine Behandlungsempfehlungen decken sich durchweg mit den für Ausbrenner abgegebenen (▶ Kap. 4):

Natürliche Lustquellen

> »Wir müssen Programme anbieten, die das Bewusstsein der Körperempfindungen entwickeln, Psychotherapie, Kurse für Meditation und Ausdruckskunst und sollten sie zur Musik ermuntern, zum Tanzen, Fischen, Camping, Bootfahren, Fotografieren, zur Sexualität …« (Greaves, 1983; vgl. auch Cox & Klinger, 1987, 1988).

Was Ausbrenner motiviert

Mit dem Bedürfnisbegriff haben wir bereits die schlecht definierte Grenze von den Persönlichkeitsmerkmalen zu den Motiven überschritten. Schon Lazarus (1966) hat viele Belege dafür angeführt, dass die primäre Lageeinschätzung »Bedrohung« ein hochrangiges und stark ausgeprägtes Motiv voraussetzt. Stiensmeier (1986) konnte den Einfluss des Faktors »Wichtigkeit eines Misserfolgs« auf die »Lageorientierung« Kuhls in einem Experiment mit simulierten Situationen nachweisen. Auch in Wortman & Brehms (1975) Modell beeinflusst der Parameter »Wichtigkeit des Ziels« das Ausmaß der Reaktanz.

Zur qualitativen Eingrenzung nennt Maslach (1982a, S. 65ff.) vor allem Bestätigung/Zuneigung, Leistung sowie Autonomie/Kontrolle. Die beiden ersten Motivklassen sind schon angesprochen worden. (Hinzuzufügen ist lediglich, dass Probleme dann besonders leicht entstehen, wenn der Wunsch nach persönlicher Bestätigung von beruflichen, nicht privaten Partnern gestillt werden soll – z. B. von Schülern – und wenn er, weil tabuiert, nicht ins Bewusstsein dringen darf.)

Freiheit wozu oder wovon?

Das Kontroll- oder Autonomiebedürfnis ist als Konstrukt einstweilen wenig differenziert. In Burgers (1984) Fragebogenskala wird das Bedürfnis nach aktiver Kontrolle anscheinend nicht getrennt von dem Bedürfnis, frei von fremder Kontrolle zu sein. Auf feinkörnigerem Niveau separiert, könnten die beiden Unterkategorien durchaus unterschiedliche psychologische Implikationen haben.

Das Bedürfnis nach Wirksamkeit

In nicht ganz geklärten Zusammenhängen zu den oben genannten Motiven steht, was von White (1959) als »Kompetenz-Motivation« konzipiert, von Kusyszyn (1983) unter dem Oberbegriff »Effektanz-Motivation« begrifflich aufgespalten und von Lamont (1983) durch Fragebogenskalen der Messung zugänglich gemacht wurde. Kusyszyn und Lamont unterscheiden die drei Motivkategorien

- Wirkung auf Dinge,
- Wirkung auf Menschen,
- Wirkung auf sich selbst.

Es ließ sich nachweisen, dass erwartungsgemäß Techniker und Handwerker vor allem Wirkungen auf Dinge, Berufssportler und Berufstänzer Wirkungen auf sich selbst und Autoverkäufer und Lehrer Wirkungen auf Menschen ausüben wollten.

Ein gefährliches Omnipotenzbedürfnis

Während genügend intelligente und gut ausgebildete Ingenieure, soweit sich ihr Ehrgeiz ausschließlich auf die Beherrschung technischer Gegebenheiten erstreckt, gegen berufliches Burnout einigermaßen immun sein müssten, vermute ich, dass ein ausgeprägtes Effektanzmotiv der Kategorie »Wirkung auf Menschen« in der Tat zu Burnout prädestiniert. Während Sachmotivierte aus ihrer Tätigkeit die autarke Befriedigung von »Kunsthandwerkern« ziehen können (vgl. Cherniss', 1980a, Typ des »*Artisan*«), ist, wer andere beeindrucken, beeinflussen, verändern oder gar verbessern möchte, viel gefährdeter, speziell wenn sein Motiv die Stärke eines Omnipotenzbedürfnisses erreicht, wenn er wenig Ausweichmotive besitzt und sich in Ziele inflexibel verbeißt (z. B. Freudenberger & Richelson, 1983, S. 175). Wir werden auf ähnliche Gedankengänge im nächsten Abschnitt zurückkommen.

Motivkonflikte

Die Störungskategorie »negative Nebenwirkungen« ist sozusagen bereits vorprogrammiert, wo das Motivprofil in sich konflikthaft ist, wo also in einem Individuum Wünsche ausgeprägt sind, die sich zumindest partiell gegenseitig ausschließen (► Abschn. 2.1.4). Ein Beispiel ist der Wunsch nach Nähe und Harmonie einerseits, der nach Autonomie und Leistung andererseits. Bei Vorgesetzten manifestiert sich ein solcher Motivkonflikt oft in der Unfähigkeit, Anweisungen mit klaren Zielvorgaben zu erteilen. Kahn et al. (1964) stellen einen solchen Fall dar, in dem ein Industriemeister u. a. darum in einen burnoutähnlichen Zustand geriet, weil er auch Aufgaben, die er ohne Weiteres hätte delegieren können, stets selbst erledigte.

Risiko des Erfolgs

Ein anderes Beispiel eines Motivkonflikts liefern manche »soziale Aufsteiger«, etwa aus der Unterschicht stammende Akademiker, die mit dem Erwerb der »Einzigartigkeit« zugleich Gefahr laufen, die »Gleichartigkeit« zu verlieren, die ihnen Rückhalt und Geborgenheit bot.

Das Helfersyndrom

Speziellere Persönlichkeitsstrukturen. Das Burnout-Syndrom ist bekanntlich am ausführlichsten im Zusammenhang mit sozialen oder helfenden Berufen beschrieben worden. Die prägnanteste Analyse der disponierenden Persönlichkeitsstruktur hat Schmidbauer (1977) unter dem Begriff des »Helfersyndroms« geliefert. Beiträge zur Genese einer ähnlichen Struktur in der Kindheit stammen von Miller (z. B. 1979). Beide Autoren sind, anders als ich, Psychoanalytiker. Missverständnisse und unzulässige Vereinfachungen in meiner verkürzten Darstellung sind also einzukalkulieren.

Erkaufte Liebe

Als prägende Erfahrung des »oral-progressiven« oder »Pflegecharakters« sieht Schmidbauer eine ungenügende Befriedigung oraler bzw. narzisstischer Bedürfnisse in der frühen Kindheit. Anders als der »oral-regressive« Charakter – der dann die bevorzugten Hilfsbedürftigen des Helfers stellt – versucht der »oral-progressive« die vorenthaltene Akzeptierung und Zuwendung durch eigene Leistungen zu erkaufen, und zwar vor allem durch Leistungen genau der Art, die er sich selbst wünscht: Er gibt die Fürsorge, die er empfangen möchte.

»Aufopferung an die Aufgabe«

> »Im Gegensatz zum oral-regressiven Charakter haben die Pflegecharaktere aber eine aktive Abwehr aufgebaut (die Identifizierung mit dem altruistisch formierten Über-Ich), die sie von einem spendenden Objekt

unabhängig macht und ihnen die Möglichkeit gibt, ihr ursprünglich schwaches Selbstwertgefühl durch die Aufopferung an eine große Aufgabe und die Dankbarkeit vieler Schützlinge zu stabilisieren (von denen sie auch – im Gegensatz zum oral-regressiven Charakter – weit weniger offen abhängig werden)« (Schmidbauer 1977, S. 121).

Auffällige Hilfsbereitschaft

Auf der Verhaltensebene konstituiert sich das Helfersyndrom durch eine auffällige Hilfsbereitschaft selbst in Fällen, wo Hilfe nicht wirklich nötig wäre, durch eine verringerte Fähigkeit zu anderen Kommunikationsformen als der vom Typ Helfer-Schützling und durch die Unfähigkeit, Forderungen zu stellen bzw. direkt und »unverdient« gewährte Zuwendung anzunehmen.

Was macht die so skizzierte Persönlichkeitsstruktur nun so anfällig für Burnout?

Gier nach Zuwendung

- Zum einen ist das Bedürfnis nach Zuwendung so immens – Schmidbauer spricht von »Gier« –, dass eine auch nur vorübergehende Sättigung kaum jemals eintritt. Dies schon darum, weil das »eigentliche« Bedürfnis in seiner regressiven »Urform« – bedingungslos angenommen und versorgt zu werden wie ein Kleinkind – beim Erwachsenen ja niemals befriedigt wird. (Ich vermute übrigens, dass noch ausschlaggebender das Bedürfnis ist, die Quelle der Befriedigung unter Kontrolle zu haben, d. h. *jederzeit* haben zu können, was man möchte.)

Ein unauflösliches Dilemma

- Zweitens ist die Zuwendung immer dann sofort gefährdet, wenn der helfende Kontakt eigentlich zum Erfolg geführt hat, d. h. wenn der Hilfsbedürftige weniger hilfsbedürftig wird, der Kranke gesundet, der Schwache stärker wird – ein unauflösliches Dilemma.

Unter der Decke der Verleugnung

- Drittens spielt sich die ganze Dynamik unter der Decke der Verleugnung ab, da der Helfer an sich selbst nichts mehr ablehnt und fürchtet, als die Bedürfnisse, die er bei anderen so leidenschaftlich gerne stillt (Reaktionsbildung).

»Altruistischer Egoismus«

Als Pointe sei übrigens erwähnt, dass Selye (1974/1977) unter dem Motto »Verdiene dir die Liebe deines Nächsten!« genau den Lebensstil des Helfers zur Immunisierung gegen Stress empfiehlt – mit dem einen entscheidenden Unterschied freilich, dass ein solcher »altruistischer Egoismus« bewusst und völlig frei von Illusionen und Scham über die eigenen Motive ist (vgl. Schmidbauer, 1982).

Internale kämpfen länger

Besonderheiten des Weltmodells. Vom Kontrollbedürfnis des Ausbrenners ist schon oben die Rede gewesen. Weiter entwickelt, aber auch widersprüchlicher stellt sich der Forschungsstand zu Kontrollüberzeugungen (»*Locus of Control*«; LOC) und Burnout dar. Es gibt umfangreiches Belegmaterial dafür, dass »Interne« – also Personen, die Erfolge und Misserfolge sich selbst zuschreiben – höhere Stresstoleranz besitzen als »Externe« – Menschen, die ihr Schicksal von äußeren Kräften oder vom Zufall bestimmt sehen (zusammenfassend Krampen, 1982, Abschn. 4.3). Externalität war in der schon erwähnten Studie von Kobasa (1979) ein Charakteristikum derjenigen, die unter Stress erkrankten. Ein Vermittlungsmechanismus könnte sein, dass Interne in gestörten Handlungsepisoden ausdauernder problemorientiertes Coping betreiben (Klinger, 1975) und darum häufiger doch noch zum Ziel kommen.

Internale sind auch tüchtiger

Veninga (1983) berichtet als Hauptergebnis einer umfassenderen Studie (Veninga & Spradley, 1981), burnoutresistente Individuen zeichneten sich vor allem durch drei Charakteristika aus: (a) Sie seien *Problemlöser,* d. h. solche, die anpacken, statt zu jammern – was ja einen gewissen Optimismus bezüglich der eigenen Fähigkeiten voraussetzt; (b) sie seien *Konfliktlöser* – was auch impliziert, sich aus Schlachten herauszuhalten, die nicht zu gewinnen oder so unwichtig sind, dass sie nicht geschlagen werden müssen; (c) sie achteten auf *realistische Erwartungen,* d. h. planten z. B. ein gewisses Maß unvermeidlicher Störungen in ihren Arbeitstag mit ein. Die Merkmale (a) und (b) haben offensichtlich viel mit internaler Attribuierung zu tun.

Fatalismus kann auch schützen

Ob jedoch Internalität burnoutimmunisierend oder -begünstigend wirkt, hängt mindestens von der tatsächlichen Kontrollierbarkeit der Situation ab, und die ist außerhalb des Labors a priori nie sicher zu beurteilen. Freudenberger (Freudenberger & Richelson, 1983, S. 23) berichtet, dass viele seiner Burnout-Patienten ursprünglich hochgradig internal attribuierten; »... schließlich verfügten sie ja über ausreichend Entschluss- und Willenskraft, mit allem fertig zu werden, was sich ihnen in den Weg stellt«. Das Problem begann, als die gewohnten Belohnungen durch eigene Anstrengungen nicht mehr zu erlangen waren.

Gefährliche Extreme

Savicki & Cooley (1982, S. 417) vermuten, dass bei Sozialberuflern sowohl ein unrealistisch interner als auch ein fatalistisch externer LOC Burnout begünstigen kann. Ersteres, weil man Fehlschläge eben nicht mehr achselzuckend abbuchen kann. Fleming et al. (1984) spekulieren, dass, wer die Welt weitgehend unter seiner Kontrolle sieht, auch mehr Dinge als Bedrohung dieser Weltsicht wahrnehmen könne. Und die z. B. von Schmidbauer (1977, S. 122) erwähnte Unfähigkeit, Hilfe zu suchen oder anzunehmen, lässt sich auch als Vermeidung der Kapitulationserklärung verstehen, die eine Relativierung eines extrem internalen LOC tatsächlich darstellen würde. Unsere Handlungstheorie vermutet ja als auslösendes Moment eines Burnout-Prozesses gehäufte Erfahrungen, in denen fälschlicherweise als internal kontrollierbar erwartete Episoden sich als external kontrolliert entpuppt haben – was eine generelle Verschiebung des LOC in externale Richtung bewirken mag.

Perfektionismus ohne Kompromiss

Die Neigung zu hochgesteckten und rigiden Zielen (Boy & Pine, 1980; Freudenberger & Richelson, 1983), der Perfektionismus, die Kompromissunfähigkeit vieler Ausbrenner sollen an dieser Stelle noch einmal erwähnt werden, weil sie, in Form des Weltmodells kristallisiert, in jede Handlungsplanung mit eingehen.

»Meine Arbeit ist mein Leben«

Berufsspezifische »Mythen« und persönliche »Lebensskripts« werden in der Burnout-Literatur verschiedentlich erwähnt (z. B. bei Edelwich & Brodsky, 1980). Forney et al. (1982) haben sieben Glaubenssätze formuliert, die sie in ihrer Stichprobe von 24 Berufsberatern gehäuft antrafen:

- »Meine Arbeit ist mein Leben.«
- »In meinem Beruf muss ich uneingeschränkt kompetent und in der Lage sein, jedermann zu helfen. Ich muss meine Arbeit stets in Topform und mit Energie und Begeisterung tun.«
- »Um meine Arbeit leisten zu können und für mein eigenes Selbstwertgefühl ist es erforderlich, dass ich von allen gemocht und geachtet werde, mit denen ich arbeite.«

- »Alle, mit denen ich es zu tun habe, sind von Natur aus widerborstig und schwierig; sie sollten anders sein.«
- »Jede Form negativer Rückmeldung zeigt an, dass ich irgendetwas falsch mache.«
- »Wegen meiner – und anderer – Fehler und Misserfolge werden die Dinge nicht so laufen, wie sie müssen.«
- »Die Dinge müssen so laufen, wie ich es will.«

»Ich werde es schaffen« – um jeden Preis

Forney et al. berichten, dass selbst die widerständigsten unter ihren Interviewpartnern mindestens einem dieser Mythen anhingen. Veninga (1979) fand unter Verwaltungsbeamten von Kliniken drei vorherrschende »Lebensskripts«:

- »Bau nur auf dich selbst.«
- »Meine Weltsicht ist die einzig richtige.«
- »Ich werde ans Ziel kommen, und wenn es mich umbringt.«

Letzteres Skript, insbesondere in Verbindung mit den beiden anderen, entspricht offensichtlich dem Verhaltenstyp A, den ich schon im Zusammenhang mit Herz-Kreislauf-Erkrankungen skizziert habe.

Wehrlos gegen miese Stimmung

Jones (1982a) fand Korrelationen zwischen elf irrationalen Überzeugungen einerseits (z. B. »Meine emotionale Misere wird von äußeren Kräften hervorgerufen, und ich kann diese Gefühle kaum kontrollieren oder ändern«) und Burnout andererseits. Er schlägt zur Behandlung Ellis' rational-emotive Therapie vor. Es ist plausibel, dass derartige Weltbilder sowohl auf die Situationswahrnehmung als auch auf Handlungsplanung und Coping-Prozesse Auswirkungen haben. Wahrscheinlich liegt hier ein aussichtsreicher Ansatzpunkt für die Burnout-Prophylaxe innerhalb der Ausbildung zu Helferberufen.

Tüchtige schaffen's leichter

Fähigkeiten und Defizite. Zunächst einmal, soviel ist trivial, werden bei sonst gleichen Ansprüchen und Umständen tüchtigere Individuen seltener gestörte Handlungsepisoden erleben und ihre Coping-Fähigkeiten weniger strapazieren müssen. Im Zusammenhang mit Depression als Stressfolge schreibt McLean (1976, S. 303):

Scheitern, Selbstabwertung, Rückzug

> »Überlegen wir, … was es bewirkt, selbst bei einfachen Aufgaben nach persönlichen Maßstäben chronisch zu scheitern. Der Stress aus derartigen Quellen scheint kumulative Effekte zu haben; wenn er sich ausbreitet und wenig durch positive Erfahrungen kompensiert wird, beschäftigen sich viele Menschen mit negativen Selbstbewertungen. Wenn wir annehmen, dass die Selbstachtung größtenteils von positiver Rückmeldung seitens wichtiger Bezugspersonen abhängt, dann wird sozialer Rückzug, entweder wegen mangelnder sozialer Fähigkeiten oder wegen Interaktionsvermeidung, die Wahrscheinlichkeit der Selbstabwertung erhöhen.«

Kompetenz trainieren

Natürlich schützt, darauf wurde bereits oben hingewiesen, auch eine überdurchschnittliche Leistungsfähigkeit nicht vor Burnout, wenn sie, wie beim »Grenzsucher«, mit laufender Erhöhung der eigenen Leistungsansprüche verbunden ist. Noch pragmatischer sehen Heifetz & Bersani (1983) vor allem Ausbildungsdefizite jeder Art als verantwortlich; konsequenterweise wäre wiederum Training die Behandlung der Wahl. Carroll & White (1982, S. 49) schreiben:

> »Individuen mit Ausbildungs- und/oder Trainingsdefiziten sehen sich ständig Anforderungen und Problemen gegenüber, denen sie nicht gewachsen sind. Die daraus erwachsenden persönlichen und beruflichen Misserfolgserlebnisse öffnen Burnout die Tür ...«

Grenzen setzen lernen

Was hier global als »Defizite« angesprochen wurde, lässt sich in sehr viele Facetten aufgliedern. Ein solches Defizit, das gerade sehr empathiebegabten Helfern das Leben schwer machen kann, ist das Unvermögen, anderen Grenzen zu setzen, sich nicht »auffressen« zu lassen (Freudenberger & Richelson, 1983, S. 180ff.; Larson et al., 1978, S. 564; Maslach, 1982a, S. 62). Zweifellos liegt es primär in der beruflichen Rolle der Helferberufe, dass das Risiko dort so groß ist. Besonders fatal wird es aber, wenn in diese Umstände eine Persönlichkeitsstruktur gerät, die von Nähe und einseitiger Intimität psychisch geradezu lebt.

Forney et al. (1982, S. 438) berichten von ihren 24 Berufsberatern:

Freiheit nutzen, die man hat

> »... während viele der Interviewpartner erkennbar ein großes Maß an Freiheit besaßen, ihre Rolle selbst zu definieren, waren sie oft nicht froh über die Rollendefinitionen, die dabei herauskamen. Die Freiheit zu besitzen vs. sie aktiv auszuüben, das schien den entscheidenden Unterschied auszumachen.«

Stressbewältigung und Persönlichkeit

Coping-Stile. Dass Coping – im Sinne individueller, nicht kollektiver Bewältigungsstrategien – hier separat aufgeführt wird, reflektiert einerseits einen häufig diskutierten Topos der Burnout-Literatur, andererseits den unbefriedigenden Stand der Persönlichkeitsforschung: Möglicherweise wird man später Präferenzen für bestimmte Strategien als Persönlichkeitsmerkmale auffassen; sicher ist Coping eine »Fähigkeit«, bezüglich derer Defizite bestehen können; sicher bestehen Querverbindungen zu dem, was hier als »Weltmodell« bezeichnet wurde. Die begrifflichen Grenzen zu den vorangehenden Abschnitten sind an dieser Stelle also besonders fließend.

Wenn die Sicherung durchbrennt

Ein anderes begriffliches Problem, das an dieser Stelle wiederum augenfällig wird, ist das ungeklärte Ursache-Wirkung-Verhältnis – oder die inadäquate Einfachheit eines solchen Denkmodells. Bei eingehender Betrachtung der Übersicht in ► Abschn. 1.2 zeigt sich nämlich, dass die meisten Burnout-Symptome nichts anderes als Bewältigungsversuche darstellen. Burnout wird im Wesentlichen durch Coping-Anstrengungen konstituiert (die dann weitere Folgen haben). So lassen sich die Indizien der Kategorie »Vermehrtes Engagement für Ziele« ebenso als teils problem-, teils emotionsorientiertes Coping nach gestörten Handlungsepisoden verstehen wie die Rückzugserscheinungen der Kategorie »reduziertes Engagement« oder »Verflachung« als Bewältigung des Autonomieverlusts. Wenn man so will, ist auch die Erschöpfung das Durchbrennen einer »Sicherung«, die das Überleben des Organismus ermöglichen soll. In der Systemtheorie würde man von Regelkreisen sprechen, in denen stellenweise positive Rückkopplung, statt der stabilisierenden negativen, herrscht.

Burnout als Selbstschutz

Jedenfalls hat es sich einem gründlichen Beobachter wie Cherniss (1980a) aufgedrängt, die Einstellungsänderungen seiner 28 »*Public Professionals*« am Anfang ihrer Berufslaufbahn als Selbstschutzmaßnahmen zu interpretieren. Er fasst diese Änderungen in den folgenden sechs Kategorien

- Senkung der Ansprüche an die eigene Arbeit,
- Verlagerung der Verantwortung auf Klienten, Patienten etc.,
- Abbau von Idealismus,
- emotionale Distanzierung von Klienten etc.,
- sinkende Identifikation mit der Arbeit,
- wachsende Ansprüche

zusammen und dokumentiert sie mit zahlreichen Beobachtungen und Interviewexzerpten. Da es sich um eine Längsschnittstudie handelt, wäre es prinzipiell möglich gewesen, initiale Coping-Stile und -Fähigkeiten einerseits mit dem Ausmaß der Veränderungen und dem Burnout-Grad andererseits in Beziehung zu setzen; dies geschah jedoch nicht.

Günstige und ungünstige Strategien

Eine solche Verbindung wird in einer Fragebogenstudie von Pines & Kafry (1982) hergestellt: Direkte und indirekte, jedenfalls aber aktive Strategien (▶ Abschn. 3.8) werden als besonders erfolgreich beschrieben und korrelieren eher negativ mit Burnout, indirekt-inaktive Strategien gelten als weniger erfolgversprechend und korrelieren positiv (maximal. 35) mit Burnout. Was Kobasa (1982) »regressives« Coping nennt und bei Anwälten mit Stress korreliert fand, ist weitgehend dasselbe wie »inaktives«. Da es sich aber in beiden Fällen um Querschnittstudien handelt, bleibt die Kausalrichtung offen; zudem bestehen bei Pines & Kafry zwischen der Formulierung der indirekt-inaktiven Strategien und dem verwendeten Burnout-Maß (dem Tedium Measure) die stärksten inhaltlichen Überlappungen. Wir können also lediglich vermuten, dass es »prämorbide« Eigentümlichkeiten des Coping-Repertoires gibt, die zu Burnout prädestinieren.

Patentrezepte gibt es nicht

Wahrscheinlich sind die Zusammenhänge um einiges komplexer. Wie oben beim Stichwort »*Locus of Control*« bereits angeführt – und wie von Pines & Kafry selbst konzediert –, sind direkt-aktive Versuche ja nur dann sinnvoll und empfehlenswert, wenn der Stressor veränderbar oder vermeidbar ist, und zwar nicht nur prinzipiell, sondern *hic et nunc* für den individuellen Akteur. Die Auswahl der optimalen Strategie muss sich also mindestens nach der persönlichen Kontrollierbarkeit der Situation richten.

Was wann?

Parkes (1984) hat einen in diesem Zusammenhang interessanten Unterschied zwischen internal und external attribuierenden Schwesternschülerinnen gefunden: Die Internalen neigten bei veränderbaren Stress-Situationen zu problemorientiertem Coping, bei unabänderlichen zu Verdrängung; die Externalen machten es gerade umgekehrt – zweifellos kein sehr zweckdienliches Muster. Vielleicht also auch bei Ausbrennern Schwierigkeiten mit der schon erwähnten Regel, Lösbares zu lösen, Unlösbares gelassen zu ertragen – vor allem aber sorgfältig zwischen beidem zu unterscheiden?

Mal so, mal so

Empirische Forschung zu dieser Frage wird mit dem Problem zu kämpfen haben, dass Coping-Stile transsituativ nicht besonders stabil zu sein scheinen (Fleming et al., 1984, S. 942). Selbst der Verhaltenstyp A, von dem schon im ▶ Abschn. 2.3.2 die Rede war, wird vermutlich nicht *jede* Herausforderung oder

Bedrohung mit einer Kontrollanstrengung beantworten. Was in den restlichen Fällen in ihm vorgeht, wissen wir freilich nicht.

Hilfe suchen

Bei genügender Flexibilität gibt es wahrscheinlich in den allermeisten Situationen Bewältigungsmöglichkeiten (vgl. Frankl, 1982, S. 74) – wobei die Grenzen zwischen »konstruktiver Bewältigung« und »Burnout-Symptom« schwimmen und vom persönlichen Wertemuster des Betrachters abhängen. Die Burnout-Literatur ist voll von Ratschlägen (z. B. Maslach, 1982a, Kap. 6). Gemeinsame Voraussetzung für ihre Realisierung ist freilich eine gewisse Distanzierung vom Geschehen, wie sie dem unbeteiligten Berater naturgemäß leichter fällt als dem überdrehten Ausbrenner. Entweder sind nun qualifizierte Ratgeber zu dünn gesät oder aber eine spezifische Schwäche des Burnout-Disponierten verhindert die Beratung: seine Unfähigkeit, Hilfe zu suchen oder anzunehmen. Obwohl diese Unfähigkeit in der Literatur wiederholt erwähnt wird (z. B. Carroll, 1980; Caroll & White, 1982), ist sie möglicherweise nur für Schmidbauers Typ des »Oral-Progressiven« charakteristisch, für den das Eingeständnis eigener Schwäche die umfassende Kapitulation vor sich und der Welt bedeutet. In anderen Fällen mag die Rigidität des Lebensmusters verhindern, dass Hilfe von außen wirksam wird.

Geschlecht, Alter, Erfahrung

Demographische Merkmale. Zu Geschlecht, Alter und Berufserfahrung, sehr einfach zu erhebenden unabhängigen Variablen, liegt, wohl wegen dieser komfortablen Zugänglichkeit, viel Literatur vor, speziell für Lehrer (Farber, 1984b; Johnson et al., 1982; Malanowski & Wood, 1984; Meadow, 1981; Russell et al., 1987; Schwab & Iwanicki, 1982; Zabel & Zabel, 1982), bei denen meist auch noch Schultyp und Klassenstufe erfasst wurden.

Frauen erschöpfter, Männer distanzierter

Einigermaßen durchgängig fanden sich bei Frauen etwas höhere Mittelwerte für emotionale Erschöpfung und etwas niedrigere für Depersonalisation (in Rohwerten des MBI) als für Männer, aber das dürfte die unterschiedlichen Geschlechtsrollen widerspiegeln und deutet lediglich darauf hin, dass das MBI geschlechtsspezifisch normiert werden muss. Bei Lehrern gibt es häufiger Tendenzen zu höheren Burnout-Scores in der *Junior High School*. Beim Alter werden mal lineare negative Zusammenhänge gefunden, mal kurvilineare dergestalt, dass die Werte in mittlerem Alter am höchsten sind. Dasselbe gilt für die Berufserfahrung, die ja mit dem Alter in der Regel konfundiert ist. Auch hier ist ein Teil des Effekts wahrscheinlich dadurch zu erklären, dass unter langjährigen Mitarbeitern die Ausbrenner unterrepräsentiert sind, weil sie schon früher gekündigt haben oder die Teilnahme an Untersuchungen verweigern.

Schwache Zusammenhänge

Selten ist versucht worden, den Varianzbeitrag einzelner, untereinander korrelierter Prädiktoren unabhängig vom Rest zu ermitteln. Russell et al. (1987) referieren eine Reihe von Lehreruntersuchungen, in denen Geschlecht, Alter und Klassenstufe zusammen maximal 11% der Varianz aufklärten. In ihrer eigenen Studie lagen die Zahlen für EE bei 9,%, für DP bei 19%, und für PA bei 10%, wenn zu den genannten 3 Prädiktoren 6 weitere hinzugefügt wurden, die teils Umweltfaktoren repräsentieren: Ehestatus, Gemeindegröße, akademische Bildung, Berufserfahrung, Schul- und Klassengröße. Die Regressionsgleichung wurde jedoch nicht kreuzvalidiert.

Den aktuellen Stand referieren Schaufeli & Enzmann (1998, S. 6f.) und Rösing (2003, S. 3–95).

3.13 Umweltfaktoren

»Im Durchschnitt burnoutfördernd«

Die Frage der relativen Bedeutung von Person vs. Umwelt ist schon in ▶ Abschn. 3.12) diskutiert worden. Abgesehen von physikalischen und chemischen Stressoren gibt es wahrscheinlich kaum eine Umweltbedingung, die man unabhängig vom Individuum, sozusagen universell, als Stressor definieren könnte (s. jedoch ▶ Abschn. 1.4.7). Aber es lassen sich Faktoren begrifflich herauslösen, für die plausibel ist, dass sie für die von ihnen Betroffenen *im Durchschnitt* burnoutfördernd wirken. Grundsätzlich kommt dafür alles in Frage, was die Wahrscheinlichkeit von Stress, von »gestörten« oder »kritischen« Handlungsepisoden erhöht oder was die Bewältigung des so bewirkten Autonomieverlusts erschwert.

Belege sind rar

Die Empirie zu solchen Faktoren ist erstaunlich mager. Zwar quillt die Burnout-Literatur über von sehr bestimmt vorgetragenen Behauptungen über burnoutauslösende Bedingungen, speziell der Arbeitswelt (z. B. Maslach & Leiter, 1997); belegt ist davon aber nur sehr wenig. Beemsterboer & Baum (1984) berichten freilich nur informell gesammelte Beobachtungen aus zwei amerikanischen Sozialstationen, die die gängigen Erklärungsmuster geradezu ad absurdum führen.

Verblüffendes Gegenbeispiel

In der einen wurden so ziemlich sämtliche gängigen Empfehlungen in die Tat umgesetzt; Vorgesetzte und Kollegen bemühten sich um Verständnis und gegenseitige Stützung, freie Tage waren leicht zu arrangieren, usw. In der anderen geschah nichts dergleichen. Dennoch wurde die erstere augenscheinlich stärker von Burnout heimgesucht als die letztere.

Besser ist der Forschungsstand zu »Stress« im engeren Sinne. Hier sind die Ergebnisse längst nicht mehr überschaubar (Selye, 1976).

Ein begrifflicher Rahmen

Statt den wenig aussichtsreichen Versuch zu unternehmen, ein Überangebot von Spekulationen über Burnout oder ein Überangebot von Einzelergebnissen zu Stress zusammenzufassen, werde ich im folgenden Abschnitt einen begrifflichen Rahmen zur Einordnung situativer Risikofaktoren vorschlagen und einige ausgewählte Beispiele dazu in Beziehung setzen.

Das Zwiebelschalen-Modell

Als umfassendes Modell zur Beschreibung der Interaktion von Individuum und Umwelt bei der Burnout-Genese eignet sich m. E. am besten das schon erwähnte Konzept des *Person-Environment-Fit* (▶ Abschn. 2.1.5). Carroll & White (1982) haben ein differenzierteres Zwiebelschalen-Modell vorgeschlagen, das die Person eingebettet sieht

- in ein Mikrosystem (z. B. das Büro oder die Wohnung),
- das wiederum von einem Mesosystem umgeben ist (z. B. die Organisation, für die die Person arbeitet),
- um das ein Exosystem liegt (z. B. die umgebende Stadt mit ihrer Verwaltung oder die Großfamilie außerhalb der Wohnung).
- Die äußerste Zwiebelschale bildet das Makrosystem, d. h. die gesamte Welt, soweit sie Einflüsse auf das Individuum ausübt.

Zwischen all diesen Schalen oder Schichten bestehen Wechselbeziehungen, und Effekte aus jeder der Schalen können – allein oder in Verbindung mit anderen – Burnout fördern/auslösen, wenn sie zu Spannungen (*Misfits*) mit den Bedürfnissen und Fähigkeiten des Individuums führen (► Bruggemann-Modell der Arbeitszufriedenheit in Abschn. 2.4).

Je ein Beispiel aus jeder der Zwiebelschalen:

Mikrosystem

- Ein Kollege, der geschickt darin ist, sich dumm zu stellen und Arbeit abzuschieben, kann für ein konfliktscheues Individuum, das möglicherweise auch noch ein starkes Affiliationsbedürfnis besitzt, ein Burnout-Faktor im Mikrosystem sein.

Mesosystem

- Wenn eine Produktionsabteilung einen Außendienstler ständig »hängenlässt«, der Kunden gern mit dem Versprechen von raschen Lieferterminen wirbt, dann kann dieser Faktor des Mesosystems bei dem Vertreter dasselbe bewirken.

Exosystem

- Wenn in einer Region (Exosystem) hohe Arbeitslosigkeit herrscht, dann zwingt das viele Arbeitnehmer, an Arbeitsstellen auszuharren, die sie unter anderen Umständen verlassen würden und erhöht wahrscheinlich die Burnout-Rate.

Makrosystem

- Und schließlich sind die Kontinente des Makrosystems ökologisch, politisch, wirtschaftlich und kulturell mittlerweile so hochgradig vernetzt, dass Veränderungen an einem Punkt der Erde beträchtliche Wellen an sehr weit entfernten anderen Punkten aufwerfen können. Beispielsweise kann eine einzige Entscheidung der US-Regierung, über die Kausalkette Dollarkurs – Hypothekenzinsen, dafür sorgen, dass ein deutscher Bausparer den Traum vom Eigenheim für längere Zeit begraben muss. Ein einziger Großunfall in einem entlegenen Kernkraftwerk sorgt in der Bundesrepublik auf Jahre für ein gesteigertes Unsicherheitsgefühl.

Vernachlässigte Bedürfnisse

Empirie oder gründlichere Überlegungen liegen bislang vor allem zu Faktoren aus dem Mikro- und Mesosystem vor. So haben Scholom & Perlman (1979) darauf hingewiesen, dass Angehörige psychosozialer Heilberufe (*»Mental Health Workers«*) Bedürfnisse nach Anerkennung, Stützung und erfreulichen Arbeitsbedingungen haben – Bedürfnisse, die aber in den entsprechenden Organisationen nicht selten völlig übersehen und schon darum vernachlässigt werden.

Unter- und Überbeförderung

Ein zweites Beispiel, das sich im Modell des *Person-Environment-Fit* nahtlos unterbringen lässt, ist die sog. Statusinkongruenz (z. B. Erickson et al., 1973). Statuskongruenz herrscht, wenn die berufliche Position eines Individuums seinem Alter, seinen finanziellen Verpflichtungen, seinen Fähigkeiten und seinem Einsatz entspricht. Inkongruenz kann durch Unter- oder Überbeförderung entstehen. Erickson et al. fanden bei Angehörigen der US-Marine Korrelationen zwischen Unterbeförderung und schlechter Prognose psychiatrischer Behandlung. In Organisationen, bei denen die Leistungsanforderungen tatsächlich von Stufe zu Stufe der Hierarchie steigen, wäre dasselbe für Überbeförderte zu erwarten: Wer im Sinne des Peter-Prinzips (Peter & Hull, 1970) sein individuelles »Inkompetenzniveau« erreicht hat – die Beförderungsstufe, auf der er seinen Aufgaben nicht mehr voll gewachsen ist –, der müsste eigentlich stark burnoutgefährdet sein, wenn ihm ein Rest an Selbstkritik verblieben ist.

Burnout-fördernde *Misfits* von Person und Umwelt lassen sich in zwei beruflichen Situationen besonders gut identifizieren:

- in Sozial- und Dienstleistungsberufen und
- in Großorganisationen.

3.13.1 Sozial- und Dienstleistungsberufe

Noch einmal: Arbeit am Menschen

Von den Sozial- und Dienstleistungsberufen ist in diesem Buch von Anfang an und so häufig die Rede gewesen, dass ich mich kurz fassen kann. Vieles wurde schon im Zusammenhang mit Cary Cherniss' Studie an *New Public Professionals* (► Abschn. 1.4.10) erörtert.

In der Regel habe ich mich beim Anklingen des Themas beeilt hinzuzufügen, dass Burnout sich keineswegs auf diese Berufsgruppe beschränkt, ja, dass nicht einmal erwiesen ist, ob Burnout dort häufiger oder schwerer auftritt. Man kann natürlich versuchen, dies *per definitionem* zu dekretieren, wie die Gruppe um Ayala Pines das anfangs tat – Burnout nur bei Helfern, *Tedium* beim Rest der Menschheit. Oder man kann das »Brennen« (Pines, 1993) bzw. »Alles verzehrende Zielbindungen« (Hallsten, 1993) zur notwendigen Voraussetzung des Ausbrennens erklären, ohne welche dann zwar alle möglichen Krisen eintreten können – aber eben nicht Burnout. Wie ich schon am Ende des Kapitels »Ätiologie« (► Abschn. 1.4) schrieb, überzeugt mich das nicht. Schon darum, weil es im Einzelfall schwer zu überprüfen ist, ob dem Symptombild, das sich keineswegs säuberlich in zwei Gruppen aufteilt, eine entsprechende Phase vorausging.

Eine eingebaute Fehlpassung

Sollte sich in einer Studie, die groß angelegt sein und viele Hintergrundfaktoren kontrollieren müsste, herausstellen, dass dies tatsächlich ein besonders schwer heimgesuchtes Berufsfeld ist, dann wäre damit noch immer nichts bewiesen. Denn wenn auch etliche »objektive« Faktoren, von denen gleich die Rede sein wird, tatsächlich speziell sind, so sind es auch diejenigen, die sich zu dem Feld hingezogen fühlen. Es spricht einiges dafür, dass eben diese schwächer mit den Selbstschutzkompetenzen ausgestattet sind, die dort für ein dauerhaft befriedigendes Berufsleben vonnöten sind. Ein eingebauter *Person-Environment-Misfit* sozusagen.

Umstände *und* Menschen sind anders

Aussagekräftig wäre nur ein Experiment, wie es in dieser Konsequenz nicht einmal die damalige DDR unternommen hat, die dem Vernehmen nach die Berufswahlen z. B. ihrer Abiturienten ziemlich rigoros nach »gesellschaftlichem Bedarf« gesteuert hat. Unter einer ausreichend großen Kohorte müssten die Studien bzw. Berufsausbildungen absolut blind verlost werden. Etwa so: »Was, Sie wollen Maschinenbauer werden? Sie werden Krankenpfleger!« Was wohl aus Literatur-Begeisterten würde, die zwangsweise Biologie studieren müssten, was aus Möchtegern-Mathematikern, die zur Sozialarbeit verdonnert würden?

Ich bin natürlich ganz und gar nicht dafür, dieses Experiment zu unternehmen. Die Skizze soll nur klar machen, dass man Berufsgruppen, deren Angehörige sich selbst nach Neigung selegiert haben, nicht so ohne Weiteres vergleichen darf. Beispiel: Wenn Kirsten Bodes (1988) Krankenschwestern absolut unauffällige Punktwerte auf einer Belastungsskala erzielten, dann ist *ein* Deutungsmuster zulässig: »Die deutsche Krankenschwester klagt nicht, nicht einmal in einem anonymen Fragebogen!« Ein *anderes* freilich nicht minder: Dies ist ein Beruf, in dem man leichter als anderswo die Arbeitsstelle wechseln kann; die Lehrzeit ist schon relativ gut bezahlt; das Ganze ist krisensicher. Derlei war schon damals rar; viele wissen es zu schätzen und nehmen dafür manches in Kauf. Wie zwischen diesen beiden Lesarten entscheiden?

Einige Vermutungen

Was also macht die Sozial- und Dienstleistungsberufe so besonders? Einige, durch persönliche Beobachtungen gefärbte Vermutungen, die teils schon früher angestellt wurden:

Wenn Hilfe gelingt

Man kann u. U. tief in das Leben anderer eingreifen (s. Lehrer, Therapeuten, Ärzte, etc.), und wenn das erfolgreich ist, vermittelt es eine Art von Befriedigung, die einem beispielsweise eine erfolgreiche Immobilienspekulation nicht gibt. Leider fühlt sich auch der Misserfolgsfall anders an: Man ist u. U. als Mensch in Frage gestellt, und zwar ziemlich umfassend.

Gekaufte Freundschaft

Professionelle dieser Berufe füllen Rollen aus, die auch im Privatleben existieren und unterliegen deshalb – teils offen, teils versteckt; teils (insgeheim) gewollt, teils (später) ungewollt – den entsprechenden Rollenvorschriften. Lehrer(innen) müssen, heute vermutlich mehr denn je, Väter und Mütter vertreten; Krankenschwestern und -pfleger tun das, wofür, als man Kind war, ebenso die Eltern zuständig waren; der Barkeeper, na gut: heute der Kneipier, ersetzt den guten Freund und Beichtvater; die Bankkauffrau gibt demjenigen angebliche Insider-Anlagetips, der dafür nicht den gewieften Schwager hat. Schon in den 80er Jahren erregte ein Buch mit dem schönen Titel *Psychotherapy: The Purchase of Friendship* (etwa: *Psychotherapie: Gekaufte Freundschaft)* die Gemüter der entsprechenden Branche.

Folge: Eine permanente Gratwanderung, die gerade die Jungen oft in der einen oder der anderen Richtung abstürzen lässt. Wer sich zu sehr ins Zeug legt, begibt sich in Gefahr, so viel sollte jetzt klar sein. Wer aber etwas zu stark oder vorschnell (bevor er ins Guru-Alter kommt) auf *detached concern* umschaltet, dem drohen Folgen, die weder der Kfz-Mechaniker (heute: *Mechatroniker)* noch der Speditionskaufmann noch der Fischwirt zu befürchten hat.

Allein auf weiter Flur

Schon im ► Abschn. 1.4.8, der sich mit Gerechtigskeitstheorien beschäftigte, war vom »unsichtbaren Dritten« die Rede. Klar, auch die Inhaberin des Friseursalons oder der Boutique kann daran ausbrennen, dass ihre Kundinnen sie stärker als Freundin in Anspruch nehmen denn als Geschäftspartnerin. Immerhin ist dies jedenfalls ein *direkter* Tauschhandel: Kopfmassage bzw. Typberatung im Austausch gegen Bares. Im Falle von Unzufriedenheit könnte man verhandeln.

Die klassischen Sozial- und nicht wenige Dienstleistungsberufe dagegen werden in einer *indirekten* Kunden-Lieferanten-Beziehung ausgeübt. Die »öffentlichen Arbeitgeber« – Bund, Länder und Kommunen, die unsichtbaren Drittparteien – beschäftigen Fachpersonal, welches Rat und Tat zu spenden sowie das Leid der steuerzahlenden Wahlbevölkerung zu lindern hat. Dieses befindet sich dabei in einer Erwartungszwickmühle. Die genannten Arbeitgeber, hinter denen ja auch abwahlgefährdete Politiker stehen – auf die ist aus Sicht des Sozialberuflers schon gar kein Verlass –, verlangen eigentlich nur »Arbeit in guter Qualität«, Schluss. (Freilich: Dass mir keine Klagen kommen!) Und sie stellen Ressourcen bestenfalls für dieses Qualitätsniveau bereit, oft nicht einmal dafür. Sogar das Arbeitsplatzrisiko ist heute vielerorts nicht geringer als in der »freien Wirtschaft«.

Das Klientel dagegen, jedenfalls das schwierige Segment, denkt (und sagt zuweilen): Dafür werden Sie doch bezahlt! Ich habe doch einen Anspruch darauf, dass Sie sich bis zum Anschlag für mich einsetzen! Wieso sieht hier alles so schäbig aus? Wieso haben Sie so wenig Zeit für mich? (Es mehren sich die Zeitungsmeldungen, dass Lehrer oder Mitarbeiter beispielsweise der Arbeitsagenturen sogar tätlich angegriffen wurden.)

Direkte Verhandlungen sind hier praktisch ausgeschlossen. Der Dritte ist von beiden Seiten nicht erreichbar. Da kaum noch jemand dergleichen Rahmenbedingungen reflektiert - und sogar das würde nur wenig helfen -, bleibt auf beiden Seiten das Gefühl zurück, zu kurz gekommen zu sein, ein nagendes Gefühl der Unzufriedenheit. Im Fall der/des Angestellten im öffentlichen Dienst u. U. ein permanentes. »Wir fühlen uns mit den Problemen allein gelassen«, das hört man aus Schulen, aus sozialen Einrichtungen, von der Polizei. Eine klassische Fallensituation.

3.13.2 Großorganisationen

Manches schon im vorigen Abschnitt Gesagte lässt sich ohne Weiteres auf die Situation in Großorganisationen übertragen. (Die meisten Befunde stammen ohnehin aus Institutionen des öffentlichen Dienstes, nicht aus Wirtschaftsunternehmen.)

Gefährdete Individualisten

Durch die Notwendigkeit der Koordination wächst mit der Systemgröße i. Allg. auch das Ausmaß bürokratischer Kontrolle. Wer ein hohes Bedürfnis nach Autonomie besitzt, der ist unter solchen Umständen burnoutgefährdet. Anders steht es mit Individuen vom Typ des »*Organization Man*« (Whyte, 1956), der seine Individualität bereitwillig gegen die Sicherheit einer großen Organisation eintauscht; ein Muster, das angeblich die ältere Generation japanischer Arbeitnehmer noch immer kennzeichnet (vgl. Weisz et al., 1984). Wiederum also eine Frage von *Person-Environment-Fit*.

Die Autonomieeinschränkung, der Mangel an Ellenbogenfreiheit, die Unmöglichkeit, als Einzelner kurzfristig etwas zu bewegen – dies sind wahrscheinlich Burnout-Faktoren, die in Großorganisationen mehr oder weniger notwendig auftreten.

Ein klassisches Burnout-Drama

Wird in ein solches System ein »Spielmacher« geholt, womöglich mit dem Auftrag, »frischen Wind in den Laden« zu bringen, ohne dass man ihm die nötigen Machtmittel überträgt, dann ist die Bühne für ein klassisches Burnout-Drama bereitet (vgl. Kahn et al., 1964).

Mangel an Ellenbogenfreiheit

Armstrong (1979) fand, allerdings mit angreifbarer Methodik, Zusammenhänge zwischen Burnout und Zentralisierung der Entscheidungsstruktur. Ebenso korrelierten bei Meadow (1981) sämtliche Skalen des MBI mit der Antwort auf die Frage »Wird Ihnen die Möglichkeit gewährt, Ihre eigene Arbeitssituation und ihre Aufgaben zu beeinflussen?«. Aiken & Hage (1960) berichten Korrelationen bis .65 zwischen zwei Maßen von »Entfremdung« (einfacher ausgedrückt: Unzufriedenheit mit der Arbeit und Unzufriedenheit mit Kollegen und Vorgesetzten) einerseits und – gleichfalls subjektiven – Maßen für Zentralisierung und Formalisierung (dem Grad, in dem die Arbeit bis ins Einzelne geregelt war). Dabei bleibt es offen, ob diese Zusammenhänge im Sinne unserer Handlungstheorie über gestörte Handlungsepisoden zu verstehen sind oder einfach als innere Rebellion gegen Zustände, in denen man »wie ein unmündiges Kind« behandelt wird.

Schwerfälliger Informationsfluss

Eine weitere Bedingung, die in Großorganisationen wahrscheinlich gehäuft vorliegt, ist ein schwerfälliger Informationsfluss, der einerseits viel Aufwand ohne Beziehung zum eigentlichen Arbeitsziel erfordert (Papierkrieg), andererseits Rollenunsicherheit schafft (»Was haben die da oben nun wieder beschlossen?«).

Großorganisationen sind konfliktreicher

Schließlich sind Rollenkonflikte – z. B. durch die Existenz mehrerer Hierarchieebenen, vielfältiger Untergliederungen und zahlreicher Grenzsituationen – in Großorganisationen eher zu erwarten als in kleinen, überschaubaren Verbänden (► Abschn. 2.1.3).

Aronson et al. (1983, Kap. 4) führen eine Anzahl weiterer Faktoren an, die das Burnout-Risiko in Großorganisationen erhöhen sollen, z. B. Überbelastung, Mangel an Anerkennung, Mangel an Rückhalt. Derlei kann aber in jeder beliebigen Arbeitssituation gegeben sein. Charakteristisch scheint es mir eher für den Ein-Mann-Betrieb, von dem im Zusammenhang mit Burnout selten die Rede ist.

Plausibel, aber nicht belegt

Das Gleiche gilt für die meisten der schon erwähnten sechs Umweltfaktoren, die nach Maslach & Leiter (1997, S. 38) zu *Mismatches* und nachfolgend Burnout führen, nämlich Arbeitsüberlastung, Mangel an Kontrolle, Ungenügende Belohnungen, Zusammenbruch des Gemeinschaftsgefühls, Mangelnde Gerechtigkeit *(fairness)* und Wertkonflikte (► Abschn. 1.4.5). Es sei aber schon hier vorweggeschickt, dass Längsschnittstudien – und nur solche haben Erfolgsaussichten – zu diversen Umweltfaktoren völlig uneinheitliche Befunde erbracht haben (► Absch. 3.14.1). Das verwundert umso weniger, je gründlicher man über die Sache nachdenkt (► Abschn. 3.1). So finden wir denn auch hier allenfalls Plausibilitäten, aber keine tragfähigen Belege.

3.13.3 Gesellschaftliche Einflüsse

Gesellschaftsform und Produktionsweise. Noch weniger empirisch untermauert als die obigen Überlegungen zum Mikro- und Mesosystem sind die ebenfalls häufig vorgetragenen Vermutungen zum Exo- und Makrosystem, also zu dem, was man gemeinhin »gesellschaftliche Einflüsse« nennt.

Die überschätzte Glücksquelle Arbeit

Farber (1983d) stützt seine Ausführungen zu diesem Thema auf Autoren, die für die USA der Zeit seit dem Zweiten Weltkrieg ein düsteres Bild zeichnen: Der wettbewerbsorientierte Individualismus westlicher Kulturen allgemein, der Zerfall familiärer und kommunitärer Bindungen, wachsende Anonymität und Unpersönlichkeit usw. begünstige eine narzisstische, selbstbezogene Charakterstruktur mit Angst vor Abhängigkeit, unfähig zu tiefen persönlichen Bindungen, innerlich leer. Solche Menschen lebten ihr Leben weniger intensiv und reagierten nurmehr schwach auf Ereignisse. Umso höher werde die Arbeit als potentielle Befriedigungsquelle mit Erwartungen befrachtet.

Die Literatur deute darauf hin, meint Farber (S. 11) zusammenfassend,

> »... dass sich berufstätige Amerikaner als Folge sozialen Wandels in wachsendem Ausmaß von ihren Gemeinschaften abgekoppelt und entfremdet haben und in ebensolchem Ausmaß auf persönlicher Erfüllung und Befriedigung durch die Arbeit bestehen. Die Kombination dieser beiden Trends hat Arbeitskräfte mit höheren Erfülltheitserwartungen und geringeren Ressourcen zur Frustrationsbewältigung hervorgebracht – ein perfektes Burnout-Rezept.«

Burnout nur im Kapitalismus?

Selbstverständlich fehlt nicht die Behauptung, Burnout sei ein endemisches Übel der kapitalistischen Produktionsweise (Karger, 1981; s. auch Farber, 1983d und Sakharov & Farber, 1983). Dem ist entgegenzuhalten, dass der prototypische aktive Ausbrenner gerade an *selbst*gesetzten Zielen bei nichtentfremdeter Arbeit scheitert (vgl. Levine, 1982). Und es sollte nachdenklich stimmen, was Marie Langer-Glas, eine 1910 geborene, mehrmals emigrierte Psychoanalytikerin, von ihrer Arbeit in Nicaragua seit 1981 berichtete:

»Geschmolzen« bei der Pflichterfüllung

> »Am Anfang hatten wir mehr mit dem Sydrom der »Fundidos« zu tun. Fundidos heißt wörtlich »Geschmolzene«. Es sind davon Leute betroffen, die psychisch vollkommen überarbeitet sind und plötzlich leerlaufen. Es fängt mit Kopfschmerzen und Schwierigkeiten in der Konzentrationsfähigkeit an. Das Syndrom entsteht vor allem bei sehr pflichtbewussten Sandinisten, die sich selbst völlig überfordern und auch durch die Situation überfordert sind (*tageszeitung* vom 07.10.1985, S. 11).«

Ohnehin gibt es inzwischen Burnout-Studien von sämtlichen Kontinenten und aus sehr unterschiedlichen Kulturen. Die Länder-Liste reicht von Ägypten bis zu den Vereinigten Arabischen Emiraten (Rösing, 2003, S. 330f.).

Stress ist nicht gleich Burnout

Damit soll nicht bestritten werden, dass die in den westlichen Industrienationen allmählich verschwindende Organisationsform extrem zergliederter Fließbandarbeit unter Taktbindung, womöglich noch im Schichtwechsel, Symptome des Burnout-Syndroms erzeugen kann. Arbeitsplätze mit psychisch und/oder physisch extrem belastenden Bedingungen, etwa solche unter der Erde oder an Hochöfen, erzeugen nicht nur ein hohes Maß an physiologischem Stress und damit häufig vorzeitigen körperlichen Verschleiß, sie bringen sicher auch – wegen der objektiven Risiken – psychischen Stress erster Ordnung mit sich. Sie erzeugen aber nicht per se Hilflosigkeit. Anders sieht es aus, wenn irgendeine geforderte Verbesserung nicht durchsetzbar, oder wenn ein Wechsel aus einem solchen Beruf angestrebt, aber nicht realisierbar ist (vgl. Nelkin, 1983).

Stress durch Arbeitslosigkeit

Die zusätzliche Belastung enttäuschter Erwartungen schließlich mögen z. B. Bergleute oder Stahlwerker erfahren, die durch irgendeine energiepolitische Wende vom Helden der Arbeit zum Arbeitslosen und Sozialhilfeempfänger werden. Arbeitslosigkeit ist überhaupt ein gutes Beispiel dafür, dass Stress zweiter Ordnung mindestens so schwer erträglich sein kann wie Stress erster Ordnung; die mit dem Arbeitsleben verbundenen Stressoren fallen dort ja weg.

Zermürbende Hilflosigkeit

Ich behaupte also, dass das entscheidende Agens auch hier der Autonomieverlust (Stress zweiter Ordnung) ist, der durch die subjektive Unmöglichkeit konstituiert wird, eine aversive Situation zu verändern oder zu verlassen. Diese Situation wiederum mag darum so zermürbend sein, weil sie partiell über-, partiell unterfordert, weil sie es nicht gestattet, während der Arbeitszeit ein einziges intrinsisches Motiv zu sättigen, oder – anders ausgedrückt – weil die Arbeit mit keinerlei symbolischen Gratifikationen verbunden ist. All diese Bedingungen lassen sich aber ebenso auch unter sozialistischen Systemen antreffen – obgleich dort meist beträchtliche Anstrengungen unternommen werden, symbolische Gratifikationen kollektiv und individuell nachzuliefern.

Können Buddhisten ausbrennen?

Religion. Mindestens so ausschlaggebend wie die Gesellschaftsform oder die Produktionsweise dürfte die Religion und die Bedeutung sein, die sie Arbeit und individueller Zielerreichung einräumt. Für einen gläubigen Buddhisten müsste Burnout eigentlich ausgeschlossen sein, denn seine Religion hat ihn von klein auf gelehrt, alles Wollen in sich möglichst weitgehend zu dämpfen und als Realität zu akzeptieren, was ihm geschieht (Mole, 1973; Weisz et al., 1984).

Glaube an göttliche Fügung

Ebenso müsste jedes Glaubenssystem, das die Wechselfälle des Lebens restlos als Resultat göttlicher Fügung, nicht menschlicher Willensfreiheit, interpretiert, geeignet sein, wenn schon nicht vor Leid, so doch immerhin vor Burnout zu schützen. Es wäre eine interessante kulturhistorische Frage, ob sich literarische oder allgemein künstlerische Niederschläge des Burnout-Themas gehäuft im Gefolge von »Aufklärungs«- oder Modernisierungsschüben nachweisen lassen, die ja in der Regel der individuellen menschlichen Entscheidung Vorrang vor dem Einfluss höherer Mächte, diesseitiger und jenseitiger, zuweisen.

Von Nonnen lernen

Ein faszinierender Exkurs im Abschlusskapitel von Cherniss' Langzeitstudie (Cherniss, 1995) führt zu einem selten empirisch behandelten Thema: Die Suche nach *Sinn* in Arbeit und Leben als Strategie gegen Burnout. Auch hier hat Cherniss ein anschauliches Beispiel zur Hand: Ein Heim für schwer geistig Behinderte, dessen Arbeitsalltag so ziemlich alles aufwies, was für Burnout verantwortlich gemacht wird: Arbeit rund um die Uhr, sieben Tage pro Woche, minimale Bezahlung, kaum Entscheidungsfreiheit, obligate Putzarbeiten auf für gut ausgebildete Fachkräfte. Dennoch schien das Heim von Burnout frei zu sein. Des Rätsels Lösung: Es wurde von Nonnen betrieben, die in ihrem Tun die Sinnfrage restlos beantwortet fanden. Cherniss leitet daraus die Forderung ab, »personenbezogene Dienstleistungsprogramme« – also z. B. Schulen oder Kliniken – als »moralische Gemeinschaften« zu gestalten, mit denen eine starke Identifikation wieder möglich ist. In der Tat, eine solche moralische Aufrüstung wäre vielversprechend. Freilich: Wie dergleichen zu bewerkstelligen wäre, muss als Frage offen bleiben.

Die »Protestantische Ethik«

Verschiedentlich (z. B. von Lauderdale, 1982, S. 208) ist die sog. »Protestantische Ethik« (Müller-Armack, 1959; Weber, 1965) in Verbindung mit Burnout gebracht worden. Gemeint ist ein Wertemuster, in welchem Durchsetzung im Daseinskampf, Tüchtigkeit und Selbstverantwortung für das eigene Schicksal vergleichsweise höher rangieren als »ältere« Normen wie Brüderlichkeit, Demut und Barmherzigkeit gegenüber dem Nächsten. Mit dem Aufkommen dieses Wertemusters ging überhaupt eine Neubewertung der Arbeit einher, speziell in ihrer Funktion zur Stiftung von »Lebenssinn«, zur Sicherung der Existenzberechtigung – nicht mehr nur der Existenz.

Goethe und Schiller

Wert der Arbeit. Dieses Thema klingt an in einem kurzen Abschnitt aus Egon Friedells *Kulturgeschichte der Neuzeit* (1928/1961), in dem Goethe und Schiller gegenübergestellt werden. Zugleich macht dieses Zitat deutlich, wie innerhalb derselben geschichtlichen Etappe Unterschiede des Temperaments (und wohl der sozialen Herkunft) epochale Trends überlagern können.

»Er lässt sich zu nichts drängen«

> »Goethe nahm die Kunst überhaupt nicht übermäßig ernst. Er hatte nichts von der – bis zu einem gewissen Grade notwendigen – Monomanie des Künstlers, dem sein winziger Ausschnitt aus der Gesamttätigkeit

> der Menschheit den Angelpunkt der Welt bedeutet. So aber war Schiller, hierin dem Schauspieler verwandt. Mit ihm tritt überhaupt das Moment der »Arbeit« in die Kunst ein, das jener Zeit bisher völlig fremd gewesen war, der Arbeit in der modernen Bedeutung: Als Überwindung von Widerständen, inneren und äußeren, und Einordnung aller Tätigkeit in einen voraus bestimmten Plan. So beschäftigte sich Goethe, trotz unablässigster, sorgfältigster und vielfältigster Wirksamkeit, nie und mit nichts. Er war immer Amateur, Liebhaber, Gelegenheitsdichter, Gelegenheitsdenker, Gelegenheitsforscher. Alles entstand bei ihm scheinbar durch Zufall, obschon nach innerster Notwendigkeit. ... Alles ist ihm gleich wichtig, alles ist ihm gleich interessant. Er nimmt sich niemals etwas vor. Er lässt sich niemals zu etwas drängen. Er weiß: Ist etwas für ihn notwendig, so wird es schon eines Tages von seiner Seele Besitz ergreifen.«

Demgegenüber Schiller:

> »Seine Entwicklung vollzog sich mit einer Hast und Energie, Überstürztheit und Fieberhaftigkeit, die aus dem dunkeln Vorgefühl floss, wenig Zeit zu haben. ... Während der Arbeit an einem Drama dachte er immer schon an das nächste, und war eines vollendet, kam ohne die geringste Atempause das folgende daran: Hatte er sich einmal ausnahmsweise nicht sogleich für ein bestimmtes neues Sujet entschieden, so fühlte er sich, wie er es selbst ausdrückte, wie im luftleeren Raume schwebend. Ja er verspürte sogar, ebenfalls nach seinem eigenen Bericht, in Zeiten körperlichen Wohlbefindens ein Nachlassen der Geistestätigkeit und Willenskraft ... (Friedell, 1961, S. 256f.).«

»Überstürztheit und Fieberhaftigkeit«

Freilich stand es, das macht Ipser (1987) deutlich, mit Goethes Abgeklärtheit zumindest bis zur »Italienischen Reise« nicht zum Besten. Folgt man Ipser, dann musste Goethe nach Italien fliehen, wollte er nicht in Weimar einem Burnout-Prozess anheimfallen. Auch in Conradys (1981) großer Biographie finden sich vielerlei Selbstzeugnisse des späteren Olympiers, die diese Vermutung stützen. Freilich: Da ging es um die politische und Verwaltungsarbeit, die er mehr aus Pflichtgefühl übernommen hatte (und um sein Liebesleben). Goethe befand sich in einer Fallensituation.

Arbeitslosigkeit. So wie eine »modernere« Auffassung von Arbeit Voraussetzung für Burnout in Arbeitsprozessen darstellt, stellt sie eine Voraussetzung für das Ausbrennen im Zustand der Arbeitslosigkeit dar. Bedroht ist ja – zumindest in Systemen, die durch Arbeitslosenunterstützung o. ä. ein gewisses Maß an »sozialer Sicherheit« garantieren – nicht die physische, sondern die psychische Existenz. Auf dem Markt »Arbeitskraft gegen Lohn« nicht mehr zum gewohnten Preis verkäuflich zu sein oder, wie manche arbeitslose Lehrer, Wissenschaftler oder neuerdings Bankangestellte, sich unversehens auf einem ganz anderen als dem erwarteten Markt wiederzufinden – das kann die Identität und das Selbstwertgefühl nachhaltig erschüttern. Wer sich mit diesem Los nicht abfinden mag, erlebt Stress zweiter Ordnung.

Bedroht: die psychische Existenz

In der *ZEIT* (vom 17.07.1988) schilderte sehr plastisch ein studierter Germanist, der zwar nicht arbeitslos war, aber als subalterner Sachbearbeiter vor einem EDV-Terminal saß, was das für ihn und seine Anreizlandschaft bedeutete.

»Soll das lebenslänglich so weitergehen?«

> »Nach einem Jahr bin ich recht unsanft aus dem Himmel meiner Illusionen und grundlosen Hoffnungen auf den harten Boden unserer Arbeitswelt geprallt. Mit dem Widerspruch zwischen der hoffnungsfrohen Zukunftsperspektive meiner Studienzeit und den herben Realitäten des Berufslebens bin ich noch nicht fertiggeworden. Im Gegenteil, ich stelle mit der Zeit die deformierenden Auswirkungen dieses Widerspruchs auf mein Selbstwertgefühl und meine psychische Stabilität fest. – Ein Schwindelgefühl packt mich bei dem Gedanken, zehn, fünfzehn, zwanzig Jahre vor einer solchen Arbeit zu sitzen, wie ich sie jetzt verrichte. … Soll das denn dein Leben lang so weitergehen? Eine Frage, die mich in leichte Panik versetzen kann. Abwehrmechanismen aufbauen oder resignieren und völlig abstumpfen – sind das meine Alternativen?«

Arbeitslosen-Frust

Hinzu kommen beim Arbeitslosen eingeschränkte Möglichkeiten, sich durch Konsum zu definieren, Verschiebungen in der innerfamiliären Rollenverteilung und eine Vielzahl von Veränderungen, die das Weltmodell in Frage stellen. Wer arbeitslos ist, obwohl er arbeiten will, erlebt in der Regel Zielvereitelungen, Zielerschwerungen und ausbleibende Belohnungen *en masse*.

Von den indirekten Folgen einer hohen Arbeitslosenquote, die Menschen an Arbeitsplätzen festhält, die sie andernfalls fliehen würden, ist schon früher die Rede gewesen (vgl. auch Kleiber & Enzmann, 1986).

Schnelle Veränderungen – unsichere Erwartungen

Gesellschaftlicher Wandel. Unfreiwillige Arbeitslosigkeit als Massenphänomen ist den Nachkriegsgenerationen der meisten Industrienationen verhältnismäßig neu. Sie stellt nur ein Beispiel dar für gesellschaftliche Veränderungsprozesse, deren Beschleunigung große Unsicherheitszonen um individuelle Erwartungen legt.

- Der »Ölschock« und die allgemein dämmernde Erkenntnis, dass die »Grenzen des Wachstums« zumindest deutlich unter den aus den 50er Jahren gewohnten Marken liegen werden;
- das zunehmende Bewusstsein einer ökologischen Krise;
- die Globalisierung der Wirtschaft, die z. B. den Buchhalter oder Informatiker in Deutschland mit vielen indischen Berufskollegen in Wettbewerb bringt;
- der allgemeine Katzenjammer, der in der Bundesrepublik der Aufbruchseuphorie der frühen 70er Jahre und später der Wiedervereinigung folgte.

An diesen vier Beispielen bereits wird deutlich, dass in den letzten Jahrzehnten zahlreiche individuelle Zielprojektionen nach unten korrigiert werden mussten.

Rasche Anpassung gefordert

Die gewaltigen Umwälzungen durch das rasante Vordringen der elektronischen Datenverarbeitung in alle Lebensbereiche, die Umschichtung innerhalb der Wirtschaft vom primären auf den tertiären Sektor, die Einführung neuer Produkte, Produktionstechnologien und Kommunikationsmedien – einige

Stichworte, die die Prognose glaubhaft machen, dass der durchschnittliche Berufsanfänger von heute bis zu seinem Ausscheiden aus dem Arbeitsleben mit mehreren Umschulungsprozessen rechnen muss. Eine längerfristige Lebensplanung mit stabilen Anreizhorizonten wird so zunehmend schwierig; rasche Anpassungsfähigkeit an sich wandelnde Gegebenheiten wird überlebenswichtiger.

Das japanische Tempo

Alles ändert sich immer schneller. Das japanische *Kaizen,* dem im Deutschen etwa »Kontinuierlicher Verbesserungsprozess (KVP)« entspricht, *Business Reingeneering,* wobei kein Stein auf dem anderen bleibt - das sind die Schlagworte der letzten Jahre. Stabile Verhältnisse stellen sich in vielen Bereichen der Wirtschaft nicht mehr ein, werden auch gar nicht angestrebt. Wer mit dem Tempo nicht mithalten kann, für den stehen die Nachfolgekandidaten schon vor der Tür. (Freilich, das wird sich ändern, sobald die geburtenschwachen Jahrgänge endgültig den Arbeitsmarkt be- bzw. entvölkern werden.)

Alles wird komplexer

Die wachsende Komplexität aller Prozesse des modernen Lebens mit der nachfolgenden, immer feineren Spezialisierung von Kompetenzen sorgt tendenziell für weitere Autonomieeinbußen. Im Schwinden begriffen ist die Zahl derer, die sich für die eigene Gesundheitspflege, Ernährung, Sexualität, Kleidung und Inneneinrichtung, für die Erziehung ihrer Kinder und die Reparatur ihres Autos selbst hinreichend gerüstet fühlen oder allenfalls bei einem Generalisten wie dem alten Hausarzt oder der Autowerkstatt Rat suchen. Dafür wächst die Zahl der Ratgeber, der gedruckten und der lebenden, die über immer kleinere Teilbereiche immer mehr zu sagen wissen.

Profis im Helfen

Spezialisierung und Professionalisierung. Eine solche Spezialisierungsentwicklung, die auf ganz andere Weise für Burnout relevant ist, hat Cherniss (1982) analysiert. Es geht um die Spezialisierung und Professionalisierung innerhalb der helfenden Berufe. Obwohl Cherniss die Entwicklung in den USA vor Augen hat, dürften seine Schlussfolgerungen, die ich hier stark verkürzt wiedergebe, großenteils auch auf die Bundesrepublik übertragbar sein (ähnlich Kleiber & Enzmann, 1986, und Schmidbauer, 1983).

Die »neuen« Helfer

Die letzten Jahrzehnte haben neben den »klassischen« Helferberufen (Ärzte, Pfarrer, Rechtsanwälte) eine Vielzahl neuer und hochspezialisierter Professionen entstehen lassen: Alten-, Sprech-, Bewegungs-, Beschäftigungs-, Gestaltungs-, Sucht-, Familien-, Sexual-, Sozio- und diverse weitere Therapeuten, von den Schulen innerhalb dieser Spezialitäten einmal ganz abgesehen. Gesellschaftliche Gründe für diesen Boom hat z. B. Schmidbauer (1983, S. 32f.) aufgezählt.

Unrealistische Kompetenzerwartungen

Um ihre Existenzberechtigung, den reglementierten Zugang und ihre Honorarforderungen zu legitimieren, muss eine neue Profession zunächst einmal hohe Erwartungen an ihre Kompetenz wecken: Erst wo der gesunde Menschenverstand und die haushaltsüblichen Bordmittel genügend diskreditiert sind, kann auf die Bereitschaft gehofft werden, den Fall einem Spezialisten zu übertragen, der die Sache schon in den Griff kriegen wird. Tatsächlich, so Cherniss (1982, S. 88f.), erwartete man sich in den USA der 60er Jahre von immer neuen soziotechnischen »Programmen« die Behebung aller gesellschaftlichen Übel, bis hin zur »Ausrottung der Armut«. Als sich derart hehre Ziele binnen weniger Jahre als unrealistisch erwiesen und etwa gleichzeitig wirtschaftliche Rezession einsetzte, verlangte eine misstrauisch gewordene Öffentlichkeit Mittelkürzungen, Aufwands- und Erfolgskontrollen.

Helfer in der Falle

Wer unter solchen Umständen einen Helferberuf gewählt hat, sitzt gleich aus mehreren Gründen in der Falle: Die Omnipotenzansprüche, die kaum eine der Professionen öffentlich dementiert hat, lassen eine Senkung der individuellen Leistungsziele nur um einen hohen persönlichen Preis zu; die »Öffentlichkeit« hat ihr Interesse und ihre Investitionsbereitschaft längst anderen Fragen zugewandt; mit dem Ansehen aufgrund der Berufszugehörigkeit hat der Helfer viel an symbolischer Gratifikation verloren.

Mehr Arbeit, erschwerte Bedingungen

Schließlich erschwert die Einführung bürokratischer Kontrolle anhand irrelevanter Erfolgskriterien unter dem Etikett Qualitätssicherung immer häufiger sinnvolle Arbeit und das Erreichen selbst bescheidener Erfolge. Parallel zur Verschlechterung der äußeren und inneren Arbeitsbedingungen erhöht sich die Nachfrage (und wohl auch der Bedarf) nach sozialen Dienstleistungen. Ein Dilemma, das nicht wenige Sozialberufler zum »Aussteigen« treibt.

3.14 Forschungsstand, Forschungsbedarf und Forschungsmöglichkeiten

Von den Schwierigkeiten der Forschung

Ich habe an vielen Stellen dieser Arbeit darauf hingewiesen, wie dünn die empirische Fundierung aller Burnout-Theorien, also auch der hier vorgelegten, ist. Festeren Boden unter die Füße zu bekommen, wäre also eine vordringliche Aufgabe. Bevor ich entsprechende Möglichkeiten diskutiere, soll von den Schwierigkeiten die Rede sein, die sich einer Erforschung des Burnout-Syndroms entgegenstellen – Schwierigkeiten, die sehr denen ähneln, denen sich die Klinische Psychologie zu Zeiten gegenübersah, als beispielsweise das Wort »Neurose« noch nicht in die Alltagssprache eingegangen war.

»Ausbrenner gesucht«

Ein erstes sehr praktisches Problem stellt sich, will man mit Ausbrennern in Kontakt treten, die man nicht zufälligerweise persönlich kennt. Anders als im angloamerikanischen Sprachraum ist Burnout bei uns noch immer keine Vokabel, bei deren Nennung man sicher auf ein zumindest vages Vorverständnis rechnen darf; »Ausbrennen« klingt einstweilen kaum weniger exotisch. Jede Suche nach Gesprächspartnern über Anzeigen oder andere »Weitwinkel«-Methoden würde darum voraussichtlich mehr Spreu als Weizen einbringen, wollte man nicht vorab viel möglicherweise suggestive Information geben.

Ein peinliches Thema

Hinzu kommt, dass das ganze Phänomen bis heute reichlich mit Schamgefühlen behaftet ist. Nach dem Erscheinen eines kleinen Diskussionsbeitrags in einer Lehrerzeitschrift (Burisch, 1985), wurde mir von der Redaktion »starke Resonanz« signalisiert – indes, es kam nicht ein einziger Leserbrief, keine einzige Anfrage an.

Dabei gab es schon damals Indizien dafür, dass die Belastung durch psychischen Stress, nicht nur in der Lehrerschaft, allgemein hoch ist. Ein solches Indiz:

»Abgespannt, matt und erschöpft«

Das Freiburger Persönlichkeitsinventar (FPI) wurde in seiner revidierten Form R einer für die BRD repräsentativen Stichprobe von 2.035 Personen über 16 vorgelegt (Fahrenberg et al., 1984). Einige für unser Thema besonders einschlägige Items aus der Skala »Belastung« und ihre Bejahungsprozente:

- Ich habe häufig das Gefühl, im Stress zu sein – 52 %.
- Ich bin häufiger abgespannt, matt und erschöpft – 52 %-

- Die täglichen Belastungen sind so groß, dass ich davon oft müde und erschöpft bin – 42 %.

Auch wenn derlei Zahlen immer mit Vorsicht zu interpretieren sind, sollte man doch meinen, dass Burnout nicht eben selten sein kann!

Bloß nicht Versuchskaninchen sein

Ist ein persönlicher Kontakt hergestellt, dann ergeben sich weitere Schwierigkeiten. Ausbrenner im fortgeschrittenen Zustand, das haben mich meine Erfahrungen bislang gelehrt, sind verständlicherweise nur an rascher Hilfe interessiert, gleichzeitig aber oft extrem pessimistisch. Schon der Eindruck, distanziert betrachtet zu werden, oder gar der Forschung als »Versuchskarnickel« zu dienen, kann sehr heftige Abwehrreaktionen auslösen.

Das Wichtigste verläuft im Dunkeln

Möglicherweise wird Forschung über Burnout wesentlich leichter werden, sobald das Thema endgültig aus der Tabuzone herausgeholt und zur allgemeinen Diskussion freigegeben ist. Auch dann wird freilich als Problem bleiben, dass die am meisten interessierenden Prozesse der Fremdbeobachtung schwer zugänglich sein, dem Betroffenen selbst aber teils unbewusst ablaufen dürften. Zudem ist in der Regel mit einer relativ langen Zeitachse zu rechnen.

Im Labor und außerhalb

Zu all dem kommen die fundamentalen Probleme der Übertragung differenzierter Modelle auf die Realität außerhalb des Labors. Schönpflug (1984, S. 697), der diesen Versuch in einem Forschungsprogramm mit langem Atem unternommen hat, beschreibt sie so:

»Außerordentlich schwierige Forschungsfelder«

> »Komplexe Lebenssituationen, wie dringend sie auch immer der Untersuchung bedürfen, stellen außerordentlich schwierige Forschungsfelder dar. Einerseits reichen die gegenwärtig verfügbaren Forschungsmethoden und -kapazitäten für ihre vollständige Erfassung und Analyse nicht aus, andererseits stößt der Einsatz der verfügbaren Forschungsmittel auf juristische und sozialpolitische Widerstände. … So häufen sich die Barrieren vor dem Forschungsziel, für komplexe Lebenssituationen wie »Schule« oder »Beruf« zu einer vollständigen Erfassung und Analyse von Anforderungen, Kapazitäten, Zielsetzungen und Problemlösungsstrategien zu gelangen und dabei den Ertrag und den Aufwand von Versuchen der Problembewältigung abzuschätzen.«

3.14.1 Forschungsstand

Außer Spesen nichts gewesen?

Was ich vom Stand der empirischen Burnout-Forschung halte, habe ich schon im Vorwort zu dieser Auflage zum Ausdruck gebracht: Er ist deprimierend. Das schon, wenn man die einfachsten Fragen mit den einfachsten Mitteln (hier also dem MBI) beantworten möchte. Gibt es Geschlechts- oder Alterseffekte bei Burnout? Lassen wir Rösing (2003, S. 95) zu Worte kommen:

> »Was bietet nun die Forschung der letzten fünf Jahre zu diesen beiden Themen – Berufserfahrung/Alter auf der einen Seite und Geschlechtsunterschiede auf der anderen?
> Klarheit bietet diese Forschung jedenfalls nicht. Zwar scheint ein Zusammenhang zwischen mehr Berufserfahrung und/oder höherem Alter

3

> auf der einen Seite und weniger Burnout auf der anderen ein durchaus reproduzierbares Ergebnis zu sein (...), aber manchmal sieht das Ergebnis auch gerade umgekehrt aus (...).
> Dass in bezug auf Burnout Geschlechtsunterschiede vorkommen, ist zwar mittlerweile bekannt. Dies ist das (höchst dünne) zusammenfassende Ergebnis, welches man angeben kann.«

Hinzuzufügen ist nur, dass nicht einmal der Trend »mehr emotionale Erschöpfung bei Frauen« und »mehr Depersonalisation bei Männern« konsistent zu finden ist. Und wäre er es, was wüssten wir dann? Nichts, es kann sich einfach um Rollenstereotype handeln. Frauen »dürfen« Schwäche eher zeigen (mehr EE), »müssen« aber ihrer Umwelt gegenüber länger zugewandt bleiben (weniger DP). Die meisten Persönlichkeitsfragebögen optieren stillschweigend für diese Sicht; sie stellen geschlechtsgetrennte Normen bereit, so dass ein männlicher Punktwert mit einem weiblichen nicht mehr direkt vergleichbar ist.

Massenhaft Daten – wenig Erkenntnis

Zurück zu einer allgemeinen Einschätzung der Befundlage. Dass Rösing die Burnout-Forschung »ausgebrannt« sieht, wurde schon mehrmals erwähnt. Schaufeli & Enzmann (1998, S. 190) überschreiben den vorvorletzten Abschnitt ihres Buches mit einer Paraphrase von Jackson, Schwab und Schulers (1986) düsterer Prognose: »Massenhaft Daten ... aber wenig Erkenntnis« und fahren fort:

> »Im Verhältnis zum gewaltigen Umfang der empirischen Studien (mehr als 500!) ist unser Erkenntnisstand über Ursachen und Folgen von Burnout und über die zugrunde liegenden psychologischen Mechanismen ziemlich dürftig.«

Diese Zusammenfassung haben sie sich nicht leicht gemacht, sonst wäre ihr Buch nicht bis zum Ende gediehen. Ich will darum an dieser Stelle etwas mehr ins Detail gehen.

Ausgereizt: Querschnittsstudien

Eine Kernkrankheit der Burnout-Forschung, es wurde schon erwähnt, ist das weitgehende Vorherrschen von Querschnittsstudien. Das ist auch anderswo so. Beim Thema Burnout, einem dynamischen Prozess mit Zeitachse, macht es aber den größten Teil der Publikationen ziemlich irrelevant. Nun gibt es inzwischen eine nennenswerte Zahl von Längsschnittstudien, wenn auch fast nur 2-Wellen-Erhebungen, in denen also dieselben Menschen mit Zeitabstand zweimal befragt wurden. (Um es mit David Rogosa, einem renommierten Methodiker, zu sagen: »Zwei Wellen sind besser als eine, aber nicht viel besser«.) Dass auch mehr als zwei Wellen und die Längsschnittmethodik generell keineswegs tragfähige Erkenntnisse sicherstellen, musste ich frustriert konstatieren, nachdem ich ein Projekt mit sieben Wellen abgeschlossen hatte (Burisch, 2002; 2003). Die methodischen Grundlagen, so mein augenblickliches Fazit, sind noch nicht stabil.

Für Insider: Es gibt relativ neue statistische Datenanalyse-Modelle, die unter diversen Bezeichnungen, wie *Hierarchical Linear Models (HLM)* viel Aufmerksamkeit finden (z. B. Singer & Willett, 2003) und angeblich die Schwächen ihrer Vorgänger nicht mehr aufweisen, so jedenfalls Judith Singer in einer persönlichen Mitteilung vom 11.05.2003. Ob sich das in der Praxis bestätigt, bleibt abzuwarten.

Auch kein Allheilmittel: Längsschnittstudien

Zurück zur Kernkrankheit und der Hoffnung auf Heilung durch Längsschnittstudien. Was eintrat, war das Gegenteil: Das wenige, was man gesichert geglaubt hatte, geriet völlig ins Wanken. Schaufeli & Enzmann (1998, S. 93-99) diskutieren acht besser kontrollierte Längsschnittprojekte zu Arbeitsfaktoren und Burnout. Der Einfachheit zitiere ich die Autoren selbst:

> »Die acht besten Längsschnittstudien zu den Wirkungen von Arbeitsanforderungen auf Burnout konnten die Ergebnisse von Querschnittsstudien nicht bestätigen, wenn der Einfluss des Burnout-Grades zum ersten Messzeitpunkt kontrolliert wurde. Die Längsschnitt-Effekte waren entweder sehr schwach oder insignifikant (...) oder aber, entgegen der Erwartungsrichtung und trotz positiver Querschnittskorrelationen, schienen Anforderungen negativ mit Burnout zu korrelieren (...). Sogar ein umgekehrter Kausaleffekt wurde gefunden, in dem Sinne, dass Emotionale Erschöpfung zu hoher Arbeitsbelastung führte statt andersherum (...).«

Als Erklärung werden allenfalls Methodenartefakte vermutet, ohne dass das schlüssig belegt würde.

Rösing (2003, S. 106f.) hat rund ein Dutzend Längsschnittuntersuchungen (von denen allerdings wiederum nur die wenigsten minimalen methodischen Ansprüchen genügen) ausgewertet, die seit Schaufeli & Enzmanns *Burnout Companion* erschienen waren. Am Fazit hat sich nichts Fundamentales geändert.

Vielleicht allzu holzschnittartige Zusammenfassung: Wir wissen tatsächlich nichts Verlässliches über Burnout.

Von vollen und leeren Gläsern

Im Grunde sind sich hier eigentlich alle einig, die sich dem Thema auch in übergreifendem Sinne verpflichtet fühlen und den Blick über den Tellerrand eigener Projekte wagen. Lediglich *eine* Übersicht an prominenter Stelle, nämlich die schon erwähnte im *Annual Review of Psychology,* findet das Glas sogar deutlich mehr voll als leer:

> »Die soziale Fokussierung von Burnout, die solide Forschungsgrundlage des Syndroms und dessen spezifische Verbindungen zum Arbeitsbereich leisten einen herausragenden und wertvollen Beitrag zu Gesundheit und Wohlbefinden der Menschen (Maslach et al., 2001). »

Bemerkenswerterweise findet sich unter den *alii* auch Wilmar Schaufeli, von dem wir doch gerade sehr viel skeptischere Töne gehört hatten. Sollten sich zwischen 1998 und 2001 Durchbrüche ereignet haben? Kaum. Wahrscheinlicher ist, dass bei der Formulierung der besagten Einschätzung die sonnig-kalifornische Sicht der Dinge federführend war.

Sinnlos: Weiter wie gewohnt

Vielleicht hätte man es früher wissen können. Die Warnung von Jackson et al. (1986) wiederholte im Grunde nur, was Lazarus (1966) zwei Jahrzehnte zuvor zur Stressforschung bemerkt hatte. Immerhin, es war den Versuch wert. Inzwischen sollte man es wissen: »weiter wie gewohnt« macht schon seit einer Weile keinen Sinn mehr.

Dessen ungeachtet wird an Burnout weitergeforscht, als wäre nichts geschehen; auf Wegen, die kaum Chancen haben, zum Erkenntnisfortschritt beizutragen. Das hat Gründe, die Rösing (2003) wissenschaftssoziologisch durchleuchtet hat. Ein Aspekt, der bei ihr fehlt (wenn ich nichts überlesen habe): Studierende und Doktoranden aller Disziplinen haben einen gesunden Drang, »relevante« Phänomene zu beforschen. Also z. B. solche, die sie selbst oder bei Kollegen (mit)erlebt haben. Die Burnout-Forschungsliteratur besteht zu einem gewaltigen Anteil aus akademischen Abschlussarbeiten. Ich weiß aus eigener Erfahrung, wie schwer Festentschlossene vom Thema Burnout abzubringen sind. Und also werden sich noch Generationen und Aber-Generationen von Nachwuchsforschern beiderlei Geschlechts an diesem Thema die Zähne schärfen. Das ist nicht schädlich, solange ihre Doktorväter oder -mütter von Veröffentlichungen absehen. Andernfalls trägt es nur zur allgemeinen Unübersichtlichkeit bei.

3.14.2 Forschungsbedarf

Person und Umwelt: Suche nach Stabilität auf der richtigen Ebene

In ► Abschn. 3.12 habe ich kurz den sog. Interaktionismus erwähnt, also den Obergriff über diejenigen Theorien, die Verhalten und Erleben stets sowohl persönlichkeits- wie umweltbedingt sehen. Sie vermeiden platte Aussagen wie »alles Einstellungssache« ebenso wie solche vom Typ »kommt immer auf die Umstände an«.

Die für mich überzeugendste Form von Interaktionismus traf ich im Juni 2004 wieder, als Walter Mischel, wahrscheinlich der angesehenste lebende Persönlichkeitspsychologe, in einem Vortrag an der Universität Hamburg die Ergebnisse eines Jahrzehnte überspannenden Forschungsprogramms vorstellte, das sein seinerzeit aufsehenerregendes Buch *Personality and Prediction* (Mischel, 1968) fortführen sollte. Die wesentlichen Punkte des Vortrags lassen sich übrigens in einem Aufsatz im *Annual Review of Psychology* (Mischel, 2004) nachlesen.

Die Kernaussage lässt sich folgendermaßen zusammenfassen.

Will man Invarianzen, d. h. hochgradige Stabilitäten, im menschlichen Verhalten auffinden, dann sollte man nicht auf der Ebene globaler Konstrukte *(»traits«)* operieren – das wäre zu abstrakt; Verhalten ist transsituativ zu wenig konstant. Aber auch nicht auf der Ebene standardisierter Situationen – dort sind die individuell verschiedenen Verhaltensgewohnheiten zu ausgeprägt. Sondern auf der Ebene von *Individuen in bestimmten Situationsklassen.*

In einer von Mischels Studien (Shoda, Mischel & Wright, 1994) wurden 84 Jugendliche, die wegen auffälliger Aggressivität und mangelnder Impulskontrolle in einem therapeutischen *Camp* gelandet waren, über mehrere Wochen intensiv beobachtet. Was ließ diese Kids »ausrasten«? Es ließen sich diverse Stimulus-Situationen herausdestillieren, z. B. »Provokation durch Gleichaltrige«, »Verwarnung durch Erwachsene« oder »Freundliche Annäherung durch Gleichaltrige«. Das Verblüffende: Die Reaktionsweisen waren bei den meisten ziemlich gut vorhersagbar – individuell aber sehr verschieden. Wer z. B. auf die Kategorie »positive Zuwendung von Erwachsenen« einen aggressiven Ausbruch zeigte, tat das zuverlässig praktisch immer (während ihn die anderen Kategorien kalt ließen); wer bei »Spott von Gleichaltrigen« explodierte, tat das gleichfalls recht berechenbar, nicht aber bei den anderen Kategorien. Mischel spricht von stabilen Wenn-dann-Verknüpfungen, von verhaltensmäßigen Markenzeichen *(behavioral signatures)*, die bei Personen mit demselben »Aggressionskoeffizienten« völlig gegensätzlich aussehen können. Darüber hinaus, das wird nicht bestritten, unterscheiden sich Menschen auch durch die »Höhe« ihres Aggressionsprofils, also durch Stärke und Reizschwelle ihrer durchschnittlichen Aggressionsbereitschaft.

Ein Durchbruch für die Burnout-Forschung?

Der Wert dieser Anregungen für die Burnout-Forschung ist noch nicht zu ermessen, möglicherweise ist er immens. Vielleicht lässt sich nämlich – auf dem »mittleren« Abstraktionsniveau Mischels – eine endliche Anzahl von Person-Situation-Kombinationen eruieren, die einen Großteil der vorfindbaren Burnout-Prozesse abdeckt. Beispiele: »Unrecht ohnmächtig mit ansehen oder gar selbst erdulden müssen« als Schlüsselerfahrung für hochgradig an Gerechtigkeit Orientierte; »Undank« bei Menschen, die sich gewohnheitsmäßig Sympathie durch gute Taten erkaufen; »eigene Machtlosigkeit« bei wenig Durchsetzungsfähigen; »selbstschädigendes Verhalten« bei Helfern, die an die Macht der Vernunft glauben, usw. In dieselbe Richtung zeigt ein früher Hinweis von Cary Cherniss, dass es auf die Persönlichkeit von Berufsanfängern (hier: ihre Karriereorientierung) ankomme, was sie ausbrennen lasse:

> »Ein Job, der den einen Novizen zufrieden stellt, kann bei dem nächsten beträchtlich zu Stress und Burnout beitragen, weil die beiden mit unterschiedlichen Zielen und Vorlieben an die Arbeit heran gehen. So hätte beispielsweise ein Karrierist wie Perry Curtis den Job von Jean Chalmers unannehmbar gefunden, außer er hätte auch noch die sichere Aussicht auf konkrete Belohnungen wie Status, Prestige, wirtschaftliche Sicherheit und Gelegenheit für schnellen Aufstieg eröffnet (1980a, S. 204).«

Hier tut sich ein Forschungsprogramm von beträchtlicher Reichweite auf, das von der in ► Abschn. 3.7 vorgestellten handlungstheoretischen Burnout-Konzeption profitieren könnte.

Theoretische Fragestellungen

Dabei ist an Fragestellungen kein Mangel (vgl. auch Perlman & Hartman, 1982). Einige Beispiele:

- Lässt sich der hypothetische Verlauf gestörter Handlungsepisoden in der subjektiven Realität ausbrennender Individuen wiederfinden? (Hierfür gibt es einige Bestätigungen in der erwähnten Diplomarbeit von Claudia Grot, 1990.)
- Lassen sich Belege für die behauptete Veränderung des Phantasielebens (Verarmung an positiven, Übervölkerung mit negativen Anreizen) finden?
- Gibt es weitere Störungskategorien, oder sind die postulierten vier Kategorien erschöpfend?
- Wieviele gestörte Episoden welchen Schweregrades braucht es, um einen Burnout-Prozess in Gang zu setzen, oder: Wovon hängt die kritische Anzahl ab?
- Haben vereinzelte schwere Frustrationen qualitativ andere Folgen als häufige unterschwellige?
- Verursachen auch kritische Handlungsepisoden Burnout?
- Lassen sich die Anfänge von Burnout-Prozessen generell datieren?
- Gibt es Burnout-Prozesse ohne dynamische Anfangsphase?

- Ist Fischers (1983) Trennung von Burnout im engeren und weiteren Sinne empirisch zu untermauern?

Allgemeinere Fragestellungen

Außer diesen, enger auf die vorgetragene Burnout-Theorie bezogenen Fragen gibt es allgemeinere:

- Meinen wir, die wir von Burnout sprechen, eigentlich halbwegs dasselbe? Ich bin optimistisch, dass das in ▶ Abschn. 1.1 erwähnte Forschungsprojekt für diese fundamentalste aller Fragen einige Antworten liefern wird.
- Lassen sich Situationsklassen in endlicher Anzahl identifizieren, die bei entsprechend disponierten Menschen *regelhaft* die »Mittelbaren Konsequenzen« des Episodenschemas (◘ Abb. 3.2), also ein Gefühl von Autonomieverlust, emotionale Reaktionen wie Angst, Ärger oder Depression, sowie eine Erschütterung des Weltmodells auslösen? Das wäre das soeben skizzierte Projekt in Anlehnung an Walter Mischel.
- Wie lässt sich die Messung von Burnout differenzieren und verbessern? (Zumindest wären Normen für die existierenden Fragebögen vonnöten; meines Wissens existieren lediglich für das Hamburger Burnout-Inventar Grob-Normen; ▶ Abschn. 1.2.2.)
- Stehen die Fragebogenvariablen in Zusammenhang mit physiologischen und biochemischen Veränderungen?
- Welche Persönlichkeitsvariablen und -strukturen (Helfersyndrom? Suchtstruktur?) prädisponieren besonders stark?
- Wovon hängt es ab, ob ein Mensch eine Psychosomatose, Burnout oder beides entwickelt?
- Welche Bedeutung hierfür hat die Fähigkeit zur Regression, zu kathartischer Gefühlsentladung?
- Welche bewussten oder unbewussten Coping-Strategien setzen Menschen ein, die trotz schwerer Belastungen nicht ausbrennen?
- Lassen sich solche Strategien vermitteln?
- Treten die Kernsymptome (im Sinne der MBI-Skalen) in einer bestimmten Reihenfolge auf und kommt ihnen unterschiedliches Gewicht zu?
- Ist Burnout in den bislang erwähnten Berufen tatsächlich häufiger oder schwerer als in »unverdächtigen«?
- Wie ist der weitere Verlauf, wenn Ausbrenner Arbeitsplatz oder Beruf wechseln? (Hierzu haben wir einige Aufschlüsse aus der Langzeitstudie von Cherniss, 1995.)

Praktische Fragestellungen

Und schließlich einige unmittelbar praktische Fragen:

- Lässt sich durch Umgestaltung der Arbeitsumstände (etwa im Sinne der Faktoren von Cherniss, 1980a oder derer von Maslach & Leiter, 1997) Burnout verhindern?
- Können Selbsthilfe- oder Supervisionsgruppen gegen Burnout immunisieren?
- Welches Beratungs- oder Therapiekonzept – Rational-Emotive Therapie (Jones, 1982a)? Logotherapie (Bulka, 1984)? Transaktionsanalyse (Novey, 1976, Ch. 9)? Psychodrama (Thacker, 1984)? Imaginationsverfahren (Leuner, 1987; Shorr, 1983)? Psychoanalytisch fundierte Körpertherapie (Johnson, 1988)? – eignet sich für welchen Typ von Ausbrenner am besten? Was hilft?

- Lässt sich derlei ebenfalls in Gruppen bewerkstelligen?
- Was tun bei fortgeschrittenen Fällen, die nicht einmal mehr die Kraft finden, Hilfe zu suchen? Das ist vielleicht die dringendste Frage.

3.14.3 Forschungsstrategien

Längsschnittuntersuchungen

Für die meisten inhaltlichen der obigen Fragen haben fast nur Längsschnittuntersuchungen mit starkem Akzent auf dem Einzelfall Aussicht, den Erkenntnisstand voranzubringen. Idiographische und naturalistische Ansätze in der Stressforschung empfahl Lazarus schon 1977, weil er weitere Laborstudien nicht mehr für fruchtbar hielt. Starke Argumente für Einzelfallanalysen, mit Aggregation mehrerer individueller Datensätze erst nach dem letzten Schritt, haben auch Holbrook & Ryan, 1982, vorgebracht.

Unergiebige Strategien

Bei allen offensichtlichen Schwächen halte ich sogar retrospektive Untersuchungen (»Wie fing es an? Wie haben Sie es überwunden?«) für sinnvoller als das gegenwärtig beliebte Vorgehen, Burnout-Fragebögen im Querschnitt mit allen erdenklichen anderen Variablen zu korrelieren, in der Regel mit ebenfalls verbalen Auskünften derselben Probanden. Diese (unaufwendige) Strategie produziert eine Springflut von Aufsätzen, in denen alle Übel dieser Welt mit Burnout zusammenhängen (vgl. auch Savicki & Cooley, 1983).

Prospektive Studien

Aussichtsreicher wären prospektive Studien, in denen von größeren Gruppen Persönlichkeitsdaten erhoben werden müssten, und zwar vor irgendeiner Zäsur, z. B. vor dem Kontakt mit einer Berufsrealität (vgl. Burisch, 2002). Dieselben Menschen müssten dann ein möglichst langes Stück in ihr Berufsleben hinein begleitet werden. Was die Arbeitsumstände betrifft, so müssten sowohl objektive als auch durch die Brille der Befragten gefilterte Informationen gesammelt werden. Ein Beispiel für ein solches Vorgehen ist die Stressuntersuchung von Jenkins (1979). Die schon erwähnte (► Abschn. 2.1.5) unveröffentlichte Reanalyse meiner eigenen Längsschnittstudie (Burisch, 2003) erbrachte ermutigend klare Ergebnisse, die freilich in frischen Stichproben repliziert werden müssten.

Kombinierte Designs

Ein derartiges Design ließe sich prinzipiell mit einer Intervention kombinieren, indem man Teilgruppen verschiedene Arten von Prozessbegleitung (z. B. Supervision) anböte.

Handy (1988), die die bisherige Burnout-Forschung scharf kritisiert, stellt drei Stressuntersuchungen vor, die ein mehr ganzheitlich-systemisches Vorgehen mit Mischung verschiedener Datengewinnungsmethoden praktizierten.

Klinische Strategien

Noch tiefere Einblicke verspricht die »klinische« Methode, die ihre Einsichten aus intensiv analysierten Beratungs- oder Behandlungsfällen gewinnt. Diesen Weg ist etwa Freudenberger (Freudenberger & Richelson, 1983) gegangen. Savicki & Cooley (1983) empfehlen die Ansätze von Minuchin et al. (1978) zur Familiendynamik psychosomatischer Patienten als Forschungsparadigma. Abgesehen vom Aufwand handelt man sich hier allerdings das Problem mangelnder Verallgemeinerungsfähigkeit ein. Patienten oder Klienten selegieren sich nun einmal selbst.

Aus heutiger Sicht würde ich diesen Nachteil geringer gewichten. Das forcierte Überspringen der klinischen Phase – bedingt wahrscheinlich durch traumatische Erfahrungen früher Burnout-Forscher(innen) mit Herausgebern, die schon den Begriff unseriös fanden – ist der Forschung insgesamt nicht gut bekommen. Selbst ein »Burnout-Lesebuch« von ausführlich dokumentierten Fällen (im Idealfall samt Behandlungsverlauf, notfalls aber auch ohne) fände ich erhellender als die fündunddreißigste LISREL-Analyse, die irgendeinem obskuren Modell die beste Datenanpassung beschert, welches dann zur Überraschung der Gelehrten weder plausibel noch replizierbar ist und schon darum unseren Erkenntnisstand nicht bereichert. Dass dergleichen heute leicht publizierbar ist, halte ich für eine Fehlentwicklung.

Interventionsforschung

Erfolgskontrollierte Interventionen in Organisationen haben den Vorteil, rasch Hinweise zu geben, wo das Eingreifen lohnt und wo nicht. Theoretisch geben sie wahrscheinlich sehr wenig her, lässt sich doch selbst im Prinzip kaum jemals klären, für wen welche wahrgenommene Veränderung das wirksame Agens war. Alle Generalisationsprobleme der Aktionsforschung sind hier anzutreffen.

Letztlich sind aber geplante Interventionen, nicht notwendig auf dem organisationalen Niveau des Zwiebel-Modells, Anwendungsziel auch der in diesem Buch vorgestellten Theorie.

3.14.4 Forschungsmethoden

Simulationsmethoden

Sicher werden die klassischen Datenerhebungsverfahren Interview, Fragebogen, Selbstrating und Verhaltensbeobachtung noch für geraume Zeit die Hauptinstrumente der Burnout-Forschung bleiben. Laborexperimenten, die weitergehende Bedingungskontrolle erlauben würden, sind schon aus ethischen Gründen enge Grenzen gesetzt. Zudem lassen sie sich nur schwer auf die Zeitdauer ausdehnen, die ich für Burnout-Prozesse ansetze. Immerhin ließen sich Burnout-Episoden bis zu einem gewissen Grade simulieren – per verbaler Beschreibung, wie bei Mehrabian & Russell (1974), per Tonband wie bei Schlichter & Horan (1981) oder gar per Video – und auf diese Weise ein individuelles Belastbarkeitsprofil für Versuchspersonen gewinnen. Auch ließen sich so emotionale, physiologische und Verhaltensreaktionen evozieren, die u. U. differentialdiagnostische Aufschlüsse liefern könnten. Schließlich ließen sich solche Simulationen für Trainingszwecke einsetzen.

Es wäre jedenfalls den Versuch wert, zu erproben, ob solche Methoden, die bereits beträchtliche Anstrengungen erfordern würden, den gigantischen Aufwand ersetzen können, den Studien wie die von Shoda et al. (1994) erforderten.

Unkonventionelle Methoden

Darüber hinaus können auch unkonventionelle Methoden wertvoll sein, z. B. das Gruppeninterview, Rollenspiele, Tagebücher und Zeichnungen, in realen oder simulierten Belastungssituationen telemetrisch aufgezeichnete physiologische Ableitungen, die Rekonstruktion emotionaler Reaktionen beim Playback aufgezeichneter Handlungsepisoden (z. B. bei Lehrern), »*Experience Sampling*« (Klinger & Kroll-Mensing, 1995), über *Kelly-Grids* erhobene Beziehungen zu beruflichen und privaten Partnern oder zu Idealbegriffen wie »Empathie«.

Imaginationsverfahren

Auch die Methoden der Imaginationsforschung (z. B. die Ansätze in den Bänden von Shorr et al., 1980, und Klinger, 1981) verdienen es, für unsere Zwecke erprobt zu werden. Ich meine z. B. die Methode des »Lauten Denkens«, Gedankenstichproben (*Thought Sampling*) und Imaginationstests.

Bevor unser Wissen über Burnout auf der Mikroebene gründlicher ist, dürften »weichere« Breitbandmethoden »harten« i. Allg. vorzuziehen sein.

Umwege und Auswege

4.1 Vorbemerkungen

Unerprobte Rezepte

Was Prophylaxe, Prävention und Therapie des Burnout-Syndroms betrifft, besteht bis heute ein Missverhältnis zwischen veröffentlichten Vorschlägen und auch nur informell gesammelten Erfahrungen. Nahezu jede der im ► Abschn. 1.2 zitierten berufsspezifischen Burnout-Beschreibungen aus den Anfangsjahren enthielt Anweisungen, was zu tun sei, wenn das Kind in den Brunnen gefallen ist, und nicht wenige widmeten sich auch Möglichkeiten zur Abdeckung des Brunnens. Erprobt ist davon inzwischen einiges; Durchbrüche, um es vorweg zu schicken, gab es dabei aber nicht, wenn mir nichts entgangen ist.

Menschen impfen, Mücken ausrotten

Dabei ist schon a priori zu vermuten, dass nahezu jede mit genügend Enthusiasmus vorgetragene Intervention gute Chancen auf Erfolg hat, zumindest anfänglichen Erfolg. Dies darum, weil schon viel erreicht ist, wenn die Aufmerksamkeit für das Phänomen erhöht, das Thema legitimiert und Hoffnung (wieder)erweckt wird. So muss bei Evaluationsstudien eine relativ lange Zeitachse einkalkuliert werden, will man nicht nur Strohfeuer (sog. *Hawthorne*-Effekte) registrieren. Das legt die Messlatte für aussagekräftige Untersuchungen hoch.

Durchschlagende und bleibende Wirkungen sind ohnehin nur da zu erwarten, wo an *beiden* beteiligten Komponenten angesetzt wird, am Individuum und an seiner Umwelt, speziell seiner Arbeitsumwelt (Cherniss, 1982). Zur Veranschaulichung dieses Gedankens hat Neck (1977) in anderem Zusammenhang das freilich sehr viel weniger komplexe Beispiel einer Kampagne zur Malariabekämpfung gebraucht: Man muss die gefährdeten Personen impfen, *und* man muss die Sümpfe trockenlegen, in denen sich die übertragenden Stechmücken vermehren. Wo das möglich ist, könnte man auch wenig widerstandsfähige Personen von der Gefahrenzone fernhalten.

Den richtigen Mann an den richtigen Platz

In letzterem Sinne haben Wilder & Plutchik (1982) vorgeschlagen, bei Hochschulabgängern die Stärke von 16 Grundbedürfnissen zu messen und dieses Profil mit den aus Erfahrungsberichten bekannten Charakteristika potentieller Arbeitsstellen zu vergleichen. So soll verhindert werden, dass beispielsweise ein extrem anerkennungsbedürftiges Individuum in eine Umgebung gerät, in der es voraussichtlich psychisch verhungern würde. Oder eine »sozial Engagierte« im Sinne Cherniss' (1980a) in eine von Fraktionskämpfen zerrissene Beratungsinstitution (► Abschn. 1.4.10).

Außerdem soll auf Burnout schon während der Ausbildung hingewiesen werden. (Die meisten Krankenpflegeschulen tun das heute.) Freilich betonen Wilder & Plutchik auch, dass man Menschen nur begrenzt auf in der Zukunft liegende Belastungen vorbereiten könne. Präventive Maßnahmen müssten durch prozessbegleitende zumindest ergänzt werden.

Veränderungen auf allen Ebenen

Im Zusammenhang mit Burnout wird es auf Dauer nicht einmal reichen, auf das Mikrosystem einschließlich des Umgangs mit sich selbst einzuwirken oder auf das Mesosystem (► Abschn.3.13), wie das Maßnahmen der Organisationsentwicklung (Golembiewski, 1982) tun. Da Organisationen mit dem sie umgebenden Exosystem vielfältig vernetzt sind, müssen auch draußen Veränderungen in Gang gesetzt werden, was naturgemäß ein viel langwierigeres Unterfangen darstellt. Noch schwieriger ist derlei in der äußersten Zwiebelschale, dem Makrosystem.

Immerhin: In Holland wurde 1999 ein ziemlich weit reichendes Arbeitsschutzgesetz verabschiedet (Schaufeli & Kompier, 2001), das ein Vorbild für die Gesetzgebung auch anderer EU-Staaten werden könnte. Die Auswirkungen dieser Veränderungen auf der Makro-Ebene werden allerdings zwiespältig gesehen.

Vor dem Hintergrund dieser Überlegungen werde ich die in der Literatur vorgetragenen Empfehlungen zur Vermeidung (das sind die Umwege) oder Behandlung (das sind die Auswege) des Burnout-Syndroms, sowohl auf individueller als auch auf organisatorischer Ebene, relativ flüchtig Revue passieren lassen. Da die älteren Arbeiten, die schon in den beiden ersten Auflagen referiert wurden, durch neuere Berichte keineswegs überholt sind, wurden sie erneut aufgenommen. Die vor allem methodischen Probleme bestehen weiterhin.

Das Spektrum an empirischen Erfolgsuntersuchungen ist breiter geworden, die Befundlage aber leider nicht einheitlicher. Hier werde ich mich, eher kursorisch, auf die Übersichten von Schaufeli & Enzmann (1998) und Rösing (2003) stützen.

Im Anschluss werde ich von meinen eigenen Erfahrungen in Burnout-Workshops und Einzelberatungen berichten, die auch ein wenig Hilfe zur Selbsthilfe hergeben, bevor ich diese zu »Eigenen Empfehlungen« verdichte. Im Anhang diskutiere ich die Chancen einiger Psychotherapie-Schulen für deren Anwendung auf Burnout.

4.2 Empfehlungen aus der Literatur

Wenn es richtig ist, dass Burnout eine Folge von Stress zweiter Ordnung ist, und wenn diesem meist Stress erster Ordnung vorausgeht, dann ist die gesamte, bereits unübersehbare Literatur zum Stressmanagement auch hier einschlägig.

4.2.1 Literatur zu Stressmanagement

Tips zur Stressbewältigung

Ratgeberliteratur. Es gibt eine beträchtliche Anzahl von Ratgebern in Buchform,

- sowohl für ein unspezifisches Publikum (z. B. Huber, 1983; Matteson & Ivancevich, 1982a, b; Selye, 1977; Vester, 1978)
- als auch speziell für Sozialberufler (z. B. Farmer et al., 1984).
- Kürzere, allgemein gehaltene Empfehlungen stammen z. B. von Adams (1979), Beehr & Newman (1978), Newman & Beehr (1979);
- Stressbewältigungstechniken speziell für Krankenpflegepersonal behandeln einige Beiträge in dem Sammelband von McConnell (1982), ebenfalls Hall et al. (1979). Typischerweise werden Veränderungen sowohl auf individueller als auch auf Umweltebene empfohlen.
- Die sehr gründliche Anleitung zur Selbstbehandlung von Huber (1983) beschränkt sich auf individuumzentrierte Techniken in den Stufen Reiz-, Erregungs- und Belastbarkeitsmanagement sowie Vorbeugung psychosomatischer Störungen.

»Adaptive Reaktionen«

Beehr & Newman (1978), die Angestellte von Wirtschaftsunternehmen im Blickfeld haben, stellen »adaptive Reaktionen« des betroffenen Individuums, der Organisation und dritter Parteien zusammen.

- Die erste Liste reicht von Meditation und Entspannungstechniken über realistische Zielsetzungen bis zu vernünftiger Ernährung und Ruhepausen,
- die zweite von Arbeitsplatzgestaltung bis zu verbesserter Gesundheitsfürsorge.
- »Dritte Parteien« können z. B. Freunde oder Familienangehörige sein, die Stützung bieten, aber auch ein Gesetzgeber, der eine Vorruhestandsregelung beschließt.

Mangelnde Durchschlagskraft

Die Schwäche derartiger Empfehlungen, so sinnvoll sie im Einzelnen sein mögen, liegt in der mangelnden Durchschlagskraft. »Drittparteien« dürften von dieser Art Literatur nur selten erreicht werden. Ob der burnoutgefährdete, überlastete und ohnehin dysphorische Käufer eines Stressbuches genügend Kraft und Selbstüberwindung aufbringt, um das Rauchen aufzugeben und stattdessen Frühsport anzufangen, bleibt zumindest zweifelhaft. Was Organisationen betrifft, so werden in Großunternehmen Trainings in Stress- oder Zeitmanagement ohnehin häufig angeboten; seltener in Institutionen des öffentlichen Dienstes, kaum jemals in Klein- und Mittelbetrieben. Wie derlei zu bewerkstelligen wäre, dazu sind die Ratgeber aber meist nicht explizit genug; überdies sollten Trainings dieser Art am besten von professionellen Trainern durchgeführt werden.

Ein *Evergreen*

Mittlerweile ist die Ratgeberliteratur weiter angeschwollen. Wer bei *Amazon* das Suchwort »Stress« eingibt, erzielt rund 1.100 Treffer, nur in der Kategorie »Deutsche Bücher« (Stand: Frühjahr 2005). Darunter sind zwar auch Titel wie *Stress bei Hunden* und viele Doubletten. Aber dass das Thema ein *Evergreen* ist, springt ins Auge. Kein Wunder, angesichts der im Vorwort zu dieser Auflage genannten Zahlen zu Krankenstand und Kosten.

Lässt sich zum Thema Stress überhaupt noch etwas Neues sagen? Wahrscheinlich nicht. Aber es ist natürlich nicht ausgeschlossen, dass ein Autor eine noch nicht dagewesene sprachliche Form findet, die neue Leserschichten erreicht. Da dieses Ereignis schwer vorhersagbar ist, habe ich darauf verzichtet, diese Literatur zu aktualisieren .

Workshopdesigns. Letztlich vor allem an Trainer richten sich auch Beschreibungen ganzer Stress- oder Burnout-Workshops (z. B. Edelwich & Brodsky, 1982; Meidinger & Enders, 1997).

Supervision für Vorgesetzte

- Hayes & O'Connor (1982) führten im Rahmen eines Beratungszentrums für technische und Verwaltungsangestellte mit Vorgesetztenfunktionen an der *Stanford University* regelmäßig 4-Wochen-Programme durch, in denen sich je 8–12 Teilnehmer wöchentlich für 11/2 Stunden trafen. Diskutiert wurden dort Lösungsstrategien für Probleme, die aus der Vorgesetztenrolle erwachsen, Arbeitsklimaprobleme und solche der Vertretung des Arbeitgeberstandpunktes gegenüber Mitarbeitern.

Ein Analyse-Workshop

- Ähnlich gingen Richardson & West (1982) vor, die Erfahrungen in einem Gesundheitsamt, einer Klinik und einer Vorschule für behinderte Kinder gesammelt haben. In ihrem Ansatz, den sie »Motivationsmanagement«

nennen, lag das Schwergewicht mehr auf der Ursachenanalyse von Problemen, die ohne inhaltliche Einschränkung zusammengetragen wurden. Am Ende des Workshops, der 4–8 Stunden dauerte, wurden die Teilnehmer ermutigt, auf eigene Faust im Rahmen einer selbstgewählten Struktur weiterzuarbeiten.

Da es sich hier, anders als bei Hayes & O'Connor, um Mitglieder intakter Teams (»*Family Groups*«) handelte, wurde dieser Vorschlag tatsächlich weiterverfolgt.

Ein Eisbrecher-Workshop

Ähnliches berichtete Sparks (1979), der ein Teamentwicklungszentrum für Schulkollegien leitet. Im Normalfall wurde ein Workshop von ca. 2 ½ Stunden für die Lehrer und das Verwaltungspersonal einer einzigen Schule vor Ort durchgeführt. Die Gruppengröße schwankte zwischen 10 und 80. Ziele waren
- die Verminderung persönlicher Isolation,
- die Stärkung des Selbstbewusstseins durch Identifizierung persönlicher Stärken und Arbeitserfolge,
- die Ursachenanalyse beruflichen Stresses,
- die Entwicklung von Handlungsplänen.

Eingesetzt wurden relativ oberflächliche Gruppentechniken. Es ist plausibel, dass ein solcher Workshop eine Eisbrecherfunktion haben kann. Von langfristigen Wirkungen oder weitergehenden Aktivitäten wurde nichts berichtet.

Ein »nützlicher« Kurs

Ebenfalls mager sind die Informationen über einen Kurs, den Shannon & Saleebey (1980) mit vier Gruppen von insgesamt 41 Jugendfürsorgern durchführten, die sich anscheinend überwiegend in fortgeschrittenen Burnout-Stadien befanden. Man traf sich 6 Wochen lang für 3 Stunden wöchentlich, um Themen wie Entspannung, Körperbewusstsein oder körperliche Fitness zu diskutieren, was die Teilnehmer später als »nützlich« bezeichneten.

Teamentwicklung für Berater

Die neun studentischen Telefonberater von Baron & Cohens (1982) Krisenberatungsstelle wurden, mit zwei Ausnahmen, als nicht ernsthaft »ausgebrannt« charakterisiert. Da es sich um ein vollständiges Team handelte, wurde ein Arbeitstreffen vereinbart, von dem 1/2 Tag für das Thema Burnout reserviert wurde. In Blöcken von je 30 Minuten wurden zunächst persönliche Burnout-Diagnosen anhand eines Stressfragebogens erstellt, dann persönliches Fehlverhalten analysiert, mit dem man sich selbst und gegenseitig das Leben schwermachte (z. B. »verspäteter Schichtantritt« oder »Unordnung hinterlassen«). Sodann ging es um professionelle Mythen (► Abschn. 3.12.2), wie etwa den Glauben, dass es für jedes Problem eine Lösung gebe, die der Berater lediglich finden müsse. Eine Sammlung von burnoutfördernden Gegebenheiten in der Organisation (z. B. schlechte Arbeitsräume) schloss sich an. Um die Betonung von Negativa etwas zu balancieren, wurden sodann positive Aspekte der Arbeit zusammengetragen. Abschließend sollten Lösungsvorschläge gemacht werden. Da die strukturellen Probleme als kurzfristig zu schwer lösbar angesehen wurden (!), beschränkte man sich auf die individuelle Bekundung guter Vorsätze, etwa die Absicht, in Zukunft mehr Aufmerksamkeit auf die gruppeninterne Kommunikation zu richten.

Brücken zwischen Spiel und Arbeit

Einen originelleren Weg haben Garte & Rosenblum (1978) mit professionellen Beratern beschritten. Aus der (mich) wenig überraschenden Entdeckung, dass die Teilnehmer ihrer Gruppen Lebensfreude fast ausschließlich mit Freizeit verbanden, nicht mit Arbeit, zogen die Autoren den Schluss, Brücken zwischen Spiel und Arbeit zu suchen. In ihren Workshops ging es darum, über eine Analyse individueller Bedürfnisse und Interessen Wege zur Integration intrinsisch lustvoller Momente in den Berufsalltag zu finden. Als Beispiel führten sie den Berater an, der seine Fähigkeiten als Amateurfotograf nutzen könnte, um Informationsmaterial für seine Beratungspraxis zu entwickeln.

Diesen Versuch, Arbeit wieder mit positiven Anreizen zu besetzen, finde ich äußerst vielversprechend, jedenfalls für frühe Burnout-Stadien.

Gruppendynamik für Krankenschwestern

Ein präventives Trainingsprogramm. Ebenfalls außergewöhnlich ist das Projekt von Lammert (1981), die ein relativ umfangreiches gruppendynamisches Training in die Aus- und Fortbildung von Krankenschwestern integriert hat.

Durch Verfahren, wie sie in organisationspsychologischen Laboratorien üblich sind, z. B. Kleingruppenprojekte, Intergruppen- und Großgruppenübungen sowie Einzelberatungen, sollte die Selbst- und Fremdwahrnehmung geschärft, die Fähigkeit zur psychischen Selbstversorgung, zu Kooperation und Beziehungspflege erhöht und Erfahrung mit Gruppenprozessen vermittelt werden.

Nach einigem anfänglichen Widerstand wurde das Programm von den Teilnehmerinnen sehr positiv beurteilt. Da für das Training 8 Wochen lang mehrere Wochenstunden reserviert waren, ließen sich davon durchaus spürbare Effekte erwarten. Mir scheint dies eine hoffnungversprechende Idee zur Prävention von Burnout. Ähnliche, noch weitergehende, aber unerprobte Vorschläge machen Ryerson & Marks (1982).

4.2.2 Literatur zu Burnout

Burnout-Ratgeber

Noch einmal *Amazon:* Hier ergibt eine Recherche mit dem Suchbegriff *Burnout* gut 100 Treffer in der Kategorie »Bücher auf deutsch« (Stand: Frühjahr 2005); auch hier viele Doubletten, zahlreiche Dissertationen von entsprechenden Verlagen, einiges an Wissenschaft. Aber eben doch auch viele Ratgeber. Sie wiederholen größtenteils die schon aus der Stressliteratur vertrauten Ratschläge – sollte ich hier einem der schreibenden Kollegen Unrecht getan haben, so entschuldige ich mich vorbeugend in vollem Umfang. Eine gewisse Skepsis beschleicht mich aber doch, es sei nicht bestritten, wenn in Titel oder Werbung Formulierungen wie »leicht umsetzbare Präventionsmaßnahmen und Lösungsstrategien« oder »Anti-Burnout-Erfolgsprogramm« vorkommen.

- Potter (1980) hat ein Buch gegen berufsbedingtes Ausbrennen geschrieben; auch Bronsberg & Vestlund (1988), Freudenberger & Richelson (1983), Kolitzus (2003), Kubassek (2005), Müller (2004) und Selby (2004) wenden sich an ein allgemeineres Publikum.
- Mittlerweile gibt es ein Tonkassetten-Programm mit Entspannungs- und Imaginationsinstruktionen, (zweitklassiger) Meditationsmusik und einer Anleitung zur Tagebuchführung (Geiger & Geiger, 1987); musikuntermalte Meditationen auf einer CD bietet Behringer (2005) an.
- *Burn-out bei Frauen* heißt ein Buch mit vielen guten Ratschlägen von Freudenberger & North (deutsch 1994).

- *Burnout* heißt auch ein Kurzfilm von MTI Teleprograms, der unter Beratung von Ayala Pines gedreht wurde. Nicht nur aus sprachlichen Gründen dürfte er allerdings für ein deutsches Publikum weniger geeignet sein.
- Empfehlungen für *Lehrer* geben z. B. Cunningham (1983), Earls (1981), Hazelwood (1984), Hendrickson (1979), Hillert (2004), Kretschmann (2001), Moracco & McFadden (1982), Smith & McWilliams (1980), Truch (1980), Weiskopf (1980);
- für *Altenpflegerinnen* z. B. Hölzer (2003);
- für *Erzieher* z. B. Seiderman (1978);
- für *Berater* z. B. Valle (1979), Van Auken (1979) und Watkins (1983);
- für *Seelsorger* Schall (1993);
- für *Angehörige von Sozialberufen allgemein* z. B. Bramhall & Ezell (1981), Carroll (1980), Edelwich & Brodsky (1980), Farmer et al. (1984), Fengler (1991, 2001[2]) und Ryerson & Marks (1982);
- für *Journalisten* Bodin (2000);
- für *Personal von Wirtschaftsunternehmen* z. B. Kernen (1999), Nelson (1980); Glicken (1983) schlägt für dieselbe Zielgruppe ein Beratungskonzept vor.

Sehen wir uns exemplarisch einige Empfehlungen näher an, die sich an Krankenpflegepersonal (der Einfachheit halber hier Krankenschwestern genannt) richten.

Empfehlungen für Krankenpflegepersonal

Analyse statt Verleugnung

C. J. Alexander (1980) schlägt vor, mit einer gründlichen Bestandsaufnahme zu beginnen, statt die Tatsache eines Burnout-Prozesses zu verleugnen.

- Wo trage ich selber zu meinem Burnout bei?
- Wo überschreite ich meine Grenzen?
- Welche Umweltfaktoren sind beteiligt?
- Welche lassen sich beeinflussen, welche nicht?

Freiräume suchen

Weiter sollen Freiräume bei der Arbeit und in der Freizeit gesucht werden. Ersteres bedeutet, Möglichkeiten ausfindig zu machen, wo durch kreative Problemlösungen das Arbeitsleben erleichtert und gleichzeitig das Eigeninteresse am Beruf wiederbelebt werden kann. (Dies entspricht in etwa den Vorstellungen von Garte & Rosenblum, 1978; s. oben.) Um Freiräume in der Freizeit zu suchen, sollen zunächst Pausen und die Zeit nach Dienstschluss weitestgehend von Arbeitsproblemen freigehalten werden. Weiter soll die Krankenschwester diese Perioden zu wirklicher Erholung nutzen, z. B. mittels Entspannungsübungen.

Generell wird besserer Selbstschutz gegenüber vermeidbaren Anforderungen empfohlen. Zeitmanagement, effektive Delegation und Jobrotation sollen den Anteil von lästigen Routineaufgaben reduzieren.

Selbsthilfe und Fortbildung

Ferner schlägt die Autorin Selbsthilfegruppen und andere Aktivitäten zur Weiterentwicklung und Fortbildung vor, z. B. Kurse in Stressmanagement oder Kommunikation.

Auf der organisatorischen Ebene

Organisatorische Änderungen

- wird eine Verringerung der Arbeitszeit durch Sabbatmonate und »*Mental-Health-Days*« vorgeschlagen.
- Orientierungsprogramme für neueingestellte Krankenschwestern sollen sich des Burnout-Themas annehmen.
- Partizipatorische und flexible Entscheidungsprozesse sollen hergestellt werden.
- Zwischen Krankenschwestern und Verwaltung sollen Arbeitstreffen zur Problemlösung institutionalisiert werden.
- Schließlich soll genügend Spielraum für Gehaltserhöhungen und Beförderungen existieren, um ein »Sackgassengefühl« zu vermeiden.
- Wo ungenügende Unterstützung seitens der Öffentlichkeit ein Burnout-Faktor ist, soll eine aktive Informationspolitik betrieben werden.

Die burnoutresistente Krankenschwester

Friel & Tehan (1980) nennen einige wünschenswerte Charakteristika von Krankenschwestern, etwa
- die gründliche Kenntnis der eigenen Bedürfnisse, Fähigkeiten und Grenzen,
- eine spirituelle Fundierung in irgendeiner Lebens- (und Sterbens)philosophie,
- die Fähigkeit zu Entspannung und Regeneration in aufbauenden Freizeitbetätigungen.

Was die Klinik tun kann

Sie legen das Hauptgewicht aber auf organisatorische Vorschläge.
- So sollen Ausmaß und Art des Patientenkontakts abwechslungsreicher gestaltet werden (z. B. durch Jobrotation und häufige Kurzurlaube).
- Bereits bei Einstellungsuntersuchungen sollen Krankenschwestern selegiert werden, die frei von übertriebener Helfermotivation, gesund und in stressarmen persönlichen Umständen leben.
- Soziale Kompetenzen sollen durch Training und regelmäßiges konstruktives Feedback von Vorgesetzten erhöht werden.
- Idealerweise sollte jede Krankenschwester einen Mentor haben, mit dem sie belastende Erfahrungen besprechen kann. Diese Aufgabe kann auch in Gruppen angegangen werden.

Supervision in der Krankenpflege

Simon & Whiteley (1977) haben die stützende, klärende und entlastende Funktion einer zweiwöchentlich tagenden Gruppe von Krankenschwestern unter Leitung eines Psychiaters beschrieben.

Patient im Mittelpunkt – ein Mythos?

Einige Autorinnen in McConnells (1982) Sammelband drängen auf eine Veränderung des professionellen Leitbildes der Krankenschwester, weg von der dienenden und duldenden Grundhaltung *des* prototypischen Frauenberufs hin zu mehr Rationalität, Selbstbewusstsein, Selbständigkeit und Durchsetzungskraft. (Für die Bundesrepublik vgl. Jürgens-Becker, 1987; Burisch, 1987.)

Norris (1973) schlug schon früh vor, als ersten Schritt auf diesem Weg eine Reihe professioneller Mythen über Bord zu werfen, die die Realitäten vernebeln. Zu diesen Mythen zählt sie die Überzeugung, dass Krankenschwestern sich tatsächlich um Patienten kümmern, dass sie das Leben ihrer Patienten spürbar beeinflussen, und dass generell der Patient, nicht das Krankenhaussystem oder die Ärzte, im Mittelpunkt der Krankenpflege stehe. Es sei ein Irrtum zu glauben, schreibt Norris, es gebe auch nur einen Konsensus, wie Krankenpflege überhaupt zu definieren sei. Eine nüchterne Bestandsaufnahme derartiger Grundfragen käme den helfenden Berufen wahrscheinlich allgemein zugute.

Hall et al. (1979), die vom Ausbrennen ganzer Arbeitseinheiten in Kliniken berichten, konzentrieren sich ausschließlich auf Organisationsentwicklungsmaßnahmen wie

Organisationsentwicklung im Krankenhaus

- Problemlösungskonferenzen gemeinsam mit dem Verwaltungspersonal,
- Reorganisation der Arbeit mit dem Ziel, Verantwortung und formelle Autorität wieder in dieselben Hände zu geben, unangenehme Aufgaben gerechter auf alle zu verteilen und Vertretungsmöglichkeiten zur Entlastung vorher unersetzlicher Spezialisten zu schaffen.
- Darüber hinaus soll Weiterbildung angeregt, dienstfreie Zeit sakrosankt gemacht und das Thema Burnout zur öffentlichen Diskussion freigegeben werden.

Gaudinski (1979), Leighton & Roye (1984), McConnell (1981), McMinn (1979), Shubin (1978) und Skinner (1979) gehen über das bereits Referierte nicht wesentlich hinaus.

4.3 Erfolgsuntersuchungen

Ende der 80er Jahre fand ich mit den bescheidenen Mitteln, die mir damals zur Verfügung standen, gerade einmal eine Handvoll Untersuchungen, die zur Evaluation von Interventionen mehr taten, als die Teilnehmer um ein Feedback zu bitten (z. B. nach der »Nützlichkeit« der Behandlung). Einiges habe ich dabei übersehen, viel war es aber nicht.

Auch hier: Quantitativ steil bergauf

Demgegenüber konnten Schaufeli & Enzmann (1998, Kap. 6) 35 Interventionstypen zusammenstellen, von denen auch etliche mindestens einmal beforscht worden waren. Rösing (2003, S. 116–128) aktualisiert diese Liste. Eine Übersicht folgt im übernächsten Abschnitt.

Wenden wir uns jedoch vorher kontrollierten Untersuchungen über Stressmanagement zu, denn, wie gesagt, zweifellos liegt ein Weg zur Eliminierung von Stress zweiter Ordnung darin, Stress erster Ordnung zu reduzieren oder dagegen zu immunisieren. Vorausgeschickt sei, dass alle Versuche mit den sattsam bekannten Problemen der Psychotherapieforschung zu kämpfen haben, z. B. mit der Parallelisierung wirklich unbehandelter Kontrollgruppen, unspezifischen *Hawthorne*-Effekten, Regressionsartefakten, der Auswahl individuell sinnvoller Erfolgsindikatoren etc. Schon darum ist es mit der Verallgemeinerungsfähigkeit der Befunde nicht gut bestellt. Zu viele Faktoren – denken wir nur an etwas so Ausschlaggebendes wie die Kompetenz derjenigen, die eine Intervention an der Frontlinie durchführen – müssen notwendig unkontrolliert bleiben.

Vertraute Methodenprobleme

4.3.1 Empirische Studien zu Stressmanagement

Ansätze beim Einzelnen

Murphy (1984) referiert 13 empirische Studien, die zwischen 1977 und 1984 veröffentlicht wurden. Die Mehrzahl davon war präventiv orientiert, d. h. die Teilnehmer waren nicht hinsichtlich Stressvorschädigungen selegiert. Alle Interventionen waren individuumzentriert, verzichteten also auf Veränderungen der »objektiven« Umwelt, alle bis auf eine wurden am Arbeitsplatz der Teilnehmer durchgeführt. Muskelentspannung, Biofeedback, Meditation, kognitive Umstrukturierung, Selbstbehauptungstraining und rational-emotives Training waren die eingesetzten Methoden, einzeln oder in verschiedenen Kombinationen. Die abhängigen Variablen reichten von Fragebögen (z. B. für Angst, Depression, somatische Symptome, Arbeitszufriedenheit) bis zu physiologischen und biochemischen Parametern. In allen Fällen werden Effekte berichtet, die teilweise auch längere Follow-up-Perioden überdauerten.

Allerdings ist zu berücksichtigen, dass erfolglose Interventionen geringere Chancen haben, publiziert zu werden, und dass in vielen Fällen auch die Kontrollgruppen gleichsinnige Veränderungen zeigten. Hinzu kommt, dass statistische Signifikanz praktische Relevanz bekanntlich keineswegs garantiert.

Abschaffung von Akkord brachte mehr

Ganster et al. (1982) haben darauf hingewiesen, dass Timio & Gentili (1976) nach einer einfachen organisatorischen Umstellung, nämlich dem Übergang von Akkordlohn auf Zeitlohn bei Fließbandarbeitern, viel stärkere Auswirkungen auf die Katecholaminsekretion fanden als sich für das sehr aufwendige Stressbewältigungstraining der Autoren nachweisen ließen. Sie raten darum von derartigen individuumzentrierten Versuchen ab (s. jedoch van der Klink et al., 2001).

Coping für Krankenschwestern

Optimistischer äußern sich West et al. (1984). Ihr Experiment ist in unserem Zusammenhang besonders interessant, weil die Teilnehmerinnen 60 Krankenschwestern einer Notfallstation waren und weil als eines der Erfolgsmaße das MBI eingesetzt wurde. Eine Trainingskomponente »Coping-Fähigkeiten«, bestehend aus Entspannungsübungen, Selbstbehauptungstraining in Rollenspielen, kognitiver Umstrukturierung und Zeitmanagement, erzielte hier die stärksten Effekte, die bei den MBI-Skalen Emotionale Erschöpfung (Häufigkeit und Intensität) sowie Leistungsunzufriedenheit (Intensität) immerhin rund eine Standardabweichung erreichten.

Wenn niemand lange bleibt

Drei Studien ebenfalls im Krankenpflegebereich zielten auf eine Variable mit zwar indirekterer Beziehung zu Burnout ab, deren praktische Relevanz aber eminent sein dürfte: der Fluktuationsrate.

Nach der Schule: Kulturschock

Bikulturelles Training. Schmalenberg & Kramer (1979) gingen davon aus, dass amerikanische Krankenschwestern beim Eintritt in die Berufsrealität einen »Kulturschock« erleiden, der von den gegensätzlichen Normen der Schwesternschulen einerseits und denen der Kliniken andererseits herrührt. Dieser Kulturschock mag die jedenfalls damals sehr hohe Fluktuationsrate (und, wie man vermuten kann, Burnout-Rate) erklären.

Ein Training in drei Phasen

Das »Bikulturelle Training« der Autorinnen begann 6 Wochen nach Arbeitsantritt mit *Peer-Group*-Sitzungen, die vor allem ein Ventil für die Gefühlswallungen der ersten Schockphase bieten sollten. Eine kognitive Einheit (fünf Selbstlernhefte) wurde 3 Wochen später eingeführt; sie behandelte die unterschiedlichen Normen und Werte von Ausbildung und Praxis und Möglichkeiten, sie miteinander in Einklang zu bringen. Nach diesem Teil des Lehrgangs begann schließlich eine praktische Phase: Berufsanfänger und Stationsschwestern besuchten zunächst getrennt, später gemeinsam, mehrere eintägige Workshops über konstruktive Konfliktlösung, Werteklärung, Empathie und Feedback. – Eine Vorläuferversion des Programms wird von Jackson (1984) relativ ausführlich vorgestellt.

Eine lohnende Investition

Wie die Autorinnen in einer detaillierten Kosten-Nutzen-Analyse vorrechnen, rentierte sich das Programm trotz des beträchtlichen Aufwands, da die Kündigungsrate innerhalb des ersten Berufsjahres in der Experimentalgruppe nur 10% betrug (gegenüber 40% in der Kontrollgruppe, die ein konventionelles Einführungsprogramm erhielt) und die Kosten für die Einarbeitung einer neuen Krankenschwester auf rund 2.000 $ veranschlagt wurden. Wenn die Senkung um 30% verallgemeinerungsfähig ist (was z. B. von der Arbeitsmarktlage abhängen dürfte), handelt es sich wahrscheinlich um eine konservative Berechnung, da mehrere schwer quantifizierbare Effekte zugunsten des Trainingsprogramms gar nicht erst berücksichtigt wurden.

Krise auf der Intensivstation

Erhöhung der Autonomie. Einen anderen Weg zum selben Ziel hat Consolvo (1979) beschritten. Die durch die Kündigung eines Drittels der Krankenschwestern verursachte Krise auf einer Intensivstation für Neugeborene nutzte die Verfasserin für organisatorische Innovationen.

Organisatorische Innovationen

- Musste das Pflegepersonal früher hilflos mitansehen, wie bei schon überbelegter Station neue Patienten aufgenommen wurden, so handelte nun zu Beginn jeder Schicht die Stationsschwester nach Beratung unter den Schwestern mit den Ärzten aus, wieviele Neuaufnahmen zu verkraften wären.
- Mussten früher ständig Doppelschichten gearbeitet werden, selbst an freien Tagen und Wochenenden, so wurde der Dienstplan nun 14 Tage im voraus bekanntgegeben.
- Freie Tage wurden unantastbar; nur bei unvorhergesehenen Engpässen musste eine Besatzung für eine zweite Schicht bleiben.
- Schließlich wurde interne und externe Fortbildung drastisch aufgewertet, um ein Gefühl von Stagnation und »Abstellgleis« gar nicht erst aufkommen zu lassen.

Fluktuation halbiert

Im zweiten Jahr nach der Einführung der Umorganisation sank die Kündigungsrate von 68 auf 28%, im Folgejahr stabilisierte sie sich bei 32%.

»Pausen? Nein, danke!«

Interessanterweise erwies sich eine weitere Maßnahme als Fehlschlag: Um den Schwestern der Intensivstation gelegentliche »Abkühlungspausen« zu gönnen, sollten sie periodisch auf normale Stationen rotieren. Vier der ersten fünf Rotierten kündigten aber prompt, und der Versuch wurde aufgegeben. Anscheinend wurde bereits die unausgesprochene Vermutung, man könne eine Pause vertragen, als Kränkung empfunden.

Abbau von Machtlosigkeit

Es ist nicht zwingend, aber naheliegend, den kritischen Faktor in Consolvos Studie im Zuwachs an Autonomie für die einzelne Krankenschwester zu suchen. (Da es keine Kontrollgruppe gab, können *Hawthorne*-Effekte in ihrer Stärke nicht abgeschätzt werden.)

Ein Feldexperiment

Stärkung der Partizipation. Der Autonomiefaktor liegt auch dem Feldexperiment Jacksons (1983) zugrunde, das an 126 weiblichen Angestellten einer Klinik (Schwestern, Schwesternhelferinnen, MTAs und Bürokräften) durchgeführt wurde. Bei etwa der Hälfte der Teilnehmerinnen wurde der Grad der Partizipation an Entscheidungen dadurch erhöht, dass Abteilungskonferenzen, die bislang höchstens einmal monatlich stattgefunden hatten, nun mindestens zweimal monatlich durchgeführt wurden. Die Abteilungsleiter erhielten ein zweitägiges Training in Konferenztechnik und eine Liste von geeigneten Themen für solche Konferenzen, die die Autorin (die auch als Trainerin fungierte) aufgrund von Interviews und Fragebögen zusammengestellt hatte.

Ein Kausalmodell …

Drei und 6 Monate nach der experimentellen Manipulation wurden 14 intervenierende und abhängige Variablen gemessen, mit einer Ausnahme (Fehlzeiten) durch Fragebögen. Die Variablen waren über ein theoretisches Kausalmodell miteinander verknüpft, in welchem die erhöhte Partizipation an Entscheidungsprozessen sowohl Fehlzeiten als auch die Kündigungsneigung verringern sollten, vermittelt über Variablen wie

- wahrgenommener Einfluss,
- Kommunikationshäufigkeit mit Kollegen,
- Rollenkonflikte und Rollenunklarheit,
- *Support*,
- Arbeitszufriedenheit,
- emotionale Belastung.

… das wenig erklärte

Dieses Pfadmodell wurde aufgrund der Ergebnisse in gewissem Umfang revidiert, allerdings blieb auch nach dieser Anpassung die Varianzaufklärung in den meisten Fällen gering. Immerhin wiesen die meisten Effekte der Intervention in die vorhergesagte bzw. beabsichtigte Richtung.

Unfreiwillige Mitbestimmung?

Bei der Würdigung dieser etwas akademischen Studie (es handelt sich um Jacksons Dissertation) ist zu berücksichtigen, dass es sich um eine vergleichsweise geringfügige Intervention handelte, deren Auswirkungen, wenn überhaupt spürbar, vermutlich eine längere Inkubationszeit als 6 Monate gebraucht hätten. Ausschlaggebend ist wahrscheinlich die Tatsache, dass weder die Vorgesetzten noch die beteiligten Mitarbeiterinnen den Wunsch nach mehr Partizipation selbst geäußert hatten. Vielmehr handelte es sich um die von außen kommende Anweisung einer Aufsichtsbehörde. Sollte es in manchen oder gar allen Abteilungen Widerstände gegen diese Verfügung gegeben haben – z. B. wegen generellen Desinteresses oder wegen schlechter Durchführung; darüber wird nichts berichtet – dann hätte die Intervention sogar eine Autonomieeinbuße mit sich gebracht! Diese Untersuchung lässt die am meisten interessierenden praktischen Fragen leider weitgehend offen.

4.3.2 Empirische Studien zu Burnout-Interventionen

Und nochmal: Steiler Aufschwung

Wie schon oben vorausgeschickt: Die Literatur zu Interventionen, die spezifisch Burnout senken oder verhindern sollen, hat inzwischen einen bemerkenswerten Aufschwung genommen. Dass die Interventionen selbst ziemlich unspezifisch sind, wie Rösing (2003, S. 123) kritisiert, liegt m. E. in der Natur der

Sache: Das Symptombild ist unspezifisch und die Ätiologie ist individuell sehr unterschiedlich — der Möglichkeiten von persönlichen Fallen-Situationen sind nun einmal viele…

Drei Ansatzpunkte, fünf Zielbereiche

Schaufeli & Enzmann (1998, Kap. 6) unterscheiden drei Punkte, wo Interventionen ansetzen können: Am Individuum, an der »Schnittstelle« von Individuum und Organisation, an der Organisation selbst. Außerdem fünf Zielbereiche: Bewusstmachung des Problems (»Gefahr erkannt, Gefahr gebannt«), Primärprävention, Sekundärprävention, Behandlung und Rehabilitation. In dieses 3×5-Schema gruppieren sie die erwähnten 35 Interventionstypen ein. Da das, wie die Autoren selbst konzedieren, nicht durchgängig ohne Quietschen möglich war, werde ich in meiner Kurzübersicht nur die drei Ansatzpunkte als Gliederungshilfe benutzen.

Ansatzpunkt: Der/die Einzelne

Selbst-Aufmerksamkeit. Schon Maslach (1982a) hatte das Führen eines Stress-Tagebuchs empfohlen. Eine raffiniertere Variante dieser Idee haben Klinger & Kroll-Mensing (1995) entwickelt und erfolgreich eingesetzt, allerdings nur gegen Angst und Depression. Zweifelsohne ist dieses Thema von ganz eminenter Bedeutung für die eigene Psychohygiene.

Selbst-Diagnose. Damit ist das Angebot von Fragebögen mit persönlicher Rückmeldung der Ergebnisse gemeint. Derlei biete ich in meinen Workshops und Vorträgen ziemlich routinemäßig an; dafür ist hilfreich, dass das *HBI* (► Abschn. 1.2.2) m. W. als einziges deutsches Instrument Grob-Normen besitzt. Die Wirkung derartiger »Warnschüsse«, wenn sie denn erfolgen, ist anscheinend noch nicht beforscht. Ich kenne lediglich einzelne Aussagen des Typs »Aha, also doch – hab ich mir schon gedacht. Dann sollte ich wohl mal was tun …«

Didaktisches Stressmanagement. Unter diese Kategorie fassen Schaufeli & Enzmann die gesamte Ratgeberliteratur (s. oben). Keine Untersuchungen verfügbar, Einschätzung eher süß-säuerlich, was sich mit der meinen deckt.

Gesunde Lebensweise. Das meint »gesunde« Ernährung (was immer das sei; auf kaum einem anderen Gebiet toben die Schul-Streitigkeiten so heftig wie hier) und vor allem Bewegung. Schaufeli & Enzmann zitieren sogar eine Untersuchung, die für Letzteres positive Effekte auf Angst und Depression fand. Allerdings: Nur, wenn man richtig zur Sache geht! – Bemerkenswerterweise sind Sport und Wandern fester und umfangreicher Bestandteil der Behandlungsprogramme entsprechend spezialisierter Kliniken, z. B. derjenigen in Gais bei St. Gallen (Schweiz), die ich im Herbst 2004 kennenlernte. Ketzerische Vermutung: Das könnte auch Kostengründe haben …

Ansätze an Kognition und Verhalten. Beispiele sind Rational-Emotive Therapie (► Anhang und Abschn. 4.4), Kognitive Verhaltenstherapie und »Stress-Impfung«. Davon halte ich persönlich viel, glaube allerdings, dass das nur im Einzel-Setting gut funktioniert. Schaufeli & Enzmann fanden sogar zwei erfolgreiche Evaluationen von Gruppen-Trainings.

Entspannungstraining. Darunter fassen Schaufeli & Enzmann *Muskelrelaxation* (offenbar nach Jacobsen; das *autogene Training*, das ja darüber hinaus geht, scheint international zu wenig bekannt, geschweige denn beforscht zu sein), *Atemtechniken*, *Meditation* und *Biofeedback*. Irgend eine Variante aus dieser Kategorie enthalten drei von vier Stressmanagement-Programmen. Als *flankierende* Maßnahme meiner Meinung nach oft notwendig, im stationären Kontext natürlich besser zu realisieren. Schaufeli & Enzmann fanden eine Studie, die für diese Intervention etwa gleich starke Effekte berichtete wie für ein Kognitiv-Behaviorales *Skills*-Training.

Ansatzpunkt: Der/die Einzelne im Kontext der Organisation

Personalauswahl. Derlei ist schon in den ► *Vorbemerkungen* zu diesem Kapitel kurz angerissen worden. Dem legendären US-Präsidenten F. D. Roosevelt wird der Rat zugeschrieben:

> »Wenn du die Hitze in der Küche nicht aushältst, geh besser raus.«

Dieser Ansatz sagt: »Geh am besten gar nicht erst rein.« Aus Krankenpflegeschulen höre ich, dass dort Bewerber(innen), deren »Helfer-Syndrom« schon mit unbewaffnetem Auge wahrzunehmen ist, heutzutage abgewiesen werden – wenn der Andrang die Kapazität übersteigt. (Was die Abgewiesenen dann machen, ist natürlich eine interessante Frage.) Keine Wirksamkeitsuntersuchungen.

Zeitmanagement. Das würde ich unter das Thema »Arbeitstechniken« bzw. Kompetenzentwicklung subsumieren. Äußerst erfolgversprechend, wenn es individualisiert vorgenommen werden kann (► Abschn. 4.4), und so sog. »Antreiber« entschärft. Es gibt Indizien dafür, dass die gängigen Trainings diejenigen, die sie am dringendsten brauchten – sog. »Messies« oder »Rechtshirner« – nicht erreichen. Immerhin: Zwei Erfolgsuntersuchungen.

Training in sozialer Geschicklichkeit. A priori beste Erfolgsaussichten, wenn nicht im Volkshochschulstil abgewickelt. Sogar *eine* erfolgreiche Evaluation. Aber: Hier wäre für Ausbrenner sehr viel mehr zu erwarten, vor allem, wenn man sich auf das Thema »Nein-Sagen« (Selbstbehauptungstrainung) konzentrierte.

Bekämpfung unrealistischer Erwartungen. Dieses Thema hat das vorliegende Buch derart durchsetzt, dass ich nicht wiederholen muss, wie sehr ich an diesen Ansatz glaube. Schaufeli & Enzmann fanden nur eine neuere Studie, die für ein Training mit Schwesternschülerinnen, denen beigebracht wurde, dass Patienten oft gar keine Hilfe wollen und was man dann machen kann, schöne Effekte fanden. Allerdings klappte das genausogut, wenn erfahrene Kolleginnen derlei in informellem Rahmen vermittelten.

Work-Life-Balance. Dieses Schlagwort ist inzwischen ausreichend gängig, um nicht mehr übersetzt werden zu müssen. Es bezeichnet ein Kernproblem der arbeitenden Bevölkerung zumindest aller industrialisierter Nationen: Wie verhindere ich, dass meine Arbeit mein Leben auffrisst – und behalte trotzdem meinen Job? Dazu gibt es ein paar Tips, aber keine Erfolgsuntersuchungen.

Kollegiale Unterstützungsgruppen. Auch hier würde ich a priori sehr optimistische Erwartungen hegen, finde aber ein sehr gemischtes Befundbild vor. Meine Vermutung: Geleitete, strukturierte Gruppen haben die besseren Chancen, wichtig ist dann aber Leiterin oder Leiter und deren Beziehung zur Gruppe. Und eine Vielzahl weiterer Faktoren kann über Erfolg oder Scheitern mit entscheiden, nicht zuletzt die Zusammensetzung der Gruppe selbst.

Individuelle kollegiale Unterstützung. Das ist der »Rippenstoß« unter zweien, die sich gut kennen. Auch nicht zu verachten, passiert aber anscheinend zu selten. Klar, man muss wahrscheinlich schon befreundet sein, um das damit verbundene Peinlichkeitspotential in Kauf zu nehmen, ganz abgesehen davon, dass man sich zu dem eigenen einen zweiten Rucksack auf die Schultern hebt. Meine eigenen Versuche in dieser Beziehung verliefen erfolglos. Keine Untersuchungen.

Coaching und Beratung. Hierunter fassen Schaufeli & Enzmann nur Prozesse, die (a) von einem Profi durchgeführt werden und (b) Probleme mit *Dritten* (Klienten oder Kollegen) betreffen. Ich würde den Begriff weiter fassen und alles darunter subsumieren, was noch diesseits von Therapie liegt; hier wäre ich optimistisch. Es fanden sich aber eh keine Evaluationen.

Karriereplanung. Hier soll das »Hängenbleiben an der Majorsecke«, wie man das früher beim Militär nannte, der Karriereknick, vermieden werden. In heutigen Zeiten der Unberechenbarkeit wäre das besonders nötig, aber auch fast unmöglich. Bei Selbständigen muss man es ohnehin in die eigene Hand nehmen; nicht wenige Zahnärzte, Anwälte oder Steuerberater kompensieren ihren immer gleichen Arbeitsalltag durch Vortragsreisen, Fortbildungen und Beiträge zu Fachzeitschriften. – Keine Erfolgsuntersuchungen.

Spezielle Beratung. Hier zitieren Schaufeli & Enzmann ein systematisches individuum-zentriertes Konzept aus den Niederlanden. Dieses klingt viel versprechend, scheint aber noch nicht beforscht worden zu sein.

Psychotherapie und Überweisung. Hier gibt es einen amerikanischen und zwei weitere niederländische Ansätze, speziell *arbeitsbezogene* Probleme mit Methoden der kognitiven Verhaltenstherapie anzugehen. In diesem Abschnitt (Schaufeli & Enzmann, 1998, S. 165–167) findet sich übrigens eine einigermaßen ausführlich dokumentierte Therapie eines erfolgreich therapierten Lehrers. – Keine Erfolgsuntersuchungen.

Kleine Pointe: Der amerikanische Autor warnt vor Ansteckungsgefahr: Viele Psychotherapeuten seien von ihrer Persönlichkeit her selbst burnoutgefährdet …

Beratung und Hilfe bei Rehabilitationsmaßnahmen. Eine niederländische Studie ergab, dass nur 55% der wegen Burnout krankgeschriebenen Mitarbeiter an ihren Arbeitsplatz zurückkehrten (freilich: zu der Zeit war das noch einfacher). Immerhin: Wiedereingliederungshilfen wären sicher eine lohnende Investition für Organisationen. Das scheint aber selten zu sein und wurde noch nicht beforscht.

Arbeitsplatzwechsel. Auch hier gibt es keine Forschung im größeren Maßstab; nur der Hinweis auf diejenigen fünf Teilnehmer an Cherniss' (1995) Langzeitstudie, die sich auf diese Weise zu helfen wussten. Entscheidend für deren Erfolg war anscheinend, dass sie *nicht* vom Regen in die Traufe wechselten.

Ansatzpunkt: Die Organisation

Mitarbeiterbefragungen und psychosozialer Check-up. Dergleichen ist immer zu empfehlen, *wenn* die Ergebnisse nicht in der Schublade verschwinden, wie meist, sondern aktiv in Veränderungen umgesetzt werden. Wenn in solche Befragungen Stress- oder Burnout-Fragebögen eingebaut werden (selbstverständlich anonym), dann nimmt sich die Organisation sozusagen den Puls; darüber hinaus wird das Thema auch aus der Tabuzone befreit. – Keine Erfolgsuntersuchungen.

Arbeitsgestaltung im weiteren Sinne. Hier finden wir die Themen *Job Enlargement, Job Enrichment* und *Job Rotation;* für *Job Enrichment* gibt es sogar einige Studien mit leider widersprüchlichen Befunden. Weiter fassen Schaufeli & Enzmann »Rollenklärung« und »Arbeitszirkel« zur Verbesserung der technischen Arbeitsumstände (z. B. Beleuchtung, Belüftung etc.) unter diese Kategorie.

Arbeitszeitgestaltung. Durch großzügige Gewährung von Freizeit, Sabbat-Monaten und Teilzeitarbeit sowie Verhinderung exzessiver Überstunden soll das Burnout-Potential verringert werden.

Management-Entwicklung. Hier folgen Empfehlungen zu burnout-präventivem Führungsstil. Sehr einleuchtend. Leider stehen gerade Vorgesetzte mittlerer Führungsebenen, wo solche im Verlauf von »Verschlankungsprozessen« nicht ganz eliminiert worden sind, selbst nicht weniger unter Druck als ihre Mitarbeiter.

Karriere-Management. Hiermit ist offenbar in erster Linie gemeint, was früher als Fort- und Weiterbildung in vielen Unternehmen Standard war, heute als »Potentialentwicklung« nur noch einem »Goldfischteich« gezielt verabreicht wird. Abgesehen davon, dass die Aufnahme in einen solchen Kreis handverlesener junger Hoffnungen selbst burnoutförderlich sein kann (vor allem dann, wenn sie unfreiwillig erfolgt), bleibt natürlich die Frage: Wie wirkt das auf diejenigen, die das *»Assessment Center«* nicht als *»High Potential«* verlassen haben?

Weiterbildung. Dies kann für Arbeitsplätze mit raschem technologischen Fortschritt unverzichtbar sein (EDV!); die Beispiele beziehen sich aber eher auf psychosoziale Berufe, bei denen sich das Klientel verändert (z. B. das Klientel der »Arbeitsagenturen« durch die sog. Hartz-Reformen). In den 80er Jahren, so wird gerade für Deutschland berichtet, hätten sich Trainings in Kommunikation, Kooperation und Konfliktbewältigung als Mittel gegen Burnout bewährt. Das ist plausibel. Heute besteht eine Hürde darin, dass derlei viel schwächer nachgefragt wird.

Fitness- und Wellness-Programme. Manche Großfirmen machen ihren Mitarbeitern derartige Angebote, oder sie subventionieren einen firmeneigenen Sportverein. Das soll sich finanziell sogar rechnen; burnoutreduzierende Wirkungen sind aber anscheinend noch nicht beforscht.

Vorbeugende Sozialisierung. Damit sind zum einen Programme gemeint, die Bewerber vor der Einstellung mit den Realitäten des Berufs vertraut machen sollen, zum anderen schrittweise Einführungsprozesse, die die Arbeitsbelastung anfangs niedrig halten. Für beide Vorgehensweisen gibt es positive Erfahrungsberichte; z. B. wird so die Fluktuationsrate gesenkt. Vermutlich taugen sie auch zur Burnout-Prophylaxe, aber das ist bislang nur eine Vermutung.

Konfliktmanagement, Informationsfluss und Entscheidungsbeteiligung. Das wiederholt überwiegend schon Gesagtes. Ein Fallbeispiel ist die schon oben referierte Untersuchung von Jackson (1983) an Klinikpersonal. Cherniss (1995) schlägt, noch genereller, Trainings zur Verbesserung des »organisationalen Verhandlungsgeschicks« vor. Dies soll sich auf drei Komponenten erstrecken: die Fähigkeit, Konflikte mit Kollegen und Vorgesetzten zu vermeiden oder zu lösen; die Fähigkeit, für eigene Initiativen die Unterstützung der Organisation zu finden; einen analytischen und behutsamen Umgang mit Schwierigkeiten innerhalb der Organisation. In der Tat, so könnte manche Falle umgangen werden.

Organisationsentwicklung. Dieser eigentlich viel umfassendere Begriff wird hier relativ eng gefasst. Es gibt etliche erfolgreiche Evaluationen (die beiden ersten Beispiele im ► nächsten Abschn.), aber auch andere. Eine Studie, an der Wilmar Schaufeli selbst beteiligt war und die als Besonderheit ein *Follow-up* nach eineinhalb Jahren beinhaltete, fand zwar einige positive Effekte, aber nicht bezüglich Burnout.

Gesetzgebung. Hiermit ist die oben schon kurz erwähnte Einführung von *Occupational Health and Safety Services* (OHSSs; etwa »Arbeitssicherheits- und -gesundheitsdienste«) in den Niederlanden gemeint. In den letzten Jahren ist das neue Berufsbild des OHSS-Experten entstanden, der in privatwirtschaftlichen Beratungsfirmen arbeitet, mit denen wiederum etwa 95% der holländischen Firmen Verträge unterhalten; nur Kleinbetriebe sind von dieser Verpflichtung ausgenommen. Diese Beratungsfirmen bieten eine Vielzahl von integrierten Dienstleistungen an, von Beratung bei der Gestaltung von Arbeitsplätzen über die Durchführung von Mitarbeiterbefragungen bis hin zu Individualberatung. Schaufeli & Enzmann zitieren zwei positive Erfahrungsberichte aus England.

Während das gesamte Großprojekt in Holland aufwendig evaluiert wird, gibt es eher informelle Zwischen-Beobachtungen von Schaufeli & Kompier (2001). Offenbar findet das Gesetz bei Arbeitgebern wenig Anklang, was wegen der Kosten nachvollziehbar ist. Erste Untersuchungen zeigen aber, dass Maßnahmen zur Prävention von Stress und Burnout oft mehr einsparen als sie kosten, z. B. über die Verringerung von Fehlzeiten. – Die Privatisierung der Beratungsdienste wird nicht nur positiv gesehen.

Insgesamt wundern sich die Autoren ein wenig darüber, dass gerade in ihrem Heimatland, wo ein kooperatives Verhältnis zwischen den Tarifparteien und ein allgemein gutes Arbeitsklima Tradition hat, das Stressniveau vergleichsweise hoch liegt, wenn man Fehlzeiten und Arbeitsunfähigkeitsraten betrachtet. Sie fragen sich, ob die hohe Aufmerksamkeit auf Stress und verwandte Themen das Phänomen geradezu fördert, das eigentlich bekämpft werden soll. Als Alternative wäre die Rolle von subjektiven Erwartungen und Maßstäben zu bedenken. Wo die Maxime »Arbeit muss doch Freude machen!« Allgemeingut ist, keimen Unzufriedenheit und Sehnsucht nach der Frühpensionierung möglicherweise leichter. Auch spielt es sicher eine Rolle, wie kostspielig oder komfortabel ein Ausstieg ist – schon wieder der Einfluss der Makro-Ebene.

Firmeneigene Hilfsangebote. *»Employee Assistance Programs«,* die ursprünglich vor allem Alkoholismusprobleme bekämpfen sollten, widmen sich heute einem sehr viel breiteren Problemspektrum, u. a. den Themen Gesundheit, Ehe, Familie und eben auch Stress. Obwohl Konsens besteht, dass sich dort investiertes Geld mehrfach amortisiert, scheint es derartige Programme nur in den USA, nicht aber in Europa zu geben. Hier liegt m. E. eine ungenutzte Chance.

Outplacement. Das meint Hilfe bei der Neubeschäftigung von Mitarbeitern, die aus irgendeinem Grund das Unternehmen verlassen müssen. War dergleichen früher auf das Management beschränkt, sind während der Massenentlassungswellen der letzten Jahre in Deutschland mehrere Versuche berichtet worden, wo Firmen diese Dienstleistung auch breiter angeboten haben, u. U. mit Hilfen externer Beratungsfirmen. Als Hinterausgang aus einer Falle wäre so etwas natürlich auch für Einzelne denkbar, würde aber viel Uneigennützigkeit beim Arbeitgeber voraussetzen.

Workshops. Abschließend diskutieren Schaufeli & Enzmann Interventionen in Form von Workshops (► z.B. das letzte Beispiel im folgenden Abschnitt). Auch wenn Teilnehmer solcher Veranstaltungen sich normalerweise zufrieden äußern, sind Effekte auf Burnout, jedenfalls mit Hilfe der üblichen Fragebögen, nicht durchgängig nachzuweisen. Daran hat sich auch in neuester Literatur (vgl. Rösing, 2003, S. 121–123) nichts geändert.

Fazit

Eine ernüchternde Bilanz

Schaufeli & Enzmann (1998, S. 182f.) ziehen eine ernüchternde Bilanz:

> Wir haben in diesem Kapitel über 30 Ansätze zur Burnout-Bekämpfung oder -prävention dargestellt; dennoch scheint es kein allgemeines Rezept zu geben. Das wird beim Leser wahrscheinlich gemischte Gefühle hinterlassen. Einerseits gibt es einen gewissen Anlass für Pessimismus. Beispielsweise sind die meisten Intervention sehr allgemein und nicht für Burnout maßgeschneidert. Weiter gibt es nur wenige gut geplante Studien, die die Wirksamkeit von Interventionen dokumentieren. Auch

liegt der Fokus stark auf dem Individuum, organisationsbezogene Interventionen sind rar.

Als Positivum nennen sie vor allem die mittlerweile breite Auswahl von Möglichkeiten und die wenigen Untersuchungen, die von Erfolg gekrönt wurden. Diese letzteren übrigens beschränken sich überwiegend auf individuumsbezogene Ansätze, wie die Autoren einige Zeilen weiter unten schreiben. Das ist auch das Ergebnis einer recht umfangreichen Metaanalyse von van der Klink et al. (2001); dort erwiesen sich organisationsbezogene Versuche in der Zusammenschau als praktisch wirkungslos. Letzteres ist doch immerhin schon etwas, würde ich meinen …

Aber: Bis wir etwas mehr wissen, was gegen Burnout wirkt – und möglichst auch warum –, liegt noch ein weiter Weg vor uns.

Einige Beispiele

Die ersten beiden der drei folgenden frühen Interventionsstudien beschreiben Organisationsentwicklungsprojekte – aus dem Sozial- und aus dem Wirtschaftsbereich –, die dritte evaluiert einen individuumzentrierten Burnout-Workshop für die Angehörigen eines Teams.

Betroffene handeln auf eigene Faust

Chaos im Kindertagesheim. Die OE-Studie von Pines & Maslach (1980) ist schon insofern bemerkenswert, als die eigentliche Intervention von den Beteiligten allein, d. h. ohne direkte Beteiligung Dritter, vorgenommen wurde. Maslach & Pines (1977) hatten in einer Reihe von Kindertagesheimen rein deskriptive Interview- und Fragebogendaten von 83 Erzieherinnen und Erziehern gesammelt. In Erfüllung des Forschungskontraktes war jedem der Heime eine Kurzfassung der Ergebnisse, begleitet von spezifischen Empfehlungen, rückgemeldet worden. In einem Heim setzte sich das Personal sehr eingehend mit dem Bericht auseinander und realisierte einige der empfohlenen organisatorischen Veränderungen. Pines & Maslach (1980) kehrten 1/2 Jahr nach diesen Umstellungen an den Ort des Geschehens zurück und führten Interviews mit praktisch allen Mitarbeitern durch.

Ein System ohne Struktur

Das beschriebene Kindertagesheim gehört zu einer staatlichen Universität in Kalifornien und stand zunächst maximal 61 Studentenkindern (Alter 1 ½ bis 6 Jahre) offen. Das Personal bestand aus zwölf Erziehern, wurde aber von studentischen Freiwilligen und von Eltern verstärkt, die wöchentlich 3 Stunden Dienst investieren mussten. Kinder durften während der Vorlesungszeit jederzeit zwischen 8 und 17 Uhr für eine beliebige Dauer abgegeben werden. Die externen Hilfskräfte durften ebenfalls prinzipiell kommen und gehen, wann sie wollten. Die Philosophie des Heimes war permissiv und nondirektiv; der Tagesablauf war nur minimal strukturiert. Ähnlich stand es mit der Abgrenzung der Territorien: Obwohl es drei Räume für Kinder verschiedenen Alters und einen großen Raum zum Toben gab, hielten sich die Kinder in allen Räumen etwa gleich häufig auf. Jede Art von Spielzeug war für alle zugänglich. Ebenso war jeder Erwachsene prinzipiell für jedes Kind zuständig, weshalb auch die Kinder Namensschilder auf dem Rücken trugen. Durch das ständige Kommen und Gehen von Kindern, Eltern und Praktikanten musste jede der Erzieherinnen täglich mit rund 100 Personen kommunizieren. Ständig mussten Streitigkeiten geschlichtet, jüngere oder schwächere Kinder geschützt, Auskünfte gegeben werden; der Lärmpegel war außerordentlich hoch. Ein Mitarbeiter, der irgendein Spiel anbot, wusste vorher nie, ob alle Kinder teilnehmen würden oder keines.

Obwohl keine Zahlen berichtet werden, gab es genügend Anzeichen für fortschreitendes Burnout bei vielen der angestellten Mitarbeiter.

Neue Spielregeln

In Einklang mit den Empfehlungen beschloss das Personal nach langen Beratungen, Raum, Zeit und Aktivitäten stärker zu strukturieren, um den Tagesablauf für alle Beteiligten vorhersehbarer zu machen. Es wurde eine neue Unterteilung in sechs Räume geschaffen, für die je zwei Mitarbeiter zuständig waren. Jeder Raum hatte seine eigene Spielzeugausstattung und jedes Kind blieb, solange es nicht draußen spielte, in dem seiner Altersgruppe zugewiesenen Raum. Auf diese Weise wurden sehr viel engere Kontakte zwischen Erzieherinnen und Kindern möglich, da nicht mehr jede für jedes zuständig war. Es wurde weiter entschieden, dass die Erzieherinnen für ihre jeweilige Gruppe Spielangebote machen sollten. Außerdem wurden Dienstpläne für die Praktikanten und die Eltern eingeführt, die nun ebenfalls in einer festen Gruppe eingesetzt wurden. Auch die Kinder mussten zu vorher angemeldeten Zeiten gebracht und abgeholt werden.

Auswirkungen auf die Kinder

Was die Kinder betrifft, so wird berichtet, dass sie 6 Monate nach der Umstellung

- wesentlich entspannter und kooperativer waren,
- weniger Aggressivität und Vandalismus zeigten,
- sich sicherer und zusammengehöriger fühlten,
- konstruktiver spielten,
- engere Freundschaften miteinander schlossen.

Auswirkungen auf die Erwachsenen

Die Veränderungen bei den Erwachsenen werden als noch dramatischer geschildert.

- Durch die höhere Kontrolle über das Geschehen in den Gruppen ließ sich der Tag wesentlich besser planen.
- Die Erzieherinnen fühlten sich in ihren professionellen Kompetenzen eher gefordert, für den Ablauf und die Materialien stärker verantwortlich und allgemein sicherer.
- Sie berichteten auch, sich nun sehr viel eingehender um jedes Kind kümmern zu können.
- Auch die Kommunikation und die Beziehungen unter den Erzieherinnen verbesserte sich, was teilweise auf die gemeinsame Planung des Veränderungsprojekts zurückgehen mag.
- Durch die feste Kombination von Mitarbeitern und Eltern ergaben sich auch hier engere Beziehungen; Elternabende wurden besser besucht, lebendiger und nicht mehr nur von einigen wenigen Aktiven dominiert.

Einige Nachteile

Auch einige Nachteile der neuen Struktur werden erwähnt.

- Im selben Maße, wie die Überforderung durch Chaos und Überstimulierung abgebaut wurde, stieg auch die Verantwortung für die spezielle Kindergruppe (die früher allen und niemandem gehört hatte) und die Anforderung, ein attraktives Tagesprogramm zu gestalten.

- Als schwerwiegendste Gefahr wird keimende Rivalität zwischen den Betreuern verschiedener Gruppen und Räume genannt.

Pines & Maslach machen allerdings weitere Vorschläge, wie diesen Problemen zu begegnen wäre. Jedenfalls sprach sich von den Beteiligten keine einzige für eine Rückkehr zum alten System aus. Viele zeigten sich überaus erleichtert.

Organisationsentwicklung im Großbetrieb

Ein Team unter Hochdruck. Golembiewski et al. (1986) haben ein konventionelles Organisationsentwicklungsprojekt in der rasch expandierenden Personalentwicklungsabteilung eines Großunternehmens mit Hilfe des MBI und der *Work Environment Scale* (WES) von Moos (1981) evaluiert. Ebensowenig wie bei Pines & Maslach gab es eine Kontrollgruppe.

Überlast bis zum Anschlag

Etwa 5 Monate nach der ersten Erhebung (zum Zeitpunkt T2) wurde das MBI erneut vorgegeben, weitere 3 Monate später (T3) beide Instrumente ein drittes Mal. Zwischen T1 und T2 wurden vier spezialisierte Arbeitsgruppen aus den Mitarbeitern gebildet. Bereits die erste Fragebogenerhebung hatte einen überaus großen Anteil von Angestellten in fortgeschrittenem Burnout ergeben. Darüber hinaus zeigten entsprechende Skalen der WES sehr geringen Zusammenhalt innerhalb der Abteilung, wenig Unterstützung durch die Vorgesetzten und einen Grad an Arbeitsüberlastung, der an der Obergrenze der betreffenden Skala lag. Die Fluktuation für das Jahr 1984 (37%) war in der Abteilung knapp dreimal so hoch wie in der Firma insgesamt; sie betraf vor allem die unteren Hierarchieebenen und kam zu 82% durch freiwillige Kündigungen der Mitarbeiter zustande (im Gesamtunternehmen 70%). In Einklang mit den Fragebogenergebnissen sammelten die Arbeitsgruppen folgende Probleme als die dringlichsten:

Problemanalyse

- zu viel Isolation und Rivalität in der Abteilung;
- zu viel Stress durch quantitative Arbeitsüberlastung;
- zu wenig Hilfspersonal;
- zu wenig Weiterbildungsmöglichkeiten.

Vor der zweiten Erhebung (T2) wurden sämtliche Ergebnisse an die Mitarbeiter rückgemeldet. Planungen begannen, wie die Probleme abzustellen wären.

Interessanterweise bildete sich auf Wegen, die nicht näher beschrieben werden, eine etwas andere Diagnose als Mehrheitsmeinung: Hier wurden die Probleme vier Faktoren zugeschrieben, nämlich

- qualitativ und
- quantitativ hohen Anforderungen seitens des Managements,
- geringen Aufstiegschancen,
- über- oder unterqualifizierten Mitarbeitern.

Maßnahmen

An Maßnahmen wurde beschlossen, Anforderungen und Aufgaben (die ansonsten unverändert anspruchsvoll blieben) genauer zu beschreiben und bei Neueinstellungen auf passende Plazierung zu achten, ferner sollten die Beförderungschancen aus den eigenen Reihen verbessert werden. Einen Monat nach der Bekanntgabe dieses Plans fand die dritte Erhebung (T3) statt. Im Anschluss an diese Erhebung wurde ein Planungstag mit allen Mitarbeitern der Abteilung veranstaltet.

Die vierte Erhebung (T4) kam gut 4 Monate später.

Neuorganisation

Wiederum rund 2 Monate danach wurde die Abteilung durchgreifend umorganisiert, was für rund die Hälfte des Personals neue Kollegen und Vorgesetzte bedeutete. Die fünfte und vorläufig letzte Erhebung (T5) fand etwa ein Vierteljahr nach dieser Intervention statt. Zwischen T1 und T5 lagen rund 14 Monate.

Deutliche Verbesserungen

Sowohl für die gesamte, in ihrer Zusammensetzung freilich fluktuierende Stichprobe von 31–37 Personen, als auch für die Teilgruppe von 13 Personen, die in allen fünf Erhebungen vertreten waren, ließen sich zwischen T1 und T3 recht deutliche Verbesserungen bei den MBI-Profilen beobachten, Verbesserungen, die in T4 und T5 überwiegend erhalten blieben. Die WES-Skalen zeigten ähnlich erfreuliche Veränderungen. Lediglich »Klarheit von Zielen« blieb unverändert, obwohl doch gerade mehr Transparenz beabsichtigt worden war. Freilich ist der Wirbel in Rechnung zu stellen, den ein OE-Projekt und eine Umorganisation nach sich ziehen. Die Fluktuation andererseits sank dramatisch: von 37% im Jahre 1984 auf 20% im Jahre 1985 und 17% im Jahre 1986.

Mit bescheidenen Mitteln allerhand erreicht

Selbstverständlich müssen bei der Bewertung dieser Ergebnisse alle Bedingungen eines Aktionsforschungsprojekts berücksichtigt werden. Dennoch wirkt der Bericht überzeugend, wenn er die Effekte der OE-Intervention zuschreibt. Er erweckt Hoffnung, dass unter günstigen Umständen (hier: überschaubare Verhältnisse und viel guter Wille an der Spitze) und mit bescheidenen Mitteln einiges zu erreichen ist. Freilich: 14 Monate sind im Leben einer Organisation eine kurze Spanne – Siege an dieser Front müssen immer wieder neu erkämpft werden.

Ein kontrollierter Versuch

Ein Burnout-Workshop. Pines & Aronson (1983) haben zu einem ihrer eintägigen Burnout-Workshops mit 23 Angehörigen einer Sozialdienstabteilung eine Kontrollgruppe (N=30) hinzugefügt. Leider stellte sich später heraus, dass die beiden Gruppen in mehrfacher Hinsicht nicht vergleichbar waren. Zudem senkte der Schwund die Gruppengrößen beim ersten Posttest (1 Woche später) auf 15 bzw. 23, beim zweiten Posttest (6 Monate nach dem Workshop) auf 8 bzw. 14.

Der Workshop verfolgte vier Ziele:

- Burnout sollte als Folge externer Faktoren, nicht persönlicher Schwächen gesehen werden.
- Die Umwelt sollte nicht mehr als unabänderlich hingenommen werden.
- Erfolgversprechende Ansätze für Veränderungen sollten von aussichtslosen unterschieden werden.
- Neue Coping-Strategien sollten erworben oder zumindest identifiziert werden.

Zweifellos ein ehrgeiziges Programm für nur einen einzigen Tag!

Einige Erfolge

Als abhängige Maße fungierten das Tedium-Measure, ein nicht näher beschriebener Fragebogen mit neun Skalen für Arbeitszufriedenheit sowie ein gleichfalls namenloser 16-Skalen-Fragebogen zur Beschreibung der Arbeitssituation. Leider werden nur Mittelwerte, keine Streuungen mitgeteilt, so dass die Beurteilung der Effektstärke unmöglich ist. Die Autoren geben aber an, dass die Senkung des Burnout-Scores in der Experimentalgruppe (von 3.8 auf 3.6 beim ersten Posttest) marginal signifikant ($p<0,10$) sei, für die Erhöhung der Zufriedenheit mit den Kollegen (4,5 auf 5,3) gelte $p<0,01$. Beim zweiten Posttest waren einige der Zufriedenheitsmittelwerte wieder gesunken, blieben aber immer noch über dem Ausgangsniveau. Entsprechende Trends fehlten bei der Kontrollgruppe oder waren schwächer.

Die Autoren konzedieren die Schwäche des Belegmaterials, behaupten aber, dass informelle Beobachtungen und Rückmeldungen ein positiveres Bild zeichneten. Meines Erachtens wurde vor allem die Chance versäumt, das immerhin intakte Team, das die Experimentalgruppe bildete, zu regelmäßigen Arbeitskonferenzen zu animieren, die manche der auf dem Workshop generierten Ideen hätten umsetzen können.

4.4 Eigene Erfahrungen

Von großen und von kleinen Gruppen

In den vergangenen zwei Jahrzehnten habe ich einige Dutzend Workshops, von halbtägigen »Schnupper-Angeboten« (nicht sehr empfehlenswert) bis zu 2-Tage-Veranstaltungen, durchgeführt und ungezählte Menschen individuell beraten (teils nur brieflich), wobei in Einzelfällen die fließende Grenze zur Psychotherapie wahrscheinlich überschritten wurde.

Meine Workshops waren anfangs Großveranstaltungen und schon darum eher informatorisch konzipiert. Die Kleingruppen-Phasen wurden eher mit didaktischer Absicht eingebaut; man kann einem Referenten nicht beliebig lange zuhören, man will (meist und manchmal nur verstohlen) auch mal mit Leidensgenossen in Kontakt treten, sich ein bisschen abregen, über jemanden oder über die Verhältnisse allgemein.

Derartige sog. *»Stranger Labs«*, wenn sie nicht zu riesig sind, haben kurzfristig Vorteile: Man kennt sich nicht, kann es deshalb auch riskieren, »die Sau rauszulassen«, sich zu zeigen, mit sich zu experimentieren; dabei macht man im günstigsten Fall neue konstruktive Erfahrungen.

Leider zeigt die Bilanz, dass damit auch die Folgenlosigkeit vorprogrammiert ist. Man kommt am Montag darauf in sein gewohntes Ambiente, seine gewohnte Arbeits- und Lebenswelt zurück. Die Menschen dort sind gänzlich dieselben wie zuvor. Und sie wollen auch, dass die Kollegin, die Ehefrau, die Mutter genau so ist wie vor dem Workshop. Der Rollendruck sorgt dafür, dass spätestens Mittwoch wieder alles beim alten ist.

Bestenfalls wird das mit einem resignierenden Seufzer quittiert, manche(r) merkt es nicht einmal. Es geschieht schon, dass sich sogar in diesem Rahmen ein Gedanke in einem Kopf festsetzt, der Trägerin oder Träger desselben nach einer gewissen Inkubationszeit doch noch zu drastischen Umgestaltungen der eigenen Lebensweise animiert. Aber häufig scheint das nicht zu sein. Man kann es nicht wissen – dass *Feedback* selten fließt, beweist nichts –, nur: Es sprechen wenig Indizien dafür.

In späteren Jahren hatte ich es oft mit Gruppen zu tun, die in der Mitte zwischen *Stranger Lab (s. oben.)* und *Family Lab* (das wären intakte Teams, s. unten) standen: Die Teilnehmer entstammten derselben Organisation, »kannten« sich somit eventuell von flüchtigen Kontakten, eventuell auch gar nicht, kamen eventuell als »beste Arbeitsfreundinnen« mit jahrzehntealter gemeinsamer Arbeitsbiographie. Klar war aber allen, dass man sich in der Kantine wieder begegnen könnte.

Das Endresultat war manchmal überwältigend positiv, vor allem dann, wenn Eisbrecher(innen) signalisierten, dass sie ihre grenzenlose Kollegialität auch auf weitere Teilnehmer auszudehnen gewillt waren, damit »Gemeinsamkeit« stifteten und den Workshop schon auf diese Weise zu einem Erfolg werden ließen. Häufiger blieb es lauwarm. Man war nicht sicher, dass die Vertraulichkeitsvereinbarung eingehalten werden würde und mauerte dementsprechend.

Am produktivsten habe ich immer Workshops im *Family-Lab*-Format wahrgenommen. Ein intaktes Team kommt mehr oder weniger vollständig zusammen. Dabei bekommen alle alle Informationen; alle lernen sich besser kennen und vor allem: Es können veränderte Spielregeln verabredet werden, die dann viel höhere Bindungswirkung entfalten. Wenn dergleichen halbwegs regelmäßig und auch ohne konkreten Anlass – und ohne Themen wie Burnout – zustande kommt, nenne ich es »Arbeitstreffen« und behaupte, dass es sozusagen das Schweizer Offiziersmesser der Organisations- und Teamentwicklung darstellt: Es ersetzt Dutzende anderer »Werkzeuge«, weil es direkt am Ort des Geschehens ansetzt.

Kurz nach einem meiner ersten Workshops in diesem Format kündigten zwei Mitarbeiterinnen, eine dritte ging in »Teilzeit«. Ich habe das als Erfolg verbucht, weil die Arbeitsbedingungen in der Heimatinstitution tatsächlich schwer erträglich schienen.

Natürlich war am Rande derartiger Workshops auch immer Gelegenheit zu Einzel- oder Kleingruppen-Beratungen. Abends, z. B. an der Bar, kamen oft die wahren Themen zur Sprache. Derlei kennt jeder Trainer.

Als Quintessenz dieser Jahre haben sich mir einige Einsichten aufgedrängt, haben sich einige Begriffe (vor allem aus der Transaktionsanalyse) und beraterische »Handwerkszeuge« besonders bewährt. Davon soll jetzt die Rede sein. Die Kollegen aus der »Wissenschaft« bitte ich, wegzuhören – Wissenschaft ist das nicht.

Von der Wichtigkeit der Antreiber

In die Transaktionsanalyse (TA) hat der Amerikaner Taibi Kahler vor 30 Jahren den Begriff der »Antreiber« eingeführt (zusammenfassend, auch kritisch, leider mit knarzenden Eindeutschungen: Schlegel, 1995, S. 205–214). Das sind Stimmen, sozusagen »der kleine Mann im Ohr«, die sich regelmäßig zu Worte melden und Anweisungen geben. Bekannt sind ihrer fünf: »Sei perfekt«; »Streng Dich an«; »Beeil Dich«; »Sei stark« und »Mach's den anderen recht«.

▪ Tab. 4.1 zeigt die Bedeutung der Antreiber, aber auch mögliche »Gegengifte« in Gestalt von »Erlaubnissen«, die man sich selbst geben kann.

Die Bedeutung des Antreiberkonzepts für Verständnis und auch Minderung von Burnout kann gar nicht hoch genug eingeschätzt werden. Ich habe jedenfalls noch keinen Ausbrenner kennen gelernt, der nicht mit mindestens einem überstark ausgebildeten Antreiber gesegnet gewesen wäre. Oft waren alle fünf präsent und wirkten vergiftend auf die Lebensfreude.

Zum Verständnis: Die »Stimmen« haben oft einen Namen; es kann auch eine »kleine Frau im Ohr« sein; eine Großmutter, ein Onkel, ein Lehrer. Am häufigsten gehören die Stimmen aber wohl den Eltern. Die wollten, dass aus dem Kind »mal was wird« und vermittelten sog. »Sekundärtugenden«. In der Tat: Ohne das Bestreben, wenigstens irgendetwas richtig gut zu können; ohne die

■ **Tab. 4.1.** Antreiber, ihre Bedeutung und mögliche »Gegengifte«

Antreiber	Bedeutung	Gegengift
1. Sei perfekt!	Mach alles, was du tust, so gut wie möglich – auch wenn es wirklich nicht wichtig ist. (Sei erst mit dem Besten zufrieden, und weil man selbst das Beste immer noch ein bisschen besser machen kann, sei *nie* zufrieden, schon gar nicht mit dir.)	Auch ich darf Fehler machen! Ich brauche mich nur um Perfektion zu bemühen, wo es lohnt.
2. Streng Dich an!	Gib stets deine ganze Kraft – der Erfolg ist zweitrangig. (Und hör erst dann auf, dich anzustrengen, wenn du völlig am Ende bist; auf gar keinen Fall mach's dir leicht!)	Ich darf es mir leicht machen. Intelligent arbeiten, nicht hart!
3. Beeil Dich!	Mach alles, was du tust, so schnell wie möglich! (Am besten noch ein bisschen schneller. Auch wenn die Sache gar nicht eilig ist – es gibt immer viel zu tun!)	Ich darf mir Zeit lassen.
4. Sei stark!	Zeig keine Gefühle! (Gefühle sind ein Zeichen von Schwäche – also empfinde am besten gar keine.)	Ich darf wahrnehmen und zeigen, wie mir zumute ist.
5. Mach's den anderen recht!	Denk an dich zuletzt, wenn überhaupt! Nimm dich nicht wichtig! (Die Ansprüche der anderen sind immer wichtiger als deine eigenen.)	Meine Bedürfnisse sind mindestens so wichtig wie die anderer. Ich bin der wichtigste Mensch in meinem Leben

Fähigkeit, in eine Sache mal die ganze Energie zu investieren, bei Unlust dennoch durchzuhalten; ohne die Fähigkeit, etwas auch einmal schnell erledigen zu können; ohne die Fähigkeit, andere mit der eigenen Gefühlslage zu verschonen, wenn die Situation das verlangt; ohne die Möglichkeit, eigene Ansprüche auch einmal zurückzustecken, ist kein Erwachsenwerden möglich und besteht kaum die Chance auf einen wenn auch nur bescheidenen Lebenserfolg. Gefährlich werden Antreiber dann, wenn sie als absolute, in *jeder* Situation wirksame Gebote wirken. Dann sind sie wahrscheinlich mit einer offen oder versteckt ausgesprochenen Drohung zusammen vermittelt worden. Sei perfekt, streng dich an, beeil dich, sei stark, mach's den anderen recht – *sonst* … Und dieses »sonst« kann heißen: Sonst gehörst du nicht zu uns, sonst bist du nicht liebenswert, sonst hast du gar kein Recht zu leben.

Es kann eine ungeheure Erleichterung bewirken, auf die eigenen Antreiber und ihre verheerende Wirkung aufmerksam gemacht zu werden. Ich weiß das aus eigener Erfahrung, habe es aber auch in Workshops oft beobachten können. Leider ist die Wirkung meist nicht von Dauer; langlebige Automatismen wird man nur selten von einem Tag auf den anderen los. Ihre Entschärfung ist ein Langfristprojekt; aber eines, das auch Spaß macht.

Ich empfehle, die entsprechenden »Gegengifte« groß auf Papier zu schreiben und an die Wand zu heften (z. B. die Innenseite der Eingangstür). Zur Not tun's die Anfangsbuchstaben; Hauptsache man erinnert sich selbst regelmäßig daran. Wo möglich, sollte man auch ab und zu Rückmeldungen einholen. Das

Feedback, dass einen die anderen als eher *zu* perfekt, stark oder schnell wahrnehmen, pflegt zu beruhigen. Auch der Kontakt mit Menschen, die den eigenen Antreiber *nicht* haben (und trotzdem sympathisch sind!) kann ansteckend wirken.

Ich-Zustände

Die TA sieht Menschen permanent in einem von drei sog. Ich-Zuständen: Dem Eltern-Ich, dem Erwachsenen-Ich oder dem Kind-Ich. Das Eltern-Ich gibt es noch in einer fürsorglichen und einer kritischen Variante, das Kind-Ich in einer angepassten Variante (von der das Rebellische Kind nur die Kehrseite ist) und als freies oder natürliches Kind.

Was heißt das, sich im Zustand des Eltern-Ichs zu befinden? Es heißt: Sich so ähnlich zu verhalten und zu fühlen, wie es bestimmte Erwachsene, vor allem Eltern, Verwandte, Lehrer etc. früher getan haben, als man selbst ein Kind war. Also: Man sieht die alte Dame mit dem Koffer hilflos vor dem Bahnwaggon und hat den Impuls, … Oder: Man fühlt sich durch das Geschrei vom Spielplatz gestört und denkt sich, …

Im Zustand des *angepassten Kindes* verhält und fühlt man sich ähnlich wie früher in Beziehung zu Eltern-Figuren, von denen man Lob, Strafe oder Hilfe erwartete. Beispiel: Man fährt Auto, und im Rückspiegel taucht ein Polizeiwagen auf. Schon dürfte sich jenes sattsam bekannte Gefühl einschleichen, welches einen auf den Tacho blicken und den Sitzgurt kontrollieren lässt.

Ist man dagegen im freien Kind, dann hat man Kontakt zu dem sorglosen, spontanen, kreativen Kind, das man (hoffentlich) einmal war. Man weiß ziemlich genau, worauf man gerade Lust hat – und man hat mit ziemlicher Sicherheit Lust auf irgend etwas, auf etwas nämlich, was Spaß macht.

Das Erwachsenen-Ich ist die Steuerungsinstanz zwischen Kind- und Eltern-Ich, die Ratio, die einem hilft, Mittel zu Zwecken zu finden, Ziele miteinander zu vereinbaren und Probleme zu lösen.

Das Modell von den Ich-Zuständen hat zwei wichtige Vorteile: Es eröffnet Wege zu verschütteten Energiequellen, und es hilft bei der Entschärfung innerer Konflikte.

»In jedem Manne ist ein Kind versteckt, das will spielen« (Nietzsche)

Es ist heilsam, sich zu erinnern, dass wir alle zu einer bestimmten Zeit unseres Lebens vor Energie geradezu gestrotzt haben (wenn wir nicht zufällig zu dieser Zeit krank waren oder unter besonders schweren Belastungen standen). Es gibt nämlich zu jeder Zeit in jeder Gesellschaft eine Bevölkerungsgruppe, für die »Energiemangel«, »Erschöpfung« überhaupt kein Thema ist, die im Gegenteil vor Vitalität so strotzt, dass es für die Menschen in ihrer Nähe ziemlich nervtötend sein kann: Kinder im Vorschulalter. Was gibt denen ihre Kraft?

Ganz einfach: Sie machen nur, wozu sie Lust haben. Wenn sie doch einmal etwas auf elterliches Geheiß tun (z. B. einkaufen oder Schuhe putzen), sind sie äußerst erfinderisch darin, ein Spiel daraus zu machen. Sie investieren ungeheure Energien in ihre Spielprojekte, das Baumhaus, die Sandburg, ein Versteckspiel. Und wenn ihnen die Puste ausgeht, können sie sich von einem Moment zum anderen niederlegen und schlafen.

Für die Eindämmung dieses anfänglichen Energieüberschusses sorgen bei den meisten zunächst Schule und Elternhaus, später weitere Erziehungsinstanzen. Die bringen uns bei, dass man bestimmte Dinge auch dann tun muss, wenn man dazu überhaupt keine Lust hat. Die Überwindung von Unlust oder, feiner ausgedrückt, innerem Widerstand gegen Tätigkeiten, ist meiner Meinung nach die Kernursache von Erschöpfung bei Erwachsenen. Leser mögen sich prüfen, wann sie sich besonders kraftlos fühlen (bei mir ist das z. B. der Punkt, wenn die Steuererklärung nicht länger zu verschieben ist) und wann sie mühelos lange Zeit durchhalten. Der »Chrysalis«-Lebensstil (▶ Abschn. 1.2), also das Aufblühen in der Freizeit nach ansonsten entseelter Arbeit, ist ein einschlägiges Beispiel. Noch ein Beleg: Menschen, die auch durch unbändige Schaffenskraft bis ins hohe Alter in die Geschichte eingegangen sind – Thomas Edison, Margaret Mead, Albert Schweitzer, Winston Churchill sind Beispiele –, waren dafür bekannt, eine Menge Elemente der kindlichen Lebensweise für sich gerettet zu haben (McGhee-Cooper, 1990).

Kontrastieren wir das mit dem Lebensstil vieler Ausbrenner in fortgeschrittenem Stadium. Oft haben sie es sich so eingerichtet, dass ihr Leben nur noch aus Pflichten besteht. Kompensation dafür kann schon daran scheitern, dass die Antreiber »Streng Dich an!« und »Mach's den anderen recht!« hier die Formulierung »Du bist nicht zum Spaß auf der Welt!« wählen. Pointiert formuliert: Wir hören nicht auf zu spielen, weil wir altern – wir altern, weil wir aufhören zu spielen.

Nötig ist in solchen Fällen eine Umgestaltung des Lebens, zumindest der Freizeit, besser auch der Arbeit, die den Spaßfaktor spürbar erhöht. Dafür gibt es in jedem Leben Freiräume. Es kann allerdings sein, dass man dafür innere Verbote, z. B. »Mach dich nicht lächerlich; dafür bist du zu alt!« außer Kraft setzen muss. In einem meiner Workshops, der aus technischen Gründen an zwei aufeinander folgenden Samstagen stattfinden musste, hatte eine Buchhalterin, kurz vor der Rente und mit der »Lebensanreicherung«, wie ich das nenne, zunächst etwas überfordert, sich in der Woche dazwischen ein Paar Inline-Skates gekauft. Rollschuhe, das war ihr großer Wunschtraum gewesen, nach dem Krieg aber unerschwinglich und später in Vergessenheit geraten. Mittlerweile hatte sie erste Versuche auf einem Parkplatz gemacht. Sie wirkte deutlich verwandelt. Merke: Es ist nie zu spät für eine glückliche Kindheit!

Selbstpflege

Die Konzeption der Ich-Zustände hat eine zweite wichtige Funktion in Prophylaxe und Therapie von Burnout. Gedacht war sie ursprünglich u. a. zur Analyse von Transaktionen, Kommunikationen *zwischen* Menschen. Es führt tatsächlich oft zu schlagenden Einsichten, ja Aha-Erlebnissen, wenn man sie zur Analyse zwischenmenschlicher Konflikte nutzt. Im Kontext von Burnout taugt sie hervorragend zur Analyse *intra*personaler Kommunikation, des Umgangs mit sich selbst (Burisch, 1987). Beispielsweise leben viele Angehörige der heilenden und pflegenden Berufe (sofern sie »Pflegecharaktere« sind) in Gegenwart ihres Klientels permanent im »fürsorglichen Eltern-Ich«, was ja bis heute vielerorts zur Berufsrolle gehört und in vielen Situation vielleicht wirklich unverzichtbar ist. Sich selbst dagegen begegnen sie vorzugsweise aus dem »kritischen Eltern-Ich«: »Stell dich nicht so an!« und »Lass dir bloß nichts anmerken!« sind einschlägige Selbst-Instruktionen. Sie treffen auf ein »angepasstes Kind«, das sich nach Anerkennung und Bestätigung, Wärme und Sicherheit sehnt, das aber auf keinen Fall zum Vorschein kommen darf. Manchmal darf es nicht einmal ins eigene Bewusstsein dringen. Wenn dann auch noch das »freie Kind« längst unter einer dicken Kiesschicht verschüttet liegt, also nicht einmal nach Dienst irgendeine Art von Spaß zu erwarten ist, dann ist wahrscheinlich auch schon Erschöpfung eingetreten.

Auch der »Stress zweiter Ordnung« ist als Konflikt der beiden inneren Instanzen deutbar. Das freie Kind sagt: »Ich will da nicht mehr hin!« Darauf antwortet das kritische Eltern-Ich: »Du wirst doch nicht wegrennen und alles liegen lassen! Reiß dich zusammen!« Das ängstigt das angepasste Kind so sehr, dass nicht einmal das Erwachsenen-Ich aktiviert wird, das vielleicht eine Kompromisslösung finden würde. Oder das auf die Überlegung käme: So wie ich mich fühle, werde ich in dem Job nicht mehr viel Nutzen stiften können – besser, ich mach was anderes!

Was ich in solchen Fällen empfehle und was man bis zu einem gewissen Grade lernen kann (aber üben muss), ist eine Aktivierung des hochentwickelten fürsorglichen Eltern-Ichs *sich selbst* gegenüber, genauer: dem eigenen Kind-Ich gegenüber. In schwereren Fällen kann es therapeutische Begleitung erfordern.

Aus einem etwas anderen Blickwinkel behandeln neuerdings einige Autoren dasselbe Thema (vgl. Rösing, 2003, S. 199–201).

Ohne Ziel passiert nicht viel

Relativ breiten Raum in meinen Workshops nimmt etwas ein, was ich »Zielanalyse« nenne, wohl wissend, dass das eine zeitaufwendige Aufgabe ist, die man in diesem Rahmen bestenfalls anschieben kann. (Ich selbst habe dafür vor mehr als zehn Jahren einen vierwöchigen Urlaub gebraucht.) Dennoch scheinen mir ehrliche und tragfähige Antworten auf die Frage »Was will ich eigentlich im Leben?« für eine Burnout-Prophylaxe unverzichtbar.

Das aus mindestens fünf Gründen:

- *Ziele energisieren.* Ziele, die ziehen, mobilisieren und fokussieren Energie. Dazu dürfen sie nicht zu trivial sein (»regelmäßig Frühsport«), sie müssen sowohl dem Eltern-Ich als auch dem Kind-Ich gefallen, und sie sollten in überschaubarem Zeitraum realisierbar sein (das prüft das Erwachsenen-Ich). Im Idealfall sollten sie, wenn man daran denkt, ein warmes Bauchgefühl auslösen: »*Das* ist es doch, was ich wirklich will!« Damit lassen sich dann auch manche Unannehmlichkeiten ertragen, wenn sie zielführend sind: »Dafür lohnt sich's!« So wird beiläufig auch die Sinnkrise gelöst, die Ayala Pines im Zentrum von Burnout sieht (▶ Abschn. 1.4.11).
- *Ziele machen wachsam.* Sobald man ein passendes Ziel gefunden hat – sagen wir: ein gebrauchtes Segelboot zusammenzusparen oder nach der Pensionierung nach Spanien zu übersiedeln – erhalten alle Informationen, die man nebenbei über Boote oder spanische Immobilien erhält, automatisch einen höheren Aufmerksamkeitswert. Das verbessert die Chance der Realisierung.
- *Ziele schaffen einen Maßstab.* Das Gefühl der Stagnation, des Vor-sich-hin-Dümpelns, das manche Burnout-Prozesse kennzeichnet, hängt auch mit Ziellosigkeit zusammen. Wer nicht weiß, dass er nach Süden will, bemerkt es gar nicht, wenn er nach Süd-Südost segelt und somit seinem Ziel *auch* näher kommt. Das Erreichen von Zwischenzielen, das Beobachten von Fortschritten, motiviert aber. Man gerät wieder in Aktion, nimmt sein Schicksal wieder in die Hand.
- *Ziele können sich gegenseitig im Wege stehen.* Solange man sich nicht eingestanden hat, dass man außer einer selbstlosen Lebensweise auch einige materielle Annehmlichkeiten zu schätzen wüsste, werden sich diese Impulse wahrscheinlich gegenseitig blockieren. Ehrgeiz und das gleichzeitige Ver-

langen, geliebt zu werden, das wäre ein weiteres Beispiel für einen Zielkonflikt (vor allem für Frauen). Es braucht also Ehrlichkeit zu sich selbst.
- *Ziele geraten in Vergessenheit.* In unserer vielfach vernetzten Lebensweise, gerade in Großorganisationen, unterliegen die meisten von uns so vielen Querströmungen, Windstößen und Störeinflüssen, dass man es geradezu aufgeben kann, eigene Ziele zu verfolgen. »Hat ja sowieso keinen Zweck!« Andererseits erwarten viele Unternehmen heute von ihren Mitarbeitern *»Intrapreneurship«, »Inner Management«* und *»Self Promotion«*. Die Aufopferung für den Betrieb, die Unterordnung aller persönlichen Bedürfnisse unter das Unternehmenswohl allein reicht nicht mehr. Das stammt noch aus einer Zeit, als man beispielsweise von Bank*beamten* sprach. Genau dieses Beispiel zeigt, dass auf die früher damit verbundene Gegenleistung – lebenslängliche Arbeitsplatzgarantie – kein Verlass mehr ist; sowohl in Deutschland als auch in der Schweiz ist das Bankgewerbe eine Schrumpfbranche mit Massenentlassungen und entsprechendem Stresspotential (Domenighetti et al., 2004). Da ist es überlebensnotwendig, stets einen »Plan B« mit sich zu führen. Man gerät dann nicht so leicht in Fallen.

Damit die Ziele nicht in Vergessenheit geraten, werden sie auf einen kleinen Zettel geschrieben, den man möglichst immer bei sich haben sollte, einen sog. »Anlasser«. Den sollte man mindestens einmal pro Woche hervorholen, im Wartezimmer, im Bus oder wo auch immer. Wenn die Ziele gut gewählt sind, wird man einen Energieschub verspüren; darum Anlasser. Es kann auch sein, dass sich Ziele überlebt haben und ausgetauscht werden sollten. Manche werden ja auch erreicht, dann gilt es, neue zu finden. (»Nie anfangen aufzuhören und nie aufhören anzufangen.«) Manche sind auch Dauerbrenner, z. B. »Arbeit permanent vereinfachen«.

»Die Hölle, das sind immer die anderen«

Selten ist der Burnout-Prozess, die Fallensituation, die nicht von allerlei Personal bevölkert wäre. Schüler, Schülereltern, Kollegen oder Vorgesetzte des enervierten Schullehrers, Mitarbeiter des abgrenzungsunfähigen Vorgesetzten, blutsaugerische Kinder oder Ehemann der konfliktscheuen Hausfrau und Mutter – sie können ein Leben zur Hölle machen. Wenn man sich nicht zu wehren weiß. Ich habe den Eindruck, dass die Fähigkeit, Konflikte offen und konstruktiv auszutragen, in der deutschen Bevölkerung während der letzten Jahrzehnte abgenommen hat. Auch in der Jugend. Vielleicht ist das einer der Gründe für die anscheinend häufiger werdenden Gewaltexzesse in Schulen, für das um sich greifende »Mobbing« in Betrieben, die Prozesswütigkeit wegen Bagatellen; da staut sich zu viel auf. »Gut drauf zu sein« ist andererseits erste Bürgerpflicht, »Alles klar« wahrscheinlich die häufigste Gesprächsabschluss-Floskel im heutigen Geschäftsleben. Kritik zu formulieren, »Zickigkeit« gar, ist uncool. (Man müsste natürlich auch wissen, wie so etwas geht.) Wie in den Zeitungen zu lesen ist, offenbaren sich Mobbing-Opfer unter Schülern oft nicht einmal den eigenen Eltern, was freilich auch noch viele andere Gründe haben kann.

Jedenfalls wäre etwas, was als *Assertiveness Training* (»Selbstbehauptungstraining«) nach einer Blüte in den 70er und 80er Jahren anscheinend in Vergessenheit geraten ist, dringend wiederbelebungsbedürftig. Und folgerichtig habe ich irgendwann meinen Workshop-Designs eine Einheit beigefügt, die ich »Das befreiende Gespräch« nenne. Es gibt eine Einführung und eine schriftliche Gebrauchsanweisung für Anbahnung, Durchführung und Nachsorge eines Konfliktgesprächs. Und dann Rollenspiele, wobei geübt wird, einen real existierenden Konfliktpartner zu konfrontieren.

Wo mutige Teilnehmer(innen) die Chance gesehen und ergriffen haben, haben sie ausnahmslos profitiert, selbst wenn das Gespräch nie stattgefunden hat. (Aus Telefonaten in den folgenden Wochen weiß ich, dass schon das Gefühl »ich wüsste, wie ich es anstellen müsste« befreien kann; manchmal haben sich Konfliktkonstellationen so auf scheinbar wundersame Weise in Wohlgefallen aufgelöst.) Zuweilen gab es auch aus dem Teilnehmerkreis Rückmeldungen, die einem Protagonisten die Augen für eigene Anteile öffneten, »blinde Flecken« beseitigten. Derlei geschah aber eher in den Sternstunden besonders gelungener Workshops, und so würde ich es nur für Gruppen empfehlen, die bereits ein gewisses Vertrauensniveau erreicht haben. In *Family Labs,* wo die Konfliktparteien in der Regel vollständig anwesend sind, ziehe ich die sog. Wienerwald-Übung (»Hähnchen-Rupfen«) vor, wenn mir die Beteiligten belastbar genug erscheinen.

Klären

In Gregor von Rezzorris *Maghrebinischen Geschichten* aus den 50er Jahren (längst vergriffen) gibt es das wunderbare Verbum »klären« (das ist: »mit erhellender Klarheit nachdenken«). Wenn ich einem Menschen, der ausbrennt, etwas wünsche, dann ist es die Fähigkeit dazu. Erinnern wir uns an den Sinnspruch von Reinhold Niehbur (oder von wem auch immer): Tatkräftig ändern, was zu ändern ist, gelassen ertragen, was unabänderlich ist, und *klar* unterscheiden, wann der eine Fall vorliegt oder der andere. Allerdings: Genau das ist so ungefähr das Schwierigste, wenn man das Gefühl hat, dass die eigene Welt aus den Angeln gerät, wenn also Emotionen das Nachdenken schwerstens behindern. Dann braucht man meist ein Gegenüber, nicht notwendigerweise ein professionelles. (Aber die *nächsten* Personen sind oft Teil des Problems und scheiden darum fast immer aus.) Wenn ich früher in Fernseh- oder Radio-Interviews im 90-Sekunden-Format (heute mache ich das nicht mehr) gefragt wurde: »Und was empfehlen Sie?«, dann habe ich sinngemäß gesagt: »Nachdenken und nicht allein damit bleiben.«. Das halte ich nach wie vor für richtig. Wann immer möglich, bitte ich Klienten vor dem Erstgespräch, mir einen Brief zu schreiben. Das spart nicht nur Zeit, es erfordert ein erstes gründliches Nachdenken.

»Nicht allein damit bleiben« heißt: Einen Gesprächspartner finden, der zuhören kann und nicht vorschnell mit Ratschlägen kommt. Wohl dem, der einen solchen im Bekanntenkreis hat. Normalerweise wird es also wohl doch ein Profi sein müssen (► Anhang »Burnout: Therapiemöglichkeiten für Ausbrenner«), der, wenn er einer ist, unterscheiden können sollte, ob nicht vielleicht eine möglicherweise ausgedehnte Beratung eher angezeigt ist als eine Therapie im engeren Sinne. Ein Profi darum, weil Burnout etwas primär Emotionales ist. Man muss mit Heulen-und-Zähneklappern ebenso umgehen können wie mit kompletter emotionaler Abschottung, die es u. U. aufzuweichen gilt.

Aber irgendwann kommt doch das »Klären«. Da übernimmt der Klient endgültig wieder das Steuer; der Kopf wird wieder eingeschaltet; das Erwachsenen-Ich (s. oben) setzt sich gegen die trübenden Einflüsse von Kind- und Eltern-Ich durch.

»Das heilende Echo«

Da ich aus vielerlei Gründen nie eine Therapeutenrolle angestrebt habe, habe ich nach Wegen gesucht, diesen Prozess der Rückeroberung des eigenen Lebens zu beschleunigen, ohne meinen Beratungsklienten allzu viel zuzumuten oder gar unverzichtbare Etappen zu überspringen. In den Büchern des ungarisch-englischen Sozialarbeiters Eugene Heimler (z. B. *The Healing Echo,* 1985) wurde ich fündig. Heimler, der ein deutsches Konzentrationslager überlebt hatte wie Viktor Frankl, kam in den 50er Jahren nach England, machte dort unter schwierigsten Umständen – er sprach zunächst kein Wort Englisch – eine Ausbildung als Sozialarbeiter. Früh begann er, mit Arbeitslosen zu arbeiten. Sie erinnerten ihn an sein eigenes Schicksal und das seines Vaters, die Hilf- und Hoffnungslosigkeit im Konzentrationslager, die er nach eigenen Aussagen nur durch den Fundus nährender kindlicher Erinnerungen überstanden hatte, seine eigenen beschwerlichen Anfänge.

Die Not der Nachkriegszeit (auch in England!) machte Heimler erfinderisch. Seine kreativen Ideen fasste er in einem Beratungskonzept unter dem Namen *Human Social Functioning (HSF;* die Eindeutschungen sind qualvoll) zusammen. Vielleicht war es der missratene Name, vielleicht die Tatsache, dass er sich eher an Sozialarbeiter denn an Therapeuten wandte, wahrscheinlich war Heimler nicht die Guru-Figur, der eine Sektengründung gelingen konnte (möglicherweise wollte er das nicht einmal, oder aber zu sehr): Jedenfalls ist *HSF* heute fast vergessen, zumindest in Deutschland. Lediglich in Berlin existiert noch eine kleine Gemeinde, dort war er oft als Ausbilder. Eugene Heimler starb 1990.

Zwei Techniken, die ich in Einzelberatungen gerne benutze, sind von Heimler inspiriert: Der Doppelspiegel und die *Fragmenta Vitae.*

Klärung durch doppelte Spiegelung

Doppelspiegel. Diese Technik hat Gemeinsamkeiten mit dem Vorgehen der Gesprächspsychotherapie (► Anhang) und verläuft folgendermaßen: Man bittet den Klienten, sein Anliegen zu schildern. Dafür reichen i. Allg. 15–20 Minuten »stützendes« Zuhören: Man macht die notwendigen Konversationsgeräusche, lässt aber Pausen ihre Spannung aufbauen, ohne diese abzubauen und hört selbstverständlich konzentriert zu, macht sich nötigenfalls Notizen. Wenn man es tatsächlich aushält, *nichts* zu sagen (sog. »aktives Zuhören« würde schon in dieser Phase Rückmeldungen erfordern), dann macht der Klient irgendwann eine *lange* Pause. Er hat dann erst einmal gesagt, was er sagen wollte.

Spätestens dann, aber notfalls auch schon, wenn mein eigener Gedächtnisspeicher überzulaufen droht, biete ich an, wiederzugeben, was ich bislang gehört habe. Das heißt, ich paraphrasiere, soweit wie möglich unter Verwendung von Formulierungen des Klienten, was ich als sein Anliegen verstanden habe. Selbstverständlich – und das dürfte wichtig sein – in komprimierter Form. Das Holzschnittartige, auf den Punkt reduzierte, das nämlich ist es, was zu Klarheit und hoffentlich Aktion führt, was aber im Zustand der Verwirrung für den Klienten schwer formulierbar ist. Das ist das »heilende Echo«.

Jetzt der innovative Teil: Ich biete dem Klienten Stift und Papier an und bitte ihn, das, was er/sie von mir gehört hat, aufzuschreiben. Das löst manchmal Widerstand aus und kann eine Weile dauern. Wenn die dann doch angefertigte Nachschrift verlesen wird – das wird sie –, dann gibt es für mich unweigerlich Überraschungen. Ohne Ausnahme habe ich immer wieder gestaunt, wie unterschiedlich das war, was ich gesagt hatte und was der Klient gehört (oder wiedergegeben) hatte. Im Prozess des Aussprechens, des Anhörens der Spiegelung durch den Berater und des erneuten (schriftlichen) Formulierens scheint so viel kognitive Aktivität freigesetzt zu werden, dass manchmal schon direkt danach Lösungsmöglichkeiten in Sicht kommen. In den Termini der TA: Die Technik scheint geeignet, das oft paralysierte Erwachsenen-Ich von Klienten zu reanimieren.

Eine Zeitscheibe unter der Lupe

Fragmenta Vitae. Diese Technik ist wie maßgeschneidert für mein handlungstheoretisches Modell. Ich bitte den Klienten, irgendeine Episode der letzten Tage zu erzählen, eine Zeitscheibe von vielleicht 20–30 Minuten, die ihm spontan einfällt (was darauf schließen lässt, dass sie besonders bedeutsam ist). Nachdem der Ablauf in groben Zügen berichtet worden ist, gehe ich in winzigen Schritte noch einmal durch den Film: »Was haben Sie dabei gefühlt und gedacht? Wie haben Sie Ihr Gegenüber wahrgenommen? Was hat dann das bei Ihnen ausgelöst? Sie hätten ja auch XYZ tun können; warum haben Sie nicht das gemacht? Wie ging es dann weiter?« Und so fort.

Bei ausreichend differenzierten und reflektionsfähigen Klienten kommt auf diese Weise spätestens nach einigen Sitzungen und entsprechenden Fragmenten erstaunlich viel nützliches Material ans Tageslicht. Kaum jemand betrachtet von selbst sein eigenes Erleben derart feinkörnig. Tut man es doch einmal, und zwar mit Hilfe eines Echos, das den Überblick behält und auch die Speicherung übernimmt, erlaubt es sehr schnell Einsichten in gedankliche und emotionale Automatismen, die oft antreibergesteuert verlaufen. Man kommt sich sozusagen selbst auf die Schliche, auch was die eigenen Motive (»laufende Anliegen« im Sinne Klingers) sind.

Auch auf diese Weise kommt das Erwachsenen-Ich wieder zu seinem Recht. Man kann sich fragen: *Will* ich mich immer so fühlen, so verhalten? Will ich mir dies oder jenes wirklich gefallen lassen? Was gäbe es an Alternativen? Und man kann sich neu entscheiden.

Hilfe zur Selbsthilfe

Beide Techniken lassen sich auch allein praktizieren, indem man das Material aufschreibt oder auf Band aufnimmt. Wichtig ist dann der zweite Schritt: Alles, was einem beim Lesen oder Anhören einfällt, erneut zu verschriften oder auf einem zweiten Gerät aufzunehmen.

Selbstberatung

Nicht ganz selten konsultieren mich hochkompetente Angehörige der helfenden Berufe, in aller Regel sehr eloquent, dennoch manchmal ziemlich verzweifelt. Wenn ich rechtzeitig auf die Idee komme, versuche ich Folgendes: Ich lasse mir den Anlass des Kommens schildern, wie oben beim Doppelspiegel. Mit Konversationsgeräuschen ist es in solchen Fällen allerdings nicht getan. Um das Gespräch in Gang zu halten, sind schon hier gezielte Einwürfe, kleine empathische Zusammenfassungen vonnöten, die dem Klienten das Gefühl verschaffen, nicht nur verstanden zu werden, sondern auch am richtigen Schalter zu stehen.

Das Ende der ersten Phase kann so etwas später eintreten, aber es tritt dann doch irgendwann ein. An dieser Stelle sage ich ungefähr Folgendes: »Sie sind ein Meister Ihres Faches. Sie haben schon vielen Menschen mit Rat und Tat geholfen. Stellen Sie sich mal vor, es kommt ein Klient zu Ihnen, und der erzählt Ihnen genau das, was ich gerade gehört habe.« Jetzt kann es nötig sein, eine Kürzestzusammenfassung des Berichts abzugeben. Wichtig: Hier *nur* Formulierungen des Klienten verwenden, sonst wird u. U. um Silben gerungen. (Eine etwas zeitaufwendigere, aber noch durchschlagendere Variante besteht darin, das

Gespräch aufzunehmen und den Mitschnitt vorzuspielen.) Auf jeden Fall folgt dann die Frage: »Was raten Sie ihm?«

An dieser Stelle habe ich schon umfassendere Durchbrüche, kreative Spontanlösungen erlebt. Denn warum gilt die Lebensregel, dass die Probleme anderer Menschen meist leichter zu lösen sind als die eigenen? Man steckt zu tief im Suppenteller der Problemsituation, der eigenen Unzulänglichkeiten drin, um sehen zu können, dass manchmal ein einmaliger, kleiner Schritt, der gar nicht so unangenehm sein muss wie gedacht, viel bewirken kann. Man übersieht, dass noch lange nicht alle Alternativen ausgelotet, alle Informationen beschafft worden sind. Man vergisst Ressourcen, die man besitzt, z. B. Freunde, die einen nötigenfalls stützen würden. – Mit ein bisschen Übung kann man die Technik übrigens ebenfalls auf sich selbst anwenden.

Brief an mich selbst

In meinen Workshops biete ich den Teilnehmern gegen Ende an, einen Brief an sich selbst zu schreiben. Der kommt in einen Umschlag, wird zugeklebt und mit der eigenen Adresse beschriftet. Dann bitte ich noch darum, einen Termin an die Stelle der Briefmarke zu schreiben; zu diesem Zeitpunkt (längstens nach zwei Jahren) klebe ich eine solche auf und schicke den Brief ab.

Dies soll allerdings nicht der Selbstberatung dienen, sondern der Erinnerung an Vorsätze, Entschlüsse, die der Workshop ausgelöst haben kann. Wie es wirkt, wenn man Monate nach einem längst vergessenen Ereignis dieser Art in der eigenen Handschrift daran erinnert wird, weiß ich nicht, hoffe aber, dass es eine Auffrischung bringt.

Und die Außenwelt?

Soweit einige der Ansätze, die ich für meine Praxis entwickelt habe. Wenn sie ausschließlich am Individuum und seiner Nah-Umwelt ansetzen – ich sehe bereits die hochgezogenen Augenbrauen von Kollegen, die sich vom Geißeln der organisationalen oder politischen Verhältnisse mehr versprechen –, dann vor allem darum, weil so *rasch* Erleichterung geschaffen werden kann. (»Hoffe nicht auf bess're Zeiten!«) Aber auch, weil mich noch keine Organisation eingeladen hat, bei einer burnoutbekämpfenden Umgestaltung mitzuwirken. Käme es dazu, würde ich zu einer Veränderung der Organisationskultur in Richtung »mehr Spaß, mehr Kommunikation, mehr Information« raten. Die *Fish!*-Philosophie (Lundin et al., 2001, 2002, 2003) schiene mir ein guter Startpunkt. Raten würde ich auch dazu, sich für die Mitarbeiter der Sinnfrage zu stellen – *wozu* sind wir eigentlich auf dem Markt?

Unverzichtbar schiene mir aber flankierend die Bereitstellung von Beratungsangeboten im individuellen Bedarfsfall. Selbst die burnoutpräventivste Organisation kann nicht verhindern, dass Einzelne in Fallen geraten. Immerhin, in einer solchen Organisation (wie sie mir vorschwebt) würde der Vorgesetzte, würden die Kollegen derlei früh bemerken und nicht lange zögern, das Problem anzusprechen. Dann sollten auch gleich einige Telephonnummern zur Hand sein, wo außen Rat und Hilfe zu haben ist.

In mir bekannten Systemen dagegen ist Burnout ein ähnliches Tabuthema wie Alkoholismus oder Mobbing. Jeder weiß, es ist da, man darf es aber nicht thematisieren. Über die Jahre kamen immer mal wieder Anfragen von Unternehmen bei mir an, in der Regel von der Personalabteilung. Wenn es dann aber ernst werden sollte mit etwas so Unverfänglichem wie einem Vortrag vor der Geschäftsleitung oder dem »Führungskreis«, dann folgte fast immer ein Veto von höherer Ebene: »Viel zu heiß für uns!«

Eine Ausnahme will ich nicht unerwähnt lassen. Es ging um die Führungsspitze einer Obersten Bundesbehörde. Es gelang mir, eine eigentlich geplante »Fortbildungstagung« am zweiten Tag zu einem ergebnisorientierten Arbeitstreffen umzufunktionieren, das viel in Gang setzte. Aber das war ein Einzelfall.

4.5 Eigene Empfehlungen

Burnout-Prozesse können durch eine Vielzahl von Umständen in Gang gesetzt werden und in sehr verschiedenen Persönlichkeiten stattfinden. Entsprechend breit ist das Spektrum erfolgversprechender Behandlungsansätze.

Vor dem Eingriff die Diagnose

Ausgangspunkt aller Interventionen sollte stets eine gründliche Analyse der Situation sein:

- Welche Umweltbedingungen sind die ausschlaggebenden?
- Welche Bedürfnisse und Ziele des Individuums werden frustriert?
- Welche Fähigkeiten sind unterentwickelt?
- Welche normativen Vorstellungen sind evtl. unrealistisch?
- Welche Glaubenssätze und Denkmuster sind dysfunktional?
- Welche Informationen fehlen?
- Wo lässt sich mit dem besten Aufwand-Nutzen-Verhältnis etwas zum Besseren wenden, ein Stück Autonomie wiedergewinnen?

Ähnliche Fragen stellt eine systematische Beratungstechnik, die Cox & Klinger (1987, 1988) für Alkoholiker entwickelt haben. Sie geht von einer Bestandaufnahme aller nichttrivialen »laufenden Anliegen« des Klienten aus und will bei deren Modifikation helfen.

Psychotherapie als Option

Wo ein Burnout-Prozess weit fortgeschritten ist und womöglich bereits Folgeprobleme in die Welt gesetzt hat, wird irgendeine Form von Psychotherapie (► Anhang) angezeigt sein, insbesondere bei Fischers (1983) Typ des »echten« Ausbrenners (► Abschn. 1.4.6), für den Umweltfaktoren eine untergeordnete Rolle spielen. Intuitiv würde ich hier stützenden Verfahren die besseren Chancen geben, zumindest anfangs (so auch Freudenberger, 1982). Längerfristig ist wegen der gestörten Sozialbeziehungen Gruppentherapie wahrscheinlich vorzuziehen.

4.5.1 Enttabuisierung

Burnout bekannt machen

Bevor ein Diagnoseversuch beginnen kann, muss erst einmal ein Bewusstsein vorhanden sein, dass etwas nicht stimmt. Man muss wissen, dass Burnout nicht notwendig Psychopathologie anzeigt, vielerorts relativ häufig ist und verändert werden kann. Aus diesem Grund halte ich eine weitere Popularisierung des Burnout-Begriffs auch in der Bundesrepublik für wünschenswert, selbst wenn er dabei eher noch verwaschenere Konturen annehmen wird (wie das in den USA bereits geschehen ist) und auf die Gefahr hin, dass Trittbrettfahrer aller Art den Mitleidsbonus missbrauchen könnten. Eine wirklich trennscharfe Eingrenzung wird ohnehin kaum möglich sein.

4.5.2 Selbsthilfe und Supervision

Jeder, der Gelegenheit dazu hat, ist aufgerufen, sein eigenes Frühwarnsystem zu installieren. Am einfachsten ist die Bitte an Partnerin oder Partner, Laut zu geben, wenn diese Veränderungen an einem bemerken, z. B. in Richtung steigender Reizbarkeit oder Lustlosigkeit. Man selbst sollte mindestens wöchentlich, besser täglich, eine Reflexionsphase einlegen. Warum fühle ich mich so komisch? Und was kann ich morgen dafür tun, dass sich das nicht wiederholt? Zugegeben, das braucht Zeit und Übung.

Sag's mir, wenn du was merkst

Für eine Früherkennung beginnender Burnout-Prozesse (wie auch für die Eliminierung ihrer beruflichen Auslöser und für eine erste Kampffront bei der Behandlung) wäre es weiter günstig, wenn es an möglichst vielen Arbeitsstätten Gesprächskreise und Selbsthilfegruppen gäbe, wie sie z. B. Moeller (1978) allgemein beschrieben hat.

Gruppen täten not

Der Anstoß zur Gründung solcher Gruppen wird wohl auch in Zukunft am besten von Einzelnen kommen. Die Gewerkschaften stehen derart »psychologisch« angehauchten Aktivitäten, die zudem mit den eigenen konkurrieren könnten, reserviert gegenüber und wären als Förderer für viele wohl auch nicht glaubwürdig. Allenfalls die Berufsverbände könnten direkt anregen; Arbeitgeber sollten die nötigen Ressourcen unbürokratisch bereitstellen.

Eigeninitiative ist am besten

In manchen Branchen ist hier in den letzten 15 Jahren tatsächlich einiges passiert: Coaching (das ist nichts wesentlich anderes als Supervision) ist nicht nur eine Wachstumsbranche, sondern auch ein noch immer etwas geheimnisumwittertes Geschäft, aber auch so weit »angekommen«, dass es in manchen Unternehmen zur Normalität gehört und finanziert wird.

Kleine Fortschritte

In allen Berufen, deren Image durch einseitiges »Geben« geprägt ist – und das sind mehr als die klassischen »helfenden« Berufe – müsste man einen Schritt weitergehen und überall Zugang zu Supervision schaffen. Aber auch schon in allen Situationen beruflicher Veränderung (z. B. erste oder neue Führungsaufgabe, neuer Job etc.), und das überall. Zur Zeit scheitert das offenbar am Geld oder am Mangel geeigneter Supervisoren. Solange staatliche wie private Arbeitgeber wo immer möglich Kosten zu sparen suchen, wird der Vorschlag dort auf wenig Gegenliebe treffen. Wenn aber der potentielle Nutzen von Supervision mehr zum allgemeinen Wissen gehörte, müsste es notfalls möglich sein, dass Betroffene alle zwei Wochen eine Stunde Freizeit und den Preis einer Kinokarte für eine selbstorganisierte Gruppe einsetzen. Oder eben doch finanziert werden; es würde sich rechnen.

Für »gebende« Berufe: Supervision

Selbst die bestfunktionierende Gruppe bietet keine Garantie gegen Burnout, das haben die Beobachtungen von Beemsterboer & Baum (1984) gezeigt. Es scheint mir aber i. Allg. das Risiko der für Burnout typischen Eskalation und nachfolgenden Resignation wesentlich geringer, wenn regelmäßig die Möglichkeit offensteht, Frustrationen mit prinzipiell kompetenten, empathischen Kollegen zu besprechen.

4.5.3 Organisationsentwicklung

Die Spitze muss mitmachen

Eine intakte Infrastruktur derartiger Gruppen innerhalb einer Organisation, die möglichst auch noch miteinander vernetzt sind, könnte Maßnahmen der Organisationsentwicklung bis zu einem gewissen Grade sogar entbehrlich machen, jedenfalls aber dort anregen, wo sie am nötigsten und vielversprechendsten sind. Damit solche Projekte tatsächlich das Ziel einer Humanisierung der Arbeitsumstände, einer Entschärfung von Burnout-Potentialen, erreichen, muss freilich das Verständnis für die Zusammenhänge auch auf den oberen Hierarchieebenen geweckt werden, ohne deren aktive Unterstützung erfahrungsgemäß keine Veränderung Bestand hat.

Entscheidend ist ein Klima, in dem permanente Rückkopplung und Intervention selbstverständlich sind, Probleme nicht unter den Teppich gekehrt werden.

Stützung bei Vereinbarungen

Ich möchte an dieser Stelle nicht alle Möglichkeiten wiederholen, wo Organisationsentwicklung im Dienste der Burnout-Primärprävention ansetzen kann. Aus der Studie von Cherniss (1980a; ► Abschn . 1.4.10) lässt sich die Forderung ableiten, auf die Einarbeitungsperiode von Berufsanfängern besondere Aufmerksamkeit zu verwenden. Dasselbe dürfte für Neueinstellungen und für Positionsveränderungen generell gelten. Allgemein ist alles, was Stress zweiter Ordnung durch gestörte oder kritische Handlungsepisoden begünstigt, burnoutträchtig.

4.5.4 Bescheidenere Erwartungen

Enttäuschung garantiert

Die Wahl einer Ausbildung für einen Beruf ist eine folgenschwere Entscheidung, muss aber, jedenfalls in unserer Kultur, meist in sehr jungen Jahren und mit entsprechend lückenhaftem Informationsstand getroffen werden. Der rasche Wandel der Realität in vielen Berufen trägt weiter dazu bei, dass Berufsanfänger oft mit unrealistischen Erwartungen »ins Leben« treten, die Enttäuschungen garantieren und so Burnout den Weg bereiten. Klinger (1977, S. 133) bemerkt, dass eine verblüffend große Zahl junger Menschen ungerührt behauptet, Arzt, Anwalt oder Ingenieur werden zu wollen, ohne auch nur eine halbwegs akkurate Vorstellung zu besitzen, wie Ärzte, Anwälte und Ingenieure ihren Tag verbringen.

Früh Informationen sammeln

Die in der BRD weithin üblichen Praktika und Hospitationen während der Schulzeit sollten darum noch weiter ausgebaut, Pflichtpraktika in allen Ausbildungs- und Studiengängen vorgesehen werden.

Ein kleines Experiment von Weitz (1956) gibt einen Hinweis auf den vermuteten Nutzen: Schon eine Informationsbroschüre, in der eine Versicherungsgesellschaft die Arbeitstätigkeit ihrer Vertreter genau beschrieb, senkte den Anteil der Bewerber, die innerhalb des ersten halben Jahres nach Einstellung wieder ausschieden, um 30%.

Scheitern ist menschlich

Ein anderes großes Thema sind die Effizienzerwartungen vor allem der helfenden Berufe; schon im ► Absch . 3.13 war davon die Rede. Solange der Konkurrenzkampf etwa zwischen Ärzten, nichtärztlichen Therapeuten und sonstigen Heilberufen unvermindert andauert, ist es unwahrscheinlich, dass eine der beteiligten Professionen öffentlich konzediert, allein nicht immer zurechtzukommen, nur in sehr engen Grenzen allmächtig zu sein. Es wäre aber schon viel gewonnen, wenn wenigstens in der Ausbildung die Gefahr des Scheiterns an zu hochgesteckten Zielen angesprochen würde. Auch das würde freilich noch viel Ehrlichkeit auf Seiten der Lehrenden voraussetzen.

Unerwartete Schützenhilfe kommt aus den Wirtschaftswissenschaften. Malik (1986, S. 70) schreibt über seine „systemisch-evolutionäre" Managementtheorie:

> Es wird akzeptiert, dass wir vieles, vielleicht sogar das meiste nicht unter Kontrolle haben und es auch nicht unter Kontrolle bringen können. Diese Theorie scheint dem gegenwärtigen Zustand der Welt besser zu entsprechen als der konstruktivistische Theorietyp, denn wir können ständig Symptome dafür beobachten, dass die Beherrschung des Geschehens wesentlich geringer ist, als man aufgrund der diesbezüglich stattfindenden Rituale annehmen möchte. Die Unregierbarkeit der Welt, die Ohnmacht von Politikern und Managern, die Unbeherrschbarkeit der Wirtschaft, die Ratlosigkeit der Ökonomen und das Wuchern ständig neuer Formen der Komplexität sprechen eine deutliche Sprache.

»Unbeherrschbarkeit akzeptieren«

Es müsste ein allgemeines Bildungsgut aller Berufe werden, dass man durch zu unnachgiebiges Klammern an zu anspruchsvolle Erwartungen ausbrennen kann – und dass dieser Prozess nicht zwangsläufig bis zum bitteren Ende durchlebt werden muss, sondern konstruktiv aufgefangen werden kann. Ob freilich burnoutdisponierte Persönlichkeiten für derlei Weisheiten empfänglich wären, das käme auf den Versuch an. Denn wer sich und anderen permanent beweisen möchte, dass er irgendwie »herausragt« – und diese Struktur gibt es gewiss nicht nur unter Helfern –, der bedarf wahrscheinlich gar keiner kollektiven Anregung, um seine Zielmarken weit oben festzumachen.

Auf dem Teppich bleiben

4.5.5 Nähe

Eine große Präventionschance liegt darin, Bindungen an eine Vielzahl von »*Incentives*« aufzunehmen, die nicht mit Leistungen zu erreichen sind: in erster Linie also wohl von Liebe getragene Beziehungen zur Umwelt – zu Menschen, anderen Lebewesen, zur Natur allgemein, aber auch zu Kulturgütern wie Musik, Literatur und bildender Kunst, zu eigenen Beschäftigungen, die sich selbst genug sind. »Wer möchte leben ohne den Trost der Bäume«, fragt ein Buchtitel, aber es kann ebensogut die Erfahrung von Meer oder Gebirge, die Selbstvergessenheit in einer Liebhaberei oder einfach die Versenkung in sich selbst sein, die Frieden gibt. Sich in sich, mit sich wohl zu fühlen, »wunschlos glücklich« zu sein (und zwar, ohne chemisch nachzuhelfen), ist ein Zustand, zu dem jeder seine eigenen Wege finden muss. Schwer, wenn er erst als Erwachsener zu suchen beginnt. Wir täten gut daran, schon unseren Kindern solche Wege vorzuleben, oder sie zumindest nicht zu behindern, wenn sie ihre eigenen suchen.

Liebe zur Umwelt stabilisiert

Noch einmal zurück zu den helfenden Berufen: Vor allem dort müsste es ein vorrangiges nichtfachliches Ausbildungsziel sein, die Fähigkeit zur psy-

Menschen, die selbst genug haben

chischen Selbstversorgung zu erhöhen; dafür wäre noch Pionierarbeit zu leisten. Kollektive Ideale, wie sie z. B. in Krankenpflegeberufen mit ihrer Betonung von Selbstverleugnung, Aufopferung und stoischer Unerschütterlichkeit anzutreffen sind, verpflichten den Einzelnen auf Leitbilder, an denen er allzuleicht scheitern kann, wenn er sie zu ernst nimmt. Sie erschweren Offenheit sich selbst und anderen gegenüber und verhindern Reformen, die an der Zeit wären. Das Ziel sollten nicht Krankenschwestern oder Ärzte sein, deren Belastbarkeit aus zusammengebissenen Zähnen besteht, sondern solche, die mit sich und ihren Schwächen im reinen sind, Fürsorge auch auf sich selbst verwenden können, Fröhlichkeit kennen und in sich ruhen – kurz, Menschen, die geben können, weil sie selbst genug haben (Burisch, 1987; Leighton & Roye, 1984). In Workshops habe ich schon häufiger zu bedenken gegeben, ob nicht das Ziel »Ich will die heiterste Krankenschwester meiner Station werden« dem Ziel »Ich will die Tüchtigste werden« vorzuziehen wäre.

Von den Risiken allzu »naher«, offener Beziehungen zu allzu vielen beruflichen Partnern ist oben einmal die Rede gewesen. Wohl dem, der sich in seinem Freundes- oder Familienkreis unverstellt so geben kann, wie er ist, ohne Verletzungen fürchten zu müssen.

4.5.6 Selbstakzeptierung

Wie wir gesehen haben, beschränkt sich Burnout indes nicht nur auf Helfer, nicht einmal auf Berufstätige. Und außer in extremen Situationen hat Burnout stets eine persönliche Reaktionsbereitschaft oder Reaktionsunfähigkeit zur Voraussetzung.

Im Reinen mit dem inneren Kind

Wie müssen Persönlichkeiten beschaffen sein, die gegen Burnout immun sind? Sie müssten wahrscheinlich in allem die aristotelische Mitte finden können zwischen dem »Zuviel« und dem »Zuwenig«. Dazu müssen sie sich (und andere) grundsätzlich »o. k.« finden, wie die Transaktionsanalyse das nennt. Folgt man Schmidbauer (1977, 1983) und Miller (1979), so müsste die beste Burnout-Prophylaxe eine Erziehung, besser: ein Zusammenleben sein, das Kindern das Recht lässt, Kinder zu sein, das alle Impulse als menschlich akzeptiert, ohne notwendig ihr Ausleben zu gestatten. Vor allem Miller freilich ist pessimistisch, dass dergleichen gelingen kann, bringen doch Eltern in die Beziehung zu ihren Kindern die eigenen Vorschädigungen mit. Hier öffnet sich ein weites, wohl allzu weites Feld. Ich kenne aber persönlich ausreichend viele Beispiele, die mich hoffen lassen, dass auch Erwachsene noch umlernen können. Vordringlich bei Ausbrennern dürfte sein, neue (oder verschüttete alte) Quellen von Freude in der Arbeit freizulegen. Es mag die Suche erleichtern, wenn man sich von der Annahme der Transaktionsanalyse (z. B. English, 1982) leiten lässt, dass Freude nur im Zustand des »Kindheits-Ichs« empfunden wird – ein Zustand, den viele »Über-Erwachsene«, vor allem Helfer, bei sich ablehnen.

4.5.7 Autonomie

Ich habe zu Beginn dieses – vorläufigen – Schlusskapitels von den vielfältigen Ursachen und den ebenso vielfältigen Behandlungsmöglichkeiten gesprochen. Tubesing & Tubesing (1982) ist es in einem kurzen Vortrag gelungen, eine Vielzahl solcher Möglichkeiten zusammenzustellen. Auch sie betonen die Notwendigkeit einer gründlichen Bestandsaufnahme, an deren Ende der Patient selber autonom die Entscheidung treffen müsse. In ihren Worten:

»Die Methode der Wahl ist die Wahl der Methode«

> »Die Methode der Wahl ist die Wahl der Methode!«

Wichtig wäre, auch bei uns Zentren zu schaffen, die eine derart breite Palette von Angeboten, von Konfliktberatung über Ernährungsumstellung bis Biofeedback, bereitstellen könnten.

Bis dahin ist es noch ein weiter Weg. Und so sicher Burnout nicht unausweichliches und unabänderliches Schicksal ist, so sicher werden uns Stress und Burnout noch in den nächsten Jahrzehnten beschäftigen.

Anhang

Burnout: Therapie-möglichkeiten für Ausbrenner

Die folgende, nur wenig redigierte Kürzest-Übersicht über einige psychotherapeutische Verfahren entstand auf Anregung einer Tagung von Arbeitsmedizinern im Herbst 1988. Ich habe Basisinformationen über acht »Schulen« zusammengestellt, von denen meiner A-priori-Einschätzung nach etwas für Burnout-Fälle (»Ausbrenner«) zu erwarten ist.

Wer derartige Empfehlungen abgibt, spürt einen gewissen Verantwortungsdruck. Schon um diesen zu mildern, zunächst einige Vorbemerkungen.

Vorbemerkungen

- Verfahren, die hier nicht aufgeführt sind, können für Ausbrenner durchaus geeignet sein. Es herrscht einiger Konsensus in der Zunft, dass die Persönlichkeit des Therapeuten – besser: die »Passung« von Therapeut und Klient – für das Ergebnis ausschlaggebender ist als seine Schulrichtung. Hinzu kommt, dass man außerhalb der Großstädte mit hoher Therapeutendichte ohnehin nicht immer allzuviel Auswahl findet.
- Gut kontrollierte Erfolgsuntersuchungen gibt es nur für manche der aufgeführten Verfahren, andere stehen diesem methodisch tatsächlich sehr diffizilen Unterfangen sehr zurückhaltend gegenüber. Was es ohnehin kaum gibt, sind Forschungen zu der hier gemeinten Zielgruppe der »Ausbrenner«. Schon darum ist meine Auswahl notwendig willkürlich. Auswahlkriterium war eine gewisse intuitive Plausibilität.
- Persönliche Erfahrungen habe ich nur mit einigen Verfahren. Speziell bei den anderen stütze ich mich auf den von Kraiker & Peter herausgegebenen, sehr brauchbaren Psychotherapieführer (2. Auflage 1988, München: Beck). Obwohl selbst nicht Psychotherapeut, habe ich es vorgezogen, meine Wertungen offen auszusprechen, statt im Unverbindlichen zu bleiben.
- In den letzten Jahren hat sich der Drang verstärkt, die Grenzen therapeutischer Schulen zu überwinden und aus einem breiten Methodenarsenal zu schöpfen (»Integrative Therapie«). Nicht wenige Therapeuten kombinieren inzwischen zwei oder mehr therapeutische Ansätze, Anhänger einer »reinen« Lehre werden seltener.
- Wer als Anlaufstelle häufiger in die Lage kommen kann, eine Psychotherapie zu empfehlen, tut wahrscheinlich gut daran, sich einen gewissen Überblick über das lokal verfügbare Angebot zu verschaffen, speziell in kleineren Städten. Ich könnte mir vorstellen, dass niedergelassene Therapeuten u. U. durchaus an einer Einladung interessiert sein könnten, ihre Arbeitsweise einem potentiellen Multiplikator zu erläutern. Adressen findet man im Branchenbuch, evtl. kann auch ein klinischer Psychologe der nächstgelegenen Universität Empfehlungen geben.

Darüber hinaus kann es nicht schaden, vielmehr den eigenen Horizont erweitern, an Seminaren und Workshops teilzunehmen, wie sie z. B. das gemeinnützige Odenwald-Institut (Tromm 25, 69483 Wald-Michelbach, 06207-605-0) oder seine norddeutsche Dependance, das Osterberg-Institut (Am Hang, 24306 Niederkleveez, 04523-9929-0), anbieten.

Indikationskriterien

Wonach kann man nun vorgehen, wenn ein konkreter Fall beraten werden soll? Wo ich Therapeuten persönlich kenne, überlege ich zunächst, mit wem der Klient »können« wird. Beispielsweise würde ich einen älteren, autoritär strukturierten Hauptabteilungsleiter nicht zu einer jungen, selbst unsicheren, Diplom-Psychologin schicken. Wo mir die persönliche Kenntnis fehlt, tauchen in meinen intuitiven Überlegungen mindestens die folgenden Punkte auf:

Dringlichkeit und Motivation

Geht es darum, eine akute Krise zu meistern? Oder ist das Ziel eher, eine Persönlichkeitsstruktur mit narzisstischen Störungen behutsam mit sich selbst und mit der Welt zu versöhnen? Und: Wird im letzteren Fall der Klient die längere Zeitdauer und die teils aufwühlenden Erlebnisse durchstehen? Wenn ja, wäre z. B. an eine neoreichianische Körpertherapie zu denken. Für eine Krisenintervention fiele mir eher die Gesprächstherapie ein, oder aber ein RET- oder TA-Therapeut, von dem u. U. auch einmal eine Beratung zur Lösung aktueller Probleme zu haben ist. Geht es wiederum darum, einem prinzipiell einsichtigen Klienten zu mehr Gelassenheit und Distanz zum Alltag zu verhelfen – ein wichtiges Ziel für viele Burnout-Fälle im »heißen« Stadium – dann werde ich, zumindest flankierend, autogenes Training oder Meditation empfehlen.

Wenn es richtig brennt, kann eine umgehende Einweisung in stationäre Therapie das einzig Richtige sein. Gutes habe ich von folgenden drei bzw. fünf Kliniken gehört:

- Klinik Berus, Orannastr. 55, 6636 Überherrn-Berus, 06836-39-0,
- Habichtswaldklinik, Wiegandstr. 1, 34131 Kassel, 0561-3108-0,
- Oberberg-Kliniken, (1) Oberberg 1, 78132 Hornberg, 07833-792-0 bzw. (2) Brede 29, 32699 Extertal, 05754-87-0 bzw. (3) 15864 Wendisch Rietz, 033679-64100.

Problemschwerpunkt

Manche der Verfahren haben angebbare Zielrichtungen, die dann halt ihr spezifisches »Heimspiel« ausmachen. Diese werde ich unten jeweils zu charakterisieren versuchen. Daraus kann sich eine Indikation ergeben. Wenn z. B. bei einem älteren Klienten das Gefühl der Sinnlosigkeit im Vordergrund steht, eine grundsätzliche Umorientierung (beruflich und/oder privat) aber nicht mehr sehr chancenreich erscheint, dann erschiene mir eine Logotherapie überlegenswert: Die Sinnfrage ist die Domäne gerade dieses Ansatzes.

Spezielle Stärken und Schwächen des Klienten

Unterschiedliche Personen haben unterschiedliche Defizite im rationalen, emotionalen oder verhaltensmäßigen Bereich. Ebenso sprechen verschiedene Therapieformen diese Bereiche unterschiedlich stark an. Klienten mit relativ entwickeltem Gefühlsleben, aber schwachen Fähigkeiten, Klarheit in ihr Leben zu bringen, sind wahrscheinlich mit Transaktionsanalyse oder rational-emotiver Therapie besser bedient als mit Körperverfahren. Unter Ausbrennern dürfte der Gegentypus des Rationalisierers und Analytikers ohne Zugang zu den eigenen Gefühls- und Körperregungen allerdings häufiger sein. Hier empfiehlt sich Gestalt, katathymes Bilderleben, Psychodrama oder Körpertherapie. Wo vordringlich die Sozialbeziehungen verbessert werden müssen, bietet sich irgendeine Gruppentherapie an, z. B. das Psychodrama.

Belastbarkeit vs. »Angst vor der Psyche«

Angst vor allem, was mit »Psycho« anfängt, also die prinzipielle Kontrollierbarkeit des Lebens in Frage stellen könnte, ist weit verbreitet. Wer z. B. als Kaufmann oder Ingenieur an festgefügte Konventionen des Umgangs mit sich selbst und anderen gewöhnt ist, für den sprengen die eigenen Burnout-Symptome schon darum besonders angsterregend den Rahmen einer scheinbaren Normalität. Für einen solchen Klienten mögen die sozusagen »langhaarigen« Methoden der Gestalttherapie oder die Notwendigkeit, sich für eine Körpertherapie auszuziehen, schwer überwindbare Zugangshindernisse darstellen. Er wird das quasi-normale Gesprächssetting der Gesprächstherapie oder Logotherapie als weniger belastend empfinden. Für ihn mag auch z. B. das katathyme Bilderleben glaubwürdiger sein, wenn es von Ärzten praktiziert wird (die dort stärker vertreten sind als in anderen Schulen).

Kurzcharakterisierung verschiedener Therapieverfahren

1. Gesprächspsychotherapie (GT; auch Nondirektive Therapie; Klientenzentrierte Psychotherapie; Rogerianische Psychotherapie)

Die Gesprächstherapie (GT), ab den 40er Jahren von Carl Rogers in USA entwickelt und ab den 60er Jahren von Reinhard Tausch auch in Deutschland popularisiert, ist heute weit verbreitet und insofern nicht nur in großstädtischen Ballungsgebieten vertreten. Sie stellt wohl die geringsten Anforderungen an das Klientel und ist als »erster Versuch« immer empfehlenswert. Da der Klient den Gesprächsverlauf selbst steuert, scheint sie mir besonders geeignet für Menschen, die der Gedanke, einen Therapeuten aufzusuchen, stark ängstigt. Gesprächstherapeuten versuchen, in einer gleichbleibend schützenden Atmosphäre von Offenheit, Wärme und Verständnis die Selbstanalyse des Klienten zu fördern, betreiben also Hilfe zur Selbsthilfe. Ziel ist vor allem, nicht-akzeptierte Wesensteile zutage zu fördern, sie anzunehmen und in die Persönlichkeit integrieren zu lernen. Ausbrenner und Arbeitssüchtige finden oft schwer Zugang zu ihren Gefühlen; schon darum strebt die GT ein für sie wichtiges Ziel an. Dass jeder Klient das Potential zu einer solchen »Nachreifung« besitzt, gehört zu den Glaubenssätzen dieser wie anderer Richtungen der »humanistischen Psychologie«.

Einschränkungen

Bei folgenden Bedingungen würde ich von einer GT eher abraten:

- Differenzierte, lebenserfahrene, intellektuell anspruchsvolle Klienten können sich von der wenig spektakulären Gesprächsführung eines Gesprächstherapeuten, die oft nur in einer umformulierten »Spiegelung« der Klientenäußerung besteht, gelangweilt, unverstanden oder abgestoßen fühlen. Dies insbesondere, wenn sie an einen jungen, wenig ausdrucksstarken oder gar süßlich agierenden Therapeuten geraten.

- Autoritär strukturierte Klienten haben erfahrungsgemäß Schwierigkeiten mit der Nondirektivität des Verfahrens: Ratschläge seitens des Therapeuten sind tabu.

Gebraucherinformationen

Therapeuten, die sich »Gesprächstherapeut (GwG)« nennen, bieten immerhin die Gewähr, sich einer längeren Ausbildung unterzogen zu haben. Üblich sind Therapien von ca. 20-120 Stunden Länge, meist einmal wöchentlich.

2. Logotherapie

Die Logotherapie des Wiener Arztes Viktor E. Frankl rechnet sich ebenfalls zur humanistischen Psychologie. Ihr erklärtes Ziel ist es, den Klienten Antworten auf die fundamentale Sinn-Frage finden zu lassen - die sich Ausbrennern ab einem gewissen Stadium in der Regel stellt. Sie geht dabei nicht »aufdeckend«, sondern sehr stützend vor, was den Bedürfnissen vieler Ausbrenner zweifellos sehr entgegenkommt.

Zur Vorgehensweise lässt sich wenig sagen, weil die Logotherapie es konsequent abgelehnt hat, therapeutische »Techniken« zu entwickeln. Der Therapeut steuert den Verlauf mehr oder weniger intuitiv. - Ich selbst habe keine eigene Anschauung zur Logotherapie.

Einschränkungen

- Mir scheint die Logotherapie besonders angezeigt bei älteren Klienten, die existentiellen Fragen gegenüber eher aufgeschlossen sind. Nicht einleuchten will mir der Ansatz, wo die Lösung handgreiflicher und prinzipiell lösbarer Probleme viel Erleichterung bringen würde.
- Frankl berichtet Fälle hochintelligenter Klienten, die auf dem eigentlich ja philosophischen Feld der Sinn-Frage quasi »geschlagen« werden mussten und wurden. Bei solchen Menschen muss der Therapeut intellektuell das entsprechende Format mitbringen.
- Logotherapie ist rar.

3. Rational-emotive Therapie (RET)

Eine andere »Disputations«-Therapie ist die von dem Amerikaner Albert Ellis entwickelte RET (ähnlich: Kognitive Verhaltenstherapie; KVT). Ihre Grundüberlegung ist, dass äußere oder innere Ereignisse i. Allg. nicht direkt zu emotionalen oder Verhaltensreaktionen führen, sondern über eine Bewertungsinstanz vermittelt werden. Die Erfahrung einer Abweisung oder Kritik beispielsweise führt nur dann zu einem anhaltenden Gefühl der Niedergeschlagenheit, wenn im eigenen »Glaubenssystem« der Satz verankert ist, dass Abweisung oder Kritik nie erlebt werden dürfen, ihr Vorkommen also in jedem Fall eine schwere Kränkung darstellt, die Niedergeschlagenheit auslösen muss.

RET- und KVT-Therapeuten sind sehr findig darin, die meist unausgesprochen im Kopf des Klienten gespeicherten Glaubenssätze oder »Mythen« aufzuspüren und in Frage zu stellen. Die Burnout-Literatur andererseits enthält zahlreiche Analysen von speziellen Mythen, die bei Ausbrennern gehäuft auftreten - Beispiel: »Ich muss alles, was ich tue, perfekt tun, um nicht wertlos zu sein«. Insbesondere bei »aktiven« Formen von Burnout, die an ihren unrealistischen Ansprüchen und Weltvorstellungen zu scheitern drohen, kann die RET bzw. KVT demnach den Kern des Problems angehen.

Einschränkungen

- Sehr reflektierten Klienten ist mit einer Überprüfung ihrer Glaubenssätze und Wertmaßstäbe u. U. nicht weit geholfen. RET bzw. KVT hilft dann aber bei der Umsetzung schon vorhandener Einsichten, u. U. unter Einsatz verhaltenstherapeutischer Techniken. Überhaupt macht diese Schule sehr flexibel Gebrauch von allerlei selbstentwickelten oder anderswo entlehnten Methoden.
- RET-Therapeuten sind einstweilen relativ dünn gesät.

4. Transaktionsanalyse (TA)

Die Analyse von dysfunktionalen Lebensprogrammen, hier »Skripts« genannt, betreibt auch die TA des amerikanischen Psychiaters Eric Berne. Die Theorie der TA setzt sich aus einigen nicht besonders eng miteinander verbundenen Hauptteilen und einer inzwischen kaum noch übersehbaren Fülle von Spezialentwicklungen zusammen. Am bekanntesten ist die Analyse von Kommunikationsverläufen zwischen Partnern (die sich aber auch auf Selbstkommunikation erstrecken kann), die Positionsanalyse (»Ich bin o.k., Du bist o.k.« – oder eben nicht), die Spielanalyse (»Spiele der Erwachsenen«) und eben die Skriptanalyse. An eigenständigem Methodenrepertoire besitzt die TA fast nichts außer der »Kontraktverhandlung«: Klient und Therapeut einigen sich in einem u. U. längeren Prozess auf die Therapieziele und ihre beiderseitigen Zuständigkeiten für das Erreichen derselben. Dieser Prozess, in dem der Therapeut offen und gleichberechtigt auftritt, stärkt den Willen des Klienten, Verantwortung für sein Leben zu übernehmen. Stärker als in der RET wird das »Durcharbeiten« früher Erlebnisse und der sie begleitenden Gefühle gefördert; viele TA-Therapeuten verfügen dazu über Methoden aus anderen Therapierichtungen, hauptsächlich der Gestalttherapie.

Da viele der Burnout-typischen Grundprobleme – etwa die Selbstabwertung, die gestörten Sozialkontakte, die unrealistische Anspruchssetzung, die Erschöpfung – in der TA Antworten finden, halte ich TA bei Ausbrennern für aussichtsreich. Günstig ist auch, dass die theoretischen Einsichten in leicht verständlichen alltagssprachlichen Wendungen vermittelt werden können. Viel davon ist ohnehin in populären Darstellungen verbreitet.

5. Gestalttherapie

Insbesondere bei chronifizierten Formen von Burnout findet sich oft ritualisiertes Verhalten ohne Spontaneität, Emotionsunterdrückung, Vermeidung von Erfahrungen mit sich und anderen. Dem setzt die Gestalttherapie ein radikales Gegenprogramm entgegen: Erfahrung im Hier-und-Jetzt ist alles, Experimente mit dem eigenen Verhalten und seinen emotionalen Folgen finden ständig statt. Festgefahrene innere Konflikte (»Anreizfallen«) werden durch abwechselndes Verstärken der beteiligten Impulse zur Lösung gebracht. Hochrangiges Ziel ist Selbstverantwortung für das eigene Leben, was Selbstakzeptierung voraussetzt.

Das Methodenrepertoire ist vielfältig und wird ständig variiert und erweitert. Angestrebt werden nicht so sehr Einsichten (diese ergeben sich sekundär oft von selbst), sondern handgreifliche Erfahrungen mit gespielten oder imaginierten Verhaltensweisen.

Gestalttherapie ist relativ weit verbreitet. Sie wird auch in Gruppen durchgeführt.

Einschränkungen

- Die Notwendigkeit, sich ziemlich unvermittelt recht aufwühlenden Erlebnissen zu stellen, ohne in den Schutz gewohnter Rollen flüchten zu können, erfordert beim Klienten wahrscheinlich eine höhere Motivation, als es weniger konfrontative Therapien tun.
- Die Gestalttherapie ist nicht nur eine Therapieform, sondern sie liefert auch eine existentialistische Lebensphilosophie, die keine allgemeinverbindlichen Normen gelten lässt. Ältere Klienten, deren konventionelles Wertemuster noch relativ intakt ist, dürften damit ihre Schwierigkeiten haben.
- Speziell in Gestalt-Gruppen herrscht gelegentlich die Jargonfreudigkeit, die für Frischbekehrte stets charakteristisch ist. Gewisse klischeehafte Kommunikationsstile mögen auf Außenstehende abschreckend wirken, lassen sich jedenfalls schlecht integrieren, wenn jemand an seinem gewohnten Arbeitsplatz verbleiben will.

6. Psychodrama

Gut kombinieren mit der Gestalttherapie lässt sich das von dem Wiener Arzt Moreno Anfang des 20. Jahrhunderts entwickelte Psychodrama. Schon weil es grundsätzlich nur in Gruppen durchgeführt wird, dürfte es sich für in ihrer Spontaneität gehemmte, oft eher zurückgezogene Ausbrenner besonders eignen.

Aus vom Leiter angeregten Stehgreif-Rollenspielen ergeben sich nicht selten Rekonstruktionen biographisch relevanter Szenen eines Protagonisten. Im Verlauf derartiger Szenen, in die meist ein Teil der Gruppe in verschiedenen Rollen einbezogen wird, gerät der Protagonist in Kontakt mit oft bewegenden Gefühlsregungen, die kathartisch abreagiert werden können. Wo sich das anbietet, können alternative Bewältigungsformen vorwegnehmend ausprobiert werden, die dann zu u. U. korrigierenden Erfahrungen verhelfen. Eine anschließende Analysephase, die auch die Identifikationserlebnisse der Gruppenmitglieder einbezieht, fördert kognitive Einsichten.

Einschränkungen

- Da Psychodrama eine (geeignete) Gruppe voraussetzt, lässt sich eine Therapie oft nicht kurzfristig, als Krisenintervention, einleiten.
- Aus demselben Grund sind Therapie- (nicht Ausbildungs)gruppen häufiger in stationären Einrichtungen oder Beratungsstellen zu finden als in therapeutischen Einzelpraxen.
- Wegen der zu erwartenden längeren Zeitachse würde ich zu Psychodrama in erster Linie als Fortführung einer Einzeltherapie raten.

7. Katathymes Bilderleben (KB)

Imaginationsverfahren haben ihren Platz in den verschiedenartigsten Therapieformen. Ausschließlich diesen Weg beschreitet das katathyme Bilderleben des Göttinger Psychoanalytikers Hanscarl Leuner. Der Klient wird in einen leichten Entspannungszustand versetzt und aufgefordert, sich bestimmte Motive (z. B. eine Wiese, einen Bach, ein Haus) vorzustellen. Die sich spontan entwickelnden Szenen werden vom Klienten selbständig fortgesponnen, wobei der Therapeut allenfalls behutsam steuert. Oft lassen sich darin symbolisierte Figuren aus dem Leben des Klienten finden, wenn sie nicht direkt als Personen auftreten. Typische Konfliktlagen lassen sich auf diesem indirekten Weg gut erhellen und mitunter auflösen. Schon aus diesem Grund erscheint mir das katathyme Bilderleben, das übrigens typischerweise als Kurztherapie angesetzt wird, gerade für Ausbrenner vielversprechend .

Die Wirksamkeit des KB ist relativ gut dokumentiert. Was dabei das eigentliche therapeutische Agens ist, kann offen bleiben.

8 Körpertherapien

Den drei Aspekten Denken, Fühlen und Handeln, denen auch andere Therapien ihre Aufmerksamkeit schenken, fügen die Körpertherapien – insbesondere die Neo-Reichianische Körperarbeit und die Bioenergetik – die direkte Arbeit an Muskeln und Gelenken, Haltung und Atmung hinzu. Gut nachvollziehbar in den zugrundeliegenden Theorien ist der Gedanke, dass bestimmte Emotionen – z. B. Angst – durch Verspannungen in bestimmten Körperregionen – z. B. dem Zwerchfell oder den Schultern – abgewehrt, aber dadurch auch »festgehalten« werden können. Ein solcher »Charakterpanzer« (Reich) ist bei Burnout-Fällen fortgeschrittenen Grades immer zu vermuten; seine Auflösung kann, wo sie gelingt, befreiend für das gesamte Leben wirken. Andere Theorievorstellungen, etwa die von einem pulsierenden Energiestrom im Körper, der durch Blockaden unterbrochen werden kann, wirken auf den ersten Blick schon esoterischer – müssen freilich auch nicht übernommen werden. Das therapeutische Repertoire besteht in erster Linie aus Atem-, Streck-, Beuge- und Massagetechniken.

Obwohl gelegentlich von kurzfristigen Therapieerfolgen berichtet wird, dürfte eine Körpertherapie, speziell bei älteren Klienten, ein bis mehrere Jahre dauern.

Einschränkungen

- Sich den oft schmerzhaften und erschütternden Gefühlserlebnissen über längere Zeit zu stellen, die eine Körpertherapie mit sich bringt, setzt zweifellos eine hohe Motivation voraus. Wo diese vorliegt, ist Körpertherapie aber auch eine Chance zu tiefer Umstrukturierung der Lebens- und Erlebensweise.
- Gelingt es, die beengenden – aber eben auch schützenden – Verkrampfungen zu lockern, dann gilt es, neue, flexiblere Schutzformen gegenüber Bedrohungen zu entwickeln. Soll ein Klient an einem fordernden Arbeitsplatz verbleiben, kann diese Integrationsaufgabe schwierig sein.
- Andererseits ist der Zugang über den Körper der direkteste, er lässt verbale Ausweichmanöver nicht zu.

Schlussbemerkung

Selbst die gründlichsten Überlegungen garantieren nicht, dass ein Klient zu einem Therapeuten kommt, bei dem er bleiben mag und der ihm weiterhilft. Es ist ratsam, sich selbst und dem Ratsuchenden klarzumachen, dass man eine Therapie nach einigen oder der ersten Sitzung auch abbrechen kann. Wer sich auf die Suche macht, sollte nicht fest damit rechnen, dass es gleich beim ersten Mal glückt.

Literatur

Abramson, L.Y., Seligman, M.E.P. & Teasdale, J.D. (1978). Learned helplessness in humans: Critique and reformulation. Journal of Abnormal Psychology, 87, 49–74.

Adam, H. (1981). Zur Psycho-Hygiene des Lehrerdaseins. Oder: Überlegungen zum "Burnout-Syndrom". Korrespondenzblatt Evangelischer Schulen und Heime, 22, 1–5.

Adams, J.D. (1979). Guidelines for stress management and life style changes. The Personnel Administrator, 24, 35–44.

Adams, J.S. (1965). Inequity in social exchange. In: L. Berkowitz (Ed.), Advances in Experimental Social Psychology, Vol. 2, 267–299. New York: Academic Press.

Ahrendt, H. (196o). Vita Activa oder Vom tätigen Leben. Stuttgart: Kohlhammer.

Aiken, M. & Hage, J. (1960). Organizational alienation: A comparative analysis. American Sociological Review, 31, 497–507.

Alexander, C.J. (198o). Counteracting burnout. AORN Journal, 32, 597–604 (a. in McConnell, 1982).

Alexander, F & Flagg, G.W. (1965). The psychosomatic approach. In: B.B. Wolman (Ed.), Handbook of Clinical Psychology. New York: McGraw-Hill.

Alexander, R.J. (1980). „Burning out" versus „punching out". Journal of Human Stress, 6, 37–41.

Allen, C. & Mendel, WM. (1982). Chronic illness and staff burnout: Revised expectation for change in the supportive-care model. International Journal of Partial Hospitalization, 1, 191–201.

Alloy, L.B., Peterson, C., Abramson, L.Y & Seligman, M.E.P. (1984). Attributional style and the generality of learned helplessness. Journal of Personality and Social Psychology, 46, 681–687.

Amelang, M. & Schmidt-Rathjens, C. (2003). Persönlichkeit, Krebs und koronare Herzerkrankungen. Psychologische Rundschau, 54, 12–23.

Amelang, M., Hasselbach, P. & Stürmer, T. (2004). Personality, cardiovascular disease, and cancer: First results from the Heidelberg Cohort Study of the Elderly. Zeitschrift für Gesundheitspsychologie, 12, 102–115.

Amstutz, M.C., Neuenschwander, M. & Modestin, J. (2001). Burnout bei psychiatrisch tätigen Ärztinnen und Ärzten. Psychiatrische Praxis, 28, 163–167.

Amundson, N.E. & Borgen, W.A. (1982). The dynamics of unemployment: Job loss and job search. Personnel and Guidance Journal, 6o, 562–564.

Anderson, E.S. (1983). Burnout in secretarial workers: Personality and demographic correlates. Dissertation Abstracts International, 45, (2), 655-B.

Anderson, M.G. (1980). A study of the differences among perceived need deficiencies, perceived burnout, and select background variables for classroom teachers. Unpubl. Diss., U. Connecticut. Dissertation Abstracts International 1981, 41/10, 4218-A.

Anstötz, C. (1987). Wie "ausgebrannt" sind Geistigbehindertenpädagogen wirklich? Eine empirische Studie zum Thema Burnout. Behindertenpädagogik, 26, 49–58.

Armstrong, K.L. (1979). How to avoid burnout: A study of the relationship between burnout and worker, organizational and management characteristics in eleven child abuse and neglect projects. Child Abuse and Neglect, 3, 145–149.

Aronson, E., Pines, A.M. & Kafry, D. (1983). Ausgebrannt. Vom Überdruß zur Selbstentfaltung. Stuttgart: Klett-Cotta.

Azuma, H. (1984). Secondary control as a heterogeneous category. American Psychologist, 39, 970–971.

Balk, U. (1989). "Ausgebranntheit" der Pflegekräfte in der Altenhilfe. Theorie und Praxis der sozialen Arbeit, 40, 69–73.

Bandura, A. (1977).Self-efficacy: Toward a unifying theory of behavioral change. Psychological Review, 84, 191–215.

Bandura, A. (1979). Aggression. Eine sozial-lerntheoretische Analyse. Stuttgart: Klett-Cotta (Original 1973).

Bardo, P. (1979). The pain of teacher burnout: A case history. Phi Delta Kappan, 61, 252–254.

Barker,D. (198o). TA and Training. Westmead, Hants.: Gower.

Barker, R., Dembo, T. & Lewin, K. (1941). Frustration and regression: an experiment with young children. U. Iowa Studies in Child Welfare, 18, No. 1.

Baron, A. & Cohen, R.B. (1982). Helping telephone counselors cope with burnout: A consciousness-raising workshop. Personnel and Guidance Journal, 60, 508–510.

Barth, A.R. (1985). Das MBI-D: Erste Untersuchungen mit einer deutschen Übersetzung des "Maslach Burnout Inventory" bei klientenzentrierten Gesprächstherapeuten und Hochschulehrern. Unveröff. Diplomarbeit: Universität Erlangen-Nürnberg, FB Erziehungs- und Kulturwissenschaften.

Bartley III, W.W. (1983). Wittgenstein, ein Leben. München: Matthes & Seitz.

Bassett, H. & Lloyd, C. (2001). Occupational therapy in mental health: Managing stress and burnout. British Journal of Occupational Therapy, 64, 406–411.

Bateman, T.S. & Strasser, S. (1983). A cross-lagged regression test of the relationships between job tension and employee satisfaction. Journal of Applied Psychology, 68,439–445.

Bates, E. (1982). Doctors and their spouses speak: Stress in medical practice. Sociology of Health and Illness, 4, 25–39.

Battmann, W. (1984). Regulation und Fehlregulation im Verhalten. IX: Belastung und Entlastung durch Planung. Psychologische Beiträge, 26, 672–691.

Bäuerle, D. (1969). Supervision in der Sozialpädagogik und Sozialarbeit. Neues Beginnen, 1969, 21 ff.

Beaver, R.C., Sharp, E.S. & Cotsonis, G.A. (1986). Burnout experienced by nurse-midwives. Journal of Nurse-Midwifery, 31, 3–15.

Becker, G.E. & Gonschorek, G. (1989). Kultusminister schicken 55000 Lehrer vorzeitig in Pension. Konsequenzen aus dem Heidelberger Burnout-Test (BOT). Pädagogik, 41, (6), 16–23.

Beech, H.R. (1969). Changing Man's Behaviour. London: Pelican.

Beehr, T.A. & Newman, J.E.`(1978). Job stress, employees' health, and organizational effectiveness: A facet analysis, model and literature review. Personnel Psychology, 31, 655–699.

Beemsterboer, J. & Baum, B.H. (1984). „Burnout": Definitions and health care management. Social Work in Health Care, 10, 97–109.

Behringer, H.G. (2005). Ausgebrannt? München: Kösel.

Belcastro, PA. (1982). Burnqut and its relationship to teachers' somatic complaints and illnesses. Psychological Reports, 50, 1045–1046.

Belcastro, P.A. & Hays, L.C. (1984). Ergophilia... ergophobia... ergo... burnout? Professional Psychology, 15, 260–270.

Benbow, S.M. (1998). Burnout: Current knowledge and relevance to old age psychiatry. International Journal of Geriatric Psychiatry, 13, 520–526.

Benson, J.S. & Kennelly, K.J. (1976).Learned helplessness: The result of uncontrollable reinforcements or uncontrollable aversive stimuli? Journal of Personality and Social Psychology, 34, 138–145.

Berne, E. (1964). Games People Play. New York: Grove Press. (Dt.: Spiele der Erwachsenen. Reinbek: Rowohlt, 1970.)

Beutel, M. & Prystav, G. (1984). Auswirkungen des Selbstwertgefühls auf Kausalattributionen und emotionale Reaktionen in vorgestellten Erfolgs- und Mißerfolgssituationen. Zeitschrift für Klinische Psychologie, Psychopathologie und Psychotherapie, 32, 146–158.

Blase, J.J. (1982). A social-psychological grounded theory of teacher stress and burnout. Educational Administration Quarterly, 18, 93–113.

Bloch, A. (1978). Combat neurosis in inner-city schools. American Journal of Psychiatry, 135, 1189–1192.

Bochnik, H.J. (1961). Faktoren nichtpsychotischer Erschöpfungs- und Versagenszustände. Forum der Psychiatrie, 11, 35–63.

Böckler, M. (1984). Burnout-Syndrom 1: Vom schleichenden Schwund der Kräfte. Management Wissen, 8, 15–18.

Bode, K. (1988). Burnout bei Hamburger Krankenschwestern. Unveröff. Diplomarbeit, FB Psychologie, Universität Hamburg.

Bodin, M. (2000). Ausgebrant...: über den "Burnout" im Journalismus. Wiesbaden: Westdeutscher Verlag.

Boice, R. (1986). Faculty development via field programs for middle-aged, disillusioned faculty. Research in Higher Education. 25, 115–135.

Bowers, K.S. (1973). Situationism in psychology: An analysis and a critique. Psychological Review, 8o, 307–336.

Boy, A.V & Pine, G.J. (198o). Avoiding counselor burnout through role renewal. Personnel and Guidance Journal, 59, 161–163.

Boyadijan, C. (198o). Die Nacht der Maschinen. Frankfurt/M.: Verlag Neue Kritik.

Brady, J.V. (1958). Ulcers in „executive" monkeys. Scientific American, 199, 95–100.

Bramhall, M. & Ezell, S. (1981). How burned out are you? Public Welfare, 39, 23–27.

Brandstätter, V. (1998). Von der Schwierigkeit, Ziele aufzugeben: Wenn sich das Streben nach Erfreulichem in Vermeidung von Unerfreulichem verkehrt. In: O.L. Braun (Hg.), Ziele und Wille in der Psychologie:Beiträge aus Forschung und Praxis, S. 51–68. Landau: Verlag Empirische Pädagogik.

Bräutigam, W. (1969). Reaktionen, Neurosen, Psychopathien. München: dtv.

Brehm, J.W. (1966). A Theory of Psychological Reactance. New York: Academic Press.

Brehm, J.W. (1972). Responses to Loss of Freedom: A Theory of Psychological Reactance. Morristown, NJ: General Learning Press.

Brill, P.L. (1984). The need for an operational definition of burnout. Family and Community Health, 6 (4), 12–24.

Brodsky, C.M. (1982). Work stress in correctional institutions. Journal of Prison and Jail Health, 2, 74–102.

Bronsberg, B. & Vestlund, N. (1988). Ausgebrannt. Die egoistische Aufopferung. München: Heyne.

Bruggemann, A., Groskurth, P. & Ulich, E. (1975). Arbeitszufriedenheit. Bern: Huber.

Bruhn, J.G. & Philips, B.U. (1984). Measuring social support: A synthesis of current approaches. Journal of Behavioral Medicine, 7, 151–169.

Buchka, M. & Hackenberg, J. (1987). Das Burn-out-Syndrom bei Mitarbeitern in der Behindertenhilfe. Dortmund: Verlag modernes lernen.

Bulka, R.P. (1984). Logotherapy as an answer to burnout. International Forum for Logotherapy, 7, 8–17.

Burchard, J.M. (1973). Hypothesen und einige Belege über die Ursachen der monopolaren endogenen Depressionen. Therapiewoche, 23, 4340–4348.

Barger, J.M. (1984). Desire for control, locus of control, and proneness to depression. Journal of Personality, 52, 71–89.

Burisch, M. (1977). Problems in the amplification of Vox Populi. Some thoughts an a discussion concerning consumer (dis)satisfaction. Journal of Consumer Policy, 1, 293–296.

Burisch, M. (1984a). Approaches to personality inventory construction: A comparison of merits. American Psychologist, 39, 214–227.

Burisch, M. (1984b). You don't always get what you pay for: Measuring depression with short and simple versus long and sophisticated scales. Journal of Research in Personality, 18, 81–98.

Burisch, M. (1984c). The Maslach Burnout Inventory and the Tedium Measure: Reliability and Validity in a German Sample. (Unveröff. Ms.)

Burisch, M. (1985). Der leere Lehrer. Hamburger Lehrerzeitung, 37,(1), 8–11.

Burisch, M. (1986). Wohnen - eine elementare menschliche Notwendigkeit. In: Hamburger Spastikerverein (Hg.), Was heißt hier Wohnen?. Tagungsbericht Hamburg, 26.-30.4.1985.

Burisch, M. (1987). Das Burnout-Syndrom: Was es ist, woher es kommt und was man dagegen tun kann. Deutsche Krankenpflege-Zeitschrift, 40, (1o), Beilage, 1–6.

Burisch, M. (1993). In search of theory: Some ruminations on the nature and etiology of burnout. In: W.B. Schaufeli, C. Maslach, & T. Marek (Eds.), Professional Burnout: Recent Developments in Theory and Research. Washington, D.C.: Taylor & Francis.

Burisch, M. (1994). Ausgebrannt, verschlissen, durchgerostet. Psychologie heute (September 94), 23–26.

Burisch, M. (2002). A longitudinal study of burnout: the relative importance of dispositions and experiences. Work & Stress, 16, 1–17.

Burisch, M. (2003). Burnout and its antecedents: A process typing approach. Unveröff. Manuskr.

Burisch, M. & Rhenius, D. (1984). Statistical manoeuvres in the Dark. European Archives of Psychiatry and Neurological Sciences, 234, 86–88.

Burkart, T. (198o). Erklärungsansätze für suizidales Handeln. Unveröff. Diplomarbeit, Fachbereich Psychologie der Universität Hamburg.

Burke, M.J., Brief, A.P. & George. J.M. (1993). The role of negative affectivity in understanding relations between self-reports of stressors and strains: A comment on the applied psychology literature. Journal of Applied Psychology, 78, 402–412.

Burke, R.J. (1982). Occupational demands on administrators and spouse's satisfaction and well-being. Psychological Reports, 51, 823–836.

Burke, R.J. & Greenglass, E.R. (1989). The client's role in psychological burnout in teachers and administrators. Psychological Reports, 64, 1299–1306.

Burke, R.J., Shearer, j. & Deszca, E. (1984). Correlates of burnout phases among police officers. Group and Organization Studies, 9, 451–466.

Burnett-Beaulieu, S. (1982). Occupational therapy profession dropouts: Escape from the grief process. Occupational Therapy in Mental Health, 2, 45–55.

Burnstein, E. & Worchel, P (1962). Arbitrariness of frustration and its consequences for aggression in a social situation. Journal of Personality, 30, 528–541.

Buskamp, F.-J. (2004). Mentale Börsenkompetenz. München: FinanzBuch Verlag.

Büssing, A. & Perrar, K.-M. (1988). Burnout - ein neues Phänomen der psychosozialen Arbeitswelt? Ein Über- und Ausblick. In: W. Schönpflug (Hg.), Bericht über den 36. Kongreß der DGfPs, Band 2. Göttingen: Hogrefe.

Büssing, A & Perrar, K.-M. (1992). Die Messung von Burnout. Diagnostica, 38, 328–353.

Buunk, B.P. & Schaufeli, W.B. (1993). Burnout: A perspective from social comparison theory. In: W.B. Schaufeli, C. Maslach, & T. Marek (Eds.), Professional Burnout: Recent Developments in Theory and Research. Washington, D.C.: Taylor & Francis.

Caccese, T.M. & Mayerberg, C.K. (1984). Gender differences in perceived burnout of college coaches. Journal of Sport Psychology, 6, 279–288.

Capel, S.A. (1986). Psychological and organizational factors related to burnout in athletic trainers. Research Quarterly for Exercise and Sport, 57, 321–328.

Capel, S.A., Sisley, B.L. & Desertrain, G.S. (1987). The relationship of role conflict and role ambiguity to burnout in high school basketball coaches. Journal of Sport Psychology, 9, 106–117.

Cardinell, C.F. (1981). Burnout? Mid-life crisis? Let's understand ourselves. Contemporary Education, 52, 103–108.

Carroll, J.F.X. (198o). Staff burnout as a form of ecological dysfunction. Contemporary Drug Problems, 8, 207–225.

Carroll, J.F.X. & White, W.L. (1982) Theory building: Integrating individual and environmental factors within an ecological framework. In: W.S. Paine (Ed.), Job Stress and Burnout. Beverly Hills: Sage.

Cherniss, C. (1980a). Professional Burnout in Human Service Organizations. New York: Praeger.

Cherniss, C. (1980b). Staff Burnout. Job Stress in the Human Service. Beverly Hills: Sage.

Cherniss, C. (1980c). „Job burnout": Growing worry for workers, bosses. U.S. News & World Report, 88, 71–72.

Cherniss, C. (1982). Cultural trends: Political, economic, and historical roots of the Problem. In: W.S. Paine (Ed.), Job Stress and Burnout. Beverly Hills: Sage.

Cherniss, C. (1993). Role of professional self-efficacy in the etiology and amelioration of burnout. In: W.B. Schaufeli, C. Maslach & T. Marek (eds.), Professional Burnout. Washington, D.C.: Taylor & Francis.

Cherniss, C. (1995). Beyond Burnout. Helping Teachers, Nurses, Therapists, and Lawyers Recover from Stress and Disillusionment. New York: Routledge. (Dt.: Jenseits von Burnout und Praxisschock. Weinheim: Beltz (1999).

Chester, R.M. (1983). Stress on missionary families living in „other culture" situations. Journal of Psychology and Christianity, 2, (4), 30–37.

Christensen, J. (1981). Burning and burnout. English Journal, 70, 13–16.

Clark, C.C. (1980). Burnout: Assessment and intervention. Journal of Nursing Administration, 9, 39–43.

Cleve, J. (1979). Combating occupational burn-out in the helping professions. (Mscr.)

Cobb, S. (1974). Physiological changes in men whose jobs were abolished. Journal of Psychosomatic Research, 18, 145–258.

Cobb, S. (1978). Rollenbezogene Verantwortung: Die Differenzierung eines Konzepts. In: M. Frese, S. Greif & N. Semmer (Hg.), Industrielle Psychopathologie. Bern: Huber.

Conrady, K.O. (1981). Goethe. Leben und Werk. Frankfurt/M.: Athenäum.

Consolvo, C.A. (1979). Nurse turnover in the newborn intensive care unit. Journal of General Nursing, 8, 201–204 (Abdruck in McConnell, 1982).

Cook, J.E. & Leffingwell, R.J. (1982). Stresses and remediation techniques for special educators. Exceptional Children, 49, 54–59.

Cooke, R.A. & Rousseau, D.M. (1983). Relationship of life events and personal orientations to symptoms of strain. Journal of Applied Psychology, 68, 446–458.

Cooper, A.M. (1986). Some limitations on therapeutic effectiveness: The "burnout syndrome" in psychoanalysts. Psychoanalytic Review, 55, 576–598.

Cooper, C.L. & Davidson, M.J. (1982). The high cost of stress on women managers. Organizational Dynamics, 10, 44–53.

Cooper, C.L. & Marshall, J. (1978). Occupational sources of stress: a review of the literature relating to coronary heart disease and mental ill health. Journal of Occupational Psychology, 49, 11–28.

Cox, W.M. & Klinger, E. (1987). Research on the personality correlates of alcohol use: Its impact on personality and motivational theory. Drugs and Society: Drug Use and Psychological Theory, 1, 61–83.

Cox, W.M. & Klinger, E. (1988). A motivational model of alcohol use. Journal of Abnormal Psychology, 97, 168–180.

Craig, T.K.J. & Brown, G.W. (1984). Goal frustration and life events in the aetiology of painful gastrointestinal disorder. Journal of Psychosomatic Research, 28, 411–421.

Cranach, M.v., Kalbermatten, U., Indermühle, K. & Gugler, B. (1980). Zielgerichtetes Handeln. Bern: Huber.

Csikszentmihalyi, M. (1975). Beyond boredom and anxiety: The experience of play in work and games. San Francisco: Jossey-Bass. (Dt.: Das flow-Erlebnis. Stuttgart: Klett-Cotta, 1985.)

Cummings, O.W. & Nall, R.L. (1982). Counselor burnout and school leadership style: A connection. School Counselor, 29, 190–195.

Cummings, O.W. & Nall, R.L. (1983). Relationships of leadership style and burnout to counselors' perceptions of their jobs, themselves, and their clients. Counselor Education and Supervision, 22, 117–234.

Cunningham, W.G. (1983). Teacher burnout - solution for the 1980s: A review of the literature. Urban Review, 15, 37–51.

Daley, M.R. (1979). Preventing worker burnout in child welfare. Child Welfare, 58,443–450.

Daniel, S. & Rogers, M.L. (1981). Burn-out and the pastorate: A critical review with implications for pastors. Journal of Psychology and Theology, 9, 232–249.

Dalton, S.O., Mellemkjaer, L., Olsen, J.H. Mortensen, P.B. & Johansen, C. (2002). Depression and cancer risk: a register-based study of patients hospitalized with affective disorders, Denmark, 1969–1993. American Journal of Epidemiology, 155, 1088–1095.

De Raeve, L. (1997). Positive thinking and moral oppression in cancer care. European Journal of Cancer Care, 6, 249–256.

Deci, E.L. (1980). The Psychology of Self-Determination. Lexington, Mass.: D.C. Heath.

Deci, E.L. & Ryan, R.M. (1987). The support of autonomy and the control of behavior. Journal of Personality and Social Psychology, 53, 1024–1037.

Dekker, S.W.A. & Schaufeli, W.B. (1995). The effects of job insecurity on psychological health and withdrawal: A longitudinal study. Australian Psychologist, 30, 57–63.

Demerouti, E. (1999). Burnout. Eine Folge konkreter Arbeitsbedingungen bei Dienstleistungs- und Produktionstätigkeiten. Frankfurt/M.: Lang.

Denollet, J. & van Heck, G. (2001). Psychological risk factors in heart disease: What type D personality is (not) about. Journal of Psychosomatic Disease, 51, 465–468.

Dews, C.B. & Williams, M.S. (1989). Student musicians' personality styles, stresses, and coping patterns. Psychology of Music, 17, 37–47.

Diener, E. (1984). Subjective well-being. Psychological Bulletin, 95, 542–575.

Diener, E., Oishi, S., & Lucas, R.E. (2003). Personality, culture, and subjective well-being. Annual Review of Psychology, 54, 403–425.

Dilling, H., Mombour, W. & Schmidt, M. H. (1993). Internationale Klassifikation psychischer Störungen. Bern: Huber.

Dinslage, A. (1983). Rollengenie oder Erwartungsopfer? Gruppendynamik, 14,173–183.

Domenighetti, G., Quaglia, J., Fahrlaender, A., Tomamichel, M. & Kiener, A. (2004). Health effects of stress and insecurity among employees in the banking sector. Cahiers de Recherches Économiques, No. 4.14, Université de Lausanne.

Dohrenwend, B.S., Dohrenwend, B.P, Dodson, M. & Shrout, RE. (1984). Symptoms, hassles, social supports, and life events: Problem of confounded measures. Journal of Abnormal Psychology, 93, 222–230.

Dollard, J., Doob, L.W., Miller, N.E., Mowrer, O.H., Sears, R.R., Ford, C.S., Hovland, C.I. & Sollenberger, R.T. (1939). Frustration and Aggression. New Haven: Yale University Press.

Dörner, D. (1982). Kognitive Prozesse und die Organisation des Handelns. In: W. Hacker, W. Volpert & M. v. Cranach (Hg.), Kognitive und motivationale Aspekte der Handlung. Bern: Huber.

Dörner, D. (1984). Denken, Problemlösen und Intelligenz. Psychologische Rundschau, 35,10–20.

Dörner, D., Reither, F. & Stäudel, T. (1983). Emotion und problemlösendes Denken. In: H. Mandel & G.L. Huber (Hg.), Emotion und Kognition. München: Urban & Schwarzenberg.

Dorrhauer, C. (1993). Nach Dioxinexposition auftretende Phänomene unter dem Blickwinkel einer Strukturanalytischen Erkenntnistheorie. Frankfurt/M.: Lang.

Dubrin, A.J., Fowler, J., Hoiberg, L., Mathiott, J.E., Morrison, F, Paulus, PC., Prince, E., Stein, S. & Youngs, B.B. (1979). Teacher burnout: How to cope when your world goes black. Instructor, 1, 56–62.

Duhr, S. (1985). "Burnout" auf der Intensivstation, Teil 1 & 2. Die Schwester/Der Pfleger, 24, 809–812, 965–970.

Dunlap, J.E. & Steward, J.D. (1983). Keeping the Fire Alive: Burnout Prevention for Dental Auxiliaries. Tulsa, Oklahoma: PennWell Books.

Durkheim, E. (1897). Le Suicide. Etude de Sociologie. (Dt.: Der Selbstmord. Neuwied: Luchterhand, 1973.)

Earls, N.F (1981). How teachers avoid burnout. Journal of Physical Education, Recreation and Dance, 52, 41–43.

Ebbinghaus, M. (1996). Erfassung von Burnout. Unveröff. Diplomarbeit, Universität Oldenburg: Arbeits- und Organisationspsychologie.

Eckenrode, J. (1984). Impact of chronic and acute stressors an daily reports of mood. Journal of Personality and Social Psychology, 46, 907–918.

Edelwich, j. & Brodsky, A. (1980). Burn-Out. Stages of Disillusionment in the Helping Professions. New York: Human Sciences Press. (Dt.: Ausgebrannt – Das Burn-Out-Syndrom in den Sozialberufen. Salzburg: AVM-Verlag. 1984.)

Edelwich, j. & Brodsky, A. (1982.). Training guidelines: Linking the workshop experience to needs on and off the job. In: J.W. Jones (Ed.), The Burnout Syndrome. Park Ridge, Ill.: London House Press.

Eden, D. (1982). Critical job events, acutettress, and strain: A multiple interrupted time series. Organizational Behavior and Human Performance, 30, 312–329.

Eden, D., Shirom, A., Kellermann, J.J., Aronson, j. & French, J.R.P. (1977). Stress, anxiety, and coronary risk in a supportive society. In: C.D. Spielberger & I.G. Sarason (Eds.), Stress and Anxiety, Vol. 4. Washington, D .C.: Hemisphere.

Eggers, P. (1981). Umwelt als Erlebnisraum. Replikation eines Ansatzes zur Analyse umweltinduzierten Erlebens. Unveröff. Diplomarbeit, Fachbereich Psychologie der Universität Hamburg.

Einsiedel, A. & Tully, H. (1982). Methodological considerations in studying the burnout phenomenon. In: J.W. Jones (Ed.), The Burnout Syndrome. Park Ridge, Ill.: London House Press.

Eliasz, H. & Reykowski, J. (1986). Reactivity and empathic control of aggression. In: J. Strelau, EH. Farley & A. Gale (Eds.), The Biological Bases of Personality and Behavior, Vol. 2. Washington, D.C.: Hemisphere.

Ellison, K.W. & Genz, J.L. (1978). The police officer as burned-out samaritan. FBI Law Enforcement Bulletin, 47, 1–7.

Emener, W.G. (1979). Professional burnout: Rehabilitation's hidden handicap. Journal of Rehabilitation, 41, 55–58.

Emener, W.G., Luck, R.S. & Gohs, F.X. (1982). A theoretical investigation of the construct burnout. Journal of Rehabilitation Administration, 6, 188–196.

Engelkamp, G. (2002). Beanspruchung und Belastung der Altenpflege schon im Ausbildungsstadium? Aachen: Shaker.

English, F (1982). Es ging doch gut - was ging denn schief? Beziehungen in Partnerschaft, Familie und Beruf. München: Kaiser.

Enzmann, D. & Kleiber, D. (1989). Helfer-Leiden. Streß und Burnout in psychosozialen Berufen. Heidelberg: Asanger.

Erickson, J., Edwards, D. & Gunderson, E.K. (1973). Status congruency and mental health. Psychological Reports, 33, 395–401.

Etzion, D. (1984). Moderating effect of social support an the stress-burnout relationship. Journal of Applied Psychology, 69, 615–622.

Etzion, D. (1987). Burnout: The hidden agenda of human distress. IIBR Series in Organizational Behavior and Human Ressources, Working Paper 930/87. Tel Aviv: Israel Institute of Business Research.

Etzion, D. (1988). The experience of burnout and work/non-work success in male and female engineers: A matched-pair comparison. Human Resource Management, 27, 163–179.

Etzion, D., Kafry, D. & Pines, A.M. (1982). Tedium among managers: A crosscultural, American-Israeli comparison. Journal of Psychology and Judaism, 7, 30–41.

Ezrahi, Y. (1985). Burnout in military officers ranks: A construct validation. Unpubl. dissertation, Tel Aviv: Tel Aviv University.

Fahrenberg, J., Selg, H. & Hampel, R. (1973). Das Freiburger Persönlichkeitsinventar. 2. Aufl. Göttingen: Hogrefe.

Fahrenberg, J., Hampel, R. & Selg, H. (1984). Das Freiburger Persönlichkeitsinventar FPI. Revidierte Form FPI-R und teilweise geänderte Fassung FPI-A1. Göttingen: Hogrefe.

Faller, M. (1993). Innere Kündigung. München: Hampp.

Farber, B.A. (1983a). Psychotherapists' perceptions of stressful patient behavior. Professional Psychology, 14, 697–705.

Farber, B.A. (1983b). The effects of psychotherapeutic practice on psychotherapists. Psychotherapy: Theory, Research and Practice, 20, 174–182.

Farber, B.A. (Ed., 1983c). Stress and Burnout in the Human Service Professions. New York: Pergamon.

Farber, B.A. (1983d). Introduction: A critical perspective on burnout. In: Farber, B.A. (Ed., 1983). Stress and Burnout in the Human Service Professions. New York: Pergamon.

Farber, B.A. (1984a). Teacher burnout: Assumptions, myths, and issues. Teachers College Record, 86, 321–338.

Farber, B.A. (1984b). Stress and burnout in suburban teachers. Journal of Educational Research, 77, 325–331.

Farber, B.A. (2000a). Introduction: Understanding and treating burnout in a changing culture. Journal of Clinical Psychology, 56, 589–594.

Farber, B.A. (2000b). Treatment strategies for different types of teacher burnout. Journal of Clinical Psychology, 56, 675–689.

Farber, B.A. & Heifetz, L.J. (1982). The process and dimensions of burnout in psychotherapists. Professional Psychology, 13, 293–301.

Farmer, J.A. (1988). Relationship between job burnout and perceived inmate exploitation of juvenile correctional workers. International Journal of Offender Therapy and Comparative Criminology, 32, 67–73.

Farmer, R.E., Monahan, L.H. & Hekeler, R.W. (1984). Stress Management for Human Services. Beverly Hills: Sage.

Fender, L.K. (1989). Athlete burnout: Potential for research and intervention. Sport Psychologist, 3, 63–71.

Fengler, J. (1991). Helfen macht müde. München: Pfeiffer; (2001) Stuttgart: Klett-Cotta.

Fimian, M.J. (1984). Organizational variables elated to stress and burnout in community-based programs. Education and Training of the Mentally Retarded, 19, 201–209.

Fimian, M.J. & Santoro, T.M. (1983). Sources and manifestations of occupational stress as reported by full-time special education teachers. Exceptional Children, 49, 540–543.

Fineman, S. & Payne, R. (1981). Role stress – a methodological trap? Journal of Occupational Behaviour, 2, 51–64.

Fischer, H.J. (1983). A psychoanalytic view of burnout. In: B.A. Farber (Ed.), Stress and Burnout in the Human Service Professions. New York: Pergamon.

Fleming, R., Baum, A. & Singer, J.E. (1984). Toward an integrative approach to the study of stress. Journal of Personality and Social Psychology, 46, 939–949.

Folkman, S. (1984). Personal control and stress and coping processes: A theoretical analysis. Journal of Personality and Social Psychology, 46, 839–852.

Folkman, S. & Lazarus, R.S. (1980). An analysis of coping in a middle-aged community sample. Journal of Health and Social Behavior, 21, 219–239.

Folkman, S. & Moskowitz, J.T. (2004). Coping: Pitfalls and promise. Annual Review of Psychology, 55, 745–774.

Forney, D.S., Wallace-Schutzman, F & Wiggers, T.T. (1982). Burnout among career development professionals: Preliminary findings and implications. Personnel and Guidance Journal, 60, 435–439.

Frank, J.D. (1961). Persuasion and Healing. Baltimore: Johns Hopkins Press. (Dt.: Die Heiler. Stuttgart: Klett-Cotta, 1961.)

Frank, R. (1989). Burnout bei Schwesternschülerinnen. Unveröff. Diplomarbeit, Universität Hamburg, Fachbereich Psychologie.

Frankl, V.E. (1977). Das Leiden am sinnlosen Leben. Freiburg: Herder.

Frankl, V.E. (1982). Im Anfang war der Sinn. Von der Psychoanalyse zur Logotherapie. Wien: Deuticke.

French, J.R.P, Rogers, W.L. & Cobb, S. (1974). Adjustment as person-environment fit. In: G.V Coelho, D.A. Hamburg & J.E. Adams (Eds.), Coping and Adaptation. New York: Basic Books.

Freudenberger, H.J. (1974). Staff burn-out. Journal of Social Issues, 30, 159–165.

Freudenberger, H.J. (1975). The staff burn-out syndrome in alternative institutions. Psychotherapy: Theory, Research and Practice, 12, 73–82.

Freudenberger, H.J. (1977a). Burn-Out: Occupational hazard of the child care worker. Child Care Quarterly, 6, 90–99.

Freudenberger, H.J. (1977b). Burn-out: The organizational menace. Training and Development Journal, 31, 26–27.

Freudenberger, H.J. (1982a). Counseling and dynamics: Treating the end-stage person. In: J.W. Jones (Ed.), The Burnout Syndrome. Park Ridge, Ill.: London House Press.

Freudenberger, H.J. (1982b). Rabbinic burnout: Symptoms and prevention. Central Conference of American Rabbis, Yearbook 92: Columbus, Ohio, 44–52.

Freudenberger, H.J. & North, G. (1994). Burn-out bei Frauen. Frankfurt/M.: Fischer.

Freudenberger, H.J. & Richelson, G. (198o). Burn-Out. The High Cost of High Achievement. Garden City, N.Y: Anchor Press.

Freudenberger, H.J. & Richelson, G. (1983). Mit dem Erfolg leben. München: Heyne.

Freudenberger, H.J. & Robbins, A. (1979). The hazards of being a psychoanalyst. Psychoanalytic Review, 66, 275–297.

Friedell, E. (1961). Aufklärung und Revolution. Aus: Kulturgeschichte der Neuzeit. München: dtv. (Originalausgabe 1928).

Friel, M. & Tehan, C.B. (1980). Counteracting burn-out for the hospice care-giver. Cancer Nursing, 3, 285–293.

Füllgrabe, U. (1982). Berufsstreß und Motivation bei Polizeibeamten: das "burnout"-Syndrom. Die Polizei, 73, (2), 43–47.

Gann, M.L. (1979). The role of personality factors and job characteristics in burnout: A study of social service workers Unpubl. Diss., U. California. Dissertation Abstracts International, 1980, 40, 3 3 66-B.

Ganster, D.C., Mayes, B.T., Sime, WE. & Tharp, G.D. (1982). Managing organizational stress: A field experiment. Journal of Applied Psychology, 67, 533–542.

Garte, S.H. & Rosenblum, M.L. (1978). Lighting fires in burned-out counselors. Personnel and Guidance Journal, 57, 158–160.

Gaudinski, M.A. (1979). Coping with expanding nursing practice, knowledge, and technology. Aviation, Space, and Environmental Medicine, 50, 1073–1075.

Gebert, D. (1979a). Arbeitsunzufriedenheit, Situationskontrolle und Resignation – Ergebnisse einer Befragung. Problem und Entscheidung, 23, 1–33

Gebert, D. (1979b). Beanspruchung – Nervöse Angespanntheit und subjektive Erschöpfungssymptome am Arbeitsplatz. Problem und Entscheidung, 23, 104–129.

Gebert, D. & von Rosenstiel, L. (1981). Organisationspsychologie. Stuttgart: Kohlhammer.

Geiger, L.J. & Geiger, A.M. (1987). Burnout. Renewing your Energy. San Diego: Luramedia.

Gibson, F., McGrath, A. & Reid, N. (1989). Occupational stress in social work. British Journal of Social Work, 19, 1–18.

Gillespie, D.F. (1981). Correlates for active and passive types of burnout. Journal of Social Service Research, 26, 39–49.

Ginsburg, S.G. (1974). The problem of the burned out executive. Personnel Journal, 53, 598–600.

Glass, D.C. & Singer, J.E. (1972). Urban Stress: Experiments on Noise and Social Stressors. New York: Academic Press.

Glasser, W. (1972). Realitätstherapie. Weinheim: Beltz (Original 1965).

Glicken, M.D. (1983). A counseling approach to employee burnout. Personnel Journal, 62, 222–228.

Goelman, H. & Guo, H. (1998). What we know and what we don't know about burnout among early childhood care providers. Child & Youth Care Forum, 27, 175–199.

Gold, Y., Bachelor, P.A. & Michael, W.B. (1989). The dimensionality of a modified form of the Maslach Burnout Inventory for university students in a teacher-training program. Educational and Psychological Measurement, 49, 549–561.

Golembiewski, R.T. (1982). Organizational development (OD) interventions: Changing interaction, structures, and policies. In: W.S. Paine (Ed.), Job Stress and Burnout. Beverly Hills: Sage.

Golembiewski, R.T. & Munzenrider, R.F. (o. J.). Blood-chemistry covariants of phases of burnout: A pilot study. (Unveröff. Manuskript).

Golembiewski, R.T., Munzenrider, R. & Carter, D. (1983). Phases of progessive burnout and their work site covariants: Critical issues in OD research and praxis. Journal of Applied Behavioral Science, 19, 461–481.

Golembiewski, R.T. et al. (1985). The epidemiology of progressive burn-out: A primer. (Unpubl. Mscr.).

Golembiewski, R.T., Munzenrider, R. & Stevenson, J.G. (1986). Stress in Organizations. Toward a Phase Model of Burnout. New York: Praeger.

Golembiewski, R.T., Boudreau, R.A., Munzenrider, R.F. & Luo, H. (1996). Global Burnout: A Worldwide Pandemic explored by the Phase Model. Greenwich, C.T.: JAI Press.

Gottschall, D. (1988). Ausgebrannt. manager magazin, 5/88, 290–297.

Goza-Macmullan, G.R. (1988). A path analysis of a job burnout model among firefighters. Dissertation Abstracts International, 49, (10), 4588-B.

Greaves, G.B. (1974). Toward an existential theory of drug dependence. Journal of Nervous and Mental Disease, 159, 263–274.

Greaves, G.B. (1983). Existentielle Theorie der Drogenabhängigkeit. In: D.J. Lettieri & R. Welz (Hg.), Drogenabhängigkeit. Ursachen und Verlaufsformen. Weinheim: Beltz.

Green, L.E. & Hewitt, J. (1987). Effects of exhortation and scheduled visits on improving the psychological well-being of institutionalized elderly persons. Psychological Reports, 60, 217–218.

Greenblatt, E.L. (2001). A paradox in paradise: Depletion and restoration of personal resources, emotional labor, and burnout in an idyllic total institution. Ann Arbor: University Microfilms International.

Greene, G. (1961). A burnt-out case. New York: Viking.

Greer, J.G. & Wethered, C.E. (1984). Learned helplessness: A piece of the burnout puzzle. Exceptional Children, 50, 524–530.

Grinker, R.R. & Spiegel, J.P (1945). Men under Stress. New York: McGraw-Hill.

Grot, C. (1990). Die gestörte Handlungs-Episode – Qualitative Bewertung eines Leitfadens zur Bewältigung von Handlungen, die als unbefriedigend erlebt werden. Unveröff. Diplomarbeit, Universität Hamburg, Fachbereich Psychologie.

Gusy, B. (1995). Stressoren in der Arbeit, Soziale Unterstützung und Burnout. München: Profil.

Gutek, B.A. (1978). Satisfaction guaranteed - What does it mean? Social Policy, 9, 56–60.

Hacker, W., Reinhold, S., Darm, A., Hübner, I. & Wollenberger, E. (1995). Beanspruchungsscreening bei Humandienstleistungen (BHD-System). TU Dresden, Forschungsberichte Bd. 27.

Hackman, J.R. & Oldham, G.R. (1975). Development of the job diagnostic survey. Journal of Applied Psychology, 60, 159–170.

Hahn, M. (1985). Zum Ausbrennen (Burn-Out-Syndrom) im Zusammenleben mit schwerbehinderten Menschen. Vierteljahresschrift für Heilpädagogen, 54, 142–159.

Hake, A. (2001). Was sagen gruppenstatistische Kennwerte über den Einzelfall aus? Landau: Verlag Empirische Pädagogik.

Hall, R.C.W., Gardner, E.R., Perl, M., Stickney, S.K. & Pfefferbaum, B. (1979). The professional burnout syndrome. Psychiatric Opinion, 12–17.

Hallsten, L. (1993). Burning out: A framework. In: W.B. Schaufeli, C. Maslach X T. Marek (Eds.), Professional Burnout. Washington, D.C.: Taylor & Francis.

Hammen, C. & DeMayo, R. (1982). Cognitive correlates of teacher stress and depressive symptoms: Implications for attributional models of depression. Journal of Abnormal Psychology, 91, 96–101.

Handy, J.A. (1988). Theoretical and methodological problems within occupational stress and burnout research. Human Relations, 41, 351–369.

Harbaugh, G.H. & Rogers, E. (1984). Pastoral burnout: A view from the seminary. Journal of Pastoral Care, 38, 99–106.

Harrison, P.A. (1988). Journalists and job burnout. Masters Abstracts International, 27, (2), 163.

Harrison, W.D. (198o). Role strain and burnout in child-protective service workers. Social Service Review, 54, 31–44.

Hayes, L.S. & O'Connor, M.R. (1982). Emotional components of supervision: An EAP workshop. Social Casework, 63, 408–414.

Haynes, S.G. & Feinleib, M. (1980). Women, work, and coronary heart disease: Prospective findings from the Framingham study. American Journal of Public Health, 70, 133–141.

Haynes, S.G., Feinleib, M. & Kannel, W.B. (1980). The relationship of psychosocial factors to coronary heart disease in the Framingham study: III. Eight-year incidence of coronary heart disease. American Journal of Epidemiology, 111, 37–58.

Hazelwood, H.L. (1984). Crisis in the classroom: Teacher Burnout. Emotional First Aid: A Journal of Crisis Intervention, 1, 37–47.

Heckhausen, H. (198o). Motivation und Handeln. Lehrbuch der Motivationspsychologie. Heidelberg: Springer.

Heifetz, L.J. & Bersani, H.A. (1983). Disrupting the cybernetics of personal growth: Toward a unified theory of burnout in the human services. In: B.A. Farber (Ed.), Stress and Burnout in the Human Service Professions. New York: Pergamon Press.

Heimler, E. (1985). The Healing Echo. London: Souvenir Books.

Hendrickson, B. (1979). Teacher burnout: How to recognize it; what to do about it. Learning, 7, 36–39.

Hermans, H.J.M. (1976). Value Areas and their Development. Theory and Method of Self-Confrontation. Lisse: Swets & Zeitlinger.

Herschbach, P. (2002). Psychische Belastungen im ärztlichen Krankenhausalltag. In: E. Brähler & B. Strauß (Hrsg.), Handlungsfelder in der psychosozialen Medizin. Göttingen: Hogrefe.

Herzberg, E, Mausner, B. & Snyderman, B. (1959). The Motivation to Work. New York: Wiley.

Hillert, A. (2004). Das Anti-Burnout-Buch für Lehrer. München: Kösel.

Hinton, B.L. (1968). Environmental frustration and creative problem solving. Journal of Applied Psychology, 52, 211–217.

Hippius, H. & Selbach, H. (1969). Das depressive Syndrom. München: Urban & Schwarzenberg.

Hobfoll, S.E. (1989). Conservation of resources. A new attempt at conceptualizing stress. American Psychologist, 44, 513–524.

Hobfoll, S.E. (2001). The influence of culture, community, and the nested-self in the stress process: Advancing Conservation of Resources theory. Applied Psychology, 50, 337–370.

Hobfoll, S.E. & Freedy, J. (1993). Conservation of resources: A general stress theory applied to burnout. In: W.B. Schaufeli, C. Maslach & T. Marek (Eds.), Professional Burnout. Washington, D.C.: Taylor & Francis.

Hochschild, A.R. (1983). The Managed Heart. Commercialization of Human Feeling. Berkeley: University of California Press.

Holbrook, M.B. & Ryan, M.J. (1982). Modeling decision-specific stress: Some methodological considerations. Administrative Science Quarterly, 27,243–258.

Holmes, T. & Rahe, R. (1967). The social readjustment rating scale. Journal of Psychosomatic Research, 11, 213–217.

Hölzer, R. (2003). Burnout in der Altenpflege. München: Urban & Fischer.

Huber, G.K.M. (1983). Streß und Konflikte bewältigen. Landsberg: Verlag Moderne Industrie.

Huberty, T.J. & Huebner, E.S. (1988). A national survey of burnout among school psychologists. Psychology in the Schools, 25, 54–61.

Hunter, K., Jenkins, J.O. & Hampton, L.A. (1982). Burnout among providers of emergency health care. Crisis Intervention, 12, 141–152.

Huppertz, N. (1975). Supervision. Analyse eines problematischen Kapitels der Sozialarbeit. Stuttgart: Luchterhand.

Hürny, C. & Adler, R. (1981). Psychoonkologische Forschung. In: F Meerwein (Hg.), Einführung in die Psycho-Onkologie. Bern: Huber.

Ipser, K. (1987). Mit Goethe in Italien. Eine historische Reise. Herrsching: Pawlak.

Jackson, S.E. (1983). Participation in decision making as a strategy for reducing job-related strain. Journal of Applied Psychology, 68, 3–19.

Jackson, S.E. (1984). Organizational practices for preventing burnout. In: A.S. Sethi & R.S. Schuler (Eds.), Handbook of Organizational Stress Coping Strategies. Cambridge, Mass.: Ballinger.

Jackson, S.E. & Maslach, C. (1982). After-effects of job-related stress: families as victims. Journal of Occupational Behaviour, 3, 63–77.

Jackson, S.E., Schwab, R.L. & Schuler, R.S. (1986). Toward an understanding of the burnout phenomenon. Journal of Applied Psychology 71, 630–640.

Jamal, M. (1984). Job stress and job performance controversy: An empirical assessment. Organizational Behavior and Human Performance, 33, 1–21.

Jenkins, C.D. (1979). Psychosocial modifiers of response to stress. Journal of Human Stress, 5, 3–15.

Johnson, A.B., Gold, V. & Vickers, L.L. (1982). Stress and teachers of the learning disabled, behavior disordered, and educably mentally retarded. Psychology in the Schools, 19, 552–557.

Johnson, S.M. (1988). Der narzisstische Persönlichkeitsstil. Köln: Edition Humanistische Psychologie.

Jones, J.W. (1982a). Diagnosing and treating staff burnout among health professionals. In: J.W. Jones (Ed.), The Burnout Syndrome. Park Ridge, Ill.: London House Press.

Jones, J.W. (Ed., 1982b). The Burnout Syndrome. Park Ridge, Ill.: London House Press.

Joraschky, P. & Köhle, K. (1981[2]). Maladaptation und Krankheitsmanifestation. Das Streßkonzept in der Psychosomatischen Medizin. In: Th. von Uexküll (Hg.), Lehrbuch der Psychosomatischen Medizin. München: Urban & Schwarzenberg.

Jores, A. & Puchta, H.G. (1959). Der Pensionierungstod. Untersuchungen an Hamburger Beamten. Medizinische Klinik, 54, 1158–1164.

Jürgens-Becker, A. (1987). Die Situation der Krankenschwester. Eine Betrachtung aus psychodynamischer Sicht. Deutsche Krankenpflege-Zeitschrift, 40, (11), Beilage, 2–15.

Kahill, S. (1988). Symptoms of professional burnout: A review of the empirical evidence. Canadian Psychology, 29, 284–297.

Kahn, R.L. (1978). Job burnout. Prevention and remedies. Public Welfare, 36, 61–63.

Kahn, R.L., Wolfe, D.M., Quinn, R.P., Snoek, J.D. & Rosenthal, R.A. (1964). Organizational Stress. Studies in Role Conflict and Ambiguity. New York: Wiley.

Kaminski, G. (1974). Studieren als Handeln und als Trauern. Psychologische Beiträge, 16, 310–337.

Kanner, A.D., Kafry, D. & Pines, A.M. (1978). Conspicuous in its absence: The lack of positive conditions as a source of stress. Journal of Human Stress, 4, 33–39.

Kanner, A.D., Coyne, J.C., Schaefer, C. & Lazarus, R.S. (1981). Comparison of two modes of stress measurement: Daily hassles and uplifts versus major life events. Journal of Behavioral Medicine, 4, 1–39.

Karasek, R.A. (1979). Job demands, job decision latitude, and mental strain: Implications for job redesign. Administrative Science Quarterly, 24, 285–308.

Karasek, R.A., Russell, R.S. & Theorell, T. (1982a). Physiology of stress and regeneration in job related cardiovascular illness. Journal of Human Stress, 8, 29–42.

Karasek, R.A., Triantis, K.P. & Chaudhry, S.S. (1982b). Coworker and supervisor support as moderators of associations between task characteristics and mental strain. Journal of Occupational Behaviour, 3, 181–200.

Karazman, R. & Geißler, H. (1994). Lebensqualität und Belastungen von Hausärztinnen und Hausärzten in Niederösterreich (Januar 1994). Österreichischer Hausärzteverband, Landesgruppe Niederösterreich.

Karger, H. (1981). Burnout as alienation. Social Science Review, 55, 270–283.

Karmaus, W. (1979). Lärm und Monotonie - Überlastung und Unterforderung. In: W. Karmaus, V. Müller & G. Schienstock (Hg.), Stress in der Arbeitswelt. Köln: Bund-Verlag.

Karstens, A. (1928). Psychische Sättigung. Psychologische Forschung, 10, 142–254.

Kasl, S.V & Cobb, S. (1970). Blood pressure changes in men undergoing job loss: A preliminary report. Psychosomatic Medicine, 1, 19–37.

Kasl, S.V, Gore, S. & Cobb, S. (1975). The experience of losing a job. Reported changes in health, symptoms, and illness behavior. Psychosomatic Medicine, 37, 106–122.

Keane, A., Ducette, J. & Adler, D.C. (1985). Stress in ICU and non-ICU nurses. Nursing Research, 34, 231–236.

Kernen, H. (1999). Burnout-Prophylaxe im Management. Bern: Haupt.

Kielholz, P. & Hole, G. (1986). Erschöpfungsdepression. In: C. Müller (Hrsg.), Lexikon der Psychiatrie, 175–176. Berlin: Springer.

Kleiber, D. (1989). Auch die Helfer brauchen Hilfe: Risiken für Therapeuten. In: E. Giese & D. Kleiber (Hg.), Das Risiko Therapie. Thema: Psychotherapie. Weinheim: Beltz.

Kleiber, D. & Enzmann, D. (1986). Helfer-Leiden: Überlegungen zum Burnout in helfenden Berufen. Jahrbuch für Psychopathologie und Psychotherapie, 6, 49–78 (Köln: Pahl-Rugenstein).

Kleiber, D. & Enzmann, D. (1990). Burnout. Eine internationale Bibliographie. Göttingen: Hogrefe.

Klinger, E. (1971). Structure and Functions of Fantasy. New York: Wiley.

Klinger, E. (1975). Consequences of commitment to and disengagement from incentives. Psychological Review, 82, 1–25.

Klinger, E. (1977). Meaning and Void. Inner Experience and the Incentives in People's Lives. Minneapolis: University of Minnesota Press.

Klinger, E. (1981). Imagery, Vol. 2. Concepts, Results, and Applications. New York: Plenum.

Klinger, E. (1990). Daydreaming. Los Angeles: Tarcher.

Klinger, E. (1998). The search for meaning in evolutionary perspective and its clinical implications. In: P.T.P. Wong & P.S. Fry (Eds.), The Human Quest for Meaning. Mahwah, N.J.: Erlbaum.

Klinger, E. & Kroll-Mensing, D. (1995). Idiothetic assessment experience sampling and motivational analysis. In: J.N. Butcher (Ed.), Clinical Personality Assessment (ch. 19). New York: Oxford University Press.

Klinger, E., Barta, S.G. & Maxeiner, M.E. (198o). Motivational correlates of thought content frequency and commitment. Journal of Personality and Social Psychology, 39, 1222–1237.

Klonowicz, T. & Zawadzka, G. (1988). Reactivity and personal control over Stimulation supply. European Journal of Personality, 2, 1–10.

Kobasa, S.C. (1979). Stressful life events, personality, and health: An inquiry into hardiness. Journal of Personality and Social Psychology, 37, 1–11.

Kobasa, S.C. (1982). Commitment and coping in stress resistance among lawyers. Journal of Personality and Social Psychology, 42, 707–717.

Kolbe, H., Wacker, E., Metzler, E. & Trost, R. (1985). "Ausbrennen" -Eine Gefahr in helfenden Berufen. Zur Orientierung, 9, 3–15.

Kolitzus, H. (2003). Das Anti-Burnout-Erfolgsprogramm. München: dtv.

Koocher, G. (1979). Adjustment and coping strategies among the caretakers of cancer patients. Social Work in Health Care, 5, 145–150.

Koriat, A., Melkman, R., Averill, J.R. & Lazarus, R.S. (1972). The self-control of emotional reactions to a stressful film. Journal of Personality, 40, 6o1–619.

Krampen, G. (1982). Differentialpsychologie der Kontrollüberzeugungen. Göttingen: Hogrefe.

Krantz, D.S., Glass, D .C. & Snyder, M.L. (1974). Helplessness, stress level, and the coronary-prone behavior pattern. Journal of Experimental Social Psychology, 10, 284–300.

Kretschmann, R. (2001). Stressmanagement für Lehrerinnen und Lehrer. Weinheim: Beltz.

Kubassek, B. (2005). Burnout. Landsberg: Moderne Verlagsgesellschaft.

Kübler-Ross, E. (1969). On Death and Dying. New York: Macmillan.

Kuhl, J. (1984). Motivation, Konflikt und Handlungskontrolle. Berlin & Heidelberg: Springer.

Künzel, R. & Schulte, D. (1986). "Burn-out" und Praxisschock klinischer Psychologen. Zeitschrift für Klinische Psychologie, 15, 303–320.

Kusyszyn, I. (1977). How gambling saved me from a misspent sabbatical. Journal of Humanistic Psychology, 17, 19–34.

Kusyszyn, I. (1978). "Compulsive" gambling: The problem of definition. International Journal of the Addictions, 13, 1095–1101.

Kusyszyn, I. (1983). Effectance Theory and Therapy: A New Theory of Human Motivation and its Application to Psychotherapy. University of York, Canada: Working Paper No. 133.

La Rocco, J.M. & Jones, A.P. (1978). Co-worker and leader support as moderators of stress-strain relationships in work situations. Journal of Applied Psychology, 63, 629–634.

La Vigna, G.W. (1979). Response. Journal of Autism and Developmental Disorders, 9, 124–126.

Lachenmeier, H. (2002). Das merkwürdige Diktat der zu kleinen Schuhe. Schweizerische Ärztezeitung, 83, 315–319.

Lacoursiere, R.B. (2001). Burnout and substance user treatment: The phenomenon and the administrator-clinician's experience. Substance Use and Misuse, 36, 1839–1874.

Lahoz, M.R. & Mason, H.L. (1989), Maslach Burnout Inventory factor structures and norms for USA pharmacists. Psychological Reports, 64, 1059–1063.

Lamb, H.R. (1979). Staff burnout in work with long-term patients. Hospital and Community Psychiatry, 30, 396–398.

Lamiell, J.T. (2003). Beyond Individual and Group Differences: Human Individuality, Scientific Psychology, and William Stern's Critical Personalism. Thousand Oaks: Sage.

Lammert, M. (1981). A group experience to combat burnout and learn group process skills. Journal of Nursing Education, 20, 41–46.

Lamont, D.J. (1983). A three dimensional test of White's effectance motive. Journal of Personality Assessment, 47, 91–99.

Langer, E.J. (1983). The Psychology of Control. Beverly Hills: Sage.
Langer, E.J. & Rodin, J. (1976). The effects of choice and enhanced personal responsibility for the aged: A field experiment in an institutional setting. Journal of Personality and Social Psychology, 34, 191–198.
Larson, C.C., Gilbertson, D.L. & Powell, J.A. (1978). Therapist burnout: Perspectives an a critical issue. Social Casework, 59, 563–565.
Last, U. & Silberman (1989). Burning-out and drifting away amongst school psychologists: Are there antidotes? School Psychology International, 10, 37–46.
Lauderdale, M. (1981). Burnout. Austin, TX: Learning Concepts.
Lawrenson, G.M. & McKinnon, A.J. (1982). A survey of classroom teachers of the emotionally disturbed: Attrition and burnout factors. Behavioral Disorders, 8, 41–49.
Lawson, R. (1965). Frustration. The Development of a Scientific Concept. New York: Macmillan.
Lazarus, R.S. (1966). Psychological Stress and the Coping Process. New York: McGraw-Hill.
Lazarus, R.S. (1974). Cognitive and coping processes in emotion. In: B. Weiner (Ed.), Cognitive Views of Human Emotion. New York: Academic Press.
Lazarus, R.S. (1977). Cognitive and coping processes in emotion. In: A. Monat & R.S. Lazarus (Eds.), Stress and Coping: An Anthology. New York: Columbia University Press.
Lazarus, R.S. & Folkman, S. (1987). Transactional theory and research on emotions and coping. European Journal of Personality, 1, 141–169.
Lefcourt, H.M., Martin, R.A. & Saleh, W.E. (1984). Locus of control and social support: Interactive moderators of stress. Journal of Personality and Social Psychology, 47, 378–389.
Leighton, S.E. & Roye, A.K. (1984). Prevention and seif-care for professional burnout. Family and Community Health, 6, 44–56.
Leiter, M.P. (1993). Burnout as a developmental process: Consideration of models. In: W.B. Schaufeli, C. Maslach, & T. Marek (Eds.), Professional Burnout: Recent Developments in Theory and Research. Washington, D.C.: Taylor & Francis.
Leiter, M. P. & Schaufeli, W. (1996). Consistency of the burnout construct across occupations. Anxiety, Stress and Coping, 9, 229–243.
Lerner, M.J. (1980). The Belief in a Just World: A Fundamental Delusion. New York: Plenum.
Leuner, H. (1987[2]). Lehrbuch des Katathymen Bilderlebens. Bern: Huber.
Levi, L. (1972). Stress and Distress in Response to Psychosocial Stimuli. New York: Pergamon.
Levine, M. (1982). Method or madness: On the alienation of the professional. Journal of Community Psychology, 10, 3–14.
Levinson, H. (1969). On being a middle-aged manager. Harvard Business Review, 47, July/Aug., 51–60.
Levinson, H. (1981). When executives burn out. Harvard Business Review, 59, May/June, 73–81.
Lewin, K. (1928). Die Bedeutung der psychischen Sättigung für einige Probleme der Psychotechnik. Psychotechnische Zeitschrift, 3, 182–188.
Lewin, K. (1935). Dynamic Theory of Personality. New York: McGraw-Hill.
Lewin, K. (1936). Principles of Topological Psychology. New York: McGraw-Hill.
Lewiston, N.J., Conley, J. & Blessing-Moore, J. (1981). Measurement of hypothetical burnout in cystic fibrosis caregivers. Acta Paediatrica Scandinavica, 70, 935–939.
Li, J., Johansen, C., Hansen, D. & Olsen, J. (2002). Cancer incidence in parents who lost a child. Cancer, 95, 2237–2242.
Lieberei, W. (1991). Ermittlung von "personenbezogenen Belastungen" in Berufen mit häufigen (externen) Personenkontakten. Unveröff. Diplomarbeit, Universität Göttingen, Institut für Psychologie.
Lindemann, E. (1979). Beyond Grief. Studies in Crisis Intervention. New York: Jason Aronson.
Linden, M. (1976). Depression als aktives Verhalten. In: N. Hoffmann (Hg.), Depressives Verhalten – Psychologische Modelle der Ätiologie und Therapie. Salzburg: Müller.
Lloyd, C. King, R. & Chenoweth, L. (2002). Social work, stress, and burnout: A review. Journal of Mental Health, 11, 255–266.
Lundin, St.C., Paul, H. & Christensen, J. (2001). Fish! Ein ungewöhnliches Motivationsbuch. Frankfurt/M.: Ueberreuter.
Lundin, St.C., Paul, H. & Christensen, J. (2003). Für immer Fish! Wie Sie die Fish-Philosophie verankern und Ihre Motivation frisch halten. Frankfurt/M.: Ueberreuter.
Lundin, St.C., Paul, H., Christensen, J. & Strand, P. (2002). Noch mehr Fish! Die unbegrenzten Einsatzmöglichkeiten eines ungewöhnlich erfolgreichen Motivationsbuches. Frankfurt/M.: Ueberreuter.
Lyons, T.F (1971). Role clarity, need for clarity, satisfaction, tension, and withdrawal. Organizational Behavior and Human Performance, 6, 99–110.
MacBride, A. (1983). Burnout: Possible? Preventable? Canada's Mental Health, 2–3, 8.
MacNeill, D. (1982). The relationship of occupational stress to burnout. In: J.W. Jones (Ed.), The Burnout Syndrome. Park Ridge, Ill.: London House Press.
Maher, E.A. (1983). Burnout and commitment: A theoretical alternative. Personnel and Guidance Journal, 61, 390–393.
Maier, N.R.F. (1949). Frustration: The Study of Social Behavior without a Goal. New York: McGraw-Hill.
Malanowski, J.R. & Wood, P.H. (1984). Burnout and self-actualization in public school teachers. Journal of Psychology, 117, 23–26.
Malik, E. (1986). Strategie des Managements komplexer Systeme. Bern: Haupt.
Marks, S.R. (1977). Multiple roles and role strain: Some notes an human energy, time and commitment. American Sociological Review, 42, 921–936.
Marneros, A. (Hrsg., 2004). Das neue Handbuch der Bipolaren und Depressiven Erkrankungen. Stuttgart: Thieme.
Martel, J.S. (1988). Lawyer burnout: Its causes – some thoughts on prevention. Trial, 24, 62–67.
Maslach, C. (1976). Burned out. Human Behavior, 5, 16–22.

Maslach, C. (1978). Job burnout. How people cope. Public Welfare, 36, 56–58.
Maslach, C. (1982a). Burnout - The Cost of Caring. Englewood Cliffs, N.J.: Prentice-Hall.
Maslach, C. (1982b). Understanding burnout: Definitional issues in analyzing a complex phenomenon. In: W.S. Paine (Ed.), Job Stress and Burnout. Beverly Hills: Sage.
Maslach, C. (1998). A multidimensional theory of burnout. In: C.L. Cooper (Ed.), Theories of Organizational Stress, pp. 68–85. Oxford: Oxford University Press.
Maslach, C. & Jackson, S.E. (1978). Lawyer burnout. Barrister, 8, 52–54.
Maslach, C. & Jackson, S.E. (1979). Burned-out cops and their families. Psychology Today, 12, 58–62.
Maslach, C. & Jackson, S.E. (1981a). The measurement of experienced burnout. Journal of Occupational Behaviour, 2, 99–113.
Maslach, C. & Jackson, S.E. (1981b). Maslach Burnout Inventory („Human Services Survey"). Palo Alto, CA: Consulting Psychologists Press.
Maslach, C. & Jackson, S.E. (1985). The role of sex and family variables in burnout. Sex Roles, 12, 837–851.
Maslach, C. & Jackson, S.E. (1986). Maslach Burnout Inventory Manual (2d. ed.). Palo Alto, CA: Consulting Psychologists Press.
Maslach, C. & Leiter, M.P. (1997). The Truth about Burnout. San Francisco: Jossey-Bass. (Dt.: Die Wahrheit über Burnout. Berlin: Springer, 2001.)
Maslach, C. & Pines, A. (1977). The burn-out syndrome in the day care setting. Child Care Quarterly, 6, 100–113.
Maslach, C., Jackson, S.E. & Leiter, M.P. (1996). Maslach Burnout Inventory Manual (3d. ed.). Palo Alto, CA: Consulting Psychologists Press.
Maslach, C., Schaufeli, W.B. & Leiter, M.P. (2001). Job burnout. Annual Review of Psychology, 52, 397–422.
Mason, J.W. (1975). A historical view of the stress field, pt. 1 & 2. Journal of Human Stress, 1, 6–12 & 22–36.
Matteson, M.T. & Ivancevich, J.M. (1982a). The how, what and why of stress management. Personnel Journal, 61, 768–774.
Matteson, M.T. & Ivancevich, J.M. (1982b). Managing Job Stress and Health. New York: Free Press.
Matteson, M.T. & Ivancevich, J.M. (1983). Note on tension discharge rate as an employee health state predictor. Academy of Managementjournal, 8, 540–545.
Mattingly, M.M. (1977). Sources of stress and burn-out in professional child care work. Child Care Quarterly, 6, 127–137.
McClelland, D.C. (1978). Macht als Motiv. Stuttgart: Klett-Cotta (Original 1975).
McConnell, E.A. (Ed.,1981). How close are you to burnout? RN, 44, 29–33.
McConnell, E.A. (1982). Burnout in the Nursing Profession. St.Louis: Mosby.
McCrae, R.R. (1984). Situational determinants of coping responses: Loss, threat, and challenge. Journal of Personality and Social Psychology, 46, 919–928.
McCranie, E.W. & Brandsma, J.M. (1988). Personality antecedents of burnout among middle-aged physicians. Behavioral Medicine, 14, 30–36.
McGhee-Cooper, A. (1990). You don't have to go home from work exhausted! Dallas: Bowen & Rogers.
McLean, PD. (1976). Depression as a specific response to stress. In: I.G. Sarason & C.D. Spielberger (Eds.), Stress and Anxiety, Vol. 3. Washington, D.C.: Hemisphere.
McMinn, S. (1979). Burnout. Nephrology Nurse, l, 8–1o (Abdruck in McConnell, 1982).
McNally, R.J. (2003). Progress and controvery in the study of posttraumatic stress disorder. Annual Review of Psychology, 54, 229–252.
McQueen, D.V & Siegrist, J. (1982). Social factors in the etiology of chronic disease: An overview. Social Science & Medicine, 16, 353–367.
Meadow, KT. (1981). Burnout in professionals working with deaf children. American Annals of the Deaf, 126, 13–22.
Meehl, P.E. (1972). Specific genetic etiology, psychodynamics, and therapeutic nihilism. International Journal of Mental Health, 1, 10–27.
Mehrabian, A. (1976). Public Places and Private Spaces. The Psychology of Work, Play, and Living Environments. New York: Basic Books. (Dt.: Räume des Alltags oder wie die Umwelt unser Verhalten bestimmt. Frankfurt/M.: Campus, 1978.)
Mehrabian, A. (1980). Basic Dimensions for a General Psychological Theory. Cambridge, Mass.: Oelgeschlager, Gunn & Hain.
Mehrabian, A. & Russell, J.R. (1974). An Approach to Environmental Psychology. Cambridge, Mass.: MIT Press.
Meidinger, H. & Enders, C. (1997). Burnout-Seminare für Lehrer. Neuwied: Luchterhand.
Meier, S.T. (1983). Toward a theory of burnout. Human Relations, 36, 899–910.
Meier, S.T. & Schmeck, R.R. (1985). The burned-out college student: A descriptive profile. Journal of College Student Personnel, 26, 63–69.
Melamed, S., Kushnir, T. & Shirom, A. (1992). Burnout and risk factors for cardiovascular diseases. Behavioral Medicine, 18, 53–60.
Menaghan, E.G. & Merves, E.S. (1984). Coping with occupational problems: The limits of individual efforts. Journal of Health and Social Behavior, 25, 206–413.
Mentzel,G. (1979). Über die Arbeitssucht. Zeitschrift für Psychosomatische Medizin und Psychoanalyse, 25, 115–127.
Mentzel, G. (1987). Politisch Tätige als arbeitssüchtige Patienten. Die Neue Gesellschaft - Frankfurter Hefte, (3), 261–264.
Mentzos, S. (1984). Neurotische Konfliktverarbeitung. Frankfurt/M.: Fischer.
Metz, PK. (1980). An exploratory study of professional burnout and renewal among educators. Dissertation Abstracts International, 40, 43o8-9-A.
Meyer, J.H. (1982). Burnout: Developmental influences. Canadian Counsellor, 16, 67–73.
Meyer, W.H. (1982). Arbeitszufriedenheit – ein interessiertes Mißverständnis. Opladen.

Mieth, D. (1969). Die Einheit von vita activa und vita contemplativa in den deutschen Predigten und Traktaten Meister Eckharts und bei Johannes Tauler. Regensburg: Pustet.

Milgram, S. (1970). The experience of living in cities. Science, 167, 1461–1468.

Miller, A. (1979). Das Drama des begabten Kindes. Frankfurt/M.: Suhrkamp.

Miller, L.W. & Norman, W.H. (1979). Learned helplessness in humans: A review and attribution-theory model. Psychological Bulletin, 86, 93–118.

Miller, L.E. & Adwell, S.T. (1984). Combating stress and burnout among correctional employees. International Forum for Logotherapy, 7, 112–117.

Miller, M.M. & Potter, R.E. (1982). Professional burnout among speech-language pathologists. ASHA, 24, 177–181.

Miller, W.R. (1976). Alcoholism scales and objective assessment methods: A review. Psychological Bulletin, 83, 649–674.

Minnehan, R.F. & Paine, W.S. (1982). Bottom lines: Assessing the economic and legal consequences of burnout. In: J.W. Jones (Ed.), The Burnout Syndrome. Park Ridge, Ill.: London House Press.

Minuchin, S., Rosman, B. & Baker, L. (1978). Psychosomatic Families. Boston: Harvard University Press.

Mischel, W. (2004). Toward an integrative science of the person. Annual Review of Psychology, 55, 1–22.

Mitchell, M.D. (1977). Consultant burnout. In: J.J. Jones & J.W. Pfeiffer (Eds.), The 1977 Annual Handbook for Group Facilitators. La Jolla: University Associates.

Mobley, W.H. & Locke, E.A. (1970). The relationship of value importance to satisfaction. Organizational Behavior and Human Performance, 5, 463–483.

Moeller, M.L. (1978). Selbsthilfegruppen. Reinbek: Rowohlt.

Mohl, PC., Denny, N.R., Mote, T.A. & Coldwater, C. (1982). Hospital unit stressors that affect nurses: Primary task vs. social factors. Psychosomatics, 23, 366–374.

Mohler, S.R. (1983). The human element in air traffic control: Aeromedical aspects, problems, and prescriptions. Aviation, Space, and Environmental Medicine, 54, 511–516.

Mohr, G. (1980). Helfersyndrom und Berufsmotivation von Studienanfängern der Fachschule für Sozialpädagogik. Unveröff. Diplomarbeit, Fachbereich Psychologie der Universität Hamburg.

Mole, R.L. (1973). Thai Values and Behavior Patterns. Rutland, Vermont: C.E. Tuttle.

Moos, R.H. (1981). Manual: Work Environment Scale. Palo Alto: Consulting Psychologists Press.

Moosmann, D. (1980). Helfersyndrom als Lebensstil und Berufsmotivation. Unveröff. Diplomarbeit, Fachbereich Psychologie der Universität Hamburg.

Moracco, J.C. & McFadden, H. (1982). The counselor's role in reducing teacher stress. Personnel and Guidance Journal, 60, 549–552.

Moritz, M. (1988). Arbeitszufriedenheit und Burnout. Eine empirische Untersuchung. Unveröff. Diplomarbeit, Universität Hamburg, Fachbereich Psychologie.

Morris, J.A. & Feldman, D.C. (1996). The dimensions, antecedents, and consequences of emotional labor. Academy of Management Journal, 21, 989–1010.

Mueller-Armack, A. (1959). Religon und Wirtschaft. Geistesgeschichtliche Hintergründe unserer europäischen Lebensform. Stuttgart: Kohlhammer.

Müller, E. (2004). Ausgebrannt. Wege aus der Burnout-Krise. Freiburg: Herder.

Müller-Fohrbrodt, G., Cloetta, B. & Dann, H.-D. (1978). Der Praxisschock bei jungen Lehrern. Stuttgart:Klett.

Mündelein, H. (1982). Simulierte Arbeitssituation an Bildschirmterminals. Frankfurt/M.: R.G. Fischer Verlag.

Mündelein, H. & Schönpflug, W. (1983). Regulation und Fehlregulation im Verhalten. VIII: Über primäre (unmittelbar zielgerichtete) und sekundäre (auxiliare und präventive) Anteile von Tätigkeiten. Psychologische Beiträge, 25, 71–84.

Munro, J.D. (198o). Preventing front-line collapse in institutional settings. Hospital and Community Psychiatry, 31, 179–182.

Murphy, L.R. (1984). Occupational stress management: A review and appraisal. Journal of Occupational Psychology, 57, 1–15.

Murray, H.A. (1938). Explorations in Personality. New York: Oxford University Press.

Nagy, S. (1985). Burnout and selected variables as components of occupational stress. Psychological Reports, 56, 195–200.

Navratil, M.J. (1987). Librarian burnout and alienation. Canadian Library Journal, 44, 385–389.

Neck, PA. (1977). A model for small enterprise development programmes. In: PA. Neck (Ed.), Small Enterprise Development: Policies and Programmes. Geneva: ILO.

Nelkin, D. (1983). Workers at risk. Science, 222, (4620), 125.

Nelson, J.G. (1980). Burn out – business's most costly expense. Personnel Administrator, 25, 81–87.

Neuberger, O. & Allerbeck, M. (1978). Messung und Analyse von Arbeitszufriedenheit. Bern: Huber.

Neville, S.H. (1981). Job stress and burnout: Occupational hazards for services staff. College and Research Libraries, 42, 242–247.

Newman, J.E. & Beehr, T.A. (1979). Personal and organizational strategies for handling job stress: A review of research and opinion. Personnel Pychology, 32, 1–43.

Norris, C.M. (1973). Delusions that trap nurses into dead end alleys away from growth, relevance, and impact on health care. Nursing Outlook, 73, (1). (Abdruck in McConnell, 1982.)

Novey, T.B. (1976). TA for Management. Sacramento, CA: Jalmar Press.

Nuber, U. (1987). Innere Kündigung: Sollen doch mal andere ran! Psychologie heute, Okt 87, 20–26.

Ölander, F (1977). Can consumer dissatisfaction and complaints guide public consumer policy? Journal of Consumer Policy, 1, 124–137.

Olson, J. & Matuskey, RV (1982). Causes of burnout in SLD teachers. Journal of Learning Disabilities, 15, 97–99.

Orpen, C. (1982). Type A personality as a moderator for the effects of role conflict, role ambiguity, and role overload an individual strain. Journal of Human Stress, 8, 8–14.

Paine, W.S. (Ed., 1982a). Job Stress and Burnout. Beverly Hills: Sage.

Paine, W.S. (1982b). The burnout syndrome in context. In: J.W. Jones (Ed.), The Burnout Syndrome. Park Ridge, Ill.: London House Press.

Parkes, K.R. (1984). Locus of control, cognitive appraisal, and coping in stressful episodes. Journal of Personality and Social Psychology, 46, 655–668.

Parkes, K.R. (1986). Coping in stressful episodes: The role of individual differences, environmental factors, and situational characteristics. Journal of Personality and Social Psychology, 51, 1277–1192.

Parmenter, R. (1990). School of the Soldier. New York: Profile Press.

Patrick, P.K.S. (1979). Burnout: job hazard for health care workers. Hospitals, 53, 87–90.

Payne, R.L. (1979). Demands, supports, constraints, and psychological health. In: C.J. Mackay & T. Cox (Eds.), Response to Stress: Occupational Aspects. London: International Publishing Corporation.

Payne,. R.L. & Fletcher, B. (1983). Job demands, supports, and constraints as predictors of psychological strain among schoolteachers. Journal of Vocational Behavior, 22, 136–147.

Peirce, C.S. (1967). Schriften 1 zur Entstehung des Pragmatismus. (Hg. von K.-O. Apel.) Frankfurt/M.: Suhrkamp (Original 1877).

Pelsma, D.M., Roland, B., Tollefson, N. & Wigington, H. (1989). Parent burnout: Validation of the Maslach Burnout Inventory with a sample of mothers. Measurement and Evaluation in Counseling and Development, 22, 81–87.

Perlman, B. & Hartman, E.A. (1979). Stress, Coping, and the Human Service Provider. Paper presented at Symposium Burnout in the Helping Professions.

Perlman, B. & Hartman, E.A. (1980). An Integration of Burnout into a Stress Model. Paper presented at the 1980 meeting of the Southeastern Psychological Association, Washington.

Perlman, B. & Hartman, E.A. (1982). Burnout: Summary and future research. Human Relations, 35, 283–305.

Pervin, L.A. (1968). Performance and satisfaction as a function of individual environment fit. Psychological Bulletin, 69, 56–68.

Peseschkian, N. (1983). Auf der Suche nach Sinn. Frankfurt/M.: Fischer.

Peter, L.J. & Hull, R. (1970). Das Peter-Prinzip. Reinbek: Rowohlt.

Petermann, F (1983). Weiterentwicklung des Konzepts "erlernte Hilflosigkeit" in Theorie, Forschung und Anwendung. Nachwort in: M.E.P. Seligman, Erlernte Hilflosigkeit. München: Urban & Schwarzenberg, 1983[2].

Petermann, F (1986). Zehn Jahre "Erlernte Hilflosigkeit" in Theorie, Forschung und Anwendung. Nachwort in: M.E.P. Seligman, Erlernte Hilflosigkeit. München: Urban & Schwarzenberg, 1986[3].

Petermann, F.Th. (2004). Burnout im Professional-Sport. Causa Sport, 1, 70–77.

Petermann, F.Th. & Studer, D. (2003). Burnout – Herausforderung an die anwaltliche Beratung. Aktuelle Juristische Praxis, 7, 761–767.

Petrie, K. & Rotheram, M.J. (1982). Insulators against stress: Self-esteem and assertiveness. Psychological Reports, 50, 963–966.

Pfaff, M. (1977). Who decides what is good for whom? Journal of Consumer Policy, 1, 138–142.

Pfifferling, J.-H. & Eckel, FM. (1982 . Beyond burnout: Obstacles and prospects. In: W.S. Paine (Ed.), Job Stress and Burnout. Beverly Hills: Sage.

Pierson-Hubeny, D. & Archambault, F.X. (1985). Role stress and perceived intensity of burnout among reading specialists. Reading World, 24, 41–52.

Pinchoff, D.M. & Mirza, M. (1982). The changing role of the state hospital director: Restructuring the top management team. Administration in Mental Health, 10, 92–103.

Pines, A. (1981). Burnout: A current problem in pediatrics. Current Problems in Pediatrics, 11, 3–32.

Pines, A. (1982). On burnout and the buffering effects of social support. In: B.A. Farber (Ed.), Stress and Burnout in the Human Service Professions. New York: Pergamon.

Pines, A. (1988). Keeping the Spark Alive: Preventing Burnout in Love and Marriage. New York: St. Martin's Press. (Dt.: Auf Dauer – Überlebensstrategien der Liebe. Hamburg: Kabel, 1989.)

Pines, A.M. (1993). Burnout: An existential perspective. In: W.B. Schaufeli, C. Maslach, & T. Marek (Eds.), Professional Burnout: Recent Developments in Theory and Research. Washington, D.C.: Taylor & Francis.

Pines, A. & Aronson, E. (1983). Combating burnout. Children and Youth Services Review, 5, 263–275.

Pines, A. & Aronson, E. (1988). Career Burnout. New York: The Free Press.

Pines, A. & Aronson, E. (1989). Why managers burn out. Sales and Marketing Management, 141, 34–38.

Pines, A. & Kafry, D. (1982). Coping with burnout. In: J.W. Jones (Ed.), The Burnout Syndrome. Park Ridge, Ill.: London House Press.

Pines, A. & Maslach, C. (1978). Characteristics of staff burnout in mental health settings. Hospital and Community Psychiatry, 29, 233–237.

Pines, A. & Maslach, C. (1980). Combatting staff burnout in a day care center: A case study. Child Care Quarterly, 9, 5–15.

Pines, A., Aronson, E. & Kafry, D. (1981). Burnout. From Tedium to Personal Growth. New York: The Free Press.

Pittman, T.S. & Pittman, N.L. (198o). Deprivation of control and the attribution process. Journal of Personality and Social Psychology 39, 377–389.

Poe, S.G. & Scherr, F.C. (1981). Job burnout: How to avoid it in credit management. Credit and Financial Management, 83, (5), 16–19.

Pöldinger, W. (1984). Erschöpfungsdepressionen. Hospitalis, 54, 638–642.

Polivy, J. (1982). Introduction. Journal of Personality, 50, 385–386.

Potter, B.A. (1980). Beating Job Burnout. San Francisco: Harbor Publishing.

Price, D.M. & Murphy, P.A. (1984). Staff burnout in the perspective of grief theory. Death Education, 8, 47–58.

Privette, G. (1983). Peak experience, peak performance, and flow: A comparative analysis of positive human experiences. Journal of Personality and Social Psychology, 45, 1361–1368.

Procaccini, J. & Kiefaber, M.W. (1983). Parent Burnout. Garden City, N.Y.: Doubleday.

Quattrochi-Tubin, S., Jones, J.W. & Breedlove, V. (1982). The burnout syndrome in geriatric counselors and service workers. Activities, Adaptation, and Aging, 3, 65–76.

Radde, P.O. (1982). Recognizing, reversing, and preventing hospital pharmacist burnout. American Journal of Hospital Pharmacy 39, 1161–1169.

Raidt, E (1987). Die innere Kündigung am Arbeitsplatz. Der Betriebswirt, 28, (1), 19–24.

Reed, S. (1979). What you can do to prevent teacher burnout. The National Elementary School Principal, 58, 67–70.

Reiner, H.D. & Hartshorne, T.S. (1982). Job burnout and the school psychologist. Psychology in the Schools, 19, 508–512.

Reivich, K. & Schatté, A. (2002). The Resilience Factor. New York: Broadway Books.

Richardson, M. & West, P (1982). Motivational management: Coping with burnout. Hospital and Community Psychiatry, 33, 837–840.

Richter, H.-E. (1976). Flüchten oder Standhalten. Reinbek: Rowohlt.

Riggar, T.F, Godley, S.H. & Hafer, M. (1984). Burnout and job satisfaction in rehabilitation administrators and direct service providers. Rehabilitation Counseling Bulletin, 27, 151–160.

Riley, L. (1981). Psychoneuroendocrine influences an immunocompetence and neoplasia. Science, 212, 1100–1109.

Robinette, H.M. (1987). Burnout in Blue – Managing the Police Marginal Performer. New York: Praeger.

Rodin, J. (1986). Aging and health: Effects of the sense of control. Science, 233, 1271–1276.

Rogers, C.R. (1977). Therapeut und Klient. München: Kindler.

Rogness, N.T. (1988). Burnout in funeral service practitioners: A national study. Masters Abstracts International, 27, (2), 246.

Rook, M. (1998). Theorie und Empirie in der Burnout-Forschung. Hamburg: Kovac.

Rosch, P.J. (1979). Stress and cancer: A disease of adaptation? In: J. Tache, H. Selye & S.B. Day (Eds.), Cancer, Stress, and Death. New York: Plenum.

Rosenman, R.H., Friedman, M. & Strauss, R. (1966). CHD in the Western Collaborative Group Study. Journal of the American Medical Association, 195, 86–92.

Rösing, I. (2003). Ist die Burnout-Forschung ausgebrannt? Heidelberg: Asanger.

Roth, S. & Kubal, L. (1975). Effects of noncontingent reinforcement on tasks of differing importance: Facilitation and learned helplessness. Journal of Personality and Social Psychology, 32, 680–691.

Rotter, J.B. (1966). Generalized expectancies for internal versus external control of reinforcement. Psychological Monographs, 8o, (Whole No. 609).

Russell, D.W., Altmaier, E. & van Velzen, D. (1987). Job-related stress, social support, and burnout among classroom teachers. Journal of Applied Psychology, 72, 269–274.

Rußland, R. (1988). Suchtverhalten und Arbeitswelt. Frankfurt/M.: Fischer.

Ryerson, D. & Marks, N. (1982). Career burnout in the human services: Strategies for intervention. In: J.W. Jones (Ed.), The Burnout Syndrome. Park Ridge, Ill.: London House Press.

Sakharov, M. & Farber, B.A. (1983). A critical study of burnout in teachers. In: Farber, B.A. (Ed.,1983c). Stress and Burnout in the Human Service Professions. New York: Pergamon.

Sales, S.M. (1970). Some effects of role overload and role underload. Organizational Behavior and Human Performance, 5, 592–608.

Sarros, J.C. (1988). School administrators write about burnout: Individual and organizational implications. British Educational Research Journal, 14, (2), 175–190.

Saß, H., Wittchen, H.-U. & Zaudig, M. (2000^3). Diagnostisches und Statistisches Manual Psychischer Störungen DSM-IV. Göttingen: Hogrefe.

Sauer, C. & Müller, M. (198o). Die Theorie der erlernten Hilflosigkeit: Eine hilfreiche Theorie? Zeitschrift für Sozialpsychologie, 11, 2–24.

Savicki, V. (2002). Burnout Across Thirteen Cultures. Stress and Coping in Child and Youth Care Workers. Westport, CT: Praeger.

Savicki, V. & Cooley, E.J. (1982). Implications of burnout research and theory for counselor educators. Personnel and Guidance Journal, 60, 415–419.

Savicki, V Cooley, E.J. (1983). Theoretical and research considerations of burnout. Children and Youth Services Review, 5, 227–238.

Schaarschmidt, U. & Fischer, A. (1997). AVEM – ein diagnostisches Instrument zur Differenzierung von Typen gesundheitsrelevanten Verhaltens und Erlebens gegenüber der Arbeit. Zeitschrift für Differentielle und Diagnostische Psychologie, 18, 151–163.

Schaarschmidt, U. & Fischer, A. W. (2001). Bewältigungsmuster im Beruf. Persönlichkeitsunterschiede in der Auseinandersetzung mit der Arbeitsbelastung. Göttingen: Vandenhoeck & Ruprecht.

Schall, T. U. (1993). Erschöpft – müde – ausgebrannt. Würzburg: Echter.

Schallberger, U. (1987). Berufsarbeit und Persönlichkeit – Aspekte einer komplexen ökopsychologischen Problemstellung. Schweizerische Zeitschrift für Psychologie, 46, 91–104.

Schaufeli, W. B. (1992). Opgebrand: Over de achtergronden van werkstress bij contactuele beroepen – het burnoutsyndroom. Rotterdam: Donker.

Schaufeli, W.B. & Enzmann, D. (1998). The burnout companion to study & practice. London: Taylor & Francis.

Schaufeli, W.B. & Kompier, M.A.J. (2001). Managing job stress in the Netherlands. International Journal of Stress Management, 8, 15–34.
Schaufeli, W.B. & Peeters, M. C.W. (2000). Job stress and burnout among correctional officers: A literature review. International Journal of Stress Management, 7, 19–48.
Schaufeli, W.B. Leiter, M.P. & Kalimo, R. (1995). The Maslach Burnout Inventory– General Survey: A self-report questionnaire to assess burnout at the workplace. In: M.P. Leiter, Extending the Burnout Construct: Reflecting Changing Career Paths. Symposium, APA/NIOSH conference, Work, Stress, and Health,95. Washington, D.C.
Schlichter, K.J. & Horan, J.J. (1981). Effects of stress inoculation on the anger and aggression management skills of institutionalized juvenile delinquents. Cognitive Therapy & Research, 5, 359–365.
Schliermann, R., Hagenah, J. & Hörmann, G. (2002). Habituelle Stressbewältigung und Burnout von Fußballtrainern. Psychologie und Sport, 9, 71–79.
Schmale, A. & Iker, H. (1966). The psychological setting of uterine cervical cancer. Annals of the New York Academy of Sciences, 125, 807–813.
Schmale, H. (1983). Psychologie der Arbeit. Stuttgart: Klett-Cotta.
Schmalenberg, C. & Kramer, M. (1979). Bicultural training: A cost-effective program. Journal of Nursing Administration, 9,10–16 (auch in McConnell,1982).
Schmalzriedt, L. (1981). Burnout - Ausgebrannt. Die Schwester/Der Pfleger, 20, 613–615.
Schmid, W. (1998). Philosophie der Lebenskunst. Frankfurt/M.: Suhrkamp.
Schmidbauer, W. (1977). Die hilflosen Helfer. Reinbek: Rowohlt.
Schmidbauer, W. (1982). Ausgebrannt? Helfersyndrom und Burnout in den sozialen Berufen. Unsere Jugend, 34, 165–169.
Schmidbauer, W. (1983). Helfen als Beruf. Die Ware Nächstenliebe. Reinbek: Rowohlt.
Schmidbauer, W. (2002). Helfersyndrom und Burnoutgefahr. München: Urban & Fischer.
Schmidt, B. (2003). Burnout in der Pflege. Stuttgart: Kohlhammer.
Schmidt, K.H., Kleinbeck, U., Ottmann, W. & Seidel, B. (1985). Ein Verfahren zur Diagnose von Arbeitsinhalten: Der Job Diagnostic Survey (JDS). Psychologie und Praxis, 29, 162–172.
Schmitz, E. (1998). Brennt wirklich aus, wer entflammt war? Eine LISREL-Analyse zum Burnout-Prozeß bei Sozialberufen. Psychologie in Erziehung und Unterricht, 45, 129–142.
Schmitz, E. & Leidl, J. (1999). Brennt wirklich aus, wer entflammt war? Studie 2: Eine LISREL-Analyse zum Burnout-Prozeß bei Lehrpersonen. Psychologie in Erziehung und Unterricht, 46, 302–310.
Scholom, A. & Perlman, B. (1979). The forgotten staff: Who cares for the care givers? Administration in Mental Health, 7, 21–31.
Schondelmaier, P. (1988). Bewährungshelfer und arbeitslose Probanden – Hilflose Helfer? Bewährungshilfe, (2), 159–164.
Schönpflug, W. (1984). Regulation und Fehlregulation im Verhalten. X. Entlastung und Belastung durch gesundheitsfördernde Maßnahmen. Psychologische Beiträge, 26, 692–721.
Schönpflug, W. (1987). Beanspruchung und Belastung bei der Arbeit - Konzepte und Theorien. In: U. Kleinbeck & J. Rutenfranz (Hg.), Enzyklopädie der Psychologie, Bd. Arbeitspsychologie. Göttingen: Hogrefe.
Schreiber, H. (1977). Die Krise in der Mitte des Lebens. München.
Schroeder, D.H. & Costa, RT. (1984). Influence of life event stress on physical illness: Substantive effects or methodological flaws? Journal of Personality and Social Psychology, 46, 853–863.
Schulz, P. (1982). Regulation und Fehlregulation im Verhalten. VII. Entstehungsbedingungen und Erscheinungsweisen der emotionalen Belastung in Leistungssituationen. Psychologische Beiträge, 24, 498–521.
Schutte, N., Toppinen, S., Kalimo, R. & Schaufeli, W. (2000). The factorial validity of the Maslach Burnout Inventory – General Survey (MBI-GS) across occupational groups and nations. Journal of Occupational and Organizational Psychology, 73, 53–66.
Schwab, R.L. (1981). The relationship of role conflict, role ambiguity, teacher background variables and perceived burnout among teachers. Dissertation Abstracts International, 41/9, 3823-A.
Schwab, R.L. & Iwanicki, E.E (1982). Who are our burned out teachers? Educational Research Quarterly, 7, 5–16.
Schwartz, M.S. & Will, G.T. (1953). Intervention and change on a mental hospital ward. (Gekürzter Abdruck in: W.G. Bennis, K. Benne & R. Chin (Eds.), The Planning of Change. New York: Holt, Rinehart & Winston, 1961.)
Schwarzer, R. & Leppin, A. (1989). Social support and health: A meta-analysis. Psychology and Health, 3, 1–15.
Scott, C.W. (1980). The burn-out syndrome in ambulance paramedics. Dissertation Abstracts International, 41, (3), 1149-B.
Seiderman, S. (1978). Combatting staff burnout. Day Care and Early Education, 5, 6–9.
Selby, J. (2004). Arbeiten ohne auszubrennen. München: dtv.
Seligman, M.E.P. (1979). Erlernte Hilflosigkeit. München: Urban & Schwarzenberg (Original 1975).
Selye, H. (1975). Confusion and controversy in the stress field. Journal of Human Stress, 1, 37–44.
Selye, H. (1976). Stress in Health and Disease. London: Butterworths.
Selye, H. (1977). Stress. Reinbek: Rowohlt (Original 1974).
Selye, H. (1979). Stress, cancer, and the mind. In: J. Tache, H. Selye & S.B. Day (Eds.), Cancer, Stress, and Death. New York: Plenum.
Shamir, B. & Drory, A. (1982). Occupational tedium among prison officers. Criminal Justice and Behavior, 9, 79–99.
Shannon, C. & Saleebey, D. (198o). Training child welfare workers to cope with burnout. Child Welfare, 59, 463–468.

Shaw, J.B. & Riskind, J.H. (1983). Predicting job stress using data from the position analysis questionnaire. Journal of Applied Psychology, 68, 253–261.

Sheehy, G. (1978). In der Mitte des Lebens. Frankfurt/M.: Fischer (Original 1974).

Sheehy, G. (1982). Neue Wege wagen. München: Kindler (Original 1981).

Shin, D.C. & Johnson, D.M. (1978). Avowed happiness as an overall assessment of the quality of life. Social Indicators Research, 5, 475–492.

Shinn, M. (1982). Methodological issues: Evaluating and using information. In: W.S. Paine (Ed.), Job Stress and Burnout. Beverly Hill: Sage.

Shinn, M., Rosario, M., Morch, H. & Chestnut, D.E. (1984). Coping with job stress and burnout in the human services. Journal of Personality and Social Psychology, 46, 864–876.

Shirom, A. (1989). Burnout in work organizations. In: C.L. Cooper & I. Robertson (Eds.), International Review of Industrial and Organizational Psychology. Chichester: Wiley.

Shirom A., Westman, M., Shamai, O. & Carel, R.S. (1997). Effects of work overload and burnout on cholesterol and triglycerides levels: The moderating effects of emotional reactivity among male and female employees. Journal of Occupational Health Psychology, 2, 275–288.

Shoda, Y., Mischel, W. & Wright, J.C. (1994). Intraindividual stability in the organization and patterning of behavior: incorporating psychological situations into the ideographic analysis of personality. Journal of Personality and Social Psychology, 67, 674–678.

Shorr,J.E. (1983). Psychotherapy through Imagery. New York: Thiema-Stratton.

Shorr, J.E., Sobel, G.E., Robin, P. & Connell, J.A. (198o). Imagery. Its Many Dimensions and Applications. New York: Plenum.

Shubin, S. (1978). Burnout: The professional hazard you face in nursing. Nursing, 8, 22–27.

Simon, N.M. & Whiteley, S. (1977). Psychiatric consultation with MICU nurses: The consultation conference as a working group. Heart & Lung, 6, 497–504 (Abdruck in McConnell, 1982).

Simonton, O.C. & Simonton, S.S. (1975). Belief systems and management of the emotional aspects of malignancy. Journal of Transpersonal Psychology, 7, 29–47.

Singer, J.D. & Willett, J.B (2003). Applied Longitudinal Data Analysis. New York: Oxford University Press.

Singh, S.N., Mishra, S. & Kim, D. (1998). Research-related burnout among faculty in higher education. Psychological Reports, 83, 463–472

Skinner, K. (1979). Burnout – Is nursing dangerous to your health? Journal of Nursing Care, 12, 8–30.

Slivinske, L.R. & Fitch, V.L. (1987). The effect of control enhancing interventions on the well-being of elderly individuals living in retirement communities. The Gerontologist, 27, 176–181.

Smith, D.L. & McWilliams, L. (1980). Diagnostic-prescriptive approach to reading teacher burnout. Reading World, 20, 53–56.

Smith, P .C., Kendall, L.M. & Blood, C.L. (1969). The Measurement of Satisfaction in Work and Retirement. Chicago: Rand McNally.

Sparks, D. (1979). Teacher burnout: A teacher center tackles the issue. Today's Education, 68, 37–39.

Sperber, R.J. (1984). A descriptive study of professional burnout in multi-line claims adjusters and personal line auto underwriters. Masters Abstracts International, 23, (3), 322.

Spicuzza, F.J. & De Voe, M.W. (1982). Burnout in the helping professions: Mental aid groups as self-help. Personnel and Guidance Journal, 61, 95–99.

Stäcker, K.H. (1977). Frustration. Stuttgart: Kohlhammer.

Stein, M.L. (1984). All about reporter burnout. Editor & Publisher, The Fourth Estate, 117, 13.

Stern, G.G. (1964). B = f (P,E). Journal of Personality Assessment, 28, 161–168.

Stern, K. (1996). Ende eines Traumberufs? Lebensqualität und Belastungen bei Ärztinnen und Ärzten. Münster: Waxmann.

Stewart, M.S. & Meszaros, P.S. (1981). What's your burnout score? Journal of Home Economics, 73, 37–39.

Stiensmeier, J. (1986). Wichtigkeit und Kontrollerleben als Bedingungen von Lageorientierung. Archiv für Psychologie, 138, 127–138.

Stokols, D. (1975). Toward a psychological theory of alienation. Psychological Review, 82, 26–44.

Storlie, F.J. (1979). Burnout: The elaboration of a concept. American Journal of Nursing, 12, 2108–2111.

Stout, J.K. & Williams, J.M. (1983). Comparison of two measures of burnout. Psychological Reports, S3, 283–289.

Strelau, J. (1983). Temperament -Personality-Activity. London: Academic Press.

Strelau, J. (1987). The concept of tmperament in personality research. European Journal of Personality, 1, 107–117.

St-Yves, A., Freeston, M.H., Godbout, F., Poilin, L., St-Amand, C. & Verret, M. (1989). Externality and burnout among dentists. Psychological Reports, 65, 755–758.

Sullivan, R.C. (1979). Parents speak. The burn-out syndrome. Journal of Autism and Developmental Disorders, 9, 111–126.

Suran, B.G. (1982). Psychological disability among judges and other professionals. Judicature, 66, 184–193.

Suran, B.G. & Sheridan, ET. (1985). Management of burnout: Training psychologists in professional life span perspectives. Professional Psychology, 16, 741–752.

Taylor-Brown, S., Hannon Johnson, K., Hunter, K. & [illegible]itz, R.J. (1982). Stress identification for social workers in health care: A preventive approach to burnout. Social Work in Health Care, 7, 91–100.

Thacker, J.K. (1984). Using psychodrama to reduce „burnout" or role fatigue in the helping professions. Journal of Group Psychotherapy, Psychodrama and Sociometry, 37, 14–26.

Thompson, D. & Powers, S. (1983). Correlates of role conflict and role ambiguity among secondary school counselors. Psychological Reports, 52, 239–242.

Thompson, J.W. (1980). „Burnout" in group home houseparents. American Journal of Psychiatry, 137, 710–714.
Tiedeman, D.V. (1979). Burning and copping out of counseling. Personnel and Guidance Journal, 57, 328–330.
Timio, M. & Gentili, S. (1976). Adrenosympathetic overactivity under conditions of work stress. British Journal of Preventive and Social Medicine, 30, 262–265.
Truch, S. (1980). Teacher Burnout and What to Do About It. Novato, CA: Academic Therapy Publications.
Tubesing, N.L. & Tubesing, D.A. (1982). The treatment of choice: Selecting stress skills to suit the individual and the Situation. In: W.S. Paine (Ed.), Job Stress and Burnout. Beverly Hills: Sage.
Tyler, L.E. (1965). The Psychology of Human Differences. New York: AppletonCentury-Crofts.
Ulich, E. (1998[4]). Arbeitspsychologie. Stuttgart: Schäffer-Poeschel.
Uni-HH (1984). Rollenunsicherheit prägt das „Praktische Jahr". 15, (4), 23–26.
Valle, S.K. (1979). Burnout: Occupational hazard for counselors. Alcohol Health and Research World, 3, 10–14.
Van Auken, S. (1979). Youth counselor burnout. Personnel and Guidance Journal, 58, 143–144.
Van der Klink, J.J.L., Blonk, R.W.B., Schene, A.H. & van Dijk, F.J.H. (2001). The benefits of interventions for work-related stress. American Journal of Public Health, 91, 270–276.
Van Dierendonck, D. (1997). Balancing Give and Take: An Equity Approach to Burnout. Dissertation, Universität Utrecht.
Vandenberghe, R. & Huberman, A.M. (1999). Understanding and Preventing Teacher Burnout. Cambridge: Cambridge University Press.
Vash, C.L. (198o). The Burnt-Out Administrator. New York: Springer.
Vaughan, G.B. (1982). Burnout: Threat to presidential effectiveness. Community and Junior College Journal, 52, (2), 10–13.
Veninga, R. L. (1979). Adminstrator burnout – causes and cures. Hospital Progress, 60,45–52.
Veninga, R.L. (1983). Burnout and personality. The Clinical Gerontologist, 2, 61–63.
Veninga, R.L. & Spradley, J.P (1981). The Work/Stress Connection: How to Cope with Job Burnout. Boston: Little, Brown.
Vester, E (1978). Phänomen Streß. München: dtv.
Voitl, H., Guggenberger, E. & Pirker, W. (1977). Planquadrat. Hamburg: Zsolnay.
Volk, H. (2000). Verunsicherte Mitarbeiter werden schneller krank. Frankfurter Allgemeine Zeitung, 18.10.2000, S. 37.
Volmerg, B., Senghaas-Knobloch, E. & Leithäuser, T. (1985). Erlebnisperspektiven und Humanisierungsbarrieren im Industriebetrieb. Frankfurt/M.: Campus.
Wallace, J.E., Becker, J., Coppel, D.B. & Cox, G.B. (1983). Anticonformity aspects of depression in mild depressive states. Journal of Personality, 51, 640–652.
Warnath, C. & Shelton, J. (1976). Counselor burnout: The ultimate disappointment. Personnel and Guidance Journal, 55, 172–175.
Warner, J. & Carter, J.D. (1984). Loneliness, marital adjustment, and burnout in pastoral and lay persons. Journal of Psychology and Theology, 12, 125–131.
Watkins, C.E. (1983). Burnout in counseling practice: Some potential professional and personal hazards of becoming a counselor. Personnel and Guidance Journal, 61, 304–308.
Watkins, J.W.N. (1978). Freiheit und Entscheidung. Tübingen: Mohr.
Watzlawick, P, Weakland, J.H. & Fish, R. (1974). Lösungen. Bern: Huber.
Weber, A. & Jaekel-Reinhard, A. (2000). Burnout syndrome: a disease of modern societies? Occupational Medicine (Oxford), 50, 512–517.
Weber, M. (1965). Die protestantische Ethik. München: Siebenstern.
Wegner, R., Ladendorf, B., Simms, M., Niemeyer, Y., Heidenreich, V. & Szadkowski, D. (2000). Untersuchungen zur Häufigkeit eines Burnout-Syndroms bei Lehrkräften, Ärzten und Richtern, Ergebnisse von Fragebogenerhebungen. Deutsche Gesellschaft für Arbeits- und Umweltmedizin, Dokumentationsband der 40. Jahrestagung. Fulda: Rindt.
Wegner, R., Szadkowski, D., Grimm, M., Koops, F., Poschadel, B., Herrmann, M. & Baur, X. (2001). Psychomentale Belastung und Beanspruchung im Richterberuf. MedReview, 6, 7–10.
Wegner, R., Szadkowski, D., Poschadel, B., Simms, M., Niemeyer, Y., & Baur, X. (2002). Psychomentale Belastung und Beanspruchung im Arztberuf. Arbeitsmedizin, Sozialmedizin, Umweltmedizin, 37, 60–75.
Weinert, A.B. (1981). Lehrbuch der Organisationspsychologie. München: Urban & Schwarzenberg.
Weiskopf, RE. (1980). Burnout among teachers of exceptional children. Exceptional Children, 47, 18–23.
Weisz, J.R., Rothbaum, E M. & Blackburn, T.C. (1984). Standing out and Standing in. The psychology of control in America and Japan. American Psychologist, 39, 955–969.
Weitz, J. (1956). Job expectancy and survival. Journal of Applied Psychology, 40, 245–247.
Weltgesundheitsorganisation (Hrsg.: H. Dilling, W. Mombour & M.H. Schmidt, 1991). Internationale Klassifikation psychischer Störungen, ICD-10. Bern: Huber.
West, D.J., Horan, J.J. & Garnes, P.A. (1984). Component analysis of occupational stress inoculation applied to registered nurses in an acute care hospital setting. Journal of Counseling Psychology, 31, 209–218.
Westcott, M. R. (1988). The Psychology of Human Freedom. New York: Springer.
Westerhouse, M.A. (1980). The effects of tenure, rote conflict and role conflict resolution on the work orientation and burnout of teachers. Dissertation Abstracts International, 41, 174-A.
Weyer, S. & Zimber, A. (1997). Viel Streß und wenig Anerkennung. Altenheim, 3, 14–21.
White, R.W. (1959). Motivation reconsidered: The concept of competence. Psychological Review, 66, 297–333.

Whitehead, J.T. (1985). Job burnout in probation and parole: Its extent and intervention implications. Criminal Justice and Behavior, 12, 91–110.
Whyte, W.E. (1948). Human Relations in the Restaurant Industry. New York: McGraw-Hill.
Whyte, W.E, jr. (1956). The Organization Man. New York: Simon & Schuster.
Wiesenhütter, E. (1959). Betriebsneurosen. In: V.E. Frankl, V.E. von Gebsattel & J.H. Schultz (Hg.), Handbuch der Neurosenlehre und Psychotherapie, Bd. II. München: Urban & Schwarzenberg.
Wilder, J.F. & Plutchik, R. (1982). Preparing the professional: Building prevention into training. In: J.W. Jones (Ed.), The Burnout Syndrome. Park Ridge, Ill.: London House Press.
Willimon, W.H. (1989). Clergy and Laity Burnout. Nashville: Abingdon Press.
Winnubst, J.A., Marcelissen, EH. & Kleber, R.J. (1982). Effects of social support in the stressor-strain relationship: A Dutch sample. Social Science and Medicine, 16, 475–482.
Wise, T.N. & Berlin, R.M. (1981). Burnout: Stresses in consultation-liaison psychiatry. Psychosomatics, 22, 744–745 & 749–751.
Wofford, J.C. (1971). The motivational basis of job satisfaction and job performance. Personnel Psychology, 24, 501–518.
Wong, P.T.P. & Fry, P.S. (1998). The Human Quest for Meaning. Mahwah, N.J.: Erlbaum.
Wortman, C.B. & Brehm, J.W. (1975). Responses to uncontrollable outcomes: An integration of rectance theory and the learned helplessness model. In: L. Berkowitz (Ed.), Advances in Experimental Social Psychology, Vol. 8. New York: Academic Press.
Wright, D. & Thomas, J. (1982). Role strain among school psychologists in the Midwest. Journal of School Psychology, 20, 96–102.
Wynkoop, T.F. (2002). Stress and burnout in crisis intervention. In: J.E. Hendricks & B.D. Byers (Eds.), Crisis Intervention in Criminal Justice / Social Service. Springfield: Thomas.
Yates, A.J. (1962). Frustration and Conflict. London: Methuen.
Yates, A.J. (1971). Frustration. In: W. Arnold, R. Meili & H.J. Eysenck (Hg.), Lexikon der Psychologie. Freiburg: Herder.
Zabel, R.H. & Zabel, M.K. (1982). Factors in burnout among teachers of exceptional children. Exceptional Children, 49, 261–263.
Zahn, J. (1980). Burnout in adult educators. Lifelong Learning: The Adult Years, 4, 4–6.
Zapf, D. (2002). Emotion work and psychological well-being. Human Resource Management Review, 12, 237–268.
Zemke, R. (1981). Why more firms stress customer service training. Training, 18, 34–44.

Sachverzeichnis

Printing: Krips bv, Meppel, The Netherlands
Binding: Stürtz, Würzburg, Germany